# EXCURSIONS HISTORIQUES

## ET PHILOSOPHIQUES

### A TRAVERS LE MOYEN AGE.

TYPOGRAPHIE FIRMIN-DIDOT. — MESNIL (EURE).

# DE L'ORIGINE

DES

# TRADITIONS SUR LE CHRISTIANISME

## DE BOÈCE.

## CHARLES JOURDAIN

DE L'ACADÉMIE DES INSCRIPTIONS ET BELLES-LETTRES.

# EXCURSIONS HISTORIQUES

## ET PHILOSOPHIQUES

## A TRAVERS LE MOYEN AGE.

**PUBLICATION POSTHUME.**

PARIS,
LIBRAIRIE DE FIRMIN-DIDOT ET C<sup>ie</sup>,
IMPRIMEURS DE L'INSTITUT, RUE JACOB, 56.

1888.

# AVANT-PROPOS.

Les vingt-deux notices, dont la réunion compose ce volume, ont, pour la plupart, paru successivement du vivant de l'auteur, soit comme Mémoires lus à l'Académie des Inscriptions et Belles-Lettres, soit dans divers recueils scientifiques et littéraires.

L'ensemble en est publié aujourd'hui sans modification aucune par les soins de la famille de M. Jourdain, sur le vœu qu'il a lui-même exprimé, et sous le titre qu'il avait choisi, titre rattachant ces diverses études à la même période historique. Une seule de ces notices, celle sur Jordano Bruno, qui se rapporte au XVI<sup>e</sup> siècle, dépasse les limites du moyen âge, mais on n'a pas cru devoir la retrancher d'un ensemble de travaux avec lequel elle est en harmonie par la nature du sujet.

Puisse cette publication posthume être favorablement accueillie du public savant auquel elle s'adresse !

# DE L'ORIGINE

DES

# TRADITIONS SUR LE CHRISTIANISME

## DE BOÈCE.

La plus grande autorité philosophique du moyen âge après Aristote, c'est sans contredit Boèce, l'habile interprète de la logique péripatéticienne; mais les traductions et les commentaires de Boèce, quel qu'en soit le prix, ont peut-être moins contribué à son influence que la tradition qui le dépeignait comme un apologiste et un martyr de la foi. La collection de ses œuvres contient, en effet, quatre opuscules où le dogme catholique est expliqué très habilement, et qui avaient élevé leur auteur supposé au rang des maîtres de la théologie. L'histoire, ou plutôt la légende, ajoutait qu'après avoir employé sa plume pour la défense de la religion, Boèce avait donné sa vie pour elle, et que son dévouement au catholicisme sous un prince arien était un des motifs du traitement barbare que Théodoric lui fit subir, et qui se termina, en 525, par sa mort.

« Humble chrétien au milieu du faste, écrivait D. Gervaise au commencement du siècle dernier (1), solitaire dans le tumulte du monde et de la cour, ennemi du mensonge et de l'erreur, le soutien de l'Église, un modèle de fermeté et de patience dans les plus grandes adversités, enfin un généreux martyr de Jésus-Christ,

---

(1) *Histoire de Boèce*, etc. Paris, 1715, in-12, p. 2.

c'est ce qu'a été Boèce... Dieu le donna à son Église pour en être un des plus fermes appuis. »

Cette tradition est-elle exacte? Boèce a-t-il été ce fervent chrétien qu'elle nous représente? Est-il l'auteur des ouvrages de théologie qui portent son nom? Sa foi religieuse a-t-elle contribué aux persécutions dont il fut victime?

Il y a plusieurs années, le savant et vénéré doyen de la Faculté des lettres de Paris, M. Victor Le Clerc, posait déjà ces questions, et il les tranchait par la négative, dans une série de leçons auxquelles nous n'avons pas assisté, mais dont le souvenir est encore vivant chez ceux qui les ont entendues. Mais c'est en Allemagne, surtout, que l'opinion commune a trouvé de nombreux contradicteurs. Arnold, Schlosser, Hand et bien d'autres l'ont si fortement combattue (1), que malgré l'habileté de ses défenseurs, dont les derniers, je crois, sont MM. Baur, Suttner et Schenkl (2), elle a perdu beaucoup de terrain.

Quand on parcourt les ouvrages les plus authentiques de Boèce, on est étonné, en effet, de n'y découvrir aucun vestige des croyances pour lesquelles, dit-on, il serait mort. Je ne parle pas seulement de ses Commentaires sur l'*Organum* d'Aristote, ni de ses écrits mathématiques, dont le sujet ne se prêtait pas à l'effusion du sentiment religieux; mais que dire de la *Consolation de la philosophie?* C'est bien là l'œuvre suprême de l'écrivain, la dernière confidence de son génie, et pour ainsi dire son testament. A quelle heure et dans quel ouvrage aura-t-il épanché son âme et donné un libre cours à ses plus intimes convictions, si ce n'est dans ces pages qu'il écrivit sous les fers, un pied déjà dans la tombe? S'il a été sincèrement chrétien, n'a-t-il pas dû proclamer sa foi, lorsqu'il dissertait sur la justice de Dieu, au moment de comparaître devant elle? Et cependant quelle est l'inspiration

---

(1) Voy. l'article de Hand, dans l'*Encyclopédie* de Ersch et Gruber, vol. XI, p. 283 et suiv., les prolégomènes de l'édition de la *Consolation de la philosophie*, donnée par M. Th. Obbarius, Iéna, 1843, in-8°, p. xxviii et suiv., et une dissertation toute récente de M. Fr. Nitzsch, *Das System des Boethius und die ihm zugeschriebenen theologischen Schriften*, Berlin, 1860, in-8°.

(2) J. Baur, *De Boethio christianæ fidei assertore*, Darmstadiæ, 1841, in-4°; J. Suttner, *Boethius der letzte Rœmer*, Eichstadiæ, 1852; Dr Schenkl, *Ueber Boethius, Religions-bekenntniss*, dans les *Verhandlungen der achtzehnten Versammlung deutscher Philologen*, etc. Wien, 1859, in-4°.

dominante qui reparaît dans toutes les parties de la composition? C'est une inspiration purement profane.

Boèce ne cherche pas à cacher le flambeau où s'allument ses suprêmes espérances. Ce n'est pas la religion, l'Évangile d'une main et la croix de l'autre, qui vient le trouver dans son cachot, c'est la philosophie; c'est elle qui l'enseigne, l'exhorte et le console. Les exemples qu'elle lui met sous les yeux sont ceux des sages qui ont souffert et qui sont morts pour la vérité : Socrate, Anaxagore, Zénon, Sénèque, Soranus (1). Elle lui parle familièrement comme à un de ses élèves qu'elle a nourri de son lait, *nostro quondam lacte nutritus*, ou comme à un hôte au foyer de qui elle s'est assise (2). Il révère en elle la maîtresse de toutes les vertus, *omnium magistra virtutum*; il lui reconnaît une origine céleste, *e supero cardine delapsa*. Supposez un disciple des anciens qui n'a pas encore été touché par la grâce; aurait-il employé des expressions plus fortes?

Parmi les écoles de philosophie, Boèce ne se montre pas favorable aux épicuriens ni aux stoïciens (3), qui se sont disputé comme une proie, dit-il, *velut in partem prædæ*, l'héritage de Socrate; mais quel sincère enthousiasme il laisse paraître pour Platon, qu'il appelle à deux reprises *noster Plato* (4), et pour son rival Aristote! Ce sont ses modèles habituels, ceux qui lui suggèrent ses meilleures, ses plus profondes pensées. Cesse-t-il de les suivre? il ne les quitte que pour s'attacher aux Alexandrins, à Plotin, à Proclus, dont la trace est facile à reconnaître dans plusieurs passages. Sans doute il se rencontre souvent avec le christianisme, parce que la philosophie de Platon est, comme on l'a dit, la préface de l'Évangile; mais quand cette philosophie s'éloigne en quelque point de l'orthodoxie chrétienne, il n'en

---

(1) Lib. I, pr. 3 : « Quod si nec Anaxagoræ fugam, nec Socratis venenum, nec Zeno-
« nis tormenta, quoniam sunt peregrina, novisti, at Canios, at Senecas, at Soranos,
« quorum nec pervetusta, nec incelebris memoria est, scire potuisti. »
(2) Lib. I, pr. 2 : « Tune ille es qui nostro quondam lacte nutritus, nostris educatus
« alimentis, in virilis animi robur evaseras? » Ibid. pr. 3 : « Ubi in eam deduxi oculos,
« intuitumque defixi, respicio nutricem meam, cujus ab adolescentia laribus obversa-
« tus fueram, philosophiam. »
(3) Lib. I, pr. 3 : « Epicureum vulgus atque stoicum. »
(4) Ibid. « Nonne apud veteres quoque, ante nostri Platonis ætatem...? » Lib. III,
pr. 9 : « Uti in Timæo Platoni nostro placet. »

témoigne nul souci, et se montre fidèle à l'antiquité, même en ses erreurs.

Il admet, par exemple, l'éternité des âmes, et considère l'existence actuelle comme la déchéance et peut-être l'expiation d'une vie antérieure, opinion condamnée par la croyance de l'Église (1).

Aussi, dès le x⁰ siècle, dans un commentaire sur la *Consolation de la philosophie*, que le cardinal Angelo Maï a publié (2), un moine de l'abbaye de Corbie, nommé *Bruno*, regrettait déjà que Boèce eût fait la part moins large aux vérités chrétiennes qu'aux dogmes des platoniciens, *de platonicorum magis dogmatum vanitate quam de doctrinæ evangelicæ veritate*; et il ajoutait qu'on remarque même, en divers passages, des assertions contraires à la foi, *quædam fidei catholicæ contraria*. Jean de Salisbury, cet esprit délicat, grand admirateur de l'antiquité classique, tout en rendant hommage au génie du philosophe (3), avoue également que son ouvrage n'exprime pas le Verbe incarné, *liber ille Verbum non exprimit incarnatum*, et qu'il s'adresse à ceux qui font profession de suivre la raison, *qui ratione nituntur*.

Envisagé sous un autre rapport, le chef-d'œuvre de Boèce ne confirme pas, mais contredit bien plutôt l'opinion qu'on se forme généralement des motifs de sa disgrâce. Son catholicisme supposé a eu si peu de part dans sa chute, que c'est, au contraire, la philosophie qui, d'après son témoignage, lui fut imputée à

---

(1) *Consol.* V, pr. 2 : « Humanas quidem animas liberiores quidem esse necesse est, « cum se in mentis divinæ speculatione conservant; minus vero cum dilabuntur ad « corpora, minusque etiam cum terrenis artubus conligantur. » On peut citer aussi le passage suivant du fragment *De Diis et præsensionibus*, publié par M. Hase à la suite de l'ouvrage de Lydus, *De Ostentis*, Paris, 1823, in-8⁰, p. 346 : « Anima necdum in « contagionis corporeæ indumento evoluta, in illa absolutissimæ puritatis suæ specula « omnium rerum peritiam perfectissime considerat. Postquam autem in hoc luteum « corpus obruitur, acies ejus terrenæ admistionis tenebris caligosa, ab illa suæ ingeni- « tæque visionis claritate cæcatur. » Il faut maintenant écouter le jugement que saint Léon avait porté de cette hypothèse, un demi-siècle environ avant Boèce : « Referuntur « asserere animas quæ humanis corporibus inseruntur, fuisse sine corpore, et in « cœlesti habitatione peccasse, atque ab hoc a sublimibus ad inferiora delapsas in di- « versæ qualitatis principes incidisse... Quam impietatis fabulam ex multorum sibi « erroribus texuerunt; sed omnes eos catholica fides a corpore unitatis abscidit, con- « stanter prædicans atque veraciter, quod animæ hominum priusquam suis inspiraren- « tur corporibus, non fuere... » (S. Leonis Opp. Venetiis, 1753, in-folio, t. I, p. 706.)

(2) *Classicorum auctorum e Vaticanis codicibus*, t. III, Romæ, 1831, in-8⁰, p. 333.

(3) *Polycraticus*, VII, cap. xv.

crime (1). Il paraîtrait même que ce grief, si honorable pour Boèce, avait servi de point de départ, qui le croirait? à une imputation de magie, et que le savant interprète d'Aristote et d'Euclide avait été dénoncé comme entretenant des relations impies avec les esprits infernaux.

« Ils m'ont reproché, dit-il (2), de m'être, par ambition, souillé du crime de sacrilège, comme si l'amour de la sagesse n'avait pas éteint en mon cœur celui des biens périssables... Se peut-il que j'aie invoqué le secours des plus vils esprits, moi qui n'aspirais qu'à me rendre agréable à Dieu! »

Un assez grand nombre de manuscrits contiennent, il est vrai, sous le nom de Boèce, un traité *De la Nature et de la Personne en Jésus-Christ, contre Eutychès et Nestorius*; un autre *De la Trinité*, avec un fragment sur le même sujet, et une *Exposition sommaire de la foi chrétienne*, que René Vallin a, le premier, publiée vers le milieu du XVIIᵉ siècle. Mais l'authenticité de ces écrits n'est rien moins que probable. Précisément parce qu'ils supposent une profonde connaissance de la théologie, et que l'auteur s'annonce comme le disciple de saint Augustin et l'interprète de sa doctrine (3), on ne saurait les attribuer à la même plume que les

---

(1) *Consol.* I, pr. 4 : « Sed, o nefas! isti vero de te tanti criminis fidem capiunt, atque « hoc ipso videbimur adfines fuisse maleficio, quod tuis imbuti disciplinis, tuis insti- « tuti moribus sumus. Ita non est satis nihil mihi tuam profuisse reverentiam, nisi « ultro tu mea potius offensione lacereris. »

(2) *Consol.* I, pr. 4 : « Ob ambitum dignitatis sacrilegio me conscientiam polluisse « mentiti sunt... Nec conveniebat vilissimorum me spirituum præsidia captare, « quem tu in hanc excellentiam componebas, ut similem Deo faceres. » On a supposé que le mot de *sacrilegium* devait s'entendre ici du crime de lèse-majesté reproché à Boèce, et l'on a produit plusieurs textes d'écrivains de l'antiquité dans lesquels ce mot paraît effectivement devoir être ainsi entendu. Mais Boèce a parlé plus haut de l'accusation de lèse-majesté, qu'il avait empêché un délateur d'élever contre le sénat, et il a dit en termes très clairs : « Quibus senatum reum majestatis faceret. » Il parle maintenant des calomnies personnelles que l'étude de la philosophie lui attire, et qui ont servi à colorer l'injuste persécution dont il est l'objet ; c'est l'idée de sacrilège, et non pas une autre, que la marche du discours appelle. Que signifierait ce membre de phrase : « Vilissimorum spirituum præsidia captare ? » Il ne s'agit pas là, évidemment, de menées politiques, mais de communications mystérieuses qui ont tous les caractères de la magie. J'ajoute que les plus anciens interprètes ne l'ont jamais compris autrement, et que leur opinion est confirmée par quelques manuscrits qui, au lieu de *sacrilegio*, donnent *sortilegio*.

(3) *De Trinitate*, Proœm. : « Vobis illud inspiciendum est an ex beati Augustini scrip- « tis semina rationum, aliquos in nos venientia, fructus extulerint. »

livres de la *Consolation*, et les Commentaires sur l'*Organum* d'Aristote, dans lesquels l'enseignement catholique n'a pas laissé la trace la plus légère.

J'écarte de la discussion le fragment qui a pour titre : *Comment toute substance, en tant que substance, est bonne sans être le bien substantiel*. Dans les considérations abstraites sur l'être et sur le bien dont il est rempli, je trouve, en effet, l'empreinte du néoplatonisme, plutôt que celle de la métaphysique chrétienne ; Boèce a pu l'écrire sans qu'il résulte de là aucune preuve de sa religion.

J'écarte aussi le petite traité *De Disciplina scholarium*, que tout le monde, aujourd'hui, s'accorde à déclarer apocryphe. Il a été attribué tour à tour à un certain Boethus Epo, maître de l'université de Douai dans le XV° siècle ; à Denys le Chartreux ; à Pierre de Blois, et à Thomas de Cantimpré. Ce qui n'est pas douteux, à en juger par le tableau animé que l'auteur a tracé des écoles de Paris, c'est que la date de la composition n'est pas antérieure au milieu du XII° siècle ; mais elle n'est pas de beaucoup plus récente, car dès le siècle suivant l'ouvrage était lu, et il est fréquemment cité par Vincent de Beauvais (1), Roger Bacon (2) et Nicolas Triveth, un des disciples de saint Thomas d'Aquin, dans son commentaire inédit sur la *Consolation de la philosophie*.

En résumé, à prendre les ouvrages qui portent le nom de Boèce, ceux que le christianisme a inspirés ne paraissent pas lui appartenir, et ceux qui paraissent authentiques sont des œuvres purement profanes, d'où la pensée chrétienne est absente.

J'aurais pu aisément insister sur ces différents points, si je ne les avais considérés comme à peu près acquis à la critique, et si je n'avais craint d'abuser de l'attention de l'Académie.

Cependant, je le répète, il existe une tradition très ancienne et très peu équivoque, c'est que Boèce n'était pas seulement un philosophe nourri de la lecture d'Aristote et de Platon, mais le plus fidèle chrétien ; c'est qu'il a écrit pour la défense de sa foi, qu'il a souffert et qu'il est mort pour elle. Cette tradition sera-t-elle rejetée sans qu'on l'ait expliquée ? Dans une simple question

---

1) *Speculum doctrinale*, II, cap. XXX, XXXVII, XXXVIII ; XVII, cap. LVI, XXI ; *Spec. hist.* XXI, cap. XV.

(2) *Opus majus*, cap. VI.

d'histoire et de biographie qui doit surtout se résoudre par des témoignages contemporains, par des raisons tirées du caractère et des doctrines de l'écrivain qui est en jeu, j'admets qu'il ne suffise pas qu'une opinion soit très répandue et qu'elle compte plusieurs siècles de durée pour être acceptée comme une preuve décisive qui doit clore le débat; mais ne constitue-t-elle pas, tout au moins, une forte présomption qui tient la critique en suspens, tant que celle-ci n'a pas réussi à en rendre compte?

Que Boèce, comme on l'a cru si longtemps, mérite une place dans l'histoire de l'Église à côté des docteurs et des martyrs, nous ne le pensons pas; mais il nous paraît indispensable de rechercher à quelle époque, dans quelles circonstances, par quelle confusion de personnes et de noms, cette tradition s'est établie. Si nous parvenions à découvrir ses origines, le prestige qui l'entoure s'évanouirait, et l'erreur séculaire qu'elle sert à entretenir perdrait son dernier prétexte.

C'est là le but des recherches qui suivent; nous voudrions que c'en fût le résultat.

Nous possédons sur Boèce le témoignage de deux écrivains qui furent en relations avec lui, et dont les lettres nous ont été conservées, Ennodius, évêque de Pavie, et Cassiodore.

Ennodius, en plusieurs passages, loue ses grandes qualités, son talent précoce, l'assiduité dans le travail, une érudition assez vaste pour embrasser la sagesse des Grecs et celle des Latins (1). Il le nomme à la suite des personnages éminents par la naissance, le savoir et la vertu, qu'il propose pour modèles, dans ses conseils sur l'éducation, à ses jeunes amis, Ambrosius et Beatus (2); mais nous ne lisons nulle part, dans cette correspondance, que Boèce eût allié aux études profanes la méditation des vérités divines. Ennodius ne parle pas de sa religion, et ne le loue jamais sur ce point; il n'emploie même pas avec lui la formule chrétienne, *vale in Christo*, dont il se sert avec d'autres, par exemple

---

(1) Ennodius, *Epist.* VII, 13 : « Quem (Boetium) in annis puerilibus, sine ætatis
« præjudicio, industria fecit antiquum, qui per diligentiam imples omne quod cogitur,
« cui inter vitæ exordia ludus est lectionis assiduitas, et deliciæ sudor alienus. »

(2) *Parænesis didascalica :* « Est Boetius patricius in quo vix discendi annos respi-
« cis, et intelligis peritiam sufficere jam docendi : de quo emendatorum judicavit
« electio. »

avec Symmaque (1). Que, dans une société dont tous les membres ont les mêmes croyances, ces témoignages particuliers ne soient pas nécessaires, puisque chacun est présumé, jusqu'à preuve du contraire, partager la foi de tout le monde, j'en tombe facilement d'accord; cependant lorsque c'est un évêque qui tenait la plume, comment ne pas s'étonner qu'il eût laissé dans l'ombre tout ce qui touchait à la religion, tout ce qui pouvait la rappeler, surtout si elle avait été la grande affaire du protecteur et de l'ami auquel il écrivait?

Dans les lettres qu'il adresse à Boèce, au nom de Théodoric, Cassiodore paye un juste tribut d'éloges à l'interprète laborieux des anciens; il vante, il admire et ces traductions savantes qui ont enrichi les lettres latines de quelques-uns des chefs-d'œuvre les plus importants de la philosophie grecque (2), et cette variété de connaissances qui permettait à l'éminent écrivain de descendre des hauteurs de la théorie aux détails de la construction d'une clepsydre et de la vérification du poids des monnaies (3). Mais Boèce a-t-il été aussi versé dans les matières ecclésiastiques? Est-il intervenu dans les controverses qui partageaient alors la chrétienté? Cassiodore n'en dit rien, même dans les ouvrages de la fin de sa carrière, dans ceux qu'il écrivit au monastère de Vivaria pour l'éducation des religieux. Je m'explique aisément qu'il n'ait mentionné nulle part les livres de la *Consolation;* car les circonstances douloureuses dans lesquelles ils furent composés, et les attaques ouvertes qu'ils renfermaient contre le gouvernement de Théodoric, eussent difficilement permis à l'ancien secrétaire du roi des Goths de leur accorder un souvenir. C'est ainsi que Virgile et Horace, les chantres dévoués de toutes les gloires de Rome, n'ont pas nommé Cicéron dans leurs vers, afin d'épargner

---

(1) *Epist.* VIII, 25 : « Vale in Christo nostro, Romanæ gentis nobilitas. »
(2) Cassiodore, *Variarum* lib. I, 45 : « Translationibus tuis Pythagoras musicus, « Ptolomæus astronomus leguntur Italis. Nicomachus arithmeticus, geometricus Eu- « clides audiuntur Ausoniis. Plato theologus, Aristoteles quirinali voce disceptant. « Mechanicum etiam Archimedem latialem Siculis reddidisti; et quascumque discipli- « nas vel artes facunda Græcia per singulos viros edidit, te uno auctore, patrio ser- « mone Roma suscepit. Quos tanta verborum luculentia reddidisti claros, tanta linguæ « proprietate conspicuos, ut potuissent et illi opus tuum præferre, si utrumque didi- « cissent. »
(3) *Variarum* lib. I, 10 et 45.

à Auguste le souvenir accusateur de sa mort. Mais nul motif de ce genre n'existait pour des ouvrages de pure théologie. Dira-t-on que, Théodoric étant arien, Cassiodore n'a pas voulu louer des écrits où règne la pure doctrine catholique? Mais Cassiodore ne partageait pas l'hétérodoxie des princes qui se servaient de sa plume, et en maints passages il a sévèrement jugé l'hérésie d'Arius, qu'il qualifie d'erreur insensée (1). Si donc Boèce avait écrit les ouvrages qui lui sont attribués, Cassiodore les aurait cités certainement, comme il a cité ceux sur la logique, l'arithmétique, la musique, et tant d'autres ouvrages, dont les titres épars dans la collection de ses œuvres peuvent donner une idée de son érudition et de la précieuse bibliothèque réunie par ses soins à Vivaria.

Lorsque Théodoric voulut envoyer à Clovis un musicien consommé dans son art, qui devait porter chez les Francs, à peine convertis au christianisme, les premières lueurs de la civilisation romaine, ce fut Boèce qui reçut la mission de désigner l'artiste. Dans la lettre qui lui fut écrite à ce sujet par Cassiodore, un savant critique a relevé quelques phrases pompeuses sur les effets divins de la lyre de David, et sur les nouvelles victoires que la douce puissance du chant allait remporter, comme au temps d'Orphée, sur des cœurs barbares et païens (2). Ces expressions, bien que mêlées de beaucoup de réminiscences mythologiques, supposent sans doute, chez celui qui les employait, une semence chrétienne; mais prouvent-elles que cette semence eût fructifié chez celui à qui elles étaient adressées?

Traversons le vi⁰ siècle, et cherchons si, au siècle suivant, nous trouverons des indices plus certains du christianisme de Boèce que chez Ennodius et Cassiodore.

Isidore de Séville, qui mourut en 636, ce grand évêque si profondément versé dans toutes les branches de la science religieuse, auteur d'une encyclopédie qui, sous le titre modeste d'*Étymolo-*

---

(1) *Præfat. in Psalterium*, Opp. t. II, 7 : « Cum Sabellius detestabilis erret in Pa-
« tre, *demens* Arius delinquat in Filio... » *In Psalmum* 117, Opp. t. II, p. 372 :
« Sicut putat *dementissimus* Arianus... » (Cf. *Hist. Tripart.* I, c. xii.)

(2) Dr Schenkl, *Ueber Boethius' Religions-bekenntniss*, p. 82. Voici le passage de
Cassiodore, *Variarum* lib. II, 40 : « Loquamur de illo lapso e cœlo Psalterio quod vir
« toto orbe cantabilis ita modulatum pro animæ sospitate composuit, ut his hymnis
« et mentis vulnera sanarentur, et divinitatis singularis gratia conquiratur. En quod
« sæculum miretur et credat ! pepulit Davidica lyra diabolum, etc. »

*gies*, résume tout le savoir de l'époque ; Isidore de Séville a connu les ouvrages logiques de Boèce, qu'il cite à plusieurs reprises (1) ; il a dû connaître aussi la *Consolation de la philosophie*, où, suivant la conjecture d'un ancien critique, il aurait même puisé l'idée première de ses *Soliloques;* mais il n'en fait pas figurer l'auteur dans son catalogue des écrivains ecclésiastiques.

Chez Ildefonse de Tolède, même silence que chez Isidore de Séville.

Dans un assez grand nombre de manuscrits, les livres de la *Consolation* sont précédés ou suivis de plusieurs notices que Mabillon a déjà signalées (2), et dont quelques-unes ont été récemment publiées en Allemagne (3). Parmi ces notices, nous nous arrêterons pour le moment à une seule, qui contient le catalogue des ouvrages de Boèce ; nous l'empruntons à un manuscrit de l'ancien fonds de la Bibliothèque impériale, et à deux manuscrits du fonds de Saint-Victor, qui paraissent remonter au x° siècle (4) ; elle est assez peu connue pour qu'il ne soit pas superflu de la transcrire, au moins en partie.

« Boetius iste de familia fuit Torquati Manlii, nobilissimi viri.
« Qui etiam peritissimus fuit utriusque lingue grece et latine. Unde
« fultus auctoritate grece scientie, multos libros de greco in la-
« tinum transtulit. Fecit et commentum super Isagogas, id est
« introductiones Porphyrii. Edidit et aliud super Aristotelis Pe-
« riermenias, id est interpretationes, quod divisit in duo volu-
« mina, quorum alterum Analitica, id est resolutoria appellavit,
« ubi omnes sillogismi artis rhetorice resolvuntur. Composuit mu-
« sicam, quam transtulit de Pithagora et Tolemeo, Grecis ; necnon
« etiam arithmeticam, cujus partes sumpsit de Nicomacho. Fecit
« et alios libros perplures. Novissime autem, jam senex, edidit
« hunc librum in exilio positus... »

(1) *Etymol.* II, 25 ; III, 2.
(2) *Museum italicum*, t. I, part. 1, p. 219, Lutetiæ Parisiorum, 1724, in-4°.
(3) Voyez les Prolégomènes de l'édition de la *Consolation de la philosophie* donnée par M. Th. Obbarius, p. xxiv et suiv., Iéna, 1843, in-8°.
(4) Bibliothèque nationale, anc. fonds, 6640 ; fonds de Saint-Victor, 200 et 751. Je ne cacherai pas que cette notice est assez souvent mêlée, dans les manuscrits, à d'autres biographies abrégées qui font mention des écrits théologiques de Boèce ; mais celles-ci me paraissent d'une date plus récente. Ce sont des *testimonia* de différentes sources et de différents siècles que le copiste a réunis.

Ainsi, les seuls ouvrages que le biographe inconnu, mais assurément très ancien, attribue à Boèce, consul et sénateur, ce sont plusieurs traductions faites du grec, les commentaires sur l'*Organum*, deux traités d'arithmétique et de musique, et les cinq livres de la *Consolation*. S'il ajoute que Boèce en a composé beaucoup d'autres, *fecit et alios libros perplures*, il n'indique pas, même par l'allusion la plus détournée, ses prétendus écrits théologiques; ce silence ne serait-il pas bien étrange, dans le cas où de pareils écrits auraient circulé alors sous son nom?

On pourrait objecter que, parmi les œuvres du vénérable Bède figure un commentaire sur le livre *De la Trinité* (1); mais, de l'aveu de tous les historiens, ce commentaire est apocryphe, et effectivement, à en considérer le style et les divisions scolastiques dont il est parsemé, il est aisé de reconnaître une plume du XIV<sup>e</sup> siècle ou tout au moins du XIII<sup>e</sup>.

Il résulte clairement, si je ne me trompe, de tout ce qui précède que, deux cents ans après sa mort, Boèce, déjà célèbre comme écrivain profane, n'avait encore aucune notoriété comme écrivain ecclésiastique, comme théologien. J'ajoute que, dans ces temps reculés, on n'aperçoit non plus aucun vestige de la tradition de son martyre couronnant une vie consacrée à l'étude et à l'apologie de la foi catholique.

Sa disgrâce est attribuée par Procope (2) aux délations de gens envieux, et à des motifs purement politiques. Le chroniqueur Marius (3) la mentionne, sans explication, sous l'année 524. Grégoire de Tours n'en parle pas, bien qu'en son livre *De la Gloire des martyrs*, il s'étende sur la persécution ordonnée par Théodoric contre les catholiques d'Italie (4). Saint Grégoire le Grand, revenant sur les mêmes faits, raconte dans ses *Dialogues* (5) que,

---

(1) Oudin, *Comment. de scriptoribus ecclesiasticis*, t. I, col. 1707, s'exprime en ces termes au sujet de ce commentaire : « Olet recentem scholasticæ palestræ methodum; « unde longe distat ab ipsis Bedæ temporibus. Jure igitur ab omnibus inter spuria ad « scholasticam balbutiem rejicitur. » — Fabricius, *Biblioth. med. et inf. latinitatis*, t. I, p. 192 : « Bedæ suppositum esse non dubitant viri docti. »

(2) Procope, *De Bello Gothico*, l. I, c. 1.

(3) *Recueil des historiens des Gaules et de la France*, t. II, p. 15.

(4) *De Gloria martyrum*, cap. XL, dans le recueil des opuscules de Grégoire de Tours publié, pour la Société de l'Histoire de France, par M. Bordier, Paris, 1857, in-8º, p. 113.

(5) *Dialog.* IV, cap. XXX, Opp. Parisiis, 1705, in-fol. t. II, p. 420.

le jour de la mort du roi des Goths, un solitaire qui habitait l'île de Lipari, près de la Sicile, eut une vision dans laquelle le prince lui apparut couvert d'un sac, les pieds nus, et les mains liées derrière le dos, s'avançant comme un criminel vers une fournaise où il fut précipité. Il avait à ses côtés deux de ses victimes, le pape saint Jean et le sénateur Symmaque, égorgés par ses ordres; mais dans cette vision Boèce n'a pas de rôle, et son nom, quoi que prétende D. Gervaise, n'est pas même prononcé par le saint narrateur.

Un martyrologe imprimé dans la collection des œuvres de Bède associe Boèce avec Symmaque au martyre de saint Jean; mais on tombe d'accord que ce martyrologe est une composition apocryphe d'une époque plus récente. Celui dont Bède est l'auteur a été publié par les Bollandistes; Boèce n'y figure pas (1).

Non seulement Boèce n'était pas rangé, dans les premiers siècles du moyen âge, parmi les défenseurs de la foi; mais, dans l'une de ces anciennes notices que nous avons déjà citées, il se montre à nous avec des traits tout différents, avec la physionomie authentique qui ressort de ses véritables écrits. En effet, après avoir raconté qu'il voulait affranchir Rome et l'Italie de la domination tyrannique des Goths, et qu'il avait dans cette vue entamé une correspondance avec Justinien, le biographe anonyme ajoute qu'il fut poursuivi comme se livrant à la nécromancie, et comme adorant les idoles, *quasi nichromantiæ adorator et quasi idolorum cultor* (2). Ces derniers mots sont la traduction, sans doute un peu forcée, de ce passage du premier livre de la *Consolation*, que nous avons cité, et dans lequel Boèce nous apprend que ses ennemis avaient tourné contre lui son culte pour la philosophie, et qu'ils l'avaient accusé d'être en commerce avec les démons. Mais si le souvenir de ces griefs chimériques s'est perpétué, s'il a été recueilli par les plus anciens biographes, à quoi se réduit la tradition du christianisme de Boèce, et quel cas peut-on faire de ces portraits de fantaisie

---

(1) Bedæ *Opera*, Basileæ, 1563, in-fol. t. III, p. 419; *Acta S. S. Martii*, t. I, p. xx.

(2) Bibliothèque nationale, fonds de Sorbonne, 355 : « Cum accusaretur quasi ni-« chromantiæ operator et quasi idolorum cultor, multisque aliis criminibus infalsare-« tur, apud Ticinum exilio relegatus est. » La même notice, avec les mêmes expressions, se lit dans le manuscrit 200 du fonds de Saint-Victor.

dans lesquels il est représenté comme le champion du catholicisme persécuté?

En marchant pas à pas avec l'histoire, nous sommes parvenus à l'entrée du viii° siècle. Boèce, on l'a vu, n'est encore cité que comme philosophe et comme traducteur; et cependant voici que, vers l'an 725, le roi des Lombards, Luitprand, lui élève un mausolée à Pavie, dans l'église de Saint-Pierre-au-Ciel-d'Or, qui était fondée depuis peu. C'est ce mausolée, aujourd'hui détruit, que Dante avait visité, et dont il est question dans ces vers de la *Divine Comédie*, par lesquels le poète salue l'âme sainte de Boèce, qui dévoila les mensonges du monde aux hommes attentifs à sa voix :

> L'anima santa che'l mondo fallace
> Fa manifesto a chi di lei ben' ode (1).

On y lisait encore, au xive siècle, cette épitaphe grossièrement composée, dont nous transcrivons les deux premiers vers d'après un écrivain anonyme, auteur d'une description de Pavie, que Muratori a publiée (2) :

> Hoc in sarcofago jacet ecce Boetius arto
> Magnus et omni modo magnificandus homo.

Ces honneurs, si nouveaux dans l'histoire, qui furent rendus par Luitprand à la mémoire de Boèce nous annoncent que la renommée du conseiller de Théodoric s'était transformée, et que désormais ce ne sera plus seulement l'interprète d'Aristote dont l'autorité sera invoquée en sa personne.

En effet, moins d'un siècle après, Alcuin, au chapitre premier de son traité *De la Procession du Saint-Esprit*, mentionne sous le nom de Boèce l'opuscule *De la Trinité*. Il parle de l'auteur comme d'un personnage également habile dans les lettres divines

---

(1) *Parad*. X, 124 et suiv. « J'étais allé à Saint-Pierre-au-Ciel-d'Or, dit M. Valery (*Voyages en Italie*, Paris, 1838, t. I, p. 160), chercher le tombeau de Boèce..., il n'y était plus; depuis trente ans cette église est supprimée, et elle était encombrée par le fourrage d'un régiment polacre. Le corps de Boèce avait été mis à la cathédrale. »

(2) *Anonymi Ticinensis Commentarius de Laudibus Papiæ*, ap. Muratori, *Rerum Italicarum script.*, t. XI, col. 13.

et dans la philosophie, *Boetius vir in divinis nec non in philosophicis voluminibus eruditus* (1). Il ne dit pas à qui l'ouvrage est adressé, ni quel en est le titre, mais seulement qu'il a pour objet l'unité de la substance du Père, du Fils et du Saint-Esprit. Hincmar, après Alcuin, s'appuie, dans les discussions sur le dogme, du témoignage de Boèce (2). Sigebert de Gembloux et Honoré d'Autun le comprennent parmi les écrivains ecclésiastiques (3), et, à l'exception de l'*Exposition sommaire de la foi chrétienne* qu'ils ne connaissent pas, ils regardent comme authentiques tous les autres écrits qui lui sont attribués. Il est cité en maints passages par Abélard, qui se plaît à couvrir ses propres opinions d'une autorité aussi respectée (4). Enfin il trouve un interprète en Gilbert de la Porrée, évêque de Poitiers (5), auquel ce commentaire, semé de propositions malsonnantes, a valu, dans l'Église et dans l'école, une renommée très équivoque. L'*Exposition sommaire de la foi chrétienne* est le seul écrit à l'égard duquel la tradition ne soit pas encore fixée, car j'ai découvert qu'elle est citée sous le nom de saint Augustin dans le *Décret* de Gratien (6). Saint Augustin n'en est pas l'auteur, puisqu'on y parle de l'hérésie d'Eutychès, qui ne parut qu'après la mort de l'évêque d'Hippone; mais cette erreur est une nouvelle preuve de la facilité avec laquelle les attributions les moins vraisemblables ont pu autrefois s'accréditer.

Tandis que les ouvrages supposés de Boèce pénètrent ainsi dans le courant des études et de la controverse théologique, son nom se trouve associé à celui des martyrs.

(1) *De Processione S. Spiritus;* opp. cura et studio Frobenii, Ratisbonæ, 1771, in-fol. t. I, p. 752.

(2) *Opp.* ed. J. Sirmond, Parisiis, 1645, in-fol. t. I, p. 460, 474, 519, 521; t. II, p. 60.

(3) Honorius, *De Scriptoribus ecclesiasticis*, l. III, cap. XXII; Sigebertus, *De Scriptoribus ecclesiasticis*, cap. XXXVII, ap. Fabricii *Biblioth. ecclesiast.* Hamburgiæ, 1718, in-fol. p. 87 et 97.

(4) P. Abælardi *Opera*, ed. V. Cousin, Parisiis, 1849-1859, t. II, p. 66, 193, 469, 495, 500 et 507.

(5) Ces commentaires sont à la suite des Œuvres de Boèce dans l'édition de Bâle, 1570, in-fol.

(6) P. I, D. XI, cap. VIII : « Catholica ecclesia per orbem diffusa, tribus modis proba-« tur existere. Quidquid enim in ea tenetur, aut auctoritas est scripturarum, aut tra-« ditio universalis, aut certe propria et universalis interpretatio, etc. » Tout ce passage se lit dans l'*Exposition sommaire de la foi chrétienne*. Gratien le transcrit sous ce titre : *B. Augustinus in libro de Fide christiana.*

Parcourez les écrivains du ixe siècle, Paul Diacre, Adon de Vienne, Anastase le Bibliothécaire, Adrevald, le chroniqueur des miracles de saint Benoît; quand ils parlent de Boèce, ils le qualifient de catholique, et le rangent parmi les victimes de l'intolérance religieuse du roi des Goths.

Cependant les idiomes populaires s'emparent du thème que la tradition nouvelle a fourni. Alfred le Grand paraphrase en anglo-saxon, dans un sens catholique, la *Consolation de la philosophie*; un ancien troubadour en tire le sujet d'un poème, dont la première partie a été publiée par M. Raynouard (1); le moine Notker la traduit en allemand (2).

Nous venons de marquer, je crois, l'époque précise où la tradition du christianisme de Boèce a pris naissance en Italie, et de là s'est répandue dans toute l'Europe; mais comment cette tradition a-t-elle pu se former? Quel motif poussa Luitprand à élever un tombeau dans une église chrétienne, près du maître-autel, dit-on, en l'honneur d'un personnage illustre sans doute, mais qui ne se recommandait jusque-là que par des titres purement profanes? Ce motif fut, autant qu'on peut le supposer, une confusion de personnes dont je crois avoir découvert l'origine.

Le nom de Boèce, sur l'orthographe duquel on dispute encore, et qui paraît devoir s'écrire *Boethus* ou *Boethius*, du grec βοηθός, était plus répandu qu'on ne pense chez les anciens. On connaît effectivement plusieurs personnages qui l'ont porté, entre autres Boethus de Sidon, le disciple d'Andronicus de Rhodes (3); Boethus de Ptolémaïs, le contemporain de Galien (4); Boethus le stoïcien, mentionné par Diogène Laerce (5); Boethus de Tarse, dont on possède une épigramme (6); Boethus le platonicien, que cite Photius (7). Mais, sans remonter à une époque aussi éloignée, considérons seulement le vie siècle; il ne nous offrira pas moins

---

(1) *Choix de poésies des troubadours*, t. II.
(2) *Uebersetzung und Erläuterung der von Boethius verfassten 5 Bücher De Consolatione philosophiæ*, zum ersten Male herausgegeben von E. G. Graff, Berlin, 1837, in-8°.
(3) Fabricius, *Biblioth. græc.*, t. III, p. 480.
(4) *Ibid.* t. IV, p. 558, 560 et 566.
(5) *Ibid.* t. III, p. 545.
(6) *Ibid.* t. IV, p. 467.
(7) *Ibid.* t. III, p. 165.

de quatre personnages plus ou moins considérables qui se sont appelés Boèce. Chose remarquable ! ils étaient tous catholiques, et ils ont occupé de hautes fonctions dans l'Église d'Occident.

Le premier est un évêque de Cahors, qui assista, en 506, au concile d'Agde, en 511, au premier concile d'Orléans, comme nous l'apprenons par les actes de ces deux assemblées, sur lesquels il signa avec son nom et sa qualité (1).

Le second était un évêque d'Afrique, de la province de Byzacène. Vers l'année 504, il fut exilé en Sardaigne avec saint Fulgence, et d'autres évêques, au nombre de soixante, puis de deux cents, par le roi des Vandales Trasimond, prince arien, animé des dispositions les plus hostiles contre les catholiques. Le bannissement de tous ces prélats se prolongea jusqu'à la mort de leur persécuteur, qui eut lieu en 522 (2). Le nom de l'évêque Boèce ou Boethus, comme l'appellent les éditeurs des œuvres de saint Fulgence, figure avec celui de quelques-uns de ses compagnons d'exil dans trois documents des premières années du vi⁰ siècle. Le premier est une lettre au prêtre Jean et au diacre Venerius sur les mystères de la grâce ; le second est une sorte de consultation adressée aux évêques bannis, par les diacres Pierre, Jean et Léontius, au nom des moines de Scythie, sur l'incarnation et le péché originel ; le dernier est la réponse que firent les évêques ; elle est très soignée, très approfondie, et a les proportions d'un véritable traité sur la matière. Lorsque des jours meilleurs commencèrent à luire pour son église, Boethus a-t-il revu l'Afrique ? Nous l'ignorons ; mais il est beaucoup plus probable qu'il mourut en Sardaigne, car son nom ne figure pas dans les actes du concile que Boniface, le nouvel évêque de Carthage, convoqua dans cette ville, en 526, pour réparer les plaies causées par une aussi longue persécution (3).

Soixante ans plus tard, l'église de Carpentras fut également gouvernée par un prélat qui portait le nom de Boèce, qui as-

---

(1) *Gallia christiana*, t. I, p. 119 ; Labbe, *Concil.* t. V, p. 543 et 548.

(2) Baronius, *Annales ecclesiast.* cum crit. Ant. Pagii, Lucæ, 1742, in-fol. ad ann. 522, t. IX, p. 808 : « Hujus (Hormisdæ) temporibus, episcopatus in Africam revocatus « est post annos viginti septem, qui ab hæreticis fuerat exterminatus. » (Conf. S. Fulgentii. Ruspensis episcopi *Opera*, Parisiis, 1684, in-4⁰, p. 269, 277 et 284.)

(3) Labbe, *Concil.* t. V, p. 783.

sista, en cette qualité, au concile de Valence en 584, et qui se fit représenter, l'année suivante, par un délégué au concile de Mâcon. Outre les indications que donnent sur lui les auteurs du *Gallia christiana*, on possède son épitaphe, qui nous a été conservée par Suarez (1).

Le dernier personnage s'appelant Boèce dont je signalerai la trace est un évêque de Maguelonne (2), qui délégua l'archidiacre Genesius pour le représenter au concile assemblé, en 589, à Tolède, par le roi Reccared ; l'année suivante, il assista en personne au concile de Narbonne, avec tous les évêques de sa province.

Si le nom de Boèce était assez répandu au vi<sup>e</sup> siècle pour que, dans l'espace de quatre-vingts ans, il ait appartenu, sans parler du consul, à quatre évêques, n'est-il pas naturel de supposer que l'un de ceux qui l'ont porté, martyr obscur de la foi, aura été confondu avec l'illustre patricien, et que ces deux figures, mêlées en une seule, auront formé le personnage, honoré de l'Église et cher aux philosophes, dont la double renommée jette encore un si vif éclat? Mais cette conjecture peut être pressée, et des coïncidences singulières, de fortes vraisemblances, à défaut de preuves directes, autorisent à croire que le personnage inconnu qui complète en quelque sorte le disciple profane d'Aristote et des anciens, c'est le second des prélats que nous avons cités, c'est Boethus, évêque d'Afrique, exilé et mort en Sardaigne.

Avant d'élever à Boèce un tombeau, Luitprand avait rendu les mêmes honneurs à l'évêque d'Hippone, à saint Augustin. La dépouille mortelle de ce grand saint avait été enlevée à l'Afrique et transportée en Sardaigne par ces mêmes évêques, victimes des persécutions de Trasimond, au nombre desquels se trouvait l'évêque Boethus. Elle y resta jusqu'à l'époque où, les Sarrasins s'étant rendus maîtres de l'île, Luitprand racheta de leurs mains, moyennant une forte somme d'argent, ce précieux dépôt, qu'il fit conduire à Pavie (3).

---

(1) *Gallia christiana*, t. 1, p. 897; Biblioth. impériale, mss. Suarez, t. V, p. 536.
(2) *Gallia christiana*, t. VI, p. 730 et suiv.
(3) Paulus Diaconus, *De Gestis Langobardorum*, lib. VI, cap. LXVIII, ap. Muratori, *Rerum Italicarum scrip.* t. I, p. 506 : « Luitprandus vero audiens quod Sarraceni, « depopulata Sardinia, etiam loca illa ubi ossa Augustini episcopi propter vastationem

Tous ces faits nous sont attestés par Paul Diacre, Olcrade, Adon de Vienne, l'auteur anonyme de la description de Pavie, et une ancienne charte que Mabillon a publiée dans son Voyage en Italie.

Mais la piété du roi des Lombards ne se borna pas là. Voulant aussi mettre à l'abri des outrages des soldats du Coran les reliques des confesseurs de la foi qui étaient morts en Sardaigne, il les recueillit pour les placer à côté de celles de saint Augustin. Parmi les martyrs dont il fit lever les corps, les historiens nomment Luxorius, Ciselius et Camerinus (1). Je ne sais si je me fais illusion, mais je ne crois pas hasarder une induction téméraire en supposant que la tombe de l'évêque Boethus fut retrouvée avec celles de ses compagnons d'exil; qu'en raison de la ressemblance des noms, qui rendait si facile la confusion des personnes, elle fut prise pour la sépulture de l'auteur de la *Consolation de la philosophie*, et que les souvenirs, encore vivants, de la persécution de l'Église sous le règne de Théodoric contribuèrent à enraciner cette erreur, qui devint générale après que Luitprand eut achevé dans Pavie le monument qui la constatait.

Il est aisé, dès lors, de déterminer à quelle plume appartiennent le livre *De la Trinité*, celui *Contre Eutychès*, et l'*Exposition sommaire de la foi chrétienne*, vulgairement attribués à Boèce le consul; je pense que ce fut en Sardaigne qu'ils furent composés, et que l'évêque Boèce en est l'auteur.

Bien que l'ère des grandes controverses fût fermée au VIe siècle, le débat continuait avec subtilité, même sur les points qui avaient été réglés par les conciles de Nicée, d'Éphèse et Chalcédoine. L'hérésie d'Arius, embrassée avec ardeur par les conquérants germains, celles de Nestorius et d'Eutychès, très répandues en Orient, remuaient profondément le clergé, et provoquaient, d'un

---

« barbarorum olim translata et honorifice fuerant condita, fœdarent, misit eo, et dato « magno pretio, accepit et transtulit ea in urbem Ticinensem ibique cum debito tanto « patri honore condidit. » (Cf. Baronius, *Annales ecclesiast.* ad annum 725, t. XII, p. 320 et sqq.; Mabillon, *Musæum italicum*, t. I, p. 218 et 219.)

(1) Anonymus Ticinensis, ap. Muratori, t. XI, col. 13 : « Ecclesia S. Petri in Cœlo-« Aureo, quam amplificavit Luitprandus, rex Longobardorum, atque dotavit. In qua « jacet corpus beatissimi Augustini, episcopi Hipponensis, doctoris eximii, qui mul-« tas ibi virtutes ostendit; et corpora BB. MM. Luxorii, Ciselii, Camerini, Robustiani « et Marii, nec non B. Apiani, episcopi et confessoris, quæ omnia translata sunt de Sar-« dinia illuc cum corpore B. Augustini per dictum regem. Item corpus Severini Boetii « philosophi, viri Dei... »

bout à l'autre de la chrétienté, de nombreux écrits dont quelques-uns sont parvenus jusqu'à nous. Indépendamment de plusieurs lettres des souverains pontifes, je citerai les ouvrages de Vigile de Tapse, de saint Fulgence, de saint Avit et de saint Éleuthère. En Sardaigne surtout, ces soixante évêques exilés formaient une sorte de concile permanent, qui délibérait sur les matières théologiques et donnait des réponses aux questions que des particuliers ou des églises leur avaient soumises, comme on le voit par les documents mêmes au bas desquels se lit le nom de l'évêque Boethus. Saint Fulgence (1), au témoignage de son biographe, était l'âme de ces réunions; c'était lui qui tenait la plume et qui dirigeait les décisions; mais il ajoute qu'elles étaient d'abord débattues en commun avec beaucoup de maturité. Il est probable que les écrits portant le nom de Boèce, et qui sont si peu en rapport avec les ouvrages authentiques de l'auteur de la *Consolation de la philosophie*, n'ont pas d'autre origine que ces délibérations oubliées.

Et d'abord la date de la composition correspond exactement aux années que les évêques d'Afrique ont passées en Sardaigne. Le prologue du traité *Contre Eutychès* renferme, à cet égard, une indication très précise : c'est la mention d'une lettre sur les eutychéens, dont il vient d'être donné lecture devant l'auteur, et qui lui a fourni l'occasion d'écrire sur ces matières. Les expressions qui sont citées s'accordent, pour ainsi dire, textuellement avec celles de l'exposé que le pape Symmaque reçut, en 511, de la part des Églises d'Orient, que ravageait l'hérésie (2). Le traité

---

(1) *S. Fulgentii, episcopi Ruspensis, Vita, a quodam ejus discipulo conscripta*, cap. xx : « Post deliberationis autem longissimas moras, quidquid definitio communis
« invenerat, eloquenter allegandum sensibus cæterorum beato Fulgentio dimittebatur.
« Huic etiam quandocunque transmarinis litteris de fide vel de diversis quæstioni-
« bus interrogabantur episcopi, respondere pro omnibus ab omnibus imponebatur...
« Sexaginta quippe et eo amplius episcopos tunc catena ligabat exilii, quorum lingua et
« ingenium beatus Fulgentius episcopus fuit. »
(2) Le prologue du traité *Contre Eutychès* contient ce qui suit : « Meministi, cum in
« concilio legeretur epistola, recitatum Eutychianos ex duabus naturis Christum con-
« sistere confiteri, in duabus negare; catholicos vero utrique dicto fidem præbere : nam
« et ex duabus eum naturis consistere et in duabus apud veræ fidei sectatores æquali-
« ter credi... » Voici maintenant ce que nous lisons dans la lettre que les évêques d'Orient écrivirent au pape Symmaque, et que Baronius a reproduite (*Annal. eccles.* t. IX, ad ann. 511) : « Nos enim... eumdem (Christum) esse existimamus ex duabus

*Contre Eutychès* fut certainement rédigé cette année même ou la suivante, et les analogies qu'il présente, quant à la méthode et au style, avec l'opuscule et le fragment sur la *Trinité*, je dirai même avec l'*Exposition sommaire de la foi chrétienne*, autorisent à penser que tous ces ouvrages sont sortis de la même main et qu'ils ont vu le jour à peu près dans le même temps.

Sous le rapport des matières qui s'y trouvent traitées, et du fond de la doctrine, les productions dont il s'agit ne diffèrent pas de tout ce qui se pensait et s'écrivait en Sardaigne durant le séjour des évêques bannis. C'est sur la Trinité, l'Incarnation, les deux natures et l'unité de personnes en Jésus-Christ que la discussion roule. Les arguments sont ceux que saint Fulgence a si souvent fait valoir, au nom de l'Église d'Afrique, contre les hérésies répandues autour de lui. Ainsi, pour me borner à un seul exemple, car je ne voudrais pas faire une excursion trop prolongée sur ce terrain semé d'écueils, l'auteur explique le mystère de la Trinité de la même manière que saint Fulgence, comme lui développant les germes contenus, c'est son expression, dans les écrits de saint Augustin (1); il enseigne que les noms de Père, de Fils et de Saint-Esprit, marquent de simples relations entre les personnes de la Trinité, relations qui sont sans doute nécessaires et éternelles, mais qui, ne supposant aucune différence de nature, n'introduisent pas de division au sein de la substance divine. Çà et là j'ai relevé aussi des expressions communes aux deux écrivains, ce qui est d'autant plus remarquable qu'elles touchent à ces nuances de la pensée, délicates et subtiles, dont la définition exacte est le triomphe du théologien (2).

---

« naturis et in duabus naturis... Illis ex duabus quidem naturis dicentibus, in dua-
« bus autem non confitentibus; nos ex duabus et in duabus pariter dicimus : ex duabus
« enim dicentes ex quibus subsistit unitas; in duabus autem ex quibus visus est... »
Les expressions rappelées dans le prologue du traité *Contre Eutychès* offrent une si frappante analogie avec celles de la lettre aux évêques d'Orient, qu'il paraît impossible qu'elles aient été empruntées à une autre source.

(1) Proœm. : « Vobis inspiciendum est an ex beati Augustini scriptis semina ra-
« tionum aliquos in nos venientia fructus extulerint. »

(2) Je lis dans le traité *Contre Eutychès*, cap. IV : « Duos vero esse dicere Christos,
« nihil est aliud nisi præcipitatæ mentis insania. » Quelques lignes plus bas, cap. VII :
« Nec quaternitatem Trinitati astrui, dum homo additur super perfectum Deum. »
Et vers la fin du traité, cap. VIII : « Manducavit (Christus) et bibit, et humani corporis
« officio functus est; quam indigentiam fuisse in Christo, nullus ignorat, sed potes-

J'ajouterai que, dans tous les ouvrages qui nous sont parvenus sous le nom de Boèce, la forme de la composition paraît indiquer moins de véritables traités, au sens propre du mot, que des mémoires sur des sujets en discussion. A peine le fait est-il contestable en ce qui touche le traité *Contre Eutychès*; car, s'il faut en croire le prologue, ce fut au sortir d'une assemblée où l'on avait échangé beaucoup de paroles, sans parvenir à s'entendre (1), que l'auteur prit la plume pour fixer ses idées sur les points en litige. La réunion dont il s'agit n'a pas laissé de traces dans l'histoire, et les biographes de Boèce sont très embarrassés pour en fixer le lieu et le caractère; nous y voyons, pour notre part, une conférence ecclésiastique tenue en Sardaigne, comme les évêques bannis en avaient entre eux habituellement.

L'opuscule sur la Trinité a aussi, dans un moindre degré, toutes les apparences d'une consultation, d'un discours adressé à plusieurs personnes réunies; c'est le sens que nous inclinons à donner à ces expressions du prologue : « Investigatam diutissime quæs-« tionem offerendam vobis curavi. — Raris, id est, vobis tantum « colloquor. — Quocumque a vobis dejeci oculos. » Il est vrai que dans la plupart des manuscrits l'ouvrage est adressé à Symmaque le sénateur; mais ces manuscrits sont tous postérieurs à l'époque où la tradition du christianisme de Boèce a pris naissance. Je conviens également que le traité *De la Trinité* et celui *Contre Eutychès* supposent, en plusieurs passages, la connaissance du grec; mais, si l'on en juge par les citations que les ouvrages de saint Fulgence renferment, cette langue n'était pas inconnue aux évêques d'Afrique.

Une objection plus spécieuse, mais non pas plus décisive, ce sont les emprunts que l'auteur fait au péripatétisme pour l'explication

---

« tate, non necessitate. » Je trouve les mêmes expressions chez saint Fulgence, *ad Trasimundum*, lib. III, cap. II : « Ne quis duos Christos nos existimet credere... » *Ad Petrum diaconum*, cap. XI : « Quisquis duas asserere nititur in Christo personas, « cultorem se non Trinitatis sed Quaternitatis agnoscat. » *Ad Reginum*, epist. 18, cap. IV : « Apparet Christum ante Passionem, imo usque ad Passionem et mortem, « mortale atque animale corpus habuisse, et pro nobis in eodem corpore veram fa-« mem, veram sitim, fatigationemque sensisse, non necessitate... sed voluntate. »

(1) Proœm. : « Hic omnes... inconditum confusumque strepere : nec ullus in tanto « tumultu, qui leviter attingeret quæstionem, nedum qui expediret, inventus est... « Tuli ægerrime, fateor, compressusque indoctorum grege, conticui. »

du plus auguste des mystères; mais Boèce le patrice n'était pas apparemment le seul homme de son siècle qui connût Aristote, et les traductions du rhéteur Victorinus avaient depuis longtemps répandu de tous côtés les premières notions de la logique péripatéticienne. Ne pouvons-nous pas supposer d'ailleurs que ces emprunts ont été faits à Boèce lui-même? Le commentaire sur l'*Hermeneia*, auquel il travaillait en 512, celui sur les *Catégories*, qu'il écrivit étant consul, c'est-à-dire en 510 (1), ne furent pas ses premiers ouvrages; et tous ceux qu'il composa dans cette période si prospère pour lui ont dû, à peine achevés, trouver des lecteurs, même en dehors de l'Italie.

Si l'on s'étonnait enfin que l'évêque Boèce eût été oublié de tous les historiens qui ont dressé le catalogue des écrivains ecclésiastiques, nous répondrions que cette omission s'explique tant par le petit volume et le caractère de ses ouvrages que par l'existence qu'il a menée au fond d'une île, loin de son siège épiscopal. Quelque chose qui nous surprendrait bien davantage, ce serait qu'un personnage aussi considérable que le patrice Boèce eût écrit sur les matières de théologie, et que parmi ses contemporains personne n'eût signalé les généreux efforts d'un grand esprit pour la défense du catholicisme.

Voici donc les dernières conclusions que nous soumettons avec une certaine confiance au jugement de l'Académie :

1° Les contemporains et les successeurs immédiats de Boèce ne l'ont pas rangé parmi les soutiens de la foi chrétienne; ils se taisent sur sa religion.

2° La renommée catholique de Boèce date du viii° siècle; elle remonte à l'époque où le roi des Lombards Luitprand lui fit construire un tombeau dans l'église de Saint-Pierre, à Pavie.

3° Ce tombeau lui fut élevé parce qu'on avait retrouvé, dans l'île de Sardaigne, les restes d'un ancien évêque d'Afrique appelé *Boèce*, qui vivait au commencement du vi° siècle, et avec lequel Boèce le consul fut confondu.

4° Cet évêque est l'auteur des ouvrages de théologie vulgairement attribués au consul.

(1) Cette date nous est fournie par Boèce lui-même, *In Categor.* l. II : « Etsi « nos curæ officii consularis impediunt quominus in his studiis omne otium, ple- « namque operam consumimus. »

Au moyen âge, le défaut absolu de critique, joint à la ferveur religieuse et à la vénération de l'antiquité, conduisit souvent à prêter aux personnages du paganisme des sentiments chrétiens qui leur sont étrangers et des ouvrages qui ne leur appartiennent pas. La sixième églogue de Virgile était généralement regardée comme une prédiction de l'avènement du Christ ; et Abélard lui-même, malgré les libres allures de sa philosophie, embrassait avec une véritable ardeur cette interprétation (1). Qui doutait alors que Sénèque eût entretenu un commerce de lettres avec l'apôtre saint Paul (2)? S'il faut en croire la *Divine Comédie* (3), le poëte Stace avait reçu le baptême, et la crainte seule des persécutions le détourna de faire profession publique de christianisme. Sous le nom de Claudien, les manuscrits nous ont conservé des hymnes sacrés que certainement il n'a pas composés (4). C'est par l'effet d'une erreur analogue, et sous l'influence des mêmes causes, que la tradition la plus répandue de nos jours nous montre réunis, dans l'auteur de la *Consolation de la philosophie*, l'érudition profane, la science du théologien et le dévouement du martyr. Sans éprouver le moindre goût pour le paradoxe, nous avons pensé qu'il était non seulement permis, mais utile de discuter cette tradition ; et, la suivant de siècle en siècle jusqu'à l'époque où elle a pris naissance, peut-être sommes-nous parvenu à démêler la confusion singulière dont elle fut le résultat.

Le seul personnage que nous reconnaissions dans Boèce, consul et sénateur, c'est celui dont l'image est retracée dans ses propres écrits et dans ceux de ses contemporains. C'est l'interprète d'Aristote et d'Euclide, le consolateur des misères humaines, un sage qui s'était formé à l'école des anciens, qui avait appris d'eux à révérer la science, la liberté et la justice ; que la décadence des lettres et la chute des vieilles institutions pénétraient de douleur ; qui consacra de longues veilles à réparer ces ruines ; que les haines

---

(1) *Introd. ad Theol.* I; *Theol. Christ.* I, opp. t. II, p. 57, 58, 397.
(2) La vérité de cette légende a été soutenue de nos jours par M. A. Fleury, *Sénèque et saint Paul*, 1853, 2 vol. in-8°. (Voyez, en sens contraire, une dissertation de M. Aubertin, *Étude critique sur les rapports supposés entre Sénèque et saint Paul*, Paris, 1857, in-8°.)
(3) *Purgatoire*, XXII.
(4) Cl. Claudiani *Opera*, carm. XLV et sqq. t. II, p. 401 et suiv. de l'édition qui fait partie de la Bibliothèque latine de Lemaire.

politiques n'épargnèrent pas, et qui, longtemps heureux, fut enfin sacrifié, dans une heure de colère, par le roi barbare qu'il avait servi.

Si le portrait que nous venons de tracer est exact, on s'étonnera que Boëce ait occupé les premières charges de l'État, malgré les lois édictées contre ceux qui ne partageaient pas la foi du prince. Mais, au vi° siècle de notre ère, le culte de la philosophie n'implique pas nécessairement la profession ostensible du paganisme. Boëce a pu vivre par la pensée et par le cœur dans l'antiquité, il a pu admirer et commenter ses philosophes, sans être, au sens propre du mot, un païen. Au reste, les lois des empereurs contre l'ancien culte admettaient dans la pratique bien des tempéraments, à la faveur desquels ses derniers adhérents conservaient en fait une latitude qui n'était pas, sans doute, la liberté et la sécurité, mais qui permettait la considération et l'influence. Proclus, mort en 480, enseigna dans les écoles d'Athènes une philosophie qui avait pour but avoué d'interpréter le polythéisme à la lumière du platonisme et du péripatétisme. Les disciples de Proclus, Marinus, Isidore, Zénodote et Damascius, continuèrent après lui le même enseignement, qui ne cessa qu'en 529, sous le règne de Justinien. A la cour de ce prince, ardent défenseur de l'orthodoxie, le jurisconsulte Tribonien, qui rédigea les Pandectes, et l'historien Procope, avaient des sentiments si incertains et si chancelants sur la religion, qu'on a douté s'ils furent païens ou chrétiens. En Occident surtout, avec Théodoric, prince arien, la tolérance ne devait pas être moindre. L'arianisme, qui méconnaît la divinité de Jésus-Christ, prédispose à juger avec indulgence toute philosophie qui proclame l'unité et la providence de Dieu. N'est-ce pas Théodoric qui écrivait aux Juifs de Gênes, par la plume de Cassiodore : « Nous déplorons vos erreurs; mais nous ne pouvons commander la religion (1). » Moins de dix années après la mort de Théodoric, un de ses successeurs, le roi Théodat, disait à son tour : « Nous n'avons pas la présomption de décider des choses pour lesquelles nous n'avons pas reçu de mission spéciale. Lorsque Dieu permet qu'il existe plusieurs religions, nous ne prenons pas sur nous d'en

---

(1) Cassiodore, *Variarum* lib. II, 37 : « Religionem imperare non possumus, quia
« nemo cogitur, ut credat invitus. »

imposer une seule; nous nous rappelons avoir lu que les sacrifices au Seigneur doivent être offerts volontairement, et non pas arrachés par la contrainte. Celui qui prétend établir d'autres règles contredit manifestement l'ordre de Dieu (1). » Voilà les larges maximes que les rois goths proclamaient, sauf à les démentir cruellement sitôt qu'elles contrariaient leurs intérêts ou leurs passions. Sous des princes animés de cet esprit, la religion de Boèce, toute profane qu'elle fût, devait facilement trouver grâce; elle ne lui fermait pas la carrière ouverte à son ambition par une naissance illustre et un renom précoce d'éloquence et de savoir.

Malgré ses travaux, son intégrité et l'éclat de sa mort, Boèce nous paraîtrait plus grand si, au lieu de se réfugier dans une imitation stérile de l'antiquité, il avait demandé, comme on le croit vulgairement, un appui et des consolations aux saintes croyances qui commençaient à régénérer le monde. Nous faisons tort à sa mémoire en venant soutenir qu'il n'a pas connu la lumière de l'Évangile, ou que, l'ayant connue, il l'a repoussée, comme les Alexandrins, pour suivre Aristote et Platon. Mais le devoir de la critique historique n'est pas de prêter une fausse grandeur aux personnages qu'elle étudie, c'est de dissiper les illusions, et de rétablir, autant qu'elle peut, la vérité des caractères et des physionomies. Quant à l'Église, elle est désintéressée dans ce débat. Qu'importe à son autorité que Boèce ait figuré dans les rangs des catholiques? A ceux qui ont combattu, à ceux qui sont morts pour la foi, elle assure un immortel souvenir dans la mémoire et la vénération des peuples; mais elle fait plus pour leur renommée qu'ils n'ont fait eux-mêmes pour son triomphe; sans eux, elle eût poursuivi son œuvre avec d'autres instruments et par d'autres voies.

---

(1) Cassiodore, *Variar.* X, 26 : « Earum siquidem rerum judicium non præsumimus, « unde mandatum specialiter non habemus. Nam cum divinitas patiatur diversas reli- « giones esse, nos unam non audemus imponere. Retinemus enim legisse nos volun- « tarie sacrificandum esse Domino, non cujusquam cogentis imperio. Quod qui aliter « facere tentaverit, evidenter cœlestibus jussionibus obviavit. »

# DES
# COMMENTAIRES INÉDITS
DE GUILLAUME DE CONCHES ET DE NICOLAS TRIVETH

SUR LA

# CONSOLATION DE LA PHILOSOPHIE
DE BOÈCE.

# DES
# COMMENTAIRES INÉDITS

### DE GUILLAUME DE CONCHES ET DE NICOLAS TRIVETH

#### SUR LA

## CONSOLATION DE LA PHILOSOPHIE

#### DE BOÈCE.

---

Les lettres antiques, à l'époque de leur décadence, n'ont produit aucun ouvrage qui méritât mieux d'échapper à l'oubli que la *Consolation de la philosophie* de Boèce. Le sujet que traite l'auteur, quelque rebattu qu'il paraisse, est un de ceux qui ne sauraient vieillir, parce qu'il retrouve, de siècle en siècle, un éternel à-propos dans les misères de l'humanité. Aussi longtemps que le mal existera dans le monde, il fournira une ample matière aux discours des sages. Les exhortations adressées par Boèce à tous ceux qui souffrent intéressent d'autant plus qu'elles lui sont inspirées par le sentiment de sa propre infortune. A peine songe-t-il à la postérité; comme il écrit au fond d'une prison et à la veille de mourir, sa principale pensée est pour lui-même; il tend surtout à préserver son âme de l'abattement, à relever son courage et ses espérances. Le spectacle de l'instabilité et de l'insuffisance des biens d'ici-bas l'élève aux plus hautes vues sur le souverain bien, le gouvernement de la Providence et l'accord des perfections divines avec la liberté de l'homme. Son livre dépasse de beaucoup la portée d'une leçon ordinaire de morale pratique; car il contient, avec d'excellents préceptes, une métaphysique savante et en général très exacte. La beauté de la forme, le mélange de la prose et des vers, ajoutent encore au charme de la composition, dernier reflet de l'éloquence et de la poésie latines. Après Boèce, la tradition de ce grand style, à la fois simple et noble, qu'il avait hérité des anciens, va se trouver perdue pour jamais.

Comme la plupart des ouvrages qui expriment avec éloquence des sentiments et des pensées vraies, la *Consolation de la philosophie* a compté un grand nombre d'interprètes. Dès le IXe siècle, Alfred le Grand la traduisait en saxon, et, huit siècles plus tard, Leibnitz en composa un abrégé pour son propre usage (1). Entre ces deux dates, marquées par deux noms célèbres, combien de plumes moins illustres ont travaillé sur le chef-d'œuvre de Boèce! Il a été traduit, commenté ou imité dans la plupart des langues de l'Europe : en provençal, au Xe siècle, par un poète inconnu (2); en allemand, au XIe siècle, par le moine Notker, de l'abbaye de Saint-Gall (3); en français, au XIIIe et au XIVe, par Jean de Meun, Renaud de Louhans, peut-être Charles d'Orléans et des interprètes anonymes (4); en italien, en espagnol, en flamand (5) et en grec. Aux traductions et aux imitations en langue vulgaire, il faut ajouter un assez grand nombre de commentaires latins, les uns déjà publiés, comme celui qui a été faussement attribué à saint Thomas d'Aquin, et les autres encore inédits. Parmi ces derniers se trouve une glose qui porte le nom de Guillaume de Conches, l'exposition plus récente d'un frère de l'ordre de Saint-Dominique, Nicolas Triveth, et un discours de Pierre d'Ailly, composition de la jeunesse du cardinal (6). Nous sommes loin

---

(1) Cet abrégé, qui ne comprend, au reste, que les deux premiers livres, a été retrouvé par M. le comte Foucher de Careil, qui l'a publié dans le recueil des *Lettres et opuscules inédits de Leibnitz*, Paris, 1854, in-8°, p. 265 et suiv.

(2) Raynouard, *Choix de poésies des troubadours*, t. II.

(3) *Uebersetzung und Erläuterung der von Boethius verfassten 5 Bücher De Consolatione philosophiæ, zum ersten Male herausgegeben* von E. G. Graff, Berlin, 1837, in-8°.

(4) Paulin Paris, *les Manuscrits françois de la Bibliothèque du Roi*, t. V, p. 38, 43, 51 et 55; t. VI, p. 242, 274, 377, 343 et 349.

(5) Paulin Paris, *ibid.* t. I, p. 293 et suiv. Voyez aussi Fabricius, *Bibliotheca latina*, Venetiis, 1725, in-4°, t. II, p. 150 et 151.

(6) Ce commentaire est cité par Launoy (*Regii Navarræ gymnasii historia*, Parisiis, 1677, in-4°, p. 470). Elies Dupin, le savant éditeur des Œuvres de Gerson (*Gersonii*

de nous faire illusion sur la valeur de pareilles œuvres, et nous ne conseillerons à personne de consacrer beaucoup de temps à les étudier. Toutefois, après avoir examiné avec soin les Commentaires de Guillaume de Conches et de Nicolas Triveth, il nous a paru qu'ils ne méritaient pas l'oubli complet où ils sont tombés, et qu'une courte notice consacrée à les décrire fidèlement et à dégager les lueurs nouvelles, les faits ignorés ou peu connus qu'ils renferment, ne serait pas entièrement dépourvue d'intérêt.

Le nom de Guillaume de Conches est familier à tous ceux qui ont un peu étudié les origines de la philosophie scolastique (1). Il enseignait dans les écoles de Paris, vers le même temps qu'Abélard. Jean de Salisbury, qui suivit ses leçons pendant trois ans, le cite comme un des maîtres les plus accrédités du siècle. Son enseignement portait principalement sur la grammaire; mais il n'était pas étranger aux autres branches des connaissances. Il a laissé des ouvrages qui sont de véritables encyclopédies, où les sujets les plus divers sont abordés, où toutes les sciences ont leur part, théologie, astronomie, physique, anthropologie. Le plus considérable, s'il faut en croire les auteurs de l'*Histoire littéraire de la France*, avait pour titre *Magna de naturis philosophia*; mais on n'en connaît aujourd'hui aucun exemplaire imprimé ni manuscrit; les autres sont intitulés : *Philosophia minor, Dragmaticon philosophiæ, Secunda* et *Tertia philosophia*. La *Philosophia minor*, faussement attribuée à Bède et à Honoré d'Autun (2), figure dans les œuvres du premier sous le titre de Περὶ Διδάξεων, *sive quatuor libri de Elementis philosophiæ*, et dans celles du second sous celui de *Philosophia mundi*. On possède, en outre, un commentaire de notre auteur sur le *Timée* de Platon, que M. Cousin

*Opera*, Antwerpiæ, 1706, in-fol. t. I, in append. p. 488), ne l'a pas jugé digne d'être publié; il fait partie du ms. 3122 de l'ancien fonds de la Biblioth. nationale.

(1) Voyez en particulier l'*Histoire littéraire de la France*, t. XII, p. 455 et suiv.; l'article de M. Hauréau, dans la *Nouvelle Biographie générale*, publiée par MM. Didot, t. XXVIII, et une *Notice biographique, littéraire et philosophique*, par M. Charma, Paris, 1857, in-8º.

(2) Nous avons le premier signalé l'identité des deux ouvrages et établi que l'auteur était Guillaume de Conches, dans notre *Dissertation sur l'état de la philosophie naturelle en Occident pendant la première moitié du XIIᵉ siècle*, Paris, 1838, in-8º, p. 101 et suiv.

a retrouvé, et dont il a donné des extraits à la suite des ouvrages inédits d'Abélard (1).

Les gloses sur la *Consolation de la philosophie* de Boèce sont inscrites sous le nom de Guillaume au catalogue des manuscrits de deux bibliothèques, celle de Troyes et celle d'Orléans (2). Le manuscrit de la bibliothèque de Troyes est un petit in-4° du XII° siècle, composé de vingt feuillets à deux colonnes, dont la glose remplit les dix-neuf premiers. Le titre, à demi effacé, laisse apercevoir le mot de *Conchis*, qui se trouve complété plus loin par la mention suivante : « Expliciunt glosulæ Vuillelmi de Conchis super Boetium *De Consolatione philosophiæ*. » Le manuscrit de la bibliothèque d'Orléans est formé de la réunion de plusieurs copies d'un âge très différent; la glose sur Boèce occupe les premiers feuillets, écrits à deux colonnes, en caractères assez fins qui paraissent du XII° siècle. Le nom de Guillaume de Conches se lit au verso du feuillet 44, où s'arrête la glose. Outre ces deux manuscrits, nous en avons examiné trois autres dans lesquels le même commentaire se retrouve avec quelques variantes sans nom d'auteur; ce sont les manuscrits 1381 de la bibliothèque de Troyes, 200 du fonds de Saint-Victor de la Bibliothèque nationale, et 1316 du fonds de Saint-Germain. Enfin ce commentaire, comme on peut s'en convaincre par le rapprochement des textes, est bien celui dont M. Obbarius, le dernier éditeur de la *Consolation de la philosophie* (3), a signalé l'existence dans un ancien manuscrit de la bibliothèque de Leipzig, sous le titre de *Glosulæ magistri Guillehelmi super Boetium*.

L'authenticité de l'ouvrage n'est pas contestable. Il a visiblement tous les caractères de ceux qui sont sortis de la plume de Guillaume de Conches; ce sont les mêmes matières, les mêmes doctrines, le même style.

Ainsi les explications physiques tiennent une grande place dans le commentaire sur Boèce. L'auteur saisit toutes les occasions que

---

(1) *Ouvrages inédits d'Abélard*, Paris, 1836, in-4°, p. 646 et suiv.
(2) *Catalogue général des manuscrits des biblioth. publiques des départements*, t. II, Paris, 1855, in-4°, p. 453; Septier, *Manuscrits de la bibliothèque d'Orléans*, Orléans, 1820, in-8°, p. 138.
(3) *Boethii de Consolatione philosophiæ libri V. Ad optimorum librorum. mss. fidem recensuit*, etc. Theod. Obbarius, Ienæ, 1843, in-8°, p. XXVII, t. et t.XI.

le texte lui offre de s'échapper sur ce domaine alors peu fréquenté. Il suffirait de l'avoir lu avec soin pour se former une idée de la météorologie et de l'astronomie qui étaient enseignées autour de lui, et qu'il professait lui-même. Mais si nous rapprochons ses théories sur la pluie, la neige, le tonnerre, les éclipses, les marées, les vents, etc., de celles qui sont exposées dans les ouvrages de Guillaume de Conches, nous serons frappés de la parfaite ressemblance des définitions qui sont données de part et d'autre. Arrêtons-nous à la théorie des marées. L'interprète de Boëce suppose que, sous l'équateur, la mer se partage, à l'occident comme à l'orient, en quatre courants, dont deux se dirigent vers le midi et deux vers le nord. C'est le choc des flots, lorsque ces courants opposés se rencontrent, qui produit, de rivage en rivage, le flux et le reflux, et cette agitation de l'atmosphère qu'on nomme le vent (1). En nous reportant aux chapitres xiv et xv du troisième livre de la *Philosophia* de Guillaume de Conches, nous y trouverons, avec les mêmes erreurs, des expressions si semblables, qu'il est impossible de supposer qu'elles soient sorties de deux plumes différentes.

Je citerai un second exemple, qui ne me paraît pas moins concluant dans le même sens. Comme Aristote, Pline et quelques autres écrivains de l'antiquité qui ont devancé sur ce point la phrénologie, sans tomber dans les mêmes exagérations que les disciples de Gall, Guillaume de Conches admettait que les facultés secondaires de l'intelligence ont leur siège dans certaines parties du cerveau (2). Ainsi l'imagination est localisée, suivant lui, dans la partie antérieure, la mémoire dans l'occiput, et le jugement dans la partie intermédiaire. Il fait valoir, en faveur de cette hypothèse, que les lésions éprouvées dans une partie entraînent la perte ou l'affaiblissement de la faculté correspondante, comme on le voit dans le cas cité par Solin d'une personne à qui une blessure derrière la tête enleva l'usage de la mémoire, à ce point qu'elle

---

(1) *Consol.* I, met. 2, ms. de Troyes 1381, fol. 19 : « Cum ergo mare illud pervenit ad « Occidentem, duas facit refluxiones quarum una vertitur ad Austrum, alia ad Septen-« trionem ; similiter in Oriente duas, quarum una similiter ad Austrum, alia ad Septen-« trionem vertitur. Duo vero predicte refluxiones ad Septentrionem tendunt, una ab « Occidente, alia ab Oriente. Cum in medio terre incurrunt, se elidunt et fit regur-« gitatio. Inde est famosa accessio maris et recessio que fluctus dicitur, etc. »
(2) *Philos.* lib. IV, cap. xxiv.

ne se souvenait plus de son nom. Mais le passage suivant du Commentaire sur Boèce nous offre la même doctrine, exposée dans les mêmes termes, et appuyée sur les mêmes observations et les mêmes autorités (1) : « Ista vero tria que perfecte faciunt sapien-
« tem in capite habent sedem. Est enim in prima parte capitis
« cellula cerebri in qua vis est intelligendi que vocatur phantas-
« tica; quod ita probatum est : cum vidissent physici aliquem
« boni ingenii, accepto in ea parte capitis vulnere, ingenium
« amisisse, retinendo discretionem memoriamque, compererunt
« in ea esse vim intelligendi. In medio vero capitis, alia est cel-
« lula in qua vis est discernendi, que similiter probatur esse,
« que logistica dicitur, id est, rationalis. In occipite vero, in ipsius
« interiore parte capitis, est alia cellula que dicitur memorialis,
« in qua vis est retinendi, quod eodem modo probatur esse per
« vulnus, quia, ut ait Solinus, quidam accepto vulnere in occi-
« pite, retinens vim intelligendi et rationem discernendi, ita
« amisit memoriam ut nec se habuisse nomen cognosceret. »

Tout s'accorde donc à démontrer que le Commentaire sur la *Consolation* de Boèce, oublié par tous les biographes de Guillaume de Conches, M. Hauréau et M. Charma seuls exceptés, doit être rangé parmi les productions les plus authentiques. Il s'agit maintenant de l'étudier de plus près et d'en apprécier la valeur historique.

Dans le manuscrit 1101 de la bibliothèque de Troyes, l'ouvrage commence par cette phrase, qui manque dans les autres manuscrits : « In principiis philosophorum, ista sex requiruntur : causa
« compositionis operis, materia, modus sive ordo agendi, utili-
« tas cur agatur, cui parti philosophie supponatur, et titulus. »
Cet exorde, tout scolastique, est suivi d'une notice à la fois biographique et littéraire sur les circonstances dans lesquelles les livres de la *Consolation* furent composés et sur le titre qu'ils portent; en voici quelques lignes :

« Boetius iste nobilissimus civis romanus fuit. Catholicus extitit,
« qui contra Nestorium et Euticium, duos maximos hereticos,
« cum non esset qui responderet illis, de fide catholica disputa-
« vit, et in communi concilio hereticos comprobavit. Deinde, tem-

---

(1) *Consol.* l, pr. I, ms. de Troyes 1381, fol. 6.

« pore Theoderici, regis Gothorum, rempublicam obtinentis, et
« omnes bonos sine alicujus contradictione deprimentis, Boetius
« iste, virtute fidei armatus, objecta sua auctoritate periculis,
« quos tirannica rabies deprimebat liberavit. Erat enim tante
« auctoritatis vir, ut ei quem defenderet nullus nocere auderet.
« Videns ergo rex Theodericus Boetium solum tirannidi sue posse
« resistere, cepit inquirere quomodo eum callide perderet. Sed
« cum in eum nullam justam causam inveniret, duas fabulas
« confinxit, scilicet eum impedivisse delatorem accusationem se-
« natus scriptam ad se deferentem; et litteras ad Alexim (1) Cons-
« tantinopolitanum imperatorem pro liberatione reipublicæ
« misisse. Hiis autem de causis, sine accusatione convenientis
« persone, indefensus et absens, reus judicatus est, et apud Pa-
« piam in exilio relegatus est. »

Guillaume de Conches suit, comme on voit, la tradition qui avait prévalu depuis le IX° siècle. Il croit fermement au catholicisme de Boëce, et il le considère comme l'auteur avéré des traités apocryphes contre Nestorius et Eutychès. Je soupçonne même que le concile dont il parle, et dans lequel ces deux grands hérésiarques furent, dit-il, réfutés victorieusement par Boëce, *et in communi concilio hereticos comprobavit*, pourrait bien être, dans sa pensée, le concile de Chalcédoine, où Eutychès fut condamné. Assurément il serait tombé, à cette occasion, dans l'anachronisme le plus étrange, mais que d'autres avaient commis avant lui; car nous apprenons, par d'anciennes notices qui se lisent dans quelques manuscrits (2), que, suivant une opinion assez répandue, Boëce passait pour avoir été le contemporain de l'empereur Marcien, sous lequel les évêques s'assemblèrent à Chalcédoine; ce que le biographe anonyme cherche à expliquer en faisant remarquer qu'après avoir pris part, dans sa jeunesse, aux travaux

---

(1) *Alexim* est la leçon des manuscrits 1101 et 1381 de la bibliothèque de Troyes; le manuscrit de la bibliothèque d'Orléans porte *Alexandrum*.

(2) Ainsi, dans un manuscrit de la Bibliothèque nat., fonds de Saint-Victor, n° 751, nous lisons ce qui suit : « Queritur a nonnullis quo tempore fuerit iste Boetius. Dicunt
« quidam quod fuerit tempore Marciani imperatoris... Dicunt autem quod fecit illum
« librum de sancta Trinitate contra Nestorium et Euticen, ubi mentionem facit Calce-
« donensis concilii. Potest vero fieri ut adhuc juvenis sub Marciano fuerit, et jam senex
« sub Theodorico rege hunc librum composuerit. » Une notice toute semblable a été donnée par M. Théod. Obbarius, *l. c.* p. XXVI.

du concile, Boèce a pu, dans un âge plus avancé, occuper de hautes fonctions sous Théodoric. Au reste, Guillaume est peu familier avec l'histoire de l'Orient, puisqu'il ignore le nom de l'empereur Justin, qu'il appelle Alexis. Il s'excuse lui-même de ne pas rapporter de faits nouveaux, et de s'en tenir à des faits vulgaires; s'il les reproduit, c'est, dit-il, pour éviter le reproche de les avoir oubliés par ignorance : « quod quamvis videatur *trutan-* « *nicum* (1), tamen ne ignorantia prætermisisse videar, exponam. »

Dans la suite de son Commentaire, Guillaume adopte une marche assez capricieuse : tantôt il s'attache au texte et se borne à en donner le sens brièvement dans une glose concise et toute littérale; tantôt il s'autorise d'un mot pour se livrer aux digressions les plus étrangères à son sujet. C'est ainsi que, sous sa plume, l'interprétation du livre de Boèce ressemble souvent, comme nous l'avons fait remarquer, à une page détachée d'un traité de physique et d'astronomie. Un pareil commentaire n'est pas susceptible d'une analyse suivie: sans nous astreindre à en parcourir tous les détours, il suffira de nous attacher à ce qui peut répandre quelque lumière sur les côtés les moins connus de l'enseignement de Guillaume de Conches.

J'y trouve d'abord une classification des sciences qui n'est pas sans doute originale, car elle est en grande partie dans Aristote, mais qui n'en mérite pas moins d'être relevée (2). Tandis que Boèce captif écrit de beaux vers sur l'inconstance de la fortune, la philosophie se présente à lui avec une robe du tissu le plus fin et cependant le plus solide, sur laquelle on distingue les deux lettres T et P, qui marquent la division de la théorie et de la pratique. L'interprète en prend occasion d'exposer toute une classification des connaissances humaines. Il partage la science en deux branches, l'éloquence et la sagesse : l'une est la connaissance vraie et certaine des choses; l'autre consiste à bien les exprimer. L'éloquence a trois parties, qui sont la grammaire, la rhétorique et la dialectique; la sagesse en a deux, l'une théorique et l'autre pratique. La partie théorique comprend la théologie, la physique, et les mathématiques, qui se subdivisent en arithméti-

---

(1) Sur cette expression, voyez le Glossaire de Du Cange, aux mots *Trutannare, Trutannum, Trutanus.* Peut-être faut-il lire *tritissimum.*

(2) *Consol.* I, pr. I, ms. de Troyes 1381, fol. 10 et suiv.

que, géométrie, musique et astronomie. La pratique comprend la morale, l'économique et la politique. Ce qu'il y a de plus remarquable, c'est l'ordre que Guillaume conseille de suivre dans l'étude de toutes ces sciences. Il veut que nous commencions par la morale et que nous finissions par la théologie. Suivant lui, la pratique, sauf de rares exceptions, doit précéder la théorie et y conduire, et parmi les connaissances théoriques, la science des corps, que nous acquérons par les mathématiques et la physique, est l'antécédent naturel de la science des êtres incorporels, qui nous élève elle-même jusqu'au Créateur. « A practica ascen« dendum est ad theoricam, non de theorica descendendum ad « practicam, nisi causa communis utilitatis. Qui vero sint illi « gradus philosophie, id est ordo ascendendi de practica ad theo« riam, sic videndum est. Prius est homo instruendus in moribus « per ethicam, deinde in dispensatione proprie familie per eco« nomicam, postea in gubernatione rerum per politicam. Deinde, « cum in istis perfecte exercitatus fuerit, debet transire ad con« templationem eorum que sunt circa corpora, per mathematicam « et physicam, usque ad celestia: deinde ad contemplationem « incorporeorum usque ad Creatorem, per theologiam. Et hic est « ordo philosophie. » Remarquons en passant que les docteurs scolastiques tombent généralement d'accord que cette méthode qui place les connaissances les plus sublimes au dernier rang dans l'ordre des études, est celle qui convient le mieux à la philosophie. Saint-Thomas lui-même a écrit cette phrase remarquable : « La première connaissance pour le philosophe est celle de la « créature; la dernière est celle de Dieu (1). » S'il débute dans les deux *Sommes* par les hautes parties de la science, c'est qu'il se propose d'y parler en théologien encore plus qu'en philosophe.

Guillaume de Conches portait dans l'étude de la nature la curiosité la plus hardie, et à ceux qui lui en faisaient un reproche il ne craignait pas de jeter, sans égard pour l'habit qu'ils portaient, cette invective amère (2) : « Est-il parvenu à leur connais-

---

(1) *Contra gentes*, II, 4 : « In doctrina philosophiæ... prima est consideratio de « creaturis et ultima de Deo. »
(2) *Philos.* I, cap. XXIII : « Si inquirentem aliquem sciant, illum esse hæreticum « clamant, plus de suo caputio præsumentes, quam sapientiæ suæ confidentes. Sed, « quæso, ne habitui credas, jam enim impletum est quod ait satyricus, etc. »

« sance que quelqu'un travaille sérieusement à s'instruire, ils
« s'écrient : C'est un hérétique! Pauvres gens qui tirent plus de
« gloire d'un capuchon qu'ils n'ont de confiance en leur sagesse.
« Mais ayez soin, je vous prie, de ne pas vous laisser prendre à
« ces dehors trompeurs. C'est le cas ou jamais d'appliquer ces
« paroles du satirique latin :

> Fronti nulla fides, quis enim non vicus abundat
> Tristibus obscœnis (1)?

Le même sentiment de fierté hautaine et la même ardeur à tout connaître se retrouvent dans le commentaire sur Boèce. Guillaume s'élève avec vivacité contre les esprits timorés trop exclusivement attachés à la lettre des saintes Écritures, et qui, même dans des matières qui ne touchent pas à l'édification, condamnent toute recherche libre et veulent que le philosophe se contente de croire comme le premier venu. « Statim obstrepunt, dit-il (2), « quia in libris suis ita scriptum non inveniunt... Nec volunt quod « aliquid supra id quod scriptum est inquiramus, sed ut rustici « simpliciter credamus. » Guillaume ne traitait pas moins sévèrement les esprits vains et fanfarons qui parlent beaucoup et qui savent peu, mais qui se consolent de leur ignorance par des calomnies contre les vrais savants. « Garciones, dit-il (3) encore, « garrulitati intenti, et nihil philosophiæ cognoscentes, et ideo « significationes ignorantes integumentorum, erubescentes di- « cere Nescio, querentes solatium sue imperitie, aiunt hoc expo- « nere trutannicum esse. »

Guillaume était lui-même de ceux que l'attrait de la science profane avait poussés, comme Abélard, à des opinions peu conformes à l'orthodoxie. Parmi les thèses téméraires qu'il a soutenues, il en est une qui paraît avoir fait quelque bruit dans les écoles du XIIe siècle, et que la vigilante piété de Guillaume de Saint-Thierry dénonça un jour à saint Bernard : c'est que le monde

---

(1) Juvénal, *Sat.* II, 8.
(2) *Consol.* XII, met. 9, ms. de Troyes 1381, fol. 53.
(3) Ms. de Troyes, fol. 58. Guillaume a dit en termes à peu près semblables, dans sa *Philosophia minor*, lib. I, præf. : « Nihil de philosophia scientes, aliquid se nescire « confiteri erubescentes, suæ imperitiæ solatium quærentes, ea quæ nesciunt nullius « utilitatis minus cautis prædicant. »

est un être vivant dont le Saint-Esprit est l'âme. Cette doctrine procède visiblement de ce passage du Timée (1) : « Dieu mit au « milieu du monde une âme qu'il étendit dans toutes ses parties « et dans laquelle il enveloppa même extérieurement ce grand « corps. » Une exégèse aussi arbitraire qu'audacieuse pouvait seule conclure des paroles de Platon qu'il avait cru au Saint-Esprit, et que le Saint-Esprit était, dans son système, le véritable principe de vie qui anime la nature. Telle fut cependant la conclusion à laquelle Abélard (2) s'arrêta, et qui fut également adoptée par Guillaume de Conches, comme on le savait déjà par un passage de sa *Philosophia minor* (3), et surtout par la lettre de Guillaume de Saint-Thierry (4). Mais voulons-nous l'entendre exprimer franchement toute sa pensée? nous n'avons qu'à nous reporter au commentaire de ces vers célèbres du troisième livre de la *Consolation de la philosophie*.

Tu triplicis mediam naturæ cuncta moventem
Connectens animam...

Le véridique interprète ne cache pas ce qu'il croit : c'est que le monde a une âme partout présente, cause universelle du mouvement, de la vie, du sentiment et de la pensée; et quelle est cette âme? C'est l'amour divin, c'est le Saint-Esprit. La troisième personne de la sainte Trinité est aux yeux de Guillaume l'agent caché par lequel le végétal croit, l'animal sent, l'homme pense. Mais sur ce point délicat, il faut le laisser lui-même exposer son opinion (5).

« Anima mundi est naturalis vigor quo habent quedam res « tantum moveri, quedam crescere, quedam sentire, quedam « discernere. Sed qui sit ille vigor queritur. Sed ut mihi videtur, « ille vigor naturalis est Spiritus Sanctus, id est divina et beni-

---

(1) *Tim.* Ψυχὴν δὲ εἰς τὸ μέσον αὐτοῦ θείς· διὰ παντός τε ἔτεινε καὶ ἔτι ἔξωθεν τὸ σῶμα αὐτῇ περιεκάλυψε ταύτῃ.
(2) Voyez son *Introduction à la théologie*, t. I, et sa *Théologie chrétienne*, l. c. v, t. II, p. 37 et suivantes, p. 378 et suivantes de l'édit. donnée par M. Cousin, Paris, 1846-1859, 2 vol. in-4°.
(3) *Philos.* I, c. xv : « Anima mundi, secundum quosdam, Spiritus Sanctus est. »
(4) Tissier, *Bibl. Patr. Cistercens.* Bonofonte, 1660, in-fol. t. IV, p. 119, 127 et suiv.
(5) Ms. de Troyes 1381, fol. 57 et suiv.

« gna concordia que est id a quo omnia habent esse, moveri,
« crescere, sentire, vivere, discernere. Qui bene dicitur natura-
« lis vigor, quia divino amore omnia crescunt et vigent. Qui bene
« dicitur anima mundi, quia solo divino amore et caritate, om-
« nia que in mundo sunt vivunt et habent vivere... Quedam
« vegetat et facit sentire, ut bruta animalia, quedam facit dis-
« cernere, ut homines, una et eadem manens anima; sed non in
« omnibus exercet eamdem potentiam, et hoc tarditate et natura
« corporum faciente, unde Virgilius :

Quantum non noxia corpora tardant. »

On objectait que, dans l'hypothèse de l'âme du monde, il y aurait deux âmes dans chacun de nous, la nôtre d'abord, puis celle du monde : ce qui ne se concilie guère avec l'unité de la personne humaine si clairement attestée par la conscience. Guillaume essaie d'échapper à cet écueil en subordonnant, le plus qu'il peut, la vie individuelle à la vie universelle. Notre âme, dit-il, ne possède rien en propre : tout ce qu'elle a et tout ce qu'elle est, elle le tient de l'Esprit-Saint. Donc le principe de vie qui nous anime n'est double qu'en apparence : au fond et à proprement parler, il est simple et unique. Mais cette réponse ouvrait elle-même la voie à de nouvelles difficultés dont le dernier terme eût été le panthéisme. Aussi ne doit-on pas s'étonner qu'elle n'ait pas désarmé les adversaires de notre philosophe. Lui-même reconnut par la suite qu'il s'était trop avancé, et ainsi qu'Abélard il se rétracta, comme nous l'apprenons par le prologue de l'ouvrage qu'il avait intitulé *Dragmaticon philosophiæ* (1), et qui est adressé à un duc de Normandie, comte d'Anjou, qu'on croit être Geoffroy le Bel, père de Henri II.

Même avant d'avoir renoncé à ces opinions tout au moins très-suspectes d'hérésie, Guillaume de Conches, malgré le penchant qui le poussait aux nouveautés, savait écarter les interprétations directement contraires à l'orthodoxie chrétienne. Ainsi, dans le cinquième livre (2), Boèce dit que les âmes sont nécessairement

(1) *Histoire littéraire de la France*, t. XII, p. 464 et suivantes ; Charma, *Guillaume de Conches*, p. 15 et 45.

(2) *Consol.* V, pr. 2 : « Humanas vero animas liberiores quidem esse necesse est, cum

plus libres, tant qu'elles se repaissent de la vue de l'intelligence divine; mais que leur liberté diminue quand elles descendent vers les corps, et surtout quand elles sont attachées à des membres terrestres. Le sens n'est pas douteux : c'est ici une réminiscence de la doctrine de Platon sur l'éternité des âmes, et les joies pures, la félicité sans mélange, qu'elles ont connues dans une vie antérieure à l'existence actuelle. Mais Guillaume n'a garde d'embrasser cette opinion que la constante tradition de l'Église a condamnée. Il la connaît, il la signale, mais seulement pour en détourner les esprits : « non ut teneatur, dit-il, sed ut cognita fugiatur (1). » Il soutient qu'elle n'exprime pas la vraie doctrine de Boèce, ni même celle de Platon, qui se plaisait, dit-il, à voiler sa pensée. A son avis, Boèce, dans le passage dont il s'agit, a voulu peindre les différents états favorables ou contraires à la liberté, par lesquels l'âme peut passer ici-bas, soit qu'elle se nourrisse des vérités divines dont la méditation élève et affranchit l'homme, soit qu'elle s'abaisse à la recherche des biens temporels qui égarent le jugement et asservissent la volonté.

Le dernier trait que je relèverai dans le Commentaire de Guillaume de Conches, c'est l'interprétation qu'il donne aux allusions mythologiques si fréquentes chez Boèce. Fulgentius Planciades, qu'il ne faut pas confondre, comme Trithème l'a fait (2), avec saint Fulgence, évêque de Ruspe, et d'autres mythographes dont les œuvres ont été retrouvées par le cardinal Angelo Mai (3), avaient expliqué plus ou moins fidèlement quelques-unes des fables du paganisme. Guillaume de Conches, toutes les fois qu'il en a trouvé le prétexte, a touché à son tour ces matières, quoiqu'el-

---

« se in mentis divinæ speculatione conservant; minus vero, cum dilabuntur ad corpora,
« minus etiam cum terrenis artubus colligantur. »

(1) Manuscr. de Troyes 1381, fol. 103 : « Quidam sunt qui prave exponunt istum
« versum; quorum expositionem ponemus, non ut teneatur, sed ut cognita fugiatur;
« ut ait idem Boetius in *Topicis*, vitari vitium nisi cognitum non potest. Illorum sen-
« tentia talis est : secundum Platonem et alios philosophos omnes animas simul a
« Creatore factas et super stellas positas esse, ubi divinam mentem aspiciunt, libere
« etiam ab omni contagione; deinde descendunt per planetas usque ad corpora, etc...
« Sed quod Plato voluisset omnes simul esse creatas (animas), nusquam invenitur,
« sed dictum est per integumentum... »

(2) Trithème, *De Script. Eccles.* c. cxci, dans la *Bibliotheca ecclesiastica* de Fabricius, Hambourg, 1718, in-fol. *Mythographi latini*, Amstelodami, 1681, in-8°.

(3) *Classicorum auctorum e Vaticanis codicibus*, t. III, Romæ, 1831, in-8°.

les exigeassent une connaissance de l'antiquité bien autrement étendue que celle qu'il avait pu acquérir. Les divinités païennes, les demi-dieux et les héros chantés par les poètes, sont pour lui autant d'allégories qui cachent une vérité morale. Ainsi Hercule vainqueur des monstres, c'est la sagesse qui triomphe du vice (1); Tantale mourant d'inanition devant des mets que sa main ni ses lèvres ne peuvent atteindre, c'est l'image de l'avare à qui ses trésors sont inutiles (2); les Géants, fils de la Terre, qui entassent Pélion sur Ossa pour escalader le ciel et en chasser les dieux, mais qui sont refoulés honteusement vers les lieux bas, ce sont nos corps composés de limon terrestre qui se soulèvent contre l'âme et qui l'assiègent par d'orgueilleux désirs, mais qu'elle dompte à son tour par la puissance de la raison (3).

Parmi toutes ces interprétations, la plus curieuse nous a paru être celle du mythe d'Orphée. Orphée, s'il faut en croire Guillaume de Conches (4), représente la sagesse et l'éloquence; Eurydice, la concupiscence innée du cœur humain; Aristée, la vertu. Eurydice, poursuivie par Aristée, tandis qu'elle errait dans la campagne, nous offre l'image de nos vains désirs qui se laissent aller à tous les biens terrestres dont la vertu s'efforce de la détacher. Elle fuit Aristée, parce que la passion redoute la vertu et la combat; elle meurt dans sa fuite et descend aux enfers, c'est-à-dire elle succombe aux séductions des sens. Orphée, qui pleure sa mort, ne peut surmonter la douleur qu'il éprouve, parce que les sages, si habiles à combattre les vices chez autrui, sont impuissants contre leurs propres défauts. Il va lui-même aux enfers;

---

(1) *Consol.* II, met. 2, ms. de Troyes 1381, fol. 38 : « Hercules pro sapiente et pro « eloquente ponitur; unde dicitur monstra terre domare quia sapiens et eloquens « omnia vicia domat. »

(2) *Consol.* III, met. 12, ms. de Troyes, fol. 73 : « Tantalus ponitur pro quolibet avaro « qui plenus divitiis, mala egestatis in affluentia patitur, dum non vult in necessariis « sua expendere, quia non sustinet acervum nummorum minuere. »

(3) *Consol.* III, pr. 12, ms. de Troyes : « Gigantes dicuntur quasi Gegantes, id est « geniti a terra; et hec sunt corpora humana que ex terra genita sunt, quia plus « terre habent quam aliorum elementorum. Sed cumulant montem monti dum ali-« quis subditus carni unum temporale alii adjungit, et inde superbiam superbie, et « hoc est, ut ascendant celum, id est, ut per ea fiant immortales et beati, et expel-« lant deos, id est, animas subdant que sunt immortales ut dii; sed ab ipsis diis de-« jiciuntur, dum ratione et intellectu superbie nichil valere ostenduntur. »

(4) *Consol.* III, met. 11, ms. de Troyes 1381, fol. 68.

car le seul moyen pour le sage d'arracher son âme à la tyrannie des biens terrestres, c'est de pénétrer au fond de ces misérables biens et d'en contempler le néant. Mais, une fois détaché d'eux, il ne faut pas, comme Orphée, détourner la tête, et leur jeter un dernier regard qui suppose un dernier regret; c'est s'exposer à ce qu'ils reprennent sur nous tout leur empire. Guillaume de Conches a la bonne foi de convenir que l'on peut différer d'opinion avec lui sur le sens du mythe d'Orphée (1); mais, s'il ne prétend pas imposer son interprétation, il en réclame du moins l'honneur. Il est donc probable qu'elle lui appartient, comme la plupart de celles qu'il a proposées.

Tel est dans son ensemble et ses aspects principaux ce commentaire de Guillaume de Conches, œuvre sans doute bien imparfaite, mais dont les défauts sont ceux du temps, et qui vaut pour le moins toutes les productions du même genre que le XIIe siècle a vu éclore. L'auteur, il faut le dire à sa louange, s'était imposé une tâche qui n'avait pas encore été remplie, si ce n'est dans des proportions beaucoup moins larges. Avant lui, on ne possédait que de simples notes, les unes marginales, les autres interlinéaires, qui suivaient le texte pas à pas, qui l'expliquaient tant bien que mal, mais qui manquaient de développement et d'originalité. J'excepte un commentaire partiel, sur quelques vers du troisième livre, par le moine Bruno, de l'abbaye de Corbie (2). Guillaume, autant que nous pouvons en juger, est le premier écrivain connu qui ait consacré au livre de Boèce une glose approfondie et complète dans laquelle il a donné carrière à son érudition et à ses doctrines. S'il s'est approprié plus d'une fois, ce qui n'est pas douteux, les remarques des anciens glossateurs, il y a fait des additions considérables qui en ont changé entièrement le caractère et la valeur.

(1) Il faut rapprocher de l'explication proposée par Guillaume de Conches celle que Fulgence avait donnée (*Mythol.* III, c. x) et la paraphrase bien moins élevée qui se lit dans un manuscrit décrit par M. Paulin Paris (*les Manuscrits françois*, etc. t. VI, p. 345). Je trouve chez Fulgence quelques mots seulement que Guillaume a copiés, entre autres cette phrase : « Orpheus dicitur ὡραία φωνή, id est optima vox. » (Voyez aussi *Albrici philosophi de deorum imaginibus libellus*, c. XVIII, dans la collection des *Mythographes latins*, p. 320.)

(2) Ce commentaire a été publié par le cardinal Angelo Maï (*Classic. auct. e Vatic. codic.* t. III).

Nous nous sommes demandé si cette œuvre, aujourd'hui oubliée, avait fait quelque fortune au moyen âge, et nous n'avons pas tardé à en découvrir des traces qui montrent qu'elle n'a pas été sans autorité ni sans influence dans l'école. Mais, pour mieux apprécier le succès qu'elle a obtenu, il faut d'abord étudier le second commentaire que nous avons annoncé, celui de Nicolas Triveth.

Nicolas Triveth, Treveth ou Traveth, est un dominicain anglais, né vers 1258, dans le comté de Norfolk. Son père occupait sous Henri III des fonctions dans la magistrature du pays. Confié dès son enfance aux frères prêcheurs pour être élevé dans la maison qu'ils avaient à Londres, il entra dans leur ordre, avant même que ses études fussent entièrement terminées. Sa vie se trouva désormais partagée entre son couvent et les universités de Paris et d'Oxford, où il compléta son éducation et enseigna, par la suite, la philosophie et la théologie. Bale, Pits et Cave, suivis par Quétif et Échard, fixent la date de sa mort à l'année 1328 (1).

Nicolas Triveth, personnage aujourd'hui très effacé, comme tant d'autres gloires de l'école, a été l'un des plus savants hommes de son siècle, mais surtout l'un des plus versés dans la littérature classique. Outre plusieurs livres de l'Écriture sainte et la *Cité de Dieu* de saint Augustin, il a commenté Valère-Maxime, Aristote, Sénèque, peut-être Tite-Live, Juvénal et Ovide. On lui doit aussi quelques opuscules de philosophie et de théologie, et divers ouvrages historiques, notamment une Histoire des rois d'Angleterre, de la maison d'Anjou, publiée par d'Achery au tome VIII de son Spicilège, et dont il a paru depuis, en Angleterre, deux éditions plus correctes (2). Le commentaire sur la *Consolation de la philosophie*, que nous allons essayer de faire connaître, occupe une place honorable parmi les travaux qui attestent l'érudition de l'auteur et son activité laborieuse.

L'ouvrage a été fort répandu au XIVe et au XVe siècle, si l'on en juge par les nombreux manuscrits qui le renferment, et dont il

---

(1) *Script. ord. Prædicator.* t. I, p. 561 et seq. Oudin, *De scriptoribus ecclesiasticis*, t. III, col. 693 et seq.

(2) Nicolai Triveti, dominicani, *Annales seu regum Angliæ*, ed. Ant. Hall, Oxonii, 1719-1722, in-8°, 2 vol. — Ad fidem codicum manuscriptorum recensuit Thomas Hog. Londini, sumptibus Societatis, 1845, in-8°.

existe jusqu'à cinq dans l'ancien fonds de la Bibliothèque nationale, sous les numéros 6404, 6407, 6408, 6409 et 6441. Le manuscrit 6441 offre une particularité remarquable; les huit premiers feuillets sont remplis par un commentaire différent de celui de Triveth et dont voici le début : « Presentis lectionis ad finem qua-« tuor capitulis distinguamus : Primo enim quid doceatur in hoc « libro. Et secundo qualiter idem. Et tertio ad quid doceatur vi-« deamus. Et quarto que sit tituli subscriptio. » Au recto du feuillet, comme l'indique une note écrite en encre rouge à la marge, le commentaire anonyme, que nous n'avons retrouvé nulle part ailleurs, rejoint celui de Triveth sur ce vers de la deuxième strophe du 1er livre :

> Et quacumque vagos stella recursus
> Exercet...

Dans un autre manuscrit ayant appartenu au chancelier Séguier et au duc de Coislin, que Quétif a connu, le commentaire de Triveth se trouvait en regard d'un second commentaire attribué par le copiste à saint Thomas d'Aquin, bien qu'il différât entièrement, si l'on en juge par les premiers mots, de celui qui a été publié sous le nom du saint docteur.

Nicolas Triveth nous fait connaître dans quelle intention il prend la plume; c'est pour répondre au vœu de quelques frères de son ordre, qui ne saisissaient pas toujours le sens de Boèce, et qui lui avaient demandé de leur expliquer les passages obscurs. Au X$^e$ siècle, un motif tout semblable avait inspiré au moine Bruno le commentaire que nous citions plus haut. N'est-ce pas aussi sur les instances de ses frères en religion que saint Anselme avait entrepris le *Monologium*, et saint Thomas d'Aquin la *Somme contre les Gentils*? Ainsi dans le silence du cloître, le génie et même la simple érudition étaient encouragés à produire des œuvres utiles à tous ceux que la Providence avait moins favorisés.

A l'exemple de beaucoup d'autres interprètes, Nicolas Triveth donne, en commençant, la narration très abrégée du règne de Théodoric et de la disgrâce de Boèce. Après ce dernier, l'autorité qu'il suit de préférence est l'historien Fréculphe, mort évêque de Liège en 851; mais le récit de Fréculphe n'a rien de particulier, si ce n'est peut-être que, lorsqu'il rappelle les persécutions exercées par le roi des Goths contre les catholiques, il n'associe pas le nom de Boèce à celui des deux autres victimes du prince, le pape saint Jean et Symmaque le patrice; omission bien réparée d'ailleurs par les écrivains du même âge, Paul Diacre par exemple. Quand Triveth arrive à l'explication du texte, il ne manque pas, en sa double qualité d'érudit et d'Anglais, de citer la paraphrase anglo-saxonne d'Alfred le Grand. Il invoque aussi la plupart des autorités que les scolastiques sont dans l'usage de suivre, saint Augustin, saint Isidore de Séville, saint Grégoire le Grand, Cicéron, Sénèque, Ovide, Aristote; mais les emprunts les plus considérables sont ceux qu'il fait à un écrivain qu'il ne désigne pas par un autre nom que celui de commentateur, *commentator*. C'est le titre sous lequel Averroës était connu au moyen âge; mais il est trop évident que ce n'est pas lui dont il peut être ici question; la citation s'applique à un interprète beaucoup moins célèbre dans lequel nous avons facilement reconnu Guillaume de Conches.

Triveth reproche en effet au commentateur d'avoir traité d'hérésie l'opinion de ceux qui croient que, dans les premiers instants de la création, les éléments étaient confondus et formaient un véritable chaos : « Quod autem commentator nititur istud tanquam « heresim improbare, frivolum est (1). » Or, nous retrouvons textuellement dans le Commentaire de Guillaume de Conches le passage qui devait donner lieu à ce reproche (2) : « Dicunt quidam « fluitantem materiam esse quatuor elementa in chaos, id est, in « confusione, asserentes Deum in principio fecisse quatuor ele- « menta confusa et inordinata... qui mihi videntur ex verbis « aliorum philosophorum errare, et contra divinam bonita- « tem heresim affirmare... » Un peu plus loin, Nicolas Triveth adresse une autre critique à l'interprète anonyme qu'il a sous les yeux, c'est d'avoir mal à propos appliqué au Saint-Esprit ce que Platon a dit de l'âme du monde (3) : « Expositores Tymei Platonis « et commentator in isto loco fingunt animam mundi significare « Spiritum Sanctum; ad cujus cognitionem non credo Platonem

---

(1) *Consol.* III, met. 9; Biblioth. nat. ancien fonds, ms. 6404, fol. 62.
(2) Ms. de Troyes 1381, fol. 51.
(3) Biblioth. nat. ms. 6404, fol. 63. Au lieu de *significare*, qui, je crois, est la vraie leçon, le manuscrit porte *necari*, qui n'a pas de sens.

« devenisse. » Mais ne venons-nous pas de voir que la confusion malheureuse du Saint-Esprit et de l'âme du monde était l'un des traits les plus saillants de la doctrine de Guillaume de Conches? Ces rapprochements me paraissent démontrer que c'est bien Guillaume qui se trouve désigné par Nicolas Triveth sous le titre de *commentateur*; son nom était oublié, son autorité subsistait.

J'ai pu constater aussi combien il avait été mis à contribution par le nouvel interprète, qui ne se fait aucun scrupule de reproduire ses explications, et quelquefois de les copier textuellement sans avertir de ces emprunts dans lesquels l'imitation dégénère en plagiat. Ainsi Guillaume de Conches, parlant de la fortune, s'était exprimé en ces termes (1) :

« Fortuna est temporalium mutabilitas; que pingitur ceca quia
« improvise accedit vel recedit, vel quia cecum reddit hominem,
« extollendo in prosperitate, deprimendo in adversitate : unde
« Cato, in instructione filii sui, ait : « Noli fortunam que non est
« dicere cecam. » Pingitur etiam ambiguo vultu; ita scilicet quod
« habebat faciem ante et retro; et erat anterior alba, et posterior
« nigra; per anteriorem vero albam designatur prosperitas; per
« posteriorem vero nigram, adversitas. » Nicolas Triveth dit à son tour (2) : « Fortuna, que est temporalium mutabilitas, consuevit
« depingi ut imago ceca, quia ex improviso accedit et recedit,
« vel quia hominem cecum reddit, extollendo prosperitate et de-
« primendo adversitate, non quod cecitas esset aliquid a parte
« fortune, sed a parte hominis utentis. Unde Cato, in instructione
« filii sui, dicit : Noli fortunam que non est dicere cecam. Pinge-
« batur etiam cum ambiguo vultu, ita quod habebat faciem ante
« et retro; et erat anterior alba, per quam significabatur prospe-
« ritas; et posterior nigra, per quam designabatur adversitas. »
Sauf trois ou quatre mots, l'identité entre les deux passages est complète. Je pourrais citer un assez grand nombre d'explications historiques, littérales, mythologiques, empruntées de même à Guillaume, et que Nicolas Triveth s'est à peu près borné à transcrire.

Toutefois, dans un passage fort insignifiant par lui-même, je

---

(1) Ms. de Troyes 1381, fol. 5; mais nous avons suivi de préférence la leçon plus correcte du ms. 1101 de la même bibliothèque.
(2) Bibliothèque nationale, ms. 6404, fol. 2 r°.

relèverai une variante qui indique, sinon un progrès véritable de l'érudition, du moins la lecture familière d'un ouvrage inconnu dans l'époque antérieure. Il s'agit de cette phrase où Boèce parle des deux tonneaux qui, suivant Homère (1), sont placés à la porte du temple de Jupiter, l'un rempli de maux, et l'autre de biens. Guillaume de Conches se contente de dire (2) : « Volens notare mu-
« tabilitatem fortune (Homerus) describit domum Jovis, et dicit in
« limine illius duo dolia jacere, unum bonum, aliud malum. »
Triveth ajoute (3) : « Et hec descriptio in templo Jovis Athenis
« publice depingebatur, ubi Boetius adolescens studuerat, sicut
« ipse narrat in libro *de Disciplina scholastica*. » Voilà un détail très contestable, mais nouveau, sur l'éducation de Boèce aux écoles d'Athènes, extrait d'un livre que Guillaume n'a mentionné nulle part. Ne sommes-nous pas autorisé à conclure de là que cet écrit *De scholastica Disciplina*, cité ailleurs par Triveth sous son vrai titre *De Disciplina scholarium*, n'a commencé à se répandre qu'au XIIIe siècle, et que la composition n'en doit pas être reportée avant le XIIe? Mais Nicolas Triveth n'est pas le seul écrivain de son temps qui se crût permis de copier autrui, chaque fois qu'il y trouvait avantage. S'il puise à pleines mains dans l'œuvre de Guillaume, elle n'a pas été moins exploitée par l'auteur du Commentaire qui porte le nom de saint Thomas d'Aquin, mais que tous les historiens s'accordent à regarder comme n'étant pas sorti de la plume du saint docteur (4). Quelle que soit l'origine de cette compilation apocryphe, elle n'est, en beaucoup de passages, que la reproduction servile de la glose plus savante et mieux rédigée de l'écrivain du XIIe siècle. Cette similitude des deux commentaires avait déjà frappé le dernier éditeur de la *Consolation de la philosophie*, M. Obbarius, bien qu'il n'ait pas reconnu à quelle main appartenait la glose inédite qu'il avait retrouvée à Leipzig, sous le titre de *Glossæ magistri Guillehelmi* (5). Ainsi, jusqu'au XIVe siècle tout au moins, Guillaume de Conches est resté, dans

---

(1) *Iliade*, XXIV, vers 527 et 528 : Δοιοὶ γάρ τε πίθοι κατακείαται ἐν Διὸς οὔδει Δώρων, οἷα δίδωσι, κακῶν, ἕτερος δὲ ἐάων.
(2) Ms. de Troyes 1381, fol. 38.
(3) Biblioth. nat. ms. 6404, fol. 29.
(4) *Script. ord Prædicat.* t. I, p. 343; Rubeis, *D. Thomæ Opp.* t. VIII, p. xv.
(5) *Proleg.* p. L : « Glossæ magistri Guillehelmi, quas in cod. Lipsiensi optimo inveni, « maximam partem cum Thomæ commentariis conspirant, sed his breviores sunt. »

l'école, l'interprète en quelque sorte officiel du livre de Boëce; il a été désigné par le titre de *commentateur*, qui marquait l'estime dont il jouissait et l'usage qu'on faisait encore de sa glose, malgré l'oubli où son enseignement, naguère si célèbre, était alors tombé. Ce fait assez curieux avait échappé à tous les biographes, et nous sommes le premier à le signaler parmi les autres titres qui ont mérité à notre auteur une place distinguée dans l'histoire littéraire du moyen âge.

Cependant, quelque larges que soient les emprunts de Nicolas Triveth à Guillaume de Conches, il ne le suit pas à beaucoup près sur tous les points, ni en métaphysique, ni même en physique. Nous avons vu la singulière explication que Guillaume, infidèle aux exemples des anciens, et même, je puis le dire, à ceux qu'il avait sous les yeux, donnait du phénomène des marées. Triveth, mieux inspiré ou mieux renseigné, les attribue, comme l'avait fait Pline, aux mouvements de la lune (1); et, bien qu'il se perde à ce sujet dans de bizarres hypothèses sur le sec et l'humide, et sur la propriété que possèdent, dit-il, les rayons lunaires d'attirer les flots, il faut lui savoir gré d'avoir préféré ne fût-ce que l'ébauche d'une vérité mal comprise aux erreurs qui subsistaient autour de lui. Ailleurs Guillaume de Conches paraît penser qu'en raison de la position que la planète Vénus occupe dans le ciel, elle peut à la fois se montrer le même jour et dans le même climat avant le coucher et après le lever du soleil (2). Triveth relève vivement cette méprise, qu'il appelle frivole, *frivola*, et, se fondant sur le témoignage de Ptolémée, il établit, d'une part,

---

(1) *Consol.* I, m. 4, ms. 6404, fol. 11 : « Luna specialiter habet virtutem movendi « humida, tum ex natura propria, tum ex proprietate ejus, tum ex propinquitate ejus « et ex passibilitate corporum humidorum... Luna igitur ascendens a puncto Orientis « super hemispherium nostrum, propter obliquitatem radiorum debiliter movere incipit, et quoniam ascendendo magis diriguntur radii, fortius et fortius movet subtiliando et disgredando, quousque perveniat ad medium celi. Talis autem subtiliatio « facit tumorem in mari et cogit aquam per modum cujusdam ebullitionis effluere sicut « apparet in olla bulliente. » Roger Bacon, *Opus majus*, P. IV, cap. v, donne la même explication du phénomène des marées. On connaissait, du reste, dès le xii° siècle, le rapport des mouvements de la lune avec le flux et le reflux; car Honoré d'Autun s'exprime en ces termes au chapitre xl du premier livre de l'*Imago mundi* : « Æstus « Oceani, id est accessus et recessus lunam sequitur, cujus aspiratione retro trahitur, « ejus impulsu refunditur. Quotidie autem bis affluere et remeare videtur. Cum luna « crescente crescit, cum decrescente decrescit, etc. »

(2) Ms. de Troyes 1381, fol. 31. Cf. *Philosophia mundi*, l. II, cap. xxi.

que Vénus n'est pas plus éloignée de la terre que le soleil, ainsi que Guillaume le croyait, et, d'autre part, que la double apparition, matin et soir, qu'il attribuait à cet astre, est démentie également par l'expérience et par la raison (1). Par ces deux exemples, il est facile de juger que, si le xiv° siècle n'est pas encore l'ère des grandes découvertes qui doivent illustrer les Keppler, les Copernic et les Galilée, cependant on commençait dès lors à réformer de vieilles opinions qui avaient longtemps usurpé le nom de science.

Mais c'est en métaphysique principalement qu'il importerait de suivre la transformation qui s'est opérée dans les esprits, de Guillaume de Conches à Nicolas Triveth. L'influence qui domine chez Guillaume est visiblement celle du *Timée*, qu'il avait commenté. Boèce lui-même, si familier qu'il nous semble avec Aristote, était tout imprégné de platonisme, et cette teinte reparaît aussi chez son interprète du xii° siècle. Ce serait une erreur de se représenter Nicolas Triveth comme hostile aux idées platoniciennes; cependant il ne les partage pas au même degré et ne les comprend pas de la même manière. Il estime que Platon en a usé avec le vulgaire comme les anciens théologiens et comme les poètes, et qu'il a voilé sa pensée sous des métaphores et des allégories qui ont égaré plusieurs de ses disciples, même quand elles pouvaient être entendues dans un bon sens. « Plato, dit-il (2), in tradendo « philosophiam suam, juxta morem antiquorum philosophorum, « philosophiam tradidit sub integumentis et verbis impropriis, « quorum occasione multi sequaces ejus a veritate deviaverunt, « licet ipse forte bonum intellectum habuerit. » Ce qu'il y a de plus remarquable, c'est que pour interpréter les passages de Boèce qui sont imités de Platon, Triveth s'inspire d'Aristote. Nous avons entendu le juste reproche qu'il adresse à Guillaume d'avoir confondu l'âme du monde avec le Saint-Esprit; mais que devient alors cette force cachée qui, selon Platon et selon Boèce, anime toute

---

(1) Ms. 6404, fol. 18 v° et 19 r° : « Ex hoc textu apparet falsum esse quod dicitur hic « in commento, scilicet quod in eodem tempore anni, est stella eadem vespertina « et matutina. Et causa frivola est, que assignata est, cum secundum peritiores as- « tronomos qui hic Ptolomeum sequuntur, Venus sit propinquior terre quam sol, etc. »

(2) Biblioth. nation. ms. 6404, fol. 71 v° : Triveth avait déjà dit un peu plus haut, *ibid*. fol. 61 v° : « Plato philosophiam suam obscure tradebat, utens locutionibus me- « taphoricis et impropriis et suam intentionem celando sub tegumentis. »

la nature, « cuncta moventem animam? » Elle n'est rien de plus pour lui que les moteurs des sphères célestes (1), par l'intermédiaire desquelles les péripatéticiens supposent que l'impulsion de la cause première se communique aux corps inférieurs. Il est vrai que, selon Aristote, ces moteurs sont en assez grand nombre; ce qui ne répond guère à l'idée que les philosophes se forment généralement de l'âme du monde. Mais, reprend Triveth, l'harmonie de leur mouvement et l'identité de leur nature ne permettent-elles pas de les considérer comme un seul moteur, de même que tous les corps, étant composés de la même matière, sont, pour Platon, un même corps dont les objets particuliers sont les membres?

Je n'insisterai pas sur la partie du Commentaire de Nicolas Triveth, ni de celui de Guillaume de Conches, qui est consacrée à l'analyse des opinions de Boèce sur le destin, la Providence et le libre arbitre. Malgré l'importance des questions agitées, cette partie offre peu d'intérêt. Les deux interprètes se contentent de paraphraser le texte original, Nicolas Triveth avec plus d'ampleur, Guillaume de Conches d'une manière plus concise, sans faire ni l'un ni l'autre aucune addition notable à leur modèle. Les idées de Boèce touchant ces difficiles matières sont en général si saines qu'elles avaient été adoptées par le plus grand nombre des docteurs chrétiens, et qu'elles formaient corps, pour ainsi dire, avec la tradition de l'école. A peine ai-je relevé chez Triveth quelques allusions aux controverses qui avaient lieu de son temps; je citerai comme exemple un passage sur la distinction des attributs divins (2), ce point si vivement débattu entre les disciples de Scot et ceux de saint Thomas. Mais je ne voudrais pas en finir avec l'œuvre oubliée de l'humble dominicain dont j'ai essayé de remet-

(1) Ms. 6404, fol. 63 : « Videtur posse rationabiliter dici quod per animam mundi « intellexit (Plato) motores orbium quorum virtus per motum in omnia corporalia dif- « funditur. Nec docet (potest?) obstare quod illi motores sunt substantie rationabiles « distincte et divise; quoniam sicut corpora mundi natura distincta, propter unitatem « ordinis ponit unum corpus distinctum per membra, sic motores orbium per unitatem « ordinis in operatione movendi ponit unam animam per partes distinctam. Sic autem « exponendo facile videtur enucleare integumenta Platonis de constitutione anime « mundane... »

(2) Ms. 6404, fol. 65 : « Ex isto dicto Boetii, videtur falsa esse opinio dicentium attri- « buta differre in Deo, secundum rationem que non est per operationem intellectus; « cujusmodi est ratio accepta per quidditatem vel formalitatem. »

tre le nom en lumière, sans avoir signalé les pensées élevées, les sentiments généreux qui l'inspiraient, et que les pesantes formes de la scolastique n'ont pas entièrement étouffés sous sa plume. Quoique son style ne vaille pas mieux que celui de la plupart de ses contemporains, il a des passages, que je souhaiterais moins rares, qui ne sont pas tout à fait indignes d'être cités.

Ainsi Boèce a dépeint, en beaux vers, les vœux et les terreurs misérables par lesquels nous donnons prise sur nous à la tyrannie des despotes (1) :

> Quid tantum miseri feros tyrannos
> Mirantur sine viribus furentes?
> Nec speres aliquid nec extimescas,
> Exarmaveris impotentis iram.

Le commentaire n'a-t-il rien conservé de l'énergique simplicité du texte original (2)?

« Vis terrene potestatis ad nichil se extendit nisi ad largitionem « bonorum temporalium et privationem eorumdem; et ideo sub « potestate terrena nullus redigitur, nisi qui sperat talia bona, « vel qui timet eorum privationem. Qui autem neutro modo affec- « tus est, omnino est extra potestatem terrenam; et ideo tali ter- « rena potestas non poterit benefacere nec nocere : propter quod « dicit contra istos, tanquam miseros, qui spe bonorum tempora- « lium, vel timore privationis, subjiciunt se terrenis potestati- « bus. Quid, id est, ad quid, miseri, propter miseriam affectionis « qua se subjiciunt, mirantur tantum tyrampnos sevos; quod non « deberent eos mirari tanquam potentes, quia non sunt potentes « de se, sed ex hoc quod alii se eis subjiciunt... »

Voici un autre passage un peu plus long sur la sainte et vraie liberté que procure à l'âme sa soumission à la loi de Dieu (3) :

« In civitatibus terrenis, ubi plures principantur simul vel suc- « cessive, contingit principes machinari quandoque depulsionem « civium, eo quod eorum depulsione, aut principatum se esti- « mant facilius acquirere, vel acquisitum diutius obtinere, vel de

---

(1) *Consol.* I, m. 4.
(2) Ms. 6404, fol. 11 v°.
(3) *Consol.* I, pr. 5, ms. 6404, fol. 22.

« obtento singularius preeminere. Sed non sic de patria Boecii,
« per quam mansionem intra terminos rationis intelligit. In hac
« enim est tantum unus princeps, scilicet Deus qui est princi-
« pium et regula recte rationis. Unde, et unusquisque in tantum
« vivit secundum rectam rationem, in quantum subjicitur regule
« divine. Et quoniam in quantum quis vivit secundum rectam
« rationem, in tantum manet in patria et civitate propria, cujus
« Deus est princeps, patet quod in tantum quis manet in patria,
« quantum obedit Deo. Et quoniam princeps in subjectione suo-
« rum delectatur, patet quod Deus delectatur, in multitudine
« civium. Et quoniam in tantum quisquis liber est, in quantum
« est ei facultas operandi secundum rationem, in tantum autem
« quisque operatur secundum rationem in quantum subjicitur
« Deo, manifestum est quod summe libertatis est quod homo
« divine legi subjicitur. »

Sans vouloir multiplier les citations, je signalerai encore les lignes suivantes qui me paraissent inspirées par un sentiment très élevé de l'égalité des hommes entre eux (1) :

« Cum in homine sint duo, scilicet anima et corpus, patet quod
« non est homo per corpus, sed per animam, ex ea parte qua ra-
« tionalis est. Sed eadem est origo anime in omnibus hominibus;
« ergo omnes homines, secundum hoc quod sunt, eque nobiles
« sunt; solum autem illi sunt ignobiles, qui degenerant a sua
« origine; anima autem in sua origine producta est similis Deo;
« et ideo illi soli a nobilitate degenerant, qui viciosis moribus
« similitudinem quam ex origine contraxerunt offuscant. »

Les passages remarquables que nous venons de citer n'existent pas, même en germe, chez Guillaume de Conches, trop porté vers les études de physique et d'astronomie pour accorder une grande attention aux questions de morale; mais on les trouve à peu près textuellement reproduits dans le commentaire qui porte le nom de saint Thomas d'Aquin. Peut-être furent-ils inspirés à Nicolas Triveth par l'esprit de la célèbre communauté à laquelle il appartenait, et dont l'esprit et la doctrine, peu favorables à la puissance temporelle, s'accordaient facilement avec quelques-unes des maximes répandues dans les livres de la *Consolation*. Mais quelle qu'en ait

---

(1) *Consol.* III, met. 6, 6404, fol. 56.

été la source, d'aussi généreuses pensées, fussent-elles perdues au fond d'une glose aride, mériteront toujours d'être conservées, autant comme l'expression de vérités éternelles que comme le symptôme du travail mystérieux qui s'opérait dans les esprits. Assurément les interprètes de Boèce, ni même ceux d'Aristote, n'ont pas exercé une action bien directe ni bien sensible sur les progrès de la civilisation; les sciences elles-mêmes ne leur sont pas redevables des découvertes qui ont reculé les bornes des connaissances humaines; cependant il faut considérer que ces grands mouvements qui changent la face de la philosophie, et quelquefois celle de la société, sont le fruit des efforts de milliers d'individus qui, chacun dans leur sphère, pour ceux-ci plus obscure et pour ceux-là plus éclatante, ont travaillé à l'œuvre commune. Si l'historien ne tenait pas compte de ces éléments cachés de la vie des peuples, il s'exposerait à laisser échapper beaucoup de détails qui auraient donné plus de solidité à ses récits et qui peut-être lui eussent servi à mieux pénétrer le sens des événements généraux. La critique dont la mission, en littérature comme en histoire, est de rectifier les erreurs anciennes et de mettre en lumière les faits nouveaux, doit donc poursuivre sa tâche avec patience, quelque stérile qu'elle semble parfois; ses découvertes les plus modestes ont leur utilité. Tel est l'espoir qui nous a soutenu dans les recherches souvent ingrates dont nous venons de présenter le résultat. Quoiqu'elles fussent renfermées, par la nature même du sujet, dans le cadre le plus étroit, nous avons pensé qu'elles ne seraient pas entièrement infructueuses si elles contribuaient à tirer de l'oubli deux monuments dont l'étude peut répandre quelque jour sur l'état des lettres, des sciences et de la philosophie morale dans l'une des époques les plus ignorées de leur histoire.

# APPENDICE.

Comme complément et comme justification de la notice qui précède, nous donnons, dans cet appendice, quelques extraits du Commentaire de Guillaume de Conches. Les documents que l'on possède sur la première période de la scolastique ne sont pas tellement abondants qu'il soit sans utilité d'en augmenter le nombre, ne fût-ce que par des citations un peu étendues des ouvrages qui sont restés inédits. Quant au Commentaire de Nicolas Triveth, qui appartient à une époque plus récente et mieux connue, nous avons jugé moins nécessaire d'en publier des fragments, dont le choix, d'ailleurs, eût été assez embarrassant par la nature même de l'ouvrage.

Dans l'établissement du texte, nous avons suivi le manuscrit 1381 de la bibliothèque de Troyes, qui joint à l'avantage d'être plus correct et plus lisible celui d'être paginé, ce qui facilite les renvois; mais le manuscrit 1101 de la même bibliothèque et le manuscrit 230 de la bibliothèque d'Orléans nous ont fourni, comme on le verra, plus d'une leçon.

## I.

### DIVISION DE LA PHILOSOPHIE.

(*Consol.* I, pr. « Harum in extremo margine Π, in supremo vero Θ legebatur intextum. » Ms. de Troyes, fol. 10 et seq.)

Scientie due sunt species : sapientia et eloquentia. Et est sapientia rerum vera et certa (1) cognitio. Eloquentia est scientia profe-

---

(1) T 1101 et O 230. *Et certa* desunt in cod. T 1381.

rendi cognita cum ornatu verborum et sententiarum. Et dicuntur species scientie quoniam in istis duobus est omnis scientia, scilicet in cognoscendo res et cognitas proferendo ornate. Eloquentiæ tres sunt partes, scilicet grammatica, rhethorica, dialectica. Sapientia vero et philosophia idem sunt; sed unum nomen græcum, aliud latinum (1). Unde potest perpendi quod nec eloquentia, nec aliqua pars illius de philosophia est : quod auctoritate Tullii confirmatur (2) qui in prologo *Rhethoricæ* dicit : « Sapientia sine eloquentia « prodest, sed parum; eloquentia vero sine sapientia, non tan- « tum non prodest, sed etiam obest. Eloquentia cum sapientia « prodest. » Ita voluit esse diversa et eloquentiam et sapientiam; et ita unam non esse speciem alterius (3). Iterum Sallustius, in descriptione Catilinæ, dicit : « Satis eloquentia inerat, sed parum « sapientie. » Ex hoc potest perpendi diversitas, quia in istis duobus est omnis sapientia, vel in contemplando, vel in agendo. Unde quidam philosophi dicebantur otiosi qui soli contemplationi vacabant, quidam negotiosi qui circa rempublicam exercebantur. Practice sunt tres species: echonomica, polithica, ethica. Et est echonomica que docet qualiter unusquisque debeat dispensare propriam familiam. Unde echonomica dicitur, quasi dispensativa : economicus enim est dispensator. Politica est de gubernatione civitatis (4); *polis* enim est civitas. Ethica vero est de morum institutione : *ethis* enim mos. Theoretice similiter tres sunt species : theologica, mathematica, physica. Et est theologica contemplatio incorporeorum, quæ preter corpora sunt, ut de Deo et de ejus mente, de anima mundi, de angelis; et dicitur theologia, quasi sermo de divinis; *Theos* enim Deus est, *logos*, sermo. Mathematica vero est de hiis quæ sunt circa corpora, scilicet de multitudine per se vel ad aliud (5) relata, et de magnitudine vel mobili vel immobili; unde sunt quatuor mathematice species : arithmetica de multitudine per se, id est, de virtute numerorum; musica de multitudine relata ad aliud, id est, de proportionibus numerorum; geometria, de magnitudine immobili; astronomia, de magnitudine mobili, ut

---

(1) T 1101. *Sed unum — latinum* desunt in cod. T 1381.
(2) T 1101 : *Comprobari potest.*
(3) T 1101. — T 1381 : *Et ideo unum non est species alterius.*
(4) T 1101 : *De constitutione urbium.*
(5) Sic O 230. *Aliud* deest in cod. T 1101 et 1381.

de firmamento et de stellis infixis (1). Et dicitur mathematica, id est doctrinalis, vel quia ibi sit doctrina de corporibus per ea quæ circa ipsa sunt; vel quia major ibi sit doctrina quam in aliis artibus, quia cum in aliis artibus solo sermone doctrina fiat, in ista fit etiam visu; quia quod ratione dicitur, figuris ostenditur. Physica vero est de proprietatibus corporum et qualitatibus; unde physica dicitur, id est naturalis. Sed quia, ut ait Horatius,

Segnius irritant animos demissa per aurem.
Quam quæ sunt oculis subjecta fidelibus.

divisionem quam prædiximus oculis ostendamus :

SCIENTIA.

ELOQUENTIA.　　　　　　　　　　　　　SAPIENTIA.

Grammatica. Rhetorica. Dialectica.　　Theoretica.　　　　　　　Practica.

Theologica. Mathematica. Physica. Ethica. Economica. Politica.

Arithmetica. Musica. Geometrica. Astronomia.

Instrumentalis. Humana. Mundana.

Melica. Metrica. Rithmica :

Diatonica : Enarmonica. Cromatica.

A practica adscendendum est ad theoricam, non de theorica descendendum (2) ad practicam, nisi causa communis utilitatis. Qui vero sint illi gradus philosophie, id est ordo ascendendi (3) de practica ad theoricam, sic videndum est. Prius est homo instruendus in moribus per ethicam, deinde in dispensatione proprie familie per economicam, postea in gubernatione rerum per politicam. Deinde, cum in istis perfecte exercitatus fuerit, debet transire ad contemplationem eorum quæ sunt circa corpora, per mathematicam et physicam, usque ad celestia; deinde ad contemplationem incorporeorum usque ad Creatorem, per theologiam. Et hic est ordo philosophie. In eloquentia vero, prius est addiscenda grammatica, quia principium est eloquentie scire recte scribere

(1) T 1101. *Ut de — infixis* desunt in cod. T 1381 et O 230.
(2) T 1381 *descendendum* omittit.
(3) T 1381 : *Ordo descendendi in philosophia*.

et recte pronuntiare scripta, deinde dialectica, quasi argumentum eloquentie, scilicet scientia probandi quod contradicitur. Deinde rethorica, quasi perfectio, scilicet scientia dissuadendi vel persuadendi.

## II.

### DE L'AME DU MONDE ET DE L'AME HUMAINE.

(*Consol.* III, met. 9 :
Tu triplicis mediam naturæ cuncta moventem
Connectens animam per consona membra resolvis, etc.
Ms. de Troyes 1381, fol. 57 et suiv.)

Ostendit philosophia hucusque divinam potentiam que est efficiens causa mundi, et ejusdem sapientiam que est formalis causa, et bonitatem que est finalis. Hoc facto, istud idem demonstrat per proprietates et per potentias anime, a Deo sibi collatas, et primitus hoc ostendit circa animam mundi et ejus proprietates.

Anima mundi est naturalis vigor quo habent quedam res tantum moveri, quedam crescere, quedam sentire, quedam discernere. Sed qui sit ille vigor queritur. Sed, ut mihi videtur, ille vigor naturalis est Spiritus Sanctus, id est, divina et benigna concordia, que est id a quo omnia habent esse moveri, crescere, sentire, vivere, discernere. Qui bene dicitur naturalis vigor, quia divino amore omnia crescunt et vigent. Qui bene dicitur anima mundi, quia solo divino amore et caritate omnia quæ in mundo sunt, vivunt et habent vivere. Viso quid sit anima mundi, videndæ sunt proprietates ejus juxta corpora, quæ tales sunt, scilicet sensualitas, vegetatio, ratio. Quedam enim corpora vegetat et facit crescere, ut herbas et arbores; quedam facit sentire, ut bruta animalia; quedam facit discernere, ut homines, una et eadem manens anima; sed non in omnibus exercet eamdem potentiam, et hoc tarditate et natura corporum faciente. Unde Virgilius : Quantum non noxia corpora tardant. At diceret aliquis : Anima mundi exercet rationem in homine; ergo non anima hominis : quod aperte falsum est; quia, et anima mundi, id est divinus amor, et anima hominis sunt in homine, et in eodem utraque bene potest uti ratione : et quod anima hominis habet, hoc habet ex anima mundi, id est ex divino amore. Si iterum dicatur : anima hominis et anima mundi sunt in homine, ergo due sunt in homine, falsum est. Dicitur etiam hæc anima mundi a Platone a Deo esse excogitata, quia Spiritus Sanctus, id est, amor quo cuncta subsistunt, a Deo processit, hoc pacto, ex dividua et individua substantia et ex eadem natura et diversa. Quia anima mundi et divinus amor et incorporalia facit existere, que dicuntur individua, que cum non habeant partes, non possunt dividi, et corpora que possunt dividi, et dicuntur dividua, quia omne corpus conjunctum ex partibus, dividi potest in partes. Et ex eadem natura et diversa que ita facit quedam existere, que semper sunt ejusdem nature, ut celestia, sive corpora sint, sive spiritus; quedam ita que diverse sunt nature, sunt enim variabilia, ut sunt terrestria. Sed cum ejusdem alie sint expositiones que ad rem non multum pertinent, de eisdem ad tempus differamus, et hec et alia multa de anima mundi dicemus, ratione demonstrantes quare ita sint.

Littera sic legatur : *Tu resolvis per consona membra*, nam potentia dividis animam per membra in corpora que dicuntur membra mundi, id est, partes. *Consona*, id est, convenientia ipsius proprietatibus, quia divinus amor unicuique confert quod ei est conveniens. *Connectens animam*, id est, conjungens ipsis corporibus. *Mediam*, id est, communem; nihil enim sine divino amore et voluntate est nec esse potest. Quidam ita intellexerant animam mundi esse mediam, non quod esset in omnibus, sed in medio mundi posita, id est in sole, et inde vires suas et potestates in corpora mitteret; quod, quia aperte falsum est, postponatur. *Animam* dico *triplicis* nature, id est potentie et proprietatis. Est enim vegetabilis in herbis et arboribus, sensibilis in brutis animalibus, rationalis in hominibus. *Moventem cuncta*. Anima dicitur cuncta movere, quia sive generentur, sive corrumpantur, sive augmententur, sive diminuantur, sive alterentur, sive de loco ad locum mutentur, hoc facit anima mundi, id est, divinus amor. *Que cum secta duos motum glomeravit in orbes.* Hoc totum tractum est a Platone, qui dicit Deum, postquam excogitaverit animam, eam extendisse et in duo secuisse, deinde ex illis partibus in modum X littere grece quiddam fecisse, et post curvasse capita quoad coirent et duos orbes fecissent. Quod ita intelligendum est : Deus extendit animam mundi, id est, suum amorem; cum solo amore creat et creata gubernat; deinde secat in duas partes, in modum X littere, in qua sunt duo bracchia, scilicet unum longius alio, et ita quod unum vadit obliquum per medium alterius. Que si curventur, fiunt duo inequales orbes. Per hoc voluit Plato dicere animam mundi in celestibus exercere duos motus, firmamenti scilicet et planetarum; quorum unus in alio continetur; quum motus planetarum infra motum firmamenti sit, et obliquus sit motus planetarum contra firmamentum, quia sequuntur Zodiacum qui oblique vadit per celum. Et hoc est quod ait Boetius, quod anima consecta, id est, diversas potentias exercens in corporibus, motum glomeravit in duos orbes, id est fecit duos orbiculares motus, id est firmamenti et planetarum. Orbicularis motus est rediens ad idem punctum. *In semet reditura meat.* Id est, movet corpora illa, reditura in semet ipsam, id est, movendo cetera, movet etiam se ipsam. Unde dicitur a Platone autochineton, id est, movens se ipsam. Si aliquis querat quis motus sit anime, dicemus quod motus omnium anime sunt, quia omnia, anima movente, moventur, et circuit inter profunda, id est, divinam mentem et voluntatem, quia juxta divinam mentem et voluntatem omnia movet, que dicitur profunda, id est, subtilis, et nil eam potest subterfugere vel latere. *Convertit celum simili imagine.* Divine menti ut enim est divina voluntas, anima movet celum.

*Tu causis animas paribus vitasque minores provehis.* Hic incipit ostendere potentiam divinam per creationem anime hominis et per vitas animalium, dicens : Tu, Deus, provehis, id est, facis esse animas hominum et vitas minores, scilicet brutorum animalium. *Paribus causis,* quibus et anima mundi; videlicet enim quemadmodum illa movet se et cuncta, juxta divinam voluntatem, ita anima hominis movet se et corpus hominis. *Et levibus sublimes curribus aptans.* In hoc loco quidam damnant Boetium, propter hoc quod dicit Deum aptasse animas sublimibus curribus, putantes quod dicat Deum simul creasse omnes animas, et posuisse unamquamque super comparem stellam et inde venire ad corpus. Sed quia videtur Plato hoc habere, videamus quid intellexerit Plato, quid Boetius sequendo Platonem. Istud nusquam videtur in Platone, quod simul omnes anime create sunt; sed quod anime posite sunt super stellas a Domino, hoc invenitur in eo; quod sic intelligendum est : Anima posita est super stellas, quia per rationem anime transcendit homo stellas et super eas repperit Creatorem; et hoc habent anime a Deo, et idcirco dicit Plato Deum posuisse animas super stellas. Quia vero dicuntur stelle compares animabus, ideo dicitur, quia quemadmodum anime semper sunt in motu, ita et stelle; et quemadmodum anima rationabiliter movetur, et sic stelle. Vel aliter : Deus disposuit animas super stellas, id est ejus nature fecit animas, quod effectu stellarum, habent suum esse in corporibus. Ex stellis enim est calor, sine quo est nulla vita, nec anima esse potest; non quod dicunt omnia que contingunt, ex stellis venire homini, sed quedam, ut calores et frigora, quedam infirmitates et similia. Si vero aliquis dicat : Nonne ista a Deo fuerunt? Responsio : Fiunt, sed per effectum stellarum. Viso quid intellexit Plato, videamus quid dicat Boetius, secundum utramque predictam sententiam. *Aptans levibus sublimes curribus animas.* Id est rationi et intellectui qui dicuntur currus anime; quia deferunt animam ad cognitionem rerum. Animas dico sublimes. Sublimis anima est quia per eam homo similis fit Deo, creatori suo. *In celum terramque seris*, quia anima omnis (1) ratione et intellectu habet cognitionem celestium et terrestrium. Secundum aliam sententiam, ita dicatur : *Animas aptans levibus curribus*, id est stellis. Stelle dicuntur currus anime, quia deferunt animam ad corpus, dum per effectum earum, anime habent esse in corpore, et dicuntur leves, propter earum perpetuum motum. Et dicuntur anime aptari stellis quia, quandiu durat uniuscujusque constellatio, et anima est in corpore. *In celum terrasque seris quas lege benigna.* Quia et celestia et terrestria causa sunt quare anime sint in corporibus. Ex celestibus enim contrahit homo calorem, ex terra alimenta sine quibus anima in corpore esse non potest. Quas scilicet animas *ad te reduci facis igne reverti*, id est cognitione et amore (2); cum enim ubique Deus totus sit, ab eo tamen avertimur, cum per vicia ei dissimiles sumus; ad ipsum revertimur, cum per virtutes ei nos similes facimus; quia, ut ait Augustinus, Deo, ubicumque est,

---

(1) O 230. *Omnis* deest in cod. T 1381 et 1101.
(2) O 230 addit : *Et timore.*

non locis sed actionibus, aut longinqui aut propinqui sumus, et sicut separat nos ab eodem dissimilitudo, ita conjungit nos similitudo. Et hoc est *reduci igne*, id est splendore et fervore dilectionis; ubi enim est ignis, ibi sunt ista duo, calor et splendor. Similiter in divino amore est splendor quo illuminatur mens, ad cognitionem celestium, et est calor ad comprehendendum et imitandum; ex quo enim aliquis Deum aliquis diligit, amor in eo operatur illuminationem et desiderium celestium; dicitur enim divinus amor ignis; unde Spiritus Sanctus, id est, divinus amor, in igneis linguis apostolis dicitur infusus, quoniam divinus amor fervorem celestium eis contulit, et genera linguarum eos edocuit, quasi diversis gentibus diversarum linguarum predicaturos, ut ex fervore constantes et linguis intelligibiles in predicando essent. *Reduci.* Quia enim anima a Deo habet esse, non revertitur ad ipsum, nisi non amet divinitatem, quia, nisi amet, non querit; nisi querat, non invenit; nisi inveniat, non revertitur ad ipsum. Et hoc est *benigna lege*. Lex enim scriptum assiscens honestum, prohibens ejus contrarium. Hic vero divina prædestinatio dicitur lex benigna, quia ibi omnia leguntur et continentur predestinata ad vitam : que predestinatio dicitur scriptum et liber vite. Unde dicitur : Deleantur de libro viventium, et cum justis non scribantur. Adsciscit honestum omne et prohibet contrarium, id est, inhonestum. Hac lege revertuntur anime ad Creatorem, quia, nisi predestinatus sit (1) ad vitam, ad ipsum non revertitur aliquis. *Da, Pater, augustam menti conscendere sedem.* Hujusque fuit *Hirmos*, id est suspensio orationis, ad unum finem tendentis (2), ostendendo divinam potentiam et bonitatem. Modo ponit quod petat : Tu, pater, qui talis es, da menti hujus Boetii conscendere augustam sedem, id est, sedem summi boni; quod est dicere : Da isti cognoscere in quo summum bonum situm sit. Sedes summi boni dicitur augusta, id est, nobilis, quia nihil illi potest comparari, vel angusta et subtilis, quia magno labore ad eum pervenitur. *Da fontem lustrare boni.* Incipit ostendere qualiter ad illam sedem possit attingere, petendo hoc ab eodem; et hoc est : *Da lustrare*, id est investigare, *fontem boni;* fons enim a quo rivus habet exis-

---

(1) T 1101. — T 1381 : *Predestinatur.*
(2) T 1101 et O 230. *Ad unum finem tendentis* desunt in cod. T 1381.

tere, et ipse a nullo. Quadam similitudine dicitur Creator fons boni, quoniam ab ipso omne bonum habet esse, et ipse a nullo (1). Sed ut ad sedem predictam ascendatur, oportet ut investigetur; sed quia non sufficit querere, nisi inveniatur, nec invenire, nisi diligatur, addit : *Da, luce reperta,* intueri, scilicet cognitione et amore, *conspicuos animi* vultus in te defigere, scilicet rationem et intellectum quibus solis potest perpendi. Sed quia corpus quod corrumpitur aggravat animam, dum est subdita illi, subjungit : *Disjice terrene nebulas et pondera molis,* id est, nebulosa pondera terrene molis, id est, carnis. Pondera vocat nimias curas temporalium, que aggravant ipsam animam, ne ad cognitionem et dilectionem Creatoris possit erigi. Sed, ut cognoscatur sedes summi boni, oportet has curas dimittere et disjicere, quia nemo potest duobus dominis servire, Deo et mammone. Sed quia non sufficit remotio curæ temporalium, nisi adsit gratia illuminans, addit : *Atque tuo splendore mica,* id est, resplende in ejus corde. *Tu namque serenum.* Ostendit eum per se illuminare, quia serenum est quod reddit homines serenos. Et vere est serenum, qui est *requies tranquilla piis;* quia in hac vita qui pii sunt, tua consideratione et desiderio requiescunt, et post aliam, vitam, in tua consideratione gaudebunt. *Te cernere finis.* Finis est ultima pars rei, ut finis agri; finis iterum dicitur consumptio rerum, ut finis vite; finis iterum propter quod fit aliquid. Ita in hoc loco finis dicitur Deum cernere, quia quidquid agunt sapientes, ad hoc agunt ut Deum facie ad faciem videant : quoniam hec est vera et beata vita. *Principium* a quo omnia habent esse. *Vector* quia nos vehit per gratiam ad quod nos non possumus pervenire per naturam. Unde in *Canticis :* Trahe me post te. *Dux,* ratione ducendo ad bonum. *Semita,* quoniam ad ipsum per ipsum venitur. *Terminus idem,* quoniam ultra ipsum nihil est petendum summum, cum sit summum bonum et perfectum bonum.

(1) *Quadam similitudine — ipse a nullo* desunt in cod. T 1381.

## III.

(*Consol.* III, met. 12 :
Orpheus Eurydicem suam
Vidit, perdidit, occidit.
Ms. de Troyes 1381, fol. 68.)

Euridice, conjux Orphei, dum per quoddam pratum vagaretur, ab Aristeo pastore adamata est, sed illa fugiens ejus conjunctionem, calcato serpente, mortua est, et ad inferos ducta. Cujus mortem immoderate ferens Orpheus, cepit modos de ejus morte componere et in cithara modulari. Suavitatem cujus cithare dicta sunt sequi inanimata et animata. Sed non potens hoc modo consolari, post uxorem ad inferos descendens, infernorum dominos demulsit in tantum, quod reddita est ei uxor, sed ea lege, ne dum exirent inferos, eam respiceret. Sed prope terminos infernorum, intemperantia ductus, eam respexit et iterum eam perdidit. Hoc integumentum prius exponendum est, deinde sigillatim ea que sunt in libro. Orpheus ponitur pro quolibet sapiente et eloquente, et inde Orpheus dicitur, quasi orea phone, id est optima vox. Hujus est conjux Euridice, id est naturalis concupiscentia que unicuique conjuncta est : nullus enim sine ea, nec etiam puer unius diei, in hac vita esse potest. Unde iterum finxerunt poete quemdam Deum esse, scilicet genium qui nascitur cum unoquoque et moritur. Unde Horatius : Deus albus et ater in unumquodque caput (1). Genius est naturalis concupiscentia; sed hec naturalis concupiscentia merito dicitur Euridice, id est boni judicatio; quia quum quisque judicat bonum, sive ita sit, sive non, concupiscit. Hec ab Aristeo, dum vagatur per pratum, adamatur. Aristeus ponitur pro virtute; *Ares* enim est virtus; sed hec virtus hanc Euridicem, id est hanc naturalem concupiscentiam, dum vagatur per pratum, id est per terrena, que, quemadmodum prata, modo virent, modo sunt arida, adamans consequitur, quia semper virtus naturalem concupiscentiam a terrenis abstrahere nititur. Sed Euridice Aristeum fugit, quia naturalis concupiscentia

(1) Horat. *Epist.* II, 11, v. 188 et 189.

contradicit virtuti, quia appetit voluntatem, cui virtus contradicit. Sed tunc moritur et ad inferos descendit, id est ad delectationem temporalium. Sed, mortua uxore, Orpheus dolet, quia cum sapiens videt intentionem suam et delectationem in temporalibus habitans, displicet. Sed cum cuncta modulationibus vincat, dolorem de amissa uxore non vincit; quia, quamvis sapiens eloquentia et sapientia sua vicia aliorum superet, suam concupiscentiam non potest a temporalibus auferre; inde maxime dolet. Sed tunc Orpheus ad inferos descendit, ut uxorem extrahat, cum sapiens ad cognitionem terrenorum descendit, ut, viso quod nichil boni in eis est, concupiscentiam inde extrahat. Sed redditur ei hac lege, ne respiciat, quia nemo mittens manum suam ad aratrum, respiciens retro, aptus est regno Dei. Exposita summa integumenti, singula, ut in libro continentur, exponamus, hoc ante premonentes, quod si aliquis legens Fulgentium aliter hanc fabulam exponi videat, idcirco hanc nostram non vituperet; quia de eadem re, secundum diversam considerationem, diverse inveniuntur expositiones.

## IV.

### ÉLÉMENTS DE LA CONNAISSANCE.

(*Consol.* IV, pr. 4. Ms. de Troyes 1331, fol. 111 et 112.)

Aliter percipit sensus, aliter imaginatio, aliter ratio, aliter intellectus. Est sensus quedam vis anime qua videt, vel tangit, vel facit, vel gustat, vel audit homo. Hoc est percipere formam rei in subjecta materia, id est, percipere corpus, constans ex materia et forma. Neque aliud habet principium, nisi ex aliqua passione que fit circa corporeum instrumentum, ut hec est lux que ferit oculos, et excitatur ipsa anima ad videndum aliquid. Imaginatio est vis anime qua percipit homo figuram rei absentis, et habet principium a sensu; quia quicquid imaginamur, ut vidimus illud idem imaginamur, vel ad similitudinem alterius rei ejusdem generis quam vidimus, ut rusticus Virgilianus qui numquam viderat Romam, ad similitudinem sue civitatis quam videbat, imaginabatur, dicens : Urbem quam dicunt Romam, Melibee, putavi stultus huic nostræ similem. Ratio vero est quedam vis anime qua percipit homo quid sit unumquodque, in quo differat ab aliis, et in quo conveniat cum aliis. Hec principium habet a sensu et imaginatione; quoniam, cum vidimus rem, et figuras ipsius, et colorem, et proprietates, tum discernimus quid sit, et in quo differat, et in quo conveniat cum aliis. Intelligentia est quedam vis anime qua percipit homo quedam incorporalia, cum certa ratione quare ita sint; hoc ideo addimus, quoniam, si percipit homo aliquid casu, et non haberet certam rationem quare ita esset, non esset intellectus, sed opinio. Hec habet principium a ratione, quia per rationem cognoscit homo causas rerum et naturas et proprietates; et cognoscit quedam corporea gravia naturaliter, et quedam moveri, ut humanum corpus; et cognoscit quod aliud est quam corpus, quod facit movere corpus, quoniam cum corpus naturaliter sit grave, ex se non habet quod movetur. ergo ex alio; et ita ratione discernente, pervenit homo ad cognitionem incorporalium, similiter ad cognitionem Creatoris.

# LA
# PHILOSOPHIE DES ARABES
ET
# DES JUIFS.

# LA
# PHILOSOPHIE DES ARABES
## ET
# DES JUIFS.

Après les Grecs et les Romains, l'un des peuples qui passent à juste titre pour avoir exercé le plus d'influence sur la marche des sciences et de la philosophie, c'est sans contredit la nation arabe. Le règne de ses écrivains commence pour l'Europe chrétienne un peu avant le xiii° siècle, et il finit au xvi°; mais dans l'intervalle, quel éclat n'a-t-il pas jeté! Avicenne et Averroès égalèrent au moyen âge la renommée d'Aristote. A la faveur de traductions écrites dans un latin souvent barbare, leurs ouvrages pénétrèrent dans les écoles, où ils furent invoqués par les maîtres les plus autorisés. Sans parler d'Albert le Grand, dont l'érudition était prodigieuse, saint Thomas dit qu'il les avait tous lus et n'éprouve aucun scrupule à les citer. Quand on parcourt la *Somme de Théologie* et la *Somme contre les Gentils*, on y retrouve, pour ainsi dire à chaque page, non sans quelque surprise, des arguments qui sont empruntés aux livres des infidèles. L'exemple du saint docteur que ses contemporains et la postérité ont surnommé l'Ange de l'école fournit, pour le dire en passant, la preuve irrécusable que l'étude assidue de la Bible et des Pères n'est pas la seule qui soit permise aux chrétiens, que la piété la plus fervente se concilie facilement avec l'usage des écrivains profanes, et qu'enfin la sagesse païenne elle-même, malgré ses erreurs, peut être souvent d'un utile secours pour la défense de la vérité catholique.

A mesure que le temps a marché, le silence et l'obscurité se sont faits autour des anciennes gloires de l'islamisme; l'autorité de ses philosophes s'est peu à peu affaissée, puis a été entièrement détruite; leurs livres n'ont plus trouvé de lecteurs; leurs opinions, qui partageaient autrefois les universités, n'ont plus excité ni colère ni enthousiasme. Il était facile de prévoir cette décadence irrémédiable. Si les systèmes contemporains qui sont nés sous nos yeux, et qui réfléchissent plus ou moins nos doutes et nos aspirations, nous rebutent souvent par leur obscurité ou leur bizarrerie, que dirons-nous de ceux des Arabes que tant de causes contribuent à nous rendre moins accessibles, la rareté des manuscrits, les difficultés de la langue et le contraste marqué de la doctrine avec nos idées et notre civilisation? Le génie moderne, qui désertait les voies de la scolastique chrétienne, ne pouvait se laisser détourner par une autre scolastique ayant pour point de départ et pour garantie le Coran de Mahomet. Mieux valait suivre exclusivement le trait lancé au cerf de Descartes, au risque même d'oublier un peu trop le passé et de se montrer ingrat envers lui par ignorance.

Pour remettre en lumière la philosophie musulmane, il a fallu ce mouvement inespéré qui depuis un demi-siècle pousse les meilleurs esprits vers les travaux historiques. Lorsque les moindres débris de la science et de la littérature des anciens peuples, toutes les formes du développement de la pensée humaine, tous les produits de son activité donnaient lieu à de profondes explorations, la curiosité devait tôt ou tard se reporter, malgré les écueils du sujet, vers cette nation vive et ingénieuse dont l'exemple et les œuvres ont contribué à l'éducation de l'Europe chrétienne. Parmi les écrivains de nos jours qui ont donné cette direction à leurs études avec le plus de persévérance et de sagacité, il faut citer en première ligne M. Samuel Munk, enlevé à l'érudition française en 1867, dans un âge encore peu avancé, dix ans après que ses remarquables travaux lui avaient ouvert les portes de l'Académie des inscriptions et belles-lettres. M. Munk ne s'était pas borné aux écoles philosophiques des Arabes; il avait étendu ses recherches aux écoles juives : mais quand je considère l'issue fatale de son dévouement pour la science, je doute que son exemple fasse beaucoup de prosélytes et qu'il ait beaucoup d'imitateurs. Car, à déchiffrer les monuments à demi détruits de la sagesse musulmane, le savant orientaliste avait totalement perdu la vue. Après avoir consacré un quart de siècle, *grande mortalis aevi spatium,* à recueillir et à collationner des manuscrits, un jour était venu, comme il le raconte avec une touchante simplicité, où la Providence lui avait envoyé cette inexprimable affliction, la plus terrible qui puisse paralyser les efforts d'un écrivain pour lequel, dit-il, la lecture et les recherches les plus minutieuses sont à la fois un besoin et un devoir impérieux. Combien d'autres se seraient laissé accabler par un coup aussi rude! M. Munk eut l'héroïque sagesse de ne pas fléchir devant la mauvaise fortune; aidé des siens, soutenu par les encouragements de l'amitié, il poursuivit, même aveugle, les travaux qu'il avait entrepris dans des temps meilleurs; et c'est ainsi que, dans les dernières années de sa vie, les études orientales lui ont dû, indépendamment de divers mémoires détachés, deux publications du plus haut prix, les *Mélanges de philosophie arabe et juive* (1), et la traduction du *Guide des Égarés* (2) de Maimonide. Le savoir exact et solide qui règne dans ces ouvrages, le grand nombre de faits nouveaux qu'ils mettent en lumière, les services qu'ils sont appelés à rendre, les circonstances même dans lesquelles ils ont été composés, demandent qu'on s'y arrête avec sympathie et respect. Nous voudrions en donner ici un aperçu rapide, et toutefois suffisant pour en faire apprécier l'importance, ou plutôt, en nous aidant des indications très précises et très neuves qu'ils offrent, nous voudrions esquisser à grands traits les vicissitudes de la philosophie chez les Arabes et chez les Juifs. La matière paraît ingrate, nous le reconnaissons; mais les découvertes dues à l'érudition de M. Munk en trompent sensiblement l'aridité et en accroissent l'intérêt.

S'il ne fallait pas tenir compte de la puissante activité de l'esprit humain, de cette vive et féconde énergie que les influences extérieures peuvent bien comprimer, mais qu'elles n'étouffent

---

(1) Paris, 1859, 1 vol. in-8°.
(2) Paris, 1859-1866, 3 vol. in-8°.

pas, le mouvement philosophique qui s'est produit chez les Arabes, à partir du onzième siècle de notre ère, paraîtrait un des phénomènes les plus étranges de l'histoire. Voici un peuple à demi nomade, partagé en différentes tribus dont les unes vivent sous la tente, au fond du désert, et dont les autres sont répandues le long du littoral de la mer Rouge et de l'océan Indien, où elles ont fondé quelques villes qui servent d'entrepôt au commerce de l'Europe et de l'Asie. La religion de ce peuple se compose de superstitions grossières, parmi lesquelles survit, comme un vague souvenir, le dogme effacé de l'unité de Dieu. Il sait un peu de mathématiques et un peu d'astronomie, autant qu'il en faut pour diviser ses champs et pour guider ses caravanes dans le désert, à la clarté des étoiles; mais sa culture s'arrête à ces premiers éléments des connaissances les plus indispensables. Il est sensible aux charmes de la poésie, et sa langue est la plus colorée que les hommes aient jamais parlée; mais il ne témoigne aucune propension pour les études qui supposent moins d'imagination que de raisonnement. Cependant, à la voix d'un législateur de génie qui tient du guerrier autant que du prophète, ce peuple oublié des Grecs et des Romains s'apprête à jouer un grand rôle. Les tribus errantes se rapprochent, abjurent leur idolâtrie, proclament un Dieu unique, et entreprennent d'imposer par la force des armes leur symbole aux autres nations. Ce jour-là, une transformation profonde s'accomplit chez les Arabes, qui renoncent à leurs goûts sédentaires, à leur activité mercantile, pour affronter les combats et les aventures lointaines. Mais le Coran, qui les enflammait d'une sainte et belliqueuse ardeur, devait-il leur inspirer l'amour des arts libéraux? Mahomet, qui les enlevait à leurs troupeaux et à leur négoce pour les lancer contre les infidèles, songeait-il à introduire parmi eux la civilisation des peuples qu'ils allaient vaincre? Loin d'encourager la culture des sciences profanes, l'islamisme s'y montrait fort contraire: il prétendait subjuguer les esprits sans leur permettre la discussion; comme il n'avait que faire des livres des païens, il les proscrivait; et s'il n'est pas vrai, comme on le prétend, que la bibliothèque d'Alexandrie ait été incendiée par les ordres d'Omar, cet acte de barbarie eût été digne du farouche capitaine à qui la renommée l'a imputé.

Et toutefois, c'est ce peuple si mal préparé ou par ses traditions ou par son nouveau culte aux travaux de l'intelligence qui verra bientôt s'ouvrir une ère de gloire littéraire. C'est lui qui deviendra l'héritier de la Grèce et de Rome, et qui ranimera chez les nations d'Occident les études presque éteintes. Cette mission en quelque sorte providentielle, qui paraît si peu en harmonie avec ses aptitudes, lui sera confiée, et pour la remplir il saura triompher, sinon à tout jamais, au moins pour une assez longue période, de tous les obstacles que la race, le climat, l'éducation et le fanatisme religieux peuvent opposer au libre essor des facultés de l'esprit.

Quelles sont les causes qui ont donné l'éveil au génie scientifique des Arabes? Elles se réduisent à une seule, le contact et l'imitation des peuples étrangers.

Ce n'était pas la première fois dans l'histoire que, deux nations, l'une barbare et l'autre plus cultivée, s'étant rencontrées, la première, même victorieuse, avait subi l'ascendant de la seconde, même vaincue. Les Grecs subjugués par les Romains avaient enseigné à leurs maîtres la philosophie et les sciences. Les Romains, conquis à leur tour par les peuplades de la Germanie, avaient vu recueillir par leurs sauvages vainqueurs les débris échappés au naufrage des lettres antiques. Aussitôt que les Arabes eurent franchi la frontière de leur pays, ils se trouvèrent face à face avec la civilisation grecque : ils la rencontrèrent partout, parce que durant près de douze siècles elle avait tout rempli, tout pénétré de ses souvenirs et de son influence. Mais ce fut en Orient principalement qu'ils apprirent à la connaître, à l'admirer et à l'imiter. Une école fondée par les chrétiens, aux confins de la Syrie et de la Mésopotamie, l'école d'Édesse, avait répandu dans toute la contrée des semences de philosophie qui s'étaient conservées. Ces germes furent recueillis par les disciples de Nestorius, le fameux hérésiarque, lorsqu'ils vinrent chercher en Mésopotamie un abri contre les anathèmes de l'Église. Enfin c'est aux mêmes lieux que s'étaient réfugiés, moins d'un siècle avant la venue de Mahomet, les derniers maîtres de l'école d'Athènes, bannis par les ordres de Justinien, qui portèrent à la cour du roi de Perse, Chosroès, l'écho de l'enseignement de Proclus. Les Arabes, devenus maîtres de ces provinces, y trouvaient rassemblé tout ce qui restait des splendeurs de la Grèce, les ouvrages de ses poètes et de ses philosophes, l'impression encore vivante de ses doctrines et, par-dessus tout, le prestige immortel de sa renommée. Ils cédèrent insensiblement à la triple séduction de la science, du génie et de la gloire, et, sans répudier les préceptes que Mahomet leur avait enseignés, ils essayèrent de concilier leur foi religieuse avec l'étude et l'imitation des chefs-d'œuvre de l'antiquité. Ces aspirations, longtemps vagues et incertaines, se dessinèrent plus utilement lorsque la dynastie des Abassides eut succédé à celle des Ommiades. Les noms d'Almanhar, d'Haroun-al-Raschid et d'Almamoum sont célèbres dans l'histoire par la protection que ces princes ont accordée aux lettres. Sous leur règne et par leurs encouragements, les peuples soumis à l'islamisme goûtèrent aux fruits les plus épurés de la culture philosophique. Il y a bientôt trente ans, un critique allemand, M. Wenrich, a donné d'après les écrivains orientaux le catalogue des traductions d'anciens ouvrages qui furent composées vers cette époque en arabe, en syriaque, en hébreu, en persan et même en chaldéen (1). La plupart des idiomes de l'Orient avaient eu, comme on voit, leur part dans ce large travail d'interprétation; presque tous les genres s'y trouvèrent aussi représentés : la poésie par Homère; la médecine par Hippocrate, Galien, Rufus d'Éphèse et Dioscoride; les mathématiques par Euclide, Aschimide et Apollonien; l'astronomie par Ptolémée, Hipparque et Thon d'Alexandrie; la philosophie enfin par Aristote, Théophraste, Alexandre d'Aphrodise et Thémistius. Platon, chose remarquable, fut moins recherché, bien qu'on cite une traduction arabe de la *République* et des *Lois*. Les néo-platoniciens eux-mêmes, de qui l'Orient avait reçu le dépôt des traditions, restèrent un peu dans l'ombre : Plotin ne paraît pas avoir trouvé d'interprète, et de Proclus on ne traduisit que l'abrégé dans lequel il a résumé, sous le titre d'*Éléments*, sa doctrine métaphysique. Aux œuvres originales, la curiosité ou l'ignorance des traducteurs préféra quelques-unes des compilations apocryphes et sans valeur qui virent le jour dans les derniers temps de la décadence, la *Théolo-*

(1) *De auctorum græcorum versionibus et commentariis Syriacis, Arabicis, Armeniacis Persicisque commentatio*, quam scripsit J. G. Wenrich. Lipsiæ, 1842, 1 vol. in-8°.

*que d'Aristote* par exemple, dont il existe une version arabe et dont M. Munk a signalé la trace dans les théories d'Ibn Gebirol.

Nous sommes déjà loin du xvi° siècle, et toutefois le tressaillement que produisit alors en Europe l'introduction des monuments originaux de la littérature classique fut si profond et si général qu'il s'est prolongé jusqu'à nous. Cet âge mémorable s'appelle encore *la Renaissance*, comme si le réveil du génie moderne ne datait que du jour où il a connu la vraie antiquité. Quelque chose d'analogue se passa chez les Arabes quand ils furent initiés aux sciences de la Grèce. Il y eut parmi les esprits cultivés un élan d'enthousiasme et une émulation généreuse pour s'approprier les trésors de connaissances qui venaient de leur être ouverts. Mais ces trésors étaient si abondants que ceux qui en avaient recueilli l'héritage bornèrent pour ainsi dire leurs soins à les compter et à les décrire, au lieu de s'appliquer à les accroître. Faute de pouvoir surpasser ni même égaler les modèles qu'on avait sous les yeux, on se contenta de les reproduire avec subtilité; l'imitation nuisit à l'invention originale, si peu favorisée d'ailleurs par le génie de la nation. Je ne parle pas des mathématiques et de l'astronomie, où les Arabes ont fait quelques découvertes; en philosophie, à peu d'exceptions près, ils n'ont guère laissé que des commentaires.

Dans les *Mélanges* de M. Munk, on trouvera le tableau abrégé du mouvement philosophique chez les Arabes avec des notices détaillées sur les principaux maîtres qui l'ont dirigé. En Orient comme en Occident, la philosophie, avant de se séparer de la théologie, traversa une période intermédiaire où elle se confondit plus ou moins avec l'explication du dogme religieux. Les versets du Coran servirent de thème à la scolastique musulmane, de même que ceux de la Bible à la scolastique chrétienne. La première controverse qui s'éleva fut relative à la liberté de l'homme, si arbitrairement méconnue par Mahomet. Une école entreprit d'expliquer la doctrine du Prophète dans un sens favorable à la responsabilité de l'individu, tandis qu'une école opposée poussait au fatalisme le plus extrême. D'autres débats avaient pour objet les attributs divins, que les uns se proposaient d'approfondir, et que les autres déclaraient inaccessibles à la pensée et à la parole humaines. Ce furent là les démêlés les plus saillants de toutes les sectes religieuses qu'on a réunies sous le nom de *Motecallemin*, et qui ont précédé les philosophes proprement dits. Quand ceux-ci parurent, ils agrandirent le champ de la discussion, où ils firent entrer toutes les questions que l'étude des anciens et surtout celle d'Aristote leur suggérait. Le monde est-il créé? S'il est créé, la création a-t-elle eu lieu dans le temps? Quelle est la nature de l'âme? Comment pense-t-elle? La pensée constitue-t-elle une force propre, à la fois substance et cause, ou une simple capacité de recevoir l'impression de la lumière divine? Cette capacité elle-même est-elle indépendante de l'organisation? La conscience et la mémoire, et par conséquent la responsabilité, peuvent-elles survivre à la dissolution du corps? L'âme est-elle immortelle, comme le croit le genre humain? Dans ces questions si débattues par les Orientaux et que nous traduisons à peu près fidèlement, comment ne pas reconnaître quelques-uns des problèmes qui partagent encore les philosophes de notre âge? Tant il est vrai que l'esprit humain est partout le même, que sa curiosité et ses doutes s'adressent partout aux mêmes objets, ou plutôt qu'il roule éternellement autour des mêmes vérités, sans pouvoir ni s'en détacher, ni les saisir complètement ici-bas!

Alkendi, qui vivait au ix$^e$ siècle, et Alfarabi, qui vivait au x$^e$, sont les deux plus anciens philosophes arabes que les historiens mentionnent et dont quelques ouvrages nous sont parvenus; mais les détails qu'on possède sur eux sont si peu de chose que toute l'érudition de M. Munk n'a pas suffi pour vérifier cette partie aride de son sujet. Une physionomie plus intéressante pour nous, parce qu'elle nous est mieux connue, c'est celle d'Ibn-Sina, vulgairement nommé Avicenne. Son père était gouverneur de l'une des principales villes de la province de Bockava, où il naquit en 980. S'il faut en croire ses biographes, il fit preuve d'une précocité sans exemple. A dix ans, il possédait le Coran et plusieurs des sciences profanes; à dix-sept ans, sa célébrité comme médecin était déjà si bien établie qu'il fut appelé près de l'un des princes du pays pour le guérir d'une grave maladie. Après la mort de son père, il se mit à voyager, visita le Korasan, poussa jusqu'à la mer Caspienne, et de là revint en Perse. Au milieu de ses excursions, il continuait l'exercice de la médecine, donnait des leçons publiques, écrivait des livres, faisait une large part au plaisir, et dans l'occasion se mêlait d'intrigues politiques, même au péril de sa vie. Une fois, à Hamadan, ayant été nommé visir, il faillit être massacré par les soldats qu'il avait mécontentés. A quelque temps de là, par un retour de la fortune, l'émir de la contrée le fit enfermer dans une forteresse où il passa plusieurs années. Quand il eut recouvré sa liberté, il gagna Ispahan, se concilia la faveur d'un nouveau maître, et reprit sa vie de dissipation et de travail, partagé entre l'excès de l'étude et l'excès de la débauche. Lorsqu'il sentit que sa constitution commençait à s'user, il employa, dit-on, pour la soutenir, les remèdes les plus violents, qui ne firent qu'accélérer les progrès du mal. On raconte que sur son lit de mort il montra un profond repentir de ses fautes passées, fit distribuer de riches aumônes, et se livra à des pratiques de dévotion, voulant mourir en bon musulman. Telle a été l'existence aventureuse de l'homme illustre qui fut chez les Orientaux l'expression la plus savante et la plus haute de la philosophie. Dans sa doctrine, on s'attendait à trouver des saillies, des hardiesses, quelque chose d'original et d'imprévu qui répondît aux orages de sa vie. La *Guérison*, la *Délivrance*, c'est ainsi qu'il intitule ses deux principaux ouvrages, dont l'un est une encyclopédie ne formant pas moins de dix-huit volumes, et dont l'autre, le seul qui ait été traduit en latin, est l'abrégé du premier. Ne sont-ce pas là des titres expressifs qui promettent à la pensée de nouveaux horizons? Le chancelier Bacon n'annonçait pas de plus grands desseins lorsqu'il inscrivait les mots d'*Instauratio magna, la grande restauration*, au frontispice du monument qu'il se proposait de consacrer à la réforme des sciences. Mais combien de fois n'arrive-t-il pas que les philosophes promettent plus qu'ils ne peuvent tenir! Le seul remède que nous enseigne Avicenne pour guérir l'intelligence et la délivrer de ses erreurs, c'est le péripatétisme. Sa philosophie n'est guère que le développement érudit de celle d'Aristote; encore a-t-il évité avec prudence les écueils où l'imitation aveugle de son modèle pouvait le jeter. Dans les questions qui touchent de près ou de loin au dogme et à la morale, il penche habituellement vers la solution qui se concilie le plus aisément avec l'orthodoxie musulmane. S'il admet l'éternité du monde, il la subordonne à l'éternelle action du Créateur. S'il professe que l'intelligence infinie n'a que des idées générales qui lui représentent seulement l'ensemble de l'univers, il se garde bien d'abuser de ce principe, et il imagine mille détours afin de ne pas dérober à Dieu la connaissance des choses particulières. Avec tous les péripatéticiens, il distingue deux entendements : l'un qui subit l'impression des choses extérieures, et qui devient pour ainsi dire ces choses elles-mêmes en les pensant, l'entendement *en puissance* ou entendement *possible*; l'autre qui éclaire ces impressions confuses et qui en dégage, par sa vertu propre, la connaissance et la pensée, l'entendement *actif*. Il admet que l'entendement actif est antérieur à l'acte de la pensée individuelle, qu'il existe en dehors de l'individu, qu'il est le même pour tous les hommes, que tous participent à ses rayons; mais qu'est-ce pour lui que ce foyer commun de lumière et d'activité? Selon quelques interprètes, c'est l'intelligence divine qui éclaire tout homme venant en ce monde. Sa métaphysique paraît par certains côtés peu favorable à la personnalité et à l'immortalité; mais quand il est sur le point de céder à cette pente, il s'arrête et, revenant aux vérités qu'il semblait avoir délaissées, « il proclame hautement, nous dit M. Munk, la permanence de l'âme humaine, il reconnaît en elle une substance qui, même séparée du corps, conserve son individualité. »

On assure qu'Avicenne ne garda pas toujours la même réserve, et que, dans sa *Philosophie orientale*, qui ne nous est pas parvenue, donnant carrière aux hardiesses de son esprit, il avait nié ouvertement la distinction de Dieu et du monde. Cette imputation fût-elle sans fondement, son péripatétisme, il faut bien en convenir, était à lui seul une grande nouveauté qui devait alarmer ses coreligionnaires. Ce qu'il y a de certain, c'est que bientôt un cri de réprobation s'éleva parmi les croyants contre les témérités qui menaçaient l'orthodoxie. Les philosophes furent dénoncés comme des fauteurs d'hérésie, comme les ennemis de la vraie foi. En même temps il se forma une école à demi sacerdotale qui n'est pas sans analogie avec certaines écoles de nos jours, et dont la prétention avouée était de ruiner la science profane avec ses propres armes. Entre tous ceux qui se dévouèrent à cette tâche ingrate, le seul dont le nom ait survécu, c'est Gazâli ou Algazel. Il avait une foi si profonde dans la vérité de l'islamisme, qu'après avoir passé les plus belles années de sa vie à la défendre, il s'affilia vers la fin de ses jours à la secte des Coufis et voulut mourir dans un de leurs couvents. Ses ouvrages contiennent une attaque en règle contre la connaissance humaine. Il ne poursuit pas le même objet que Descartes, pour qui le doute n'était que le moyen de s'élever à la certitude; mais il est remarquable qu'il débute et que souvent il s'exprime comme lui. Dans le plus populaire de ses ouvrages, ayant pour titre : *Ce qui sauve des égarements et ce qui éclaircit les ravissements* (1), il raconte que dans sa jeunesse il avait aimé la vérité avec passion et s'était enfoncé, selon ses expressions, dans l'abîme de la science en plongeur courageux, mais que, n'ayant trouvé nulle part la garantie qu'il cherchait contre les chances redoutables de l'erreur, il avait désespéré de pouvoir jamais la découvrir et s'était abandonné aux angoisses du doute. Il avait douté des sens, parce que la raison contredit souvent la sensation, et il avait douté de la raison elle-même, parce qu'il existe peut-être au-dessus d'elle un arbitre qui, s'il apparaissait, réformerait son jugement et convaincrait d'imposture les notions qui nous paraissent les mieux assurées. Ne sont-ce pas là les mêmes idées, je dirai presque le même langage que chez Descartes, dans les pages célèbres où il nous fait la confidence des incertitudes qui l'assiégeaient, avant qu'il se fût dit à lui-même avec une infaillible évidence : « Je pense, donc je suis? » Ailleurs Gazâli prend spécialement à partie les philosophes, qu'il attaque sur vingt points, dont seize appartiennent à la métaphysique et quatre à la physique. C'est là que, parmi des subtilités qui échappent à l'analyse, il bat en brèche la notion de cause par des arguments que David Hume a reproduits et qui sont le point culminant de son scepticisme. La conclusion que le fervent défenseur de l'islamisme tire de là est facile à prévoir : c'est qu'il faut renoncer à des recherches stériles, confesser la vanité de la science et du raisonnement, mettre en Dieu toute son espérance, se sanctifier par la pratique de sa loi, et attendre de lui, comme récompense, la révélation des vérités que nos faibles moyens ne nous permettent pas de découvrir.

Les mystiques de tous les pays ont souvent donné de pareils

(1) Cet ouvrage a été traduit en français par M. Schmoelders dans son *Essai sur les écoles philosophiques chez les Arabes et notamment sur la doctrine d'Algazâli*. Paris, 1842, in-8°.

conseils à la philosophie, qui s'est dispensée en général de les suivre et qui a continué de marcher dans ses propres voies avec plus de présomption que de succès. Mais l'entreprise de Gazâli répondait si bien à la disposition universelle des esprits, qu'elle fut à peine combattue et qu'elle eut pour résultat de discréditer en Orient non pas tel ou tel système en particulier, mais la méthode qui les engendre tous, je veux dire l'application des lumières naturelles de la raison à l'étude des vérités de l'ordre moral. La lecture du Coran l'emporta sur celle des ouvrages des Grecs, et Aristote lui-même, malgré l'éclat de sa renommée, fut délaissé. Ainsi les destinées de la philosophie chez les musulmans d'Asie avaient duré à peine trois cents ans, de la fin du IX° siècle au commencement du XII°. Après quelques années d'éclat, elle succombait pour toujours devant les préjugés et le fanatisme qu'elle avait dû comprimer pour s'établir.

Chez les musulmans d'Espagne, sous la domination éclairée et libérale du kalife de Cordoue, il semblait qu'elle eût à parcourir une carrière plus longue. En face des populations chrétiennes qu'il venait de conquérir, l'islamisme, tempérant la rigidité de ses préceptes, avait su déployer les splendeurs de la civilisation la plus brillante qui eût paru depuis les Romains. S'il avait bâti des mosquées, il avait aussi fondé des universités, des académies et des bibliothèques. Cordoue, Séville, Grenade, Valence, Xativa, Murcie, Alméria, toutes les villes de quelque importance soumises à la domination des Sarrasins, étaient devenues des centres d'études florissants, où les mathématiques, l'astronomie, la médecine, la jurisprudence, étaient cultivées avec beaucoup d'art. Que fallait-il de plus pour développer cette semence de philosophie que les Arabes avaient trouvée en Perse et qui portait déjà ses fruits dans les écoles d'Orient? Mais en Espagne comme en Asie les philosophes eurent à compter avec les justes défiances de l'autorité spirituelle, qu'ils blessèrent plus d'une fois et qui se vengea de leurs témérités en suscitant des persécutions dont ils furent victimes.

Dans les *Mélanges* de M. Munk, la culture philosophique chez les Arabes d'Espagne est représentée par trois noms : Ibn-Badja ou Avempace, Ibn-Tophaïl, et Ibn-Rosch ou Averroès.

Nous n'avons pas la prétention d'exposer ces doctrines; nous essayons seulement de les caractériser et d'en suivre les progrès. Aucun témoignage n'est à cet égard plus précieux que le pamphlet qui fut écrit contre Ibn-Badja et dont M. Munk nous a fait connaître le commencement. « L'homme de lettres Abou-Becr-ibn-al-Çayeg, c'est le surnom que portait Ibn-Badja, est une calamité pour la religion et une affliction pour ceux qui sont dans la bonne voie. Il était connu par sa mise méchante et par sa folie, et il se dérobait à tout ce qui est prescrit par la loi divine. Indifférent à la religion, il ne s'occupait que de choses vaines; c'était un homme qui ne se purifiait jamais d'un contact impur et qui ne manifestait jamais de repentir. Il n'avait pas de foi en celui qui l'a créé et formé, et il ne reculait jamais devant la lutte dans l'arène du péché... Il n'étudiait que les sciences mathématiques, ne méditait que sur les corps célestes et sur les délimitations des climats, et méprisait le livre de Dieu, le très sage, qu'il rejetait orgueilleusement derrière lui. Il soutenait que le temps est une révolution perpétuelle, que l'homme est cueilli comme une plante ou une fleur, et que tout finit pour lui avec la mort... » Sans doute c'est un ennemi qui parle, mais c'est un ennemi exalté par le sentiment religieux, et dont les plaintes amères sont un symptôme remarquable de la lutte ardente qui se déclarait entre l'islamisme et la philosophie. Que voulait au fond Ibn-Badja? Tous les historiens et ses propres écrits en font foi, substituer les procédés réguliers de la raison aux vagues élans du mysticisme, élever la science au-dessus de la croyance, apprendre à l'homme comment il peut arriver par ses seules forces à la vérité infinie, ou comme on disait alors, dans un jargon barbare, unir son intelligence à l'entendement actif. Ajoutons que, suivant Ibn-Badja, cette union de l'âme avec Dieu s'opérait dans des conditions qui mettaient fort en péril la personnalité humaine et la providence divine.

Les anathèmes que l'audacieux philosophe s'était attirés par ses rêveries métaphysiques n'arrêtèrent pas Ibn-Tophaïl, venu quelques années plus tard. Comme Ibn-Badja, il se montra plein de confiance et d'espoir dans l'énergie naturelle de la raison. Il conçut même, et ce qui vaut mieux, il eut le talent d'exécuter un dessein qui souriait singulièrement au siècle dernier, si jaloux de connaître les origines de la connaissance humaine : ce fut de retracer les transformations successives d'une intelligence livrée à elle-même et se développant dans la solitude loin du commerce des hommes. Son héros se nomme Hayy, ou *le vivant, fils du vigilant*. Il le fait naître dans une île inhabitée sous l'équateur. Hayy n'a ni père ni mère; il sort de la terre et une gazelle se charge de le nourrir de son lait. A mesure qu'il grandit, il acquiert quelques idées dont le cercle s'étend de jour en jour. Ses premières pensées s'arrêtaient aux objets sensibles et particuliers; bientôt il reconnaît dans la variété des êtres un élément commun qui les unit et des différences qui les séparent : il forme les notions de substance et de qualité, de matière et de forme. Quand il a réfléchi sur l'origine de la forme et de la matière, et généralement de tout ce qui existe dans l'univers, il arrive à concevoir une cause première qui meut et qui perpétue le monde, et à laquelle notre âme doit rapporter tous les vestiges de perfection qui sont autour de nous. Cette cause n'est assurément ni un corps ni une qualité des corps : donc notre pensée, qui la saisit, n'a rien elle-même de corporel. Elle peut être gênée, altérée par les sens; mais elle doit se soustraire à leur empire et s'élever à Dieu, qui est sa fin dernière et sa vraie béatitude. S'abîmer dans la vie divine, oublier le monde, croire qu'il existe en Dieu, et là seulement, et que tout ce qui n'est pas Dieu n'a qu'un faux semblant d'existence, voilà l'idéal de la perfection. Ce n'est pas avant l'âge de cinquante ans que notre solitaire fait cette grande découverte. Il en est encore tout rempli, quand un jour il rencontre au milieu de ses déserts un sage, nommé Azal, qui, après avoir longtemps vécu parmi les hommes, s'est décidé à les fuir et est venu chercher un refuge dans l'île habitée par Hayy. Azal apprend l'usage de la parole à son compagnon de solitude; puis il l'instruit des vérités apportées aux hommes par Mahomet. Tous deux ne tardent pas à convenir qu'au fond le Coran est d'accord avec la raison, mais que, pour le rendre accessible, le Prophète a su employer des symboles auxquels l'imagination populaire s'arrête, mais qui contiennent un sens profond qu'un esprit exercé saura toujours découvrir. Hayy jugerait préférable que, même ici-bas, la vérité divine fût dégagée des nuages qui nous la dérobent en partie, et comme il n'a pas l'expérience des misères humaines, il quitte son île, malgré les conseils d'Azal, pour aller l'enseigner aux hommes, telle qu'il la voit et la comprend. Mais il a bientôt à se repentir de sa généreuse imprudence. Accueilli d'abord avec faveur, il voit peu à peu la foule s'éloigner de lui; il ne rencontre plus que des cœurs distraits ou malveillants qui se ferment à ses exhortations, et, désespérant de les ramener, il regagne son île avec Azal pour y terminer ses jours dans la solitude et la méditation.

Ce dénouement était l'aveu très explicite de l'impopularité de la philosophie, et une protestation contre l'injustice et l'ignorance du vulgaire. Quant à l'ouvrage en lui-même, il proclamait l'excellence de la raison, la supériorité de la science. Il laissait entrevoir, ou plutôt il était destiné à prouver que l'homme qui réfléchit peut s'élever par ses méditations à des vérités plus hautes, plus pures, plus dégagées de nuages que le fidèle qui passe sa vie à répéter les versets du Coran. Cette fois encore la philosophie se trouvait en opposition ouverte avec l'islamisme, disons mieux, avec toute espèce de croyances religieuses. Chez Averroès, le contemporain et l'ami d'Ibn-Tophaïl, nous la verrons suivre la même pente et aboutir aux mêmes résultats.

Ce qui frappe d'abord dans Averroès, c'est qu'il n'était pas, comme sa renommée porterait à le penser, un savant de profession. Il appartenait à une ancienne famille de l'Andalousie dont plusieurs membres avaient rempli des fonctions dans la magistrature du pays. On possède encore à la Bibliothèque nationale un recueil volumineux de consultations juridiques qui est attribué à son rival. Il fut lui-même cadi à Séville et à Cordoue, obtint la faveur de plusieurs rois, vécut presque dans leur intimité, et mena longtemps une existence non seulement paisible, mais honorée, qui se partageait entre le soin des affaires publiques et la culture des sciences et de la philosophie. Le principal fruit des efforts désintéressés qu'il consacrait aux lettres, ce furent d'immenses travaux sur Aristote, travaux qu'il entreprit, suivant les historiens, d'après les conseils d'Ibn-Tophaïl, et qui lui ont mérité d'être surnommé par les scolastiques *le Commentateur*, comme s'il avait effacé tous les autres interprètes du Stagyrite. Il s'agit maintenant de savoir ce que le péripatétisme était devenu entre ses mains. Malgré les nombreuses citations de ses ouvrages qu'on trouve chez Albert le Grand et chez saint Thomas, il a été si souvent combattu par eux, et sur des points si graves, qu'on ne pouvait se méprendre sur la dangereuse portée de ses doctrines. Mais en présence des nouvelles recherches de M. Munk et de la savante monographie que l'on doit à M. Ernest Renan (1), les dernières illusions, s'il en restait, ont dû se dissiper. Il est constant aujourd'hui qu'à travers beaucoup d'incohérences la philosophie d'Averroès aboutit à un panthéisme très peu déguisé, qui compromet toutes les vérités de l'ordre moral. A force de subtiliser sur la nature et le mode d'opérer de l'intelligence, il la dépouille de son activité essentielle et la réduit à la simple capacité de subir l'impression des objets sensibles. Comme cette capacité est elle-même subordonnée à l'organisation, il méconnaît la spiritualité de l'âme, et anéantit du même coup ses espérances d'immortalité. S'il paraît quelquefois lui attribuer une vie séparée du corps, ce n'est jamais la vie véritable, avec la grandeur et les risques qui sont attachés à l'individualité : c'est une part indéterminée de la vie universelle où se confondent, suivant lui, toutes les existences particulières. Il admet, en outre des mêmes principes, que rien, à proprement parler, ne naît ni ne périt ici-bas, que la naissance et la mort ne sont que de simples changements, que par conséquent le monde est éternel, et que ce qu'on appelle la création n'est que la suite indéfinie des évolutions de la matière. Un pareil système était la négation évidente de toutes les religions positives. Quand il pénétra dans les écoles d'Italie et de France, il y causa des ravages d'autant plus pernicieux que le renom d'Averroès, comme interprète d'Aristote, était plus grand. Saint Thomas d'Aquin, quelque haute estime qu'il professât pour certaines parties des ouvrages du philosophe arabe,

it tous ses soins à combattre des théories et des maximes qui sapaient le dogme par la base (2). Les averroïstes, alors en grand nombre dans l'université de Paris, se virent l'objet de la défiance universelle, et leurs opinions, dans ce qu'elles avaient de dangereux, furent proscrites sous des peines sévères. Mais ce qu'il y eut de remarquable, c'est que la doctrine d'Averroès reçut un accueil pire encore dans son propre pays. La haute situation qu'il occu-

---

(1) *Averroès et l'Averroïsme. Essai historique* par Ernest Renan. Paris, 1852, in-8°; 2° édit., Paris 186...

(2) Nous avons résumé cette polémique dans notre livre sur *la philosophie de saint Thomas d'Aquin*, t. I, p. 277 et suiv.

pait, les fonctions publiques dont il était investi, ne purent le soustraire au jugement sévère et à l'indignation de ses coreligionnaires émus de son impiété. On raconte qu'un jour qu'il était dans une mosquée, la populace, s'étant ameutée contre lui, l'expulsa du temple. L'émir Almansour, qui l'avait longtemps protégé, le dépouilla de toutes ses charges et l'envoya en exil. Un véritable soulèvement de l'esprit religieux contre la philosophie et les sciences de l'antiquité eut lieu en Espagne. Il fut fait défense de les étudier, et, à l'exception des ouvrages de médecine, d'arithmétique et d'astronomie populaire, on livra aux flammes tous ceux qu'on put saisir chez les libraires et chez les particuliers. Il est vrai que, quelque temps après, l'émir se relâcha de ses rigueurs et qu'il rappela même, dit-on, Averroès; mais le coup était porté, et la philosophie ne s'en releva jamais. Elle s'éteignit après Averroès, parmi les Arabes d'Espagne, comme après Gazâli, parmi ceux d'Orient, étouffée de part et d'autre, lorsqu'elle commençait à s'épanouir, par les antipathies de la nation que le zèle religieux avait surexcitées et qu'il opposait à l'essor de la science profane.

Tandis que les Arabes s'essayaient aux études philosophiques et poussaient l'étude d'Aristote assez avant pour mériter de servir de guide aux docteurs scolastiques, une autre nation d'Asie, les Juifs, poursuivait la même carrière sans beaucoup plus de préparation, mais pour le moins avec autant de succès.

Si la philosophie d'un peuple devait s'apprécier d'après les notions qu'il se forme de la Divinité, la plus ancienne de toutes et la plus épurée serait assurément celle des Juifs. Mais si la philosophie suppose un certain développement de la réflexion, si elle consiste dans la recherche raisonnée de la vérité par les seules forces de l'intelligence, il est difficile d'admettre qu'elle ait existé très anciennement chez le peuple hébreu. Nous ne conseillerons à personne d'imiter l'exemple du savant Brucker, qui consacre les premiers chapitres de sa grande histoire à exposer les destinées de la philosophie antédiluvienne. C'est évidemment là confondre l'intuition de la vérité et la connaissance raisonnée, la foi et la science. Hâtons-nous de dire que M. Munk n'est pas tombé dans ce grave défaut. En traçant le tableau de la philosophie juive, il ne songe pas à en reporter l'origine aux premiers jours du monde; bien au contraire, il avoue très nettement que « les Hébreux ne cherchèrent pas à pénétrer dans le secret de l'être et que l'existence divine, la spiritualité de l'âme, la connaissance du bien et du mal, ne furent pas pour eux le résultat d'une série de syllogismes. Ils croyaient, dit-il, au Dieu créateur qui s'était révélé à leurs ancêtres et dont l'existence leur semblait au-dessus du raisonnement des hommes, et leur morale découlait naturellement de cette conviction. Mais il n'existe dans leurs livres aucune trace de ces spéculations métaphysiques que nous trouvons chez d'autres peuples. » Renonçant à de puériles hypothèses, le savant historien se borne donc à noter avec précision les influences successives qui, sans modifier les traditions de la race d'Israël, l'ont inclinée peu à peu vers des études qui ne semblaient pas conformes à son génie. Il signale les travaux mémorables par lesquels, sous le règne des Ptolémées, l'école juive d'Alexandrie s'associait au mouvement qui rapprocha la philosophie grecque et les religions de l'Asie. Quand la civilisation grecque et la civilisation romaine ont disparu, que la religion chrétienne elle-même a subi de graves échecs en Orient, que l'islamisme s'est répandu de proche en proche jusqu'aux frontières des Indes, nous retrouvons les Juifs occupés à recueillir les monuments de l'antiquité et à les traduire dans leur propre langue, tantôt sur le texte original, tantôt sur des versions arabes ou syriaques. M. Munk a raconté les mouvements divers qui furent produits au sein de la synagogue par l'introduction de la science profane, les discussions qui en résultèrent, les efforts des Karaïtes pour substituer à l'exégèse traditionnelle une interprétation plus libre du texte sacré, et la tentative opposée de l'école rabbinique de Bagdad pour montrer le parfait accord du dogme révélé avec la raison. Après avoir esquissé le tableau de la philosophie hébraïque en Orient, il la suit en Espagne, où fut son véritable théâtre. C'est à cette dernière partie des travaux de l'éminent orientaliste que se rattache une précieuse découverte concernant Ibn-Gebirol et la traduction du *Guide des Égarés* de Moïse Maimonide.

Parmi les livres nouvellement traduits en latin qui ont fait le plus de bruit et de scandale dans les premières années du xiiie siècle, Albert le Grand et saint Thomas d'Aquin citent fréquemment un ouvrage intitulé *la Source de vie*, dont l'auteur, s'il faut les en croire, se nommait Avicebron. A quelle nation appartenait-il? A quelle époque a-t-il vécu? Ils ne nous en disent rien et paraissent l'ignorer. Ils ne connaissent de lui que sa doctrine, suivant laquelle, à l'exception de Dieu, tous les êtres, même l'âme de l'homme, même la nature angélique, sont composés de matière et de forme; la forme seule établit entre eux des différences, mais la matière est la même pour tous. Quant à la *Source de vie*, qui contenait ces étranges maximes, la trace en était perdue depuis longtemps, et il n'en restait pas un seul exemplaire connu. M. Munk a eu la bonne fortune de remettre la main sur ce curieux document; il a retrouvé du même coup deux manuscrits de l'ancienne version latine, et une troisième contenant une version hébraïque de l'ouvrage, qui fut écrit originairement en arabe; ce qui vaut mieux encore, il a reconnu que sous le nom obscur d'Avicebron se cachait un écrivain juif qui vivait dans la première moitié du onzième siècle, Salomon Ibn-Gebirol, originaire de Malaga, également célèbre parmi ceux de sa nation comme poète (1) et comme philosophe. Enfin, pour faire profiter de cette heureuse découverte un plus grand nombre de lecteurs, il a donné de longs extraits du texte hébreu de la *Source de vie* en les accompagnant de la traduction française et de notes historiques.

Nous pouvons aujourd'hui, à l'aide de ces précieux matériaux, reconstituer presque en entier le système métaphysique dont saint Thomas et Albert le Grand ne nous avaient transmis que quel-

---

(1) D'après M. Munk, Ibn-Gebirol fut « le véritable restaurateur de la poésie hébraïque... S'il a imité les poètes arabes pour ce qui concerne les formes extérieures de la versification, il les a surpassés par l'élan poétique, par l'élévation des pensées et des sentiments (p. 158). » Nous ne saurions apprécier l'élégante et harmonieuse beauté du rythme chez Ibn-Gebirol; mais on peut juger du moins du caractère et de la grandeur de l'inspiration par ce fragment que cite M. Munk :

« Oublie ton chagrin, mon âme agitée! Pourquoi tremblerais-tu des douleurs d'ici-bas? Bientôt ton enveloppe reposera dans la tombe, et tout sera oublié...

« Pourquoi ce trouble, ô mon âme! cette agitation dont tu es saisie pour les choses de la terre? Le souffle s'en va et le corps reste muet; et lorsque tu retournes à ton élément, tu n'emportes rien de cette vaine gloire, et tu t'envoles à la hâte, comme un oiseau vers son nid...

« Ce qui te semble précieux n'est qu'illusion; tout bonheur, mensonge qui s'écoule et s'en va; et à d'autres reste, sans profit pour toi, ce que tu as acquis avec peine.

« L'homme est une vigne; la mort est le vigneron qui l'observe et le menace à chaque pas. Mon âme cherche le Créateur; le temps est court; le but est loin. Ame rebelle! qu'il te suffise d'avoir du pain. Oublie ces misères, ne pense qu'à la tombe, ne crains que le jour du jugement... »

ques formules. Ni l'un ni l'autre ne possédait bien à fond l'histoire de la philosophie, et l'érudition qu'ils étalent est souvent très équivoque; mais on doit convenir à leur louange que cette fois leur sagacité n'a pas été en défaut et qu'ils ont exposé très fidèlement la doctrine d'Avicebron, que désormais nous sommes en droit d'appeler Ibn-Gebirol. La *Source de vie* est, comme on pouvait le supposer par leur témoignage, le développement de deux idées fondamentales, l'idée de la matière et l'idée de la forme, complétées par une troisième notion, celle de la volonté divine qui engendre tout ce qui existe. Tous les êtres ont quelque chose de commun qui est le fond même de leur existence : c'est la matière; tous ont quelque chose de différent, tous possèdent certaines qualités propres qui les distinguent les uns des autres : c'est la forme.

La matière est partout dans le monde sensible. Jetons, en effet, les regards autour de nous; que voyons-nous? Dans les objets de l'art une matière artificielle, comme le bronze qui sert à faire une statue; dans les œuvres de la nature, tantôt une matière particulière qui provient du mélange des éléments; tantôt une matière générale qui se confond avec les éléments eux-mêmes; au-dessus de nos têtes, la matière qui remplit les corps célestes. A ces quatre espèces de matière correspondent sans doute autant de formes qui les déterminent; mais de quelque façon qu'on s'y prenne et quelque penchant qu'on ait à multiplier les distinctions, il faut bien avouer que le monde sensible ne contient que des corps, que toutes les déterminations qu'on y observe sont des propriétés corporelles; d'où Gebirol tire cette conséquence que, pour tout expliquer ici-bas, il n'est pas besoin de supposer plusieurs matières ni plusieurs formes; une seule suffit : le corps.

Mais le monde sensible n'est que le reflet du monde supérieur des esprits. Si donc il est composé de matière et de forme, et si la forme et la matière sont partout semblables, cette loi doit s'appliquer également aux substances simples, telles que l'âme et l'intelligence; elles aussi doivent contenir un élément matériel tout comme les objets qui frappent nos yeux et que palpent nos mains. Et d'ailleurs comment concevoir l'existence de la forme indépendamment de la matière qui la soutient et qui lui donne pour ainsi dire de la consistance? Ibn-Gebirol essaie par là d'éviter le panthéisme qui le presse de toutes parts. Il avait, s'il faut l'en croire, l'intention de consacrer un livre spécial à traiter de la volonté créatrice; mais, en supposant qu'il ait mis à exécution ce dessein, l'ouvrage n'est pas parvenu jusqu'à nous.

La *Source de vie* n'eut de retentissement véritable que dans les écoles de la chrétienté. M. Munk a constaté qu'elle n'avait pas laissé de traces dans la philosophie arabe et qu'elle tomba promptement dans l'oubli parmi les Juifs eux-mêmes. Est-ce à la frivole subtilité des arguments et à une imperfection du style que ce discrédit doit être imputé? Mais les Arabes ont produit beaucoup d'ouvrages qui n'offrent pas de moindres défauts et qui n'en ont pas moins trouvé des lecteurs et des disciples.

En considérant les substances simples comme des formes pures, on ne méconnaît pas moins leur caractère véritable que si on les réduisait à l'état de simple matière.

Ibn-Gebirol applique indistinctement cette théorie à toutes les substances simples, dont les principales sont la nature, l'âme et l'intellect. La nature est la cause prochaine qui communique le mouvement au monde corporel; sans cesse en rapport avec les choses sensibles, elle occupe le plus bas degré dans la hiérarchie des substances simples. L'âme, sous sa triple forme, végétative, animale et rationnelle, est le principe de la génération et de la croissance, de la sensibilité et de la locomotion, et de la pensée. L'intellect, enfin, a pour objet propre les essences intelligibles, qu'il perçoit dans leur simplicité, en dehors des conditions de l'espace et du temps, sans rien désirer au delà de cette intuition sublime. De cette manière, les substances simples reflètent, par tout l'ensemble de leurs opérations, les moments divers de l'existence universelle, le mouvement et la vie dans la nature, et chez l'homme le sentiment, l'activité et l'intelligence; mais cette correspondance n'est pas, d'après Ibn-Gebirol, un simple parallélisme. Il rattache, il suspend le monde terrestre au monde invisible, et le premier est, à ses yeux, un effet et un écoulement du second. Aussi, en vertu des mêmes motifs qui l'avaient conduit à l'hypothèse d'une matière et d'une forme première, unique pour tous les corps, il enseigne que les substances simples ont toutes la même matière et la même forme, et non seulement cela, mais que cette forme et cette matière idéale engendrent les principes similaires des objets corporels, de sorte que tous les êtres de l'univers ne seraient que les évolutions indéfiniment variées de deux éléments primitifs qui, de degré en degré et de métamorphose en métamorphose, deviendraient toute existence.

Dieu seul échappe, selon Gebirol, à cette loi générale de l'être. Dégagée des liens de la matière et de la forme, sa nature n'admet aucune des distinctions qui sont le propre des choses finies; elle est absolument une; d'où il suit qu'elle est aussi absolument nécessaire et invariable, puisque tout changement suppose la composition. L'attribut par lequel elle sort d'elle-même et crée le monde est la volonté qui engendre à la fois la forme et la matière, imprime l'une à l'autre, et communique de proche en proche l'existence et le mouvement à toutes les régions de l'univers.

L'échec de la philosophie d'Ibn-Gébirol nous semble tenir à une cause plus directe, à l'ascendant que le génie supérieur de Moïse Maïmonide exerça bientôt sur ses compatriotes. Il y aurait tout un livre à composer sur Maïmonide, « ce flambeau d'Israël, comme les écrivains de sa nation l'appellent, cette lumière de l'Orient et de l'Occident, » dont l'éclat est si voilé pour la génération actuelle. La partie biographique ne serait pas la moins intéressante, car l'illustre docteur mena une vie fort agitée. Né en Espagne de parents juifs, dans le cours du xii$^e$ siècle, il fut contraint de s'exiler pour échapper à l'intolérance musulmane, séjourna quelque temps en Afrique, se rendit par mer en Syrie, fit un pèlerinage à Jérusalem et ne parvint à se fixer qu'en Égypte, où, étant devenu médecin de la cour, il trouva enfin le repos, la célébrité et la fortune. Au milieu de ces vicissitudes, il eut le secret d'écrire de volumineux ouvrages de théologie, de médecine et de philosophie dont il serait important de donner une liste critique avec des analyses succinctes. Enfin les doctrines mériteraient une exposition détaillée qui permît de les apprécier en elles-mêmes et qui fît connaître l'influence qu'elles ont exercée tant sur les Juifs que sur les autres peuples. Ce livre complet, dont nous marquons, en courant, les principaux chapitres, nul n'était mieux préparé à l'écrire que M. Munk; la mort ne lui a pas permis de nous le donner; mais du moins l'éminent et courageux écrivain a eu la consolation de pouvoir achever, malgré sa cécité presque complète, une savante édition et la traduction française du principal traité de Maïmonide, le *Guide des Égarés;* l'ouvrage est divisé en trois parties dont la première a été publiée en 1856, la seconde en 1861, et la dernière en 1866 : noble exemple de ces lents et profonds travaux devant lesquels nos pères ne reculaient pas et qui effrayent aujourd'hui notre impatience ou plutôt notre faiblesse.

Qu'est-ce que le *Guide des Égarés?* Ce titre seul nous l'indique assez clairement. C'est une méthode pour arriver à la connaissance de la vérité. Chose remarquable, il se dit de tous côtés, et c'est presque devenu un lieu commun que la question de la méthode est une question toute moderne qui n'a été posée pour la première fois que dans les ouvrages de Bacon et de Descartes, et cependant nous voyons les écrivains arabes et juifs y revenir l'un après l'autre avec une insistance qui montre qu'ils en comprenaient toute la portée, s'ils n'apercevaient pas aussi bien la manière de la résoudre.

L'Ancien Testament présente un assez grand nombre d'expressions, tantôt des mots isolés, tantôt des phrases entières, qui ne doivent pas être entendues dans leur sens littéral. Par exemple, lorsque Dieu dit, dans la Genèse : « Faisons l'homme à notre image », il est évident que ce mot d'*image* ne désigne pas une effigie matérielle, mais la ressemblance morale de l'homme et de son divin auteur. Le premier précepte de la méthode, selon Maimonide, la clef, dit-il, pour entrer dans les cieux dont les portes seront toujours fermées ici-bas au plus grand nombre des esprits, dans ces lieux où les âmes qui pourront y pénétrer doivent trouver le repos, la consolation et la joie, c'est l'interprétation des termes figurés et de toutes les allégories dont la sagesse divine s'est servie en parlant aux hommes. Il s'applique donc avant tout à dresser une sorte de dictionnaire du langage biblique, où chaque mot employé par l'historien sacré se trouve expliqué non pas dans son acception vulgaire, mais suivant son sens métaphysique et moral. Le père Gratry, discutant la question du langage dans l'un des plus beaux chapitres de son traité de l'âme, distingue deux sens des mots, l'un divin, l'autre humain. Maimonide fait implicitement la même distinction ; mais négligeant le sens humain, c'est le sens divin qu'il étudie dans le plus grand détail avec sagacité et profondeur. Prenons les verbes qui expriment, dans le discours usuel, une manière d'être ou une opération purement sensible, comme voir, monter, descendre, être assis, résider :

presque tous prennent sous la plume de l'habile interprète une acception différente et deviennent le symbole des plus hautes vérités. « Celui qui réside dans le ciel, » c'est le nom que la Bible donne souvent à Dieu ; ce nom signifie, selon Maimonide, que Dieu est stable comme l'est une personne assise, qu'il n'est soumis à aucune espèce de changement, ni dans son essence, ni par rapport à un état quelconque qui serait en dehors de l'essence. Moïse demande à voir Dieu face et face, et Dieu lui répond : « Ma face ne peut être vue ; tu ne me verras que par derrière ». Le sens est que la nature divine est inaccessible à l'esprit de l'homme et que nous ne pouvons la connaître que d'une manière indirecte dans ses opérations et dans ses œuvres.

Nous ne multiplierons pas ces exemples. Il est manifeste que la méthode de Maimonide est très périlleuse, car elle devient facilement aussi arbitraire que l'imagination. Pourquoi ne pas l'appliquer à la nature aussi bien qu'aux textes de l'Ancien Testament ? La nature n'est-elle pas comme la parole une sorte de langage susceptible de plusieurs sens ? Les objets qui nous entourent n'ont-ils pas, indépendamment des formes qu'ils offrent à nos sens, une signification mystérieuse ? Ne sont-ce pas autant de symboles de ce monde invisible où l'entendement seul, et non la vue, ni l'ouïe, ni le toucher, peut pénétrer ? Mais pouvons-nous déchiffrer ces énigmes ? L'explication cherchée n'échappe-t-elle pas sans cesse ? Et, ne pouvant pas la découvrir, l'esprit impatient ne se prend-il pas aux hypothèses les plus déraisonnables, aux rêves les plus chimériques ? Ce qui sauve Maimonide, c'est que dans la recherche du sens allégorique des Écritures il porte une raison en général très droite et très circonspecte. D'abord, il reconnaît l'indispensable nécessité des figures et des symboles pour faire pénétrer la connaissance des vérités divines dans l'esprit grossier des hommes, qui ne supporterait pas naturellement une lumière plus vive et plus directe. En second lieu, avant de sonder les mystères que voile la parole révélée, il veut qu'on se soit préparé par de fortes études : « Celui qui veut obtenir la perfection humaine, dit-il, doit s'instruire d'abord dans la logique, ensuite graduellement dans les sciences mathématiques, puis dans les sciences physiques, et après cela dans la métaphysique… » Enfin il ne fait nulle difficulté d'avouer qu'il n'est pas donné à l'homme de tout connaître, que son intelligence a une borne où elle doit s'arrêter, et que, si elle passe outre, si elle prétend saisir les vérités au-dessus de sa portée, sa vue s'émousse; elle n'aperçoit plus même ce qu'il est dans sa condition de découvrir; elle est éblouie comme le serait une personne qui se fatiguerait à fixer le soleil. Grâce à d'aussi sages principes, Maimonide a évité la plupart des exagérations dans lesquelles sont tombés quelques-uns de ses successeurs. Les explications qu'il propose sont en général très simples; elles le sont à ce point qu'on regrette quelquefois qu'il faille un aussi grand appareil d'érudition pour exposer des vérités si familières et si faciles.

Une maxime qui n'est pas seulement pour Maimonide une simple règle d'exégèse biblique, mais qui équivaut à tout un système, c'est que Dieu n'a pas d'attributs qu'on puisse affirmer de son essence. Quand l'Écriture parle de la puissance, de la bonté, de la justice, de la miséricorde et des autres perfections du Créateur, elle ne fait que s'accommoder à la faiblesse de notre intelligence, à qui les analogies tirées de la nature et de l'humanité sont nécessaires pour s'élever plus haut. Mais ces attributs, si sublimes qu'ils soient, ne sont encore que des déterminations qui circonscrivent et qui par conséquent altèrent la vraie notion de l'être divin. La voie la plus sûre qui s'ouvre à nous pour le connaître, c'est d'écarter tout ce qui est contraire à sa nature immense et infinie; c'est moins une méthode d'affirmation que de négation; plus nous aurons éliminé de qualités imparfaites, de fausses ressemblances, et mieux nous le connaîtrons. Ce n'était pas la première fois dans l'histoire de la philosophie que de pareilles conclusions se faisaient jour; elles sont l'un des dogmes essentiels du néo-platonisme, et on les retrouve aussi chez plusieurs Pères de l'Église grecque; mais nulle part peut-être elles ne se présentent avec un caractère aussi décidé que chez Maimonide, qui sans cesse y revient et qui les reproduit sous toutes les formes comme le dernier mot de la métaphysique.

En continuant de parcourir la première partie du *Guide des Égarés*, nous y trouvons une vive polémique contre plusieurs sectes arabes. Cette controverse, curieuse en elle-même, est plus précieuse encore par les documents historiques qu'elle renferme en abondance. C'est là, par exemple, que nous apprenons à connaître une théorie singulière, qu'on dirait dérobée à Malebranche, sur l'impuissance des causes secondes et la souveraine efficacité de l'action divine. « Les Motecallemin soutiennent, dit Maimonide, que cette étoffe que nous avons teinte en rouge, ce n'est pas nous qui l'avons teinte; c'est Dieu qui a fait naître cette couleur dans l'étoffe au moment où elle s'est mise à la couleur rouge... Ils soutiennent encore que lorsque l'homme écrit, ce n'est pas sa main qui meut la plume; car ce mouvement qui naît dans la plume est un accident que Dieu y a créé. De même le mouvement de la main qui dans notre opinion meut la plume est un accident que Dieu a créé dans la main qui se meut... Dieu a seulement établi comme habitude que le mouvement de la main s'unit au mouvement de la plume, sans que pour cela la main ait une influence quelconque ou une causalité dans le mouvement de la plume. » N'est-ce pas là en propres termes l'hypothèse des causes occasionnelles si souvent reprochée à Malebranche?

Dans les autres livres du *Guide des Égarés*, Maimonide développe tout un système de cosmologie semé de vues élevées sur la Providence et sur l'origine du mal.

Aristote est, après la Bible, l'autorité qu'il invoque le plus volontiers et qu'il suit le plus fidèlement. C'est aux péripatéticiens qu'il emprunte vingt-cinq propositions destinées à établir l'existence d'un Dieu unique et incorporel, cause première du mouvement, au-dessous duquel sont placées les pures intelligences qu'il meut en les attirant à lui, comme l'objet suprême de leur désir, et qui communiquent elles-mêmes l'impulsion de l'attrait divin aux corps célestes et au monde sublunaire. Les philosophes du paganisme ne connaissaient pas le dogme de la création: Aristote admettait l'éternité du monde, Platon l'éternité de la matière; tous deux, sans tomber dans l'excès d'un grossier fatalisme, professaient que la nature est l'œuvre d'une cause nécessaire. Maimonide, au contraire, en disciple fidèle de la Bible, tient pour le dogme de la création *ex nihilo*; non qu'il prétende, comme les Motecallemin, l'établir par une démonstration rigoureuse : prétention, suivant lui, plus funeste qu'utile à la cause de la vérité; mais il soutient que l'idée de la création ne renferme rien de contradictoire ni d'impossible, et, loin de là, qu'elle est plus probable que l'hypothèse contraire. En se plaçant à ce point de vue, il bat en brèche les arguments des péripatéticiens; il fait ressortir avec force les paralogismes et les invraisemblances que renferme leur doctrine; il prouve qu'elle ne rend pas compte de la variété et de l'harmonie qui règnent dans l'univers, et qui s'expliquent naturellement par l'opération d'une cause intelligente, agissant avec intention. Il ne cherche pas à dissimuler combien la doctrine de la nécessité lui répugne, combien elle le blesse et l'effraye, lorsqu'il considère les conséquences qui en découlent par rapport à la religion; mais le vrai motif, selon Maimonide, qui doit faire rejeter un pareil système, ce ne sont pas seulement les atteintes qu'il porte à la religion, dont il ébranle les bases : c'est qu'il ne repose sur aucun argument sérieux, et qu'il n'est qu'une hypothèse dépourvue de toute valeur scientifique. Mais, si Maimonide admet que le monde a commencé un jour par un acte libre de la toute-puissance divine, il n'en conclut pas que le monde doive nécessairement finir; Dieu, qui l'a tiré du néant, peut le conserver éternellement et lui accorder une permanence analogue à celle de la nature divine. Salomon lui-même n'annonce-t-il pas que tout ce que Dieu a fait doit rester à perpétuité? Le seul point à réserver, c'est la liberté du Créateur qui a le pouvoir de modifier certaines parties de son œuvre, en d'autres termes, de faire des miracles.

On a pu apprécier par l'analyse qui précède ce mélange de soumission religieuse et d'indépendance philosophique, de respect pour l'Écriture sainte et de libre discussion, qui distingue les ouvrages et la doctrine de Maimonide. Il est à la fois théologien et philosophe, et c'est à raison de ce double caractère qu'il est parvenu à une si haute renommée, d'abord dans la synagogue, et ensuite dans les écoles chrétiennes du moyen âge.

Lorsqu'il traite la question de l'origine du mal, ou qu'il expose le dogme de la Providence, Maimonide ne se montre ni moins judicieux, ni moins élevé, ni moins large qu'en parlant de la création. Le mal, suivant lui, consiste, pour une chose quelconque, dans le non-être de cette chose ou dans la privation des conditions qui sont nécessaires pour qu'elle soit bonne. Tout mal, en un mot, n'est que privation. La mort est un mal, en tant que privation de l'existence; la maladie, l'ignorance, la pauvreté, sont des maux, en ce qu'elles sont pour nous la privation d'autant de capacités. Mais si telle est l'essence du mal, il est manifeste qu'il ne vient pas de Dieu, au moins directement, que Dieu n'en est pas l'auteur : en effet, l'action de Dieu ne tend qu'à l'être, c'est-à-dire au bien. Le principe, la cause immédiate du mal, est la matière, dont la nature consiste précisément, selon les philosophes, dans le non-être ou dans la privation. Si Dieu contribue à l'existence du mal, c'est accidentellement et indirectement, comme créateur de la matière que sa sagesse le porte à unir à la forme dans les êtres créés et en particulier dans l'homme. Envisagé sous d'autres rapports, le mal peut être imputé à l'homme lui-même, à ses passions déréglées et à ses vices. Mais la perversité humaine est-elle même l'effet de l'ignorance, c'est-à-dire d'une privation, puisque l'ignorance est la privation de la science; de sorte que, même pour les abus de la liberté, pour les fautes et les crimes, féconds en souffrances qui désolent l'espèce humaine, nous nous trouvons ramenés à la cause première de tout mal, la matière.

Est-il nécessaire de faire remarquer combien, par certains côtés, la théorie de Maimonide sur l'origine du mal se rapproche de la doctrine des Alexandrins, et de celle de saint Augustin et de saint Thomas, qui enseignent aussi que le mal est une défaillance, un défaut, une privation du bien, mais que par lui-même il n'a pas une entité positive? L'auteur du *Guide des Égarés* se rattache ainsi sur une question capitale à la tradition des plus grands philosophes que l'antiquité païenne et le christianisme aient produits.

Dans la discussion du dogme de la Providence, Maimonide repousse à la fois et l'erreur des Épicuriens, qui attribuent tout au hasard, et celle des péripatéticiens, qui croient que l'action providentielle ne s'exerce pas au delà des sphères célestes, et celle des Ascharites, qui, étendant cette action aux moindres particularités de la vie humaine, nient ou compromettent le libre arbitre de l'homme, et celle des Motazales, qui pour justifier la Providence ne reculent pas devant des explications puériles, contradictoires et peu dignes de la majesté suprême. La liberté de l'homme, la justice de Dieu, ce sont là les deux vérités auxquelles Maimonide se tient fortement attaché, et qui deviennent l'inébranlable fond de ses convictions philosophiques comme de sa foi religieuse. Il ajoute, avec moins d'assurance, mais comme conclusion très probable, que le vrai domaine où s'exerce ici-bas l'action providentielle, ce n'est ni la nature inerte, ni même la nature animée, quand celle-ci est, comme chez la brute, dépourvue de raison, mais que c'est l'espèce humaine, et non seulement l'espèce, mais chacun des individus qui la composent. Comme ils participent à l'intelligence divine, dont leur esprit est une sorte d'épanchement, ils sont en communication continuelle avec Dieu et ne peuvent échapper à ses regards. La Providence ne s'occupe pas des autres animaux, mais elle s'occupe de l'homme et des hommes; elle surveille leurs actions et traite chacun d'eux selon ses mérites.

Si c'était ici le lieu de discuter cette théorie de la Providence, elle soulèverait de notre part plus d'une objection, et peut-être ne nous serait-il pas difficile de montrer qu'elle repose sur une distinction moins exacte que subtile entre l'homme et le reste de la création, et qu'on ne saurait sans inconséquence soustraire à l'empire de la sagesse de Dieu aucune partie de ses œuvres. Mais ce qui nous suffit en ce moment, c'est de constater l'intérêt et la grandeur des problèmes agités dans le *Guide des Égarés*, tout ce qu'il y avait de pénétration, de savoir et de véritable force chez l'auteur, quels services il a rendus à la philosophie, quelle place il conserve dans son histoire. Maimonide est sans contredit le nom le plus illustre de sa nation depuis l'ère chrétienne; il marque le point le plus haut où elle se soit élevée dans les sciences. Avant comme après lui, tout est confus, obscur, incertain; les travaux des Juifs en philosophie se réduisent à quelques commentaires qui n'ont pour ainsi dire ni retentissement ni influence au dehors de la synagogue; Maimonide est le seul dont le génie vienne attester que les malheurs et la dispersion des enfants d'Israël n'ont pas étouffé entièrement la sève généreuse qui les animait lorsqu'ils avaient le dépôt des traditions divines.

C'est l'honneur de M. Munk d'avoir remis en lumière, même au prix des plus douloureux sacrifices, un monument délaissé par la génération actuelle, et qu'elle placera très haut dans son estime quand elle le connaîtra mieux. Peut-être un esprit chagrin demandera-t-il pourquoi ces études sur la métaphysique des Arabes et des Juifs, et quel parti on peut en tirer pour l'avancement de la science. Je crois qu'il y a peu de branches de l'histoire de la philosophie contre lesquelles on ne puisse élever la même objection, et cependant elles continuent toutes à être cultivées avec une ardeur que le temps ne ralentit pas. Nous nous sommes donné en quelque sorte la mission de recueillir les anciens monuments, d'exhumer les anciennes doctrines. Les découvertes se multiplient; tous les noms oubliés reparaissent au jour. Quels faits rapporterons-nous de nos excursions laborieuses dans le passé? Les questions vont-elles se simplifier? Les solutions vont-elles devenir plus précises et plus sûres? Verrons-nous s'élever une philosophie nouvelle, à la fois solide et élevée, où se trouvent réunies les lueurs éparses dans les vieux systèmes? C'est l'espérance dont on se berçait, il y a plus d'un quart de siècle : mais quand bien même le temps n'aurait pas tenu la promesse de ces jours d'illusion et d'enthousiasme, quand nous retrouverions aujourd'hui devant nous les mêmes obscurités, les mêmes incertitudes et les mêmes écueils qu'autrefois, il ne faudrait pas regretter les veilles que les études historiques ont coûtées. A l'égard du passé, n'étaient-elles pas une dette sacrée? Elles ont entretenu dans le présent une émulation généreuse, le culte des grands noms et le sentiment des grandes choses. Espérons qu'elles ne seront pas inutiles même pour l'avenir, et que, sans avoir donné tout ce qu'on attendait au début, elles fourniront quelques pierres pour ce monument toujours inachevé et toujours fragile que la philosophie s'est donné la mission de construire.

# MÉMOIRE

### SUR

# LES SOURCES PHILOSOPHIQUES

## DES HÉRÉSIES D'AMAURY DE CHARTRES

## ET DE DAVID DE DINAN.

# MÉMOIRE

## SUR

# LES SOURCES PHILOSOPHIQUES

### DES HÉRÉSIES D'AMAURY DE CHARTRES

### ET DE DAVID DE DINAN.

L'histoire philosophique du moyen âge offre peu d'événements plus curieux que l'apparition inattendue des doctrines qui, sous les noms d'Amaury de Chartres et de David de Dinan, surprirent et émurent les écoles chrétiennes dans les premières années du xiii° siècle. Ce n'était pas la première fois que la paix des consciences et le repos de l'Église étaient troublés par des hérésies contraires à la foi catholique. A dater de la fin du xi° siècle, on avait vu se succéder de hardis novateurs, tels que Bérenger de Tours, Roscelin, Abélard, qui avaient fait courir de singuliers périls à l'orthodoxie par la témérité de leurs méthodes et de leurs systèmes. Mais quelques assertions malsonnantes qu'ils eussent avancées, leurs erreurs n'allaient pas jusqu'au renversement de la foi, et consistaient moins à nier le dogme qu'à l'interpréter d'une manière nouvelle et hasardée. Humbles et soumis même lorsqu'ils se montraient le plus hardis, ils vénéraient ce qu'ils paraissaient ébranler, et adhéraient du fond du cœur aux vérités qu'ils étaient accusés de méconnaître. On ne saurait en dire autant d'Amaury de Chartres, ni surtout de David de Dinan. L'abus de la philosophie avait égaré ce dernier jusqu'à l'impiété ouverte. Les maximes que tous les témoignages s'accordent à lui attribuer sont une attaque audacieuse et directe contre les bases du christianisme, et non seulement du christianisme, mais de toute religion. C'est le panthéisme et le matérialisme avec le cortège de leurs conséquences ordinaires.

L'agitation profonde causée dans les écoles par l'entreprise d'Amaury, et après lui par celle de David; la procédure dirigée contre eux et contre leurs disciples par l'autorité ecclésiastique; la sentence qui proscrivit leurs personnes comme leurs écrits; tous ces faits, consignés dans les chroniques contemporaines, sont généralement connus, et le tableau véridique et émouvant que notre savant confrère M. Hauréau en traçait naguère devant l'Académie suffirait pour nous ôter toute pensée d'y revenir (1). Mais il reste à éclaircir un point difficile et resté très obscur : c'est l'origine première, c'est la filiation de ces doctrines, objet de scandale pour la catholicité. A quelles sources furent-elles puisées, et sous l'influence de quelles lectures ont-elles pris racine dans l'esprit de quelques maîtres en théologie, que leur éducation avait imbus de maximes tout opposées? La question intéresse à la fois les philosophes et les historiens; mais, quoique souvent débattue, elle est encore indécise, et peut-être n'est-elle pas susceptible d'une solution évidente et définitive, car la critique n'entreprend jamais une tâche plus ardue que lorsqu'elle se propose d'étudier la génération des idées et de rechercher par quelles voies mystérieuses une doctrine a pénétré dans des esprits qui ne semblaient pas préparés à la recevoir. Une telle recherche est d'autant plus incertaine qu'il s'agit d'opinions qui ne nous sont connues que par des témoignages étrangers, les écrits de ceux qui les ont professées n'étant point parvenus jusqu'à nous. Les seuls indices que nous possédions pour remonter aux origines des hérésies d'Amaury et de David de Dinan, ce sont, avec la sentence du concile de Paris et les récits des chroniqueurs, quelques textes d'Albert le Grand, de saint Thomas d'Aquin et du chancelier Gerson. Ces indices à coup sûr sont fort insuffisants; toutefois, en les pesant avec soin, nous ne désespérons pas de jeter quel-

---

(1) Séance du 5 octobre 1864. (Voyez *Comptes rendus des séances de l'Académie des inscriptions et belles-lettres*, t. VIII, p. 291 et suiv.)

ques lumières nouvelles sur cet étrange phénomène d'un système subversif du christianisme, se produisant, non sans éclat, à l'aurore même de cet âge où la foi chrétienne passe pour avoir exercé le plus d'empire sur les intelligences.

Ainsi que tous les historiens nous l'apprennent, Amaury était originaire de Bène, au diocèse de Chartres. Après avoir étudié la théologie dans les écoles de Paris, il se consacra lui-même à l'enseignement de cette science, non sans y porter une méthode et des opinions singulières, qui le firent condamner d'abord par l'Université de Paris, nouvellement constituée, et, peu de temps après, par le saint-siège. Quelques traditions, recueillies par Guillaume le Breton (1), ne font peser sur lui qu'un seul reproche, c'est d'avoir enseigné avec opiniâtreté cette proposition : « Tout « fidèle est tenu de croire, comme un article de foi, sans lequel « nul ne peut être sauvé, que chacun de nous est un membre du « Christ, *membrum Christi.* » Si maître Amaury n'avait eu à s'imputer d'autre tort que celui-là, nous inclinons à croire qu'il n'aurait pas soulevé contre lui des orages, car il n'aurait fait que continuer l'enseignement de saint Paul : *Membra sumus corporis Christi;* et quand bien même on aurait eu à lui reprocher quelques intempérances de langage, une telle faute n'était pas assez grave pour attirer sur la tête de son auteur les foudres de l'Université de Paris et du saint-siège. Mais il s'agit de savoir comment Amaury entendait les paroles de l'Apôtre. Elles peuvent être entendues de bien des manières, qui ne sont pas toutes également exactes ni également innocentes. Tout porte à croire que l'interprétation à laquelle Amaury s'était arrêté ménageait peu la personnalité humaine et tendait, au contraire, à étouffer, à détruire la vie individuelle sous l'action divine.

Ce qui paraît le démontrer, c'est une série de propositions bien autrement explicites que la précédente, propositions que prêtent à notre philosophe plusieurs auteurs très dignes de foi : Martin

---

(1) « Semper suum per se modum docendi et discendi habuit [Amalricus], et opinio-
« nem privatam, et judicium quasi sectum et ab aliis separatum. Unde et in ipsa theo-
« logia ausus est constanter asseverare, quod quilibet christianus teneatur credere
« se esse membrum Christi, nec aliquem posse salvari qui hoc non crederet. » (Guillaume le Breton, *De Gestis Philippi Augusti*, apud D. Bouquet, *Rec. des Hist. de France*, t. XVII, p. 83. — Cf. Du Boulay, *Hist. Univ. Paris.* t. III, p. 25.)

de Pologne, de l'ordre de Saint-Dominique, qui mourut en 1278, après avoir été chapelain des papes Clément IV, Grégoire X, Innocent V, Jean XXI et Nicolas III; le chroniqueur Nicolas Triveth, lequel, au reste, n'a fait que transcrire le passage de Martin de Pologne; le célèbre canoniste Henri de Suze, cardinal et évêque d'Ostie; enfin le chancelier Gerson (1). Voici en quels termes s'exprime Martin de Pologne (2) :

« Almaricus asserit ideas quæ sunt in mente divina creare et
« creari, quum, secundum Augustinum, nihil nisi æternum atque
« incommutabile sit in mente divina. Dixit etiam quod ideo finis
« omnium dicitur Deus, quia omnia reversura sunt in eum, ut in
« Deo immutabiliter quiescant, et unum individuum atque in-
« commutabile in eo permanebunt. Et sicut alterius naturæ non
« est Abraham, alterius Isaac, sed unius ac ejusdem; sic dixit
« omnia esse unum, et omnia esse Deum. Dixit enim Deum esse
« essentiam omnium creaturarum et esse omnium. Item dixit
« quod, sicut lux non videtur in se, sed in aere : sic Deus nec ab
« angelo, neque ab homine videbitur in se, sed tantum in crea-
« turis. Item asseruit quod, si homo non peccasset, in duplicem
« sexum partitus non fuisset, sed eo modo quo sancti angeli mul-
« tiplicati sunt, multiplicati fuissent et homines; et quod, post
« resurrectionem, uterque sexus adunabitur, sicut, ut asserit, fuit
« prius in creatione. »

Bien que le texte qu'on vient de lire ne présente aucune difficulté sérieuse, il ne sera pas inutile, pour l'ordre et la clarté de notre exposition, d'en donner la traduction :

« Amaury prétend que les idées qui existent dans la pensée
« divine créent et sont créées; tandis que, suivant saint Augustin,
« il n'y a rien en Dieu qui ne soit éternel et immuable. Il dit
« aussi que Dieu est appelé la fin de toutes choses, parce que tou-
« tes choses doivent retourner en lui pour y reposer immuable-
« ment. Et de même que la nature d'Abraham n'est pas autre que
« celle d'Isaac, mais que la même nature leur est commune à tous
« deux; de même, selon Amaury, tous les êtres sont un seul être,

---

(1) *Gersonii opera*, Antverpiæ, 1706, in-fol. t. IV, col. 826.
(2) *Martini Poloni Chronicon*, Antverpiæ, 1574, in-8°, p. 393 et suiv. — Cf. *Chronicon Nicolai Trivetti*, dans le *Spicilège* de d'Achery, Parisiis, 1723, in-fol. t. III, p. 184.

« et tous les êtres sont Dieu. Il soutient, en effet, que Dieu est
« l'essence de toute créature et l'être de toute chose. Ailleurs il
« enseigne que, comme la lumière ne s'aperçoit pas en elle-même,
« mais dans l'air, de même Dieu ne saurait être vu en soi ni par
« l'ange, ni par l'homme : il ne peut être contemplé que dans
« ses créatures. C'était encore une des thèses d'Amaury que,
« sans le péché, la distinction des sexes n'aurait pas eu lieu, mais
« que les hommes se seraient multipliés en dehors des lois ordi-
« naires de la génération, à la manière des anges, et qu'après la
« résurrection, les deux sexes seront de nouveau réunis, comme
« ils l'ont été à la création. »

Ces doctrines furent-elles réellement professées par Amaury de Chartres? Nous devons le croire, puisqu'elles lui sont formellement attribuées par Martin de Pologne, c'est-à-dire par un contemporain dont la véracité en pareille matière ne saurait être suspectée. Mais il importe de remarquer que, suivant Martin de Pologne, et suivant Nicolas Triveth, qui le copie, toutes les erreurs d'Amaury se retrouvent dans un certain livre qui est intitulé : *Periphyseon*; « qui omnes errores inveniuntur in libro qui « intitulatur *Periphyseon*. » Ce livre, il est aisé d'en reconnaître le véritable titre et l'auteur : c'est le traité célèbre de Jean Scot Érigène, Περὶ φύσεως μερισμοῦ, *id est, De divisione naturæ* (1). Aussi, dans son commentaire sur les Décrétales, Henri de Suze n'hésita pas à faire remonter jusqu'à Jean Scot la paternité des hérésies professées par Amaury de Chartres. Le chancelier Gerson tient le même langage; et, en effet, les différentes propositions que nous venons d'énoncer, en les imputant à l'hérésiarque du XIIIe siècle, se rencontrent aussi dans l'ouvrage du moine irlandais de la cour de Charles le Chauve. Elles s'y rencontrent, non seulement quant au sens, mais aussi quant à l'expression; elles en sont, à peu de chose près, littéralement extraites; de sorte que, en condamnant Amaury, c'est la doctrine, ce sont les écrits de Jean Scot que le saint-siège anathématisait. Tel est le premier point qu'il est facile, au moyen de quelques rapprochements, de mettre hors de toute contestation.

(1) Oxonii, 1681, in-fol. L'ouvrage a été imprimé de nos jours en Allemagne. (Monasterii Guestphallorum, 1838, in-8º.) C'est à cette dernière édition, comme étant la plus répandue, que se réfèrent nos renvois.

Arrêtons-nous à la première des propositions que maître Amaury, dit-on, avait enseignées dans les écoles de Paris : « Les idées créent et sont créées, » *ideæ creant et creantur*. C'est là une des théories fondamentales de la doctrine de Jean Scot Érigène. Dès le début de son livre, le moine irlandais distingue quatre modes d'existence : 1° la nature qui crée et qui n'est pas créée ; 2° celle qui crée et qui est créée ; 3° celle qui est créée et qui ne crée pas ; 4° celle qui ne crée pas et qui n'est pas créée. La première nature est Dieu, conçu comme principe des choses ; la dernière est Dieu, conçu comme leur fin ; la seconde est l'ensemble des causes premières qui accomplissent l'œuvre de Dieu, et la troisième est cette œuvre elle-même, c'est-à-dire le monde. Mais quelles sont les causes premières qui accomplissent l'œuvre de Dieu ? Ce sont les idées divines. De là ces expressions, qui se trouvent fréquemment dans le livre *De divisione naturæ* : « Divina « natura facit et fit, creat et creatur. Divina natura dum omnia « creat, in omnibus quæ ab ea sunt, mirabili modo creatur... « Ideæ primordiales ab una creatrice omnium causa creantur, « et ea quæ sub ipsis sunt creant : nam primordiales causas et « creare et creari diximus (1). »

S'il ne peut s'élever de doute sur la filiation historique de la première des propositions attribuées à maître Amaury, la seconde trahit non moins clairement son origine. Dieu est appelé la fin de toutes choses, parce que toutes choses doivent retourner en lui pour y reposer immuablement et ne plus former en lui qu'un seul être, indivis et immuable. Cette pensée ne se trouve exprimée nulle part avec plus de précision, ni développée avec plus de force que dans le cinquième livre du traité de Scot Érigène ; elle est son premier et son dernier mot sur la destinée de l'homme et du monde ; elle l'a conduit, entre autres conséquences, à la négation du dogme de l'éternité des peines. Il est vrai que, protégé par des scrupules inattendus contre les entraînements de sa doctrine, Scot semble quelquefois hésiter ; il se trouble à l'idée de l'anéantissement des êtres individuels au sein de la vie divine ; il voudrait leur conserver une sorte d'existence propre, même en Dieu ; mais ces réserves, ces protestations du bon sens

---

(1) Lib. I, xiii, p. 11 et suiv.; lib. II, xv, p. 107.

contre les excès de la logique laissent subsister la formule absolue qui résume fidèlement tout le système, et à laquelle devait s'attacher Amaury : « Tota hominis natura in primordiales causas « revertetur, quæ sunt semper et incommutabiliter in Deo; ipsa « natura, cum suis causis, movebitur in Deum, sicut aer movetur « in lucem. Erit Deus omnia in omnibus, quando nihil erit nisi « solus Deus (1). »

Il en est de même de la troisième et de la quatrième proposition enseignées, suivant les contemporains, par Amaury : ce ne sont guère que des lambeaux de phrases extraits du Περὶ φύσεως μερισμοῦ. Jean Scot avait dit : « Non alterius naturæ nomen est Abraham, « alterius Isaac, sed unius atque ejusdem (2). » Nous lisons, sous le nom d'Amaury : « Et de même que la nature d'Abraham n'est pas « autre que celle d'Isaac, mais que la même nature leur est com- « mune à tous deux, etc. » Chez Amaury, au témoignage de Martin de Pologne et de Gerson, la comparaison dont nous venons de citer le premier membre s'achevait ainsi : « De même tous « les êtres sont un seul être, et cet être unique est Dieu. Dieu « est l'essence de toute créature et l'être de toute chose. » On n'a que l'embarras du choix entre les passages de Jean Scot qui rappellent ces propositions. Nous nous bornons à quelques exemples : « Cogis nos fateri omnia quæcumque æterna et facta dicun- « tur, Dominum esse. Fidem certam stabilitam esse, veraque « ratione munitam esse video... extra Dominum nihil esse. Non « duo a seipsis distantia debemus intelligere Dominum et crea- « turam, sed unum et idipsum. Deus facit omnia et in omnibus « fit omnia. Deus omnia in omnibus est. Omnium essentia est qui « solus vere est (3). »

Les dernières propositions dont il nous reste à parler ont historiquement et philosophiquement moins d'importance que les précédentes; aussi n'y insisterions-nous pas, si elles n'étaient autant de liens qui rattachent l'enseignement d'Amaury de Chartres à Scot Érigène. Selon Amaury, « de même que la lumière ne s'a- « perçoit pas en elle-même, mais dans l'air; de même Dieu ne sau-

---

(1) Lib. V, viii, p. 441.
(2) Lib. I, xiv, p. 16.
(3) Lib. III, xvii, p. 235, 238 ; p. 242 et suiv.

« rait être vu en soi ni par l'ange, ni par l'homme : il ne peut
« être contemplé que dans ses créatures. » Cette proposition, qui
n'a d'original que la comparaison qu'elle présente, est la reproduction abrégée de différents passages du Περὶ φύσεως μερισμοῦ, notamment de celui-ci : « Solis lumen per se subsistens nullo sensu
« corporeo comprehenditur; quum solare lumen aeri miscetur,
« tunc incipit apparere : ita vero ut in seipso sit incomprehensi-
« bile, mixtum vero aeri sensibus possit comprehendi. Ac per
« hoc intellige divinam essentiam per se incomprehensibilem
« esse; adjunctam vero intellectuali creaturæ mirabili modo ap-
« parere (1). » Ailleurs Scot Érigène dit : « Divinam essentiam nulli
« corporeo sensui, nulli rationali, nulli humano seu angelico in-
« tellectui per seipsam comprehensibilem esse (2). » Dans ce dernier passage, cette impuissance de voir Dieu en soi, à laquelle
Jean Scot réduit l'entendement humain, se trouve attribuée aux
esprits angéliques eux-mêmes, *angelico intellectui;* ce qui explique pourquoi l'ange figure aussi bien que l'homme dans la proposition imputée à maître Amaury.

Enfin Martin de Pologne nous fait connaître un singulier paradoxe d'Amaury sur l'origine de la distinction des sexes : il la considérait comme une conséquence du péché originel, et professait
que, sans ce péché, les hommes se seraient multipliés en dehors
des lois actuelles de la génération, à la manière des anges. Nous
retrouvons le même sentiment exprimé à peu près dans les mêmes
termes par Scot Érigène : « Si primus homo non peccaret, naturæ
« suæ partitionem in duplicem sexum non pateretur; eoque modo
« quo sancti angeli multiplicati sunt, intellectualibus numeris
« multiplicaretur (3). »

Les différentes thèses que nous venons de parcourir sont, avec
la maxime empruntée à saint Paul, ce qui avait frappé le plus
les contemporains d'Amaury dans son enseignement aux écoles de
Paris. Nul historien ne lui prête d'autres opinions que celles-là,
et c'est pour les avoir soutenues qu'il a été réprimandé par l'Université de Paris en 1204, que le pape Innocent III l'a de nouveau

---

(1) Lib. I, x, p. 9.
(2) Lib. I, viii, p. 6.
(3) Lib. II, vi, p. 92.

condamné en 1205, le concile de Latran en 1215, et que le concile de Paris a ordonné en 1210 que sa dépouille mortelle fût exhumée et livrée au feu. Or nous venons d'établir d'une manière irréfragable que ces opinions n'appartiennent pas en propre à Amaury, mais à Scot Érigène, comme l'avait très bien vu le savant Brucker, et que les propositions qui les résument sont extraites à peu près littéralement, ainsi que Martin de Pologne et Nicolas Triveth en font la remarque, du traité *De divisione naturæ*. La première conséquence qui découle manifestement de là, c'est que, malgré le renom de hardiesse que s'était fait Amaury, et malgré la prétention qu'il affichait de suivre en tout son propre jugement et de penser autrement que tout le monde, il n'y a rien de moins original que ses doctrines. Mais, à notre avis, on peut aller plus loin : on peut soutenir qu'il n'a rien enseigné en son nom, et que tout son rôle dans l'école de Paris a consisté à tirer de l'oubli l'ouvrage de Jean Scot, si peu répandu au moyen âge, et à l'introduire dans l'enseignement public. Le cercle des études tendait alors à s'étendre. Grâce au zèle des interprètes, beaucoup de livres inconnus aux âges précédents commençaient à circuler dans l'Université de Paris. Ce que d'autres faisaient pour Aristote et les Arabes, Amaury le fit pour Scot Érigène. Il ajouta, de sa propre autorité, le moine irlandais à la liste des auteurs, en petit nombre, qui depuis le règne de Charlemagne avaient le privilège de servir de texte aux leçons des maîtres les plus renommés. Il porta dans sa chaire le traité Περὶ φύσεως μερισμοῦ, et il le commenta, selon l'usage du temps, en ne s'écartant pas du texte, et en se bornant à une glose purement littérale. Il est résulté de là que les propositions qui lui sont reprochées se retrouvent textuellement dans Scot Érigène, et que les anathèmes qui l'ont frappé atteignent du même coup le maître plus ancien qu'il avait choisi pour guide et pour modèle.

C'est ainsi, pour notre part, que nous comprenons l'origine, le caractère et la portée de l'hérésie d'Amaury. Nous croyons que cette interprétation s'accorde de tout point soit avec les témoignages, soit avec l'analyse critique des propositions attribuées à ce maître.

Mais Amaury de Chartres passe pour avoir eu des disciples, parmi lesquels les historiens citent David de Dinan et les quatorze malheureux qui périrent sur le bûcher, à la suite de la condamnation prononcée contre eux, en 1210, par le concile de Paris. Cette filiation entre les nouveaux hérétiques et Amaury est-elle bien établie? Elle est signalée par Guillaume le Breton, César d'Heisterbach et Robert d'Auxerre (1); et elle est aussi attestée par la sentence du concile, dans laquelle le nom du maître chartrain se trouve associé à ceux des novateurs plus récents que l'autorité ecclésiastique venait de livrer à toute la rigueur du bras séculier. Mais peut-être ces témoignages ne sont-ils pas aussi décisifs qu'ils le paraissent. Ils prouvent l'impression que l'enseignement d'Amaury avait produite et le souvenir qui en était resté : faut-il induire de là qu'il a été le fondateur d'une véritable école, dont les erreurs n'auraient été que le développement des leçons du maître? Nous hésitons à le croire. Quoi qu'il en soit, entre la doctrine enseignée par Amaury et les aberrations de ses prétendus sectateurs le contraste est manifeste. Nous n'avions tout à l'heure devant nous qu'un interprète fidèle jusqu'à la servilité, sinon un véritable plagiaire, des maximes de Scot Érigène ; avec David de Dinan nous allons voir apparaître un tout autre système, dans lequel prédomine le matérialisme, et qui conduit insensiblement, sinon l'auteur lui-même du système, du moins ses premiers sectateurs, aux conclusions les plus opposées à la morale chrétienne. Il importe de rechercher par quelles voies de telles maximes ont pénétré dans l'enseignement des universités, et sous quelles influences diverses, et assurément très complexes, elles se sont développées.

Sur la doctrine de David de Dinan, nous possédons deux témoignages précieux : celui d'Albert le Grand et celui de saint Tho-

---

(1) « Post mortem ejus surrexerunt quidam, venenosa ejus doctrina infecti... » (Guillaume le Breton, *Recueil des Hist. de France*, t. XVII, p. 83.) — « Magister « Emelricus, qui prædictæ pravitatis magister fuerat... » (César d'Heisterbach, *ibid*.) — « Habuit initium hæc adinventio profana verborum a quodam nomine Almarico. » (Robert d'Auxerre, *Rec. des Hist. de France*, t. XVIII, p. 279.) — En présence de ces témoignages si concordants, il est à peine nécessaire de discuter l'allégation isolée et gratuite d'un chroniqueur anonyme qui représente Amaury comme le disciple de David de Dinan. « Erat idem David subtilis ultra quam deceret, ex cujus quaternis, « ut creditur, magister Almaricus et cæteri hæretici hujus temporis suum hause- « runt errorem. » (*Rec. des Hist. de France*, t. XVIII, p. 715.) D. Brial, qui a le premier publié des extraits de cette chronique, reconnaît lui-même (*loco laud.*) que l'auteur, qu'il croit être Anglais, commet à chaque pas des erreurs, brouille les dates et donne pour certains les faits les plus invraisemblables.

mas d'Aquin. Albert n'est pas seulement un contemporain, c'est une des lumières de l'ordre de Saint-Dominique; c'est un maître en théologie, très versé dans les sciences profanes, et mêlé par profession et par goût à toutes les controverses de son temps. Venu un peu plus tard, saint Thomas d'Aquin, le disciple d'Albert, n'a connu que par tradition les erreurs qui avaient été, au commencement du xiii° siècle, le scandale de l'Université de Paris; mais il s'en était rendu un compte exact, et nul n'était plus apte que lui à en donner un résumé fidèle.

Or, que nous apprennent Albert le Grand et saint Thomas d'Aquin? Que, selon David de Dinan, Dieu, l'intelligence et la matière, identiques par essence, viennent se confondre en une substance unique; que, par conséquent, tout dans la nature est un, ainsi que l'ont enseigné Xénophane, Melissus et Parménide; que, par conséquent encore, les qualités individuelles qui distinguent les êtres ne sont que de vaines apparences qui font illusion aux sens et à l'imagination, mais qui ne sauraient exister pour la raison. Le témoignage de saint Thomas est, sur ce point, d'une précision qui ne laisse rien à désirer. « David de Dinan, dit-il, « partageait les êtres de l'univers en trois classes : les corps, les « âmes et les substances éternelles séparées. Il disait que la ma-« tière, *yle*, est l'élément premier et indivisible qui constitue les « corps; que l'intelligence, *noys*, est l'élément premier et indi-« visible qui constitue les âmes; que Dieu est l'élément premier et « indivisible qui constitue les substances éternelles; qu'enfin ces « trois choses, Dieu, l'intelligence et la matière, sont une seule « et même chose : d'où il suit que tout, dans l'univers, est essen-« tiellement un (1). »

Nous voyons, par le témoignage d'Albert le Grand (2), que

(1) « Quorumdam antiquorum philosophorum error fuit, quod Deus esset de essentia « omnium rerum. Ponebant enim omnia esse unum simpliciter, et non differre, nisi « forte secundum sensum et æstimationem, ut Parmenides dixit. Et illos etiam anti-« quos philosophos secuti sunt quidam moderni, ut David de Dinanto. Divisit enim res « in partes tres, in corpora, animas et substantias æternas separatas. Et primum in-« divisibile ex quo constituuntur corpora, dixit yle; primum autem indivisibile ex « quo constituuntur animæ, dixit noym vel mentem; primum autem indivisibile in « substantiis æternis dixit Deum; et hæc tria esse unum et idem, ex quo iterum sequi-« tur esse omnia per essentiam unum. » (*Comm. in Mag. Sententiarum*, lib. II, dist. XVII, q. 1. — Cf. *Contra gentiles*, I, 17.)

(2) *Summa theologiæ*, p. II, tract. I, q. 4. *Opera*, t. XVIII, p. 62.

David de Dinan invoquait à l'appui de sa doctrine deux sortes d'arguments, les uns empruntés, selon l'usage de l'école, à l'autorité, les autres, à la raison.

Voici les principales autorités qu'il alléguait : d'abord, Anaximène, qui, selon Aristote, a enseigné que tout est un ; secondement, les anciens philosophes auxquels Aristote, au premier livre de la *Physique,* attribue la même doctrine ; troisièmement, un vers d'Orphée, dans lequel il est dit que le monde est Dieu ; quatrièmement, ces vers célèbres de Lucain, au dix-neuvième livre de la *Pharsale :*

> Superos quid quærimus ultra?
> Jupiter est quodcumque vides, quocumque moveris ;

cinquièmement enfin, ce passage non moins connu de Sénèque : « Qu'est-ce que Dieu ? L'âme de l'univers. » *Quid est Deus? Mens universi.*

Quant aux arguments que David, après avoir cité ces textes, empruntait à la pure raison, ils ne justifient que trop le reproche que lui font quelques chroniqueurs de s'être montré subtil à l'excès, *subtilis ultra quam deceret.* Effectivement, sa discussion est déjà hérissée de ces ténébreuses subtilités qui devaient corrompre la scolastique et en amener tôt ou tard le discrédit.

Voici, au témoignage d'Albert, comment David raisonnait : « Les êtres, tels que Dieu, la pensée et la matière, qui existent par soi et non dans une chose qui soit autre qu'eux-mêmes, constituent un même genre ; les choses qui appartiennent à un même genre ont un même principe indivisible d'où elles dérivent ; par conséquent, Dieu, la pensée et la matière dérivent d'un élément unique et indivisible. Or le principe des choses qui ne sont dans aucune autre et dans lesquelles toutes les autres sont ne peut être que ce qui porte par excellence le caractère de sujet. Ce caractère convient essentiellement à la matière, car la matière n'a point par elle-même de sujet, et elle sert de sujet à tout le reste. Le principe essentiel de tout ce qui est compris sous la notion de substance est donc la matière. La pensée elle-même n'est substance que par la matière. »

Autre argument de David de Dinan, également reproduit par

Albert : « Dieu, la pensée et la matière se ressemblent comme substances, puisqu'ils sont la substance de tout ce qui existe; ils se ressemblent comme principe, puisqu'ils servent également de principe à tous les êtres, lesquels sont tous l'œuvre de Dieu et celle de l'intelligence déterminée par la matière; ils se ressemblent par la manière dont ils sont principe, car ils sont principe non de l'accident, mais de la substance même de l'être. Enfin ils ne diffèrent sous aucun rapport; or ce qui ne diffère absolument pas est identique : donc ils sont identiques (1). » Sur ce dernier point, Albert eut avec un disciple de David, nommé Baudouin, une discussion dont il nous a conservé quelques traits. Comment établir que Dieu, la pensée et la matière ne diffèrent sous aucun rapport? Le disciple de David esquivait l'objection avec moins de justesse que d'agilité dans la dispute. Dieu, la pensée et la matière, disait-il, sont simples; or les substances qui sont simples ne sauraient différer entre elles, car toute différence introduirait dans leur nature un élément de composition : de simples qu'elles sont, elles deviendraient complexes. Dieu donc, la pensée et la matière n'offrent aucune différence, et dès lors il convient de les confondre.

Albert le Grand déclare que cet argument est le plus fort qu'il ait entendu donner en faveur de l'opinion de David : *et hæc sunt fortiora quæ de errore isto ad me pervenerunt;* ce qui ne l'empêche

---

(1) Albert ne nomme pas David dans le passage suivant, mais c'est lui certainement qu'il a en vue : « Isti sunt qui dicebant Deum noym et materiam primam esse ejusdem
« essentiæ, et vere esse substantiam, et nihil aliorum, sed omnia alia esse accidentia
« et dispositiones substantiæ, nitentes hoc probare duabus rationibus. Quarum una est
« quod per se et non in alio existentium est genus unum; omnium autem quæ sunt ab
« uno genere fluxus est ab uno principio indivisibili : Deus igitur, et noys, et materia
« ab una fluunt indivisibili substantia. Principium autem eorum quæ non sunt in alio,
« et in quibus omnia alia sunt, non potest esse nisi id cui prima ratio convenit sub-
« jecti : hoc autem primo convenit materiæ; illi enim nihil substat, et substat omni-
« bus aliis; principium ergo essentiale omnium eorum quæ sunt in substantia est mate-
« ria. Secunda ratio fuit quod dicebant quod Deus, noys et materia conveniunt in
« ratione substandi : unumquodque enim illorum omnibus substat. Similiter unum-
« quodque illorum cum altero convenit in ratione principiandi; quodlibet enim illorum
« universaliter est principium omnium; omnia enim naturalia et opus divinum sunt,
« et opus intelligentiæ, et determinata per materiam. Similiter hæc tria conveniunt in
« modo principiandi : quodlibet enim illorum principiat per substantiam, non per acci-
« dens. Nec invenitur differentia illorum, ut dicunt. Idem autem est quod non differt
« differentia; hæc ergo tria sunt idem : simplicia enim sunt per substantiam, unam ra-
« tionem principii habentia et eamdem modum principiandi... » (*De causis et processu Universitatis*, lib. I, tract. I, cap. 1. *Opera*, t. V, p. 529.)

pas de trouver le raisonnement de Baudouin peu solide et même vil : *talem, licet vilem, induxit rationem* (1).

Les conséquences morales et religieuses qui découlaient de la doctrine métaphysique de David de Dinan sont faciles à entrevoir. Si la matière est le principe universel, si toute existence en dérive et s'y ramène ; si les différences qui paraissent caractériser soit les espèces et les genres, soit les individus, ne sont que des erreurs des sens et de l'imagination, il n'y a plus à parler ni de la spiritualité de l'âme, ni de son immortalité, ni des peines et des récompenses de l'autre vie. Toutes les vérités enseignées par la religion, confirmées par la philosophie, s'évanouissent et disparaissent comme autant de rêves nés de l'ignorance et de la superstition. Les cérémonies du culte ne sont plus qu'une imposture. La distinction du bien et du mal s'efface elle-même; la loi morale devient une injuste tyrannie ; et l'homme, affranchi de tout devoir, n'a rien de mieux à faire que de céder à la pente de ses désirs et à la fougue de ses passions.

Ces conclusions, qui découlaient rigoureusement de sa doctrine, furent-elles aperçues, furent-elles avouées de David de Dinan? Aucun passage d'Albert le Grand ni de saint Thomas d'Aquin n'autorise à l'affirmer. Mais, en supposant que David, absorbé par des préoccupations métaphysiques, n'ait pas entrevu la portée de ses propres maximes, on doit reconnaître que les disciples qu'il avait formés se sont montrés meilleurs logiciens que lui et qu'ils ont hardiment poussé le système à ses dernières conséquences. Le concile de Paris, qui condamna quatorze d'entre eux, avait en effet à leur reprocher des erreurs également contraires aux dogmes révélés et aux vérités de l'ordre naturel. S'il faut en croire César

---

(1) « Disciplus autem ejus [Davidis] quidam, Balduinus nomine, contra meipsum
« disputans, talem, licet vilem, induxit rationem, quod quæcumque sunt et nullo modo
« differunt sunt eadem. Deus et materia prima et noys sunt, et nullo modo differunt :
« ergo sunt eadem. *Noys* autem græce, latine sonat *mens*. Et volebat quod ita se
« haberet noys ad intellectum et intelligibilia sicut se habet yle ad sensibilia. Quod
« autem nullo modo differunt sic nitebatur probare : Quæcumque nullam differentiam
« habent nullo modo differunt; dicit enim Aristoteles, in VII *Topicorum*, quod idem
« est a quo non differt differentia. Simplicia autem prima nullam differentiam habent.
« quia si differentiam haberent, composita essent. Deus, yle, noys simplicia prima sunt ;
« ergo nullam habent differentiam ; ergo nullo modo differunt ; et sic, per consequens,
« eadem sunt. Et hoc est propositum ipsius. Et hæc sunt fortiora quæ de errore isto ad
« me pervenerunt. » (*Alberti Magni opera*, t. XVIII, p. 62.)

d'Heisterbach, tout à fait d'accord sur ce point avec Guillaume le Breton, « ils disaient que Dieu était dans Ovide aussi bien que dans saint Augustin. Ils niaient la résurrection des corps, enseignant qu'il n'y a ni paradis ni enfer, mais que celui qui connaît Dieu possède le paradis, et que celui qui commet un péché mortel porte en lui l'enfer, comme on a dans la bouche une dent gâtée. Ils traitaient d'idolâtrie l'usage d'élever des statues aux saints et d'encenser leurs images; ils raillaient ceux qui baisaient les os des martyrs. Ils osaient proférer le plus grand des blasphèmes contre l'Esprit-Saint, duquel procède toute pureté, toute sainteté. Si quelqu'un, disaient-ils, possédant le Saint-Esprit, commet le péché de fornication ou se souille de toute autre manière, son acte ne lui est pas imputé à péché, parce qu'il a en lui le Saint-Esprit, qui est Dieu, et que tout se fait en nous par l'opération du Saint-Esprit (1). » Et ces doctrines n'étaient pas restées à l'état de pures théories; ceux qui les enseignaient, se hâtant de les mettre en pratique, s'abandonnaient aux plus honteux désordres.

Malgré l'imputation que Martin de Pologne et Nicolas Triveth (2) en laissent peser sur lui, Amaury de Chartres n'avait pas donné de tels exemples; et, lorsque des assertions relativement timides qu'il s'était permises on rapproche les scandales offerts par ses successeurs, on ne peut qu'être frappé, nous ne dirons pas du progrès, mais de la déviation qui, en l'espace de quelques années, s'était, à Paris même, opérée dans l'enseignement philosophique. A quelles influences cachées ce mouvement doit-il être imputé? C'est ce qu'il s'agit maintenant d'examiner.

Et d'abord David de Dinan, comme Amaury, non pas au même degré, mais dans une certaine mesure, ne s'est-il pas inspiré des doctrines de Scot Érigène? Nous avons plus d'un motif pour le croire. Le premier motif, c'est le titre de l'ouvrage attribué, en divers passages d'Albert le Grand, à David : *Liber tomorum, Liber de tomis*. A ce titre, il est difficile de ne pas reconnaître soit le

---

(1) *Recueil des Hist. de France*, t. XVII, p. 83. — Bonofonte, *Bibl. Patrum Cisterciensium*, 1660, in-fol. t. II, p. 140.

(2) « Dixerat [Almaricus] etiam, inter alia, quod in charitate constitutis nullum pec-
« catum imputabatur. Unde, sub tali specie pietatis, ejus sequaces omnem turpitudi-
« nem committebant. » (*Chronicon*, l. l.) Martin de Pologne, et Triveth, d'après lui,
attribuent, dans ce passage, à Amaury ce qui n'a été vrai que des disciples de David.

traité de Scot, *De divisione naturæ*, soit un abrégé quelconque de ce traité. En second lieu, on rencontre chez Scot plus d'un passage qui, interprété plus ou moins fidèlement, mène à des conclusions très voisines de celles de David. Ainsi, que soutenait celui-ci? Que Dieu et la matière première se confondent. Or il n'y a pas très loin de cette thèse et des arguments sur lesquels elle se fonde au passage suivant du Περὶ φύσεως μερισμοῦ (1) : « Il « n'existe que deux choses qui ne peuvent absolument pas être dé-« finies, savoir, Dieu et la matière : Dieu, l'être infini et indéter-« miné, qui, étant la forme de toutes choses, ne reçoit lui-même « aucune forme; la matière, également infinie et indéterminée, « qui, étant par essence susceptible de recevoir toutes les formes « sans en posséder aucune, n'a nul besoin d'être déterminée. Telle « est la ressemblance de la cause première, de laquelle tout dé-« rive, dans laquelle et par laquelle tout existe, à laquelle tout « doit retourner, et de la cause dépourvue de formes, je veux dire « la matière. »

Enfin il faut se rappeler que Scot rejetait le dogme de l'éternité des peines; qu'il croyait à la victoire définitive du bien sur le mal, de la bonté infinie sur la méchanceté des démons; ce qui revenait à nier, comme les disciples de David de Dinan eurent à s'en défendre, les enseignements de l'Église sur l'enfer.

Ce sont là les points de rapprochement que nous apercevons entre Scot Érigène et les hérétiques du xiii<sup>e</sup> siècle. Mais Érigène n'a jamais fait de la confusion de Dieu avec la matière la base de la métaphysique. Il ne niait ni la résurrection des corps ni les joies de la vie future. Malgré le caractère idéal et mystique de sa doctrine, il ne condamna pas comme une œuvre de superstition les pratiques religieuses ni le culte des saints. Il n'autorise pas les désordres de la passion, sous prétexte qu'ils sont l'effet de l'opération du Saint-Esprit dans les âmes. Quelles que soient ses erreurs comme théologien et comme philosophe, il enseigne une

---

(1) « Duo solummodo esse quæ nullo modo possint definiri, Deum videlicet atque « materiam : Deus, siquidem infinitus informisque, quum a nullo formatur, dum sit « forma omnium; materia similiter informis et infinita, aliunde non formari indiget « finirique, dum per se non formata, sed formabilis sit. Et ea similitudo causæ omnium « ex qua, et in qua et per quam et ad quam omnia sunt, et ipsius causæ informis, dico « autem materiæ... » (Lib. I, LVIII, p. 60.)

morale généralement pure et élevée, qui pousse l'âme aux élans de la piété plutôt qu'elle ne l'incline vers un grossier sensualisme.

L'influence de Scot Érigène ne suffit donc pas pour expliquer le mouvement qui s'est manifesté dans les écoles au commencement du xiii° siècle; et en admettant qu'elle y ait contribué, ce que nous croyons exact, elle a été certainement associée à d'autres influences plus actives, plus efficaces, qui ont, en dernier ressort, décidé de la direction suivie par les novateurs. Ces influences, quelles sont-elles?

Tous les historiens s'accordent à reconnaître que, vers 1209, divers ouvrages portant le nom d'Aristote, ou du moins relatifs à sa doctrine, qui avaient été depuis peu introduits en Occident, circulaient dans l'Université de Paris (1). Selon Guillaume le Breton, ces ouvrages arrivaient de Constantinople et étaient traduits du grec. Ils roulaient sur la métaphysique : *docebant metaphysicam*. Suivant le continuateur de la chronique de Robert d'Auxerre, ils concernaient la philosophie naturelle : *libri de naturali philosophia inscripti*. Tel est également le titre que leur attribue la sentence du concile de 1210. Le concile crut reconnaître que ces écrits favorisaient les erreurs déférées à son examen, et que, après Amaury de Chartres et David de Dinan, ils pouvaient susciter d'autres hérétiques. Aussi la lecture en fut-elle expressément interdite, soit pour un temps indéterminé, si l'on s'en tient aux termes de la sentence du concile, soit pour trois années seulement, selon Robert d'Auxerre. Cette interdiction fut renouvelée par le statut que Robert de Courson, légat du saint-siège, donna en 1215 à l'Université de Paris; elle n'a été levée, sous de nombreuses réserves, qu'au temps de Grégoire IX, comme nous l'apprenons par deux bulles de ce pontife du 23 avril 1231, qui avaient échappé à tous les historiens, et que notre savant confrère M. Hauréau a, le premier, retrouvées et mises en lumière (2).

Quelques écrits d'Aristote, supposés ou authentiques, voilà

(1) « In diebus illis legebantur Parisiis libelli quidam ab Aristotele, ut dicebantur, « compositi, qui docebant metaphysicam, delati de novo a Constantinopoli et a græco « in latinum translati; qui, quoniam non solum prædictæ hæresi sententiis subtilibus « occasionem præbebant, imo et aliis nondum inventis præbere possunt, jussi sunt om- « nes comburi... » (Guillaume le Breton, *Rec. des Hist. de France*, t. XVII, p. 84. — Cf. Robert d'Auxerre, *Rec. des Hist. de France*, t. XVIII, p. 279.)

(2) Du Boulay, *Hist. Univ. Paris.* t. III, p. 81. — D'Argentré, *Collectio judiciorum*

donc, suivant une autorité assurément très grave (le jugement d'un concile contemporain), la source à laquelle les successeurs d'Amaury, je veux dire David et ses adhérents, sinon Amaury lui-même, auraient puisé les fausses directions qui les ont égarés. Mais les ouvrages d'Aristote, ceux-là mêmes qui ne se rapportent ni à la logique ni à la morale, mais à la philosophie naturelle et à la métaphysique, qui ne peut en être séparée, sont en grand nombre, et il n'est pas facile de discerner ceux que le concile de 1210 eut particulièrement en vue. Est-ce le douzième livre de la *Métaphysique*, consacré à l'exposition de la théodicée péripatéticienne? Sont-ce les livres de la *Physique*? Est-ce le traité *De l'âme*? Ne seraient-ce pas plutôt quelques commentaires de ces différents ouvrages, que ces commentaires fussent l'œuvre des Grecs ou l'œuvre des Arabes?

Que la *Métaphysique* d'Aristote ait été connue de David de Dinan, nous n'avons aucun motif de le contester; mais il ne nous paraît pas qu'elle ait en rien contribué au développement de sa doctrine. En effet, ni sur Dieu, ni sur l'âme, ni sur la matière, elle ne contient d'assertions qui favorisent les erreurs condamnées au concile de Paris. Loin de là, Aristote y distingue quatre espèces de causes : la matière, la forme, la cause efficiente et la cause finale; distinction capitale, exposée dès le premier livre de l'ouvrage, en partie contre ceux qui prétendaient tout ramener à un seul principe. Au douzième livre, Aristote démontre l'existence de la cause première par le mouvement; il fait consister la félicité de la nature divine et toute sa perfection dans l'acte ineffable de la pensée qui se pense elle-même. S'il altère la notion de la Providence en concevant Dieu comme étranger au gouvernement de l'univers, cette grave erreur, autant qu'on peut en juger, n'est pas de celles qui circulaient au commencement du xiiie siècle dans les écoles de Paris.

Nous inclinerions à croire que les livres de la *Physique* n'étaient pas étrangers à David de Dinan, et que c'est en les étudiant qu'il s'est familiarisé avec les spéculations des anciens philosophes sur la matière et sur l'unité de principe. Peut-être même ne serait-il

*de novis erroribus*, Lutetiæ Parisiorum, 1728, in-fol. t. II, p. 128 et suiv. — Amable Jourdain, *Recherches sur l'âge et l'origine des traductions d'Aristote*, 2e édit. p. 187 et suiv. — *Notices et extraits des manuscrits*, t. XXI, 2e partie, p. 222 et suiv.

pas téméraire d'affirmer que David a connu, par une traduction aujourd'hui perdue, quelque fragment du petit traité contre Melissus et Xénophane, dans lequel se trouvent énoncées des propositions très voisines de celles que les contemporains de David lui attribuaient.

Au reste, si, en l'absence d'un texte précis, la critique ne peut procéder que par voie d'hypothèse, elle a cependant, pour éclairer sa marche, un guide précieux : c'est Albert le Grand.

A plusieurs reprises, nous l'avons vu, Albert a parlé de David de Dinan; il connaissait à fond sa doctrine et il en savait l'origine. Or, entre tous les reproches qu'il adresse à David, la première faute dont il le blâme, c'est d'avoir suivi, sans le bien comprendre, Alexandre le péripatéticien. Après avoir exposé l'hypothèse de l'unité de toutes choses, « telle fut, continue Albert, l'opinion « du péripatéticien Alexandre. David de Dinan y a fait, selon ses « moyens, quelques emprunts; mais il ne l'a pas pleinement ni « profondément comprise. » *Et aliquid ejus, quantum sivit, David de Dinanto ascivit, sed perfecte et profunde non intellexit* (1). Cet Alexandre, disciple d'Aristote, quel autre peut-il être qu'Alexandre d'Aphrodisiade, le plus célèbre des anciens commentateurs du Stagirite?

Cette conclusion soulève, il est vrai, une objection que suggère le texte même d'Albert. Ce dernier, en effet, prétend que la semence des erreurs enseignées par David de Dinan est un livre d'Alexandre dans lequel sont reproduites les doctrines de Xénophane (2). Or, qu'Alexandre ait été, à quelque degré que ce soit, le sectateur de Xénophane, c'est là une supposition que contredisent et la lecture la plus superficielle de ses commentaires et tous les témoignages historiques. Albert s'est donc, sur ce point, gravement trompé. Avait-il entre les mains l'ouvrage auquel il fait allusion? Ne l'a-t-il connu que de seconde main? Qu'était-ce que ce livre apocryphe, et qu'est-il devenu? Nous manquons de renseignements pour répondre à ces questions. Un seul point résulte avec évidence du rapprochement des textes : c'est que toutes les fois qu'Albert prononce le nom du péripatéticien Alexan-

---

(1) *Metaph.* lib. I, tract. IV, c. vi. *Opera*, t. III, p. 43.
(2) « Hæ propositiones colliguntur ex libro Alexandri Græci cujusdam Peripatetici, « qui opinionem istius Xenophanis post eum suscepit. » (*Ibid.* p. 42.)

dre, il a en vue le célèbre interprète du Stagirite. Faut-il rejeter absolument ce témoignage parce qu'il est mêlé de jugements erronés, et que, malgré son érudition, vraiment prodigieuse pour le xiiie siècle, l'auteur ne connaît que bien imparfaitement la philosophie ancienne? Une telle rigueur serait ici très inopportune, et, dans la recherche épineuse que nous avons entreprise, il nous paraît plus sage de recueillir tous les indices qui s'offrent à nous, sauf à les rectifier s'ils sont inexacts et à les compléter s'ils sont insuffisants, comme nous allons essayer de le faire.

Ce n'est pas ici le lieu de parcourir les nombreux commentaires qu'Alexandre a laissés, ni même d'en dresser la liste. On n'ignore pas qu'il existe dans le nombre un double commentaire sur le traité *De l'âme*, et un extrait de ce commentaire, qui forme un opuscule à part sous ce titre: *De l'intelligence et de l'intelligible*. Or nous croyons être en mesure d'établir, sinon avec une complète certitude, au moins avec une vraisemblance assez haute, que ce sont précisément ces écrits et le traité auquel ils se rapportent qui, mêlant leur influence à celle de l'ouvrage de Scot Érigène, ont égaré David de Dinan et l'ont poussé aux conclusions qui lui sont imputées.

Reportons-nous au troisième livre du traité *De l'âme*, à ces théories sur l'entendement, aussi ardues que célèbres, qui ont fait le tourment de plusieurs générations d'interprètes. Aristote applique la distinction métaphysique, fondamentale à ses yeux, de la puissance et de l'acte, de la matière et de la cause efficiente ou motrice. Il admet deux états, deux formes de la pensée, ou, selon ses propres expressions, deux entendements: l'entendement possible ou en puissance, et l'entendement en acte (1). L'entendement possible ressemble à une tablette à écrire sur laquelle aucun caractère n'a encore été tracé; susceptible de tout connaître, il ne possède aucune connaissance: il a donc le même caractère essentiel que la matière, puisque, simple et sans mélange, dépourvu, comme la matière, de toute forme, il est apte à les recevoir toutes et à subir l'impression de tous les intelligibles. Dès que cette impression s'est fait sentir à l'entendement, sa virtualité se détermine: il devient la pensée en acte, dont le propre est d'avoir un objet qu'elle

---

(1) *De anima*, édit. Trendelenburg, lib. III, v, p. 91 et suiv.

pense réellement. Quelle est la nature de l'entendement? Il semble qu'il fait essentiellement partie de l'âme; que, au contraire, il est indépendant de l'organisation; que, pouvant en être séparé, il peut lui survivre, et qu'ainsi l'âme renferme une partie immortelle et vraiment divine. Mais sur ces différents points, d'une importance majeure, Aristote s'exprime avec un laconisme désespérant et avec une telle obscurité que sa doctrine a donné lieu, dès l'antiquité, à deux interprétations opposées : l'une favorable, l'autre contraire à la spiritualité du principe pensant. Or à l'interprétation matérialiste est attaché le nom d'Alexandre d'Aphrodisiade (1). Il soutenait que l'entendement actif est quelque chose d'extérieur à l'âme, non pas un pouvoir qui lui soit propre, mais une lumière venue du dehors, qui rayonne dans l'intelligence, l'éclaire, la meut et engendre la pensée. Quant à l'entendement possible, le seul, suivant Alexandre, qui appartienne à l'âme, le célèbre interprète du Stagirite considérait cette partie de nous-mêmes, à laquelle il réduit notre être spirituel, comme le résultat du mélange des éléments dans le corps humain; en un mot, comme un effet de l'organisation. Il n'admettait pas, dès lors, que l'intelligence ou l'âme pût subsister quand l'organisation est détruite, et il enseignait ouvertement qu'elle ne survit pas au corps. Analysant, d'autre part, les caractères essentiels de l'entendement, Alexandre faisait remarquer que l'entendement et la matière ayant, d'après Aristote lui-même, le même attribut essentiel, qui est l'aptitude à recevoir toutes les impressions et toutes les formes, sans être aucune forme déterminée, ces deux natures se ressemblent et peuvent être comprises dans la même définition. De là vient qu'il donne en termes exprès à l'entendement possible la qualification de *matériel*, qui ne se trouve pas, à notre connaissance, dans Aristote. « L'intelligence, dit-il, qui ne pense pas « encore l'intelligible, et qui a seulement la puissance de le pen- « ser, est quelque chose de matériel, ὑλικός (2). »

Telle est la doctrine qu'on trouve exposée dans les commentaires

---

(1) Brucker, *Hist. crit. philos.* t. II, p. 481. — Ritter, *Hist. de la philos. anc.* t. IV de la trad. franç. p. 212. — Ravaisson, *Essai sur la Métaphysique d'Aristote*, t. II, p. 296.

(2) Νοῦς ὁ μήπω μὲν νοῶν, δυνάμενος δὲ τοιοῦτος γενέσθαι, ὑλικός· καὶ ἡ δύναμις ἡ τοιαύτη τῆς ψυχῆς, ὁ ὑλικὸς νοῦς. (*De anima*, Venetiis, 1534, in-fol. fol. 143 vo.)

d'Alexandre sur le traité *De l'âme* et dans l'opuscule *De l'intelligence et de l'intelligible*, qui en est extrait. Ces périlleuses interprétations de la pensée péripatéticienne étaient parvenues, dès les premières années du xiii° siècle, à la connaissance des théologiens, et le danger qu'elles présentaient n'avait pas échappé à ces derniers. Guillaume d'Auvergne consacre à les réfuter plusieurs chapitres de son traité *De l'âme*, s'efforçant d'établir contre le téméraire disciple du Stagirite que l'existence de l'âme ne dépend pas du mélange des éléments, mais qu'elle a sa vie propre et que cette vie est immortelle. « Comme, entre tous les philosophes grecs « et tous les commentateurs d'Aristote, dit-il (1), cet Alexandre « n'a pas jeté un éclat médiocre, il importe d'autant plus de com- « battre ses maximes, qu'elles peuvent faire plus de mal et en- « traîner des esprits mal exercés et peu instruits. D'un côté, en « effet, les esprits de ce genre sont faciles à égarer; et, d'un autre « côté, l'autorité de ce philosophe et sa réputation de sagesse « donnent une certaine créance à ses sentiments, qui trouvent par « là plus de facilité à pervertir les âmes. » Albert le Grand combat aussi, en maint passage, les théories d'Alexandre d'Aphrodisiade; il les lui reproche dans les termes les plus amers, comme des erreurs indignes d'un esprit aussi éminent, comme des extravagances destructives de toute grandeur morale, qui doivent être repoussées d'une manière absolue et bannies de la société des hommes (2). Saint Thomas d'Aquin ne s'exprime pas sur ce sujet avec moins d'énergie que son maître Albert.

Les indications qui précèdent, et que nous aurions pu aisément

(1) « Quia inter Græcos philosophos et apud Aristotelis expositores non medio-
« criter claruit iste philosophus, eo studiosius et perscrutatius exterminanda est ejus
« sententia errorque destruendus, quo validior est ad nocendum et subvertendum
« parum exercitatos et ad modicum doctos ejus error : tum quia ejusmodi homines ad
« credendum magis faciles sint quam oportet, tum quia ejus auctoritas et sapientia
« sententiam ejus credibiliorem efficiunt, et, ut ita dicatur, in perniciem audientium
« eamdem exacuunt. » (*Guilielmi Alverni, episcopi Parisiensis, opera*, Aureliæ,
1674, in-fol. t. II, p. 114 et suiv.)

(2) « Alexander, etsi in multis bene dixerit, tamen in materia hac pejus omnibus
« determinavit; et sequitur ex dicto ejus animam cum corpore perire, et animam alte-
« rari alterato corpore, et multa alia quæ absurdissima sunt et claro philosopho mi-
« nus digna. Quam ob causam abjicienda est penitus scientia ista et extra genus
« hominum exterminanda, tanquam error pessimus ex quo totius nobilitatis et perpe-
« tuitatis animæ intellectivæ sequitur destructio. » (*De anima*, lib. III, tract. II,
cap. IV. *Opera*, t. III, p. 136.)

multiplier, suffisent pour faire apprécier la réprobation que les doctrines d'Alexandre d'Aphrodisiade avaient encourue, et sans doute aussi les ravages qu'elles avaient déjà produits dans les écoles chrétiennes au commencement du XIII° siècle. Mais ce qu'il est important pour nous de faire remarquer, c'est que ces mêmes doctrines sont précisément celles dont nous retrouvons la trace chez David de Dinan et chez ses disciples. En effet, nous avons entendu David professer, comme l'avait fait Alexandre d'Aphrodisiade, que la pensée a le même caractère essentiel que la matière, savoir : l'indétermination; d'où il conclut que la matière et la pensée ne sauraient être distinguées l'une de l'autre; ce qui revient, en bonne logique, à affirmer leur identité. Quant à l'opinion des disciples de David sur l'enfer et sur le paradis, c'est-à-dire sur la vie future, qu'ils n'hésitaient pas à rejeter, en plein moyen âge, comme des croyances superstitieuses que la raison désavoue, comment ne pas y reconnaître, sous une forme, il est vrai, moins métaphysique et plus populaire, la doctrine même d'Alexandre d'Aphrodisiade sur l'anéantissement qui est réservé à l'âme lors de la dissolution du corps? Alexandre d'Aphrodisiade peut donc être à bon droit considéré comme ayant fourni, ou du moins comme ayant contribué à fournir le germe de ces nouveautés, qui parurent si monstrueuses à l'Université naissante de Paris. Le fait est attesté par Albert le Grand : *et aliquid Alexandri David de Dinanto ascivit*; et ce témoignage si considérable est confirmé par le rapprochement des assertions authentiques de David avec les doctrines du philosophe grec. Aussi, lorsque nous nous reportons au décret du concile de Paris qui frappa d'interdiction les ouvrages d'Aristote sur la philosophie naturelle, et les commentaires qui s'y trouvaient joints, nous ne croyons pas nous tromper en supposant que ce mot de *commenta* désigne les commentaires d'Alexandre d'Aphrodisiade sur le traité Περὶ ψυχῆς.

Par quelle voie la connaissance de ces écrits et de la doctrine qu'ils renferment s'est-elle répandue en Occident? La voie qui paraît la plus vraisemblable, ce sont les versions latines, faites sur le texte grec, et nouvellement apportées d'Orient, dont parle Guillaume le Breton. Toutefois une traduction du petit traité *De l'intelligence et de l'intelligible*, qui a très anciennement circulé chez les chrétiens, paraît avoir été faite d'après un texte arabe. Cette traduction existe encore : on la retrouve dans deux manuscrits de la Bibliothèque nationale, tous deux du XIIIe siècle, et dont l'un avait appartenu à Gérard d'Abbeville, qui le légua aux étudiants en théologie de la maison de Sorbonne (1). Un écrivain de l'âge de la Renaissance, Jérôme Bagolini, fait remarquer, avec peu d'indulgence, que cette vieille version, rédigée à une époque de barbarie, est écrite dans un style embarrassé, et que, de la première page à la dernière, elle est criblée d'erreurs (2). Telle qu'elle est, avec ses défauts, que nous ne contestons pas, elle suffisait pour faire connaître Alexandre d'Aphrodisiade dans les écoles chrétiennes. D'autres traductions des ouvrages de notre philosophe sont parvenues d'assez bonne heure à la connaissance des docteurs scolastiques. Sans parler de quelques opuscules ou fragments qui dans divers manuscrits portent le nom d'Alexandre, Albert le Grand paraît bien avoir eu sous les yeux une traduction latine du traité *De la mixtion*, Περὶ μίξεως; car il fait longuement allusion aux doctrines qui s'y trouvent développées. Quel a été le sort de ces traductions, toutes renouvelées au XVIe siècle par des interprètes plus habiles que ceux du moyen âge? Peut-être ont-elles péri comme tant d'autres ouvrages. En tout cas, elles ont dû être fort rares, même dès l'origine, enveloppées qu'elles étaient, ainsi que tout le fait présumer, dans l'anathème lancé par le concile de Paris contre les écrits récemment apportés de Constantinople.

Il s'agirait maintenant de savoir si, indépendamment de l'influence de Scot Érigène, d'Aristote et d'Alexandre d'Aphrodisiade, il convient de faire une part, dans l'hérésie d'Amaury de

---

(1) Anciennement fonds de Sorbonne, 1786 et 1796; aujourd'hui fonds latin, 16602 et 16613. Le dernier feuillet du manuscrit 16602 contient la mention suivante : « Iste « liber est pauperum magistrorum studentium Parisiis in theologia, ex legato magistri « Gerodi de Abbatis-Villa. » Le manuscrit 16602 renferme divers écrits d'Alexandre d'Aphrodisiade : *De tempore;* — *De sensu et sensato;* — *Quod augmentum et incrementum fuerit in forma et non in yle.* La traduction du premier de ces opuscules est attribuée à Gérard de Crémone, qui l'aurait écrite dans la ville de Tolède : *translatus a magistro Girardo Cremonensi, in Toleto.*

(2) « Qualem et mihi hujus opusculi *De intellectu*, incerto interprete, his diebus, a « me nunquam ante animadversam, vidisse contigit [interpretationem] : in qua, praeter « locutionis involutam seriem, errata non multo verbis pauciora, ab ipso statim limine « ad calcem usque, sese legentibus nobis obtulerunt. » (*Hieronymi Bagolini Veronensis in interpretationem Alexandri Aphrodisei De intellectu praefatio*, Veronae, 1516. in-4°.)

Chartres et dans celle de David de Dinan, à l'influence des écrivains arabes. Nous ne le pensons pas. Le célèbre ouvrage d'Ibn-Gebirol, *la Source de vie*, le livre *De causis* et quelques écrits d'Averroès, destinés à devenir un peu plus tard un ferment d'agitation, étaient sans doute traduits et commençaient, dès les premières années du xiii° siècle, à trouver des lecteurs et des disciples dans les rangs de l'Université de Paris; mais nulle part on ne les voit cités par les contemporains comme ayant été connus d'Amaury ni de David, ni comme ayant contribué au développement de leurs doctrines. Quelles que soient les analogies que la critique peut constater entre les opinions de ces deux novateurs et celles d'Ibn-Gebirol sur la nature des choses et en particulier sur la matière, nous doutons que l'historien soit autorisé à établir entre les uns et les autres un rapport de filiation. Ce qui nous paraît ressortir au contraire avec quelque précision des recherches qui précèdent, c'est que Scot Érigène et Alexandre d'Aphrodisiade sont les véritables auteurs du mouvement philosophique, promptement comprimé par l'autorité religieuse, que les premières années du xiii° siècle ont vu éclater dans le diocèse de Paris. Amaury de Chartres s'inspira de Jean Scot Érigène exclusivement, et entreprit de relever dans les écoles sa doctrine oubliée. David de Dinan, au contraire, suivit, outre Jean Scot, Alexandre d'Aphrodisiade, sur la trace duquel il se perdit dans les voies du matérialisme.

Le xv° et le xvi° siècle étaient jusqu'ici la seule époque, depuis l'antiquité, où les traces de la doctrine d'Alexandre d'Aphrodisiade eussent été signalées par les historiens, et dans laquelle il parût avoir exercé une sérieuse influence sur la marche de la philosophie. En effet, il inspire alors Nicolas de Cus, Pomponat et l'école de Padoue; il est le promoteur des tendances rationnelles qui poussent la métaphysique à méconnaître la nature spirituelle de l'homme et la personnalité divine. Mais, fait curieux et trop ignoré, trois cents ans auparavant, lors de cette première renaissance de la philosophie ancienne, qui s'opéra au xiii° siècle sous l'influence des livres d'Aristote et des Arabes, introduits en Occident, Alexandre avait eu sa part d'impulsion et de direction dans le mouvement considérable imprimé aux écoles. Ses commentaires, comme nous venons de le voir, avaient frappé les esprits; ses doctrines, quelque contraires qu'elles fussent au christianisme, avaient trouvé des partisans; et si, dès son apparition, cette école de matérialisme avait été dispersée par la vigilance rigoureuse du pouvoir ecclésiastique, c'est qu'elle avait devancé les temps et qu'elle ne pouvait être, en un siècle de foi, qu'un sujet de scandale et de persécution cruelle. Cependant, malgré les anathèmes et les bûchers, il est probable qu'elle ne fut pas étouffée entièrement et que ses débris allèrent rejoindre la secte plus dangereuse encore des Averroïstes, contre laquelle Albert le Grand et saint Thomas d'Aquin ont soutenu, au nom du christianisme et de la philosophie, de si vives controverses.

# DISCUSSION DE QUELQUES POINTS

DE

# LA BIOGRAPHIE DE ROGER BACON.

# DISCUSSION DE QUELQUES POINTS

DE

# LA BIOGRAPHIE DE ROGER BACON.

Roger Bacon est un des personnages les plus considérables que présente l'histoire des sciences et de la philosophie au moyen âge, et, en même temps, c'est un de ceux sur lesquels nous possédons le moins de renseignements. Comme le remarquait dernièrement l'auteur de la monographie la plus savante et la plus complète qui lui ait été consacrée (1), son nom n'est prononcé ni par Vincent de Beauvais, ni par Trithème; les premiers biographes qui aient parlé de lui sont Leland, Bale et Pits. Ce qu'ils rapportent de sa vie et de ses travaux a passé dans les ouvrages de leurs successeurs; mais à quelles sources avaient-ils eux-mêmes puisé tant d'informations? Nous ne le savons pas; et les erreurs qu'ils ont commises en maint passage laissent planer un doute sur leurs assertions, lorsque celles-ci s'offrent à nous sans autre garantie que leur propre parole.

Serait-il possible, avec les matériaux dont nous disposons aujourd'hui, de dissiper entièrement les obscurités qui environnent la naissance, la famille et beaucoup de points encore mal éclaircis de la vie de Roger Bacon? Nous sommes loin de le penser, et, en tout cas, nous n'avons pas une si haute visée. Notre unique dessein

---

(1) *Roger Bacon, sa vie, ses ouvrages, ses doctrines, d'après des textes inédits*, par Émile Charles, Paris, 1861, in-8°, p. 2.

serait d'examiner de près quelques-unes des traditions que les plus anciens biographes de cet homme célèbre ont les premiers émises à son sujet, d'essayer certains rapprochements qui n'ont pas été faits jusqu'ici, de chercher enfin si une interprétation meilleure donnée à d'anciens textes connus avant nous n'ouvrirait pas la voie à des conclusions nouvelles, offrant un certain degré de vraisemblance et d'intérêt.

Et d'abord, quelle est la date de la naissance de Bacon? La plupart des historiens s'accordent à la fixer à l'année 1214. En nous appuyant sur deux passages de l'*Opus tertium*, nous croyons qu'on peut la faire remonter jusqu'en 1210. Il est constant que l'*Opus tertium* a été composé en 1267. Or, l'auteur y déclare que, depuis l'époque où il apprenait l'alphabet, il a consacré quarante années de sa vie à l'étude des lettres (1). En supposant qu'il eût appris l'alphabet à l'âge d'environ sept ans, nous serions reportés pour la date de sa naissance à quarante-sept années avant 1267, c'est-à-dire en 1220. Mais ces quarante-sept années paraissent devoir se compter à partir, non pas de 1267, mais de 1257, époque où Bacon, suivant un autre passage de l'*Opus tertium*, sur lequel nous aurons à revenir, se retira des écoles et commença une vie, nouvelle pour lui, de silence et d'oubli. Nous nous trouvons ainsi reportés à 1210, et cela avec d'autant plus de vraisemblance que Bacon, en 1267, se représente comme déjà vieux, *me senem* (2), ce qu'il n'aurait pu faire s'il n'avait compté alors que quarante-sept ans. On conçoit aussi qu'étant né en 1210, et ayant, par conséquent, vingt-trois ans en 1233, il ait pu, à cette date, figurer parmi les clercs de la cour du roi d'Angleterre et se signaler, dans une scène que raconte Mathieu Paris (3), par la vivacité spirituelle et presque audacieuse de ses reparties.

Mais quelle était la patrie de Roger Bacon? Suivant l'opinion unanime de ses biographes, il serait né en Angleterre. Antoine Wood assigne même avec précision le lieu de sa naissance : ce serait la petite ville d'Ilchester, dans le comté de Sommerset (4). Wood

---

(1) *Fr. Rogeri Bacon opera quædam hactenus inedita.* Edited by J. S. Brewer, London, 1859, in-8°, p. 65 : « Multum laboravi in scientiis et linguis et posui jam quadraginta annos postquam didici primo alphabetum. »

(2) *Opus majus*, cap. x, edit. Venetiis, 1750, in-fol. p. 12.

(3) *Historia major*, Londini, 1640, in-fol. p. 386.

(4) *Historia universitatis Oxoniensis*, in-fol. p. 136.

en réfère sur ce point à un ouvrage manuscrit d'un érudit anglais, John Rowse, lequel vivait deux cents ans après Bacon, car Tanner le fait mourir en 1491 (1). A l'appui de l'opinion émise par le savant historien de l'Université d'Oxford, quelque répandue qu'elle soit, nous voudrions un témoignage plus décisif; mais nous n'avons découvert ni dans Bacon, ni dans les documents contemporains, aucun texte qui l'appuyât. Nous sommes donc obligé, jusqu'à plus ample information, de la considérer comme une conjecture purement gratuite. Ce ne serait pas, d'ailleurs, la seule fois que les biographes anglais se seraient hasardés à émettre des hypothèses auxquelles on peut en opposer d'autres qui sont, à tout prendre, aussi plausibles. Voici un contemporain de Bacon, Adam de Marisco : il serait également originaire, selon Leland, du comté de Sommerset; le savant éditeur de ses lettres a la franchise d'avouer qu'il ignore sur quel fondement repose cette opinion, que cependant il veut bien accepter, le comté de Sommerset pouvant aussi bien qu'un autre, dit-il, réclamer l'honneur d'être la patrie de ce personnage (2). Nous sommes moins accommodant que M. J. S. Brewer, et nous serions tenté d'être moins réservé que lui. Serait-il donc contraire à toute vraisemblance de soutenir qu'Adam de Marisco était originaire, non pas du comté de Sommerset, mais d'une petite localité de Normandie, voisine de la ville d'Eu, dont l'église s'appelait au XIIIe siècle *ecclesia de Marisco*, qui s'est appelée depuis *Marais le Normand*, et qui se nomme aujourd'hui PONTS ET MARAIS?

Constatons, sans insister, qu'Adam était en relation avec l'archevêque de Rouen, Eudes Rigaud; qu'il avait parmi ses amis un certain Pierre de Pontoise; qu'il s'intéressait aux affaires de France, qu'il en écrivait et en faisait écrire à la reine Blanche de Castille (3); tous indices qui semblent trahir une origine française.

Nous revenons à Roger Bacon.

Irons-nous jusqu'à prétendre que Roger Bacon n'était pas Anglais? Nous avons deux motifs pour ne pas pousser le scepticisme aussi loin. Le premier, c'est que Bacon est qualifié d'Anglais par

---

(1) *Bibliotheca Britannico-Hibernica*, Londini, 1748, in-fol.
(2) *Monumenta Franciscana*, edited by J. S. Brewer, London, 1858, in-8°, p. LXXVI et LXXVII.
(3) *Adæ de Marisco epistolæ*, ep. VI, VII, CCXVI; *ibid.*, p. 80, 81, 381.

deux écrivains de la fin du xiv<sup>e</sup> siècle et du commencement du xv<sup>e</sup> siècle, Pierre d'Ailly (1) et saint Antonin; le second, c'est que l'Angleterre est, de tous les pays, celui qui possède le plus grand nombre de manuscrits de ses ouvrages. Encore que ces manuscrits ne portent pas dans leur titre l'indication précise de la patrie de l'auteur, on ne saurait s'étonner qu'un écrivain dont les ouvrages se rencontrent si fréquemment dans les bibliothèques d'Oxford, de Londres et de Cambridge soit revendiqué par l'Angleterre comme l'un des siens. Toutefois, pour confirmer cette induction, il ne serait pas inutile de connaître à quelle famille Bacon appartenait. Or, sur ce point, plane encore beaucoup d'obscurité.

Bacon nous apprend lui-même qu'il sortait d'une famille noble, riche et nombreuse, engagée à certain degré dans les affaires du temps. Pouvons-nous retrouver quelques vestiges certains de ses ancêtres?

Au siècle dernier, Dugdale, dans le grand ouvrage qu'il a intitulé *Baronagium*, a retracé l'histoire des anciennes familles d'Angleterre; aucune famille du nom de Bacon n'y figure.

Ce nom se rencontre une seule fois dans l'*Introduction au Domesday book*, de sir Henry Ellis, parmi ceux des tenanciers dont la possession était antérieure à la conquête de l'Angleterre par les Normands (2). Nous l'avons inutilement cherché dans cet ouvrage sur la liste des compagnons de Guillaume le Conquérant qui, après sa victoire, se partagèrent le sol anglais.

Nous avons été plus heureux, à quelques égards, soit avec le catalogue des fiefs inscrits dans les registres de la cour de l'Échiquier au temps de Henri III (3), soit avec les différents recueils des anciennes chartes, lettres patentes et lettres closes conservées à la Tour de Londres, précieuses collections publiées par les ordres du gouvernement anglais.

Au catalogue des fiefs, nous trouvons mentionnés à diverses reprises des personnages du nom de Bacon ou Bacun, notamment Henri, Alexandre, Richard, Robert Bacon, et une femme, Mabille

---

(1) « Doctor quidam Anglicus, » dit Pierre d'Ailly, *Contra astronomos*, col. 780, dans les œuvres de Gerson, éd. 1706, t. I.

(2) *A general introduction to Domesday book*, by sir Henry Ellis, 1833, in-8°, 2 vol.

(3) *Testa de Nevill, sive liber feodorum in curia scaccarii temp. Henr. III et Edw. I*, 1807, in-fol

Bacon. Henri possédait un fief à Essolir, dans le comté d'Oxford; Mabille et Robert en avaient un à Baudindon, dans le même comté; Richard à Ernewode, dans le comté de Southampton; Alexandre est qualifié de garde, *custos*, charge en vertu de laquelle certains deniers doivent lui être payés.

Les collections de chartes et de lettres patentes ou closes offrent les noms de Richard Bacon, de Guillaume Bacon, de Roger Bacon. Ce dernier habitait le comté de Norfolk. Il avait un neveu qui portait le même nom que lui, qu'il gardait comme otage, et il reçut du roi Jean l'ordre de le mettre en liberté. Il paraît que ses terres avaient été confisquées, sans doute parce qu'il avait pris parti contre le roi, dans la querelle de celui-ci avec ses barons; mais elles lui furent restituées dès la première année du règne de Henri III, après qu'il fut rentré en grâce.

En 1223, nous trouvons encore un personnage du nom de Roger Bacon, le même peut-être que le précédent, et auquel le roi confia une mission en Irlande (1).

Des indications que nous venons d'emprunter aux sources les plus authentiques, il résulte qu'en Angleterre, sous le règne de Henri III, il a vécu un certain nombre de personnes qui, ayant été les contemporains de Bacon, ont porté le même nom que lui, ont appartenu comme lui, la plupart du moins, à une noble race, et ont habité soit la contrée même où ses biographes placent le lieu de sa naissance, soit les contrées environnantes.

C'est assurément là un renseignement qui n'est pas sans intérêt; mais ce qui en diminue pour nous la portée, c'est qu'à la même époque le nom de Bacon était aussi porté en France par plus d'un personnage de noble extraction.

Au nombre de ses familles les plus anciennes et les plus illustres, le duché de Normandie comptait la famille Bacon, qui possédait la seigneurie du Molay, à quelque distance de Caen (2). Plusieurs de ses membres avaient joué un rôle dans les affaires de leur temps. Guillaume Bacon, premier du nom, accompagna le duc de Nor-

---

(1) *Rotuli litterarum clausarum in turri Londinensi asservati*, accurante Thoma Duffus Hardy, vol. I, 1833, in-fol. p. 254, 383, 534.

(2) Voyez le mémoire historique sur la châtellenie et les seigneurs du Molley-Bacon, par l'abbé Beziers, dans les *Nouvelles recherches sur la France*, 1766, 2 vol. in-12, p. 507 et suiv.

mandie dans la conquête de l'Angleterre. Il n'est pas aussi certain que Guillaume, deuxième du nom, ait suivi, comme on l'a cru quelquefois, le duc Robert Courte-Cuisse à la première croisade.

Au XIII° siècle nous trouvons plusieurs personnages du nom de Bacon, qui appartiennent certainement à cette même famille.

On possède encore le catalogue des vassaux qui devaient le service militaire au duc de Normandie. Ce catalogue a été commencé en 1172 par l'ordre de Henri II, et achevé par l'ordre de Philippe-Auguste peu de temps après la réunion de la Normandie à la couronne. On y voit figurer un vassal du nom de Roger Bachon, ou Roger de Bacon, possesseur d'un fief qui paraît bien avoir été situé sur le territoire de Campigny, dans l'arrondissement de Bayeux, canton de Balleroy.

En 1266, un arrêt du parlement de Paris, rendu à la requête de l'abbé de Cerisy, fait défense à messire Roger Bacon de transporter au mardi le marché qui se tenait le dimanche à Bernesq. Cet arrêt mentionne le père dudit Roger en le qualifiant de *dominus de Moleto* (1); et d'autre part, dans les lettres du 19 mai 1304 qui convoquent à Arras l'ost du roi de France, nous retrouvons parmi les noms des vassaux du bailliage de Caen celui de Roger de Bacon, comme seigneur de Monlay, fief dans lequel il est aisé de reconnaître la seigneurie de Molay.

En 1271, en 1272, en 1318, le nom de Roger Bacon reparaît, soit dans les actes du parlement, soit dans les listes des seigneurs féodaux appelés sous les armes. Un arrêt de 1318 nous apprend que Roger avait un cousin, Guillaume Bacon, et qu'ils s'étaient tous deux permis de maltraiter un sergent du roi (2). Citons encore Richard Bacon, mentionné dans un registre commencé en 1220 et terminé en 1270, comme possesseur d'un fief dans le Cotentin; Robert Bacon, appelé par lettre close du 5 août 1303 à l'armée qui se réunissait près d'Arras; Godefroy Bacon, qui habitait aux environs de Viezvi, son fils Jacques Bacon; Jean Bacon, inscrit au nécrologe de Longueville parmi les bienfaiteurs de l'abbaye, etc.

Sans qu'il soit nécessaire de poursuivre ces recherches plus longtemps, nous croyons avoir suffisamment établi que la France,

---

(1) *Les Olim*, publiés par le comte Beugnot, in-4°, t. I, p. 224.
(2) *Actes du Parlement de Paris*, par M. Boutaric, Paris, 1867; in-4°, t. II, p. 342.

comme l'Angleterre, a compté au xiii° siècle plus d'une famille noble ayant porté le nom de Bacon, et répondant assez fidèlement à l'idée que notre philosophe nous donne de sa propre parenté. Il serait dès lors difficile ou, pour parler plus exactement, il serait impossible, à moins de documents nouveaux, de dire quels sont ses aïeux. Il se peut que ces familles que nous trouvons sur les côtes de Normandie et dans les comtés d'Oxford et de Norfolk soient réellement distinctes les unes des autres; il se peut aussi qu'elles soient de simples branches d'une même race, ayant pour auteur commun Guillaume Bacon qui avait suivi le duc de Normandie en Angleterre. Roger Bacon était-il d'origine anglaise sans mélange de sang étranger? ou bien était-il d'origine normande, et par conséquent son nom, qui fait l'orgueil de l'Angleterre, ne pourrait-il pas être revendiqué par la France, au moins pour une part? Nous posons la question sans la résoudre. Nous tenions à faire voir qu'elle est plus incertaine qu'on ne le croit généralement : ce point établi, nous ne forcerons pas les conséquences des indications que nous avons réunies et qui pourront un jour ou l'autre mettre sur la voie de la vérité.

Nous continuons la discussion de la biographie de Bacon. Les historiens veulent que dès ses plus jeunes années il ait annoncé de brillantes dispositions; qu'au sortir de la maison paternelle il ait été envoyé aux écoles d'Oxford; on montre même dans ces écoles la maison à l'enseigne du *Nez de bronze*, que, dit-on, il habitait. Nous serions curieux de savoir sur quelles preuves reposent ces assertions dont la trace n'apparaît pas avant Leland, et que Wood a recueillies, développées et aggravées.

Que Bacon ait fréquenté les écoles d'Oxford, le fait n'est pas douteux. Nous connaissons par son témoignage le nom de l'un des maîtres qu'il y a entendus : c'est le bienheureux Edmond, archevêque de Cantorbéry, qui expliquait alors les *Réfutations sophistiques* d'Aristote, et dont les leçons, malgré l'aridité du sujet, intéressaient tout au moins par leur nouveauté; car c'était la première fois que cette partie de l'*Organum* était commentée publiquement en Angleterre (1). Roger Bacon nous apprend aussi que l'optique,

---

(1) Voyez les fragments du *Compendium studii theologiæ*, publiés par M. Charles à la suite de sa précieuse monographie, p. 412.

*perspectiva*, qui n'était pas enseignée à Paris, fut par deux fois enseignée dans les écoles d'Oxford (1); et tout porte à croire qu'il ne parle pas de ce double enseignement d'après autrui, mais en témoin bien informé. Enfin il ressort de la lecture des ouvrages de Bacon qu'il a fréquenté plusieurs personnages qui n'étaient peut-être pas tous Anglais d'origine, mais qui vivaient alors en Angleterre, et que la renommée signalait comme animés du zèle le plus vif pour l'étude des sciences, entre autres, Adam du Marais et Robert Grosse-Tête, évêque de Lincoln. Ce dernier surtout paraît avoir exercé sur notre philosophe une sérieuse influence. Roger Bacon ne parle jamais de l'évêque de Lincoln que sur le ton de l'admiration la plus sincère. Il ne tarit pas en éloges de sa profonde connaissance du grec et de l'hébreu, de son savoir en mathématiques, de ses découvertes dans les branches de la philosophie naturelle les plus ignorées des Latins.

Mais, après avoir rassemblé ces indices du passage de Bacon aux écoles d'Oxford, on doit reconnaître que ce sont les seuls qui soient authentiques. Combien de temps Bacon a-t-il séjourné en Angleterre? A quelle époque et pourquoi l'a-t-il quittée? Il est facile de faire à cet égard des conjectures, elles ne reposent sur aucun texte positif. Même absence de renseignements quant à la date certaine et quant aux motifs de l'arrivée de notre philosophe en France. Les biographes veulent qu'il soit venu à Paris, selon l'usage des écoliers d'Oxford, pour y compléter son instruction, et s'y livrer à l'étude de la théologie. C'est la conjecture émise pour la première fois par Leland, *ut ex conjecturis colligit Lelandus*, dit Bale (2), reconnaissant lui-même, par cet aveu implicite, que l'opinion qu'il adopte n'est pas justifiée. Confessons-le, si quelque nouveau biographe s'avisait de prétendre que Bacon étudiait à Paris en 1229; que l'Université, à la suite de troubles graves, s'étant alors dispersée, il quitta la France, et comme tant d'autres Anglais, sur l'invitation de Henri III (3), passa en Angleterre, où il fréquenta

---

(1) *Opera inedita*, p. 37 : « Hæc scientia (perspectiva) non est adhuc lecta Parisius, nec apud Latinos, nisi bis Oxoniæ in Anglia. »

(2) *Scriptorum illustrium majoris Britanniæ catalogus*, Basileæ, 1559, in-fol., p. 312.

(3) Voyez la lettre de Henri III aux écoliers de Paris dans le *Liber niger scaccarii*, etc. Londini, 1774, in-8°, t. I, p. 469.

désormais les écoles d'Oxford, quelle objection pourrait-on élever contre une pareille assertion, sinon qu'elle est toute gratuite? C'est exactement le même reproche que nous sommes en droit d'adresser à Leland, à Pits et à Bale, ainsi qu'à Wood qui les a suivis.

Nous ne connaissons qu'un seul fait, mais un fait d'une importance capitale, qui soit bien avéré : c'est le long séjour de Bacon en France. Nous l'y trouvons avant 1247; il y est encore en 1267, et il ne paraît pas que dans ces vingt années il ait quitté un seul jour le sol français. C'est là que sont venues le trouver les lettres de Clément IV; c'est là qu'il a composé l'*Opus majus* ; de sorte que, s'il n'appartient pas directement à une famille française, la France du moins a été pour lui comme une seconde patrie. Déjà M. Émile Charles a prouvé que Bacon avait habité la France à deux époques différentes; en suivant les traces mêmes du savant écrivain, on peut, selon nous, aller plus loin que lui, et soutenir que dès avant 1247, et à partir de là jusqu'en 1267, sinon jusqu'en 1277, la France a été la résidence habituelle de Bacon.

Le premier texte à l'appui de cette conclusion est le passage dans lequel Bacon déclare avoir deux fois entendu, *bis audivi*, l'évêque de Paris, Guillaume d'Auvergne, condamner, en présence de l'Université, les assertions de certains docteurs sur l'intellect agent (1): Guillaume d'Auvergne, mort en 1248, eut à frapper plus d'une fois les erreurs qui circulaient alors dans les écoles. La sentence qu'il avait portée contre deux maîtres qui n'ont pas laissé d'autre souvenir, M° Jean de Brescia et M° Raymond, fut confirmée en 1247 par le cardinal Eudes de Châteauroux. Elle avait elle-même été précédée par d'autres censures, notamment par celle qui porte la date de 1240 et dont quelques articles nous ont été conservés (2). C'est évidemment à cette lutte de Guillaume d'Auvergne contre les hérésies philosophiques de son temps que Roger Bacon fait allusion lorsqu'il déclare avoir lui-même entendu deux fois le docte évêque. Peut-être se trouvait-il à Paris dès 1240, mais il y était certainement avant 1247.

---

(1) *Opera inedita*, p. 74 : « Ego bis audivi venerabilem antistitem Parisiensis ecclesie, dominum Guillelmum Alvernensem, congregata universitate coram eo... »

(2) D'Argentré, *Collectio judiciorum de novis erroribus*, Parisiis, 1728. in-fol. t. I, p. 158 et suiv.

En second lieu, dans un chapitre de l'*Opus tertium*, discutant une question relative aux angles solides, Bacon dit qu'environ vingt années auparavant il avait engagé une controverse analogue avec des maîtres de l'Université de Paris, à l'occasion de cette épreuve scolaire appelée alors *principium* (1). L'*Opus tertium* ayant été composé en 1267, nous sommes reportés par ce passage, aussi clairement que par le précédent, à l'année 1247 comme date certaine du séjour de Bacon à Paris. Ce fut sans doute à cette époque qu'il entra en relation avec Pierre de Maricourt, un des hommes qu'il a le plus admirés; car dans l'*Opus minus*, composé vers le même temps que l'*Opus tertium*, il fait allusion à ce savant maître, si profondément initié à tous les secrets de la nature. « C'est le seul que j'ai trouvé, dit-il (2), qui ait su les pénétrer; et c'est à lui seul qu'il y a vingt ans j'en ai dû la connaissance. »

Remarquons à ce propos que Pierre de Maricourt était Picard, et qu'il n'habitait pas Paris. S'il eût voulu venir à Paris et y produire quelques-unes des œuvres de son merveilleux savoir, il eût, s'écrie Bacon, entraîné à sa suite le monde entier. Ce n'est donc pas à Paris que Bacon l'a entendu et qu'il a reçu ses leçons : d'où il suit que Bacon, durant son séjour en France, a dû voyager, sans dépasser toutefois un rayon peu étendu.

Roger Bacon, qui était en France avant 1247, s'y trouvait encore à l'époque de l'insurrection des Pastoureaux, c'est-à-dire en 1252. Il fut témoin de ce soulèvement populaire; il déplora que la reine Blanche, la plus sage des femmes cependant, se fût laissé circonvenir par ces bandes indisciplinées qui promettaient d'aller en Terre-Sainte délivrer le roi Louis IX. Une fois même, il se rencontra avec leur chef; il le vit de ses yeux, *vidi eum oculis meis*, s'avancer pieds nus, au milieu des siens, portant en ses mains une sorte de talisman, qu'il montrait au peuple, et qui, ne rassurait nullement Bacon. Notre philosophe, qui, en dépit de la science, était fort superstitieux, soupçonnait là quelque peu de

---

(1) *Opera inedita*, p. 139.
(2) *Opera inedita*, p. 359. M. Brewer suppose que ce passage s'applique à Robert de Lincoln; mais dans le manuscrit de la Bodléienne, collationné par M. Charles (*Roger Bacon, etc.*, p. 10 et p. 357), la marge porte *magistrum Petrum*, ce qui s'accorde avec les témoignages rendus ailleurs par Bacon à la science de Pierre de Maricourt.

magie : sans quoi, dit-il, le maître des Pastoureaux aurait-il à ce point ému les foules en France et en Allemagne (1)?

Tandis que les dangers qu'il courait en Palestine servaient de prétexte à une aussi vive agitation, Louis IX, sorti des mains des Sarrasins, envoyait un religieux de l'ordre de Saint-François, Guillaume de Rubruk, vers le roi des Tartares, qu'il espérait convertir à la foi chrétienne. C'est au mois de mai 1253 que ce voyage fut entrepris. Nous en connaissons les étapes pour ainsi dire jour par jour. Il embrassa tout le pays compris entre la mer Noire et la mer Caspienne, et dura un peu plus de deux ans. L'intrépide missionnaire ne fut de retour en Asie Mineure que sur la fin du mois de juillet 1255. Ses supérieurs l'ayant attaché à l'église de Saint-Jean d'Acre, il dut se contenter d'écrire au roi la relation de son voyage. Cette relation, un des monuments les plus curieux des connaissances géographiques au XIII° siècle (2), a été entre les mains de Roger Bacon; il l'avait lue avec soin, et il la cite plusieurs fois; mais, ce qui offre pour nous un intérêt particulier, il rapporte qu'il a connu personnellement l'auteur et qu'il a conféré avec lui, *et cum ejus auctore contuli*. Il résulte de là deux conséquences, qui ne sont pas sans prix : la première, c'est que Guillaume de Rubruk, selon le vœu qu'il exprimait au roi, avait fini, sans doute grâce à sa protection, par obtenir du général des franciscains la faculté de revenir en France, fait inconnu de ses biographes : la seconde, c'est que Roger Bacon se trouvait lui-même en France vers 1256; car ce n'est pas antérieurement à cette date qu'on peut placer le retour de Rubruk en Europe.

Nous ajouterons que Bacon résidait encore en France vers 1261 ; en effet, d'après son témoignage, c'est aux environs de cette même année, cinq ou six ans avant la composition de l'*Opus majus* et de l'*Opus tertium*, qu'il se chargea de l'éducation d'un enfant pauvre, auquel il fit apprendre les langues, les mathématiques et la perspective, et qui surpassa bientôt en savoir tous les étudiants de Paris. Bacon l'avait à ses côtés lorsqu'en 1266 il commença la rédaction de ses grands ouvrages (3); et ce

---

(1) *Opus majus*, p. 189, 190.
(2) Voyez au tome IV, p. 199 et suiv., des *Mémoires de la Société de géographie*, une édition de cet Itinéraire due aux soins de MM. Franc. Michel et Th. Wright.
(3) *Opus majus*, p. 143.

fut cet élève, objet de tant de soins et d'affection, qu'il chargea, malgré sa jeunesse, d'aller les présenter au pape.

Il s'agirait maintenant de savoir si ce long séjour de Bacon en France, et le plus souvent à Paris, ce séjour attesté de la manière la moins équivoque, n'a pas été entrecoupé de quelques voyages en Angleterre. Aucun indice, aucun témoignage n'autorise à le supposer.

Cependant un événement considérable s'était accompli dans l'existence de Bacon : il avait pris l'habit religieux dans un couvent de l'ordre de Saint-François. Les biographes sont très incertains sur la date de sa profession ; nous croyons qu'on peut la fixer à l'année 1257 et qu'elle a eu lieu en France. Nous nous fondons pour cela sur le passage suivant de la lettre au pape Clément IV, qui forme le premier chapitre de l'*Opus tertium* :

« Recolens me jam a decem annis exulantem quantum ad famam studii quam retroactis temporibus obtinui, meam parvitatem recognoscens, et ignorantiam multiplicem, ac os elingue, et calamum stridentem, vestramque sapientiam admirans, quod a me jam omnibus inaudito, et velut jam sepulto et oblivione deleto, sapientiales scripturas petere dignetur, etc... »

Ces mots, *recolens me jam a decem annis exulantem*, ont été entendus jusqu'ici dans un sens littéral, comme s'ils marquaient un exil réel : ce qui conduirait à supposer que Bacon, ayant jusque-là vécu en Angleterre, avait quitté son pays en 1257 : or nous avons démontré que dès 1255, et dans les années antérieures, il était en France. Le sens littéral doit donc être abandonné. Selon nous, il s'agit ici non pas de l'éloignement de la patrie, mais de l'éloignement du monde, de la retraite dans un asile où s'éteignent toutes les renommées, celles de l'école ainsi que les autres, où le bruit qui retentissait autour de vous fait place à l'oubli et au silence, *exulantem quantum ad famam studii*; en un mot, nous croyons qu'il est ici question de la vie du cloître succédant à la vie du siècle. Bacon naguère, sur les bancs ou dans les chaires des universités, avait connu la gloire, *famam studii retroactis temporibus obtinui*; et depuis dix ans déjà, lorsque Clément IV daigna se souvenir de lui, nul ne prononçait plus son nom : il était oublié et pour ainsi dire entré dans la tombe, *velut jam sepulto et oblivione deleto*. Pourquoi ? Parce qu'il avait quitté le monde.

Quelques observations de détail confirment, à nos yeux, l'interprétation que nous avons donnée au passage dont il s'agit. Ainsi, on est frappé de l'insistance que met Bacon à rappeler au souverain pontife qu'il n'a pas toujours vécu dans l'état où il vit maintenant, *in alio statu quo vixi, in hoc statu quo sum modo;* il a un souvenir si présent des deux états qui partagent sa vie, que le dernier, l'état monastique, devait être en 1267 encore assez nouveau pour lui. Une autre circonstance est à noter, c'est que de son aveu il n'avait rien écrit d'important avant de se faire religieux, *in alio statu non feci scriptum aliquod philosophiæ,* et que cependant, comme on l'a vu plus haut, il s'était acquis une véritable illustration : il était connu dès lors pour avoir consacré plus de temps et de labeur que personne autre à l'étude des langues, comme à celle des sciences. *Notum est quod nullus in tot scientiis et linguis laboravit nec tantum : quod homines mirabantur in alio statu quo vixi* (1). Fait important, d'où il est permis de conclure que c'est en pleine maturité d'âge, d'esprit et de renommée, et non pas, comme on l'a cru jusqu'ici, dès sa première jeunesse, que Bacon a renoncé au monde et s'est affilié à l'ordre de Saint-François.

Suivant une chronique publiée par Leland, Roger Bacon aurait été admis à prononcer ses vœux dès son entrée dans la communauté, avant d'avoir fait une année de probation. *Consueverunt in ipso die ingressus, si vellent, profiteri; sicque fecit frater piæ memoriæ Rogerus Bacon.* Ce passage en reproduit textuellement un autre qui se lit dans l'ouvrage de Thomas de Eccleston sur l'arrivée des Frères Mineurs en Angleterre; et comme le chapitre d'où il est tiré se rapporte au temps où Albert de Pise exerça les fonctions de provincial de la communauté, c'est-à-dire aux années 1236, 1237 et 1238, nous nous sommes demandé si l'on ne pourrait pas tirer de là une objection contre notre sentiment. Mais il est facile de constater que dans le texte primitif, qui est celui de Thomas de Eccleston, d'une part, il ne s'agit pas des Franciscains, mais des Dominicains, et d'autre part, qu'au lieu du nom de Roger Bacon, en toutes lettres, on lit seulement R. Bacon : « Ipse (F. Albertus de Pisa) recepit mandatum domini papæ Gregorii, quod Fratres Prædicatores nullum obligarent, quominus posset ad quamcum-

---

(1) *Opera inedita,* p. 13, 65, etc.

que vellet religionem intrare, nec fratres suos novicios, nisi completo anno probationis, ad professionem reciperent. Consueverunt enim ipso die ingressus sui, si vellent, profiteri; sicque fecit bonæ memoriæ frater R. Bacon (1). » Comme il est ici question des Frères Prêcheurs, ces mots *Frater R. Bacon* ne désignent évidemment pas Roger Bacon. Nous n'hésiterons pas à croire qu'ils désignent Robert Bacon, mort en 1248, qui est cité par Mathieu Paris comme un des savants théologiens de son temps, et qui fut en effet une des premières gloires de l'ordre de Saint-Dominique.

En fixant à l'année 1257 le changement d'existence de Bacon, nous ignorons d'ailleurs, avec tous ses biographes, les motifs qui poussèrent un esprit aussi indépendant, nous pourrions dire aussi présomptueux, à faire le sacrifice de sa liberté, et à rechercher le joug facile et sanctifiant pour d'autres, mais périlleux pour lui, de la vie religieuse. Il est certain qu'il n'eut pas à se féliciter de sa résolution, et qu'il ne tarda pas à en éprouver de cruels regrets. Ces retours fréquents que dans sa lettre au pape il fait sur le passé, sur la renommée qu'il a obtenue autrefois et à laquelle a succédé l'oubli, n'annoncent pas un cœur satisfait et ne sont pas le langage d'un frère de l'ordre de Saint-François, résigné aux devoirs austères de son état. Bacon n'avait plus les mêmes facilités que jadis pour se livrer à ses travaux de prédilection, ni surtout pour s'instruire, comme il avait fait jusque-là, dans le commerce d'autrui. Il conservait le droit de lire et d'étudier, et même celui de composer des livres; mais la règle du couvent lui défendait de communiquer ses écrits à qui que ce fût, et il ne trouvait pas facilement à Paris de bons et fidèles copistes. Tout porte à croire qu'il fut d'assez bonne heure l'objet d'une surveillance jalouse et que les tracasseries ne lui furent pas épargnées; car il se plaint amèrement à Clément IV des entraves qu'on apporte à ses travaux et des mauvais traitements auxquels il est en butte. Après la mort du pape, son protecteur, les vexations qu'il avait à subir redoublèrent, et aboutirent en 1277 à la sévère sentence du général des Franciscains, Jérôme d'Ascoli, qui, de l'avis de beaucoup de membres de la communauté, le condamna à l'emprisonnement.

---

(1) *Monumenta Franciscana*, p. 66 et 550.

La sentence, au témoignage de saint Antonin, avait pour motifs les nouveautés suspectes que renfermait la doctrine de Roger Bacon, qualifié de maître en théologie. Et en effet quand on parcourt non seulement l'*Opus majus*, mais l'*Opus minus*, l'*Opus tertium*, et surtout le *Compendium studii philosophiæ*, composé en 1271, on ne saurait s'étonner que les contemporains de Bacon se soient émus de la hardiesse de ses opinions théologiques et philosophiques, en même temps qu'ils étaient scandalisés de ses dures et injustes appréciations des maîtres les plus autorisés, Alexandre de Hales, Albert le Grand, Thomas d'Aquin. Notre dessein n'est pas d'insister sur cette partie de la biographie de Bacon, n'ayant rien à reprendre non plus qu'à ajouter au tableau que tous les historiens en ont tracé. Sa captivité se prolongea certainement durant plusieurs années; et il serait difficile de dire avec précision à quelle époque elle cessa. Il se peut qu'elle ait duré jusqu'à la réunion du chapitre des Frères Mineurs qui se tint à Paris au mois de mai 1292, par les soins de leur nouveau général, Raymond Gaufredi, auquel une note marginale d'un très ancien manuscrit du *British Museum* attribue la délivrance de Roger Bacon. Quoi qu'il en soit, cette date de 1292 est la dernière date certaine que la biographie de Bacon présente; c'est la date de l'année dans laquelle, ainsi qu'il l'apprend, il travaillait au *Compendium studii theologiæ*. L'ouvrage, encore inédit, n'est jusqu'ici connu que par l'analyse et les extraits que M. Charles en a donnés. Il ne paraît pas que l'âge et la persécution eussent modifié sensiblement les opinions de notre philosophe; toutefois dans ce nouvel ouvrage on ne retrouve plus les vives attaques qu'il se permettait autrefois contre les plus fameux d'entre les maîtres contemporains.

Combien de temps Bacon a-t-il vécu après 1292? La date de 1294 admise par quelques biographes est la plus reculée qu'on ait assignée à sa mort, et, comme le remarque M. Charles, elle n'a rien d'invraisemblable. Ce qui paraît constant, c'est que Bacon, au sortir de sa captivité, revint en Angleterre et y mourut. On assure même qu'il fut enterré à Oxford, au couvent des Franciscains, tradition que nous n'avons aucun motif de contester.

# DOUTES SUR L'AUTHENTICITÉ

DE

# QUELQUES ÉCRITS CONTRE LA COUR DE ROME

ATTRIBUÉS A

# ROBERT GROSSE-TÊTE,

ÉVÊQUE DE LINCOLN.

# DOUTES SUR L'AUTHENTICITÉ

DE

# QUELQUES ÉCRITS CONTRE LA COUR DE ROME

ATTRIBUÉS A

**ROBERT GROSSE-TÊTE,**

ÉVÊQUE DE LINCOLN.

*Extrait du Bulletin de l'Académie des Inscriptions et Belles-Lettres.*

De l'aveu de tous les historiens, Robert, surnommé Grosse-Tête, qui fut évêque de Lincoln de 1235 à 1253, occupe un rang élevé dans l'histoire littéraire du moyen âge, comme l'un des prélats les plus instruits que l'Église d'Angleterre ait eus à sa tête durant la première moitié du XIII° siècle. Il paraît avoir étudié et même enseigné à Paris (1); il enseigna certainement à Oxford; et la faveur dont il ne cessa d'entourer par la suite l'Université naissante de cette ville ne contribua pas médiocrement à sa prospérité. Il ne possédait pas seulement des connaissances théologiques, telles que les suppose l'éminente fonction dont il fut investi : doué de cette curiosité active qui est la mère des sciences, il s'était appli-

---

(1) Du Boulay, *Hist. univ. Paris*, t. III, p. 260 et p. 709; *Hist. littéraire de la France*, t. XVIII, p. 437 et suiv.

qué avec ardeur à étendre le cercle de son érudition. Il avait appris le grec et l'hébreu, et savait en philosophie et en mathématiques tout ce qu'on pouvait savoir de son temps. On lui doit une version latine de la Morale à Nicomaque, faite sur le texte grec, et une traduction du Testament des douze patriarches, à laquelle un moine de Saint-Albans travailla par ses ordres. Outre un grand nombre d'opuscules sur différents sujets, il a laissé des commentaires sur la logique et la physique d'Aristote, et des traités du comput et de la sphère. Roger Bacon, si sévère pour beaucoup de ses contemporains, ne parle de l'évêque de Lincoln qu'avec respect, et même avec admiration. Il vante à la fois sa profonde connaissance des langues et son habileté comme mathématicien. Il le place, à côté d'Adam de Marisco, parmi les hommes de génie qui, à l'aide des mathématiques, ont su pénétrer les causes des phénomènes naturels, et exposer d'une manière satisfaisante les sciences divines et profanes (1).

Cette grande figure mériterait assurément une étude approfondie. Ce n'est pas l'objet que nous nous proposons quant à présent. Nous ne voulons considérer ici ni l'interprète des textes grecs et hébreux, ni le commentateur d'Aristote, ni le maître et le protecteur de l'Université d'Oxford, mais seulement le théologien et l'évêque. Nous n'avons même pas l'intention d'étudier complètement à ce point de vue la vie de Robert Grosse-Tête. Nous nous bornerons à discuter la valeur des documents et des témoignages d'après lesquels l'attitude du docte prélat vis-à-vis des ordres monastiques et de la papauté a été appréciée jusqu'à ce jour par la grande majorité des historiens.

Selon l'opinion la plus commune, l'évêque de Lincoln, prélat de mœurs pures et d'une piété exemplaire, se montra, dans le cours de son épiscopat, l'ennemi des moines et le censeur audacieux, sinon l'adversaire déclaré des papes. Son austérité ne se consolait

---

(1) *Opus majus*, p. IV, dist. 1, c. 3 : « Episcopus Robertus Lincolniensis, et Frater Adam de Marisco... per potestatem mathematicæ sciverunt causas omnium explicare et tam humana quam divina sufficienter exponere. » *Opus tertium*, dans l'édition donnée par M. Brewer, Londres, 1859, in-8°, p. 33 : « Solus unus scivit scientias, ut Lincolniensis episcopus. » *Compendium studii philosophiæ*, ibid. p. 472 : « Solus dominus Robertus, propter longitudinem vitæ et vias mirabiles quibus usus est, præ aliis hominibus scivit scientias. »

pas du relâchement de la discipline ecclésiastique. Convaincu que l'ignorance et les désordres des clercs étaient le plus grand péril qui pût menacer la société chrétienne, il dénonça, il poursuivit les abus avec une indomptable énergie. Il ne se contenta point de remédier, selon ses forces, aux misères morales qu'il avait sous les yeux, il en fit remonter la responsabilité jusqu'au saint-siège, il les imputa, dans le langage le plus acrimonieux, aux empiétements de la cour de Rome sur l'autorité des évêques, aux exemptions dont elle était prodigue en faveur des monastères, aux déplorables choix de pasteurs incapables ou indignes qu'elle chargeait arbitrairement du soin des paroisses, quelquefois par négligence, plus souvent par népotisme ou par cupidité.

Telle est l'idée que les historiens en général donnent du caractère, des sentiments et des actes de Robert de Lincoln. Nous ne parlons pas seulement des écrivains protestants, tels que Brown (1), Oudin (2), Wharton (3), Cave (4) et Tanner (5), qui n'ont pas manqué d'enrôler Robert sous leur bannière, en l'exaltant avec affectation comme l'un des précurseurs de Wiclef et de Luther. Rinaldi (6) lui-même conteste à peine les procédés de l'évêque de Lincoln à l'égard du saint-siège, ses remontrances impérieuses et ses allures indociles. Fleury avoue que le zèle du prélat était amer et ses discours sans modération (7).

Ces jugements, qu'on peut qualifier d'unanimes, sont adoptés par les écrivains récents. On les retrouve à la fois dans l'*Histoire littéraire* de la France sous la plume de M. Daunou, et chez le D$^r$ Lingard. Que cette appréciation du caractère de Robert de Lincoln ait un fonds de vérité, nous ne le contestons pas; car on ne saurait nier que le pieux et savant évêque ne se soit montré l'énergique défenseur de la discipline ecclésiastique et l'infatigable adversaire des abus. Mais nous croyons en même temps que l'importance de ses démêlés avec Rome a été fort exagérée, et que ses sen-

---

(1) *Appendix ad fasciculum rerum expetendarum et fugiendarum ab Orthvino Gratio editum,* etc., Londini, 1690, in-fol. p. 244 et s.
(2) *Commentarius de scriptoribus Ecclesiæ,* Lipsiæ, 1732, in-fol. t. III, col. 136 et s.
(3) *Anglia Sacra,* t. II, p. 341 et s.
(4) *Scriptorum ecclesiasticorum historia,* Oxonii, 1743, t. II, p. 294.
(5) *Bibliotheca Britannico-Hibernica.*
(6) *Annales ecclesiastici,* ad ann. 1253, § XLIII, p. 487.
(7) *Histoire ecclésiastique,* liv. LXXXIII, ch. XLIII.

timents véritables ont été méconnus, parce qu'on en a jugé d'après des documents qui ne sont pas authentiques et d'après des témoignages qui ne sont pas irrécusables. C'est le point que nous allons essayer de démontrer.

Les jugements dont la conduite de Robert Grosse-Tête a été jusqu'ici l'objet reposent sur les fondements que voici : 1° un mémoire qu'il aurait remis au pape Innocent IV en 1250, et qui aurait été lu par ordre du pape en présence des cardinaux; 2° une lettre adressée en 1253 au même pontife; 3° une autre lettre de la même époque à la noblesse d'Angleterre et aux bourgeois de Londres (1); 4° le témoignage de Mathieu Paris et des chroniqueurs qui l'ont suivi.

Dans le mémoire qu'on prétend avoir été remis à Innocent IV, la situation de l'Église est dépeinte sous les plus sombres couleurs. L'auteur déclare en gémissant que la science, la foi et la piété sont éteintes dans le clergé; que presque partout la passion du lucre, la gourmandise et la luxure ont remplacé les vertus sacerdotales; que la maison de prière a été changée en une caverne de voleurs; que la plupart des pasteurs ne craignent pas de spolier la veuve et l'orphelin; qu'ils sont voleurs, adultères, incestueux. Et quelle est la source première d'aussi grands désordres? Selon le rigide écrivain, il ne faut pas chercher cette source ailleurs que dans la connivence de la cour de Rome, qui non seulement n'a pas su prévenir le mal, mais qui n'a cessé de l'encourager par de mauvaises pratiques, telles que la collation directe des bénéfices à des sujets ignorants ou vicieux; telles que les exemptions trop multipliées qui, en affranchissant les couvents de la surveillance des évêques, assurent au clergé régulier une liberté dont celui-ci abuse; telles que les appels et recours qui compromettent l'autorité épiscopale et énervent les jugements émanés d'elle; telles enfin que ces formules despotiques par lesquelles le pape régnant

---

(1) De ces trois opuscules, les deux premiers ont été publiés par Edward Brown, *Appendix ad fasciculum*, etc., etc., p. 250 et p. 400 et s. Le second fait partie de la Grande Chronique de Mathieu Paris, et se retrouve dans toutes les éditions de cette chronique. Il a été réimprimé par Du Boulay, dans son *Histoire de l'Université de Paris*, t. III, p. 260 et suiv., et par M. Luard dans l'édition récente qu'il a donnée des lettres de Robert Grosse-Tête, Londres, 1861, in-8°, p. 432. Le troisième opuscule que nous avons signalé, la lettre à la noblesse d'Angleterre, a été mis au jour pour la première fois, à notre connaissance, dans cette même édition.

prétend imposer sa propre volonté, nonobstant toute règle et tout privilège consacrés par une décision de ses prédécesseurs.

La lettre au pape Innocent IV, que la renommée attribue, comme le mémoire précédent, à Robert Grosse-Tête, renferme l'expression des mêmes griefs énoncés en moins de mots, mais dans des termes presque identiques, de sorte que les deux documents sont, à n'en pouvoir douter, l'œuvre de la même plume. Toutefois, dans ce nouvel écrit, l'auteur ne sait plus contenir les sentiments d'indignation et de colère qui l'oppressent; peu s'en faut qu'il ne compare le pape à l'Antéchrist, et il se déclare prêt à lui résister. « J'obéis avec respect, dit-il, aux commandements apostoliques... Mais nul commandement ne saurait être qualifié d'apostolique, s'il n'est conforme à la doctrine de Jésus-Christ et des apôtres... Après le péché de Lucifer, continue-t-il, il n'y en a point de plus grand que celui qui consiste à perdre les âmes, en les frustrant du service que nous leur devons en qualité de pasteurs, et en ne songeant qu'à pressurer le troupeau pour en tirer des commodités temporelles... Le saint-siège, qui a reçu la pleine puissance de Jésus-Christ uniquement pour l'édification, n'a pas le pouvoir de rien ordonner ni de rien faire par lui-même qui tende à favoriser un péché aussi abominable et aussi pernicieux pour le genre humain; dans ce cas, en effet, il abuserait manifestement de son autorité; il s'éloignerait du trône de Jésus-Christ pour aller s'asseoir en enfer dans la chaire de pestilence. Quiconque a voué au saint-siège une obéissance pure et sincère, quiconque n'est point séparé du corps de Jésus-Christ par le schisme doit se refuser à de tels commandements... C'est pourquoi je déclare que, loin d'y obtempérer, j'y fais résistance et opposition. »

Le troisième document que nous avons mentionné, la lettre aux barons et aux bourgeois, contient de nouvelles et amères plaintes soit contre les taxes qui sont levées sur l'Église d'Angleterre et qui, au mépris de ses antiques libertés, la réduisent à l'état de tributaire, soit contre l'intrusion dans les bénéfices de sujets étrangers, accourus de contrées lointaines, qui ne connaissent pas la langue du pays, qui négligent le soin des âmes, qui s'approprient les revenus affectés à des œuvres pies ou au soulagement des pauvres. L'auteur interpelle le peuple et les grands, et les somme de déclarer s'il convient que l'Angleterre soit tondue comme un agneau, et soumise au joug comme un bœuf; que des étrangers et des oisifs récoltent ce qu'elle a semé, et qu'ils dévorent sa propre substance. Il invoque l'appui du pouvoir séculier, et conjure ce pouvoir de s'armer et d'agir avec vigueur, afin de déjouer les desseins des hommes pervers qui ont jeté sur les Églises du Royaume-Uni un œil de convoitise.

Nous devons ajouter que, dans un grand nombre de manuscrits appartenant aux bibliothèques d'Oxford et de Cambridge, les trois documents que nous venons d'analyser portent le nom de Robert Grosse-Tête.

Les inductions qui semblent pouvoir être tirées de là, relativement à la conduite et aux opinions de l'évêque de Lincoln, sont corroborées par le témoignage de Mathieu Paris et de plusieurs chroniqueurs. Mathieu Paris ne mentionne ni le mémoire au pape ni la lettre aux barons d'Angleterre; mais il attribue très expressément à Robert la lettre si vive adressée à Innocent IV. Il assure qu'elle fut écrite sous l'impression d'un bref venu de Rome et contenant des ordres que le prélat jugeait injustes et contraires à la raison (1). La tradition porte qu'il s'agissait d'un canonicat dont le pape, de sa propre autorité, aurait disposé en faveur de son neveu, Frédéric de Lavania (2). S'il faut en croire la suite du récit de Mathieu Paris, la conduite de Robert dans cette affaire aurait excité au plus haut point l'indignation d'Innocent IV, qui, laissant un libre cours à son mécontentement, aurait témoigné l'intention de sévir contre le prélat récalcitrant, et ne se serait abstenu que sur les instances des cardinaux. Dans un autre passage de l'*Historia major*, où sont racontés les derniers moments de Robert Grosse-Tête, le chroniqueur nous le représente exhalant une plainte et une protestation suprême contre les empiétements de

---

(1) *Historia major*, de Wats, Londini, 1640, in fol. p. 870 : « Cum dominus papa Innocentius IV significasset per apostolica scripta præcipiendo episcopo Lincolniensi Roberto, quatenus quiddam faceret quod ei videbatur injustum et rationi dissonum, prout frequenter fecerat illi et aliis Angliæ prælatis, rescripsit ei in hæc verba... »

(2) Le bref que le pape aurait donné à ce sujet a été publié par Brown, *Appendix*, p. 399, et par M. Luard, dans une note qui accompagne la lettre de Robert à Innocent IV. Cf. *Annales de Burton*, dans le recueil intitulé : *Annales monastici*, également publié par M. Luard, Londres, 1864, in-8°, p. 311; Henri de Knygton, *De eventibus Angliæ*, dans le recueil de Twysden, *Historiæ Anglicanæ scriptores*, Londini, 1652, in-fol. t. II, col. 2436.

la cour de Rome, contre les pasteurs qui trahissent leurs troupeaux et contre les religieux, notamment contre les Dominicains et les Franciscains qui se rendent les complices de pareils crimes (1).

L'abrégé de la Grande Chronique de Mathieu Paris, qui est généralement connu sous le nom d'*Historia minor*, relate les mêmes faits, à peu près dans les mêmes termes. Il ne manque au récit, sous cette forme nouvelle, que les dernières paroles de Robert Grosse-Tête à son lit de mort (2).

C'est un témoignage considérable sans doute que celui d'un chroniqueur contemporain des faits qu'il raconte, comme l'était Mathieu Paris. Cependant l'autorité historique du célèbre annaliste anglais n'est pas à l'abri de tout reproche. Non seulement il se montre en toute circonstance animé contre le saint-siège d'un esprit de dénigrement et de haine qui fait suspecter sa bonne foi et sa véracité; mais on n'est pas entièrement fixé sur la part qui lui revient à dater de l'année 1252 dans l'ouvrage qui porte son nom. On sait qu'il n'a pas mis la dernière main à cette partie de l'*Historia major* et que des plumes étrangères ont travaillé à la compléter en même temps qu'à la continuer. Il se pourrait donc que les passages relatifs à Robert Grosse-Tête eussent été incomplètement rédigés par Mathieu Paris, d'après des documents qu'il n'avait pas vérifiés, ou même que ces passages eussent été, après coup, insérés dans le texte par la main d'un continuateur.

Quant aux manuscrits dans lesquels les trois documents que nous avons mentionnés sont attribués à l'évêque de Lincoln, nous nous bornerons à de courtes observations. Ces manuscrits ne nous sont personnellement connus que par les catalogues où ils sont indiqués et par quelques descriptions qui en ont été données; mais la connaissance que nous en avons, tout indirecte et tout incomplète qu'elle est, nous suffit pour affirmer que les attributions qu'elles présentent sont équivoques, contradictoires, et qu'elles méritent peu de créance.

Ainsi, n'est-il pas remarquable que la prétendue lettre de Robert

---

(1) *Historia major*, p. 872, 874.
(2) La dernière partie de l'*Historia minor*, celle qui nous intéresse le plus, n'a pas encore vu le jour; mais nous avons dû à l'obligeance de notre savant et vénéré confrère M. Natalis de Wailly, la communication d'une copie très exacte du manuscrit autographe de cet ouvrage que possède le *British Museum*.

de Lincoln à Innocent IV contre les empiétements de la cour de Rome ne se retrouve pas dans les manuscrits les plus anciens qui contiennent les lettres de ce prélat; que dans quelques-uns elle figure sur un feuillet séparé ou sur une page laissée en blanc; que, dans ce cas, elle soit écrite d'une autre main que le reste du manuscrit, comme une pièce ajoutée après coup? Je m'en réfère sur tous ces points à la notice qui accompagne la belle édition de la correspondance de Robert de Lincoln que M. Luard a donnée, il y a quelques années, dans le Recueil des documents relatifs à l'histoire de la Grande-Bretagne durant le moyen âge (1). J'ajoute que, dans un autre manuscrit, la lettre au pape Innocent IV se trouve confondue avec celles d'Adam de Marisco, sous le nom duquel M. Brewer l'a publiée sans la reconnaître (2) : erreur d'autant plus excusable que, dans le manuscrit, elle ne portait aucune suscription. Ailleurs, la suscription est évidemment altérée. Elle se lit ainsi qu'il suit dans le texte publié par M. Luard : « Robertus Lincolniensis episcopus magistro Innocentio, domino papæ, salutem et benedictionem. » Jamais les évêques, s'adressant au pape, se sont-ils servis d'expressions semblables? Le pape n'est pas seulement un maître, *magister;* c'est un père; il envoie sa bénédiction aux fidèles, ses enfants; il ne la reçoit pas d'eux. Le corps de la pièce renferme, au reste, des expressions qui ne répondent pas à la suscription. On croirait que l'auteur l'écrit au souverain pontife; et néanmoins, quand il est sur le point de conclure, il s'adresse à ceux qu'il appelle ses vénérés seigneurs. « C'est pourquoi, dit-il, vénérés seigneurs, *reverendi domini*, en vertu du devoir d'obéissance et de fidélité qui m'attache au saint-siège apostolique, etc. » La contradiction que présentent ces leçons, évidemment fautives, est levée, il est vrai, par d'autres manuscrits dans lesquels la lettre dont il s'agit est adressée, non pas au pape, mais à l'archidiacre de Cantorbéry et au scribe du pape, maître Innocent; *Cantuariensi archidiacono et magistro Innocentio, domini papæ scriptori* (3); ce qui explique l'expression *Discretio*

---

(1) *Roberti Grosse-Teste episcopi quondam Lincolniensis epistolæ.* Edited by Henry Richards Luard. London, 1861, in-8°.

(2) *Adæ de Marisco epistolæ*, epist. ccxvi, dans le précieux recueil intitulé : *Monumenta Franciscana*, Londres, 1858, in-8°, p. 382 et s.

(3) Brown, *Appendix*, etc., p. 400.

*restra*, et jusqu'à un certain point celle de *reverendi domini*, quoiqu'il semble étrange qu'un évêque qualifie de « *nos seigneurs vénérés* » un archidiacre et un scribe. Mais, dans ce cas, la suscription donnée par le manuscrit est en opposition avec le texte de l'*Historia major* et de l'*Historia minor*, où il est dit expressément que la lettre contre les abus de la cour de Rome fut adressée au pape lui-même : « Quum dominus papa Innocentius IV significasset per apostolica scripta, præcipiendo episcopo Lincolniensi Roberto quatenus quiddam faceret quod ei videbatur injustum et rationi absonum, rescripsit ei in hæc verba, » dit l'*Historia major;* « rescripsit eidem papæ Innocentio episcopus prædictus, » répète avec plus de précision l'*Historia minor*.

Nous ne prétendons pas attacher aux circonstances qui viennent d'être relevées plus d'importance qu'elles n'en ont; et quels que soient les doutes sérieux qu'elles suggèrent sur l'authenticité des écrits attribués à Robert Grosse-Tête, nous nous serions gardé d'insister, si le caractère apocryphe de ces écrits ne résultait pas pour nous d'un témoignage que nous mettons bien au-dessus et de celui des chroniqueurs et des présomptions que peut fournir l'examen des manuscrits; nous voulons dire le témoignage de Robert de Lincoln lui-même : non que nous ayons à produire dans ce débat aucun document inédit d'où il résulterait que le pieux évêque eût désavoué la conduite qu'on lui prête et les libelles qui ont circulé sous son nom; mais entre sa correspondance authentique et ses lettres prétendues, entre les opinions qu'il a toujours professées et celles qu'on lui suppose, il y a de telles différences, un contraste si tranché, qu'on ne peut s'empêcher de reconnaître que les traits de cette austère et sainte physionomie ont été gravement altérés par l'esprit de parti.

Nous possédons le recueil des lettres de Robert Grosse-Tête; il se compose de cent vingt-six lettres dont l'authenticité n'est pas contestable. La plus grande partie a été insérée par Edward Brown dans l'appendice qu'il a joint à la compilation de l'Allemand Graes, intitulée : *Fasciculus rerum expetendarum et fugiendarum*. Le recueil complet a été tout récemment publié, comme nous l'avons dit plus haut, par M. Luard, d'après d'anciens manuscrits des bibliothèques d'Oxford et de Cambridge.

Le premier éditeur, Edward Brown, était un curé anglican,

très attaché à sa foi religieuse et par conséquent adversaire exalté des papes et des ordres monastiques. Il éprouva une joie naïve à s'appuyer sur le témoignage de Robert Grosse-Tête contre la cour de Rome et à ranger le pieux évêque parmi les défenseurs de ce qu'il regardait lui-même comme la vérité. Cependant il ne pouvait lui échapper qu'en maint passage ce prétendu précurseur de la réforme exprimait des sentiments fort contraires à ceux de Luther; aussi cherche-t-il à l'excuser, imputant ses erreurs à la barbarie du temps, et même à la falsification de ses écrits par la main des moines. Nous n'avons pas les mêmes motifs que Brown de nous faire à nous-même illusion; et, étranger à l'esprit de secte qui l'animait, nous pouvons mieux apprécier que lui les sentiments intimes de l'évêque de Lincoln.

Quelle est, par exemple, l'opinion du savant prélat sur l'étendue des droits de la puissance spirituelle? Il est facile de s'en rendre compte en se reportant au passage suivant, extrait d'une lettre écrite à un officier du roi Henri III, Guillaume de Raleigh :

« Que nul, écrit-il (1), que nul ne commette la faute de croire que les princes séculiers puissent rien statuer, observer ou faire observer aucune loi qui soit contraire à la loi divine et à la constitution de l'Église, sans par là même se séparer du corps de Jésus-Christ et de l'Église, sans s'exposer au feu éternel et au renversement de leur puissance. Les princes du siècle tiennent, selon l'ordre de Dieu, leur puissance et leur dignité de l'Église, les princes de l'Église tiennent l'autorité qu'ils exercent non pas des princes de la terre, mais immédiatement de Dieu. » Et plus loin : « Les princes du siècle doivent savoir que l'un et l'autre glaive, le

---

(1) *Epist.* XXIII, p. 90 et s. : « Nec se decipiat quisquam credendo quod principes seculi possint aliquid statuere et quasi legem observare vel observari facere, quod obviet legi divinæ, seu constitutioni ecclesiasticæ, nisi in divisionem sui ab unitate corporis Christi et ecclesiæ, et perpetuam adjectionem igni gehennæ, et justam subversionem suæ præposituræ. Principes enim seculi quidquid habent potestatis a Deo ordinatæ et dignitatis recipiunt ab ecclesia; principes vero ecclesiæ nihil potestatis aut dignitatis ecclesiasticæ recipiunt ab aliqua seculari potestate, sed immediate a Dei ordinatione... Debent principes seculi nosse quod uterque gladius, tam materialis videlicet quam spiritualis, gladius est Petri; sed spirituali gladio utuntur principes ecclesiæ qui vicem Petri, et locum Petri tenent per semetipsos; materiali autem gladio utuntur principes ecclesiæ per manum et ministerium principum secularium, qui ad nutum et dispositionem principum ecclesiæ, gladium quem portant debent evaginare et in locum suum remittere. »

glaive matériel et le glaive spirituel, est le glaive de Pierre. Les princes de l'Église, qui tiennent la place de Pierre et qui le représentent, se servent du glaive spirituel par eux-mêmes, et du glaive matériel par les mains et le ministère des princes séculiers, qui doivent tirer le glaive qu'ils portent et le remettre dans le fourreau sur le signe et par l'ordre des princes de l'Église. »

C'est par un sentiment d'inébranlable fidélité à ces maximes que Robert de Lincoln est, à plusieurs reprises, entré en lutte avec le roi d'Angleterre. Tantôt on le voit soutenir contre les légistes de la couronne les droits des enfants nés hors mariage, mais légitimés par un mariage subséquent, et qu'une jurisprudence trop sévère, opposée à la loi canonique et à la loi naturelle, considérait comme des bâtards (1). Tantôt il écarte des fonctions sacerdotales les candidats, recommandés par le roi, qui ne remplissent pas les conditions d'âge et de savoir exigées par les lois de l'Église (2). Il maintient de tout son pouvoir la liberté des élections ecclésiastiques, et il conjure l'archevêque de Cantorbéry de ne rien négliger pour la défense d'un droit aussi précieux, que menacent l'intrigue, la violence et la captation (3). Il interdit aux prêtres de son diocèse, en fussent-ils requis par un ordre du prince, d'exercer les fonctions de justicier que l'Église a déclarées incompatibles avec le caractère sacré de ses ministres. Il leur interdit de même, et il refuse personnellement de répondre à aucune citation devant des juges séculiers, n'admettant pas que le magistrat civil ait juridiction sur la personne des clercs (4). Il n'ignore pas au reste à quels dangers il s'expose par une telle conduite, et il laisse entendre, avec une simplicité touchante, qu'il aimerait mieux ne pas avoir à les affronter. Mais il songe à son

---

(1) *Epist.* XIII, p. 77 : « Hæc lex qua proles, nata ante matrimonium subsequens, post contractum matrimonium velut illegitima exhæredatur, lex est iniqua et injusta, juri naturali et divino, canonico quoque et civili contraria. »

(2) *Epist.* XVII, p. 83 : « W. de Grana hac ratione sola ad curam pastoralem non admittimus, quod ipse est minoris ætatis et literaturæ minus sufficientis, puer videlicet adhuc ad Ovidium epistolarum palmam porrigens; quali non possemus curam pastoralem committere nisi transgrediendo regulas sacræ paginæ et reverendas sanctorum patrum constitutiones. »

(3) *Epist.* LXXXII, p. 264 et 265 : « Fama volitante per omnium ora, declamatur quod in electionibus faciendis jam incepit morbus gravis terroris, minarum et precum armatarum et seducentium blanditiarum, fortiter invalescere... »

(4) *Epist.* XXVII, p. 106; XXVIII, p. 108; LXXII, p. 205 et s.

salut éternel, et cette pensée le rend invincible; car il aime mieux, dit-il, tomber entre les mains des hommes, auxquelles on peut échapper avec la grâce de Dieu, qu'entre les mains du Dieu vivant, auxquelles nul ne saurait se soustraire (1).

En se portant le défenseur énergique, et quelquefois hautain, des immunités et des lois de l'Église contre le pouvoir royal, Robert Grosse-Tête se soumet humblement à l'autorité du saint-siège. Partout, dans sa correspondance, il témoigne la déférence la plus respectueuse pour le souverain pontife. Il y représente la papauté comme la lumière des peuples chrétiens, comme la maîtresse des Églises, comme le fondement sur lequel repose le monde. Il se déclare, quant à lui, fermement résolu à la servir et à lui obéir.

« De même que dans l'ordre visible, dit-il (2), le soleil dissipe les ténèbres du monde par l'éclat de sa lumière, et, selon l'opinion des sages du siècle, règle et tempère par son mouvement le mouvement des autres corps naturels, de même, dans l'ordre ecclésiastique, le souverain pontife, qui en est le soleil, dissipe, par la lumière excellente de la doctrine et des bonnes œuvres, les ténèbres de l'erreur, répand la connaissance de la vérité, et par ses décrets ordonne, règle et gouverne les mouvements de l'Église universelle. Et de même que, selon la science profane, après le

---

(1) *Epist.* XXVI, p. 104 et 105 : « Si secundum præscriptam formam domino regi rescribam, timeo incidere in manus Dei viventis : si vero secundum præscriptam formam denegem me rescripturum, difficilis videtur evasio, quin incidam in manus hominum... Confidenter incidendum est potius in manus hominum, de quibus Deus potest eripere, quam in manus Dei, de quibus non est qui possit eruere. »

(2) *Epist.* XXVI, p. 126 : « Quemadmodum, ut sentiunt hujus seculi exquisitores prudentiæ et intelligentiæ, mundi status, decor et ordo, post mundi conditorem angelicosque spiritus ad conditoris nutum administratorios, debent se soli visibili mundique cardinibus ; sic, ut veraciter sentiunt qui quæ sursum sunt sapiunt, post mundi conditorem et redemptorem, curiamque cœlestem ex spiritibus beatis angelorum et sanctorum adunatam ; status, decor et ordo universalis ecclesiæ debet se suo soli, suisque cardinibus, hoc est summo pontifici sibique assistentibus cardinalibus ; ideoque sanctæ romanæ ecclesiæ debetur ab universis ecclesiæ filiis devotissima obedientia, honoratissima reverentia, ferventissimus amor, subjectissimus timor ; et hæc et his similia ab eis debentur obligatius et fortius qui per sublimitatem gradus ecclesiastici fastigio ecclesiæ, id est summo pontifici et cardinalibus, adhærent proximius.... Quia igitur et ego, licet indignus, in dignitatis episcopalis gradum sim sublimatus, fateor me tanto arctius et obligatius subjectionis et obedientiæ summo pontifici sanctæque ecclesiæ romanæ constitutum debitorem, quo gradum adeptus sum altiorem. »

Créateur et les célestes intelligences qui sont ses ministres, le monde doit sa stabilité, sa beauté et l'ordre de ses parties au soleil visible et aux pôles de l'univers; de même, selon ceux qui possèdent la science des choses d'en haut, après le Créateur et le Rédempteur du monde, environné de la cour céleste que forment autour de lui les anges et les saints, la stabilité, la beauté et l'ordre de l'Église dépendent de son soleil et de ses pôles, je veux dire du souverain pontife et de ses cardinaux : d'où il suit que tous les enfants de l'Église doivent à l'Église romaine obéissance, respect, amour fervent, crainte et soumission; et ces devoirs enchaînent chacun d'eux d'autant plus étroitement qu'il occupe un rang plus haut dans la hiérarchie... Moi donc, qui, malgré mon indignité, me suis vu appelé aux fonctions de l'épiscopat, je me considère comme attaché au saint-siège par des liens d'autant plus étroits de sujétion et d'obéissance, je reconnais ma dette envers l'Église romaine pour d'autant plus grande que ma charge est plus élevée. »

Telle est la profession de foi de Robert Grosse-Tête; elle est franche, elle est simple; elle ne tend pas à établir entre les bulles apostoliques des distinctions captieuses qui autorisent la désobéissance et la rébellion.

Dans son dévouement au saint-siège, l'évêque de Lincoln était résigné d'avance à tous les sacrifices d'argent et autres que, par le malheur du temps, la cour de Rome se trouvait réduite à réclamer. En 1246, le pape Innocent IV avait en Angleterre un légat, nommé maître Martin, qui cherchait depuis deux ans à recueillir des subsides pour le saint-siège, engagé dans une lutte formidable avec l'empereur d'Allemagne Frédéric II. Le roi Henri III, qui avait lui-même besoin d'argent, craignait d'appauvrir son royaume; exaspéré par les instances d'Innocent, il alla jusqu'à interdire provisoirement au clergé d'Angleterre de payer aucune taxe au légat (1). Il est vrai qu'il revint bientôt sur cette décision rigoureuse et accorda au pape la levée des six mille marcs que celui-ci réclamait. Quelle fut dans ces conjonctures l'attitude de Robert Grosse-Tête? Se prononça-t-il contre l'avidité des Italiens, contre les extorsions de la cour de Rome, ainsi qu'on pourrait le supposer

---

(1) Mathieu Paris, *Hist. major,* p. 707, 716; *Hist. minor,* fol. 140, r°, 2.

d'après le caractère et les sentiments que la tradition lui prête? Figura-t-il même à côté de ces prélats, faibles et indécis, que Mathieu Paris et d'autres historiens nous montrent remplis d'angoisses, incertains s'ils obéiront au pontife ou au prince? Nullement. Son attitude, son langage furent bien autrement tranchés; il prit la défense du pape, et ne craignit pas d'adresser au roi la lettre suivante, qui nous a été heureusement conservée (1) :

« Votre Seigneurie nous a écrit qu'elle s'était étonnée et émue que nous eussions formé le projet d'imposer aux religieux et aux autres membres du clergé de notre diocèse une taxe pour le service du pape. Votre Seigneurie sait qu'en cela nous n'avons point agi de notre propre autorité, et que nous n'avons pas été les seuls à donner un tel exemple, mais que nos vénérables frères dans l'épiscopat ont tenu la même conduite que nous, selon l'invitation qu'ils avaient reçue du légat du saint-père, maître Martin. Nous nous sommes les uns et les autres conformés aux ordres du souverain pontife, envers lequel la désobéissance est un péché de magie,

---

(1) *Epist.* cxix, p. 340 et s. : « Scripsit nobis reverenda dominatio vestra vos mirari non modicum et moveri super eo, quod tallagium de viris religiosis et clericis assidere et colligere ad opus domini papæ proponimus per nos ipsos. Noverit itaque vestræ sinceritatis discretio, quod nos nihil in hac parte per nos ipsos facimus, hoc est, nostra auctoritate, vel soli, cum venerabiles patres coepiscopi nostri id idem faciant, vel jam effectui mancipaverint, secundum formam a magistro Martino, domini papæ nuncio, dum adhuc in his partibus moram traheret, eisdem traditam : quos similiter ut nos ad id compellit summi pontificis auctoritas et præceptum, cui non obedire quasi peccatum est ariolandi et quasi scelus idololatriæ non adquiescere. Non igitur est admiratione dignum, quod coepiscopi nostri et nos in hac parte facimus : sed admiratione multa et indignatione quam plurima esset dignissimum, si etiam non rogati vel jussi aliquid hujus modi vel etiam majus non faceremus. Videmus enim patrem nostrum et matrem spirituales quibus incomparabiliter plus quam carnalibus tenemur ad honorem, obedientiam, reverentiam, et in suis necessitatibus omnimodam subventionem, exilio relegatos, persecutionibus et tribulationibus undique coangustatos, patrimonio suo spoliatos, de propria, unde, ut decet, sustententur, non habentes. Si igitur eis in tali statu existentibus non subveniamus, certum est quod mandatum domini de honorando parentes transgredimur; nec super terram longævi erimus, nec in filiis jucundabimur, nec in die orationis nostræ exaudiemur : timoremque Domini abjiciemus, et benedictionem ipsius nolumus, domosque filiorum infirmamus, nobis ipsis dedecori sumus, famam malam et maledictionem super nos accumulamus, sicut ex scripturæ testimoniis evidenter perpendere possumus. Non igitur regia clementia, quæ thronum firmat regium, inhibebit aut impediet filios patrem et matrem honorare volentes, sed magis hoc eorum propositum, ut regiam decet magnificentiam et magnanimitatem, laudabit, juvabit et promovebit usque ad consummationem. Sciat quoque pro certo vestra dominatio, quod quicumque vobis in hac parte aliud consulunt, honori regio non prospiciunt... »

et la rébellion un crime d'idolâtrie. Une pareille détermination de notre part n'a rien qui puisse étonner ; mais ce qui devrait surprendre au plus haut degré, ou pour mieux dire exciter une indignation profonde, ce serait que, même en l'absence de toute recommandation, nous eussions procédé autrement que nous ne l'avons fait. A l'égard de notre père et de notre mère spirituels, nous sommes tenus à plus de respect, à plus d'obéissance, à plus d'égards qu'envers nos parents charnels ; c'est un devoir pour nous de subvenir à leurs nécessités. Or nous les voyons exilés, persécutés, en butte à mille tribulations, dépouillés de leur patrimoine, ne possédant plus de quoi pourvoir par eux-mêmes à leur propre subsistance. Quand ils se trouvent réduits à une aussi déplorable condition, si nous ne leur venions pas en aide, nous violerions la loi de Dieu qui nous commande d'honorer nos parents : nous n'aurions pas à espérer de longs jours sur cette terre ; nous ne serions pas réjouis dans nos enfants, et nos prières ne seraient pas exaucées : nous repousserions loin de nous la crainte du Seigneur, et nous renoncerions volontairement à ses grâces : nous ébranlerions les maisons de nos fils, en attirant sur nous-mêmes la honte, l'opprobre et la malédiction, ainsi que chacun peut s'en convaincre par le témoignage des saintes Écritures. C'est pourquoi la clémence du roi, laquelle est le fondement de son trône, n'entravera pas et ne retiendra pas les enfants qui veulent honorer leur père ; mais bientôt, comme il convient à la magnanimité et à la majesté royale, elle approuvera leur dessein ; elle l'encouragera et le secondera. Que Votre Seigneurie en soit bien persuadée : ceux qui lui donnent d'autres conseils n'ont pas de souci de son honneur. »

Nous sommes loin, il faut en convenir, du ton amer et violent, des invectives outrageantes contre la cupidité italienne, que les historiens mettent dans la bouche de Robert Grosse-Tête et qui caractérisent quelques-uns de ses écrits supposés. L'évêque de Lincoln, dit Mathieu Paris (1), se montra ouvertement le censeur du pape, *domini papæ redargutor manifestus*, le contempteur et le marteau de Rome, *Romanorum malleus et contemptor*, et, tout au contraire, quand le fidèle prélat prend la plume, il n'ex-

---

(1) *Hist. major*, p. 876.

prime à l'égard de la papauté que les sentiments du fils le plus soumis et du champion le plus dévoué.

Il est vrai que Robert Grosse-Tête ne s'est pas toujours trouvé d'accord avec les légats du saint-siège en Angleterre, et que plus d'une fois il est resté sourd aux recommandations qui lui étaient faites en leur nom, comme il restait sourd aux recommandations du roi lui-même. Mais les refus qu'il oppose à des demandes inconsidérées ne trahissent aucun sentiment acrimonieux, aucune velléité de résistance haineuse et schismatique. Bien plus, il répudie nettement toute pensée de ce genre : il désavoue toute expression qui aurait paru blessante à ceux dont il a repoussé les sollicitations indiscrètes (1). Ainsi le cardinal et légat Othon avait, sans en prévenir Robert, disposé d'une prébende de l'Église de Lincoln, en faveur d'un clerc attaché à son service, maître Acton. Robert insista pour que cette nomination fût rapportée; mais en quels termes réclame-t-il? En reconnaissant que le pape a le droit de disposer de tous les bénéfices ecclésiastiques (2). Il constate seulement que l'exercice arbitraire de ce droit, sans l'avis préalable des évêques, avilit l'autorité épiscopale, expose à faire de mauvais choix, et engendre des scandales. Peu de temps après, le cardinal Othon eut à pourvoir un autre clerc, maître Thomas, fils du comte de Ferrare. Cette fois, il n'osa point nommer directement son candidat, et il se contenta de le recommander à l'évêque de Lincoln. Comme le candidat était jeune et sans instruction, le prélat, cédant à des scrupules de conscience, ne put se résoudre à lui confier une cure; mais il délégua ses pouvoirs au cardinal, et le laissa maître d'agir à son gré, en émettant l'avis qu'il serait opportun d'adjoindre un vicaire à maître Thomas, si celui-ci était nommé, et que néanmoins mieux vaudrait encore le décharger de toute fonction active, et lui laisser seulement une part dans les revenus de la paroisse, qui serait alors pour lui une sorte de bénéfice sans charge d'âmes (3).

---

(1) *Epist.* LXI, p. 187 . « Avertat a nobis Dominus ut quenquam, nedum vestram Sanctitatem nobis perpetuo carissimam malignitatis alicujus aculeo attemptemus contingere. »

(2) *Epist.* XLIX, p. 145 : « Scio et veraciter scio, domini papæ et sanctæ romanæ ecclesiæ hanc esse potestatem, ut de omnibus beneficiis ecclesiasticis libere possit ordinare. »

(3) *Epist.* LII, p. 151 et s. Cf. *Epist.* LXV, p. 194.

Les faits qui précèdent démontrent que la papauté n'eut pas un adversaire, ni même un censeur rude et acerbe en la personne de Robert Grosse-Tête, mais plutôt un ami fidèle et un serviteur. Elle reconnut elle-même la déférence et le dévouement du prélat en lui donnant les marques de bienveillance les moins équivoques. Ainsi, dans ses fréquents démêlés avec son clergé, son chapitre et les diocèses voisins, presque toujours il eut gain de cause en cour de Rome (1). Mathieu Paris prétend qu'il acheta ses succès à prix d'argent (2); nous aimons mieux croire qu'il les dut à son bon droit et à sa bonne renommée. Même en cette matière, alors si délicate, de la collation des bénéfices, il éprouva la satisfaction de voir les maximes qu'il avait constamment défendues triompher enfin des hésitations du saint-siège. Innocent IV en effet, au mois de mai 1252, promulgua une bulle par laquelle il convenait des mauvais choix arrachés à la cour de Rome par la brigue et les sollicitations, et restituait à l'autorité diocésaine et aux abbés des monastères le droit de pourvoir aux bénéfices ecclésiastiques, nonobstant toutes provisions accordées par le saint-père ou par ses légats (3). Cette bulle était un remède officiel, et, pourvu qu'elle fût suivie, efficace, aux abus contre lesquels Robert Grosse-Tête s'était élevé avec autant de fermeté que de modération. Elle rendait superflue toute protestation nouvelle, et dès lors elle achève d'enlever toute vraisemblance à l'acte d'énergique opposition qui aurait, dit-on, terminé la carrière de l'évêque de Lincoln. On pourrait objecter, en s'appuyant sur un passage des *Annales de Burton* (4), que la bulle d'Inno-

---

(1) Mathieu Paris cite plusieurs brefs du saint-siège, tous favorables à Robert Grosse-Tête, savoir : un bref du 23 août 1243 contre l'abbaye de Cantorbéry ; — un autre du 25 août 1245 contre le chapitre de l'évêché de Lincoln ; — un troisième, du 17 mai 1250, qui dessaisissait d'une partie de leurs revenus les religieux du diocèse — un dernier enfin du 25 septembre 1252, permettant à Robert d'établir des vicariats.

(2) Ad. ann. 1245, p. 688 : « Post multos labores et pecuniarum inæstimabilium effusiones. » — Ad ann. 1250, p. 772 : « Non sine maximæ pecuniæ effusione. »

(3) Mathieu Paris, ad ann. 1252, *Hist. major*, p. 846; *Hist. minor*, fol. 153 v°, 2 : « Tempore sub eodem concessit dominus papa iis qui dignitatibus gaudebant, et supra modum in partibus maxime transalpinis opprimebantur, ut rite de ipsis dignitatibus ipsi ad quos pertinebat electio, Deum habentes præ oculis ordinarent. »

(4) *Annales de Burton*, p. 314 : « Eodem tempore (ad ann. 1253) acceptis prædictis literis domini episcopi Lincolniæ et eisdem lectis et intellectis summus pontifex ar-

cent IV relative aux bénéfices ecclésiastiques n'appartient pas à l'année 1252, mais au mois de novembre 1253; qu'ainsi elle n'a pas précédé la réclamation suprême de l'évêque de Lincoln; que, loin de là, elle a été la réponse du pape à cette réclamation. Mais, outre que le témoignage anonyme de l'annaliste de Burton ne saurait infirmer l'indication si précise donnée par Mathieu Paris, les *Additamenta* qui complètent l'*Historia major* comprennent deux bulles d'Innocent IV touchant la collation des bénéfices (1) : l'une est en effet datée de Latran, le troisième jour des nones de novembre de la onzième année du pontificat d'Innocent (ce qui correspond au 3 novembre 1253); mais l'autre est datée de Pérouse, le dixième jour des calendes de juin, neuvième année du pontificat, ce qui nous reporte au 23 mai 1252. Mathieu Paris, en deux passages différents, se réfère tour à tour à l'une et à l'autre bulle; et il est si loin de considérer la plus récente comme une concession du saint-siège aux acerbes remontrances de Robert Grosse-Tête, qu'il nous montre, dès le paragraphe suivant, Innocent IV aveuglé par la colère, s'acharnant contre la dépouille du vénérable évêque de Lincoln, lequel lui apparaît en songe, lui reproche sa coupable conduite, et le laisse tout meurtri d'un coup de crosse au côté droit (2). Quant à cette dernière partie du récit, elle appartient au domaine de la légende, et nullement au domaine de l'histoire. Si elle prouve quelque chose, ce sont les sentiments personnels, les préventions et la crédulité de l'historien.

Nous venons de voir, d'après la correspondance de Robert Grosse-Tête, quels étaient ses sentiments et quelle fut sa conduite à l'égard du saint-siège. Il nous reste à toucher quelques mots de ses rapports avec les ordres religieux.

Il était pour son propre compte rigide observateur des lois canoniques, et il n'en tolérait pas la violation chez les autres. Il a dû par conséquent se montrer impitoyable contre le relâchement

---

chiepiscopis, episcopis et quibusdam abbatibus regni Angliæ xxx paria literarum vel amplius bullata sub hac forma transmisit... » Suit une bulle datée de Latran, iii non. de novembre, xi° année du pontificat d'Innocent IV.

(1) Pag. 184 et 191. Watas a interverti l'ordre de ces deux bulles. Il n'est pas inutile de faire remarquer que le texte de la bulle de 1252 est très certainement mutilé.

(2) Ad ann. 1254, p. 883.

et l'ignorance qui régnaient dans les vieux monastères. Sous ce rapport, sa conduite justifie pleinement les rancunes de Mathieu Paris, qui ne lui pardonne pas d'avoir rendu la vie très dure aux religieux. Cependant il n'était pas, comme on l'a prétendu, l'ennemi des moines, et nul au contraire n'attachait plus de prix aux services que les communautés monastiques peuvent rendre à l'Église, quand elles ne s'écartent pas de l'esprit de leur fondateur. A la voix de saint Dominique et de saint François d'Assise, les premières années du XIIIᵉ siècle avaient vu s'élever deux ordres nouveaux, dont l'ardente charité contrastait avec l'indolence et les vices de beaucoup d'autres ordres anciennement fondés. Robert Grosse-Tête prononce rarement le nom des Dominicains et des Franciscains, sans rendre hommage à leurs lumières, à leurs vertus, à leur dévouement. C'est dans les rangs de ces deux congrégations qu'il aimait à choisir ses coopérateurs et ses conseillers les plus intimes. Il existe plusieurs lettres de lui, adressées aux supérieurs, et par lesquelles il demande que quelques frères soient délégués près de lui pour l'assister dans le gouvernement de son diocèse (1). Il les veut surtout versés dans la connaissance du droit civil et du droit canon, afin qu'il puisse prendre confidentiellement leur avis dans les cas litigieux, rendus de jour en jour plus fréquents par la mobilité des lois et par la contrariété des jugements (2). Il n'approuvait pas les prélats qui redoutaient de voir les couvents se multiplier et se faire concurrence les uns aux autres. Telle était l'appréhension de l'évêque de Coventry et de Lichfield, Alexandre de Stavensby, qui, voyant les Franciscains à la veille de s'établir dans la ville de Chester, où les Dominicains avaient déjà un couvent, fit le plus mauvais accueil aux nouveaux venus. Robert Grosse-Tête se mit en devoir de rassurer et même de tancer vertement le prélat trop craintif :

« Votre Seigneurie, lui écrit-il (3), sait combien la présence des

(1) *Epist.* XIV, XV, XX, XXXI, XL, XLI, p. 59, 61, 71, 117, 131, 133.
(2) *Epist.* XV, p. 61 : « Addentes aliquem tertium de fratribus vestris, qui in juris civilis et canonici peritia fuerit probatus et exercitatus, cujus possum sano et incorrupto uti secretius consilio, in tot dubiis casibus incessanter emergentibus, in tanta jurisperitorum hominum secularium nutante et incerta varietate. »
(3) *Epist.* XXXIV, p. 121 : « Scit vestra discretio quam utilis est populo, cum quo habitant, Fratrum Minorum præsentia et cohabitatio, cum tam verbo prædicationis quam exemplo sanctæ cœlestisque conversationis et devotione jugis orationis continue

Frères Mineurs dans une localité est utile aux habitants. Leur prédication, l'exemple de leurs vertus, leurs prières sont une source de paix et de lumières : les évêques trouvent en eux des auxiliaires qui en grande partie les suppléent. Vous avez craint que l'arrivée des Frères Mineurs dans la ville de Chester ne nuisît aux Frères Prêcheurs, déjà établis dans cette ville, comme si les aumônes des habitants ne suffisaient pas à l'entretien de l'une et de l'autre communauté. Mais veuillez considérer combien cette appréhension est vaine, l'expérience démontrant que la présence simultanée de deux familles religieuses dans les mêmes lieux est pour toutes deux une cause de richesse et non d'indigence. L'aumône est comme une source vive qui répand ses eaux avec d'autant plus d'abondance qu'on y puise plus largement... Connaissant donc le fervent amour qui vous anime pour le bien, nous avons l'espoir qu'après y avoir réfléchi non seulement vous ne repousserez pas les Frères Mineurs, mais que vous les appellerez à vous et vous les adjoindrez comme auxiliaires. »

On peut juger, par les indications qui précèdent, que la physionomie de Robert Grosse-Tête, telle qu'elle ressort de l'étude de sa correspondance, n'est nullement celle que la tradition lui attribue. Si les lettres que nous avons citées sont authentiques, et leur authenticité n'est pas contestable, il est manifeste que les documents sur lesquels la tradition repose sont apocryphes; que les récits, en apparence inattaquables, qu'elle a recueillis et consacrés, sont mensongers. Vainement on croirait tout concilier en alléguant que les hommes changent, que l'évêque de Lincoln a changé comme tant d'autres, et que, sur la fin de ses jours, après avoir longtemps défendu le saint-siège, poussé à bout par les empiétements et les extorsions de la cour de Rome, il s'est re-

---

et indefesse portent pacem et patriam illuminent, suppleantque in hac parte, pro magna parte, defectum prælatorum. Si autem forte timuistis ad horam quod Fratrum Minorum apud Cestriam præsentia Fratribus Prædicatoribus ibidem degentibus obesset, quasi utrisque non foret sufficiens ad victum civium populique eleemosyna : advertat diligentius vestra discretio quam vana fuerit hujus timoris solicitudo, cum experientia compertum sit, quod utrorumque fratrum in eadem civitate cohabitatio neutris vergat in egestatem, sed utrisque in abundantiam. Eleemosyna enim est sicut fons vivus qui tanto copiosius fundit aquas, quanto uberius hauriuntur... Cum igitur in vobis semper abundaverit et abundet veri boni fervidus amor, speramus quod, perhibita deliberatione, dictos fratres non solum non repellet vestræ sanctitatis discretio, sed desideranter sibi adsciscet in adjutorium... »

tourné contre elle et a donné un libre essor aux sentiments qu'il avait contenus jusqu'alors. Quelle que soit la mobilité des opinions humaines, de tels changements ne se supposent pas; il faut, pour y croire, que la critique en trouve quelques traces dans le témoignage des contemporains. Or, nous ne lisons nulle part que Robert Grosse-Tête ait jamais varié de sentiments et d'attitude; qu'il ait figuré tour à tour dans des camps opposés, et que les impatiences et les colères de sa vieillesse aient démenti les convictions de sa vie.

Comment expliquer maintenant que Mathieu Paris, un contemporain de Robert Grosse-Tête, ait donné place dans son histoire à des faits controuvés, relatifs à un prélat qu'il avait connu, et dont il ne pouvait ignorer ni les sentiments ni les actes? Quelles que soient les préventions de l'historien, quelque partialité haineuse qu'il témoigne contre la cour de Rome, il est difficile de penser que, fût-ce pour nuire au pape, il eût osé mentir de propos délibéré et propager impudemment des fables dont il aurait été le premier auteur. Dirons-nous que ces fables sont des interpolations qui datent de la fin du XIIIe siècle et qui sont l'œuvre des continuateurs de Mathieu Paris? Cette conjecture n'aurait rien d'improbable si le *British Museum* ne possédait pas un exemplaire de l'*Historia minor*, écrit de la main même de l'auteur, et dans lequel sont reproduits, à peu près textuellement, la plupart des récits de l'*Historia major*. Mais l'existence même de cet exemplaire autographe ne suffit-elle pas pour écarter tout soupçon d'interpolation? Remarquons cependant que la partie de l'ouvrage que Mathieu Paris passe pour avoir lui-même transcrite s'arrête à l'année 1252, et qu'à dater du commencement de 1253 une autre main paraît avoir tenu la plume; de sorte que cette dernière partie, qui contient précisément les passages relatifs à Robert de Lincoln, n'a pas la même autorité que les précédentes. Remarquons aussi que la violente diatribe contre la cour de Rome, que l'*Historia major* attribue à Robert de Lincoln mourant, ne se retrouve pas dans l'*Historia minor*, soit que dans l'*Historia major* elle ait été ajoutée au texte original par l'infidélité de quelque copiste, soit que Mathieu Paris, après l'avoir admise d'abord, l'ait ensuite rejetée lui-même comme apocryphe. Quoi qu'il en soit, quand nous considérons les faits controuvés relatifs à Robert Grosse-Tête que retrace l'*Historia major* et même l'*Historia minor*, ce qui nous paraît le plus probable, c'est que le moine de Saint-Albans, implacable adversaire de la papauté, toujours prêt, en dépit de l'habit qu'il portait, à dénoncer la tyrannie et les abus de la cour de Rome, se sera rendu, sans le vouloir, le complice d'une fraude; c'est qué, abusé par d'injustes préventions, il aura trop légèrement accueilli des anecdotes suspectes qui flattaient ses rancunes, et des documents supposés que les ennemis du saint-siège faisaient courir sous le nom de l'évêque de Lincoln.

Dans plusieurs manuscrits sans doute, aussi bien que dans l'*Historia major*, la lettre au pape Innocent IV est attribuée à Robert Grosse-Tête; mais nous ne croyons pas être accusé de témérité en conjecturant que le copiste, sinon le rédacteur lui-même, de cette pièce apocryphe, l'aura placée sous un nom vénéré pour donner plus d'autorité aux plaintes qu'elle exprime. Nous en dirons autant du prétendu mémoire adressé au souverain pontife en 1250, et de la lettre écrite à la noblesse d'Angleterre et aux bourgeois de Londres. On sait que ces fausses attributions n'étaient pas rares au moyen âge; elles avaient lieu d'autant plus facilement qu'elles s'adressaient à des esprits crédules, et échappaient au contrôle de ceux qui auraient pu les rectifier. Une fois en circulation, elles acquéraient peu à peu la valeur d'une tradition à peine contestable. C'est ainsi, à notre avis, que les vertus épiscopales de l'évêque de Lincoln ont servi de thème à des récits sans vérité et à des lettres supposées, dans lesquelles la noble fermeté du prélat se trouve transformée en une résistance ouverte et presque factieuse au saint-siège. De là est née une tradition fausse qui date du moyen âge, que les disciples de Wiclef ont dû recueillir et propager, et dont l'expression la plus complète fut au XVI$^e$ siècle un poème sur Robert Grosse-Tête qui a été publié par Wharton. Au reste, il n'est pas facile en général de remonter à la source des erreurs historiques les mieux démontrées, ni de découvrir où elles ont pris naissance et comment elles se sont répandues. Un point demeure constant, c'est que les écrits contre la cour de Rome, attribués à Robert Grosse-Tête, aussi bien que les faits correspondants racontés dans l'*Historia major* et dans l'*Historia minor* sont en contradiction manifeste avec les opinions qui se font jour à chaque page de la correspondance authentique de l'évêque de Lincoln. La critique est donc en droit de rejeter ces écrits comme apocryphes, ces faits comme controuvés, dût l'autorité historique des deux ouvrages de Mathieu Paris en souffrir quelque peu. Tel était le seul point que nous nous fussions proposé d'établir dans les pages qui précèdent.

# UN OUVRAGE INÉDIT

DE

# GILLES DE ROME,

PRÉCEPTEUR DE PHILIPPE LE BEL,

EN FAVEUR DE LA PAPAUTÉ.

# UN OUVRAGE INÉDIT

DE

# GILLES DE ROME,

PRÉCEPTEUR DE PHILIPPE LE BEL,

## EN FAVEUR DE LA PAPAUTÉ.

---

Les annales de notre pays offrent peu d'événements plus considérables, par les questions qui s'y rattachent et par les suites qu'ils ont eues, que la querelle de Boniface VIII et de Philippe le Bel. Le clergé de France payera-t-il au roi, sans la permission du pape, les mêmes impôts que le reste de la nation? Enverra-t-il au pape, sans la permission du roi, de l'argent et d'autres subsides? Voilà le prétexte et l'origine du différend : le dogme et la discipline ecclésiastique n'y paraissent pas d'abord engagés.

Cependant le terrain de la dispute s'agrandit. Pour soutenir leurs prétentions réciproques, le pontife et le monarque invoquent les droits que leur donne l'éminence de leur dignité : le pontife soutient qu'il est le juge et le maître des rois; le roi répond qu'il n'a sur la terre, dans l'ordre temporel, d'autre supérieur que Dieu; une contestation purement fiscale à son point de départ se trouve ainsi transformée dans le cours de quelques mois en un débat de la portée la plus grave sur les fondements du pouvoir et sur la mission temporelle de l'Église dans la société catholique.

Ce n'était pas sans doute la première fois que l'autorité spirituelle et l'autorité civile donnaient à la chrétienté le triste spectacle de leurs discussions et de leurs luttes. Quel retentissement n'avaient pas eu les querelles du sacerdoce et de l'Empire depuis le pontificat de Grégoire VII, et ces sentences d'excommunication lancées contre les princes des différents États de l'Europe qui étaient signalés aux rigueurs du saint-siège par le scandale de leurs mœurs privées et par leurs crimes publics! Mais dans ces démêlés orageux et sanglants les droits rivaux qui se trouvaient aux prises n'avaient pas été clairement définis. Le souverain, qui résistait au pape, suivait son intérêt ou sa passion, sans s'inquiéter si sa résistance pouvait ou non être justifiée doctrinalement. Le pape, de son côté, montrait plus d'empressement à maintenir ou à ramener les princes temporels dans son obéissance qu'à énoncer, sous une forme générale et absolue, les maximes qui étaient le fondement théorique de sa suprématie. Mais, au temps de Boniface VIII et de Philippe le Bel, le conflit entre les deux puissances change de caractère et tend à devenir, sinon plus modéré, du moins plus savant : les universités y prennent une part aussi grande que les armées; de côté et d'autre, on se combat avec la plume et la parole autant qu'avec le glaive; la prérogative royale a ses apologistes comme la papauté a les siens; la question de la souveraineté, si longtemps négligée, apparaît dans toute sa gravité, et, résolue tour à tour dans le sens de l'autorité sacerdotale et dans celui de l'autorité laïque, elle soulève entre les théologiens et les juristes une controverse opiniâtre qui devait se continuer longtemps après que ses premiers acteurs auraient disparu de la scène.

Parmi les personnages que leurs antécédents, leur position élevée et leur mérite personnel appelaient à intervenir dans le débat, se trouvait l'archevêque de Bourges, Ægidius ou Gilles de Rome, nommé aussi Gilles Colonna. Italien par le lieu de sa naissance et par sa famille, il était entré, jeune encore, dans la communauté des Ermites de Saint-Augustin. Bien qu'il ne portât pas le même habit que saint Thomas d'Aquin, il suivit ses leçons pendant treize années, disent les historiens. Au sortir des mains de cet illustre maître, il s'élança lui-même dans la lice avec une vive ardeur et une hardiesse de sentiments qui paraît avoir ému l'autorité ecclésiastique; car il dut bientôt rétracter quelques-unes des opinions qu'il avait d'abord soutenues (1). Moins sévère envers

---

(1) Fleury, *Hist. ecclésiastique*, liv. LXXXIII, c. xviii.

lui que ses rivaux et ses juges, sa communauté le choisit pour provincial, et peu après, en 1287, elle lui donna le témoignage le plus éclatant de confiance et d'admiration en décidant que désormais sa doctrine serait seule suivie dans les maisons de l'ordre, dont tous les membres devaient s'engager à la recevoir et à l'enseigner.

Le renom que Gilles de Rome s'était acquis dans l'Université de Paris l'avait fait choisir par le roi de France Philippe le Hardi pour être le précepteur de son fils aîné, de celui qui dans la suite s'appela Philippe le Bel. Ce fut à la demande de son royal disciple qu'Ægidius composa le traité célèbre *du Gouvernement des princes, de Regimine principum*, dans lequel il trace le code détaillé des devoirs d'un souverain (1). En 1285, lorsque Philippe le Bel, élevé au trône par la mort récente de son père, fit son entrée dans Paris, nous retrouvons Ægidius aux portes de la ville, venant haranguer le nouveau roi au nom des maîtres de l'Université. Son discours nous a été conservé par les historiens; malgré les défauts dont il est semé, il respire un sentiment si vif de la justice, il renferme de si nobles pensées, qu'on oublie le ton un peu déclamatoire dans lequel il est écrit, pour ne songer qu'aux fortes maximes de cette admirable morale que l'Église s'efforçait de faire pénétrer dans le cœur des rois.

Après l'abdication de Célestin III, en 1294, lorsque Boniface VIII eut été désigné pour le remplacer, Gilles de Rome, alors général des Augustiniens, composa un traité *de Renuntiatione papæ* (2), dans lequel il soutenait, contre les adversaires du nouveau pontife, que les lois de l'Église n'interdisaient pas au pape de résigner ses fonctions; que, par la retraite volontaire de Célestin, le saint-siège était devenu vacant, et qu'ainsi le choix de son successeur était régulier et légitime. L'ouvrage ne fut accueilli nulle part avec plus de faveur qu'en Italie, à la cour de Boniface VIII dont l'élection était contestée par un nombreux parti. Voulant témoigner sa gratitude comme son estime au docte

---

(1) Le traité *de Regimine principum* est habilement analysé dans la thèse latine que M. Courdaveaux, professeur de rhétorique au lycée de Troyes, a soumise tout récemment à la Faculté de Paris et qui lui a mérité le titre de docteur.

(2) Ce traité a été publié par Roccaberti, au tome II de sa *Bibliotheca pontificia*, in-fol.

théologien, le souverain pontife le promut, en 1295, au siège de Bourges avec l'assentiment de Philippe le Bel, qui n'eut garde d'écarter son ancien précepteur. Gilles de Rome, porté par un double suffrage aux premiers honneurs de l'Église, quitta dès lors et sa communauté et l'école pour aller gouverner l'un des plus grands diocèses de France.

Il n'est pas téméraire de conjecturer que le différend survenu peu de temps après entre le pape et le roi de France causa une vive affliction à l'archevêque de Bourges et le jeta dans une grande perplexité. Théologien consommé, prélat éminent, aussi versé dans la pratique des affaires que dans les controverses scolastiques, ni son rang, ni ses antécédents, ni sa juste renommée ne lui permettaient de se tenir à l'écart. Mais quel parti prendrait-il dans le conflit douloureux qui allait diviser l'Église? Il se trouvait placé entre un prince dont il avait élevé la jeunesse, et un pontife dont il avait déjà soutenu les droits; il avait reçu de tous deux des bienfaits, et il ne pouvait se prononcer pour l'un ou pour l'autre sans paraître infidèle ou ingrat.

L'opinion la plus accréditée, c'est que Gilles de Rome embrassa le parti du roi et qu'il composa même en sa faveur un traité, dans la forme scolastique, sur les rapports des deux puissances, *de Utraque Potestate*. Ce traité est bien connu; il figure dans le recueil célèbre où Goldast a réuni tout ce qui a été écrit de plus fort contre la suprématie pontificale (1). Bossuet le cite sous le nom de l'archevêque de Bourges dans sa *Défense du clergé de France* (2). Tous les écrivains modernes que nous avons consultés ont plus ou moins fidèlement suivi la tradition. Parmi eux, un savant magistrat, historien du Berry, rattache notre personnage à la famille des Colonna, si tristement fameuse par leur hostilité et leurs violences contre Boniface VIII; il le représente comme animé des mêmes sentiments que toute sa parenté, et il semble attribuer à ce motif presque personnel et son attitude dans la querelle entre le pape et le roi, et la composition de l'opuscule recueilli par Goldast (3).

---

(1) *Monarchia sancti Romani imperii*, Francofordiæ, 1614, in-fol. t. II, p. 96 et 199.
(2) Lib. III, c. xxv, Œuv. compl., édit. de Versailles, t. XXXI, p. 685.
(3) Raynal, *Hist. du Berry*, Bourges, 1846, in-8°, t. II, p. 259 et 260. — Voyez aussi Rohrbacher, *Histoire univ. de l'Église*, 2º édit., t. XIX, p. 473.

Que cette conjecture soit ingénieuse et que la tradition qui l'a suggérée compte en sa faveur de graves autorités, nous n'éprouvons aucun embarras à l'avouer. Toutefois, en nous renfermant dans l'étude des documents contemporains, nous croyons être en mesure d'établir : 1° que le traité de *Utraque Potestate* n'est pas de Gilles de Rome; 2° que l'archevêque de Bourges, loin d'embrasser le parti du roi, se rangea du côté du saint-siège; 3° qu'il peut être considéré comme ayant inspiré, peut-être comme ayant rédigé la célèbre bulle *Unam sanctam*, qui causa une si vive émotion à la cour de Philippe le Bel, et contre laquelle les défenseurs de la prérogative royale se sont si souvent élevés.

Il y a dans le traité *de Utraque Potestate* un passage remarquable dont l'élévation contraste avec la sécheresse toute scolastique du reste de l'ouvrage : c'est celui où l'écrivain anonyme rappelle les grands exemples de vertus chrétiennes et de dévouement à l'Église donnés par la maison royale de France, et, invoquant les souvenirs du roi Louis IX que le pape venait de canoniser, place les droits de Philippe le Bel sous la protection de ce grand et saint monarque (1). J'ai peine à me persuader qu'un Italien se fût exprimé dans ces termes et que, pour louer des souverains dont il n'était pas le sujet, il eût trouvé des accents aussi pénétrés et aussi attendris. Il importerait du moins que l'authenticité du livre où se rencontre ce beau passage fût pleinement établie. Or, ni les plus anciens manuscrits ni les contemporains ne l'attribuent à Ægidius, tandis que les faits historiques les mieux constatés se réunissent pour démontrer le caractère apocryphe de la composition.

Lorsque le dissentiment entre le pape et le roi eut dégénéré en lutte ouverte, Boniface VIII publia une bulle portant commandement à tous les prélats de France, docteurs en théologie et autres, de se rendre auprès de lui pour aviser de concert aux moyens de réprimer les entreprises de l'autorité séculière contre les biens et les personnes ecclésiastiques, d'assurer la liberté de l'Église et de

---

(1) Goldast, l. I, p. 102 : « Probat bonitas vitæ, claritas famæ, devotionis fervor, sinceritas fidei christianæ, quæ semper in regibus nostris viguit et in regno, præ cæteris regibus et regnis hujus mundi... Dominus noster rex eodem titulo et eodem jure tenet regnum suum et possidet, quo tenuit beatus Ludovicus... Pro nobis respondeat beatus Ludovicus, respondeat ejus vita sanctissima, quam crebra miracula protestantur. »

réformer le royaume et le roi. Philippe le Bel, de son côté, fit convoquer à Paris une assemblée des états du royaume, la première où les députés de la bourgeoisie aient été admis, pour délibérer sur les mesures à prendre dans l'intérêt de la couronne. En même temps, voulant s'opposer à la réunion ordonnée par le saint-siège, il interdit, sous des peines sévères, à tous ecclésiastiques de se rendre en pays étranger.

Ces invitations et ces défenses contradictoires émanées de deux puissances, l'une et l'autre respectées et redoutées, placèrent le clergé dans une situation pleine d'embarras. Une partie, et ce ne fut pas la moins nombreuse, accourut à Paris porter au prince des protestations de fidélité et de dévouement; mais six abbés, trente-cinq évêques et quatre archevêques, bravant les menaces du pouvoir temporel, passèrent les monts et s'en vinrent offrir à Boniface VIII l'appui de leur autorité et de leur expérience. L'histoire a conservé les noms de ces courageux prélats, consignés dans les actes par lesquels le roi ordonnait la saisie de leurs biens (1). Or, parmi eux figure l'archevêque de Bourges, celui-là même qui passe pour s'être constitué l'apologiste officieux de la puissance royale. Et il faut bien que, dès l'origine de la querelle, Gilles de Rome n'ait pas caché ses véritables sentiments et que son attitude ait surpris et irrité profondément Philippe le Bel, car sa promotion à l'épiscopat fut l'un des griefs allégués contre Boniface VIII devant les états généraux. « Les bénéfices de l'Église de France, s'écriaient les orateurs du roi, sont livrés par le pape à des étrangers, à des Italiens qui en recueillent les revenus et qui appauvrissent le pays. » Bien que Gilles de Rome ne fût pas nommé, les cardinaux romains ne se trompèrent pas sur le sens de cette apostrophe, et dans les lettres qu'ils adressèrent tant aux députés de la noblesse qu'à ceux de la bourgeoisie, ils répondirent que les seuls Italiens pourvus de bénéfices en France étaient l'archevêque de Bourges et l'évêque d'Arras, qui ne pouvaient être suspects au prince et dont l'éminent savoir et les autres qualités étaient bien connus (2). Le cardinal de Porto, devant le consistoire qui se tint

---

(1) Dupuy, *Histoire du différend d'entre le pape Boniface VIII et Philippe le Bel, roy de France*, Paris, 1655, in-fol., p. 86.

(2) Voyez dans Dupuy la lettre des cardinaux aux barons du royaume, t. 1, p. 64 : « Nostræ quoque memoriæ non occurrit quod cathedralibus ecclesiis dicti regni provi-

à Rome, fit la même remarque, et il ajouta que le roi de France n'avait pas à se plaindre de pareils choix faits par le pape, puisque frère Ægidius, dont il s'agissait, avait été nommé et élevé dans son royaume. Ces apologies, dans lesquelles le nom de Gilles de Rome paraît seul à côté de celui de l'évêque d'Arras, ne permettent pas de douter que les invectives des défenseurs de la cause royale ne fussent dirigées contre lui (1). Vers 1301, Philippe le Bel traitait donc son ancien maître non pas comme un partisan sur le dévouement duquel il pût compter, mais comme un adversaire dont il avait tout à craindre. Ses appréhensions étaient sans doute fondées, puisque l'éminent archevêque avait quitté son diocèse pour se rendre auprès de Boniface VIII; mais Gilles de Rome aurait-il changé d'attitude et, ayant soutenu d'abord la cause du pape, aurait-il ensuite embrassé le parti du roi? Cette conjecture, il faut l'avouer, n'est rien moins que probable et, pour la justifier, de simples allégations ne suffiraient pas. Hâtons-nous d'ajouter, afin d'abréger la discussion, qu'elle est contredite ouvertement par un document très précieux, qui n'a pas encore vu le jour, mais dont l'authenticité n'est pas contestable.

Les historiens de l'ordre de Saint-Augustin, Gandolfo et Ossinger (2), parlent d'un traité manuscrit sur la puissance ecclésiastique, *de Ecclesiastica Potestate*, qui existe dans quelques bibliothèques d'Italie, sous le nom de Gilles de Rome. Gandolfo ajoute que si ce traité devait jamais être publié, il fournirait des arguments

---

derit (dom. pontifex) de personis italicis, nisi Bituricen. et Attrebaten. Ecclesiis, quibus de personis providit ipsis regi non suspectis et regno, quorum eminens scientia late patet, nec sunt conditiones eorum incognitæ. »

Les cardinaux tiennent le même langage aux maires et échevins, l. 1, p. 71 : « Qui quoque Dominus noster (Pontifex) de nullo archiepiscopo vel episcopo providit alicui cathedrali Ecclesiæ dicti regni, nisi de oriundis de ipso regno, Bituricen. Archiepiscopo et Attrebaten. Episcopo duntaxat exceptis, quorum eminens scientia late patet, et sunt notæ laudabiles conditiones eorum. »

(1) Dupuy, II, p. 76 : « Bene verum est quod summus Pontifex dominus noster posuit fratrem Ægidium de Roma de ordine Augustinorum, non insisto ad ejus commendationem, sed tamen vos scitis qualis clericus est, ipse est magister in theologia, et fuit nutritus et educatus in regno illo. »

(2) Gandolfo, *Dissertatio historica de ducentis celeberrimis Augustinianis scriptoribus*, Romæ, 1704, in-4°, p. 33; Ossinger, *Bibliotheca Augustiniana*, Ingolstadt, 1768, in-fol. Je pense que c'est le même ouvrage qui, dans un manuscrit du couvent des Augustiniens à Vérone, était intitulé, au témoignage d'Ossinger, *de Excellentia summi pontificis*.

décisifs à ceux qui regardent comme apocryphe l'opuscule mis au jour par Goldast (1). Nous n'avons pas exploré les richesses bibliographiques de l'Italie, mais la Bibliothèque nationale de Paris possède un volume in-4°, d'une écriture du XIV° siècle, provenant du fonds de Colbert, et inscrit à l'ancien catalogue des manuscrits latins sous le n° 4229, dans lequel se retrouve, avec un traité de Jacques de Viterbe et quelques autres opuscules sur des sujets analogues, l'ouvrage de l'archevêque de Bourges, *de Ecclesiastica Potestate*. Comme il est inédit, nous croyons utile, malgré la délicatesse de ces matières, d'en présenter rapidement l'analyse.

L'ouvrage est dédié au pape Boniface VIII. Bien que les formes de la dédicace ne s'écartent pas sensiblement du style usité, certaines nuances trahissent un sentiment particulier d'obéissance et de dévouement pour le saint-siège. Ainsi les expressions de maître et seigneur y sont plusieurs fois répétées avec un accent de filiale soumission. L'auteur, primat d'Aquitaine, archevêque de Bourges, se reconnaît, malgré les dignités dont il est revêtu, l'humble créature du pontife romain, *ejus humilis creatura* (2). La suite, comme on va le voir, ne dément pas ce modeste début.

L'archevêque de Bourges a partagé son livre en trois parties. La première partie, qui traite de l'autorité sacerdotale dans ses rapports avec le glaive matériel et l'autorité séculière, comprend neuf chapitres formant un peu plus de huit feuillets du manuscrit de la Bibliothèque nationale. Après un court prologue, où il dit que c'est un devoir pour tous les fidèles de bien connaître l'étendue de la puissance du saint-siège, l'auteur établit d'une manière générale que, par l'éminence et la sainteté de sa juridiction, le pontife de Rome peut être comparé à cet homme spirituel dont parle l'Apôtre, qui juge toutes personnes et toutes choses, sans avoir lui-même d'autre juge que Dieu; souverain arbitre de

---

(1) Gandolfo, *ibid.* : « Libri tres de Potestate ecclesiastica in uno volumine qui libri necessario impressioni tradendi sunt, ut melius ostendatur falsitas libri editi à Goldasto. »

(2) « Sanctissimo patri ac domino suo, domino singulari, domino Bonifacio, divina providentia sacrosanctæ romanæ ac universalis ecclesiæ summo pontifici, frater Egydius, ejus humilis creatura, eadem miseratione, Byturicensis archiepiscopus, Aquitaniæ primas... »

l'âme qu'il peut retrancher de la société des fidèles, il le devient par là de l'homme tout entier dont l'âme est la maîtresse partie. Ces principes posés, il s'agissait de les appliquer à l'autorité laïque. Mais déjà la question ne se trouvait-elle pas tranchée implicitement contre elle? Donc, suivant Gilles de Rome, il appartient à l'Église d'instituer les rois, et, quand ils gouvernent mal, de les juger. C'est à elle que le Seigneur s'adresse par la bouche de son prophète : « Je t'ai établi sur les nations et sur les royaumes, pour que tu les arraches de la terre et que tu les détruises, et que, les ayant dispersés, tu fondes et élèves de nouveaux empires. » Quatre faits démontrent la supériorité du sacerdoce : 1° la perception de la dîme par l'Église; 2° le privilège qu'elle a de bénir et de consacrer les puissances séculières; 3° le mode d'établissement de ces puissances, qui ont toutes reçu leur institution du pouvoir sacerdotal, à l'exception de quelques-unes qui furent un brigandage organisé; 4° le spectacle de l'univers, dans lequel nous voyons les corps grossiers régis par l'intelligence, comme les princes temporels doivent l'être par le souverain pontife. Ajoutons la priorité historique du sacerdoce, qui date du premier sacrifice offert à Dieu par Adam et Abel, et qui, par conséquent, a existé bien avant qu'il y eût des rois. Ainsi, à l'image de la nature humaine, qui se compose de deux substances et qui réclame une double nourriture, la société, pour se défendre, a deux glaives, l'un spirituel, l'autre temporel; et de même que l'esprit doit commander au corps, de même le glaive temporel doit être soumis au glaive spirituel. Ces deux glaives sont tous deux aux mains du pape, comme ils furent, sous l'ancienne loi, aux mains de Moïse et des grands prêtres; mais le pape n'en fait pas un égal usage. Tandis qu'il se réserve le glaive spirituel, il abandonne le temporel aux princes séculiers, pour qu'ils s'en servent à son ordre et sous son autorité. Toutefois la suprématie pontificale n'a pas à souffrir de ce partage, qui relève au contraire la dignité du sacerdoce; car il est conforme à la nature que les causes les plus élevées aient sous leur dépendance les causes inférieures qui leur servent d'intermédiaires et d'instruments pour réaliser la fin de leur opération.

Cet exposé rapide, mais fidèle, je crois, des matières développées par Gilles de Rome dans la première partie de son ouvrage, permet d'apprécier le caractère et l'intention du traité *de Ecclesiastica Potestate*. Mais si quelque doute subsistait encore sur l'étendue des prérogatives que le docte théologien reconnaît à la papauté, il serait facilement dissipé par l'analyse des quatorze chapitres de la seconde partie. L'auteur y traite du pouvoir de l'Église sur les biens temporels. Il commence par établir, et je ne pense pas que, de nos jours, il trouve sur ce point des contradicteurs, que la possession de ces biens n'est pas interdite au clergé par l'Ancien Testament ni par le Nouveau. Mais, comme on peut le présumer, il ne s'en tient pas à cette apologie de la propriété ecclésiastique. Dans son opinion, l'Église non seulement peut posséder, mais, en la personne du souverain pontife, elle a droit sur tout ce qui peut être l'objet d'une possession. Quelle est la destination des choses temporelles ? N'est-ce pas l'utilité du corps ? Et le corps n'est-il pas subordonné à l'âme, qui est elle-même soumise au souverain pontife ? Donc, en vertu de l'autorité même qui lui appartient sur l'âme, le souverain pontife a sous sa juridiction les choses temporelles ; nos âmes, nos corps et nos biens, tout relève également de lui. Alors même que cette dépendance n'existe pas en fait, méconnue qu'elle est par les passions des hommes, elle subsiste en droit ; elle constitue pour les fidèles une dette dont ils ne peuvent pas absolument s'affranchir (1). L'archevêque de Bourges corroborait cette conclusion par ses précédentes maximes sur les rapports des deux puissances. En effet, si le pouvoir séculier, qui a le soin des affaires temporelles, doit rester soumis à l'autorité supérieure du sacerdoce, n'est-on pas amené par la force des choses à reconnaître que la compétence du sacerdoce embrasse même le temporel, qu'il dispose de tous les éléments et de toutes les forces de la société civile, et que c'est un devoir pour les souverains de tout régler dans leurs États selon ses vues et pour son service, l'armée, les finances, la législation, l'ordre judiciaire, la constitution politique du pays ? « Il est évident, s'écrie Gilles de Rome, que l'art de gouverner les peuples consiste à les coordonner aux lois de l'Église, comme la matière est coor-

---

(1) P. II, c. IV, fol. 14, v° : « Patet quod omnia temporalia sunt sub dominio Ecclesiæ collocata, et si non de facto, quoniam multi forte huic juri rebellantur, de jure tamen et ex debito temporalia summo pontifici sunt subjecta, a quo jure et à quo debito nullatenus possunt absolvi. »

donnée à la forme (1). » Cette formule paraîtra sans doute bien excessive à la plupart de nos lecteurs, et cependant elle n'est pas encore le dernier mot de l'archevêque de Bourges; elle n'exprime pas les dernières conséquences de ses principes. Telle est, suivant lui, l'étendue de la puissance ecclésiastique, qu'elle comprend même les propriétés privées, et que, par exemple, le possesseur d'un champ ou d'une vigne ne peut pas les posséder justement, s'il ne les possède sous l'autorité de l'Église et de par l'Église (2). L'enfant qui a recueilli la succession paternelle est moins redevable à son père qu'à l'Église; car si son père l'a engendré selon la chair, l'Église l'a régénéré selon l'esprit, et autant l'esprit l'emporte sur la chair, autant les droits que sa régénération spirituelle lui confère l'emportent sur ceux qu'il tient de sa génération charnelle. Sans le baptême et sans les sacrements, que sommes-nous, sinon des esclaves du péché, des créatures rebelles à qui cette désobéissance a enlevé toute espèce de droits non seulement sur les biens de l'éternité, mais encore sur ceux de la vie présente? L'Église seule, en nous réconciliant avec Dieu, nous fait recouvrer ce que nous avons perdu, et légitime en nos mains les possessions qui composaient l'héritage de nos pères (3). Mais quoi! les infidèles qui n'ont pas été régénérés par le baptême,

---

(1) C. VI. fol. 18, v° : « Patet ergo, quod terrena potestas et ars gubernandi populum secundum terrenam potestatem, est ars disponens materiam ad dispositionem ecclesiasticæ potestatis. Ipsa terrena potestas debet sic esse subjecta potestati ecclesiasticæ, ut seipsam et omnia organa et instrumenta sua ordinet ad obsequium et ad nutum spiritualis potestatis, et quoniam organa et instrumenta potestatis terrenæ sunt civilis potestas, arma bellica, bona temporalia quæ habet, leges et constitutiones quas condit, ideo seipsam et omnia hæc tanquam ejus organa et instrumenta ordinare debet ad obsequium et voluntatem ecclesiasticæ potestatis. »

(2) Cap. VI, fol. 20, r° : « His ergo declaratis, volumus descendere ad propositum et ostendere quod nullum sit dominium cum justitia, nec rerum temporalium, nec personarum laïcarum, nec quorumcumque quod non sit sub Ecclesia et per Ecclesiam, ut agrum, vel vineam, vel quodcumque quod habet hic homo, vel ille, non possit habere cum justitia, nisi habeat id sub Ecclesia et per Ecclesiam. »

(3) *Ibid.*, fol. 20, r° : « Vides ergo quod ad justam et dignam possessionem rerum plus facit regeneratio per Ecclesiam quæ est spiritualis, quam generatio prima quæ fuit carnalis. » Fol. 20, v° : « Magis es dominus possessionis tuæ et cujuscumque rei quam habes, quoniam es Ecclesiæ filius spiritualis, quam quoniam es filius patris carnalis. » Cap. IX, fol. 23, v° : « Quilibet fideles quoties in peccatum mortale labuntur et per Ecclesiam absolvuntur, toties omnia bona sua, omnes honores, omnes potestates et facultates suas debent recognoscere ab Ecclesia, per quam absoluti, facti sunt talibus digni quibus, cum peccato serviebant, erant indigni. »

les chrétiens eux-mêmes qui n'ont pas été purifiés de leurs fautes par la pénitence, tous ceux qui vivent en dehors de l'Église, ne sont-ils pas, malgré leurs souillures, les justes propriétaires des biens qu'ils possèdent? Non, répond Gilles de Rome; cette possession en leurs mains n'est pas légitime; elle a lieu contre la vérité et le droit. Tout ce que nous avons, nous l'avons reçu de Dieu; si nous ne l'employons pas pour la gloire de Dieu, si nous nous élevons contre l'Église de Dieu, nous ne sommes que des dépositaires déloyaux et d'iniques détenteurs des dons de la Providence (1).

Je ne sais si Gilles de Rome avait en vue ces étranges maximes, si dures, si outrées, si capables d'effrayer et d'irriter les esprits, lorsque, dans le prologue de son ouvrage, par une précaution oratoire sans doute bien nécessaire, il conjurait ses lecteurs d'attendre, pour le juger, qu'ils eussent achevé de le lire entièrement. Quoi qu'il en soit, dans une troisième partie, qui n'était ni la moins difficile à composer, ni la moins importante, il tempère la rigueur de sa doctrine sur la primauté du sacerdoce, et essaie d'établir qu'elle n'altère pas la notion et ne compromet pas les droits de l'autorité civile.

Quelle est la mission de l'Église? C'est le salut des âmes. Il est donc juste qu'elle intervienne toutes les fois que ce grand intérêt, confié à sa garde particulière, se trouve menacé ou compromis; et comme il arrive souvent que la recherche des biens temporels le met en péril, elle est naturellement appelée à connaître, comme le magistrat séculier et avec une autorité supérieure à la sienne, des questions qui se rattachent à la possession de ces biens. Cependant, quelque préjudice moral que les jouissances terrestres nous causent en nous détournant de nos fins éternelles, il est certain que les richesses, les fruits de la terre et les autres biens matériels sont spécialement destinés à l'entretien de notre corps, et qu'ils ne concernent notre âme que d'une manière très indirecte. Conséquemment, pris en eux-mêmes, ils tombent sous

---

(1) Cap. xi, fol. 26, v° : « Volumus ad ipsam possessionem, et dominium et potestatem infidelium nos convertere, ostendentes quod nullam possessionem, nullum dominium, nullam potestatem possunt infideles habere vere et cum justitia. » *Ibid.*, fol. 27, r° : « A Deo habemus res temporales et dominia et potestates, quoniam non est potestas, nisi a Deo : quanto ergo magis hæc omnia habemus a Deo, tanto sumus magis injusti possessores, si inde non servimus Deo. »

la juridiction immédiate de la puissance civile, à qui le soin de tout ce qui regarde le corps est dévolu. C'est à cette puissance qu'il appartient de prononcer sur les différends dont ils sont l'objet parmi les hommes, et par exemple c'est elle qui doit régler l'ordre des successions; l'Église en ce cas a seulement une compétence lointaine, et comme un droit de contrôle inhérent à son caractère sacré (1). Le partage entre la propriété ecclésiastique et la propriété civile s'opère d'après des principes analogues. L'Église perçoit la dîme, les offrandes et les autres revenus appartenant aux institutions religieuses; elle a, en outre, sur toute espèce de biens, un droit primitif, supérieur et général, en vertu duquel elle consacre les possessions individuelles. Mais cette primauté du sacerdoce n'anéantit pas la propriété du souverain temporel, qui conserve toute latitude pour retirer de ses domaines et obtenir de son peuple les ressources nécessaires au bien de l'État. Ainsi tout ce qui est à l'Église, c'est-à-dire à Dieu, est rendu à Dieu, et tout ce qui appartient à César est laissé à César (2). Gilles de Rome ajoute que le souverain pontife doit user avec modération de l'autorité qui lui est confiée, ne pas s'en servir pour porter le trouble dans les États, ne pas intervenir à tout propos dans leurs affaires; aussi longtemps que l'intérêt spirituel n'est pas engagé, la raison veut qu'à l'exemple de la Providence, qui laisse agir les causes secondes, il laisse les princes gouverner leurs peuples selon qu'ils l'entendent (3). Toutefois, comme la pensée dominante de l'ouvrage

---

(1) Part. III, cap. v, fol. 47, v° : « Nisi immineat spiritualis casus, si agatur de temporalibus, ut temporalia sunt et ut sunt in sustamentum corporum nostrorum, spectabit ad judicem civilem et ad potestatem terrenam de ipsis temporalibus judicare secundum immediatam executionem... Sed si agatur de temporalibus, ut sunt in malum et in damnationem animarum nostrarum, consequens erit quod Ecclesia habeat super temporalibus juridictionem non solum superiorem et primariam, sed et immediatam et executoriam. »

(2) P. III, cap. xi, fol. 55, v° : « Aliter erunt (res) sub Ecclesia et aliter sub eo (domino temporali) erunt. Sub Ecclesia erunt tanquam sub ea quæ habet dominium superius et primarium, quod dominium est principale et universale; sed erunt sub domino temporali tanquam sub domino qui habet dominium inferius et secundarium, immediatum et executorium. Ex hoc autem dominio superiori, debentur Ecclesiæ de omnibus temporalibus decimæ et oblationes; ex dominio vero inferiori et secundario, debentur potestatibus terrenis et temporalibus dominis de ipsis temporalibus rebus aliæ utilitates et alia emolumenta quæ proveniunt ex temporalibus rebus... In temporalibus, suum jus habet Ecclesia et suum jus habet Cesar. »

(3) Part. III, cap. ii, fol. 43.

est celle de la suprématie pontificale, il a pour conclusion un chapitre dans lequel le pieux écrivain exalte une dernière fois la puissance de l'Église et déclare qu'il est impossible d'en calculer et d'en mesurer l'étendue : *Quod in Ecclesia est tanta potestatis plenitudo quod ejus posse est sine pondere, numero et mensura.*

Nous avons reproduit, aussi exactement que nous pouvions, le fond de la doctrine du traité *de Ecclesiastica Potestate*, sans nous attacher à en suivre les développements chapitre par chapitre, car elle peut se ramener à un petit nombre d'idées principales qui reparaissent pour ainsi dire à chaque page, non sans amener, même dans la forme, d'assez fréquentes répétitions pour lesquelles l'auteur lui-même demande grâce. A peine est-il nécessaire de constater que jamais la puissance pontificale n'a eu de défenseur plus énergique et plus sincère. Si d'autres sont allés aussi loin que Gilles de Rome dans la déduction des prérogatives temporelles du saint-siège, certainement personne n'a poussé plus avant. La modération du langage forme un singulier contraste avec l'inflexible rigueur du système; les maximes les plus absolues, qui supposent une conviction ardente, sont exprimées avec calme et sérénité, sans que nulle part une invective contre l'autorité laïque trahisse la passion.

Mais ce qui fait à nos yeux le principal intérêt historique du traité que nous venons d'analyser, c'est l'analogie frappante des doctrines qui y sont exposées avec quelques-unes de celles qu'à la même époque la cour de Rome cherchait à faire prévaloir. Il existe trois bulles de Boniface VIII dans lesquelles la redoutable question des rapports de l'autorité civile et de l'autorité spirituelle se trouve posée résolument. Ce sont les bulles *Clericis laïcos*, du mois de septembre 1296; *Ausculta fili*, du 5 décembre 1301, et *Unam sanctam*, du mois de novembre 1302. Quel est le sens de ces actes célèbres? Tout le monde le sait; ils sont l'affirmation la plus éclatante des immunités de l'Église et de sa suprématie même temporelle vis-à-vis du pouvoir civil. La bulle *Clericis laïcos* conteste au roi la faculté d'imposer le clergé et frappe d'excommunication tous prélats et ecclésiastiques, réguliers ou séculiers, qui, sans l'expresse autorisation du saint-siège, payeraient aux laïques la dîme, ou toute autre partie de leurs revenus, ou une contribution quelconque. Dans sa bulle *Ausculta fili*, que Philippe le Roi fit brûler à Paris, le pape déclare que Dieu l'a établi sur les rois et les royaumes pour arracher, détruire, perdre, dissiper, édifier et planter au nom de Jésus-Christ et par sa doctrine. Enfin la bulle *Unam sanctam*, plus précise et plus absolue encore, enseigne que le pouvoir appartient sur la terre à l'Église, qu'elle est la maîtresse et l'arbitre des rois; que la puissance du glaive n'a été remise aux princes que pour s'en servir suivant l'ordre et la permission du souverain pontife. Ne sont-ce pas là exactement les maximes que nous venons de retrouver dans le traité *de Ecclesiastica Potestate?*

Mais l'analogie ne s'arrête pas au fond des doctrines, elle s'étend à leur expression. Ayant rapproché le texte de la bulle *Unam sanctam* et celui de l'ouvrage de l'archevêque de Bourges, nous avons retrouvé presque mot à mot dans notre manuscrit toutes les phrases principales de l'acte pontifical. Quelques citations sont ici nécessaires pour bien faire comprendre l'étendue et la portée de ces ressemblances.

Après avoir rappelé que dans l'Église de Jésus-Christ il ne doit y avoir qu'un troupeau et qu'un pasteur, Boniface VIII enseigne que l'Église possède deux glaives, le spirituel et le temporel; l'un qu'elle emploie elle-même, l'autre qui doit être employé à son service et suivant ses ordres, par les rois et par les guerriers. Puis il continue en ces termes :

« Oportet autem gladium esse sub gladio, et temporalem auctoritatem spirituali subjici potestati. Nam cum dicat Apostolus : Non est potestas nisi a Deo; quæ autem sunt, a Deo ordinata sunt : non autem ordinata essent, nisi gladius esset sub gladio, et tanquam inferior reduceretur per alium in suprema. Nam secundum beatum Dionysium, lex divinitatis est, infima per media in suprema reduci. Non ergo secundum ordinem universi, omnia æque ac immediate, sed infima per media, et inferiora per superiora ad ordinem reducantur. »

Voici maintenant en quels termes s'exprime Gilles de Rome, au chapitre III du livre I<sup>er</sup> :

« Non est potestas nisi a Deo; sed et omnis habet ordinata esse, quoniam, ut tangebamus, quæ sunt a Deo oportet ordinata esse. Non essent autem ordinata, nisi unus gladius reduceretur per alterum et nisi unus esset sub alio. Quoniam, ut dictum est per

Dionysium, hoc requirit lex divinitatis quam Deus dedit universis rebus creatis et hoc requirit ordo universi, id est universarum rerum creatarum, ut non omnia æque immediate reducantur in suprema, sed infima per media et inferiora per superiora. Gladius ergo temporalis tanquam inferior reducendus est per spiritualem tanquam per superiorem, et unus ordinandus est sub altero, tanquam inferior sub superiori. »

Boniface VIII poursuit la comparaison des deux puissances temporelle et spirituelle :

« Spiritualem autem, et dignitate, et nobilitate, terrenam quam libet præcellere potestatem oportet tanto nos clarius fateri, quanto spiritualia temporalia antecellunt. Quod etiam ex decimarum datione, et benedictione et sanctificatione, ex ipsius potestatis acceptione, ex ipsarum rerum gubernatione, claris oculis intuemur. »

Gilles de Rome tient à peu près le même langage, dans son chapitre IV :

« Quod sacerdotalis potestas dignitate et nobilitate præcedat potestatem regiam et terrenam, apud sapientes dubium esse non potest : quod possumus quidem declarare primo, ex decimarum datione; secundo, ex benedictione et sanctificatione; tertio, ex ipsius potestatis acceptione; quarto, ex ipsarum rerum gubernatione. »

La conséquence des maximes précédentes, c'est évidemment que la puissance spirituelle a le droit de juger la temporelle; aussi Boniface VIII réclame-t-il sans détour cette prérogative :

« Ergo si deviat terrena potestas, judicabitur a potestate spirituali; sed si deviat spiritualis, minor a suo superiori; si vero suprema, a solo Deo, non ab homine poterit judicari. »

Mais que dit Gilles de Rome sur ce même sujet?

« Si deviat ergo terrena, judicabitur a potestate spirituali, tanquam a suo superiori; sed si deviat potestas spiritualis et potissime potestas summi pontificis, a solo Domino poterit judicari. »

Nous aurions pu multiplier ces rapprochements; mais ceux qui précèdent suffisent pour démontrer d'une manière péremptoire la conformité qui existe, dans le fond comme dans la forme, entre l'acte le plus célèbre de Boniface VIII et le traité inédit de Gilles de Rome. En remontant au delà du XIIIe siècle, on retrouverait une doctrine et même des expressions entièrement semblables chez plusieurs écrivains ecclésiastiques, par exemple, chez saint Bernard et chez Hugues de Saint-Victor, mais il resterait toujours à expliquer l'étrange coïncidence qui a permis que ces expressions fussent empruntées à la même époque et pour ainsi dire au même moment par la main qui a écrit la bulle *Unam sanctam* et par l'archevêque de Bourges. Est-ce la bulle pontificale à qui la priorité appartient, et dont le texte aurait passé, par un plagiat bien excusable, dans l'ouvrage de l'illustre théologien ? Cet ouvrage, au contraire, serait-il le premier en date, et aurait-il satisfait à ce point le rédacteur anonyme de la bulle, que celui-ci se serait contenté d'en extraire les passages les plus saillants et de les coordonner au moyen de transitions ? Ce qui ne semble pas douteux, après les citations que nous avons données de ces deux manifestes en faveur de l'autorité pontificale, c'est que l'un a servi pour composer l'autre, quel que soit d'ailleurs le modèle et quelle que soit la copie. Ne pouvons-nous pas supposer qu'ils sont sortis tous deux de la même main, et que, dans cette controverse périlleuse avec un puissant monarque dont la papauté affrontait la colère, elle avait trouvé, pour exposer et pour défendre ses prétentions, la plume savante et exercée du prélat français ? Les historiens (1) s'accordent pour regarder la décrétale *Unam sanctam* comme l'œuvre du concile qui se tint à Rome au mois d'octobre 1302. Or, Gilles de Rome, nous l'avons vu, avait quitté son diocèse, malgré les ordres du roi, pour se rendre à cette assemblée. Tout porte à croire qu'il passa quelque temps en Italie; car, au mois de décembre de l'année suivante, il n'était pas encore de retour dans sa ville épiscopale, lorsque le chapitre de la cathédrale et plusieurs religieux appartenant à différentes communautés se réunirent, sur la demande d'un envoyé de Philippe le Bel, afin d'adhérer à tout ce que le roi avait arrêté (2). Partisan courageux de Boniface VIII, théologien illustre, homme d'expérience autant que de savoir, n'était-il pas au nombre de ceux sur qui la papauté devait se reposer le plus naturellement du soin de défendre sa suprématie ? Nous li-

(1) Fleury, *Hist. ecclés.*, liv. XC, ch. xviii.
(2) Dupuy, t. I, p. 176 et suiv.

vrons à nos lecteurs cette conjecture, que nous ne serions pas en mesure de démontrer directement, mais qui nous paraît s'accorder assez bien avec l'ensemble des faits jusqu'ici connus.

On connaît la fin prématurée de Boniface VIII, tué par le chagrin, à la suite des scènes violentes dont la ville d'Anagni avait été le théâtre. On sait aussi les changements qui suivirent cette mort inattendue, et la nouvelle attitude que prit la papauté sous Benoît XI, mais principalement sous Clément V. Le roi de France l'emporta, les excommunications qui avaient été lancées contre lui et les siens furent levées; la bulle *Clericis laïcos* fut retirée; la bulle *Unam sanctam* expliquée dans un sens favorable au pouvoir royal. Clément V déclarait, à la vérité, qu'il n'entendait pas innover, mais laisser les choses en l'état où elles avaient toujours été; d'où l'on pouvait conclure qu'il ne renonçait pas entièrement aux anciennes prétentions du saint-siège sur le temporel des couronnes; mais cette réserve implicite, que les canonistes ont relevée plus tard, frappa beaucoup moins les esprits que les marques éclatantes de faveur que le pape prodiguait au roi de France, et qui furent regardées, par les amis et les ennemis de ce prince, comme le triomphe de sa politique. Dans cette situation, il n'est pas surprenant que les ouvrages composés pour la défense de la suprématie pontificale aient été laissés dans l'ombre. Si le vainqueur avait intérêt à en effacer le souvenir, le parti vaincu pouvait à peine, sans protester par une voie détournée contre sa défaite, en multiplier les copies et les produire au grand jour. Le traité de l'archevêque de Bourges sur la puissance ecclésiastique partagea le sort de celui de Jacques de Viterbe, composé pour la défense de la même cause (1), et qui,

---

(1) L'ouvrage de Jacques de Viterbe est dédié, comme celui de Gilles de Rome, à Boniface VIII, et fait également partie du manuscrit que nous avons eu sous les yeux. En voici le début : « Sanctissimo in Christo patri ac reverendissimo domino Bonifacio divina providentia sacrosanctæ ac universalis ecclesiæ pontifici summo frater Jacobus de Viterbio, ordinis Heremitarum sancti Augustini, theologicæ facultatis professor licet inutilis, cum summa devotione, obedientia et reverentia devota pedum oscula beatorum. Opusculum subditum de regimine christiano quod aggredi me induxit filialis devotio ad sacrosanctam matrem Ecclesiam atque sedem apostolicam cui pastor et regum terræ sacer princeps, disponente Altissimo, præsidetis consideravi nulli esse dignius offerendum quam vestræ sanctæ Paternitati quæ ad libertatem ecclesiastici regiminis et exaltationem catholicæ veritatis prudenter et flagranter invigilat... »

étouffé dès son apparition, est resté inédit, malgré son mérite incontestable, tandis que des productions beaucoup moins savantes obtenaient les honneurs de la publicité. Gilles de Rome est cité, par l'apologiste de Bellarmin, parmi les défenseurs du pouvoir temporel du pape (1); mais son livre était si peu répandu, le rôle qu'il a joué si mal apprécié, que l'opuscule *de Utraque Potestate*, de tout point si contraire à ses véritables sentiments, avait pu paraître sous son nom dans le recueil de Goldast, et avait été accepté comme authentique par Bossuet. Peut-être n'était-il pas sans intérêt de signaler cette erreur, de mettre en lumière un ouvrage important, et d'éclairer une partie peu connue de la carrière politique de cet illustre archevêque de Bourges, la gloire de l'ordre de Saint-Augustin, et l'une des plus grandes figures de l'Université de Paris et de l'épiscopat français.

Afin de compléter l'analyse que nous avons donnée de l'ouvrage de Gilles de Rome sur la puissance ecclésiastique, nous reproduirons ici la dédicace et l'intitulé des chapitres de tout l'ouvrage. A défaut de citations plus étendues, cette table des matières permettra de mieux apprécier le caractère et le plan de la composition.

Sanctissimo patri ac domino suo, domino singulari, domino Bonifacio, divina providentia sacrosanctæ romanæ ac universalis Ecclesiæ

---

(1) Voy. *Apologia pro illustr. Card. Bellarmino*, auct. Ad. Schulkenio ap. Roccaberti *Biblioth. pontific.*, tom. II, p. 12. Nous citerons comme exemple, dans un sens tout différent, quelques pages très curieuses d'un ouvrage du commencement du quatorzième siècle, que M. Natalis de Wailly, a retrouvé (*Mém. de l'Acad. des Inscriptions et Belles-Lettres*, t. XVIII, p. 435 et suiv.) et qui paraît devoir être attribué à Pierre du Bois, avocat royal au bailliage de Coutances, qui siégea dans les assemblées des états sous le règne de Philippe le Bel. Cet ouvrage est intitulé *Summaria brevis et compendiosa doctrina felicis expeditionis et abbreviationis guerrarum ac litium regni Francorum*. L'auteur se propose d'établir que les papes ne sont pas aptes à exercer la puissance temporelle. Pardonner, vaquer à la lecture et à l'oraison, prêcher, rendre au nom de l'Église des jugements équitables, rappeler à la paix et à la concorde les princes catholiques et les y maintenir, afin de pouvoir rendre à Dieu les âmes qui leur sont confiées, voilà la véritable mission du vicaire de Jésus-Christ, mission purement spirituelle dont il est détourné par le soin de gouverner ses États, sans qu'il réussisse à réprimer l'orgueil, les rébellions et les complots de ses coupables sujets. La conclusion que tire l'auteur est que le parti le plus avantageux pour le pape serait de céder le patrimoine de l'Église au roi de France, moyennant une redevance annuelle égale aux impôts qu'il percevait (l. 1, p. 443 et 444).

summo pontifici, Frater Ægydius, ejus humilis creatura, eadem miseratione Byturicensis archiepiscopus, Aquitaniæ primas, cum omni subjectione seipsum ad pedum oscula beatorum infra scriptam compilationem de ecclesiastica potestate eisdem beatis pedibus humiliter offerentem.

Fol. 1, r°. — Incipiunt capitula primæ partis præsentis libri de ecclesiastica potestate, in qua tractatur de potestate summi pontificis respectu materialis gladii et respectu potentiæ secularis.

*Ibid.* — Capitulum primum. In quo est prologus hujus libri declarans quod, ne ignoremur a Domino, non debemus summi pontificis potentiam ignorare.

*Ibid.*, v°. — Capit. II. Quod summus pontifex est tantæ potestatis quantæ es: ille spiritualis homo qui judicat omnia, et ipse a nemine judicatur.

Fol. 2, r°. — Capit. III (1). Quod summus pontifex est tantæ potestatis quod est illa potestas cui omnis anima debet esse subjecta.

Fol. 3, r°. — Capit. IV. Quod spiritualis potestas instituere habet terrenam potestatem, et si terrena potestas bona non fuerit, spiritualis potestas eam poterit judicare.

*Ibid.*, v°. — Capit. V. In quo adducuntur ix rationes quod sacerdotalis potestas sublimior et dignior est omni regia potestate.

Fol. 4, v°. — Capit. VI. Quod sacerdotalis potestas non solum dignitate, sed tempore prior est regia potestate.

Fol. 6, r°. — Capit. VII. Quod sicut in homine est duplex substantia, corpus et spiritus, et sicut est dare duplicem cibum, corporalem et spiritualem, sic est ponere duplicem gladium, quorum unus alteri debet esse subjectus.

Fol. 7, v°. — Capit. VIII. Quomodo hii duo gladii in una et eadem persona, videlicet in summo pontifice per quamdam excellentiam reservantur.

Fol. 8, v°. — Quod decet Ecclesiam habere materialem gladium non ad usum, sed ad nutum, et quod sic habere hunc gladium est majoris perfectionis et excellentiæ potioris.

Fol. 9, v°. — Incipit secunda pars hujus operis ubi agitur de Ecclesiæ potestate quantum ad hæc temporalia quæ videmus.

(1) Dans le corps du volume, le chapitre III porte le numéro 2; cette erreur qui se reproduit de chapitre en chapitre jusqu'à la fin de la première partie, n'existe pas dans la table qui se lit au commencement de l'ouvrage.

Fol. 9, v°. — Capitulum primum. Quod liceat Ecclesiæ et generaliter clericis habere temporalia.

Fol. 10, v°. — Capit. II. In quo solvuntur dicta Evangelii quæ videntur nostro proposito contraria, quod non liceat clericis temporalia aliqua possidere.

Fol. 12, r°. — Capit. III. In quo solvuntur dicta et auctoritates Veteris Testamenti, quod non liceat clericis temporalia possidere.

Fol. 13, r°. — Capit. IV. Quod omnia temporalia sub dominio et potestate Ecclesiæ et potissime summi pontificis collocantur.

Fol. 14, v°. — Capit. V. Quod potestas regia est per potestatem ecclesiasticam, et a potestate ecclesiastica constituta est et ordinata, in opus et obsequium ecclesiasticæ potestatis, propter quod clarius apparebit quomodo temporalia sunt sub dominio Ecclesiæ collocata.

Fol. 16, r°. — Capit. VI. Quod terrena potestas tum particularior, tum quod materiam præparans, tum quod etiam longinquius attingit optimum, secundum se et secundum sua, spirituali potentiæ jure et merito famulatur.

Fol. 19, r°. — Capit. VII. Quod omne dominium cum justitia, sive rerum, sive personarum, sive sit utile, sive potestativum, non nisi sub Ecclesia et per Ecclesiam potest esse.

Fol. 20, v°. — Capit. VIII. Quod nullus est dignus hereditate paterna, nisi sit servus et filius Ecclesiæ, et nisi per Ecclesiam sit dignus hereditate æterna.

Fol. 22, r°. — Capit. IX. Quod licet non sit potestas nisi a Deo, nullus tamen est dignus aliqua potestate, nisi sub Ecclesia et per Ecclesiam fiat dignus.

Fol. 23, v°. — Capit. X. Quod in omnibus temporalibus Ecclesia habet dominium universale; fideles autem de jure et cum justitia dominium particulare habere possunt.

Fol. 26, v°. — Capit. XI. Quod infideles omni possessione et dominio ac potestate qualibet sunt indigni.

Fol. 27, v°. — Capit. XII. Quod in omnibus temporalibus Ecclesia habet dominium superius, ceteri autem solum dominium inferius habere possunt.

Fol. 30, v°. — Capit. XIII. Quare sunt duo terreni gladii in Ecclesia et quomodo hii duo gladii sunt sumendi.

Fol. 35, v°. — Capit. XIV. Quod cum duo gladii sint in Ecclesia, quinque de causis gladius inferior non superfluit propter superiorem, sed hii duo gladii decorant et ornant Ecclesiam militantem.

Fol. 37, v°. — Capit. XV. Ubi plenius agitur quomodo duo gladii qui sunt in Ecclesia adaptantur ad duos gladios in evangelio nominatos.

Fol. 38, v°. — Incipit tertia pars hujus operis in qua solvuntur objectiones quæ contra præhabita fieri possunt.

*Ibid.* — Capitulum primum. Quod cum dictum sit quod Ecclesia in temporalibus habeat universale dominium, quomodo intelligendum sit quod non est de rigore juris ut a civili judice appelletur ad papam.

Fol. 40, v°. — Capit. II. Cum Ecclesia super temporalibus habeat universale dominium, quomodo intelligendum est quod summus pontifex non vult juridictionem regum perturbare, et quod non ad Ecclesiam, sed ad reges spectat de possessionibus judicare.

Fol. 43, r°. — Capit. III. Quod ratio persuadet prima, materialia et naturalia manifestant, nec non et tertio divina gubernatio hic declarat qualiter summus pontifex circa temporalia se debet habere.

Fol. 44, r°. — Capit. IV. Quod cum omnia temporalia sint sub dominio Ecclesiæ, quomodo intelligendum est quod ait Innocentius III quod « cunctis causis inspectis, temporalem juridictionem casualiter exer-« cemus. »

Fol. 46, r°. — Capit. V. Quod si temporalia fiant spiritualia, vel annectantur spiritualibus, vel e contrario temporalibus spiritualia sint annexa, sunt spirituales casus per quos Ecclesia juridictionem temporalem dicitur exercere.

Fol. 48, r°. — Capit. VI. Cum pro quolibet criminali peccato possit Ecclesia quemlibet Christianum corripere, et ex hoc temporalem juridictionem peragere, qualiter præcipue ad Ecclesiam spectat, cum litigium temporalium contrariatur paci, et cum pacis fœdera sunt juramento firmata.

Fol. 49, r°. — Capit VII. Quod tam ex parte rerum temporalium, ut superius est narratum, tam ex parte potestatis terrenæ, ut in hoc capitulo ostendetur, quam etiam ex parte potestatis ecclesiasticæ, ut in sequenti capitulo declarabitur, possunt sumi spirituales casus propter quos summus pontifex se de temporalibus intromittit.

Fol. 51, r°. — Capit. VIII. In quo narrantur speciales casus, sumpti ex parte potestatis ecclesiasticæ, in quibus ad Ecclesiam pertinebit jurisdictionem in temporalibus exercere.

Fol. 52, r°. — Capit. IX. Quod est plenitudo potestatis, et quod in summo pontifice veraciter potestatis residet plenitudo.

Fol. 53, v°. — Capit. X. Cum in summo pontifice sit plenitudo potestatis, non tamen sit in cœlo hujus plenitudo, qualiter potestas ejus dicatur esse cœlestis.

Fol. 34, v°. — Capit. XI. Cum in summo pontifice plenitudo resideat potestatis, quomodo intelligendum est dictum Hugonis, quod pia devotione fidelium, temporalia quædam ecclesiis concessa sunt possidenda.

Fol. 56, r°. — Capitulum ultimum. Quod in Ecclesia est tanta potestatis plenitudo quod ejus posse est sine pondere, numero et mensura.

Explicit liber de ecclesiastica potestate sive de summi pontificis potestate.

# SEXTUS EMPIRICUS

ET

## LA PHILOSOPHIE SCOLASTIQUE.

# SEXTUS EMPIRICUS

## ET

# LA PHILOSOPHIE SCOLASTIQUE.

Sextus Empiricus est le dernier représentant du scepticisme en Grèce, et, après Pyrrhon, il est celui qui a conservé parmi nous le plus de renommée. S'il est inférieur sous le rapport de l'invention à ses modèles, Agrippa et Énésidème, il a sur eux un précieux avantage : le temps, qui n'a épargné que le souvenir de leurs opinions, a respecté ses ouvrages, que de nos jours encore le critique et le philosophe consultent avec fruit. Cependant, malgré les services qu'il avait rendus aux doctrines sceptiques par l'érudition et la lucidité remarquables avec lesquelles il les a exposées, il fut si peu remarqué de ses contemporains que sa biographie nous est tout à fait inconnue et que nous ne savons même pas l'époque précise où il vivait. La conjecture la plus probable est qu'il appartient au commencement du IIIe siècle de l'ère chrétienne. Sans contradicteurs et sans disciples avérés, son nom, négligé des historiens, a traversé presque inaperçu la dernière période de la philosophie grecque.

Ce sont deux Français, Henri Estienne et Gentian Hervet, à qui généralement on attribue l'honneur d'avoir fait connaître à l'Europe savante les ouvrages de Sextus. Estienne publia, en 1562, en l'accompagnant de précieux commentaires, une version latine des *Hypotyposes pyrrhoniennes*, dont le texte original, alors inédit, ne parut que cinquante ans plus tard. Hervet traduisit peu après les onze livres *Contre les mathématiciens* qu'il avait retrouvés dans la bibliothèque du cardinal de Lorraine. Ces travaux d'interprétation répandirent une sorte d'éclat sur notre philosophe, qui, dans l'arène ouverte par le génie de la Renaissance à tous les systèmes de l'antiquité, apparut aussitôt comme l'expression la plus érudite et la plus fidèle du pyrrhonisme. Tous ceux qui faisaient profession de douter le reconnurent pour leur maître, et il avait suscité dans le cours d'un siècle et demi Montaigne, Charron, Sorbière, Huet, la Mothe le Vayer, Foucher et Pierre Bayle, lorsque, en 1710, Fabricius donna une édition définitive de ses œuvres, monument durable élevé à sa gloire (1).

Toutefois les sentiers ouverts par l'érudition du xvie siècle n'étaient pas aussi nouveaux qu'elle le croyait elle-même. Ses efforts et ses découvertes avaient été devancés par de laborieux interprètes qui, peu jaloux de la gloire humaine, n'ont pas laissé de nom pour la plupart. Trois siècles pour le moins avant que Henri Estienne, entre les accès d'une cruelle maladie, se fut avisé, par manière de passe-temps, comme il nous l'apprend (2), de traduire les *Hypotyposes pyrrhoniennes*, il existait une ancienne traduction de cet ouvrage, écrite dans un latin barbare, mais fidèle, et qui, à défaut d'une autre version plus élégante, aurait pu répandre dans la scolastique le goût du pyrrhonisme, si la disposition générale des esprits et la vigilance du pouvoir ecclésiastique eussent permis alors le succès d'un pareil enseignement.

La traduction dont nous parlons paraît avoir échappé complètement jusqu'ici à toutes les recherches des bibliographes. Fabricius lui-même n'en soupçonnait pas l'existence; Harles ne la

---

(1) *Sexti Empirici opera græce et latine. Græca ex mss. codicibus castigavit, versiones emendavit supplevitque et toti operi notas addidit Joh. Albertus Fabricius.* Lipsiæ, 1718, in-fol. Les éditions subséquentes, celle même de M. Bekker, n'ont fait guère que reproduire celle de Fabricius. Sur la vie et la doctrine de Sextus, on peut consulter, outre les historiens généraux de la philosophie, un savant article de M. Victor Leclerc, dans la *Biographie universelle*, et une dissertation de M. Philippe Lebas, *Scepticæ philosophiæ secundum Sexti Empirici Pyrrhonias Hypotyposes vel institutiones expositio.* Paris, 1829, in-4°. M. Egger (*Apollonius Dyscole*, Paris, 1853, in-8°, p. 224 et 257) a indiqué entre Sextus Empiricus et le grammairien Apollonius des points de rapprochements qui peuvent servir à fixer l'âge du premier.

(2) Voyez la préface qui accompagne la traduction des *Hypotyposes*, et l'*Essai sur la vie et les ouvrages de Henri Estienne*, par Léon Feugère, Paris, 1853, p. 67.

mentionne pas (1); parmi les écrivains plus récents, nous n'en connaissons aucun qui l'ait citée. Nous l'avons découverte, sans la chercher, dans un manuscrit de la Bibliothèque nationale, du fonds de Saint-Victor, inscrit au nouveau catalogue sous le numéro 32. Ce manuscrit est un in-folio, sur vélin, à deux colonnes, dont l'écriture semble indiquer la seconde moitié du XIII° siècle. Il ne forme pas moins de 400 feuillets, et renferme plusieurs ouvrages d'une importance inégale, qui sont pour la plupart des traductions du grec, de l'arabe et de l'hébreu. La critique contemporaine l'a souvent exploré, et elle a mis en lumière une partie des richesses qu'il contient. Mon père y a retrouvé une ancienne version latine des *Analytiques* d'Aristote, faite d'après l'arabe (2); M. Cousin, un traité sur la dialectique ou l'art de raisonner, composé, en 1132, par Adam du Petit-Pont (3); M. Munk, le livre célèbre de la *Source de vie*, attribué par les docteurs scolastiques à un écrivain juif qu'ils appellent Avicebron et dont le véritable nom est Ibn-Gebirol, de Malaga (4).

Les *Hypotyposes pyrrhoniennes* occupent les feuillets 83 à 132. Deux tables des matières, l'une ancienne, l'autre plus récente, qui sont au verso de la feuille de garde, les attribuent à Aristote, ce qui ne dénote pas, il faut en convenir, une connaissance bien exacte de la philosophie antique, ni même du péripatétisme; mais cette erreur ne se reproduit pas dans le cours du manuscrit, où l'ouvrage de Sextus ne porte aucun nom d'auteur ni de traducteur. Nous avons collationné en très grande partie le texte grec et la version latine, et nous nous sommes assuré que celle-ci ne présentait que des lacunes sans beaucoup d'étendue dans les passages un peu difficiles que l'interprète n'avait pas compris. Elle est partagée, comme l'original, en trois livres, division qui se remarque aisément; car Sextus ne termine jamais un livre sans avertir le lecteur. Chaque livre est divisé en chapitres; mais les titres manquent absolument dans le premier livre et n'exis-

---

(1) *Joh. Al. Fabricii Bibliotheca græca*, cur. Harles, Hamburgi, 1785. in-4°. t. III. p. 527 et 199.
(2) *Recherches sur l'âge et l'origine des traductions d'Aristote*, 2° édit., p. 66 et 404.
(3) *Fragments philosophiques : Philosophie scolastique*. Paris, 1840, p. 417 et suiv.
(4) Voyez *Mélanges de philosophie juive et arabe*, par S. Munk, Paris, 1857, in-8°.

tent que dans la plus faible partie du second et du troisième. Voici, comme spécimen, quelques phrases que nous empruntons au commencement :

### *Pirroniarum informationum liber primus.*

« Querentibus aliquam rem vel inventionem consequi oportet, vel negationem inventionis et incomprehensibilitatis confessionem inquisitionis (1). Propter quod fortassis et in hiis que secundum philosophiam queruntur, hii quidem invenisse verum dixerunt, hii vero asseruerunt non possibile esse comprehendi : hii autem adhuc querunt. Et invenisse quidem putant qui proprie vocantur dogmatici : ut hii qui circa Aristotelem et Epicurum et Stoicos et quidam alii. Tanquam vero de incomprehensibilibus quidam alii enunciaverunt qui circa Clitomachum et Carneadum (2), et alii Academiaci. Querunt autem sceptici. Unde rationabiliter videntur supreme filosofie tres esse : docmatica, academiaca, sceptica. De aliis quidem igitur aliis congruet dicere; de sceptica vero secta in presenti nos dicemus, illud predicentes, quia de nullo eorum que dicentur certificamus, tanquam sic se habente omnino sicut dicimus, sed secundum quod nunc videtur nobis historice de uno quoque annunciamus. »

Sans prétendre multiplier les citations, nous croyons utile de donner aussi la conclusion de l'ouvrage, qui dans notre manuscrit ne forme pas un chapitre à part comme dans l'édition de Fabricius :

« Scepticus propter id quod amicus hominum est, dogmaticorum superbiam et presumptuositatem, secundum posse, curare sermone vult. Quemadmodum enim corporearum passionum medici differentia secundum magnitudinem habent præsidia, et hiis quidem qui vehementius patiuntur, vehementiora horum offerunt, qui vero leviter leviora; et scepticus ita differentes interrogat et secundum fortitudinem rationes, et gravibus quidem, et potenter destruere potentibus dogmaticorum arrogantie passionem, in hiis que patiuntur vehementi presumptuositate, utitur;

---

(1) Le grec porte ἢ ἄρνησιν εὑρέσεως καὶ ἀκαταληψίας ὁμολογίαν, ἢ ἐπιμονὴν ζητήσεως. Le traducteur ou le copiste omet ἐπιμονὴν, ce qui rend la phrase inintelligible.

(2) Le manuscrit de Saint-Victor porte *Acarneadum*.

levioribus autem in hiis superficietenus et facile sanabile[m] habent[ibus] arrogantie passionem, et a levioribus persuasionibus destrui potentibus. Propter quod, aliquando quidem graves persuasionibus, aliquando et debiliores apparentes non piget rationes interrogare qui a scepsi motus est, aperte tanquam sufficientes sibi multociens ad proficiendum propositum. »

Les extraits qui précèdent permettent d'apprécier les incorrections de tout genre que cette grossière traduction renferme et les perpétuels outrages que la syntaxe latine y reçoit; mais elle partage ces défauts avec beaucoup d'autres versions, notamment celles d'Aristote, dont la lecture serait jugée aujourd'hui un moyen peu commode et surtout peu attrayant d'étudier le péripatétisme, et qui cependant, comme fait historique, comme expression de la culture littéraire à une époque donnée, ne sont pas indignes de l'attention de la critique.

A la vue de ces vieux monuments de l'érudition de nos pères, la première question qui s'élève est de savoir si l'interprète à qui nous les devons a eu sous les yeux le texte grec original, ou s'il a travaillé sur une version plus ancienne écrite dans l'une des langues de l'Orient.

La critique moderne a dressé, d'après les écrivains orientaux eux-mêmes, le catalogue à peu près complet des ouvrages de l'antiquité qui furent traduits, à différentes époques, en langue syriaque, arménienne, persane et arabe (1). Ce catalogue est très riche; les plus grands noms de la poésie et de la philosophie grecque y figurent à côté d'écrivains moins célèbres: mais on y cherche en vain Sextus Empiricus. Il est évident que ses précieuses compilations n'avaient pas trouvé d'interprètes dans ces contrées plutôt portées à tout admettre et à tout croire qu'à douter de tout. L'Orient n'a produit au moyen âge qu'un seul écrivain qui ait nié ouvertement la portée de la science humaine; c'est Gazali, vulgairement appelé Algazel, qui vivait au XI° siècle. Mais Algazel, disciple fidèle de l'islamisme, et qui s'était même laissé entraîner aux spéculations mystiques des Soufis, n'a rien qui rappelle les sceptiques anciens. Quand, effrayé des périls

---

(1) Voyez notamment le mémoire de M. Wenrich, couronné, il y a quelques années par la Société royale de Gottingue, *De auctorum graecorum versionibus et commentariis syriacis, arabicis, armeniacis, persicisque commentatio*, Lipsiæ, 1842, in-8°.

que courait l'orthodoxie musulmane, il entreprit d'exposer, selon le titre de l'un de ses ouvrages : « Ce qui sauve des égarements et ce qui éclaircit les ravissements (1); » lorsqu'il battit en brèche la certitude rationnelle au nom de la foi religieuse, attaqua toute espèce de philosophie et contesta même la notion de causalité, les arguments qu'il mit en œuvre n'étaient pas empruntés aux sectateurs de Pyrrhon; ce n'était pas une simple réminiscence des dix vieilles objections contre l'entendement de l'homme, mais l'inspiration personnelle et originale d'un esprit vigoureux que les impiétés des métaphysiciens avaient dégoûté de la métaphysique. Tout conduit donc à penser que si les *Hypotyposes pyrrhoniennes* ont pénétré dès le moyen âge en Occident, la connaissance n'en est pas due aux Arabes, qui eux-mêmes ne paraissent pas les avoir possédées, et qu'elle a eu lieu directement, à la faveur de quelque manuscrit en langue grecque, retrouvé dans un monastère ou apporté de Constantinople après la quatrième croisade. Mais nous n'en sommes pas réduits sur ce point à des conjectures, et il suffit d'avoir lu trois ou quatre pages de la traduction que nous avons retrouvée pour se convaincre qu'elle dérive immédiatement du texte original.

Ce qui frappe d'abord, c'est le grand nombre de mots grecs qu'on y rencontre, et qui s'y trouvent plutôt transportés que traduits, avec un simple changement dans la forme des lettres. Nous citerons comme exemples *scepsis*, ou pour être plus exact, *skepsis*, *skepseos*, *skepticus*, *epoche*, *phantasia*, *dogmatisare*, *fisiologia*, *fisiologisandum*, *filauti*, traduction de φίλαυτοί, *conii* pour κωνείον, ciguë, *miconii* pour μηκωνείον ou μακωνείον, opium (2).

En outre, la construction du texte original est reproduite partout avec la plus scrupuleuse fidélité. Il est bien rare que des mots soient déplacés, et même que les particules si fréquentes dans la langue grecque, si rares à proportion dans les autres langues, soient oubliées. Souvent il résulte de là beaucoup d'obs-

---

(1) Trad. par M. Schmoelders à la suite de son *Essai sur les écoles philosophiques des Arabes*, Paris, 1842, in-8°.
(2) Fol. 88, r°, col. 1 : « Erat autem anus dicunt antica triginta dragmas *conii* sine periculo accipiens. Lisis vero *miconii* quatuor dragmas sine tristitia sumebat. *Ibid.* v°, col. 2 : « Quoniam autem *filauti* quidam existentes dogmatici dicunt oportere seipsos aliis hominibus præferre in judicio. » (Lib. I, c. xiv.)

curité dans la traduction : la lettre servilement suivie empêche d'apercevoir le sens. La définition que Sextus a donnée du scepticisme est bien connue ; il le considère comme la faculté d'opposer les apparences que la sensibilité nous offre aux conceptions de l'entendement; comme les unes et les autres ont un poids égal en sens contraire, elles produisent, en se détruisant, un état de parfait équilibre qui consiste pour l'âme dans la suspension complète du jugement, accompagnée de tranquillité morale et d'indifférence : Ἔστι δὲ ἡ σκεπτικὴ δύναμις, ἀντιθετικὴ φαινομένων καὶ νοουμένων, κ. τ. λ. Comment ne pas préférer la définition originale au latin barbare et à peine compréhensible du traducteur, fol. 83, r° col 2 : « Est autem sceptica potentia oppositiva visibilium et intelligibilium secundum quemlibet modum; a qua venimus, propter equalem potentiam que est in oppositis rebus et rationibus, primo quidem ad desistentiam, postea vero ad imperturbationem? »

Un peu plus loin je lis cette phrase inintelligible, fol. 33, v° col. 2 : « Putant enim quemadmodum que omnia sunt falsa vox cum aliis et se ipsam falsam esse dicit. » La phrase grecque est suivie pas à pas; mais il est indispensable de s'y reporter pour saisir le sens des mots alignés pour ainsi dire mécaniquement par l'interprète, I, 7 : Ὑπολαμβάνει γὰρ, ὅτοι ὥσπερ ἡ, πάντα ἐστὶ ψευδῆ, φωνὴ μετὰ τῶν ἄλλων καὶ ἑαυτὴν ψευδῆ εἶναι λέγει. « Dans la pensée du sceptique, cette proposition : Toutes choses sont fausses, signifie qu'elle est fausse elle-même, comme tout le reste. »

Les idiotismes grecs ne devaient pas embarrasser médiocrement la fidélité minutieuse du traducteur; aussi, sans viser à concilier la correction et la clarté avec l'exactitude, il se contente du simple mot à mot. Par exemple, ce membre de phrase : « Hii qui circa Aristotelem et Epicurum et Stoïcos, » est le calque, pour ainsi dire, d'une expression bien connue même des commençants : Οἱ περὶ Ἀριστοτέλην καὶ Ἐπικοῦρον, καὶ τοὺς Στωϊκοὺς, les disciples d'Aristote, d'Épicure et des Stoïciens.

Mais c'est surtout quand il rencontre une citation de Pindare, d'Euripide ou d'Homère, que l'interprète anonyme se tient près de son modèle, sauf à ne pas traduire ce qu'il ne comprend pas. Sextus, en parlant des diverses occupations des hommes, cite ce fragment de Pindare qu'il nous a conservé :

Ἀελλοπόδων μέν τιν' εὐφραίνοισιν ἵππων
Τιμαὶ καὶ στέφανοι, τοὺς δ' ἐν πολυχρύσοις
Θαλάμοις βιοτά· τέρπεται δὲ
Καί τις ἐπ' οἶδμ' ἅλιον ναΐ θοᾷ
Σῦς διαστείβων (1).

Le traducteur, qui ne connaissait pas l'adjectif ἀελλοπόδων, n'a pas hésité à l'omettre avec le substantif ἵππων; mais comment a-t-il traduit la suite? « Lætificant honores et coronæ quosdam, aut in habentibus multum auri thalamis vita; gaudet autem aliquis per undam marinam navi veloci pergens. » Toutes les expressions du texte original se retrouvent dans sa traduction, sans le plus léger changement, même dans l'ordre des mots. Mais où retrouver dans cette copie servile et inerte, le souffle de génie qui inspirait Horace écrivant ces beaux vers, à l'imitation du poète thébain :

> Sunt quos curriculo pulverem Olympicum
> Collegisse juvat ; metaque fervidis
> Evitata rotis, palmaque nobilis
> Terrarum dominos evehit ad deos, etc. ?

En dernier lieu, il est assez remarquable que les prépositions et autres particules qui servent à former les termes composés sont relevés scrupuleusement par le traducteur, qui cherche toujours et qui trouve quelquefois des équivalents plus ou moins heureux. Ainsi, les mots παρακειμένων αὐτῇ φιλοσοφιῶν nous donnent, dans la version latine, *adjacentibus sibi philosophiis*; ἀνήκοοι τῶν λεγομένων, *inexaudibiles eorum que dicuntur*; συμπεριγράφει, *circumscribit*; ἀταραξία, *imperturbatio*; ἀδοξάστως, *inopinabiliter*; τὸ οὗ χάριν, *id cujus gratia*; ὑποτάσσεται, *superponuntur*; εἰσαγομένην, *introductam*.

Ces rapprochements, qu'il serait serait facile de multiplier, ne permettent pas de conserver un doute sur l'origine de la traduction qui nous occupe; quelles que soient ses imperfections, elle dérive certainement du grec, à la différence de beaucoup d'autres versions des écrivains de l'antiquité, en usage dans les écoles du

---

(1) Nous suivons le texte de l'édition de Pindare donnée par M. Boissonnade dans sa Collection des poètes grecs, p. 108.

moyen âge, qui avaient été faites sur un texte arabe, syriaque ou hébreu.

Mais, ce premier point éclairci, une seconde question s'élève : à quelle époque vivait ce traducteur anonyme, et quel a été le sort de son œuvre? On ne saurait admettre qu'il soit antérieur aux siècles de la scolastique, car les formes si incultes de son style démontrent de la manière la plus péremptoire que l'antiquité est bien loin derrière lui, qu'il est séparé d'elle par d'épaisses ténèbres et qu'il essaie péniblement d'en retrouver la trace oubliée depuis longtemps. C'est dans une langue autrement correcte et lumineuse que Boèce traduisit les monuments de la philosophie péripatéticienne. Au IV° siècle, la culture intellectuelle était en pleine décadence; mais on connaissait, on admirait, on goûtait les chefs-d'œuvre littéraires de la Grèce et de Rome. Cicéron et Virgile étaient des modèles que, tout en désespérant de les égaler, on se sentait le courage et le droit d'imiter. Mais les derniers reflets de la civilisation antique ne tardèrent pas à s'effacer entièrement, et l'Europe, sillonnée par les barbares, tomba dans une nuit profonde que la puissance et le génie de Charlemagne ne parvinrent pas à dissiper. Avec le XI° siècle commence à poindre l'aurore d'une renaissance véritable dont les progrès furent lents et laborieux, et que favorisa, cent cinquante ans plus tard, l'introduction en Occident des ouvrages d'Aristote et des Arabes. C'est vers cette époque riche en traductions de tout genre, les unes dérivées du grec, les autres de textes orientaux, toutes grossières et incorrectes, que l'ancienne traduction latine des *Hypotyposes pyrrhoniennes* nous paraît remonter. Toutefois, les catalogues, en assez grand nombre, que nous avons consultés, non plus que les recherches historiques auxquelles nous nous sommes livré, ne nous ont rien appris de sa date précise. Ces infatigables interprètes à qui le moyen âge dut la connaissance de l'antiquité philosophique sont restés si longtemps ignorés que l'obscurité qui environne encore quelques-uns de leurs travaux n'a rien qui doive surprendre. A défaut du nom et de l'époque de son traducteur, recueillerons-nous du moins quelques détails sur l'influence de Sextus Empiricus au moyen âge? C'est là un sujet de recherches qui offre plus d'intérêt qu'une simple date ou un nom propre; mais les résultats n'ont pas entièrement répondu à notre attente; et, comme on le verra, ils sont partout négatifs.

Le moyen âge était préservé du scepticisme par l'énergie de ses croyances religieuses et par cette confiance magnanime à laquelle l'esprit humain s'abandonne si facilement, tant que des échecs répétés ne l'ont pas convaincu de sa faiblesse. Les âmes les plus indociles dont l'ascendant de l'Église comprimait à peine les rébellions et qui cherchaient à se frayer des sentiers nouveaux en dehors du dogme traditionnel, un Scot Érigène, un Bérenger, un Abélard, se montraient plutôt téméraires que découragés, et, loin de contester la puissance de la raison, ils l'appliquaient à des entreprises qui la surpassaient.

Parcourez l'*Introduction à la Théologie* et la *Théologie chrétienne* d'Abélard; quelle naïve confiance le présomptueux écrivain ne témoigne-t-il pas dans les ressources infinies de la dialectique! Il sait et il confesse que la nature divine recèle des profondeurs que l'œil de l'homme ne peut sonder; mais ces impénétrables ténèbres ne l'arrêtent pas; la sainte Trinité, l'Incarnation, le péché originel, les mystères de la nature et ceux de la grâce, il prétend tout expliquer. Combien nous sommes loin de la plainte désespérée des sceptiques anciens contre l'irrémédiable faiblesse de l'intelligence!

Cependant, au moyen âge même, l'élan généreux des esprits n'avait pas entièrement effacé la trace des objections dirigées autrefois contre la certitude; le pyrrhonisme n'était pas tout à fait inconnu, et à deux reprises différentes, au XIIe siècle dans les ouvrages de Jean de Sarrisbéry, au XIIIe siècle dans ceux de Henri de Gand, vous le retrouvez, sinon enseigné ouvertement, tout au moins exposé et combattu, comme un système considérable qui, bien qu'il soit faux, n'est pas à mépriser et mérite une réfutation. Mais, chose remarquable! Sextus Empiricus est tout à fait laissé dans l'ombre, et assurément ce n'est pas la lecture de ses livres qui a suggéré cette polémique inusitée.

Dans plusieurs passages de ses ouvrages, et notamment au VIIe livre de son *Polycratique*, Jean de Sarrisbéry parle de ces philosophes qui ne reconnaissent pas à l'esprit de l'homme le pouvoir de s'élever à la vérité, qui flottent incertains entre les opinions contraires et font consister la sagesse à douter de toutes choses.

Il s'élève contre cette feinte ignorance qui ravalerait l'homme au-dessous de la brute, si elle était effective; il demande si ceux qui l'enseignent doutent aussi de leur doute et ignorent qu'ils ignorent (1). C'est l'objection même que par la suite se posait Descartes, dans le cours de ses perplexités, et qui l'aidait à remonter l'échelle des vérités métaphysiques en partant du fait même de son doute. Mais Sarrisbéry, qui touche en courant à mille sujets, rit des sceptiques sans discuter les arguments sur lesquels ils fondent leurs maximes, et comme il les désigne tous généralement sous le nom d'Académiciens, il indique assez par cela seul à quelle source il a puisé ce qu'il nous dit de leur système. Ses autorités habituelles en cette matière sont, en effet, les *Académiques* de Cicéron et de saint Augustin, et les *Nuits attiques* d'Aulu-Gelle; ce sont à peu près les seules qu'il cite, et nous ne sommes pas en droit de supposer qu'il ait connu par d'autres témoignages le scepticisme des anciens.

Henri de Gand est plus didactique et plus complet que Jean de Sarrisbéry. Son ouvrage capital, la *Somme de théologie*, s'ouvre par la question même qui partage les Pyrrhoniens et les dogmatiques: *Utrum contingat hominem aliquid scire?* « L'homme peut-il savoir quelque chose (2)? » Selon la marche usitée dans l'école, il commence par exposer les arguments en faveur de la négative, et il en trouve sept. Ne sommes-nous pas reportés, sinon aux dix motifs de suspension du jugement ou raisons d'*époque* de Pyrrhon et de Sextus Empiricus, du moins à des objections approchantes? Nous l'avons pensé d'abord, mais notre erreur a été de courte durée. En quoi consistent les motifs de doute invoqués par les anciens sceptiques? C'était un tissu assez habile d'objections tirées de la mobilité des opinions humaines et des contradictions qu'elles présentent, selon l'âge, le tempérament, l'état de santé ou de maladie, la disposition des objets, l'habitude, l'éducation, les lois civiles et la religion des différents peuples. Comme les jugements

---

(1) *Polycraticus*, lib. VII, cap. II : « Si de singulis academicus dubitat, de nullo certus est... An dubitet incertum habet, dum hoc ipsum nescit, an nesciat. » Cf. *Entheticus*, v. 727 et sqq., et v. 1137 et sqq. Nous avons sous les yeux l'édition des œuvres de Jean de Sarrisbéry, publiée, il y a quelques années, par le Dr Giles; Oxford, 1848; 5 vol. in-8°.

(2) *Henrici a Gandavo Summa in es partes digesta*. Ferrariæ, 1646, in-fol. t. I. art. 1, q. 1.

des hommes varient presque à l'infini, que sur des objets identiques la plupart pensent différemment, et que même chacun de nous, aux différents âges de sa vie et dans des conditions différentes, professe des sentiments opposés, Pyrrhon concluait que le discernement du vrai et du faux n'est pas possible et que, dans cette prodigieuse diversité d'avis contraires, la sagesse consiste à ne pas se prononcer, à ne dire sur rien ni oui ni non, à s'abstenir, à douter. Chez Henri de Gand nous ne trouvons rien qui puisse être comparé à cette curieuse et trop célèbre polémique. Il signale, mais légèrement, la diversité des sensations, qui engendre celle des jugements. Il objecte la nécessité de la démonstration, et cependant le progrès à l'infini où se perd celui qui prétend tout démontrer, la difficulté de savoir ce qu'on n'a pas appris et d'apprendre ce qu'on ne sait pas; l'instabilité des objets qui sont la matière de la connaissance humaine; le mystère qui environne l'essence des choses; l'origine purement sensible de nos idées : je passe sous silence d'autres difficultés secondaires. Lorsque, dans la suite du discours, Henri de Gand fait la revue des philosophes qui se sont constitués les adversaires de la science, il nomme Protagoras, Héraclite, les Académiciens, Leucippe même et Démocrite; il omet Pyrrhon et ne prononce pas même les mots de sceptiques et de scepticisme. Après avoir énoncé les motifs de doute, il s'applique à les éclaircir et à justifier la raison et la philosophie. Contre ceux qui nient les principes de la croyance humaine, il constate que l'on ne peut argumenter régulièrement, qu'il faut se contenter de leur opposer les preuves susceptibles de porter la conviction dans un esprit bien fait. Les témoignages sur lesquels il s'appuie seraient faciles à démêler quand bien même il ne prendrait pas le soin de nous les faire connaître; ce sont encore les *Académiques* de Cicéron et de saint Augustin. Mais il s'y joint une autorité nouvelle que Jean de Sarrisbéry n'avait pas connue, je veux dire Aristote, qui, dans le quatrième livre de sa *Métaphysique,* a si profondément réfuté les objections de Protagoras contre le fondement de la certitude. Protagoras avait poussé aux derniers excès l'esprit de doute et de négation. Une même chose peut tout ensemble exister et ne pas exister, tout est vrai et tout est faux à la fois, ou plutôt rien n'est faux et rien n'est vrai : voilà en deux mots la formule du système que le subtil sophiste enseignait à la jeunesse d'Athènes, que Socrate et Platon combattirent, et que, même après ces immortels génies, Aristote ne jugea pas indigne d'une réfutation régulière. Ce sont les traits principaux de cette réfutation victorieuse qui étaient présents à la pensée de Henri de Gand lorsqu'il écrivait les premières pages de la *Somme de théologie*; c'est là qu'il a puisé ses arguments les plus décisifs en faveur de la certitude. Il avait appris d'Aristote non seulement à définir les notions fondamentales de la philosophie, mais aussi à combattre les erreurs qui ébranlent les bases de la science humaine.

On peut en dire autant de Siger de Brabant, bien que chez ce dernier peut-être le dogmatisme paraisse moins sûr de lui-même et qu'il s'y trouve mêlée quelque propension au doute. Il nous reste de Siger un ouvrage qui attire d'abord l'attention par son titre : *Impossibilia, thèses impossibles* (1). Et en effet la première thèse que l'auteur met dans la bouche d'un sophiste, et qu'il réfute ensuite, c'est que Dieu n'existe pas, *Deum non esse*. La seconde thèse, c'est que le monde n'est qu'une image pareille à celles qui s'offrent à nous dans les songes, et que notre âme n'a la certitude de l'existence d'aucune chose (2). Nous voilà tombés en plein scepticisme. Mais les motifs de doute que Siger met en avant, sauf à les combattre un peu plus loin, se réduisent à un seul, la diversité des sensations et des jugements, jointe à l'absence de tout moyen de discerner les sensations vraies et les fausses (3). La discussion est moins étendue et moins profonde que chez Henri de Gand, mais autant qu'on peut en juger, elle dérive des mêmes sources; elle ne paraît pas supposer la connaissance des *Hypotyposes* de Sextus.

Si nous passons maintenant à d'autres écrivains de la scolastique, le souvenir et l'influence du véritable scepticisme grec sont absents également de leurs ouvrages. Albert le Grand, dont la curiosité embrassa presque toutes les sciences; saint Thomas d'Aquin,

(1) Bibl. nationale, mss. lat. 16297. Cf. *Hist. litt. de la France*, t. XXI, p. 121 et s.
(2) Fol. 10920 : « Omnia que nobis apparent sunt simulacra et sicut somnia, in quibus non simul certi ne existentia alicujus rei. »
(3) *Ibid.* : « De nulla re judicatur unum quin inveniatur judicans contrarium... Quod si dicat quod non equali ratione credendum est vigilanti et dormienti, nec sano et infirmo, nec sapienti et insipienti, eadem ratione arguitur : Nullus enim apparet alicui sapiens, quin appareat alii insipiens. Nullus enim apparet quod habeat sanum gustum, quin appareat contrarium. »

qui toucha d'une main si ferme toutes les vérités fondamentales de l'ordre moral; Vincent de Beauvais, dans les encyclopédies ou *Miroirs* qui ont fait vivre son nom; Roger Bacon, que son savoir et ses découvertes firent surnommer le Docteur admirable; Duns Scot, qui porta dans la controverse une habileté si subtile, ces maîtres illustres entre tous ceux que l'école applaudit, ne paraissent pas soupçonner les arguties que la sophistique grecque entassa autrefois contre la certitude. C'est à peine si pour eux la question existe, tant ils s'abandonnaient avec confiance aux facultés que l'homme a reçues de la Providence pour la recherche du vrai! Au début de son *Speculum doctrinale*, après avoir tracé les grandes divisions de la connaissance humaine, Vincent de Beauvais signale tour à tour les conditions les plus favorables pour l'étude des sciences, et les principaux obstacles qui peuvent les entraver, comme serait la prétention de tout lire et de tout connaître, même les choses inutiles; mais dans cette curieuse revue des empêchements qui nuisent à notre éducation intellectuelle je relève une grave omission : le savant écrivain ne parle pas de la manie de douter de tout, non moins funeste à l'intelligence que la manie de tout effleurer (1). Ailleurs il critique les Académiciens, qui prétendent que le savoir n'existe pas pour l'homme et que tout est incertain; mais dans aucun passage, à notre connaissance, il ne mentionne l'école pyrrhonienne.

Nous serions moins éloigné de reconnaître l'influence du Pyrrhonisme, disons mieux l'influence de Sextus, chez un bachelier en théologie de l'Université de Paris, nommé Nicolas d'Outricourt, qui, au témoignage de Du Boulay, n'avait pas craint d'avancer en diverses occasions les propositions suivantes :

« Illæ propositiones *Deus est, Deus non est*, penitus idem significant. — Ex eo quod una res est, non potest evidenter, evidentia ducta ex primo principio, inferri quod alia res est. — Ex eo quod una res est, non potest evidenter inferri quod alia res sit. — Ex eo quod una res est non potest evidenter inferri, evidentia deducta ex primo principio, quod alia non sit. — De substantia materiali alia ab anima nostra, non habemus certitudinem evidentiæ... »

---

(1) *Bibliotheca mundi, seu Speculi majoris Vincentii Burgundi* tomus secundus. Duaci, 1624, in-fol. p. 21 et sqq.

Les propositions qui précèdent attaquent l'évidence du sens et l'évidence du raisonnement; en voici d'autres, également soutenues par Nicolas d'Outricourt, qui étaient dirigées contre la notion de cause.

« Hæc consequentia non est evidens evidentia deducta ex primo principio : ignis est approximatus stuppæ et nullum est impedimentum ; ergo stuppa comburetur. — Quibuscumque acceptis quæ possunt esse causa alicujus effectus, non scimus evidenter quod ad positionem eorum sequatur effectus positivus. — Nulla potest esse simpliciter demonstratio qua ex existentia causarum demonstretur existentia effectus. — Ista consequentia non est evidens : A est productum ; igitur aliquis producens est A, vel fuit (1)... »

On ne saurait disconvenir que ces propositions n'offrent de frappantes analogies avec les thèses sceptiques soutenues par Sextus Empiricus au second livre de ses *Hypotyposes*. Mais, à peine eurent-elles été produites qu'elles furent dénoncées et condamnées à Rome par le pape, et à Paris par l'Université ; Nicolas d'Outricourt les désavoua publiquement, et brûla de sa main, conformément aux ordres du saint-siège, les ouvrages qui les contenaient. Elles sont restées sous le poids de cet anathème, et oubliées, après une émotion passagère, elles n'ont laissé aucune trace dans la controverse de l'école.

Un écrivain du commencement du xiv° siècle, Walter Burleigh, a composé un livre curieux ayant pour titre : *Vie et mœurs des philosophes et des poètes* (2), qui peut donner une idée de l'érudition philosophique de ses contemporains. Il possédait, au moins en partie, l'utile compilation de Diogène Laërce, car il le cite fréquemment à côté de Cicéron, Sénèque, Valère Maxime et saint Augustin. Il sait les biographies de plusieurs personnages de l'antiquité sur lesquels il a recueilli toutes les anecdotes que ses lectures ont pu lui fournir. Mais s'il connaît Anaximandre et Anacharsis, Périandre et Thalès, Empédocle et Pittacus, les noms, je

---

(1) Du Boulay, *Historia Universitatis Parisiensis*, t. IV, p. 308 et s. ; d'Argentré, *Collectio judiciorum de novis erroribus*. Parisiis, 1728, in-fol., t. I, 355 et s.

(2) *Libellus de Vita et moribus philosophorum et poetarum*, souvent réimprimé sur la fin du quinzième siècle. Nous avons eu sous les yeux une édition de Nuremberg, 1477, in-4°. On trouve d'intéressants détails sur l'ouvrage de Walter Burleigh dans une dissertation de M. Wollflin, *Cæcilii Balbi de nugis philosophorum quæ supersunt;* Basileæ, 1845, in-4°

ne dirai pas d'Énésidème et de Sextus Empiricus, mais de Pyrrhon et de son disciple Timon, ne sont pas parvenus jusqu'à lui. Tout ce côté sceptique de l'histoire de la philosophie ancienne échappe évidemment à son érudition.

Aussi, quel que soit l'intérêt que paraisse offrir la découverte d'une traduction de Sextus Empiricus, qui remonte aux temps de la scolastique, nous nous garderons d'y chercher le thème hasardeux d'un paradoxe difficile à soutenir, et nous n'attribuerons pas aux *Hypotyposes pyrrhoniennes*, dès le siècle de saint Thomas d'Aquin et de Roger Bacon, une renommée et une influence qu'elles n'ont obtenues que trois siècles plus tard. Si l'ouvrage a été traduit, il n'a que bien peu circulé; il a eu peu de lecteurs; il a formé peu de disciples; il est resté la propriété solitaire de ses rares possesseurs. Il arrivait quelquefois que des princes et même des particuliers fissent faire pour leur usage personnel la traduction des œuvres qu'ils ne pouvaient pas lire dans le texte original. C'est ainsi que plusieurs ouvrages de l'antiquité et des Arabes ont été traduits par les ordres de l'empereur Frédéric II et de son fils Manfred. Saint Thomas d'Aquin fut pour sa part, au témoignage de plusieurs historiens, le promoteur de travaux semblables que Guillaume de Meerbecke entreprit sur Aristote. Peut-être en a-t-il été de même pour l'ouvrage de Sextus Empiricus; soit que le texte original ait été accidentellement retrouvé en Europe, ou qu'il ait été rapporté de l'Orient, peut-être fut-il traduit à l'invitation de quelque protecteur éclairé des lettres qui ne possédait pas la langue grecque et qui appela le savoir des interprètes au secours de son ignorance. Mais les livres ont, comme les personnes, leurs destinées, *habent sua fata libelli*. Tandis que les monuments de la philosophie péripatéticienne se répandaient dans tout l'Occident et devenaient la base, en quelque sorte officielle, de l'enseignement public, les *Hypotyposes pyrrhoniennes*, inutiles aux théologiens et hérissées de propositions malsonnantes qui devaient scandaliser leur piété, restèrent enfouies dans les bibliothèques. On oublia bientôt qu'elles avaient été traduites, et elles ne commencèrent à retrouver des lecteurs qu'au xvie siècle, dans une société qui n'était plus celle du moyen âge, et après que Henri Estienne eût fait paraître une nouvelle version plus pure et plus attrayante que l'ancienne.

Comme la traduction que nous avons sous les yeux suit l'original de très près, et qu'à défaut du mérite de l'élégance, elle offre celui de l'exactitude littérale, nous avions à nous demander si elle ne serait pas de quelque utilité pour la constitution du texte, et si, dans les passages controversés, le mot latin ne mettrait pas sur la trace du mot grec dont il est le calque fidèle. Nous avons essayé quelques rapprochements de ce genre, mais ils ne nous ont pas donné de résultats qui méritent d'être signalés. Ainsi que Fabricius en fait la remarque (1), le texte des *Hypotyposes* présente aujourd'hui bien peu de difficultés sérieuses; il paraît aussi bien établi qu'un texte de l'antiquité peut l'être. A peine y aurait-il à glaner dans notre manuscrit quelques variantes qui, dans la plupart des cas, viendraient à l'appui des corrections proposées par le célèbre éditeur; mais c'est là un travail très minutieux et très aride dont nous devons épargner la sécheresse et l'ennui à nos lecteurs.

En résumé, sans exagérer l'importance historique et philologique de cette ancienne traduction des *Hypotyposes*, il faut nous en tenir au simple fait qui nous est révélé par le manuscrit de Saint-Victor, c'est qu'à une époque antérieure au XIV° siècle, un interprète dont le nom n'est pas venu jusqu'à nous avait écrit, d'après le texte grec, une version latine de l'ouvrage de Sextus Empiricus, qui, sans avoir eu beaucoup de succès, avait cependant trouvé place dans la bibliothèque d'une illustre abbaye, entre les ouvrages d'Aristote et des philosophes arabes. Ce fait ignoré jusqu'ici, nous le croyons, est une preuve de plus qu'il y eut au moyen âge des sources cachées d'érudition, que le zèle des traducteurs avait ouvertes, et dans lesquelles la philosophie scolastique pouvait librement puiser, bien avant la prise de Constantinople et la renaissance définitive des lettres antiques.

(1) *Præfat :* « Quam plurimas mendas... sustuli ita ut paucissima loca jam putem superesse in quibus à Sexti sensu in lectione vehementer aberretur. »

# UN
# COLLÈGE ORIENTAL A PARIS
## AU XIIIᵉ SIÈCLE.

# UN
# COLLÈGE ORIENTAL A PARIS
## AU XIII° SIÈCLE.

M. Jules d'Arbaumont, membre de la commission des antiquités de la Côte-d'Or, a retrouvé dans les archives du département, et a communiqué à la section d'histoire et de philologie du Comité des Sociétés savantes, la quittance d'une somme de douze deniers, à laquelle avaient été taxés, en l'année 1319, les chanoines d'une ancienne église de Dijon, aujourd'hui détruite, afin de subvenir en commun, avec le clergé du diocèse de Langres, à l'entretien d'un juif converti qui résidait à Paris, où il devait enseigner les langues hébraïque et chaldaïque :

« Ego Jacobus, sigillator Lingonensis, deputatus a venerabili et discreto viro domino... de Sacilliaco, canonico Arriciensi, reverendi in Christo patris ac domini, domini Guillielmi, Dei gratia Lingonensis episcopi, vicario generali ad recipiendum a personis ecclesiasticis civitatis et dyocesis Lingonensis summam pecunie taxatam pro expensis magistri Johannis de Villanova Regis, Belvacensis dyocesis, qui olim a judaice cecitatis errore ad fidem catholicam se convertit, ab ipso hoc anno faciendis Parisiis pro scolaribus erudiendis per ipsum in linguis caldea et hebrea, recepi a decano et capitulo capelle divitis Dyvionensis duodecim denarios bonorum parisiensium pro dictis expensis. Datum sub sigillo curie Lingonensis die sabbati in festo purificationis beate Marie virginis, anno domini m° ccc decimo nono (1). »

Après avoir transcrit cette pièce, M. d'Arbaumont rappelle com-

---

(1) Archives de la collégiale Notre-Dame, dite la Chapelle-aux-Riches, à Dijon, Carton 1. (Archives de la Côte-d'Or.)

bien Raymond Lulle se montrait frappé, vers la fin du xiiiᵉ siècle, de l'importance de l'étude des langues, et combien il avait fait d'efforts pour la répandre. Dom Martene a publié en effet trois lettres adressées au roi de France, à l'Université de Paris et à un ami, dans lesquelles l'illustre dominicain s'applique à montrer qu'on ne doit pas se renfermer dans l'étude du latin, ni dans les frivoles débats si chers à l'école, mais que les idiomes parlés en Orient, le grec, l'arabe, même le tartare, méritent aussi que les esprits sérieux s'en préoccupent; qu'il est urgent d'installer des chaires où ces langues seraient enseignées, ne fût-ce que pour former des missionnaires capables d'évangéliser les nations infidèles et d'opposer la puissance de leur apostolat comme une digue à l'invasion de jour en jour plus menaçante des hordes asiatiques (1).

Avant Raymond Lulle, le franciscain Roger Bacon avait conçu le même dessein. Dans plusieurs chapitres de l'*Opus majus* et de l'*Opus tertium* (2), il déplore que l'hébreu, le grec et l'arabe ne soient pas mieux connus de ses contemporains; il fait ressortir les inconvénients qui sont résultés de là, principalement pour la philosophie; il appelle de tous ses vœux le jour où une étude aussi importante pour les sciences et pour la religion sera encouragée et cultivée; il ne cache pas, du reste, qu'elle exigera beaucoup de sacrifices et des dépenses qui seraient au-dessus des moyens d'un simple particulier et pour lesquelles il faudra recourir à la libéralité des princes.

Le concile de Vienne, qui se réunit en 1311, entra dans la pensée de Roger Bacon et de Raymond Lulle. Il promulgua une constitution célèbre, aux termes de laquelle les langues orientales devaient être enseignées désormais à Rome, à Paris, à Bologne, à Oxford et à Salamanque. Le roi de France était invité à y pourvoir dans l'Université de Paris; le clergé tant régulier que séculier d'Italie, d'Angleterre et d'Espagne était chargé du même soin dans les autres universités (3). C'est à l'exécution de cette

---

(1) Martene, *Thes. Anecdot.* t. I, col. 1315 et suiv.

(2) *Opus majus*, p. III. Venetiis, 1750, in-4º, p. 33 et suiv. Voyez aussi *Opus tertium*, cap. x, dans l'édition des œuvres inédites de Roger Bacon que publie en ce moment M. Brewer, Londres, 1859, in-8º, t. I, p. 32 et suiv.

(3) *Clementin.* l. V, tit. I, cap. 1, dans le *Corpus juris canonici*.

grande mesure que se rapporte, selon toute probabilité, la pièce retrouvée par M. Jules d'Arbaumont. La découverte est d'autant plus précieuse que le fait si curieux de l'enseignement des langues orientales en France, pendant le xiv° siècle, n'était démontré jusqu'ici que par une lettre du pape Jean XXII, qui tend plutôt à le restreindre qu'à en favoriser l'extension. Comme si le contact des sciences de l'Orient lui paraissait menacer l'orthodoxie chrétienne, le souverain pontife recommande, sous la date de 1325, que les maîtres chargés du nouvel enseignement soient l'objet d'une surveillance sévère, afin qu'ils n'introduisent pas dans les écoles, à la faveur d'explications grammaticales, des doctrines particulières funestes pour la piété (1).

Il faut donc savoir gré à M. d'Arbaumont de son intéressante communication, qui contribue à éclairer un des côtés les plus obscurs de l'histoire littéraire du moyen âge. Puisque l'attention du Comité des Sociétés savantes a été appelée sur ces difficiles questions, je profiterai de l'occasion qui m'est offerte pour constater que, bien avant le concile de Vienne et les avertissements de Raymond Lulle, même avant ceux de Roger Bacon, la papauté s'était préoccupée des moyens de propager la civilisation chrétienne en Orient. Je ne parle pas seulement de la mission qui fut donnée, après la prise de Constantinople, à un certain nombre de clercs distingués par leur savoir, que le pape Innocent III invita les évêques de France à envoyer en Grèce avec des missels pour y prêcher la foi, comme l'empereur Baudouin l'avait demandé (2). Je néglige également les efforts qui furent faits dans le même but par l'ordre des Frères Prêcheurs, que leur nom même paraissait désigner plus spécialement pour la prédication de l'Évangile. Mais, pendant tout le xiii° siècle, les différents papes qui se sont succédé eurent soin d'entretenir à Paris vingt clercs originaires d'Orient, familiers par conséquent avec l'arabe, l'hébreu et les autres langues de ce pays, qui complétaient leur instruction dans les écoles de l'Université, et qui, retournés ensuite dans leur patrie, répandaient autour d'eux la semence du christianisme.

(1) Du Boulay, *Historia Universitatis Parisiensis*, t. IV, p. 209; Crevier, *Histoire de l'Université de Paris*, t. II, p. 227.
(2) *Rerum Gallicarum Scriptores*, t. XIX, p. 474 et 475; Du Boulay, *Hist. Univ. Paris.*, t. III, p. 10.

Leur entretien avait lieu aux frais des églises et des monastères de France; il arrivait quelquefois que certaines communautés refusaient de payer les sommes auxquelles l'autorité ecclésiastique les avait taxées, et prétextaient, pour s'affranchir de cette contribution, les privilèges que la cour de Rome leur avait accordés; mais, dans ce cas, le pape intervenait et obligeait les récalcitrants à payer leur quote-part.

Dans la collection des lettres des papes, due aux soins de La Porte du Theil, que possède la Bibliothèque nationale, j'ai retrouvé deux lettres, l'une d'Alexandre IV, l'autre d'Honorius IV, où sont indiqués tous les faits que je viens de rappeler (1). Deux lettres analogues d'Innocent IV, dont l'une avait été indiquée par M. Guérard, dans le Cartulaire de l'abbaye de Saint-Père de Chartres (2), font partie, sous les nos 81 et 82, d'un recueil de bulles, concernant ce monastère, qui vient d'être formé à la Bibliothèque nationale, et que M. Léopold Delisle a eu l'obligeance de nous communiquer.

La première lettre d'Innocent IV est datée des calendes de juillet de la cinquième année de son pontificat, ce qui correspond au 1er juillet 1248; elle est adressée aux religieux de l'abbaye de Saint-Père, qu'en considération de leur pauvreté elle affranchit de l'obligation de contribuer annuellement, jusqu'à concurrence de dix livres parisis, aux dépenses des clercs orientaux, pourvu que l'abbaye ait trois années durant versé ladite somme. Par une seconde lettre, en date du même jour, écrite à l'abbé de Sainte-Marie-du-Pré, dans le diocèse de Rouen, Innocent IV le charge de veiller à la conservation de ce privilège.

La bulle d'Alexandre IV, adressée au chancelier de l'Université de Paris, porte la date du 22 avril 1258. Elle est dirigée contre les religieux des abbayes de Prémontré, de Cluni et de Marmoutiers, qui se refusaient de payer leur part contributive de dépenses.

La bulle d'Honorius IV est également adressée au chancelier de l'Université de Paris; elle rappelle toutes les bulles précédentes, et renouvelle au chancelier l'ordre de pourvoir, par tous moyens de droit, selon les intentions du saint-siège, à l'entretien des

---

(1) Bibliothèque impériale, suppl. lat., cod. 1594, fo 39, et cod. 1611, fo 272.
(2) T. I, préface, p. ccxvii; t. II, p. 700.

clercs orientaux. Il est probable que cette lettre est celle que Wadding, rappelant les efforts d'Honorius IV pour encourager l'étude des langues orientales, mentionne, sans la reproduire, comme ayant été adressée au cardinal Cholet (1).

Comme ces différentes lettres nous paraissent inédites et qu'elles répandent quelque jour sur un fait très peu connu, sinon absolument ignoré, nous pensons qu'il ne sera pas sans intérêt d'en donner le texte. Nous écartons toutefois la lettre d'Innocent IV à l'abbé de Sainte-Marie du Pré, qui ne fait que répéter celle du même pontife aux religieux de Saint-Père.

*Lettre d'Innocent IV.* — « Innocentius episcopus, servus servorum Dei. Dilectis filiis abbati et conventui monasterii Sancti-Petri Carnotensis, ordinis Benedicti, salutem et apostolicam benedictionem. Exigentibus nostre devotionis meritis, votis vestris libenter annuimus et petitiones vestras, quantum cum Deo possumus, favorabiliter exaudimus. Cum igitur, sicut ex parte vestra fuit propositum coram nobis, cancellarius Parisiensis, cui super provisione facienda quibusdam pueris Orientalibus, Parisius studentibus, litteras nostras direximus, nobis mandaverit, ut eis deberetis in decem libris Parisiensibus annis singulis providere, nos attendentes quod vestrum monasterium est gravatum, ut ad provisionem eorumdem puerorum, dummodo per tres annos eis pensionem predictam solveritis, compelli per litteras apostolicas impetratas aut etiam impetrandas minime valeatis, auctoritate vobis presentium indulgemus. Nulli ergo omnino hominum liceat hanc paginam nostre concessionis infringere vel ei ausu temerario contra ire. Si quis autem hoc attemptare presumpserit, indignationem omnipotentis Dei et beatorum Petri et Pauli, apostolorum ejus, se noverit incursurum. Dat. Lugduni, 10 kal. julii pontificatus nostri anno quinto. »

*Lettre d'Alexandre IV.* — « Alexander, etc., dilecto filio... can-

---

(1) Wadding, *Ann. Min.*, t. V, p. 137 : « Honorius, pontifex, fidei Christianæ dilatationem summo ardore desideravit, ita ut pro convertendis Sarracenis et reducendis schismaticis Orientalibus, Arabicæ et aliarum peregrinarum linguarum studium Parisiis ab Innocentio, Alexandro et Clemente hujus nominis IV, ut institueretur sæpius præceptum, atque ab intermediis pontificibus solerter commendatum, ille omnino institui voluerit; de quo suas litteras dedit ad Joannem Cioletti, tituli sanctæ Ceciliæ cardinalem, in Gallia sedis apostolicæ legatum, quæ adhuc leguntur in regesto Vaticano. »

cellario Parisiensi, salutem, etc. Felicis recordationis Innocentius papa, predecessor noster, et nos etiam tibi litteras apostolicas, sub certa forma, pro dilectis filiis, decem pauperibus clericis transmarinis, dicimur pluries direxisse, ut eis, Parisius insistentibus scolasticis disciplinis, ac totidem aliis illarum partium, cum essent Parisius, ab aliquibus monasteriis vel ecclesiis regni Francie, unicuique ipsorum videlicet in decem libris Parisiensibus, annis singulis, provideri, et provisionem hujusmodi eis apud Parisius faceres assignari. Quia vero nonnulli Premonstratensis et Cluniacenis ordinum, ac Majoris monasterii Turonensis abbates et conventus et monasteriorum ipsorum persone, dicentes sibi esse ab apostolica sede indultum, quod ad provisionem alicujus compelli non possint per litteras apostolicas, que plenam et expressam de dictis ordinibus et monasteriis ipsorum, ac de indultis hujusmodi de verbo ad verbum non fecerint mentionem, super exibenda eis provisione hujusmodi ipsis imposita se propter hoc reddunt inflexibiles et molestos, pro parte dictorum clericorum, ad nostram providentiam habitus est recursus. Cum itaque pietas apostolica intenta potissime consolationi pauperum, quod de predictis incepit clericis relinquere non debeat imperfectum, nos devotis eorum precibus inclinati mandamus, quatenus, non obstantibus predictis, vel quibuscumque aliis indulgentiis, cujuscumque tenoris existant, ad provisionem ipsorum per te vel alium procedas juxta traditam tibi formam. Datum Viterbii, 10 kal. maii anno 4. — 22 aprilis 1258. »

*Lettre d'Honorius IV au chancelier de l'Université de Paris.* — « De affectione pia et moderatione provide felicis recordationis Innocentii papæ IV, predecessoris nostri, dudum noscitur processisse, quod ipse quosdam clericos, tam in Arabica quam in aliis linguis partium Orientalium eruditos, tali de causa mitti disposuit Parisius ad studendum, ut doctrinam sacre pagine consecuti, alios ad salutem in transmarinis partibus erudirent. Pie quoque memorie Alexander papa IV, predecessor noster, ne iidem clerici qui erant tunc Parisius ab incepto studio pro necessariorum defectu desistere cogerentur, quondam cancellario Parisiensi, predecessore tuo, ad instar ipsius predecessoris Innocentii, suis sub certa forma dedisse dicitur litteris in mandatis, ut ipsis decem et totidem aliis, cum essent ibidem, ab aliquibus monasteriis vel ecclesiis regni Francie, ita tamen quod in singulis monasteriis vel ecclesiis eisdem, singulis prefatis clericis, videlicet viginti, vel aliis eis cedentibus, vel decedentibus in loco succedentibus eorumdem usque ad numerum pretaxatum, faceret, per se vel per alium, in decem libris Parisiensibus, annis singulis, quandiu Parisius hujusmodi studio insignirent, provideri, dummodo monasterium, vel ecclesia, quod vel que per triennium id solveret, super hoc non gravaretur ulterius, eadem gratia quantum ad alia monasteria vel ecclesias in suo robore nihilominus perdurante, contradictores, etc., usque compescendo. Postmodum vero, felicis recordationis Clemens papa, predecessor noster, quondam magistro Odoni de S. Dionysio, canonico Parisiensi, suis sub certa forma dedit litteris in mandatis, ut ad provisionem dictorum decem et aliorum decem clericorum ejusdem terre, cum Parisius essent, per se vel per alium procederet juxta tenorem predictarum litterarum eorumdem predecessorum Innocentii et Alexandri ad dictum cancellarium directarum; ac postmodum, pie memorie Gregorius papa X, predecessor noster, eidem magistro Odoni, per suas mandavit litteras, ut ad provisionem dictorum clericorum, per se vel per alium, procederet secundum earumdem dicti predecessoris Clementis continentiam litterarum. Nos itaque, volentes ut quod per predictos predecessores nostros in hac parte demandatum extitit, plenum consequatur effectum, discretioni tue per apostolica scripta mandamus, quatenus ad provisionem dictorum clericorum, per te vel per alium, auctoritate nostra procedas, secundum eorumdem dictorum predecessorum nostrorum continentiam litterarum, non obstante, si prelatis, vel collegiis, aut personis monasteriorum et ecclesiarum predictorum, seu quibuscumque aliis a sede apostolica sit indultum, quod ad provisionem alicujus in aliquibus pensionibus minime teneantur, quodque ad id compelli, seu interdici vel excommunicari non possint per litteras apostolicas, non facientes plenam et expressam de indulto hujusmodi mentionem, seu qualibet dicte sedis indulgentia, cujuscumque tenoris existat, per quam effectus presentium impediri valeat, vel differri, et de qua cujusque toto tenore de verbo ad verbum oporteat nostris litteris fieri mentionem. Datum Romæ apud S. Sabinam. 10 kal. februarii, pontificatus nostri anno primo. — 23 januarii 1285. »

Les bulles que nous venons de transcrire ne permettent pas de douter que, pendant une grande partie du XIIIᵉ siècle, tout au moins depuis le pontificat d'Innocent IV jusqu'à celui d'Honorius IV, l'Université de Paris n'ait compté, parmi ses étudiants accourus de tous les pays de l'Europe, un certain nombre de clercs venus de Grèce et d'Asie pour recevoir une instruction chrétienne. Serait-il téméraire de conjecturer que ce sont ces pauvres clercs, placés sous la protection spéciale des papes, qui ont formé le collège de Constantinople, établissement sur lequel les opinions sont très partagées? Ce collège, s'il faut en croire Du Boulay (1), aurait été fondé, immédiatement après la prise de Constantinople, pour de jeunes Grecs que l'empereur Baudouin se proposait d'envoyer à Paris. Une autre tradition, également recueillie par Du Boulay (2), en fixe la fondation à l'année 1286; Sauval (3) semble, au contraire, vouloir reculer cet événement jusque vers le milieu du XIVᵉ siècle. Cette dernière opinion est évidemment erronée : loin que le milieu du XIVᵉ siècle soit l'époque de l'établissement du collège de Constantinople, ce fut en 1362 que le dernier de ses possesseurs, Mᵉ Yvan, du diocèse de Novare, traita de la location des bâtiments, alors abandonnés, avec Guillaume de la Marche, fondateur du collège de ce nom (4). Quant à la date de 1286, il nous paraît probable qu'elle fut celle, non pas de la première fondation du collège, mais de son agrandissement. Sans nous ranger tout à fait à la première opinion exprimée par Du Boulay, nous inclinons à penser qu'à l'époque où Innocent III, sur la prière de Baudouin, envoyait des maîtres chrétiens en Grèce, il fit venir en Europe de jeunes Grecs, et les confia aux soins de l'Université de Paris, léguant à la sollicitude de ses successeurs cette pieuse et utile institution, que ceux-ci protégèrent et développèrent, et qui devint peu à peu un véritable collège.

Quoi qu'il en soit, au XIVᵉ siècle, on perd la trace des étudiants orientaux, et il ne paraît pas non plus que le vœu formé par le concile de Vienne et les mesures qu'il avait adoptées pour

---

(1) *Hist. Univ. Paris.*, t. III, p. 10; Crevier, t. I, p. 487.
(2) *Hist. Univ. Paris.*, t. IV, p. 304; Crevier, t. II, p. 416.
(3) *Antiquités de Paris*, t. I, p. 108; t. II, p. 355.
(4) Du Boulay, t. IV, p. 364.

la propagation de l'Évangile en Asie aient eu beaucoup de succès. Les résultats des croisades tendaient de jour en jour à s'effacer : la barbarie musulmane reprenait possession de tous les lieux que la sainte ardeur de Godefroy de Bouillon et de ses compagnons lui avaient disputés. Qu'eût-il servi de former des missionnaires pour aller évangéliser ces peuples, ennemis de la Croix, que le fanatisme et de brutales passions poussaient comme un torrent vers l'Europe? La chrétienté ayant perdu à la fois l'espoir de les conquérir et celui de les vaincre, elle abandonna les projets que cette double espérance lui avait inspirés en des jours plus heureux. Le collège de Constantinople s'éteignit, pour ainsi dire, sans laisser de traces, et en même temps, et par les mêmes causes, disparut l'institution plus récente et tout aussi stérile dont M. d'Arbaumont a retrouvé et nous a transmis un des rares souvenirs.

# DE
# L'ENSEIGNEMENT DE L'HÉBREU
## DANS L'UNIVERSITÉ DE PARIS
### AU XVᵉ SIÈCLE.

# DE
# L'ENSEIGNEMENT DE L'HÉBREU
## DANS L'UNIVERSITÉ DE PARIS
### AU XV° SIÈCLE.

A quelle époque l'enseignement des langues orientales, et de l'hébreu en particulier, a-t-il été institué dans l'école de Paris? En admettant que son institution soit antérieure à la renaissance des lettres antiques, cet enseignement a-t-il existé d'une manière constante, ou plutôt n'a-t-il pas subi des interruptions, et son histoire ne présente-t-elle pas des lacunes considérables? Enfin quelle était la condition des maîtres chargés de le distribuer? La question n'est pas sans importance et vaut la peine qu'on l'examine.

Un professeur du Collège de France, qui occupa successivement la chaire d'éloquence latine et celle de philosophie, toutes deux instituées par François I<sup>er</sup>, Pierre Galland, dans le panégyrique qu'il prononça en l'honneur de ce prince, lui attribue l'honneur d'avoir le premier introduit parmi nous l'enseignement des langues orientales. « Avant ce grand roi, s'écrie-t-il, qui donc en France avait jamais songé à la langue hébraïque (1)? »

Cette exclamation, arrachée à l'orateur par son enthousiasme pour le monarque dont il avait reçu les bienfaits, exprime, sans

---

(1) Passage cité par l'abbé Goujet, *Mém. hist. et litt. sur le Collège royal de France*, t. I, p. 28.

aucun doute, le sentiment général des contemporains de François I<sup>er</sup>; mais elle n'est pas conforme entièrement à la vérité historique.

L'utilité que la connaissance des idiomes de l'Orient présente, ne fût-ce que sous le rapport religieux, avait frappé, dès le XIII<sup>e</sup> siècle, l'esprit des souverains pontifes, et au commencement du siècle suivant, le concile de Vienne, interprète de leur pensée, et répondant peut-être à un vœu exprimé par Raymond Lulle, ordonnait, de la manière la plus formelle, que des chaires d'arabe, de grec et d'hébreu fussent établies à Paris, à Oxford, à Salamanque et à Bologne. Que la création de ces chaires ne soit pas restée à l'état de simple projet, qu'elles aient existé effectivement à Paris, on ne saurait contester ce fait, en présence des documents parvenus jusqu'à nous qui en démontrent l'authenticité. Nous avons nous-même recueilli quelques-uns de ces documents; nous nous sommes efforcé ailleurs de les mettre en lumière; aussi jugeons-nous superflu de les produire de nouveau, et d'insister sur des résultats qui paraissent acquis.

Toutefois, ce qu'il faut en même temps reconnaître, c'est que la nouvelle institution s'établit avec peine, c'est qu'elle prit peu de développements, et qu'elle ne produisit pas des fruits féconds ni même durables. Elle avait si peu de racines dans les écoles; elle excitait dans les rangs d'une partie du clergé, quoique décrétée par un concile, de telles appréhensions; enfin elle était si mal dotée, à l'époque où elle prit naissance, qu'elle put à peine subsister l'espace d'un siècle; après quoi elle disparut, non sans laisser après elle, chez quelques amis des lettres, un sentiment de regret, dont on retrouve la trace dans les actes du temps.

Nous avons sous les yeux un document inédit qui prouve la continuité de l'enseignement de l'hébreu à Paris jusque dans les vingt premières années du XV<sup>e</sup> siècle, et qui atteste en même temps la situation précaire des maîtres par qui cet enseignement était donné : nous voulons parler d'une lettre que l'Université adressait aux habitants de Besançon, en mars 1421, pour leur recommander l'un de ces malheureux maîtres. Ce document a été retrouvé, depuis peu, dans les archives de la ville de Besançon, par M. Auguste Castan, l'un des correspondants du ministère de l'instruction publique pour les travaux historiques. En le rapprochant de quelques autres pièces, en partie inédites, peut-être nous sera-t-il possible de jeter un peu de jour sur ce point très obscur de l'histoire littéraire du xv⁰ siècle.

Un des traits qui caractérisent les nombreuses corporations que le moyen âge avait vues s'élever et que le mouvement de la civilisation moderne a détruites; une des causes du prestige qui les entourait et de l'influence qu'elles ont exercée, ce ne sont pas seulement les privilèges importants qui leur avaient été accordés par l'autorité civile ou par le pouvoir ecclésiastique, c'est aussi la protection vigilante qu'elles étendaient autour d'elles; c'est l'empressement qu'elles mettaient à venir en aide à leurs membres aussi souvent que l'occasion s'en présentait. L'Université de Paris s'est fait remarquer entre toutes les autres par l'activité vraiment paternelle qu'elle déployait en faveur de ses écoliers, et de tous ceux en général qui s'honoraient d'être appelés ses suppôts. Pour que la sollicitude du recteur fût éveillée, pour qu'il mît en mouvement la compagnie tout entière, il n'était pas nécessaire que l'honneur et les intérêts de celle-ci fussent directement engagés; plus d'une fois ce fut assez de la prière d'un simple gradué qui réclamait protection et appui. Les archives du ministère de l'instruction publique renferment un certain nombre de lettres qui furent écrites dans le courant du xiv⁰ siècle par l'Université de Paris à des prélats français ou même étrangers, et à d'autres grands personnages, collateurs de bénéfices ecclésiastiques, pour leur recommander des candidats qui avaient figuré sur ses bancs. Ainsi, en 1337, l'Université recommande au chapitre métropolitain de l'église de Reims, pour l'office de marguillier, l'un de ses bedeaux, Henri Le Vasseur, qui l'avait elle-même fidèlement servie durant trente ans. En 1350, elle prend avec énergie la défense de Pierre Berceure, l'un de ses écoliers, qui se trouvait alors détenu dans les prisons de l'évêque de Paris (1).

Le document qui a été retrouvé par M. Castan se rattache à l'ordre de faits que nous venons d'indiquer. L'Université de Paris fait appel à la bienveillance des gouverneurs, bourgeois et habitants de la bonne ville de Besançon, en faveur de « maistre

---

(1) Ces deux pièces font partie de notre *Index chronologicus chartarum ad historiam Universitatis Parisiensis spectantium*, p. 124 et 146.

Paul de Bonnefoy, maistre en Ebrieu et en Caldée. » Elle expose que maistre Paul a composé un livre en hébreu sur la foi catholique; que son intention serait de le faire traduire en latin; qu'à cet effet il se rend en pays étranger; qu'il est dépourvu de ressources, et qu'à tous ces titres il mérite d'obtenir aide et secours; car « de présent, il est, au pays de France, le seul docteur en Ebrieu et Caldée. » Voici, du reste, le texte même de cette curieuse missive :

« Très chers et bons amis, pour la littérature et autres bonnes vertus que congnoissons estre en la personne de maistre Paul de Bonne Foy, maistre en Ebrieu et en Caldée, de nostre povoir, nous sommes perforcez de lui administrer ses vie et estat jusques à cy; et cependant a labouré et composé en Ebrieu certain notable livre sur nostre foy, lequel a intencion de faire translater en langue latine par un maistre de par delà, où il a son plaisir, et, pour ce faire, soy y transporter. Et mesmement, pour la très grant charté de vivres qui de présent est par deçà, pour laquelle sa provision ne peut bonnement fournir son vivre, si vous prions et requerons très acertes que, pour amour de Dieu et en faveur de la foy chrestienne, à laquelle ledit maistre Paul, à la confusion des Juifz, ennemis de Dieu et de ladite foy, s'est converti, et en contemplacion de nous, il vous plaise ledit maistre Paul, venu par devers vous, avoir pour espécialement recommandé, et lui aidier et secourir en ses afaires par delà, principalement à l'estat de sa vie, afin que un si notable clerc qui de présent, ou pais de France, est seul docteur en Ebrieu et Caldée, au grant reproche de tous chrestiens et au deshonneur de nostredite foy, ne soit contraint de retourner au premier et dampnable estat de ténèbres, duquel Dieu l'a appelé à lumière, ou mendier honteusement, pour avoir entre nous chrestiens sa poure vie, et qu'il puisse son euvre achever; car il pourra sortir d'icelle bien grant fruit. Et, en ce faisant, vous ferez euvre de charité, agréable à Nostre Seigneur, et à nous très grant et singulier plaisir. Et s'aucune chose vous plaist que puissions, nous la ferons bien volontiers et de bon cuer, prians Nostre Seigneur qu'il vous ait en sa garde. Escript à Paris, le viij° jour de mars (1). »

---

(1) Sur le verso de la feuille de parchemin on lit la note suivante : « Ces présentes furent receues en la maison de la ville, le lundi ii° jour de juing mil iiii° et xxi. »

L'Université de Paris se servait en général de la langue latine pour traiter les affaires qui la concernaient, à quelque titre que ce fût. C'est dans cette langue que la plupart des actes émanés d'elle, ses délibérations, ses statuts, sa correspondance, non seulement avec les souverains pontifes, mais avec les princes, les instructions qu'elle donnait à ses légats, étaient rédigés et publiés. Cependant de nombreux exemples prouvent que, dès le XIV° siècle, et à plus forte raison au XV°, elle commençait à employer la langue vulgaire. Ainsi, la requête qu'elle adressa, en 1380, à Charles VI, pour se plaindre des vexations du prévôt de Paris, Hugues Aubriot, est en français (1). C'est en français également qu'est écrite une lettre du mois de janvier 1417, adressée aux habitants de Reims, et communiquée par M. Louis Paris au *Journal général de l'instruction publique* (2). Il n'est donc pas étonnant que, quelques années après, le recteur, ayant à faire parvenir une recommandation aux habitants de Besançon, ait préféré cette fois encore le français au latin. Le document retrouvé par M. Castan conserve d'ailleurs l'empreinte en cire rouge du grand sceau de l'Université, décrit par Du Boulay dans son livre *De patronis IV Nationum* (3) : ce qui ne permet aucun doute sur l'authenticité de la pièce dont il s'agit.

Deux faits paraissent clairement établis, dans la lettre aux échevins de Besançon, par le propre témoignage de l'Université; le premier, c'est que, jusque dans les premières années du XV° siècle, elle n'avait pas cessé de compter dans ses rangs quelques maîtres, en général des juifs convertis, qui savaient l'hébreu et qui se chargeaient de l'enseigner; le second, c'est que le nombre de ces maîtres avait successivement diminué, et qu'au mois de mars 1421 on n'en connaissait plus qu'un seul à Paris : misérable condition d'un enseignement capital, et pour lequel le concile de Vienne semblait avoir rêvé, dans l'intérêt même de l'orthodoxie catholique, des destinées plus brillantes.

Il serait intéressant de savoir quel était ce maître Paul de Bonnefoy, qui avait su inspirer aux témoins journaliers de ses travaux un intérêt assez vif pour que la Faculté des arts se décidât à lui

---

(1) *Index chronologicus chartarum*, etc., p. 176 et suiv.
(2) Année 1855, n° 100.
(3) Parisiis, 1662, in-8°, p. 10 et suiv.

accorder des lettres de recommandation. Il figurait sans aucun doute au nomb des maîtres, fameux alors, que possédait l'école de Paris, et qui réunissaient autour de ses chaires des étudiants de toute nation avant que les calamités de la guerre en eussent rendu quelques-unes presque désertes. Cependant nous avons cherché inutilement ce nom, soit dans la *Bibliotheca mediæ et infimæ latinitatis* de Fabricius, et la *Gallia orientalis* de Colomiès (1), soit dans les recueils spécialement consacrés à la littérature rabbinique, tels que la *Bibliothèque* de Christian Wolf et le *Dictionnaire des auteurs hébreux* de Rossi. On vit bien à Paris, dans les premières années du XV° siècle, un israélite espagnol, lequel, ayant été converti au christianisme par la lecture de saint Thomas d'Aquin, prit le nom de Paul de Sainte-Marie, fit ses études théologiques, reçut même le bonnet doctoral, parvint aux premiers honneurs de l'Église, et mourut évêque de Burgos en 1435. On possède de lui, entre autres écrits, des additions aux *Commentaires* de Nicolas de Lire sur l'Écriture sainte (2); mais il ne peut évidemment être confondu avec Paul de Bonnefoy, qui n'a de commun avec lui que d'avoir porté le même nom, d'avoir vécu à la même époque et d'avoir possédé la langue hébraïque.

Nous désespérions de parvenir à nous procurer aucun renseignement sur ce personnage ignoré, qui paraît avoir échappé jusqu'ici à tous les biographes, lorsqu'en compulsant les archives de l'Université de Paris, nous avons découvert un document inédit qui mentionne son nom avec certains détails précieux à recueillir.

Le traité de Troyes venait d'être signé depuis quelques mois. Après s'être montré aux Parisiens, Henri V s'était mis en route, sur la fin de l'année 1420, pour retourner en Angleterre, en passant par Rouen. Lorsqu'il était encore dans la capitale de la Normandie, l'Université de Paris, qui l'avait déjà sollicité plus d'une fois, sans obtenir tout ce qu'elle désirait, lui envoya une nouvelle députation composée de Jean Basset, maître ès arts et licencié en

---

(1) *Gallia orientalis, sive Gallorum qui linguam Hebræam vel alias Orientales excoluerunt vitæ. Labore et studio Pauli Colomesii, Ruppelensis.* Hagæ Comitis, 1665, in-4°. Nous avons consulté tout aussi vainement un autre ouvrage du même auteur : *Italia et Hispania Orientalis;* Hamburgi, 1730, in-4°.

(2) Wolf, *Bibl. Heb.*, t. I, p. 963.

droit canon; Jean de la Fontaine, maître ès arts et bachelier en droit canon; Guillaume Guignon, maître ès arts, bachelier en droit canon et licencié en droit civil; Pierre Amiot, maître ès arts et bachelier en droit canon. Les députés étaient porteurs d'instructions (1) qui indiquaient tous les points sur lesquels ils devaient appeler l'attention bienveillante du puissant roi d'Angleterre, devenu par le cours des vicissitudes humaines régent du royaume de France. Ces instructions n'ont jamais été publiées; cependant elles ne sont pas sans intérêt pour l'histoire politique et littéraire du xv$^e$ siècle. Parmi les points qu'elles touchent, n'est-il pas remarquable de voir figurer l'enseignement de la langue hébraïque? L'Université se plaint que cet enseignement, qui devrait, d'après les anciennes ordonnances, compter à Paris plusieurs chaires, soit tellement dégénéré, en raison du malheur des temps, qu'il n'est plus donné, au moment où elle écrit, que par un seul professeur. Elle ajoute qu'elle avait sollicité sur cette matière importante un règlement général, mais qu'elle avait seulement obtenu d'Henri V la promesse d'une allocation de cent francs, destinée à l'unique hébraïsant qu'elle eût conservé; sur ce chiffre, celui-ci n'avait reçu que cinquante francs. Elle demande en conséquence que le prince veuille bien compléter sa libéralité, et que des mesures soient prises pour en assurer les effets d'une manière durable. Nous ajouterons que l'Université donne le nom de ce maître, assez peu favorisé de la fortune, sur lequel repose désormais dans Paris l'enseignement de l'hébreu : c'est maître Paul de Bonnefoy, le même assurément qui fait l'objet du document transmis par M. Castan. Voici le texte même du passage inédit et inconnu jusqu'à ce jour que nous venons d'analyser :

(1) Une copie très ancienne, et peut-être même la minute originale de ces instructions, est conservée dans le premier carton des archives de l'ancienne Université de Paris, aujourd'hui déposées au ministère de l'instruction publique. En voici les premières lignes : « Secuntur instructiones quas magister Johannes Basselus, magister in artibus et licentiatus in decretis ac promotor Universitatis Parisiensis; Johannes de Fonte, magister in artibus et bachalarius in decretis, ordinati ad exequendum contenta in primo articulo; et Guillelmus Guignon, magister in artibus, licenciatus in legibus et bachalarius in decretis; Petrus Amioti, magister in artibus et licenciatus in jure canonico, ambassiatores ejusdem Universitatis, ad serenissimum ac victoriosissimum principem, dominum regem Anglie, heredem et regentem regni Francie, destinati, observare habebunt... » Nous nous proposons de publier le texte intégral de ce document dans la prochaine livraison de notre *Index chronologicus*.

« Item, quum ex antiqua ordinacione debeant esse in Universitate doctores plures sancti [sermonis], et de præsenti solum sit unus doctor hebreus qui propter iniquitatem temporis vix potest victum et vestitum honeste continuare, explicetur domino regnti, quod super his ponatur universalis provisio; et quum pro speciali provisione Serenitas domini regentis ordinaverit et disposuerit in Corbolio, quod dicto doctori et magistro, Paulo de Bona Fide, expediantur centum franci, et super his non receperit nisi quinquaginta francos, dignetur Sua Serenitas jubere ut residuum dicto doctori expediatur, atque sibi solide provideatur in futurum. »

Le passage qu'on vient de lire confirme les renseignements qui nous étaient fournis par la lettre de l'Université de Paris aux échevins de Besançon; il montre aussi la juste importance que l'Université ne cessait pas d'attacher à l'enseignement de l'hébreu, ou, suivant ses propres expressions, de la langue sacrée, *sacri sermonis;* la vive douleur qu'elle éprouvait de voir cet enseignement si déchu; enfin ses efforts persévérants pour le ranimer et le relever.

Tout porte à croire que le roi d'Angleterre ne se laissa pas toucher par les doléances de la députation qui lui était envoyée; que les cinquante francs qui restaient dus au maître d'hébreu, en vertu de la promesse royale, ne furent pas payés à ce dernier, et qu'enfin aucune mesure ne fut ordonnée en faveur de cet ordre d'études. Ce fut alors, autant qu'on peut le conjecturer, que maître Paul, ne sachant que devenir à Paris, conçut le dessein d'aller chercher fortune en pays étranger, peut-être sur ce sol favorisé de l'Italie qui voyait déjà poindre l'aurore d'une nouvelle renaissance des lettres antiques. Au moment où il songeait à se séparer de l'Université, dans les premiers mois de 1421, celle-ci lui accorda ce qu'elle refusait bien rarement à ses maîtres, je veux dire des lettres de recommandation. Durant cette lamentable période d'anarchie politique et religieuse, l'école de Paris venait de conquérir dans les affaires de l'État et dans celles de l'Église une telle influence, que le témoignage de sa protection n'était pas pour ceux qui l'avaient obtenue une formule sans efficacité. Toutefois il nous paraît douteux que maître Paul ait tiré parti des lettres qui lui furent délivrées; car en 1423 nous le retrouvons à Paris, et il donne quittance au bedeau de la Faculté de théologie, Jean Vacheret, d'une somme de seize sous parisis, qui venait de lui être comptée à la décharge de la Faculté. Cette quittance, au témoignage de Richer (1), qui l'avait retrouvée dans un ancien livre de comptes, portait la signature du créancier, écrite à la fois en lettres hébraïques et en lettres vulgaires. A partir de ce moment, nous perdons entièrement la trace de maître Paul, à moins qu'il ne soit le même qu'un certain Paul de Slavonie, qui eut, de 1430 à 1440, d'opiniâtres démêlés avec la Nation d'Allemagne. Mais l'identité des deux personnages n'est nullement établie; et, fût-elle avérée, la querelle dont nous avons saisi la trace dans les registres de l'Université avait pour motif certaines infractions à la discipline scolaire, et ne concernait en rien l'enseignement des langues.

Malgré l'abandon dans lequel les études orientales étaient laissées par les princes rivaux qui se disputaient la France, il est constant que ces études ne furent pas complètement oubliées; car on vit dans les années suivantes s'élever quelques maîtres qui se montraient disposés à donner des leçons régulières de grec et d'hébreu, pourvu qu'on leur assurât des émoluments convenables. En 1430, certains d'entre eux en firent la proposition formelle à la Faculté des arts; la Nation de France, comme nous l'apprenons par le témoignage de son procureur, Cordier de la Rivière, les accueillit avec faveur; elle avait même exprimé l'avis que des bénéfices d'un revenu suffisant fussent affectés à la rémunération de ceux qui enseigneraient dans l'école de Paris les idiomes de l'Orient (2).

(1) On sait qu'Edmond Richer avait réuni les matériaux d'une histoire de l'Université de Paris, qui n'a pas vu le jour, mais dont le manuscrit se conserve à la Bibliothèque nationale, Cod. lat., 9943 et suiv. Au tome III de cette histoire, fol. 147 v°, se lit le passage suivant qui mérite assurément d'être recueilli : « Anno 1423, in libro computorum memorati Johannis Vacheret, legitur acceptilatio Pauli de Bonnefoy, magistri et lectoris linguæ Hebraicæ et Caldaicæ in Universitate Parisiensi; qua acceptilatione fatetur se sexdecim solidos Parisienses accepisse a prædicto Joanne Vacheret, nomine Facultatis; in cujus rei testimonium nomen suum scribit literis christianorum et hebraicis : literas autem christianorum appellat nostras communes, literas quibus scribimus. » Richer ajoute : « Hinc autem conjicio illis temporibus aliquos judæos christianos venisse Lutetiam, ut literas orientales docerent, et Academiam Parisiensem aliquid stipendii illis annuatim dependisse. »

(2) Voici en quels termes Du Boulay rend compte de ces faits, *Hist. Univ.*, t. V, p. 398 : « Eodem quoque anno (1430), professores quidam Græci, Hebræi et Chaldæi postularunt ab Universitate stipendium aliquod sufficiens ut possent illas disciplinas

Quel résultat cette délibération produisit-elle? Nous n'avons que trop de raisons de supposer qu'elle resta provisoirement stérile. Cependant l'Église n'avait pas renoncé à l'espérance de convertir les juifs et les infidèles, et beaucoup de membres du clergé estimaient qu'un des plus sûrs moyens d'opérer cette conversion si désirée, c'était l'enseignement et la prédication. En conséquence ils persistaient à demander qu'on avisât aux moyens de former des docteurs sachant parler la langue de ces peuples qu'il s'agissait de ramener dans le giron du catholicisme. Le concile de Bâle se rendit à ces vœux. Dans sa dix-neuvième session, qui se tint au mois de septembre 1434, il invita les évêques à envoyer dans les localités de leurs diocèses habitées par les juifs des missionnaires éprouvés y porter la parole de Dieu; il renouvela en outre la constitution du concile de Vienne, portant qu'il y aurait dans les Universités deux maîtres chargés d'enseigner les langue hébraïque, arabe, grecque et chaldéenne. On décida même que chaque recteur, à son entrée en charge, ferait le serment de tenir la main à l'observation de l'ordonnance du concile (1).

Il n'est pas à notre connaissance que cette dernière disposition ait été jamais exécutée. Du Boulay nous a conservé (2) la formule du serment que le recteur nouvellement élu à Paris était tenu de prêter : elle mentionne seulement, en termes généraux, la promesse d'exercer les fonctions rectorales dans l'intérêt et à l'honneur de l'Université. Cette formule est, à la vérité, très ancienne; elle remonte au XIIIe siècle; mais il n'est pas douteux qu'on ne re-

---

profiteri; quorum supplicationi annuit Natio Gallicana, ita scribente suo procuratore M. Ægidio Cordier de Riparia. « Qua.1tum ad primum punctum, etc., signanter voluit, « illud addi, ut scilicet provideretur aliquibus doctoribus Græcis, Hebræis et Chaldæis « de beneficio sufficienti, ut possent per eosdem in Universitate Parisiensi illa idiomata « patefieri. » Crevier, selon sa coutume, répète, en l'abrégeant, le récit de Du Boulay, *Hist. de l'Univ.*, t. IV, p. 46.

(1) *Sacrosancta concilia*, etc., studio Ph. Labbei, Lutetiæ Parisiorum, 1672, in-folio, t. XII, p. 547 : « Ut autem hæc prædicatio eo sit fructuosior, quo prædicantes linguarum habuerint peritiam, omnibus modis servari præcipimus constitutionem editam in concilio Viennensi, de duobus docere debentibus in studiis ibidem expressis linguas Hebraicam, Arabicam, Græcam et Chaldæam : quæ ut efficacius observetur, rectores istorum studiorum, inter alia quæ in assumptione rectoratus jurant, hoc etiam addi volumus, operam se pro ipsius constitutionis observatione daturos. »

(2) *Hist. Univ.*, t. III, p. 573.

trouvât la trace des additions qu'elle aurait subies, si les décrets du concile de Bâle avaient reçu leur entier accomplissement.

Et cependant, comment l'école de Paris, si favorable d'ailleurs au concile de Bâle, n'aurait-elle pas accueilli avec satisfaction un décret qu'elle semblait avoir elle-même inspiré par ses vœux réitérés en faveur des études orientales? Elle paraît du moins avoir fait ce qu'elle avait le pouvoir de faire pour la restauration de ces études. Non seulement elle vit se relever une chaire d'hébreu, mais elle consentit durant quelques années à l'entretenir à ses frais. Un texte curieux, cité par Du Boulay, nous apprend que le maître chargé de l'enseignement de la langue hébraïque réclama en mai 1455 les honoraires annuels qui lui étaient promis; sa demande fut accueillie par la Faculté des arts; chaque Nation se cotisa pour le paiement; la Nation de France en particulier y contribua pour la somme de huit écus (1). Il est probable que les autres compagnies se montrèrent un peu moins généreuses; car dans un ancien registre de comptes de la Faculté de théologie, que possède la Bibliothèque nationale, la dépense figure seulement pour quarante-huit sous parisis, qui furent payés au maître d'hébreu, le 8 mai 1455, par le bedeau de la Faculté, en vertu de la délibération de celle-ci (2).

C'est là le dernier indice que nous ayons découvert de l'existence d'une chaire d'hébreu à Paris avant la renaissance des lettres. A mesure que le moyen âge approche de sa fin, la vie tend à se retirer des anciennes écoles; leur activité s'épuise en de misérables débats, et, au lieu d'avancer comme la société elle-même, elles laissent échapper une partie du terrain qu'elles avaient conquis autrefois sur l'ignorance et la barbarie. L'enseignement officiel des langues orientales dans l'école de Paris subit à la fin du xv$^e$ siècle une manifeste interruption; il ne doit

---

(1) Du Boulay, *Hist. Univ.*, t. V, p. 596 : « In iisdem comitiis (6 maii 1455), supplicavit vir quidam religiosus pro stipendio annuo, pollicitus se scholam litterarum Hebraicarum habiturum. Cujus supplicationi annuit Universitas; et in rationibus Nationis Gallicanæ video octo scuta data illi religioso fuisse legenti litteras Hebraicas pro suo salario, pro quota Nationis, ex ejusdem conclusione. » Cf. Crevier, *Hist. de l'Univ.*, t. IV, p. 223; *Hist. litt. de la France*, t. XXIV, p. 387.

(2) *Bibl. nat.*, Cod. lat. 5657 C, fol. 24 : « Item, tradidit (Laurencius Pontrelli, bidellus Facultatis theologiæ) magistro legenti hebraïcum, ex deliberatione Facultatis, x$^a$ die maii, XLVIII solidos. »

reparaître, en quelque sorte avec le prestige de la nouveauté, que sous le règne de François I$^{er}$, après la fondation du Collège royal. Mais à ce moment l'Église voyait lui échapper l'empire, presque toujours victorieux, qu'elle avait exercé jusque-là sur les âmes. De jour en jour, les prédications des luthériens sapaient l'autorité de la tradition, et disposaient les esprits à ne consulter, dans l'interprétation des saintes Écritures, que la lumière intérieure de la raison. Comment les appréhensions que l'enseignement public de l'idiome sacré avait excitées dès l'origine ne se seraient-elles pas réveillées plus vives que jamais? Lorsque le concile de Vienne ordonnait que des chaires de grec, d'arabe et d'hébreu fussent établies dans les principales universités de l'Europe, il avait pour objet de pourvoir à un grand intérêt religieux; et cependant le prestige qui s'attachait à ses décisions n'avait pas suffi pour calmer tous les scrupules du clergé. Telle était d'ailleurs, pour ce qui touche à l'orthodoxie, l'inquiète vigilance de l'Université de Paris, qu'en 1472, le cardinal Bessarion, légat du saint-siège, ayant offert la traduction d'un dialogue de Platon à la compagnie, celle-ci ne permit pas que l'ouvrage circulât dans les écoles avant d'avoir été soumis à l'examen de chaque Faculté (1). Après Luther, ce sentiment de défiance invétérée s'accrut naturellement, par l'expérience des périls que les novateurs faisaient courir à la discipline et au dogme. Aussi l'école de Paris, moins encore peut-être par attachement pour ses privilèges que par excès de zèle pour la religion, se montra-t-elle en général très contraire aux nouveaux enseignements institués par François I$^{er}$. Tandis que l'Europe savante retentissait des louanges du prince protecteur des lettres et fondateur du Collège de France, la Faculté de théologie citait devant le parlement de Paris Agathe Guidacerio, François Vatable, Paul Paradis et Pierre Danés, coupables d'enseigner le grec et l'hébreu, et par conséquent d'interpréter les textes sacrés, par délégation et aux frais du roi, sans avoir été approuvés par la Faculté (2).

Cette attitude de l'Université de Paris contre une institution excellente, que le temps devait consacrer, nuisit à sa propre gloire.

---

(1) Du Boulay, *Hist. Univ.*, t. V, p. 697.
(2) Du Boulay, *Hist. Univ.*, t. VI, p. 259 et suiv.; Félibien, *Hist. de Paris*.

Elle a fait oublier aux contemporains et à la postérité que les devanciers de ces inexorables censeurs du Collège de France avaient eux-mêmes encouragé les études orientales, et préludé aux mémorables créations du siècle de Léon X et de François Ier par quelques tentatives qui ne sauraient être passées entièrement sous silence, quoiqu'elles n'aient donné que des résultats médiocres et éphémères. En compulsant de vieux monuments, nous avons recueilli les vestiges épars de ces tentatives pour ainsi dire avortées. Les faits que nous venons d'exposer nous paraissent décisifs; ils démontrent que, jusqu'au milieu du XVe siècle tout au moins, le moyen âge n'était pas demeuré absolument étranger à la connaissance de la langue hébraïque; l'Université de Paris en particulier, après avoir possédé pendant quelque temps plusieurs maîtres qui enseignaient cette langue, n'avait pas vu diminuer peu à peu leur nombre sans faire de louables efforts pour les retenir et même pour leur trouver des successeurs. Enfin sera-t-il hors de propos, en terminant, de rappeler que le premier auteur qui ait fait imprimer en France une grammaire de la langue hébraïque est un maître de notre Université, François Tissard?

#  LA

## TAXE DES LOGEMENTS DANS L'UNIVERSITÉ

### DE PARIS.

# LA
# TAXE DES LOGEMENTS DANS L'UNIVERSITÉ
## DE PARIS.

Une des préoccupations les plus sérieuses du père de famille qui envoie ses enfants au loin, dans une ville inconnue, pour y commencer ou pour y continuer leurs études, c'est assurément de leur ménager un gîte convenable qui remplace passagèrement pour eux le toit paternel. Cette préoccupation tient aux sentiments les plus profonds de la nature humaine : aussi n'est-elle pas particulière à notre époque; elle existait déjà au moyen âge, et l'on peut dire qu'elle n'était pas alors moins générale ni moins vive qu'elle ne l'est aujourd'hui; mais elle n'obtenait pas satisfaction aussi facilement que de nos jours, et il est à présumer qu'à l'origine le plus grand nombre des mères à qui la sagesse conseillait de se séparer de leurs fils, afin de leur procurer le bienfait de l'instruction, ne les voyaient pas sans une inquiétude mortelle, prendre le chemin de l'Université de Paris ou de l'Université d'Oxford.

Lorsque Abélard eut ouvert une école sur la montagne Sainte-Geneviève, une multitude d'auditeurs venus de tous les pays de l'Europe se pressa autour de sa chaire. Sous Philippe-Auguste, Paris s'appelait déjà la cité des philosophes, *civitas philosophorum*, et comptait dans ses murs, dit l'historien Rigord (1), plus

(1) « In diebus illis studium litterarum florebat Parisius, nec legimus tantam aliquando fuisse scholarium frequentiam Athenis vel Ægypti vel in qualibet parte mundi quanta locum predictum studendi gratia incolebat; quod non solum fiebat propter

d'étudiants que n'en eut jamais ni Athènes, ni l'Égypte, ni aucune contrée du monde. Et ce qui attirait ces étudiants, continue le même historien, ce n'étaient pas seulement l'admirable beauté du site de Paris et les jouissances que chacun pouvait s'y procurer; c'étaient les garanties et les privilèges que Philippe-Auguste et avant lui son père avaient accordés aux écoliers.

Cette nombreuse jeunesse accourue d'Angleterre, d'Allemagne, d'Italie, même des contrées septentrionales comme la Suède et le Danemark, à plus forte raison des provinces de France, notamment de la Normandie et de la Picardie, s'était groupée sur la rive gauche de la Seine, dans le quartier où venaient de s'élever les premières écoles, qui s'est longtemps appelé le quartier de l'Université, et qui a retenu, sinon dans la langue officielle, du moins dans le langage usuel, le nom de quartier latin. Mais comment parvenait-elle à se loger? Il n'a pas toujours existé à Paris des collèges pour y donner l'hospitalité aux étudiants venus de loin; et même après l'établissement des premiers collèges, ni les bourses comprises dans leur fondation, ni les pensionnats qui ne tardèrent pas à se multiplier, ne suffisaient pour donner un asile à la foule de ceux qui fréquentaient les écoles de l'Université. Où donc allaient-ils chercher un gîte? A quelles conditions l'obtenaient-ils? Quelles mesures l'autorité ecclésiastique et l'autorité civile avaient-elles prises à cet égard? Il semble que la question n'est pas dépourvue d'intérêt. Quoiqu'elle n'ait pas échappé à Du Boulay ni à son abréviateur Crevier, elle est restée assez obscure pour qu'il ne soit pas hors de propos d'y insister. Sans prétendre apporter des documents nouveaux et inédits, nous nous contenterons de mettre à contribution, plus complètement qu'on ne l'a fait jusqu'ici, les documents déjà publiés; et peut-être le rapprochement des indications qu'ils contiennent nous fournira-t-il quelques lumières nouvelles et utiles sur le sujet dont il s'agit.

Paris a possédé des écoles et même des écoles florissantes bien avant qu'elles fussent constituées à l'état d'*université*. Le premier monument authentique concernant l'Université de Paris est la

---

loci illius admirabilem amœnitatem et bonorum omnium superabundantem affluentiam, sed etiam propter liberalitatem et specialem prerogativam defensionis, quam Philippus rex et pater ejus ante ipsum ipsis scholaribus impendebant. » (Du Boulay, *Hist. Univ.*, t. III, p. 25. Cf. *Recueil des hist. de France*, t. XVII.)

charte célèbre datée de Fontainebleau, en l'année 1200, par laquelle Philippe-Auguste prend les écoliers sous sa protection, défend au prévôt de la ville de les maltraiter, et, en cas de délit de leur part, renvoie le jugement de l'affaire à la juridiction ecclésiastique. De même, l'acte le plus ancien, à notre connaissance, où il soit fait mention du logement des écoliers, est l'ordonnance promulguée dans le courant du mois d'août de l'an de grâce 1215, par le cardinal Robert de Courson. Écartant les dispositions de cet important statut relatives à la tenue des classes, au choix des auteurs qui devaient y être expliqués, et généralement à la discipline scolastique, nous nous contentons de relever un seul article (1) : « Facere possunt magistri et scholares tam per se quam cum aliis obligationes et constitutiones, fide, vel pœna, vel juramento vallatas... pro taxandis pretiis hospitiorum. » — « Pouvoir est donné aux maîtres et écoliers de contracter, aussi bien entre eux qu'avec des personnes étrangères, des pactes ou obligations, passés de bonne foi, avec une clause pénale ou sur la foi du serment, en ce qui concerne la taxe de la valeur des loyers. » Après avoir lu cet article, on peut conjecturer, ce semble, sans trop de témérité, que dans les premières années du XIII⁰ siècle, ce n'était pas chose facile pour les écoliers que de trouver à se loger; que des conditions très dures leur étaient faites par les propriétaires, et que souvent déjà ils s'étaient plaints de l'avidité de ces derniers, lorsque Robert de Courson, accueillant leurs plaintes, leur fournit les moyens de se protéger eux-mêmes et de mettre fin aux exigences déraisonnables dont ils se disaient victimes.

Toutefois l'autorité d'un cardinal, légat du saint-siège, quelque vénérée qu'elle fût alors, ne suffisait pas pour faire accepter ses décisions par toutes les parties intéressées, alors que lesdites décisions portaient une grave atteinte aux droits et à la liberté des propriétaires. Aussi quinze ans s'étaient écoulés depuis le statut de Robert de Courson, sans que la situation à laquelle il avait voulu remédier se fût améliorée sensiblement, lorsque le pape grégoire IX, par ses lettres du 14 avril 1231 (2), fit appel à l'autorité royale en faveur des écoliers de Paris, et supplia le roi Louis IX de leur accorder le droit de faire établir la taxe des

(1) Du Boulay, t. III, p. 82.
(2) Du Boulay, t. III, p. 143.

loyers à leur usage par l'entremise de deux maîtres de l'Université et de deux bourgeois assermentés. Le pape rappelle que le règlement qu'il sollicite est conforme à l'usage, *sicut fieri consuevit*; d'où nous pouvons conclure que la taxe des loyers était déjà passée en coutume; mais en même temps il demande qu'elle soit autorisée, *hospitiorum taxationem per duos magistros et duos burgenses fideliter faciendam sine difficultate concedas* : ce qui paraît prouver clairement que, si elle avait existé jusque-là, c'était sans l'autorisation du roi et non sans difficulté.

Quoi qu'il en soit, il n'eût pas été d'une sage politique de mécontenter l'Université de Paris, toujours prompte à s'irriter, et qui peu d'années avant, sous un prétexte frivole, avait interrompu ses leçons, menacé de se transporter dans un autre pays et permis à quelques-uns de ses maîtres d'aller se fixer en Angleterre. Aussi Louis IX, de l'avis de son conseil et de sa mère, Blanche de Castille, accéda sans peine au vœu du souverain pontife, comme nous l'apprenons par une bulle du pape Innocent IV, du 5 mars 1244 (1), dans laquelle il est dit que la taxe des loyers fut établie, *de voluntate et consensu charissimi in Christo filii nostri illustris Francorum regis*.

Mais ce n'était pas seulement la cupidité des propriétaires qu'il importait de réprimer dans l'intérêt des études par une taxation équitable de leurs maisons; il fallait aussi contenir les rivalités des étudiants et de leurs maîtres eux-mêmes, qui se disputaient à prix d'argent et trop souvent s'enlevaient sans scrupule, par une surenchère déloyale, l'habitation ou la salle de classe que le premier détenteur croyait s'être assurée. Telle était alors, avec beaucoup d'éléments d'une prospérité certaine, la misérable condition de l'enseignement à Paris : maîtres et écoliers y affluaient; mais les premiers ne savaient où enseigner, ni les seconds où se loger.

En 1239, une lettre de Jacques, évêque de Préneste, légat du saint-siège, dont nous avons retrouvé et publié le texte, inédit jusqu'à nous (2), enjoint au chancelier de faire publiquement défense à tout maître et à tout écolier de louer le local occupé

---

(1) Du Boulay, t. III, p. 196.
(2) Voyez notre *Index chronologicus chartarum pertinentium ad historiam Universitatis Parisiensis*, n° LV.

par un autre, sans le consentement du détenteur, à moins que celui-ci n'ait refusé, par pure malice, de le céder : « Quia non omnes qui Parisius ad studendum veniunt, moribusque scientiam afferunt, se exercent; immo unus ad alterius aspirans hospicium, ipsum sibi reddit interdum pretii carioris; nos volentes indemnitati eorum consulere ac presumptioni malignantium obviare, discretioni tue, qua fungimur auctoritate mandamus quatinus inhibitionem facias generalem, in scolis singulis publicandam ut nullus magistrorum seu scolarium Parisiensium, alterius conducat hospitium, quamdiu ipsum absque manifesta malicia retinere voluerit inquilinus. »

Mais sur ce point particulier, comme sur la matière des logements en général, le document capital est le statut du mois de février 1244 (1), adopté après mûre délibération, par le suffrage unanime, *de communi consensu*, des maîtres de l'Université.

Nul, s'il n'est régent, n'occupera une salle d'école pour y enseigner.

Nul ne s'emparera de la salle d'école occupée par un régent, tant que celui-ci y donnera des leçons et s'acquittera des obligations par lui contractées envers le propriétaire.

Nul, moyennant surenchère, ne se rendra locataire d'une maison louée par un autre.

Nul ne paiera pour une école un loyer supérieur au prix de la taxe.

Si un écolier ou un maître loue une maison et qu'il veuille en affecter une partie à des écoles, il sera tenu compte dans la taxe desdites écoles du prix de location de la maison.

Nul ne se rendra locataire d'une maison, tant que ceux qui l'occuperont voudront y demeurer et qu'ils s'acquitteront de leurs obligations, conformément à la coutume de Paris.

Si le propriétaire d'une habitation refuse de la céder au prix fixé, offert par un écolier qui présente toute garantie, l'habitation sera interdite pendant cinq années. L'écolier ou le maître qui aura loué une habitation interdite, ou qui, ayant séjourné dans cette habitation, ne la quittera pas au plus tôt, sur l'injonction soit du recteur, soit du bedeau, du procureur ou du messager envoyé

---

(1) Du Boulay, t. III, p. 195.

par le recteur, sera considéré comme déchu des privilèges de l'Université.

Cette dernière clause était la seule sanction, mais la sanction très efficace, des mesures prises par l'autorité ecclésiastique et par l'autorité civile pour modérer la cherté des loyers. A quels soucis en effet, à quels mauvais tours, à quel préjudice ne s'exposait pas le propriétaire imprudent qui entrait en lutte avec cette puissante corporation de l'Université de Paris? Quant aux maîtres et aux écoliers réfractaires, leur situation n'aurait pas été meilleure, et chacun avait intérêt à respecter des règlements qui tournaient au profit de tous et dont les bourgeois seuls pouvaient se plaindre.

Le pape Innocent IV, par sa bulle du 6 mars 1244, approuva la délibération de l'Université et défendit à son tour que nul maître et nul écolier ne prît à loyer la maison occupée par un autre ou une maison interdite. *Ne aliquis alterius scholas aut hospitium, absque illius consensu, vel scholas aut hospitia à magistris vel officiali Parisiensi interdicta, conducere vel retinere presumat.*

Ce qu'il faut savoir, c'est que personne n'échappait à la taxe des loyers. Les ordres religieux et même le clergé séculier cherchaient à y soustraire les immeubles qu'ils possédaient à Paris, mais ils ne réussirent pas à obtenir une exception en leur faveur. En même temps que la bulle directement adressée à l'Université, que nous venons de rappeler, Innocent IV en adressait au chancelier une autre dans laquelle il blâme sévèrement la conduite tenue par les religieux et par les prêtres; il trouve scandaleux que les membres du clergé régulier ou séculier se refusent à des sacrifices imposés aux laïques et qu'ils auraient dû être les premiers à accepter. Il enjoint en conséquence au chancelier de rappeler les Templiers, les Hospitaliers, les Cisterciens, ceux de Prémontré, et tout le clergé en général au respect de la loi qui est commune à tous les propriétaires (1). Cette interprétation équita-

---

(1) « Verum quia non nulli religiosi et clerici seculares qui domos habent Parisius, taxari domos ipsas minime patiuntur, propter quod grave scandalum oritur inter cives, provideri super hoc per sedem apostolicam petierunt. Cum igitur indignum sit ut iidem religiosi et clerici in hoc exhibeant se difficiles, in quo alios, præcipue laicos, decet eos benevole prævenire, discretioni tuæ per apostolica scripta mandamus, qua-

ble d'un règlement vexatoire peut-être, mais devenu nécessaire, se trouva confirmée le 28 juin 1277, dans une délibération aussi solennelle que l'avait été celle du mois de février 1244. Les quatre Facultés de théologie, de droit, de médecine et des arts étaient présentes; elles donnèrent toutes leur assentiment; et le procès-verbal de la séance porte à juste titre que les conclusions adoptées furent l'œuvre de l'Université tout entière, *per totam Universitatem, quatuor Facultatibus hoc volentibus*.

Il s'agit maintenant de voir en action ces dispositions administratives dont nous ne connaissons encore que l'intention et le texte. Les archives de l'Université, qui font aujourd'hui partie de la bibliothèque de la Sorbonne, nous fournissent à cet égard un renseignement précieux : c'est le texte original de la taxe établie en 1281, 1282, 1286, 1287 et 1288 par les commissaires chargés de cette délicate opération. Le document a une certaine étendue, et comme nous l'avons publié dans notre *Index chartarum pertinentium ad historiam Universitatis Parisiensis*, nous croyons superflu de la reproduire intégralement; nous nous contenterons d'en extraire quelques faits choisis parmi beaucoup d'indications qui ne sont pas inutiles tant pour la topographie de l'ancien Paris que pour l'histoire de ses écoles.

Voici pour chaque année les noms des commissaires qui furent chargés de fixer le prix des loyers :

En 1281, deux maîtres en théologie : M⁰ Adam de Gouly et Pierre de Vilarceaux : ils taxèrent 18 maisons.

En 1282, deux maîtres en théologie : frère Hugues de Billom, de l'ordre des Frères Prêcheurs, et frère Allot, de l'ordre des Frères Mineurs, et quatre maîtres ès arts ou bourgeois, dont deux sont nommés dans notre document, Jean qui dort, dit l'*Ancien*, et Nicolas d'Auxerre : ils taxèrent 42 maisons.

En 1286, deux maîtres en théologie : frère Gilles, peut-être Gilles de Rome, et Jacques Dalos; quatre maîtres ès arts et deux bourgeois : ils taxèrent 29 maisons.

tenus, si ita est, taxatores idoneos, sicut in taxatione hospitiorum laïcorum, sic in eorumdem religiosorum, etsi Templarii, Hospitalarii, Cistercienses aut Præmonstratenses, aut cujuscumque ordinis fuerint, et in clericorum domibus auctoritate nostra deputare procures. » (Du Boulay, t. III, p. 196.)

En 1287, maître Ernoul de Bruxelles et frère Remond Rigauld, maîtres en théologie, assistés de quatre maîtres ès arts et de deux bourgeois : ils taxèrent 17 maisons.

En 1288, trois maîtres en théologie : M° Jean de Muni, M° Pierre de Saint-Omer et Lambert, dit Boucher; quatre maîtres ès arts : M° Guillaume d'Auxerre, M° Gilles d'Angrene, M° Jean Case, et M° Jean Hasse : ils taxèrent 18 maisons.

Nous citerons quelques-unes des maisons qui furent ainsi taxées dans ces différentes années :

Et d'abord en 1281 :

La maison de M° Clément, prêtre d'Issy, située sur la place Maubert, devant la maison de la Halle : taxée 6 livres.

La maison de M° Guillaume de Charleis, rue Saint-Côme, devant la maison au Cerf : 4 livres et demie.

La maison neuve des Sorbonistes, dans le cloître Saint-Benoît : 20 livres.

La maison de l'église de Blois, vers le milieu de la rue qui allait de la porte d'Enfer à Saint-Jacques : 13 livres.

Les écoles au Grand-Breton, rue d'Arras : 110 sous.

La maison de l'Hôtel-Dieu, rue Pierre Sarrasin, près d'un terrain non bâti : 7 livres.

La maison de Guillaume de Saint-Cyr, rue Serpente, avec un petit pré et un cellier, sans les étables : 18 livres.

La maison de Jean de Boigeval, rue Sainte-Geneviève : 50 sous.

La maison de Richard le Fenier, rue du Plâtre : 8 liv. 4 sous.

La maison de Pierre d'Auvergne, rue Saint-Victor, près la rue Alexandre l'Anglois : 8 livres.

La maison des héritiers de Guillaume de Poncel, rue Pavée, près la maison d'Étienne de Moret : 6 livres 5 sous.

La maison des Deux-Moutons : 6 livres 7 sous.

Les écoles de Thomas Flamang, ayant trois portes, avec colonnes : 11 sous.

La maison de Hugues de Hermen, avec étables, rue Pavée : 8 livres pour la maison; 10 sous pour les étables.

La maison de M° Yves, doyen de Clisson, devant la maison des comtes de Bar : 16 livres.

La maison de M⁰ Yves, chanoine de l'abbaye de Saint-Mellon, à Pontoise, rue Sainte-Geneviève : 10 livres et demie.

La maison de Nicolas, dit le Maçon, aux Carneaux, rue Saint-Hilaire : 7 livres.

La maison de Nicolas l'Imagier, rue Sainte-Geneviève : 60 liv.

— En 1282 :

La maison du neveu de l'évêque de Cahors, rue de la Bûcherie : 108 sous.

La maison d'Adam d'Arras, composée de cinq chambres, rue Galande : 100 sous.

La maison de l'Hôtel-Dieu, rue Saint-Jacques, à l'enseigne de la Clef : 6 livres et demie.

La maison d'Étienne de Limoges, rue du Plâtre : 105 sous.

La maison neuve de Michel Fresnel, rue Saint-Jacques : 8 sous.

La maison des écoliers de Sorbonne, rue des Sorbonistes, la première maison en venant de Saint-Côme, qui sert d'habitation aux clercs : 10 livres.

La maison de Gui de Grève, devant la maison de Robert de Thourette : 9 livres et demie.

La maison de Thibault le Breton, rue des Amandiers, comprenant quatre chambres, un cellier et une grande cuisine : 7 livres.

La maison de Gui de Grève, au-dessus de l'église Saint-Hilaire, en face la rue du Chaudron, comprenant cinq chambres, une cuisine au rez-de-chaussée, un cellier et des étables : 12 livres.

La petite maison de Mathieu Lombard, rue du Four, composée de cinq chambres, d'une sixième chambre au-dessus de la cuisine, sans office : 110 sous.

La maison de Gilbert de la Voûte, rue Charretière : 4 livres 10 sous.

La maison de M⁰ Remy, rue Sainte-Geneviève, ayant douze chambres, un bon cellier et une petite cuisine : 10 livres.

— En 1286 :

La maison de Jean de Limoges, rue Saint-Victor : 8 livres.

La maison de maître Henri Rance, ancien chanoine de Paris, rue Sainte-Geneviève : 16 livres et demie.

La maison de Richard le Bourguignon, rue du Clos-Bruneau : 4 livres 10 sous.

La maison d'Odon de Neauphle, rue Sainte-Geneviève, près la porte Saint-Marcel, aux Quatre fils Aymon : 10 livres 10 sous.

La maison du chapitre de Saint-Marcel, rue Charretière : 9 liv. 10 sous.

La maison de dame Agathe, la maréchale, rue Saint-Jacques, à la longue entrée : 10 livres.

La maison de dame Denise d'Aneires, rue Gervèse Loharenc, aujourd'hui Gervais Laurent : 11 livres.

— En 1287 :
La maison de défunt Jean, le bedeau, rue Saint-Victor : 9 liv.
La maison de Guillaume, dit le Clerc-Fourré, rue des Lavandières : 68 sous.
La maison de Henri de Grève, rue Saint-Séverin : 4 livres.
La maison d'Archambaut, le cordonnier, rue de la Harpe : 6 liv. 10 sous.
La maison de Marie de Sens, rue du Plâtre : 18 sous.

— En 1288 :
La maison neuve de Saint-Mathurin, rue Saint-Jacques : 9 liv. et demie.
La maison de Guillaume, dit Hereford, rue de la Harpe : 4 liv.
La maison de Pierre de l'Encloistre, rue Pierre Sarrasin : 8 liv. 5 sous.
La maison d'Élie, dit le Rouge, rue Saint-Jacques, devant Saint-Mathurin : 8 livres 12 sous.
La maison de Saint-Victor, près la maison des Quatre fils Aymon, rue Saint-Victor : 14 livres.
La maison du chapitre de Saint-Étienne des Grès, rue Saint-Jacques : 10 livres.

Le document auquel nous avons emprunté les indications qui précèdent, indications que nous aurions pu facilement étendre, suggère diverses observations.

Remarquons d'abord que la nomenclature des maisons taxées ne comprend pas toutes celles qui étaient ou qui pouvaient être habitées par les écoliers, utilisées par les maîtres pour leur enseignement. En effet, chaque année la nomenclature change : les maisons mentionnées dans une liste ne le sont pas, à bien peu d'exceptions près, dans la liste suivante. Il résulte évidemment de là que les titres que nous avons sous les yeux ne renferment que des additions ou des modifications aux listes anciennes et qu'il a dû exister un tableau général contenant le taux de tous les loyers du quartier latin, tableau qui n'est pas parvenu jusqu'à nous.

Un autre point à noter, c'est le prix auquel les commissaires taxateurs évaluent la location de chaque maison taxée. Ces différents prix représentent le loyer d'une année entière, mais d'une année seulement. C'est ce qui nous paraît résulter du texte même de notre document. Ainsi, en 1281, à propos de la maison neuve des Sorbonistes, il est dit qu'elle est taxée, comme l'année précédente, à vingt livres parisis, *ad viginti libras parisienses, sicut anno præterito*. Et plus loin, en 1282, en taxant à 8 livres la maison de Michel Fresnel, les taxateurs ont soin d'ajouter que la taxe est ainsi fixée pour la présente année seulement, *ad istum annum solum*. Même observation en 1287 au sujet de la maison de Henri de Grève; elle est taxée à 4 livres pour la présente année, *in isto anno*.

Nous pouvons apprécier dès lors quel était le loyer annuel des maisons qui étaient susceptibles de servir d'habitation ou d'école aux étudiants et à leurs maîtres. Les plus grandes maisons, comme la maison des Sorbonistes, coûtaient 20 livres, d'autres 18 livres, d'autres 8 livres, 7 livres, 6 livres, c'était le plus grand nombre. Les écoles de Thomas Flamang, en 1281, ne sont taxées que 11 sous. Toutes ces évaluations ont certainement lieu en monnaie parisis, bien que le mot *parisis* ne soit pas ajouté d'une manière constante aux mots sou et livre. La livre parisis sous le règne de saint Louis et de ses premiers successeurs, d'après les tables dressées par M. de Wailly (1), valait 22 francs 46 centimes. Le loyer de la maison des Sorbonistes évalué 20 livres représente donc 449 francs 33 centimes; le loyer des écoles de Thomas Flamang représente 12 francs 35 centimes. S'il y a un grand écart entre ces deux chiffres, on voit qu'il y a un abîme entre les loyers actuels et les loyers d'autrefois. On voit aussi qu'à la faveur des

---

(1) *Recueil des historiens de France*, t. XXII, p. LXXIX.

mesures prises par l'autorité ecclésiastique et par l'autorité civile, les étudiants de l'Université de Paris de la fin du XIII° siècle pouvaient se loger à bon marché.

Mais ce qu'il ne faut pas oublier, c'est que la difficulté de trouver un gîte à peu près convenable, qui ne fût pas trop dispendieux, n'existait pas pour les écoliers de Paris seulement; elle pesait du même poids sur ceux des autres universités, notamment dans la ville d'Oxford. Aussi cette grande école d'Oxford, qui balança la renommée de l'école de Paris, avait elle-même des statuts protecteurs, analogues aux règlements que nous venons de faire connaître. La taxe des loyers s'y faisait en vertu d'une charte royale, tous les cinq ans; elle était confiée à deux clercs et à deux laïques; les clercs prêtaient serment à l'Université; les laïques au roi. Quand les premiers avaient à prêter un nouveau serment, la même obligation était imposée aux seconds.

Un statut de 1290, qui rappelle et confirme ces dispositions, en parle comme d'une coutume déjà ancienne (1).

Cependant cet usage de taxer les loyers n'était qu'un expédient très insuffisant pour assurer aux écoliers une habitation convenable. Aussi, dès que leur nombre se fut multiplié, vit-on de généreux bienfaiteurs, des évêques, de simples prêtres, des communautés religieuses, de hauts et puissants personnages fonder des collèges qui étaient autant d'asiles ouverts à la jeunesse studieuse et dans lesquels elle trouvait la plus utile hospitalité.

Le plus ancien collège de l'Université de Paris paraît avoir été le collège des *Dix-huit*, qui remonte au moins à l'année 1180. En 1256 fut fondé le collège de Sorbonne; en 1268, le collège du Trésorier; en 1280, le collège d'Harcourt; en 1290, le collège de Tournai; en 1291, le collège des Cholets; sans parler des maisons

---

(1) « Ad quod Dominus Rex vult et firmiter præcipit quod taxationes domorum in villa Oxoniæ, fiant de quinquennio in quenquennium, prout in carta domini regis, per duos clericos et duos laïcos juratos, et si clerici jurent per sacramentum quod fecerunt Universitati, laïci jurent per sacramentum quod Domino regi fecerunt; et si clerici novum faciant juramentum, quod laïci hoc faciant, et in loco ubi temporibus retroactis facere consueverunt. » (*Munimenta Academica, or Documents illustrative of Academical life and studies of Oxford*, by rev. Henry Anstey, London, 1868, in-8°, t. I, p. 56.) Nous emprunterons à ce précieux recueil, trop peu connu en France, une autre citation qui prouve le soin avec lequel l'Université d'Oxford, comme celle de Paris, s'efforçait de garantir à ses maîtres le libre usage des écoles où ils avaient enseigné une première fois: elle fait partie d'un statut de 1250 : « Statutum est de com-

établies par plusieurs ordres religieux, comme les Bernardins, les Blancs-Manteaux, les Carmes, les Cordeliers, les Frères Prêcheurs, ceux de Prémontré, ceux de Cluny, en faveur des novices ou des frères de l'ordre qui venaient étudier à Paris. Au xiv° siècle, les fondations de ce genre se multiplièrent. Ce fut alors qu'on vit s'élever les collèges d'Arras, d'Autun, de Bayeux, de Beauvais, de Boissy, de Boncourt, de Bourgogne, de Calvi, de Cambrai, du Cardinal-Lemoine, de Cornouailles, de Dainville, des Écossais, de Fortet, de Huban, de Justice, de Laon, de Lisieux, des Lombards, de Maître Gervais, de Marmoutiers, de Mignon, de Montaigu, de Narbonne, de Navarre, du Plessis, de Presles, de Saint-Michel, de Tours, de Tréguier. Au xv° siècle, s'élevèrent encore les collèges de la Marche, de Reims, de Séez et de Coquerel; au xvi° siècle, les collèges du Mans, de Sainte-Barbe et des Grassins. En vertu des actes de fondation, chacun de ces collèges devait recevoir un certain nombre de boursiers qui s'y trouvaient logés et nourris, bien qu'ils dussent le plus souvent aller s'instruire ailleurs; car l'enseignement, pas plus celui des lettres que celui du droit et de la théologie, ne se donnait dans tous les collèges. Il serait assez difficile, et peut-être n'est-il pas nécessaire de dresser le tableau exact des bourses qui furent ainsi fondées. M. de Laverd (1) en comptait 388 dans les petits collèges qui furent réunis en 1763 au collège Louis le Grand; dans les autres collèges, y compris ceux qu'on appelait grands collèges ou collèges de plein exercice, il en existait environ 250. C'était donc pour l'Université de Paris, prise dans son ensemble, un total d'à peu près 650 bourses, chiffre qui sera jugé bien insuffisant, très minime même, si on met en regard la masse des écoliers qui fréquentaient naguère les écoles de Paris, et que l'ambassadeur de Venise, Marino Cavalli, évaluait encore en 1546, de seize à vingt mille (2). Mais il importe de considérer que la création des collèges avait été bientôt suivie de

muni consensu magistrorum et pro eorum quiete et studentium, quod si aliqui inhabitent domos in quibus fuerint aliquando scholæ, quod omni modo sine aliqua contradictione liberentur magistris in eisdem legere volentibus... »

(1) *Compte rendu du 12 novembre 1763 concernant la réunion des boursiers fondés dans les collèges de non-plein exercice sis en la ville de Paris*, in-4°, p. 76.

(2) *Relations des ambassadeurs vénitiens*, etc., publiées par Tommaseo; Paris, 1838, in-4°, t. I, p. 263.

l'établissement des pédagogies ou pensionnats, annexés le plus souvent aux collèges, et dans lesquels étaient reçus et entretenus à prix d'argent les écoliers qui n'avaient pas la jouissance d'une bourse. Mieux valait assurément pour eux, à tous les points de vue, être remis par leurs familles aux mains d'un pédagogue ou maître de pension, que d'aller chercher un gîte dans quelque mauvaise chambre d'une maison particulière. Les plus anciens baux de pédagogie que nous connaissons datent du XVI<sup>e</sup> siècle (1); mais les pédagogies remontent beaucoup plus haut; elles furent dès l'origine le complément heureux de la fondation des collèges; elles utilisèrent le plus ordinairement les locaux vacants que les collèges possédaient, sans pouvoir, faute de revenus, y placer des boursiers; en tout cas, elles comblèrent une lacune dans l'organisation de l'enseignement public et répondirent à un besoin qui devenait d'autant plus sensible que les études étaient plus florissantes.

Mais tandis que, soit sous une forme, soit sous une autre, les moyens de se loger se multipliaient pour les étudiants, on comprend que le prix des logements ait baissé et que la taxe des loyers soit devenue moins utile. Est-ce pour ce motif qu'à partir de 1277 nous n'en trouvons plus de trace à Paris? Il est vrai que nous la retrouvons en 1290 à Oxford, comme on l'a vu plus haut; mais à Oxford même a-t-elle subsisté longtemps? Il est vraisemblable qu'elle est tombée peu à peu en désuétude, que les règnes désastreux de Jean le Bon et de Charles VI la firent oublier, et qu'au retour de la paix, dans la seconde moitié du règne de Charles VII, étant devenue moins nécessaire, elle n'a pas été rétablie.

Ce qu'il y a de certain, c'est qu'au temps d'Étienne Pasquier, c'est-à-dire à la fin du XVI<sup>e</sup> siècle, les étudiants qui fréquentaient les écoles de Paris se trouvaient partagés en deux classes, les *pensionnaires* ou *caméristes*, logés et nourris par un principal ou un pédagogue, le plus souvent dans un corps de bâtiment attenant à un collège, puis les *martinets* ou *galoches*, logés en ville, là où ils avaient trouvé un gîte, qu'ils quittaient pour assister à la leçon de leur régent (2).

---

(1) Nous avons nous-même publié deux de ces baux, l'un de 1506, l'autre de 1542. Voyez notre *Index chronologicus*, n<sup>os</sup> MDXLVI et MDCCLIX.
(2) Pasquier, *Recherches*, etc., l. IX, ch. XVII.

On n'aura nulle peine à croire que les martinets et les galoches, livrés en grande partie à eux-mêmes, affranchis sinon de toute surveillance, du moins de toute direction, se montraient les plus indisciplinés de tous les écoliers. Ils se signalèrent par leur turbulence lors de la grande émeute qui eut lieu en 1557 au Pré aux Clercs. A cette occasion plusieurs furent emprisonnés, et l'un d'eux, quoiqu'il se dît clerc tonsuré, fut condamné à être pendu. Il est juste d'ajouter qu'ils ne furent pas les seuls auteurs du désordre si sévèrement réprimé et qu'on avait vu figurer parmi les émeutiers un écolier du collège d'Autun, à qui le recteur, dit l'Université dans une lettre au roi, « a fait donner la salle (1), » c'est-à-dire qu'il ordonna de fustiger. Nous sommes aussi loin de ces mœurs que du siècle qui en fut témoin. Nous possédons pour l'enfance et pour la jeunesse des lycées, des collèges et des maisons d'éducation particulières, qui ont des salles d'étude, des réfectoires et des dortoirs spacieux, et qui réunissent les meilleures conditions de bonne discipline et d'hygiène. Nos étudiants en droit et en médecine qui n'habitent pas avec leur famille sont, il est vrai, abandonnés à eux-mêmes et réduits à chercher un gîte dans quelque hôtel du quartier latin; mais ils sont mieux logés, mieux nourris que ne l'étaient leurs devanciers, et bien que leurs mœurs ne soient pas irréprochables, que de loin en loin ils troublent encore la paix des rues, ils ne se livrent presque jamais à des désordres qui appellent sur eux les dernières sévérités de la loi. Là, comme en d'autres points, se font remarquer le progrès et l'avantage de notre civilisation.

(1) Du Boulay, *Hist. Univ.*, t. VI, p. 513.

# LE COLLÈGE
# DU CARDINAL LEMOINE.

# LE COLLÈGE
# DU CARDINAL LEMOINE.

### I.

Parmi les quarante collèges que l'Université de Paris possédait encore au xviiie siècle et dont les murs vénérables avaient vu passer une longue suite de générations accourues non seulement de toutes les parties de la France, mais de l'Europe, pour se former aux lettres profanes et sacrées, un des plus anciens, et sans contredit un des plus illustres, était le collège du Cardinal Lemoine.

Qu'était-ce que cette maison naguère célèbre entre toutes, mais dont il n'existe aujourd'hui pas même une ruine, et que les habitants de Paris ne connaissent plus que par une rue qui s'ouvre sur la rive gauche de la Seine, en face du pont de la Tournelle? Comment et par qui fut-elle fondée? Quels étaient ses règlements? Quelles furent ses destinées? C'est là ce que nous nous proposons de faire connaître dans les pages qui suivent.

Vers le milieu du xiiie siècle, à une date qui n'est pas connue, naissait dans le diocèse d'Amiens, à Crécy, où les Français furent au siècle suivant défaits par les Anglais, un enfant dont le père s'appelait Lemoine, et qui reçut le prénom de Jean. Il était issu d'une famille qui tenait un certain rang parmi la noblesse de Picardie, et qui devait posséder d'assez grands biens, si l'on en juge par la fortune dont lui-même a joui dans la suite. Les historiens racontent qu'un des membres de cette famille, étant passé en Italie, se mit au service d'Alphonse Ier d'Aragon, roi de Naples; qu'il devint grand maître de l'artillerie sous Ferdinand Ier, fils d'Alphonse, et qu'après lui sa parenté continua d'occuper une haute situation à Naples et en Sicile. Nous ne saurions nous prononcer sur l'authenticité de cette tradition recueillie par François Duchesne (1). Ce qui est constant, c'est que Jean Lemoine avait un frère plus jeune que lui, appelé André, qui fut évêque de Noyon et que nous retrouverons plus loin. Un ancien compte publié au tome XXII du *Recueil des historiens de France* (2) lui donne pour neveu un personnage du nom de Henri, dont le surnom est à peu près effacé dans les manuscrits. Un autre de ses neveux, Jean Blassel, chanoine d'Amiens, est mentionné dans un document cité par Duchesne (3). Enfin parmi les témoins qui furent près de lui à Avignon, le 21 juillet 1313, et dont les noms figurent au bas d'un acte sur lequel nous aurons à revenir, on remarque un certain Jean Lemoine, *Jochannes Monachi*, du diocèse d'Amiens, qui paraît bien avoir été de sa parenté comme de son pays, et que nous inclinons fort à confondre avec Jean Blassel.

Jean Lemoine fut-il, dès sa première jeunesse, envoyé par ses parents aux écoles de Paris? Sans l'affirmer ni le nier, bornons-nous à dire qu'il fréquenta certainement ces écoles, alors si florissantes; que ses études furent dirigées surtout vers la théologie et le droit canon, et que, s'étant voué à la carrière ecclésiastique, il acquit par ses vertus et par ses talents une assez grande renommée pour être devenu chanoine de l'église de Paris et doyen de celle de Bayeux, titre sous lequel il figure de l'année 1288 à l'année 1292 (4). Mais Dubreul avance une assertion erronée et tout à fait gratuite en disant qu'il fut évêque de Poitiers (5). François Duchesne commet une faute semblable en faisant de lui un évêque de Meaux : la liste des prélats de ces deux diocèses n'a jamais donné lieu à aucun doute, et Jean

---

(1) *Histoire de tous les cardinaux françois de naissance;* Paris, 1660, in-fol. t. I, p. 325 et suiv.
(2) *Recueil des historiens de France*, t. XXII, p. 767 : « Henricus de Mont... nepos Johannis Monachi Cardinalis. »
(3) Duchesne, l. l., t. II, p 250.
(4) Duchesne, l. l., *Gallia Christiana*, t. XI, col. 400.
(5) *Théâtre des Antiquitez de Paris;* Paris, 1612, in-4°, p. 654.

Lemoine n'y figure pas, non plus que dans aucune autre liste épiscopale. A partir de 1291, nous le retrouvons à Rome, où il avait été bien reçu, pour emprunter les expressions de Dubreul, « d'aucuns cardinaux. » Appelé d'abord par le pape Nicolas IV au poste de vice-chancelier de l'église romaine, il fut lui-même élevé en 1264, sous le pontificat de Célestin V, à la dignité de cardinal-prêtre, du titre de Saint-Marcellin et de Saint-Pierre. Sa faveur continua et son autorité grandit sous Boniface VIII. Lorsque celui-ci eut adressé, en 1298, à l'Université de Bologne la collection de Décrétales connue sous le nom de *Sexte*, parce qu'elle forme en quelque sorte la sixième partie du recueil analogue publié par Grégoire IX, Jean Lemoine se fit l'interprète du recueil nouveau dans un commentaire qui reproduisait avec force la pensée et les prétentions de Boniface VIII, et qui se répandit rapidement dans toutes les écoles de la chrétienté. On lui doit un autre commentaire, animé du même esprit, sur quelques décrétales isolées, qu'il adressa lui-même par les mains de M⁰ Geoffroi de Fontaine, à la date du 16 février 1301, avec son explication du *Sexte*, aux écoliers de l'Université de Paris (1). Mais s'il s'était placé par ces deux ouvrages au premier rang des canonistes de son temps, il s'était fait connaître, d'une manière non moins avantageuse, pour son habileté dans le maniement des affaires. Boniface VIII n'avait pas de conseiller plus fidèle, de serviteur plus dévoué. Aussi, lors des démêlés entre le pape et le roi de France, Jean Lemoine, bien que sujet du roi, prit parti pour le pape; bien plus, il fut envoyé par Boniface VIII à la cour de Philippe le Bel, sur la fin de 1302, avec la délicate mission de convertir ce prince et de le ramener à de meilleurs sentiments envers la papauté. Il est vrai qu'il échoua dans cette négociation; il ne persuada pas à Philippe le Bel la soumission et l'obéissance; il se laissa lui-même soupçonner de menées occultes tendant à soulever le clergé du royaume contre le roi; et, redoutant la colère du prince, il quitta Paris nuitamment, au mois de juin 1303, un peu avant la Saint-Jean-Baptiste, et se hâta de retourner en Italie, six mois environ après l'avoir quittée (2).

(1) Voyez notre *Index chronologicus chartarum pertinentium ad historiam Universitatis Parisiensis*, in-fol. p. 73, note 2.
(2) *Recueil des hist. de France*, t. XXI, p. 640 : « Ante festum Sancti Johannis

Tel est le personnage éminent dans l'Église, éminent aussi dans l'État, qui fut le fondateur du collège destiné à porter son nom pendant près de cinq cents ans.

Ce fut à Rome, à la cour des papes, que le cardinal Lemoine conçut le projet qu'il devait exécuter un jour. Il acquit à cet effet aux environs de Paris diverses pièces de terre donnant un certain revenu, puis à Paris même une maison dite du Chardonnet, qui avait appartenu aux Hermites de Saint-Augustin et qui était située rue Saint-Victor, entre le monastère de ce nom et le couvent des Bernardins, proche les murs de la ville. Elle fut acquise au prix de mille livres, et le contrat d'acquisition fut passé à Rome le 13 mars 1302, en présence de témoins venus de France, avec cette clause importante à noter que les Augustins, anciens possesseurs de l'immeuble vendu, continueraient à l'occuper au nom de l'acquéreur jusqu'au jour où celui-ci jugerait à propos d'en prendre effectivement possession (1). En joignant à la maison du Chardonnet les constructions et terrains y attenant jusqu'à la Seine, on avait à sa disposition un emplacement qui suffisait pour un collège de cent élèves. Et en effet le cardinal Lemoine aurait voulu y recevoir soixante étudiants de la Faculté de théologie ou *théologiens*, et quarante étudiants de la Faculté des arts ou *artiens*, comme on les appelait alors. Mais le défaut de ressources, et peut-être aussi le manque de sujets aptes à occuper les bourses, ne lui permirent pas de réaliser ce vaste et généreux projet. En dépit de ses intentions, il ne put instituer que quatre écoliers artiens et deux théologiens. Quoi qu'il en soit, il avait préparé pour ce futur collège un règlement en vingt-neuf articles, dont voici les principaux.

Ce collège devait s'appeler la *maison du Cardinal*, et celui qui serait chargé de la diriger, le *maître de la maison du Cardinal*. Quiconque, ecclésiastique ou laïque, y fonderait des bourses, aurait droit de présentation auxdites bourses, et transmettrait le même droit à ses héritiers à perpétuité. Quant à la valeur des bourses, le prévoyant donateur avait voulu la rendre indépen-

---

Baptistæ recessit ab Francia legatus prædictus, Johannes Monachus, in nocte arripiens iter de urbe Parisius. »

(1) On peut lire dans l'appendice de ce travail, sous le n° 1, l'acte de vente, que nous avons retrouvé aux Archives nationales et que nous croyons inédit.

dante de la variation des monnaies, fléau si fréquent sous Philippe le Bel, et il l'avait fixée d'après le poids même de l'argent, pour chaque bourse d'artien à quatre marcs, et pour chaque bourse de théologie à dix marcs d'argent par an, poids de Paris. Les boursiers présentés au *maître*, ou, comme l'usage de dire prévalut, au *grand maître* du collège, devaient être de bonne vie et mœurs, idoines à l'étude ; si le grand maître ne les jugeait pas tels, il pouvait les refuser et demander au collateur une autre présentation, et si le nouveau candidat ne le satisfaisait pas mieux que le premier, il acquérait le droit de disposer directement de la bourse vacante, à la condition de l'attribuer à un écolier originaire du pays même du collateur. Ne pouvaient être admis au collège les artiens ayant un revenu annuel et personnel de plus de trois marcs, et les théologiens de plus de quatre marcs, que ce revenu provînt de leur patrimoine ou d'un bénéfice ecclésiastique. Les théologiens devaient avoir été reçus maîtres ès arts dans l'Université de Paris ou dans celle d'Oxford. Le boursier, théologien ou artien, qui s'absentait, était, après trois mois d'absence non motivée, déchu de sa bourse *ipso facto*. Le collège ne devait pas avoir d'écurie, et nul étranger ne pouvait être admis à y coucher. Les théologiens pouvaient étudier le droit canon ; mais à quel moment ? Durant les vacances : disposition plutôt restrictive que favorable, un peu singulière de la part du cardinal Lemoine. Ce grand canoniste accorde cette seule mention à la science qu'il avait cultivée avec succès ; il ne la comprend pas dans ses fondations, et par conséquent il l'en exclut tacitement. Faut-il croire avec Dubreul (1) qu'il redoutait l'esprit de contradiction qu'elle pouvait développer chez les maîtres en théologie, pour la plupart candidats aux bénéfices ecclésiastiques, alors si convoités et si disputés ?

En poursuivant cette analyse des premiers règlements de la maison du Cardinal, nous y trouvons d'abord l'institution d'un prieur choisi parmi les théologiens et élu par eux tous les ans, le jour de la Saint-Luc, avec mission de régler ce qui concerne les

---

(1) *Le Théâtre des Antiquitez*, etc. : « Il n'a toutefois voulu fonder son collège que de boursiers théologiens : cognoissant que la pluspart n'estudient en droict canon que pour chiquaner des bénéfices. Et pour ceste mesme raison, il ne permet a aucun de ses boursiers d'aller aux escholes de Decret, sinon durant les vacations. »

messes, les jeûnes, les prédications, les offices pour les morts, les disputes scolastiques des théologiens. L'article suivant institue deux procureurs chargés du service économique, et tenus, conjointement avec le grand maître, de rendre leurs comptes deux fois par an, au mois d'avril et au mois de septembre, en présence des théologiens et du prieur. La librairie, parlons plus clairement, la bibliothèque du collège n'est pas oubliée; et le cardinal veut que tous les ans, dans la première semaine de carême, il soit procédé au recensement des livres qu'elle renferme; que l'inventaire d'une année soit comparé à celui de l'année précédente; que les livres manquants soient recherchés avec soin, et les livres nouveaux inscrits à l'inventaire. Il veut aussi que les études comme les mœurs des boursiers, artiens et théologiens, soient surveillées; que deux fois par an les uns et les autres soient examinés par le grand maître ou par le prieur, et que ceux qui auront une mauvaise conduite ou qui n'auront pas profité soient exclus. Il délègue, après sa mort, au doyen et au chapitre de Saint-Vulfran d'Abbeville le droit de présenter aux deux bourses de théologien et aux quatre bourses d'artien, qui furent, comme nous l'avons dit, le modeste point de départ de la nouvelle fondation. Enfin il désigne pour maître de son collège Simon de Guiberville, chanoine de l'église de Paris, la nomination devant appartenir dans la suite à l'évêque, au doyen et au chancelier de cette église (1).

Lorsque la rédaction de ce règlement eut été arrêtée, Jean Lemoine le soumit au pape, qui l'approuva par une bulle datée du palais de Latran le 12 mai 1302 (2). Boniface VIII rappelle dans cette bulle que le saint-siège apostolique a toujours secondé par des faveurs spéciales les efforts de ceux qui cherchent à s'instruire dans la science sacrée. Il fait remarquer l'utilité des études théolo-

---

(1) Les statuts et règlements du collège du Cardinal Lemoine ont été recueillis par les soins d'Edmond Richer sous ce titre : *Statuta collegii Cardinalitii cum aliquot senatusconsultis pro eorumdem statutorum interpretatione factis. Quæ quidem magister Edmundus Richer, doctor theologus et magnus collegii magister, in certos distinxit articulos et anno MDCXXVII typis edenda curavit; quo magni magistri et bursarii quæ sui sunt officii videant, ac pacem et concordiam inter se servare discant.* Félibien a reproduit la plus grande partie du travail de Richer au Ve volume de son *Histoire de Paris*. Comme ce dernier ouvrage est le plus répandu, nous y renverrons de préférence nos lecteurs.

(2) Félibien, l. l., p. 607.

giques, fécondes en fruits pour la maison du Seigneur, et le profit que l'Église peut retirer des études de philosophie naturelle et de philosophie morale qui facilitent la pleine connaissance de la théologie (1). Il autorise en conséquence les règlements préparés par le cardinal Lemoine pour le futur collège, et il exprime l'espoir que Dieu voudra inspirer à d'autres âmes fidèles la volonté de contribuer à une œuvre aussi utile et d'arroser par leurs libéralités cette plantation nouvelle qui promet de devenir un arbre si fertile.

La bulle de Boniface VIII, rapprochée du contrat d'acquisition de la maison du Chardonnet, marque la vraie date de la fondation du collège du Cardinal Lemoine; date qui ne doit pas être reculée jusqu'en 1296, comme l'ont cru Corrozet et Sauval, ni retardée jusqu'en 1304, comme le veut Dubois, ni même jusqu'en 1303, selon le sentiment de l'abbé Lebeuf, mais fixée à l'année 1302, comme l'a très bien vu Jaillot.

Dans les années suivantes, le cardinal Lemoine ajouta de nouveaux articles au premier statut qu'il avait donné pour son collège. En 1308, il ordonne que les portes de la maison soient ouvertes et fermées à une heure convenable, et que les clefs en soient remises, dès l'entrée de la nuit, au prieur; que nul écolier ne découche sans la permission du prieur, qui ne la donnera que pour de bons motifs; que pas une femme ne prenne ses repas, ne boive, ni ne couche au collège; que toutes les semaines il y ait une dispute scolastique à laquelle tous les boursiers seront tenus d'assister, à moins d'empêchement légitime; que les artiens ne conservent pas leur bourse au delà de huit ans, ni les théologiens au delà de neuf ans; que les uns ni les autres ne fassent aucune leçon ordinaire ni extraordinaire sans la permission du grand maître (2).

En 1310, nouveau statut, disposant, dans les termes les plus exprès, que deux seulement des boursiers de la maison qui sont devenus maîtres ès arts pourront donner des leçons ordinaires,

---

(1) Félibien, l. l., p. 607 : « Sane petitio tua nobis exhibita continebat, quod tu augmentum facultatis theologicæ, fructus quidam uberes in domo Domini, eo propitio jugiter afferentis, necnon et naturalis ac moralis philosophiæ per quam ad plenam notitiam ipsius theologicæ facultatis facilius pervenitur, ferventer desiderans... »

(2) Félibien, l. l., p. 610.

l'un sur les livres de logique, l'autre sur celui de philosophie naturelle; que deux seulement, parmi ceux qui ne sont pas encore admis à la maîtrise, pourront, durant deux années, faire des leçons extraordinaires; que les théologiens ne prendront pas leurs repas à la même table que les artiens, et que la dépense des premiers, comme celle des seconds, sera proportionnée au taux de leur bourse (1).

Enfin, par un quatrième statut, daté du 21 juillet 1313, le pieux et docte cardinal, qui savait à la fois le prix des livres et la facilité avec laquelle ils s'égarent, fait défense, sous peine d'exclusion, à tous ses écoliers, quel que soit leur rang, de prêter aucun livre appartenant à la maison, l'emprunteur eût-il offert de laisser un gage ou de donner caution (2).

Ajoutons, pour en finir avec les actes souscrits par Jean Lemoine, que le 22 septembre 1312, une année environ avant sa mort, voulant accroître ses libéralités envers le collège qu'il avait fondé, il fit en sa faveur l'abandon de tous les biens et revenus dont il n'avait pas disposé autrement (3).

En 1308, par un bref du 30 août, le pape Clément V avait autorisé dans le nouveau collège l'établissement d'une chapelle, desservie par un chapelain ayant pouvoir d'entendre en confession les écoliers et de leur donner l'absolution, sauf dans les cas réservés au saint-siège (4).

En 1310, le chapitre de l'église de Paris céda, moyennant la somme de 200 livres une fois payée, les cens et redevances qui lui appartenaient sur une partie des terrains du Chardonnet vendue au collège (5).

Des cessions analogues furent consenties par les ayants-droit pour les cens dus pour les maison, pièces de terre et autres biens que Jean Lemoine avait acquis près Paris, à Nogent-sur-Seine, par exemple.

C'étaient là de précieux avantages. Cependant ce qui devait paraître au cardinal Lemoine d'une importance plus haute pour

---

(1) Félibien, l. l., p. 611.
(2) Félibien, l. l., p. 611.
(3) *Index chronologicus chartarum*, etc., p. 86, n° CDV.
(4) Félibien, l. l., p. 612.
(5) Voir à l'appendice, sous le n° II.

la sécurité même de son œuvre, c'était que ses nombreuses libéralités fussent ratifiées, selon l'usage et la loi, par l'autorité royale. On peut conjecturer qu'à raison des sentiments bien connus du cardinal et de son dévouement à la personne de Boniface VIII, cette ratification souleva d'assez graves difficultés. Elle ne fut pas en effet obtenue en 1304, du moins pour ce qui concerne la maison du Chardonnet, comme le supposent la plupart des historiens de l'église de Paris, mais seulement au mois de juin 1311 (1). A ce moment les circonstances n'étaient plus les mêmes que dix ans plus tôt. Boniface VIII était descendu dans la tombe; Philippe le Bel s'était réconcilié avec le saint-siège, et la situation des affaires le portait à se montrer bienveillant envers les anciens serviteurs de la papauté. En parlant du cardinal Lemoine, il se sert d'expressions qui méritent d'être rappelées; il l'appelle son cher et particulier ami, *dilectus et specialis amicus noster*. Il oublie, il veut oublier que dans son commentaire sur le *Sexte*, le cardinal, champion convaincu de la suprématie pontificale, a écrit ces phrases significatives : « Tous les hommes sont soumis à la juridiction du pape. Le pape peut déposer les rois et les empereurs; il peut mettre en tutelle les royaumes à qui un tuteur est devenu nécessaire (2). »

Cependant les espérances que Boniface VIII avait exprimées s'accomplissaient; le cardinal Lemoine trouvait de généreux imitateurs qui enrichissaient de leurs libéralités son collège naissant.

Dès le mois de septembre 1310, Gérard de Courlandon, Pierre de Latilly et Simon de Marigny, exécuteurs testamentaires de Simon Matifas, évêque de Paris, fondaient en son nom au collège du Cardinal Lemoine six bourses, trois pour des artiens, trois pour des théologiens. Deux des boursiers devaient être originaires du diocèse de Paris, deux du diocèse de Soissons, deux du diocèse de

---

(1) Voir à l'appendice, sous le n° III.
(2) *Glosa aurea super sexto Decretalium libro tradita per Reverendiss. D. Dominum Joannem Monachi*, etc., fol. cxxvii : « Quid ad papam de regibus et eorum regnis ? Videtur immittere falcem suam in messem alienam, quod esse non debet... Dico quod papa in quemlibet habet juridictionem... Sicut Domini est terra et plenitudo ejus, sic ejus vicarii potestas non est limitata territorio vel certis personis... Sicut papa propter delictum potest deponere regem et imperatorem.... ergo multo magis curatorem dare indigenti. Nam ex quo rex nescit suum regnum defensare et pacem in eo observare, presertim pro religiosis et miserabilibus personis, istis curator debet dari... »

Reims. Les collateurs étaient les prélats de chacun de ces diocèses. Les biens et revenus affectés au service des bourses, et par conséquent cédés en toute propriété au collège, n'étaient pas sans importance. Ils comprenaient une habitation dépendant du prieuré de Bréon avec les terres y attenant, plusieurs pièces de terre, d'autres pièces de vigne et diverses redevances en argent ou en nature.

En 1315, le frère du cardinal Lemoine, que nous avons nommé plus haut, André Lemoine, évêque de Noyon, légua à la maison du Chardonnet quatre mille florins d'or de Florence, représentant un peu plus de trois mille livres tournois, somme moyennant laquelle Nicolas de Bailly et Jean Coilet, chanoines de Noyon, ses exécuteurs testamentaires, font l'acquisition de divers immeubles et revenus destinés à l'entretien, dans ladite maison, de huit boursiers, savoir trois artiens et un théologien du diocèse de Noyon, trois artiens et un théologien du diocèse d'Amiens. Les immeubles étaient situés dans la Brie, à peu de distance de Nangis. C'étaient, entre autres, un manoir avec ses dépendances à Bruille, près la Croix-en-Brie, deux cent neuf arpents de terres labourables touchant au bois de Bruille, vingt autres arpents confinant aux terres de l'hôpital, quatorze arpents de prés proche l'abbaye de Jouy, quatre-vingt-dix arpents de bois en divers lieux, etc. Bien que ces domaines fussent chargés de certaines redevances au profit des curés du voisinage, les produits en étaient assurément plus que suffisants pour la destination qui leur était assignée (1).

Dans la suite des temps, de nombreuses donations qu'il serait fastidieux et superflu d'énumérer furent faites à la maison du Cardinal. Toutefois, même dans les jours les plus prospères, elle ne fut jamais assez riche à beaucoup près pour entretenir les cent boursiers que son fondateur avait rêvés. Au commencement du XVIe siècle, elle n'en avait que quatorze, c'est-à-dire deux de moins que ne comportaient les fondations réunies du cardinal, de son frère André et de l'évêque de Paris, Simon Matifas. Cette réduction n'était pas justifiée par l'état des revenus, qui auraient permis de faire plus et mieux s'ils n'avaient pas été en partie détournés de

(1) Dans notre *Index chronologicus*, etc., p. 83, n° CCCLXXXVIII, et p. 90, n° CFXXVII, nous avons reproduit le texte jusqu'alors inédit des donations de Simon Matifas et d'André Lemoine.

leur destination. Aussi le parlement, averti de l'état des choses, y mit bon ordre. Sur la proposition du grand maître, Léon Aubert, il éleva, par un arrêt du 15 janvier 1544 (1), le nombre des bourses à vingt-quatre, savoir dix-huit bourses de théologiens et six bourses d'artiens.

Il importe au reste d'observer que, malgré le petit nombre de ses boursiers et à raison de l'étendue des bâtiments, le collège du cardinal Lemoine eut de bonne heure une *pédagogie*, nous dirions aujourd'hui un pensionnat, qui ne se confondait pas avec le collège, mais qui s'y trouvait annexé. Parmi les écoliers qui composaient ce pensionnat, les premiers étaient les boursiers logés et nourris au collège, en vertu même de l'acte qui leur assurait la jouissance d'une bourse; les autres habitaient les chambres que le grand maître, de l'avis du prieur, du procureur et de la communauté des boursiers, louait ou cédait gratuitement à l'un d'entre eux, ou à un étranger, qui prenait le nom de principal et auquel incombait la surveillance et la direction de la pédagogie. Il arriva souvent que le grand maître obtint pour lui-même ou s'attribua la charge de principal. Un grand collège trouvait dans une pédagogie bien dirigée l'avantage d'avoir dans ses murs un cours d'études, ce qu'on appelait alors le *plein exercice*, quand le cours d'études comprenait à la fois des études de grammaire, d'humanités et de philosophie. Non seulement ces classes intérieures servaient à l'instruction des boursiers artiens; mais en outre elles attiraient et retenaient une clientèle composée d'élèves non boursiers, quelquefois même des élèves externes, qui les uns et les autres ne coûtaient rien à la maison, qui n'étaient pas entretenus à ses dépens, et qui cependant contribuaient par leur affluence à sa renommée et à sa prospérité.

Jean Lemoine n'avait pas prévu cette utile annexe de son collège, et il n'en vit pas même les premiers développements. Après l'établissement de la papauté à Avignon, s'étant fixé lui-même dans cette ville, il y rendit son âme à Dieu le 22 août 1313; André Lemoine mourut à Sampigny, près Noyon, le 11 avril 1315. La dépouille mortelle des deux frères fut ramenée à Paris et déposée dans la chapelle du collège qu'ils avaient l'un institué, l'autre

---

(1) Félibien, l. l., t. IV, p. 715 et suiv.

enrichi. Leurs deux tombes se touchaient, et chacune portait une inscription qu'au temps de Dubreul l'altération des caractères ne permettait déjà plus de lire entièrement. Mais leur souvenir ne s'effaça pas de longtemps de la mémoire des écoliers. Une fête fut instituée au collège du Cardinal Lemoine : elle se célébrait le 13 janvier et s'appelait la solennité du Cardinal. La veille, tous les anciens boursiers, assemblés au collège, désignaient l'un d'entre eux pour représenter Jean Lemoine. L'élu prenait aussitôt des habits de cardinal et se rendait aux vêpres accompagné d'un aumônier portant son chapeau rouge. Le soir il donnait un repas suivi d'une distribution de dragées. Le lendemain, jour de saint Firmin, il assistait à la première messe, dite par la Nation de Picardie, et distribuait encore des dragées. Il était présent le même jour à la grand'messe ; s'il était prêtre, il la disait lui-même avec toute la pompe requise. Le soir tous les écoliers venaient le complimenter, et récitaient des vers et des harangues en son honneur, mais surtout à la gloire du cardinal illustre et bienfaisant qu'il représentait. Longtemps, dit-on, les comédiens de l'Hôtel de Bourgogne eurent leur rôle dans cette solennité ; ils se rendaient à la grand'messe et la chantaient avec accompagnement, par reconnaissance pour Jean Lemoine, qui, suivant une tradition, avait aidé les Confrères de la Passion à se rendre acquéreurs de l'hôtel de Bourgogne (1).

## II.

Nous n'avons considéré jusqu'ici que l'histoire extérieure du collège du Cardinal Lemoine : il serait intéressant de pénétrer dans l'intérieur même de cette maison qui s'était acquis une si bonne renommée, de rechercher quel enseignement s'y donnait, quels maîtres y ont professé, quels hommes illustres à divers titres y ont passé leur jeunesse et s'y sont formés. Mais de pareilles recherches ne donnent pas en général des résultats qui satisfassent pleinement la curiosité. Les documents font presque partout défaut, et c'est à peine si l'on peut glaner çà et là quelques détails

---

(1) **Nous empruntons tous ces détails à Félibien**, l. l., t. 1, p. 506.

dignes sans doute d'être relevés, mais insuffisants pour un tableau complet.

Il ressort clairement des statuts et des actes de fondation, qui viennent d'être analysés, que la théologie était dans la maison du cardinal Lemoine la principale affaire du plus grand nombre des boursiers; mais si elle y fut constamment étudiée, elle n'y fut jamais l'objet d'un enseignement régulier. C'est aux collèges de Navarre et de Sorbonne qu'avaient lieu les cours de théologie, suivis par les candidats séculiers qui prétendaient aux grades. Quant aux membres des communautés religieuses, tels que les Dominicains, les Franciscains, des Bernardins, ceux de Cluny ou de Prémontré, ils trouvaient à l'intérieur même de leurs couvents des leçons et des exercices qui les dispensaient d'en suivre d'autres.

Il n'en était pas de même pour les études qui composent le domaine de la Faculté des arts, la grammaire, les humanités et la philosophie. Comme nous en avons fait plus haut la remarque, le collège du Cardinal Lemoine eut des maîtres qui en exposèrent les éléments à de jeunes écoliers, et ce fut même par là qu'il devint un des collèges les plus importants de l'Université de Paris. Quels furent ces maîtres? S'il s'agit de ceux qui enseignaient au XIV$^e$ et au XV$^e$ siècle, leurs noms, ignorés même de leurs contemporains, ne sont pas parvenus jusqu'à nous. Quelle fut leur méthode? Elle ne différait certainement pas de celle qui était en usage dans l'Université de Paris; Priscien, Donat, le *Doctrinal* d'Alexandre de Villedieu pour la grammaire, les livres d'Aristote pour les diverses parties de la philosophie servaient de texte à leurs leçons.

Voulons-nous découvrir au collège de Jean Lemoine la trace d'un effort original, d'un pas en dehors de la tradition? Il faut nous transporter au XVI$^e$ siècle. La curiosité généreuse, la noble ardeur, le long espoir qui enflammaient alors les meilleurs esprits pénétrèrent dans la maison du Cardinal et y donnèrent une heureuse impulsion aux études littéraires.

Le premier professeur royal de langue hébraïque, François Vatable, y avait été boursier, comme étant originaire du diocèse d'Amiens; et quoique, selon les statuts, le terme de la jouissance de sa bourse fût arrivé, François I$^{er}$ ordonna qu'il la conserverait, qu'il serait, suivant les formes de l'arrêt du 15 janvier 1544, « entretenu et gardé en son état, maintenu en sa charge pour le bien public, utilité de l'Université, décoration et honneur du collège (1). »

A côté de Vatable, faut-il placer les noms de Turnèbe, de Buchanan et de Muret? Crevier hésite à croire qu'ils aient enseigné au Cardinal Lemoine, et effectivement il n'a pour garantie de ce fait que le témoignage du biographe de Buchanan (2).

Une marque mieux avérée de l'essor des études dans la maison du Cardinal Lemoine, c'est le cours de grec qui s'y donnait en 1528, sous un professeur nommé Bonchamp; un des maîtres de Jacques Amyot. Trop bon helléniste, selon la remarque d'un ingénieux critique, pour garder un nom aussi gaulois, Bonchamp avait traduit ce nom en grec, et était devenu Evagrius; « la classe duquel, ajoute un vieil auteur, s'appelait l'eschole des Grecs, à cause qu'il ne s'y lisoit que du grec, contre le quodlibet, lors vulgaire : *Græcum est; non legitur* (3). »

Quelques années après, le collège du Cardinal Lemoine eut pour principal un Espagnol, Jean Gelida, originaire de Valence, qui dans sa jeunesse ne suivait qu'Aristote et la pure scolastique, mais qui plus tard, attiré par les chefs-d'œuvre de l'antiquité classique, en admira les beautés et essaya d'en répandre le culte autour de lui. Bien qu'il ait passé peu de temps à Paris, et que sur les instances d'André Govea et du cardinal Du Bellay, il ait quitté cette ville en 1547 pour aller à Bordeaux prendre la direction du collège de Guyenne, on ne saurait nier que son trop court enseignement n'ait exercé une salutaire influence sur la marche des études (4).

En 1550, le collège du Cardinal Lemoine prit part à une controverse qui venait de s'élever au sein de l'école de Paris : lequel vaut mieux pour l'étude des langues anciennes, de con-

---

(1) Félibien, l. l., t. IV, p. 716. Cf. Goujet, *Mémoire historique et littéraire du Collège royal de France*, t. I. p. 131.

(2) Crevier, *Histoire de l'Université de Paris*, t. V, p. 234.

(3) Nous avons trouvé la première mention de ce fait curieux dans l'*Essai sur Amyot et les traducteurs français au XVIe siècle*, par M. Auguste de Blignières, ouvrage excellent d'un écrivain enlevé prématurément aux lettres qu'il cultivait avec une rare délicatesse de goût alliée à un savoir très solide.

(4) Jean Gelida a laissé des lettres et quelques vers grecs et latins publiés sous ce titre : *Ioannis Gelidæ, Valentini, Burdigalensis ludi magistri, epistolæ aliquot et carmina;* Rochellæ, apud Bartholomæum Bertonem, 1571, in-4°.

fier l'enseignement du grec et du latin au même professeur, ou d'avoir pour chaque langue un professeur spécial? Au collège de Presles, le second système avait prévalu; mais il était vivement critiqué ailleurs et surtout au collège du Cardinal Lemoine. Les arguments en sens contraire s'échangeaient d'un collège à l'autre dans des harangues latines que les professeurs de chaque parti mettaient dans la bouche de leurs élèves. Nous possédons quatre discours de ce genre (1); deux sont censés avoir été prononcés par deux rhétoriciens du collège du Cardinal Lemoine, dont l'un était le futur président du parlement de Paris sous Henri IV, Achille du Harlay. Ces discours, empreints d'une élégance un peu recherchée, témoignent du changement profond, disons mieux, du progrès qui s'était accompli depuis un siècle, au sein des écoles publiques, dans la manière de comprendre et d'écrire la langue de Cicéron.

Continuons à recueillir les faits saillants qui se rapportent à notre sujet. En 1570, le docte Lambin, professeur royal de langue grecque, avait choisi le collège du Cardinal Lemoine pour y expliquer devant quelques élèves d'élite, en dehors de ses leçons ordinaires, les harangues de Cicéron (2).

C'est à ce même collège que Jean Passerat, un des auteurs de la *Satyre Ménippée*, enseigna quelque temps les humanités (3).

Là également professa Théodore Marsile, qui fut au siècle suivant le successeur de Passerat dans la chaire royale de langue latine (4).

A considérer ces noms qui ne sont pas inconnus dans l'histoire des lettres, nous sommes autorisé à dire qu'au XVIe siècle l'enseignement du collège du Cardinal Lemoine ne manquait ni d'éclat ni de nouveauté.

Sur quelques autres maîtres et sur les auteurs expliqués dans les classes, les mémoires d'André d'Ormesson nous offrent de précieuses indications que nous ne saurions négliger.

---

(1) *De Nova Prellæorum institutione orationes quatuor utrinque partim apud Cardinalitios, partim apud Prellæos habitæ V idus novembris 1550*; Parisiis, 1550, in-4°.
(2) Goujet, l. l., t. I, p. 465 et 472.
(3) *Ibid.*, t. II, p. 363.
(4) *Ibid.*, t. II, p. 379.

André d'Ormesson fut le père d'Olivier d'Ormesson, qui devint maître des requêtes au parlement de Paris, et qui a laissé un journal intéressant, dont la publication est due à notre savant collègue et ami, M. Chéruel :

« En l'année quatre-vingt-six, dit-il (1), je fus mis au collège du Cardinal Lemoine, soubs M. Le Dieu, Picart de nation, mon maistre de chambre, avec sept de mes cousins qui y demeuroient desja, sçavoir Messieurs Claude et Jean Leclerc, Olivier Chaillou et Jean Chaillou, François, Olivier et Charles d'Alesso.

« Allant en classe soubs M. Jard en la septième, sixième, et cinquième, il nous fit apprendre une quantité d'épistres de Cicéron, entre autres celle que Cicéron adresse à Lucilius pour estre insérée dans son histoire, laquelle commence : « Coram me tecum, etc., » et ce, les matinées. Les après dinées, il nous leu les Eglogues de Virgile, les Comédies de Térence intitulées : « l'Eunuque, où Chœrea prend l'habit de Dorus, eunuque, pour jouir d'une belle fille donnée à Thaïs, » celle de Phormio, qui représente ung vray flateur ou homme de Cour, qui entend le moien de s'enrichir en se rendant agréable aux grands et à ceux qui ont le commandement des Estatz. Il nous leu encore l'épistre d'Oenone, nimphe des bois, à Paris, fils de Priam, qui l'avoit abandonnée pour ravir et jouir de la belle Hélène, femme du roy Menelaus; et encore l'épistre de *Medea Jasoni*, en laquelle Médée se plaint à Jason de ce qu'ayant perdu son frère et ses parens pour luy faire conquérir la toison d'or, il l'avoit abandonnée, pour espouser Creusa, fille de Créon, roy de Corinthe, et tuer le Minotore

« En la quatrième classe, soubs M. Seguin, qui a esté depuis médecin de la Reine Anne d'Autriche, l'oraison *Pro rege Dejotaro*, de Cicéron; la première satire d'Horace contre les avaricieux, qui commence : *Qui fit Mæcenas;* quelques odes d'Horace, avec l'épode à la louange de la vie rustique et champestre qui commence : *Beatus ille qui procul negotiis;* la satire de Juvénal contre la noblesse faisneante, qui commence : *Stemmata quid faciunt*; la cinquième tusculane de Cicéron pour prouver : *Virtutem ad bene vivendum se ipsa esse contentam*; le commencement du premier livre de la métamorphose d'Ovide qui commence : *In nova fert animus*; le poème *In ibim*, contre

(1) André d'Ormesson est revenu deux fois dans ses mémoires sur ce qui concerne son éducation. Ces deux passages ont été reproduits par M. Chéruel, l'un dans son écrit *De l'Administration de Louis XIV*, Paris, 1850, in-8°, p. 203 et suiv.; l'autre dans l'introduction au *Journal d'Olivier d'Ormesson*, Paris, 1860, in-4°, t. I, p. xxx et s. C'est le premier passage que nous transcrivons ici.

un envieux qui le persécutoit pendant son exil, où il lui souhaite tous les malheurs qui sont jamais arrivez les plus cruels, racontez dans les poètes et les fables de l'antiquité. »

Lors du siège de Paris, ouvert au mois de mai 1590, André d'Ormesson fut retiré du collège du Cardinal, et alla demeurer dans la maison de son père, « notre maistre, M. Le Dieu, dit-il, n'ayant pas moyen de nous nourir, mon frère de Lescau et moy, à cause de la nécessité du pain et des vivres et de la grande famine qui fit mourir une infinité de monde de faim. » Et en effet, il nous apprend ailleurs qu'on ne mangeait au collège du Cardinal Lemoine que du pain de son et de la viande de cheval. Ces tristes jours de disette et d'anxiété, les habitants de Paris, enivrés des splendeurs de leur ville, ne s'attendaient pas à les revoir jamais; et cependant ils les ont revus aussi cruels et plus longs qu'au temps de la Ligue!

Au mois d'octobre suivant, deux mois après la levée du siège, André d'Ormesson quitta de nouveau la maison paternelle, et fut envoyé avec son frère au collège de Navarre pour y faire sa rhétorique. Quel était l'enseignement du collège de Navarre? Il va nous l'apprendre. Il se trouvait « soubs la charge de Monsieur Raquis, fort habile homme, dit-il, et fort homme de bien, qui prit ung grand soing de mon instruction... »

« Ce monsieur Raquis, continue-t-il, nous leu le matin l'oraison *In Vatinium*, et par après, l'oraison pour *Lege Manilia*, en faveur de Pompée, pour le faire eslire général de l'armée romaine contre le roy Mithridates. L'après dînée, il nous leu la dixième satire de Juvénal qui commence : *Omnibus in terris*, où il monstre qu'il ne faut ny souhaicter les richesses, ny les grandes dignités, ny la grande éloquence, ny la beauté, ny la vieillesse, mais seulement ce qu'il plaist à Dieu, *et mentem sanam in corpore sano*. Par après, il nous leu le premier livre des epistres d'Horace tout entier, où est contenue toute la sagesse de la philosophie morale des anciens philosophes, et les appris toutes par cœur et les ay retenues toute ma vie. Et encore quelques odes d'Horace les plus sentencieuses; et encore *Quod vitæ sectabor iter?* du poète Ausone. L'année quatre ving unze, commençant en octobre, Monsieur Gaultier, qui a esté depuis docteur en théologie et curé de Saint-Denis de la Châtre, fit la première et dernière première pour la seconde année. Il nous leu le matin l'oraison *Pro Marco Marcello*, où

Cicéron parle pour Marcellus, son amy, qui avoit suivi comme luy le parti de Pompée, où il flatta et gagna tellement l'esprit de César qu'il pardonna à Marcellus contre sa première intention. Il nous leu l'après dinée, l'unzieme livre de l'Énéide, qui convenoit fort bien au temps de la Ligue, où la couronne de France estoit contestée entre plusieurs grands princes compétiteurs, comme estoit la couronne du roy Latinus entre Turnus et Enée... Par après, il nous leu le songe de Scipion, où Cicéron exhorte Scipion, par la bouche de son grand-père, de mespriser la terre et gloire des hommes et d'aspirer au ciel où la demeure est toute divine et miraculeuse... »

*Nos lecteurs*, nous en avons la confiance, ne regretteront pas que nous ayons placé sous leurs yeux ce passage si curieux et si précis qui nous fait en quelque sorte toucher du doigt le système d'études suivi au XVI$^e$ siècle. Que d'observations pourraient suggérer et la variété des ouvrages qu'on expliquait alors dans les classes, et le caractère licencieux de quelques-uns des textes que le professeur n'hésitait pas à placer sous les yeux de ses élèves et devant lesquels aujourd'hui reculerait avec raison notre respect pour l'enfance; enfin ce culte exclusif de la langue latine, cette complète absence de toute explication grecque après une période où le grec avait été cultivé avec une sorte de passion! Mais en insistant nous sortirions de notre sujet. Bornons-nous à tirer du témoignage d'André d'Ormesson deux conséquences qui paraissent en ressortir et qui nous touchent directement : la première, c'est que dans les divers collèges de l'Université de Paris, le plan des études était le même, et que l'écolier qui avait commencé son éducation dans l'un pouvait la continuer dans l'autre; la seconde, c'est que l'enseignement du collège du Cardinal Lemoine valait alors celui du collège de Navarre, et que ces deux maisons, qui dataient du même temps, étaient au même niveau, jetaient le même éclat et se partageaient la confiance des meilleures familles du royaume.

Telle était donc avant le siège de Paris la situation du collège du Cardinal Lemoine. Cependant, quelle que fût sa prospérité, il renfermait en lui-même un germe de décadence : la concorde n'y régnait pas : depuis longtemps le grand maître et les boursiers étaient presque toujours en querelle et en procès.

Par son arrêt du 15 janvier 1544 pour l'interprétation et la réforme des statuts du collège, le parlement avait décidé que, le grand maître étant choisi « pour exercer œuvre pitoyable et non pour grever ledit collège, » ne devait pas y être logé ni recevoir aucun émolument; il avait seulement concédé au grand maître alors en fonctions, M° Léon Aubert, à raison de ses bons services, la jouissance de quatre chambres, mais pendant cinq années seulement. Il est vraisemblable que M° Aubert trouva le moyen de les conserver même au delà du terme fixé; mais lorsqu'il eut remis sa charge en 1558 à maître Nicolas Beguin, celui-ci prétendit aux mêmes avantages que ses prédécesseurs et ne les obtint qu'après un procès contre les boursiers. A Nicolas Beguin succéda M° Pierre de Hodic : nouveau procès qui donne lieu à plusieurs arrêts en faveur du grand maître, sous la date des 18 janvier, 9 février et 20 décembre 1565, 14 janvier 1567. Pierre de Hodic, appelé à la cure de Saint-Jean en Grève, résigne la maîtrise entre les mains de M° Etienne Laffilé, docteur en théologie, déjà curé de la maison du Cardinal Lemoine : les boursiers entrent aussitôt en lutte avec lui, et s'adressent aux supérieur et réformateurs du collège, l'évêque, le doyen et le chancelier de l'église de Paris, qui repoussent leur réclamation par décision du 28 mai 1578. Quelques années se passent durant lesquelles ces misérables querelles de famille sont interrompues par l'effervescence des passions religieuses et par la guerre civile. En 1595, à la mort de Laffilé, son parent M° Guillaume Chenard lui succède; il reste en fonctions deux ans, n'ayant avec lui au collège que quatre boursiers, et retenu constamment au lit par une attaque de paralysie (1). Il meurt en 1597, et, le 17 septembre de la même année, il est remplacé par M° Edmond Richer.

Nous n'avons pas à retracer ici, et nul d'ailleurs n'ignore le rôle que Richer a joué dans les querelles théologiques de son temps. A d'éminentes qualités ce savant homme joignait une humeur batailleuse qui le faisait se complaire dans la lutte. En qualité de grand maître du Cardinal Lemoine, il ne faillit pas à sa vocation; il eut procès sur procès avec les boursiers pour

---

(1) Les faits, noms et dates qui précèdent sont empruntés au recueil de Richer, *Statuta collegii Cardinalitii*, etc. Nous les avons déjà reproduits dans notre *Index chronologicus*, etc., p. 376.

des questions de prérogatives; et non seulement avec les boursiers mais avec l'Université elle-même. La Faculté des arts avait élu pour recteur un boursier du collège du Cardinal, M° Nicolas Paris, bachelier en théologie, nonobstant l'article des statuts dressés par Jean Lemoine, qui défendait à ses boursiers d'accepter les fonctions rectorales. Richer, armé de cette disposition, notifia au recteur la saisie de sa bourse, refusa de lui en payer désormais les arrérages. L'affaire fut portée devant le conseil privé, qui donna provisoirement gain de cause à M° Paris, et renvoya les parties devant le parlement pour être statué au fond par un arrêt définitif qui ne fut jamais ni sollicité ni rendu (1).

Ces dissensions sans cesse renaissantes ne contribuaient certainement pas au bien des études. Cependant jamais la concorde n'avait été plus nécessaire pour atténuer le préjudice causé à la maison du Cardinal par les discordes civiles. Un contemporain a tracé le plus triste tableau de la situation misérable des écoles de l'Université lors de l'entrée de Henri IV à Paris. « Des soldats espagnols, belges et napolitains, mêlés aux paysans des campagnes voisines, avaient rempli, dit-il, les asiles des muses d'un attirail de guerre, au milieu duquel erraient les troupeaux. Où retentissait autrefois la parole élégante des maîtres de la jeunesse, on n'entendait plus que la voix discordante de soldats étrangers, les bêlements des brebis, les mugissements des bœufs. » Loin d'échapper au malheur commun, le collège du Cardinal fut un des plus éprouvés. Un détachement de la garnison s'installa dans les bâtiments et y causa tous les dégâts que peut faire une soldatesque effrénée. Lorsque Richer vint en prendre possession, il trouva partout l'image de la dévastation (2).

Avec Henri IV et Louis XIII de meilleurs jours avaient commencé pour l'Université et ses collèges, comme pour la société française tout entière. Le collège du Cardinal Lemoine eut sa part de cette renaissance qui préparait aux lettres françaises leur plus brillante époque. L'ordre et les études s'y rétablirent peu à peu, et le recteur M° Lebourg (3), assisté de son conseil, étant

---

(1) Sur cette affaire, voyez notre *Histoire de l'Université de Paris au XVII° et au XVIII° siècle*, p. 48 et 49, et *Pièces justificatives*, p. 30.
(2) *Hist. de l'Univ. de Paris au XVII° siècle*, p. 2.
(3) *Ibid.*, p. 144.

venu le visiter le **22** novembre **1642**, la tenue de la maison fut l'objet de l'approbation générale.

M° Philippe Pourcel était alors depuis plusieurs années grand maître du collège du Cardinal, et cumulait avec cette fonction celle de principal. En quoi consistait la charge de principal, que ne mentionnent pas les statuts primitifs de la maison, mais à laquelle il est fait allusion dans plusieurs articles de l'arrêt du 15 janvier 1544 (1)? Nous l'avons déjà suffisamment fait entendre, le principal était celui qui dirigeait sous sa responsabilité la pédagogie annexée au collège, qui choisissait les régents, qui les payait, qui veillait à l'exercice, en d'autres termes à la bonne tenue des classes, et qui percevait à son profit les rétributions acquittées par les pensionnaires. Quelquefois le collège attribuait sur ses propres fonds une indemnité annuelle au principal. La charge pouvait donc être lucrative, et nous comprenons qu'elle ait été recherchée. Pourcel, déjà grand maître, émit la prétention non seulement de la garder pour lui, mais de l'unir pour toujours à la grande maîtrise Les boursiers ne s'y prêtèrent pas, et il en résulta un procès devant le parlement de Paris. Par une heureuse exception, toute cette querelle finit au mois de janvier 1647 par une transaction que nous avons retrouvée dans les archives de l'Université, aujourd'hui déposées à la bibliothèque de la Sorbonne (2). Malgré la longueur de l'acte, peut-être ne sera-t-il pas sans intérêt de le transcrire; car il jette un jour utile sur le régime intérieur du collège et sur les conditions auxquelles les pédagogies s'établissaient vers le milieu du xvii° siècle.

« Furent présens vénérable et discrette personne M° Philippe Pourcelle, grand maître et principal du collège du Cardinal Lemoine, fondé en l'Université de Paris d'une part, et MM. les prieur séculier, procureur et boursiers dudit collège, sçavoir : M° Henry Dameval, prieur et bachelier en théologie, J. Bersin, P. Barbier, Valleran de Neufville, Huchon, André Duval, P. Lallemant, procureur dudit collège, Frison, J. de la Morlière, tous bacheliers en théologie, Vacquer, Nicolas Hardy, Nicolas Lefebvre, Estienne Bousseau, Simon Croisel, Sanson Hernu, Robert Aubry et Guillaume Delestre, tous boursiers dudit collège,

---

(1) Voyez notamment les articles 7 et 18; Félibien, I. I., t. IV, p. 717 et 719.
(2) Carton XVII, n° 8.

représentant la plus grande partie dudit collège, assemblez en la chapelle, lieu accoustumé pour traitter de leurs affaires, au son de la cloche, en la manière accoustumée : lesquels, suivant la conclusion prise et arrestée en l'assemblée desdits sieurs grand maître, prieur séculier, procureur et bourciers le dixiesme du présent mois et an pour terminer et assoupir le procès qui estoit pendant par devant nos seigneurs de la Cour de Parlement entre lesdits s$^{rs}$ grand maître, prieur séculier, procureur et bourciers pour raison de la principalité dudit collège; en considération des services que ledit sieur grand maître, a assiduellement rendu et rend journellement audit collège depuis quinze à seize ans, tant en ladite qualité de grand maître que de principal, iceux s$^{rs}$ prieur séculier, procureur et bourciers dudit collège ont par ces présentes consenty et consentent, mesme promettent, tant pour eux que pour leurs successeurs, garantir de tous empeschements quelconques audit s$^r$ Pourcel, grand maître, sa vie durant, iceluy grand maître ce acceptant, la principauté et pédagogie dudit collège, aux droits, prérogatives et préséances accoustumées, pour en iceluy collège, faire par iceluy s$^r$ grand maître continuer les bonnes résidences actuelles, en telle sorte qu'il ne soit absent six mois dudit collège; instruire les enfants en l'amour et crainte de Dieu, en la foy et religion catholique, apostolique et romaine, en bonnes mœurs, langues grecque et latine, sciences de l'étude humaine et ès arts libéraux; contraindre les enfans de parler latin et à porter l'habit scolastique, selon la forme ancienne et accoustumée en ladite Université de Paris; et à la descharge de la conscience desdits s$^{rs}$ grand maître, prieur séculier et bourciers dudit collège, davantage d'enseigner le catéchisme aux enfants dudit collège : pour de ladite principauté jouir par ledit s$^r$ Pourcel, grand maître, sa vie durant. Ce présent consentement et bail à vie, fait aux charges ci-dessus déclarées, ensemble à celles qui ensuivent, à sçavoir : de par lesdits sieurs du collège, leur procureur ou receveur, donner et payer audit sieur Pourcel, sa vie durant, par chascune année, la somme de cinq cens quarante livres pour bien et duement entretenir ledit exercice par ledit s$^r$ Pourcel, grand maître, qui ne pourra rien demander ny exiger desdits s$^{rs}$ bailleurs, de leurs successeurs, ni des enfans escoliers qu'ils auroient dans leurs chambres, soit pour le droit de camerisage et autres choses, sinon ce qui pourroit appartenir respectivement audit s$^r$ principal et à ses régents, pour les droits de déterminances, licences, maîtrises ès arts, bancs, et toutes récompenses et honoraires que l'on doibt aux régens de classe pour leur peines et sallaires. Néantmoins seront tenus lesdits sieurs principal et régens recevoir en leurs classes les enfants escolliers desdits s$^{rs}$ bailleurs pour estre instruits et disciplinez, ainsi que les autres escoliers et enfans estant en la pension dudit s$^r$ principal, comme aussi lesdits s$^{rs}$ bailleurs ont deslaissé et deslaissent, et promettent faire jouir comme dessus ledit s$^r$ Pourcel, sa vie durant, des lieux cy après déclarés, estant des appartenances dudit collège, sçavoir est, des deux corps d'hostel, ainsy qu'ils se comportent, sis sur la rue Saint-Victor, au-dessus de la porte dudit collège, tenant d'une part au collège des Bons-Enfans, d'autre à une maison appartenant à MM. de Saint-Victor, avec toutes les appartenances et dépendances, sans en rien réserver; item, un autre corps d'hostel contigu et attenant les dessus dits, aussy avecq les appartenances, sans aucune réserve faire par lesdits s$^{rs}$ bailleurs desdits lieux : item deux chambres, où est à présent demeurant (1)... au corps de logis dudit s$^r$ grand maître; item, la grande salle du corps d'hostel de la cloche, où l'on fait à présent la logique; et y faire les actes et exercices ordinaires dudit collège; item deslaisser audit s$^r$ Pourcel, grand maître, toutes les classes, qui sont du costé des Bernardins, excepté les deux bûchers qui sont au bout desdites classes, du coté de ladite salle, avec la grande cour d'icelluy collège pour récréer les enfans et escolliers, sans insolence ni rupture des vitres, soit de la chapelle ou autres logis dudit collège; et pour cette cause, ne leur permettre ledit s$^r$ Pourcel jouer auxdites classes et court avec raquette, et empescher lesdits enfans de jetter des pierres par la court et sur les toits et couvertures desdits logis, ou du collège ou dortoir des Bernardins, suivant la coustume de tout temps observée audit collège : tous lesquels lieux et places sont en bon estat comme il appartient; dont ledit s$^r$ Pourcel s'est contenté; auquel estat il sera tenu les entretenir pour le regard des menues réparations; et où il se trouveroit que par sa faute et négligence, ou de ses régens, pédagogues et enfans, lesdites menues réparations seroient tournées en grosses, en ce cas ledit s$^r$ Pourcel sera tenu desdites grosses réparations, et entretenir le tout en bon estat, pour estre iceux conservez, fors l'usure ordinaire : en tous lesquels lieux, ledit s$^r$ Pourcel ne pourra aucunement desmolir les grosses murailles et cloisons, ny mesme y faire aucune ouverture ou rupture pour faire estude, cloison ny portes et autres choses sans l'exprès vouloir et consentement desdits s$^{rs}$ bailleurs; lesquels ledit s$^r$ Pourcel promet tenir et faire tenir net pour obvier aux inconveniens qui en pourroient arriver, sans qu'il permette de jetter par les fenestres des chambres en ladite cour, aucunes eaux, ordures et immondices, ains contraindre tous les servi-

---

(1) Il y a ici dans le manuscrit un espace en blanc.

teurs dudit collège de porter lesdites eaux et ordures aux lieux qui seront advisez entre lesdites partyes... Item, sera tenu ledit s$^r$ Pourcel entretenir bien et deuement à ses depens les régens qu'il conviendra avoir pour l'exercice dudit collège, et pour ce faire, fournir et pourveoir de régens capables aux classes de dialectique, phisique et grammaire, estans de bonne doctrine, de bonnes mœurs et de la religion catholique, apostolique et romaine; lesquels il obligera d'assister au service divin qui se dit et célèbre en la chapelle dudit collège, principallement les festes et dimanches, et en leur sepmaine faire devoir de bon catholique es festes solemnelles et bons jours de l'année, comme aussy de porter habits honnestes, décents, pour servir de bon exemple à la jeunesse, et en outre de se rendre assidus en leur debvoir, entrer en classe et en sortir au dernier son de la cloche.

Item, sera tenu le s$^r$ Pourcel entretenir et gaiger un portier pour ouvrir et fermer la porte du collège à heure deue, à icelle porte demeurer continuellement, la bien et soigneusement garder, sans employer ledit portier à autre service que garder ladite porte; lequel portier ne laissera sortir les enfans et escoliers, ny mesme les meubles desdits bailleurs et autres maitres demeurans audit collège, sans un congé exprès. Semblablement sera tenu ledit s$^r$ Pourcel assister ordinairement ou faire assister pour le moins un de ses régens au service divin pour les enfans, lequel service lesdits bailleurs feront dire et célébrer en ladite chapelle dudit collège aux heures accoustumées, sans empescher les leçons, mesme au salut qui se dit et commence par le clerc ou l'un des bourciers un peu devant souper. D'avantage est accordé que ledit s$^r$ Pourcel sera tenu faire classe en grammaire, et le cours en philosophie, comme aussy lesdits s$^{rs}$ bailleurs présenteront audit s$^r$ Pourcel, par chascun an, sa vie durant, deux bourciers seulement pour régens 4 mois avant la Saint-Remy pour le moins; et à faute de ce faire, ledit s$^r$ principal se pourvoira d'autres tels que bon lui semblera, sans que lesdits s$^{rs}$ puissent prétendre à la régence pour cette année-là. Ne sera tenu ledit s$^r$ Pourcel de donner gages, nourriture et pensions, ni mesme loger lesdits bourciers pour leur droit de régence, lesquels seront tenus de se contenter des chambres qu'ils auront comme boursiers. Pareillement ne sera tenu le s$^r$ Pourcel de leur donner autre chose que ce qu'il voudra et bon luy semblera. Et outre, sera tenu yceluy s$^r$ Pourcel de faire bien et deuement enseigner le cours de philosophie deux ans entiers; notamment ès quatre premières classes dudit collège, aux heures que ledit s$^r$ Pourcel et lesdits s$^{rs}$ du collège adviseront ensemble pour le bien et utilité de la jeunesse, à la capacité de laquelle ledit s' Pourcel obligera ses régens de s'accommoder totalement et leur enseigner le plus familièrement qu'il leur sera possible.

Ne pourront réciproquement lesdites partyes loger ou retirer audit collège gens vagabonds et mal vivans, mains gens de bien et catholiques, sujets à la discipline, suivant qu'il est porté par les règlements et arrests dudit collège. Défendra et empeschera les enfans ledit s' Pourcel de s'aller promener et rien gaster audit collège. Plus, on accorde que ledit s' Pourcel et lesdits s" du collège ne pourront soustenir les enfans et escoliers l'un de l'autre. Aussy ne sera tenu le s' Pourcel d'aller ou envoyer aux portes ny sentinelles, ny contribuer aux emprunts, si aucuns se font sur ledit collège, ni mesme des boues, chandelles, lanternes, fortifications de cette ville de Paris ou autres charges et subsides qui pourroient estre mises ou imposées soit de la part du roy et de la ville : ains le tout sera acquitté par lesdits s" du collège. Et sera tenu ledit s' Pourcel faire ouvrir la porte au jardinier dudit collège, à six heures du matin en hiver et à quatre heures en esté. Ne pourra le s' Pourcel se demettre de sa charge de principal sans le consentement exprès desdits s" du collège, et céder ladite principauté à qui que ce soit. Lequel Pourcel jouira, outre les lieux cy dessus spécifiés, de tous les autres lieux et jardins qu'il occupe à présent comme grand maître du collège; et au moyen dudit présent bail à vie, ledit s' Pourcel, grand maistre, s'est désisté et désiste par ces présentes des lettres et requestes par luy obtenues pour l'union de la principauté avec le grand maître du collège, qu'il consent estre et demeurer nulles, ainsy promettant, s'obligeant et chascun en droit soy renonçant. Fait et passé audit collège, l'an 1647, le 15 janvier, après midy. Ont signé ainsi : Pourcel, Dameval, Barbier, Lallemant, Bersin, de Neufville, Vacquer, Loisel, de la Morlière, Frison, Hardy, Lefebvre, Boisseau, A. Duval, Aubry de Lestocq, Huchon.

*Signé :* LEONY et LEROY, notaires. »

Le document que nous venons de transcrire fait connaître qu'à la date de 1647, toutes les classes qui comprennent aujourd'hui les études secondaires étaient en pleine activité au collège du Cardinal. La physique et la philosophie y étaient enseignées comme la grammaire; on y avait même repris l'enseignement du grec, interrompu au temps d'André d'Ormesson. Ce résultat était dû sans doute au zèle actif et persévérant de M° Pourcel; les boursiers eux-mêmes rendent hommage à son administration, et le motif qu'ils font valoir pour lui continuer les fonctions de principal, ce sont les services qu'il a rendus seize années durant à la maison. On pouvait croire la paix cimentée pour longtemps : mais l'événement trompa cette espérance. Deux ans et quelques mois s'étaient écoulés depuis la transaction de 1647, et de nouvelles dissensions éclataient entre les boursiers, qui prétendirent conserver indéfiniment leurs bourses, et le grand maître, qui prétendait les en priver, aux termes des règlements du collège, quand après neuf ans révolus le terme de leur jouissance était arrivé. Il faut nous donner le spectacle des incroyables désordres auxquels ce conflit donna lieu. Nous n'avons, il est vrai, que le témoignage du principal (1); mais il est trop précis pour n'être pas digne de foi.

Donc, le 7 août 1649, un boursier, P. Barbier, un ancien boursier, Dameval, récemment expulsé de la maison, réunissent leurs adhérents, ameutent les écoliers, se font assister d'une troupe de valets, et au milieu de la nuit sonnent la cloche, poussent des cris et commencent par donner un charivari au grand maître avec des poêles, des chaudrons et tous les ustensiles de cuisine qu'ils ont pu saisir. Puis ils s'emparent de beaucoup de meubles déposés dans un bûcher, et ils les brûlent au milieu de la cour, tirent des coups de pistolet sous les fenêtres du grand maître, frappent à coups redoublés de bûches et de hache les portes de son appartement, et comme elles ne cèdent pas, ils essaient d'y mettre le feu. Ces scènes de violence durent de neuf heures du soir à trois heures du matin. Quinze jours après, nouveau tumulte. Le samedi 21 août, raconte Me Pourcel, une vingtaine de vagabonds et traîneurs d'épée pénètrent dans le collège où ils sont furtivement introduits par Barbier et reçus par Boisseau, l'un des boursiers; et pendant qu'une partie se tient dans la cour, et l'autre dans le jardin, de manière à garder toutes les issues, quatre d'entre eux, munis d'armes et d'épées, entrent dans la maison du grand maître, tirent des coups de pistolet qui mettent en fuite les domestiques, s'élancent dans la chambre à coucher et cherchent

---

(1) Voyez le mémoire de Me Pourcel intitulé : *Raisons du procédé et de la conduite du grand maistre, administrateur au Cardinal Le Moyne, à l'égard des boursiers du mesme collège. Avec un discours pour les prérogatives de la charge de grand maistre.*

Mᵉ Pourcel de tous côtés, même sous le lit, annonçant l'intention de se défaire de sa personne.

Mᵉ Pourcel porta plainte au parlement ; et en effet les violences dont il avait failli être la victime étaient des crimes qualifiés contre lesquels la puissance des lettres, comme il le fait remarquer dans sa requête, est trop faible, et qu'il n'appartient qu'aux magistrats de réprimer et de punir.

Il faut reconnaître que l'état général du pays, la situation de Paris en particulier, n'étaient pas favorables au maintien de la discipline et du bon ordre, même dans les collèges. Nous sommes en 1649, c'est-à-dire en pleine Fronde ; les factions se disputent le gouvernement ; l'autorité publique est sans force, le parlement en rébellion, la loi facilement méconnue. Qui s'étonnerait que les écoliers eux-mêmes se montrent tumultueux et indociles ? Il ne paraît pas que les scandales qui avaient troublé la maison du Cardinal Lemoine s'y soient renouvelés ; mais au préjudice moral que l'indiscipline des boursiers avait causé à ce collège, s'ajouta le tort matériel que lui portèrent les inévitables incidents de la guerre civile. Comme il était situé à la porte Saint-Victor, tout proche des remparts, il était plus exposé qu'un autre au danger d'un assaut, surtout aux excès de la soldatesque, et il ne réussit pas à se préserver de ce dernier genre de péril. J'ai cité ailleurs, d'après M. Leroux de Lincy (1), le texte d'une requête qui fut présentée en juin 1652 au bureau de la ville par le grand maître et les boursiers : il en résulte que « quelques particuliers, ennemis des études, » obligeaient le grand maître de tenir le collège ouvert tant le jour que la nuit ; qu'ils passaient à travers, tambour battant, soit pour monter la garde, soit pour faire l'exercice dans la cour ; qu'ils tiraient au blanc contre les murs, cassaient les vitres, enlevaient les bancs des classes ; qu'ils avaient coupé plusieurs arbres, et par deux fois brisé et brûlé les portes.

Ces déplorables conséquences de la guerre civile disparurent avec elle. Dans la suite du règne de Louis XIV, les collèges où s'élevait la jeunesse retrouvèrent, comme l'État lui-même, sous un pouvoir respecté, les conditions de l'ordre et de la paix. Toute-

---

(1) *Hist. de l'Université*, etc., p. 185. Cf. *Registres de l'hôtel de ville*, etc., publiés par MM. Leroux de Lincy et Douët d'Arcq, t. II, p. 377 et suiv.

fois les beaux jours de l'Université de Paris étaient passés : ils ne revinrent pas, si ce n'est pour quelques années, au temps de Rollin. Tandis qu'autour d'elle les lettres, les sciences, les arts prenaient un magnifique essor, elle s'effaça, elle s'endormit en quelque sorte et ne déploya d'activité que pour la défense de ses antiques privilèges, dans des querelles mesquines, tantôt avec les Jésuites, tantôt entre ses membres.

L'histoire n'a pu se dispenser d'enregistrer les questions de prééminence qui s'élevèrent, et les interminables débats qui en furent la suite, entre les quatre Nations de la Faculté des arts et les Facultés de théologie, de droit et de médecine, qu'on appelait les facultés supérieures. Un régent de rhétorique du collège du Cardinal Lemoine, Pierre Lallemand, était recteur depuis quelque temps, lorsque, au mois de juillet 1653, les doyens de ces Facultés refusèrent de se rendre à la procession qu'il avait indiquée à la paroisse de Saint-Barthélemy, et firent célébrer en leur propre nom l'office divin dans l'église de la Sorbonne. Pierre Lallemand protesta contre l'outrage fait à sa dignité et le dénonça au parlement dans une requête appuyée de textes nombreux sur l'obéissance due au chef de l'Université par tous ses membres (1).

Cinq ans après, le conflit durait encore, aussi vif, aussi animé que jamais; et ce fut de nouveau un régent du collège du Cardinal Lemoine, M° Cauvet, qui eut à soutenir en qualité de recteur les droits de sa charge et les prétentions de la Faculté des arts contre les doyens des autres facultés (2).

Si la maison du Cardinal donnait aussi souvent des recteurs à l'Université, il est permis de penser que les maîtres qu'elle s'était attachés jouissaient d'une haute considération dans l'école. M. Cauvet, nous devons l'avouer, a laissé un nom très obscur; mais on ne saurait en dire autant de Pierre Lallemand, humaniste excellent, orateur disert. La piété l'ayant poussé à quitter l'habit de prêtre séculier et à prendre celui de chanoine de Sainte-Geneviève, il devint prieur de l'abbaye, puis chancelier de l'Université à la mort du P. Fronteau, arrivée en 1660. Ses contemporains admiraient la facture éloquente des allocutions qu'il

---

(1) *Histoire de l'Université*, etc., p. 189 et suiv.
(2) *Ibid.*, p. 203 et suiv.

adressait aux nouveaux maîtres ès arts en leur remettant le bonnet de la maîtrise. Il mourut en 1670.

Plusieurs années se passent sans que la Faculté des arts appelle à la dignité de recteur aucun régent de la maison du Cardinal Lemoine. Mais enfin, le 16 décembre 1690, le choix se porte sur le régent de philosophie du collège, M' Regnault Gentilhomme, qui, pour le dire en passant, avait eu à soutenir plus d'un litige avant de s'être assuré la paisible possession de cette chaire. Regnault Gentilhomme se trouva mêlé, durant son rectorat, à une affaire très grave. Malgré son caractère hautement spiritualiste, malgré les adhésions les plus éclatantes qu'elle avait eues de la part des juges les moins suspects, la philosophie de Descartes rencontrait alors la plus vive opposition dans les rangs du clergé et surtout dans le gouvernement. L'archevêque de Paris, M. de Harlay, invita, au nom du roi, M° Gentilhomme à faire souscrire par ses collègues, les professeurs de philosophie des différents collèges de l'Université, une déclaration par laquelle ils prenaient l'engagement de ne pas enseigner un certain nombre de propositions incriminées : par exemple, qu'il faut se défaire de toutes sortes de préjugés et douter de tout, avant que de s'assurer d'aucune connaissance ; qu'il faut douter s'il y a un Dieu, jusqu'à ce qu'on en ait une connaissance claire et certaine par un long et sérieux examen ; que nous ignorons si Dieu ne nous a pas voulu créer de telle sorte que nous serions toujours trompés dans les choses qui paraissent le plus claires ; qu'en philosophie, il ne faut pas se mettre en peine des conséquences fâcheuses qu'un sentiment peut avoir pour la foi, quand même il paraîtrait incompatible avec elle, etc. Il est aisé de reconnaître dans ces propositions, nous ne dirons pas l'empreinte, mais la substance même du cartésianisme. C'était bien le cartésianisme qui se trouvait proscrit. Les ouvrages et la doctrine de Descartes auraient, par la volonté de Louis XIV, disparu des écoles publiques, s'il était au pouvoir des princes les plus puissants d'arrêter, dans un pays civilisé, la marche des idées (1).

A ce moment le collège du Cardinal Lemoine avait depuis quatorze ans pour grand maître Jacques Leullier, auquel succéda en

(1) *Hist. de l'Université*, p. 269.

1694 son frère Claude Leullier. Un régent du collège, qui se nommait Fiot, a consacré deux pièces de vers latins à célébrer le savoir et les vertus des deux frères; il leur promet à tous deux une renommée immortelle (1). Cependant il ne paraît pas que l'administration de Claude Leullier ait été paisible. La bibliothèque Sainte-Geneviève possède à cet égard un document assez curieux : c'est une requête adressée dans les premiers jours de mars 1699 à l'archevêque de Paris par deux professeurs, M° Beguin et M° Huguet (2); il en résulte qu'une insurrection venait d'éclater au collège du Cardinal Lemoine dans la classe de philosophie; que des carreaux avaient été brisés, des serrures forcées; que le principal avait dû appeler à son secours un détachement de soldats; qu'une correction plus que sévère infligée de sa propre main, sur le refus des soldats de se charger d'une pareille besogne, à l'un des écoliers les plus compromis, n'avait fait qu'exaspérer les autres; que dans la classe de physique les élèves s'étaient barricadés; que l'intervention des professeurs avait seule réussi à ramener les mutins dans le devoir, sous la condition que la troupe armée quitterait la maison.

Ce qui présentait plus de gravité que cette mutinerie, c'était la complicité secrète de quelques professeurs, leur partialité pour l'insubordination des étudiants, leur malveillance à l'égard du grand maître. Ils se plaignaient de son despotisme, de ses empiétements, de son avidité. Peut-être la passion religieuse entrait-elle pour quelque chose dans ces récriminations, car Claude Leullier avait pris parti dans les querelles religieuses; il s'était énergiquement prononcé contre le jansénisme, et lorsque parut la célèbre constitution *Unigenitus*, il fut un des premiers à la soutenir et à la défendre. Quoi qu'il en soit, la mésintelligence entre le grand maître et les régents alla toujours s'aggravant. En 1718, Claude Leullier ayant appelé à la chaire de sixième un maître ès arts qui n'était pas boursier de la maison du Cardinal, les boursiers protestèrent, et il s'ensuivit devant le conseil d'État un long

---

(1) Ceux qui seraient curieux de lire ces deux pièces de vers les trouveront dans un recueil de la bibliothèque de l'Université, coté H. F. u. 65, n°s 29 et 30.

(2) Cette requête fait partie de ce grand nombre de pièces détachées que MM. les conservateurs de la bibliothèque Sainte-Geneviève s'occupent en ce moment de cataloguer et de classer. On en trouvera le texte à l'appendice, n° IV.

procès dans lequel intervinrent l'archevêque, le doyen et le chancelier de l'église de Paris, comme supérieurs majeurs de la maison; le recteur et son conseil, au nom de l'Université; Mᵉ André Courteille, que Leullier avait désigné pour la chaire vacante; son compétiteur, Mᵉ Enguehard, nommé par l'archevêque de Paris; la Nation de Picardie, à laquelle les boursiers appartenaient tous; la Nation de Normandie, qui prétendait les exclure du partage des revenus de l'Université; enfin Claude Leullier, qui avait à défendre les prérogatives de sa charge, mais qui, sans y renoncer, ne persista pas dans le choix qu'il avait fait et sacrifia Mᵉ Courteille. Après huit ans de débats, quantité de requêtes, de mémoires, d'arrêts anciens et modernes, produits en sens contraire, le conseil d'État rendit sa décision le 19 janvier 1726. Il maintint au principal le droit de nommer seul aux chaires, en donnant la préférence aux boursiers du collège qui se montreraient aptes à les remplir, mais sans pouvoir être contraint dans ses choix par la communauté des boursiers. A la charge de grand maître il unit pour toujours les fonctions de principal, qui jusque-là, comme on l'a vu, n'y étaient pas légalement rattachées. Enfin il soumit le collège du Cardinal Lemoine à l'inspection du recteur de l'Université et de son conseil, inspection que le collège avait acceptée autrefois et que depuis il avait déclinée, sous prétexte qu'il avait pour supérieurs majeurs l'archevêque, le doyen et le chancelier de l'église de Paris (1).

A cet arrêt les boursiers étaient ceux qui perdaient le plus, car leurs prétentions se trouvèrent toutes écartées. Le grand maître obtint ce qu'il n'avait cessé de demander, et de son côté l'Université de Paris avait pleinement gain de cause; elle acquérait la certitude que désormais le collège du Cardinal Lemoine ne pourrait se soustraire à son autorité.

Claude Leullier survécut six ans à son succès. Il mourut dans un âge très avancé, au mois de juin 1733 (2), laissant la maîtrise du collège du Cardinal à Antoine Debacq, qu'il avait depuis quelques années près de lui en qualité de coadjuteur. Debacq, licencié en théologie de la maison de Sorbonne, ancien professeur

---

(1) Nous avons reproduit cet important arrêt dans les *Pièces justificatives* qui font suite à notre *Histoire de l'Université*, nᵒ CLXXI, p. 181 et suiv.
(2) *Nouvelles ecclésiastiques*, année 1733, p. 132.

de rhétorique au collège Mazarin, était un des maîtres les plus distingués de l'Université de Paris. Du 10 octobre 1708 au 10 octobre 1709, époque douloureuse pour la France, il avait exercé les fonctions de recteur et, durant son administration, une inspection importante avait eu lieu dans les collèges de Paris. Il figurait d'ailleurs comme Leullier dans les rangs des adversaires du jansénisme et il avait adhéré un des premiers à la bulle *Unigenitus*. Aussi, lorsque Louis XIV eut arbitrairement imposé en 1714 à la Faculté des arts un chef animé des mêmes sentiments, M⁰ Philippe Poirier, on remarqua que, seul des anciens, M⁰ Debacq avait assisté à l'installation du nouveau recteur.

Sous l'administration de M⁰ Debacq, nous retrouvons M⁰ Enguehard régent de troisième dans ce même collège où il avait disputé la chaire de sixième à M⁰ Courteille. Comme si la paix n'eût pas été possible dans la maison du Cardinal, Enguehard était déjà en querelle et en procès avec le nouveau principal au sujet de la chapelle du collège; mais, fait plus grave, l'insuffisance de son enseignement donnait lieu à de telles plaintes que le roi jugea utile d'intervenir et destitua par une lettre de cachet le professeur incapable. Cette révocation fit quelque bruit dans les écoles. L'Université se plaignit (1) au cardinal Fleury qu'un des siens eût été frappé sans avoir été entendu, et sans que le tribunal du recteur eût été appelé à le juger. Le cardinal répondit que « Sa Majesté ne s'étoit déterminée qu'après les avis réitérés qui lui avoient été donnés sur la négligence avec laquelle le s' Enguehard faisoit ses fonctions; que sa classe étoit presque déserte, et qu'il avoit paru nécessaire d'y apporter un plein remède, afin de prévenir l'interruption des autres classes qui n'auroit pas manqué de s'en suivre du défaut d'exercice de la troisième. » Fleury ajoutait que « si l'Université avoit jugé à propos d'y mettre bon ordre, le roi ne se seroit pas servi de son autorité en cette occasion (2). » Le sévère ministre finit par s'adoucir, et M⁰ Enguehard fut réintégré dans ses fonctions. Mais le fait nous a paru digne d'être relevé; il montre que sous l'ancienne monarchie,

---

(1) Mémoire du 17 avril 1734.
(2) Lettre du 20 avril 1734. L'Université y répondit par de nouvelles observations à la date du 1ᵉʳ mai. On trouvera tous ces documents dans nos Pièces justificatives, p. 187 et suiv.

malgré les privilèges du corps auquel ils appartenaient, les membres les plus humbles de l'Université, même pour des faits purement scolaires, n'étaient pas à l'abri d'une destitution prononcée directement par le pouvoir royal.

Nous sommes parvenus à une époque où la maison du Cardinal Lemoine cède la première place à d'autres établissements, mieux administrés, et ne figure plus qu'au second plan et de loin en loin dans l'histoire des collèges de Paris. Il est à remarquer que ses élèves n'obtinrent jamais de brillants succès au concours général. Lors de la première distribution des prix en 1747, pas un seul ne fut nommé; dans les années suivantes, quelques rares nominations rappelèrent seules le nom de ce collège, qui naguère était classé parmi ceux qui honoraient le plus l'Université! Une année même, en 1784, de grands désordres ayant éclaté pendant la composition du discours français, dont le sujet était l'éloge de Rollin, les rhétoriciens du Cardinal Lemoine furent accusés d'avoir été les instigateurs du trouble, en haine de Rollin et de Jansénius (1).

Malgré ces symptômes d'une décadence qui n'aurait pas été sans remède si les événements ne s'étaient pas précipités, le collège du Cardinal Lemoine continua de posséder, durant tout le cours du XVIIIe siècle, des maîtres habiles, aimant les lettres classiques et capables d'en inspirer le goût autant par leurs exemples que par leurs leçons. Une églogue latine, à l'imitation de Virgile, dans laquelle un régent, Me Pipon, exprimait en 1699 la douleur de voir réduits ses modestes émoluments et ceux de ses collègues, est une pièce agréablement versifiée et qui méritait de nous être conservée (2). Un autre régent, Me Pierre Pestel, qui occupait la chaire de rhétorique, fut, de 1686 à 1712, comme le poète attitré auquel était dévolu ou plutôt qui s'était attribué le soin de chanter, dans la langue de Virgile et d'Horace, les douleurs et les joies de la France. On a de lui sur les sujets les plus variés, les uns tristes, les autres joyeux, un grand nombre de pièces de vers latins qu'on peut lire dans les recueils de la bi-

---

(1) *Hist. de l'Université*, etc., p. 471.
(2) Voyez le recueil de Gaullyer, *Selecta carmina orationesque clarissimorum quorumdam in Universitate Parisiensi professorum*, etc.; Paris, 1727, in-12, p. 341. Cf. *Hist. de l'Université*, p. 279.

bliothèque de la Sorbonne (1). En 1719, J. Marie, l'un des successeurs de Pestel dans la chaire de rhétorique, remerciait Louis XV d'avoir permis, par ses libéralités, que les régents eussent un traitement indépendant des rétributions acquittées jusque-là par les écoliers, et que chaque père de famille, sans avoir rien à payer, pût envoyer désormais ses enfants aux classes du collège de son choix (2). En 1725, un autre régent, M° Longuet de Préfontaine, publiait une ode sur le mariage du roi. L'abbé Leroy, qui enseigna au collège Mazarin avant d'être attaché au collège du Cardinal Lemoine, s'était fait remarquer par un grand nombre de pièces de circonstance, odes, discours, etc., lorsque, déjà professeur émérite, il fit paraître, en 1773, ses *Éléments de la langue grecque, suivis de la première partie du nouveau choix des fables d'Ésope avec des notes où tous les mots sont expliqués et rappelés aux éléments et à leur racine*, etc. (3). Mais le collège du Cardinal peut revendiquer des noms plus connus que ceux que nous venons de tirer de l'oubli. N'a-t-il pas, durant vingt ans, compté parmi ses régents le modèle des maîtres de l'enfance, Lhomond, qui ne voulut jamais quitter sa chaire de sixième et qui la conserva jusqu'au jour où il en fut expulsé par la Révolution? A côté de Lhomond, M° Lange, moins modeste et moins sûr que son humble collègue, enseignait la philosophie, non pas la philosophie d'Aristote, ni même celle de Descartes, mais la philosophie de Condillac. Séduit par les idées nouvelles, il osa, dans une thèse qu'il présidait, faire soutenir par l'un de ses écoliers ce paradoxe renouvelé de Bayle, que l'athéisme est préférable au polythéisme (4). Quand la Faculté des arts eut décidé, à la fin de 1789, que l'enseignement de la philosophie aurait lieu désormais en français, Lange composa des *Éléments de physique*, le premier ouvrage en ce genre, écrit dans la langue nationale, que l'Université de Paris ait adopté pour l'usage des clas-

(1) La bibliothèque de l'Université possède un grand nombre de recueils factices renfermant les pièces de vers composées par des régents de l'ancienne Université de Paris. Les pièces qui portent le nom de Pestel font partie des volumes inscrits sous les lettres H. F. numéros 60, 61, 65.
(2) Bibl. de l'Univ., H. F. n. 67.
(3) Paris, Barbou, in-12 de 110 pages.
(4) *Nouvelles ecclésiastiques*, an. 1784, p. 169 et suiv.; *Hist. de l'Université*, p. 463.

ses (1). Citons encore, parmi les régents du collège du Cardinal, un savant qui devait acquérir plus tard un nom illustre en créant la science de la minéralogie, l'abbé Haüy.

Lorsque le généreux fondateur de ce collège l'avait institué, près de cinq cents ans auparavant, la première condition qu'il avait exigée de ceux qui seraient appelés à continuer son œuvre, c'était une foi sincère et pure, une soumission filiale à l'Église. Ses intentions furent respectées jusqu'au jour où l'antique maison qu'il avait fondée disparut dans la tourmente qui emporta la vieille société française. Assurément les maîtres qui en occupaient les chaires dans les années voisines de la Révolution n'étaient pas tous des esprits éminents; mais le plus grand nombre se faisaient remarquer par un attachement inviolable à la religion de leurs pères. Aussi, quand la constitution civile du clergé eut été publiée, M<sup>e</sup> Lange et deux de ses collègues furent les seuls qui eurent la faiblesse d'y prêter serment; le serment ne put être obtenu du grand maître Baudouin, ni des autres professeurs et boursiers, savoir : Lhomond, Le Vasseur, Masse, Riche, Henoque, Pipaut, Casset, Courtin, Brallet, Haüy (2). Avant que la suppression des universités eût été définitivement prononcée, ces fidèles chrétiens, ceux du moins qui occupaient les chaires, furent remplacés par des maîtres moins soucieux de leurs devoirs envers l'Église et plus dociles aux volontés du législateur civil.

Le collège du Cardinal Lemoine comptait alors 250 élèves, tant externes qu'internes (3).

Les recettes s'étaient élevées en 1755 à 34,807 livres 17 sous 6 deniers. Parmi les articles qu'elles comprenaient, nous nous bornerons à signaler les suivants : jardin, chantier et terrain attenant au collège, 5,342 livres; cens et rentes dus au collège pour maisons sises quai de la Tournelle, 87 livres 10 s. 4 d.; rentes foncières, 762 l. 7 s.; revenus provenant des fermes, bois et autres biens sis hors Paris, 6,769 l.

La même année, la dépense avait atteint le chiffre de 36,367 livres 7 deniers, ce qui donnait, comparativement aux recettes, un excédant, c'est-à-dire un déficit de 1,559 l. 2 s. 9 d.; mais il

---

(1) *Hist. de l'Université*, p. 485.
(2) *Hist. de l'Université*, p. 487.
(3) **Rapport au roi sur l'instruction secondaire**, Paris, 1843, in-4°, p. 298 et 299.

importe de remarquer qu'à la dépense figurent des non-valeurs pour 15,525 l. (1).

Dans le compte de 1790, la recette s'élève à plus de 62,009 l. Ce qu'elle offre de remarquable, c'est l'augmentation des produits des immeubles. Ainsi le jardin, le chantier et le terrain attenant au collège rapportent 7,200 livres, au lieu de 5,342 en 1755. Les fermes et autres biens de campagne rapportent 16,097 livres, au lieu de 6,769. Les rentes foncières montent à 2,383 livres, au lieu de 762 en 1755 (2).

La fortune de la maison n'avait donc pas cessé d'être bien administrée, quoiqu'elle eût subi, depuis le xiv° siècle, de nombreuses transformations.

Mais les institutions les plus prospères étaient destinées au même sort que celles qui tombaient en ruine : les unes et les autres allaient disparaître pour faire place à des institutions nouvelles que la société française n'engendrerait qu'après une longue attente et qu'au prix des épreuves les plus douloureuses. Par le décret du 15 septembre 1793, le collège du Cardinal Lemoine fut supprimé, comme tous les autres collèges de plein exercice, comme les Facultés de théologie, de droit, de médecine et des arts qui existaient sur le territoire de la France. Quelques années après, ses biens furent vendus; il ne resta pas pierre sur pierre des bâtiments qu'il occupait dans la rue Saint-Victor; et, ainsi que nous le disions en commençant ces pages, le seul souvenir que la ville de Paris ait conservé de cette maison naguère illustre, c'est le nom du cardinal, son fondateur, donné à une rue.

---

(1) Archives nationales, H. 2773.
(2) Archives nationales, H. 2774.

# APPENDICE.

## I.

In nomine Domini nostri Jesu Christi amen. Anno nativitatis ejusdem 1302, indictione quindecima, die quinta mensis Martii, pontificatus sanctissimi patris domini Bonifacii papæ octavi anno octavo, in præsentia mei notarii et testium subscriptorum ad hoc specialiter vocatorum et rogatorum, religiosus vir frater Franciscus, prior generalis ordinis Fratrum Heremitarum sancti Augustini, habens, ut dicebat, a sede apostolica potestatem alienandi, vendendi, dandi et tradendi domum quandam seu locum, cum pertinenciis suis, vocatum de Cardineto vulgariter, quam seu quem idem ordo habebat et inhabitare consuevit Parisius in vico Sancti Victoris juxta domum quæ vocatur domus Bonorum puerorum, domum ipsam seu locum de Cardineto, cum omnibus libertatibus, immunitatibus, juribus et pertinenciis suis alienavit, vendidit, dedit et tradidit imperpetuum, prout idem ordo eam seu eum tenuit et possedit, reverendo patri Domino Johanni, miseratione divina tituli sanctorum Marcellini et Petri presbytero cardinali, accipienti pro se et ad opus pauperum scholarium studentium in artibus nec non et magistrorum earumdem artium theologica facultate instruendorum, ad habendum, tenendum et possidendum, cum omnibus et singulis ad istam domum seu ipsum locum spectantibus, et cum omni jure et actione sibi dictisque pauperibus scolaribus et magistris pro ipsa domo seu ipso loco aut eidem domui seu loco pertinente, pro pretio mille librarum Parisiensium. Quod quidem pretium idem prior generalis confessus fuit et in veritate recognovit se habuisse et recepisse a præfato domino cardinali, exceptioni non dati et non soluti pretii omnino renuntians. Quam quidem domum seu locum cum pertinentiis et juribus omnibus idem venditor se, nomine ipsius Domini cardinalis et prædictorum magistrorum ac pauperum, constituit possidere, donec idem dominus cardinalis et dicti pauperes ac magistri per se vel per alium aut alios possessionem dictæ domus seu dicti loci acceperint corporalem, quam accipiendi sua auctoritate ac retinendi deinceps eis licentiam omnimodam dedit. Promittens per se et fratres dicti ordinis præfato domino cardinali et dictis pauperibus ac magistris stipulantibus litem vel controversiam eisdem domino cardinali ac aliis prædictis de dicta domo seu loco ac ejus juribus et pertinenciis aut aliqua parte ipsarum ullo tempore non inferre, nec inferenti consentire, sed ipsam domum seu locum cum pertinenciis ante dictis ab omni homine et universitate legitime defendere, et ipsum dominum cardinalem ac præfatos magistros et pauperes in potestate facere potiores. Et si quo tempore lis, vel questio aut controversia quocumque jure vel modo de domo seu loco de Cardineto et pertinentiis supradictis movebitur eisdem domino cardinali vel pauperibus aut magistris, ipsam litem, questionem seu controversiam idem prior et successores sui, dicti ordinis priores et fratres in se recipiant, quando et quotiescumque eisdem fuerit denunciatum, etc.

Actum Romæ in hospitio præfati domini cardinalis, præsentibus religiosis viris, domino Deodato de Severiaco, priore de Toleniaco, Lectorensis diocesis; fratre Johanne de Brayo, canonico Vallis Scolarium Parisiensis; et magistris Simone de Valleregia, capicerio ecclesiæ Sancti Stephani, de Gressibus Parisiensis; Thoma de Gayssard, Ambianensis diocesis, capellano supradicti domini cardinalis, magistro Johanne de Caserta, canonico ecclesiæ sancti Audomari Morinensis diocesis, ac fratribus Roberto de Monterubiano, Gregorio de Luca et Alexandro de Sancto Elpidio, ordinis ante dicti, testibus ad hoc vocatis specialiter et rogatis.

Et ego Blasius notarii Mathei de Sugio publicus apostolica et imperiali auctoritate notarius... etc.

(Archives nationales, S. 6392, n° 17.)

## II.

Universis presentes litteras inspecturis decanus et capitulum Parisiensis ecclesie salutem sempiternam in Domino. Noveritis quod nos, pensata et considerata utilitate nostre Parisiensis ecclesie, et amore atque affectione reverendi sub Christo patris ac domini, domini Joannis, Dei gratia tituli sanctorum Marcellini et Petri presbyteri cardinalis, erga eandem ecclesiam nostram et capitulum Parisiense qui domum et locum de Cardineto quem prior et fratres Ordinis Heremitarum sancti Augustini antea habebant et habere sueverant Parisius in vico Sancti

Victoris, nuper emit ab eodem priore et fratribus, idque ad opus pauperum scholarium studentium in liberalibus artibus, nec non in theologica facultate instruendorum, ut ibidem collegium erigeret, cujus loci seu collegii superioritatem idem reverendus in Christo patre ac domino dominus Joannes cardinalis demandavit dominis episcopo et decano ecclesie Parisiensis, voluitque ut iidem magistrum dicti collegii eligere, et electum de causa amovere, et alium in ejus locum idoneum subrogare valerent : atque insuper magistrum Simonem de Guibervilla, canonicum dicte ecclesie Parisiensis, primum magistrum dicti collegii esse ordinavit : Nos considerantes hec et alia beneficia per dictum reverendum patrem dominum Joannem Cardinalem nobis alias et ecclesie nostre impensa, circumspectamque paternitatis ipsius prudentiam nobis et ecclesie nostre predicte successivis temporibus Deo propitio prodesse sperantes, habita etiam super hoc deliberatione pleniore, precibus et votis reverendi patris cardinalis annuere volentes, benigniter, jure censive et dominii quod habebamus super quatuor arpenta terre vel circiter, situata in dicto loco Cardineti, vendita atque amortisata fratri Juvenali, vicario Parisius religiosi viri fratris Clementis, prioris generalis Fratrum Heremitarum ordinis sancti Augustini, vice et nomine dicti prioris et totius ordinis, ut [patet] litteris super ea re factis anno Domini m° cc° octuagesimo v°, reverendo patri et domino, domino Joanni Cardinali, et magistris ac scholaribus dicte domus, causam ejus habituris, tradidimus et concessimus pro pretio ducentarum librarum Parisiensium, jam nobis a dicto reverendo patre domino Cardinali traditarum in pecunia numerata, de quo ad plenum nos et ecclesia nostra quittavimus predictum dominum cardinalem et magistros et scholares dicte domus, tenentes nos bene pagatos, cedentes eis ex nunc, et perpetuo in eos et eorum successores, sive ab eis causam habituros, penitus transferentes dictum jus censive et dominii quod habebamus aut percipere poteramus ex predictis quatuor arpentis terre, etc... Datum anno Domini m° ccc° decimo die martis post Brandones. In cujus rei testimonium presentes litteras sub eadem data nostro sigillo fecimus roborari.

(Archives nationales, S. 6392, n° 4.)

### III.

Philippus, Dei gratia Francorum rex, notum facimus universis tam presentibus quam futuris, quod cum dilectus et specialis amicus noster, Johannes, tituli sanctorum Marcellini et Petri presbyter cardinalis, domum de Cardineto que fuit Fratrum ordinis Heremitarum sancti Augustini, et in qua fratres ipsi morari solebant, sitam Parisius in vico Sancti Victoris, contiguam ex una parte domibus Sancti Victoris et ex alia parte domui Bonorum Puerorum, et a parte inferiori domibus Sancti Bernardi et muris civitatis cum quibusdam aliis domibus contiguis, jardinis, plateis et pertinenciis domorum ipsarum dudum acquisierit ac domos ipsas cum appendiciis et pertinenciis supradictis pro usu et inhabitacione pauperum magistrorum et scolarium Parisius studencium concesserit et deputaverit intuitu pietatis ; Nos ejus laudabile in hac parte propositum commendantes, illudque benevolo prosequentes affectu, ejus in hac parte devotis precibus annuentes, acquisitionem predictam laudamus, volumus et approbamus expresse, et ex certa scientia auctoritate regia confirmamus...

Actum in abbatia Sancte Marie Regalis prope Pontissaram, anno Domini millesimo trecentesimo undecimo mense junii.

(Archives nationales, trésor des Chartes, *reg.* JJ, 46, pièce 20.)

## IV.

*Extrait d'une lettre de deux professeurs du Collège du Cardinal Lemoine à l'archevêque de Paris (1699).*

Monseigneur,

Le cours de l'affaire dans laquelle se sont trouvés insensiblement engagez la pluspart des Professeurs du collège du Cardinal Lemoine contre Mʳ leur Principal, leur ayant fait connoistre que c'étoit à Votre Grandeur à qui il falloit s'adresser en qualité de supérieur dudit collège comme à l'arbitre des differents qui y arrivent, nous venons avec confiance en la bonté de notre cause, vous prier, Monseigneur, de vouloir bien examiner par vous même si nous avons tort ou raison. Quelque soit le succès de notre entreprise, nous nous réjouissons d'avoir pour juge un Prélat aussi éclairé et aussi zélé que Vous l'êtes, Monseigneur, pour que tout soit dans l'ordre.

Avant que Votre Grandeur puisse juger de ce dont il s'agit, il est nécessaire qu'on lui fasse un récit également fidele et succint de ce qui a donné occasion à l'affaire qui nous fait recourir à elle.

Le 13ᵉ mars il arriva audit College un désordre dont on a parlé dans tout Paris. Mʳ le Principal voulant punir quelques philosophes qui manquoient de respect pour lui et qui avoient rompus (*sic*) quelques carreaux de vitres et une serrure dans ledit collège, s'avisa de faire venir six soldats aux gardes armés, lesquels furent bientôt suivis de quelques autres. M. le Principal étant entré en Logique à la teste de cette troupe lorsque tout étoit fort calme; les soldats tirèrent l'épée, et Mr le Principal désigna ceux qu'il vouloit faire prendre. Ils se saisirent de deux; mais il n'en resta qu'un entre leurs mains. Ils menèrent ce malheureux dans l'appartement de Mr le Principal qui avoit dessein de lui faire donner le foüet; mais les soldats refusant leur ministère pour cela, il lui fit ôter son justaucorps, et lui donna lui-même, à ce qu'on dit, plusieurs coups d'une discipline faitte de cordes. Après ce traitement, les soldats le conduisirent comme un criminel, l'épée tirée, hors du collège, par la porte qui mène à celle de Saint Bernard, n'ayant pour tout habit qu'une veste.

Cette scène s'étant passée en Logique, il voulut en donner une seconde en Physique; mais les physiciens qui avoient entendu le bruict qu'on venoit de faire chez leurs voisins, se barricadèrent dans leur classe, craignant qu'on en voulût aussi à quelques uns d'entre eux. Ils avoient raison de craindre; car effectivement l'orage vint fondre sur eux un moment après. Mr le Principal se présenta avec sa suite, commanda qu'on ouvrit la porte, la voulut faire enfoncer, trouvant de la résistance. Le professeur, qui craignoit qu'il n'y eût du sang répandu si les soldats entroient, parce qu'il les voyoit animés et résolus à se deffendre, tint bon à la porte. On fit apporter une échelle pour entrer par une croisée au dessus de la porte, où il n'y a qu'un chassis de papier. Un soldat des plus hardis étoit prest de jetter bas le chassis pour se faire passage. Le tumulte étoit si grand que les voisins et les passants s'attroupoient aux portes. Les uns étoient montés sur les piles de bois, et les autres avoient mis la teste aux fenestres pour estre témoins de ce tragique spectacle. Il seroit infailliblement arrivé du malheur, si les professeurs des autres classes qui furent obligés de sortir, n'eussent contenu les écoliers dans le devoir, et s'ils n'eussent empêché l'exécution du projet de Mr le Principal. Ils firent retirer les soldats, et ce ne fut pas sans s'attirer beaucoup d'insultes de la part de ces gens la.

A la fin, Mr le Principal se rendit à la raison qu'il n'avoit pas voulu écouter dans la première chaleur. On lui fit sentir qu'il perdoit entièrement le collège par un tel procédé; qu'il y avoit des voyes plus douces et de moindre éclat dont on se servoit dans l'Université, quand il s'agissoit de punir un ecolier. Nos remontrances produisirent l'effet que nous en espérions. Il donna ordre aux soldats de s'en aller, promit aux physiciens qu'il ne leur feroit rien, et le trouble cessa de la sorte.

La frayeur et la consternation de tous les esprits, loin de diminuer, redoubla par les réflexions qu'on eut le tems de faire au danger auquel avoit exposé et les maistres et les disciples l'imprudence de leur chef : les uns et les autres en étoient également indignés. Les parents des Écoliers furent bien plus irrités, quand ils apprirent ce qui s'étoit passé.

Ceux de l'ecolier qui avoit été maltraité formèrent aussitost leur plainte chez un commissaire, et en suite chez Mʳ le Recteur qui nous fit appeller le landemain (*sic*) pour rendre témoignage de ce que nous scavions. Nous ne trahimes ni la vérité, ni nos sentimens. On ordonna dans cette première assemblée une descente sur les lieux ; elle se fit quelques jours apres ; nous nous y trouvâmes et on nous demanda ce que nous croyions devoir contribuer à l'établissement d'une bonne discipline ; nous dîmes de vive voix ce que nous en pensions, et en conséquence de ce, nous fimes les demandes qui sont le sujet de la contestation d'aujourd'hui. On dit de présenter requeste : nous l'avons donnée, signée de six de nos confrères. Mʳ le Principal s'est soumis à la juridiction du tribunal de Mʳ le Recteur, puisqu'il a comparu trois ou quatre fois sans demander de renvoy. Cependant lorsqu'il a préveu que le tribunal ne lui seroit pas favorable, il a eu recours à un déclinatoire fondé sur un arrest du Conseil d'Etat du Roi qu'il dit avoir, par lequel toutes les affaires concernant ledit collège sont renvoyées par devant vous, Monseigneur, et ses deux autres supérieurs, savoir Mʳˢ le doyen du Chapitre de Notre Dame de Paris et chancelier de ladite Université. Le tribunal lui a demandé coppie de l'arrest, et c'est ce qu'il n'a pas encore exécuté depuis près d'un mois.

Voila, Monseigneur, en quel état est cette affaire. La quinzaine de Pasques n'a pas été un tems propice à la poursuivre. Mʳ le Principal s'en est servi à détacher le plus qu'il a pu de nos confrères, les uns par des motifs d'interest particulier, et les autres en les intimidant. Il y en a qui se sont retirés ou qui n'ont point voulu prendre de parti sous prétexte qu'on n'obtiendroit rien. Celui qui porta la parole pour tous devant le tribunal n'a pas signé la requeste pour cette raison.

Pour nous, Monseigneur, qui sous une cause commune, nous voyons abandonnés de nos propres confreres, nous faisons plus de fond qu'eux sur votre équité, etc., etc.

*Signé :* L. BEGUIN, professeur de 5ᵉ.

GUGUET, professeur de 3ᵉ.

# L'UNIVERSITÉ DE PARIS

A L'ÉPOQUE

## DE LA DOMINATION ANGLAISE.

# L'UNIVERSITÉ DE PARIS

A L'ÉPOQUE

DE LA DOMINATION ANGLAISE.

*Extrait du Bulletin de l'Académie des Inscriptions et Belles-Lettres des mois de juillet et août 1870.*

Les historiens racontent qu'après la victoire de Bouvines le roi Philippe-Auguste écrivit à l'Université de Paris : « Louez Dieu, très chers amis, nous sommes sortis vainqueurs de la bataille la plus terrible que nous ayons jamais eue à livrer (1). »

Il y avait alors quatorze ans que les étudiants et les maîtres des écoles de Paris avaient obtenu du roi certains privilèges qui donnaient à leur corporation une existence officielle et authentique. A peine constituée, cette corporation puissante se trouvait associée par la dépêche de Philippe-Auguste à la politique royale et aux intérêts nationaux.

Ces premiers liens, ces liens patriotiques entre l'Université de Paris naissante et le pays déjà fier de la posséder, s'étaient resserrés de siècle en siècle, tant par une communauté naturelle de sentiments que par l'effet des services rendus, lorsque les désastres

---

(1) « Laudate Deum, carissimi, quia nunquam tam gravem afflictum evasimus. » (*Recueil des Historiens de France*, t. XIX, p. 259.)

du règne de Charles VI et la démence de ce prince mirent une partie de la France aux mains des Anglais.

Dans ces douloureuses conjonctures, il n'appartenait pas à l'Université de retenir l'État sur le penchant de sa ruine; elle n'en avait ni la mission ni le pouvoir. Mais elle parut alors céder trop facilement au cours des événements politiques. Son attitude résignée ne répondit pas aux espérances des bons citoyens, et ne fut même pas toujours digne du rôle que l'École de Paris avait joué, depuis la mort de Charles V, dans les affaires de la nation et dans celles de l'Église.

C'est un tableau assez triste que celui des défaillances, même excusables, d'une grande institution qui, après avoir servi, non sans éclat, le pays, se détache de sa cause par faiblesse et par égoïsme. Cependant ces défaillances appartiennent à l'histoire et ne sauraient être couvertes par son silence. C'est le motif qui nous a engagé à écrire les pages qui suivent, dans lesquelles nous essayons de retracer la physionomie et les actes principaux de l'Université de Paris à l'époque de la domination anglaise.

Nous ne parlerons pas des tribulations que l'Université eut à souffrir à la suite de la prise de Paris par le duc de Bourgogne en 1418, ni du massacre et de la dispersion de ses maîtres les plus illustres, ni de l'exil volontaire de Gerson, ni du pillage des collèges. Nous ne mentionnons ces événements, antérieurs de quelques mois au triomphe des Anglais, que pour avoir le droit d'ajouter qu'ils sont la meilleure explication de la contenance réservée, et à certains égards blâmable, que l'Université garda ensuite durant plusieurs années.

Après la mort tragique de Jean sans Peur à Montereau, lorsque des conférences étaient sur le point de s'ouvrir dans la ville de Troyes pour le rétablissement de la paix entre le roi de France, le nouveau duc de Bourgogne et le roi d'Angleterre, l'Université de Paris fut invitée par Charles VI à venir prendre part à la délibération. Pour la représenter, elle désigna sept de ses membres les plus notables, maîtres Thomas Lemoine, Jean de Boissy, Jean Manson et Jean Beaupère, tous quatre maîtres ès arts et docteurs en théologie; Guillaume Enurie, maître ès arts et bachelier en théologie; Jacques Saquespée, maître ès arts et docteur en médecine; enfin, Pierre Cauchon, le futur évêque de Beauvais, alors simple licencié en décret (1). Il est à présumer que tous ces personnages siégèrent dans les conseils multipliés qui furent tenus, selon Monstrelet (2), dans les derniers jours du mois de mai, en présence du roi, de la reine et du duc de Bourgogne, et qui préparèrent le traité de Troyes. L'Université de Paris, en la personne de quelques-uns des siens, eut ainsi officiellement sa part de responsabilité dans ce traité funeste qui, au mépris des lois de la monarchie, dépouillait le fils de Charles VI et livrait la France à l'ambition anglaise. En des temps meilleurs, elle eût rallié autour d'elle par d'énergiques protestations tous ceux qui maudissaient un pareil traité, « *toutes gens d'entendement,* » comme s'exprime Juvénal des Ursins (3), « *qui le réputoient de nulle valeur et effet :* » mais dans ces jours de trouble et d'affliction, décimée par les factieux, ayant perdu ses chefs les plus honnêtes et les plus respectés, épuisée par tant d'épreuves et à demi ruinée, elle ne songea qu'à son propre salut, et mit exclusivement ses soins, durant quelques années, à sauver les privilèges deux fois séculaires qui étaient la base de sa constitution.

L'influence que les avis et les démarches des députés de l'Université ont exercée se reconnaît aisément dans les articles du traité de Troyes qui garantissent aux bénéficiers la possession paisible de leurs bénéfices, et aux églises, universités, études générales et collèges d'étudiants la jouissance de leurs droits, prérogatives, libertés et franchises (4). Cependant, et si claires que soient les promesses contenues dans ces articles, peut-être ne furent-elles pas jugées suffisamment explicites; car, peu de temps après la conclusion du traité de Troyes, l'Université de Paris envoya dans cette ville deux nouveaux députés, M<sup>e</sup> Philippe Marescal, procureur de la nation de France, et M<sup>e</sup> Jean Basset, qui, sous le nom de promoteur, représentait la corporation près le tribunal du conservateur de ses privilèges apostoliques (5). Dès leur arrivée, Marescal et

---

(1) Du Boulay, *Hist. Univ.*, t. V, p. 343.
(2) *Chronique de Monstrelet*, édit. de la Société de l'histoire de France, t. III, p. 378 : « Et en aucuns briefs jours ensuivans furent assemblez plusieurs consaulx en la présence du roy, de la royne et du duc de Bourgogne, pour avoir advis sur la paix... »
(3) *Histoire de Charles VI,* dans la collect. Michaud et Poujoulat, p. 557.
(4) *Chronique de Monstrelet*, t. III, p. 395; *Chronique du religieux de Saint-Denys*, publ. et trad. par M. Bellaguet, t. VI, p. 421.
(5) Du Boulay, *Hist. Univ.*, t. V, p. 346.

Basset devaient se mettre en rapport avec ceux de leurs collègues, enfants et suppôts comme eux de l'Université, que renfermait alors la capitale de la Champagne; ils devaient leur rappeler leurs serments d'obéissance et de dévouement filial envers l'École de Paris, et les conjurer de lui venir en aide dans la circonstance critique où elle se trouvait. Pierre Cauchon commençait à être en crédit singulier auprès du roi d'Angleterre; aussi les instructions des deux ambassadeurs signalent-elles Pierre Cauchon comme un personnage important, qui peut leur prêter l'appui le plus utile, qui se chargera de parler à Charles VI et qui saura disposer favorablement Henri V.

Il s'agissait de représenter à Charles VI la situation déplorable de l'Université, les cruelles vexations auxquelles, en dépit de ses privilèges, elle était en butte, les lourdes charges qu'entraînait pour ses écoliers et pour ses maîtres le service de jour et de nuit sur les remparts et aux portes de la ville, service qu'on exigeait d'eux avec rigueur, au grand préjudice non seulement de leur tranquillité, mais de leurs études. Mais à quoi bon ces lamentations? N'avaient-elles pas été mille fois exprimées? Elles n'apprenaient rien de nouveau à Charles VI; loin de là, par des édits récents, par de pressantes recommandations adressées soit aux généraux commandant les troupes, soit au lieutenant de police (1), le malheureux prince avait fait ce qui dépendait de lui pour épargner aux étudiants les tristes effets de l'état de guerre. Ce qui était plus opportun, et ce qui nous paraît avoir été le véritable objet de la mission confiée à Jean Basset et à Philippe Marescal, c'était d'amener le roi d'Angleterre à exécuter loyalement les articles du traité de Troyes en faveur des gradués de l'Université, possesseurs de bénéfices ecclésiastiques, ou inscrits, selon l'usage, sur le rôle de présentation, pour être pourvus à la première vacance. La lettre comme l'esprit du traité voulait que les droits des uns et des autres fussent respectés; que ceux-ci ne fussent pas troublés dans la perception de leurs revenus, ni ceux-là frustrés dans leurs espérances, même quand les bénéfices dépendraient de la province de Normandie, la récente conquête des Anglais. L'observation loyale des engagements contractés offrait d'ailleurs d'autant moins

---

(1) Lettres du 12 juin 1419, et des 18 et 25 avril 1420.

d'inconvénients, que les négociateurs de la paix de Troyes n'avaient pas stipulé pour tous les bénéficiers indistinctement, sous quelque bannière qu'ils se fussent enrôlés durant les troubles du royaume, mais seulement pour ceux qui rempliraient les clauses du traité, qui feraient serment de s'y soumettre, et qui se montreraient sujets fidèles du roi de France, partisans dévoués du duc de Bourgogne, ce qui voulait dire, alors, ennemis du dauphin et plutôt Anglais que véritablement Français. Il semblait que le serment ne dût être exigé que des candidats aux bénéfices; en réalité, s'il faut en croire Thomas Bazin (1), il fut imposé, aussi longtemps que dura la domination anglaise, à tous les écoliers, candidats aux grades, dans quelque faculté que ce fût. L'Université se résigna, non sans douleur, nous aimons à le croire, à cette dure condition; elle fit seulement proposer, par l'organe de M⁰ Marescal et de M⁰ Basset, que le serment en question fût prêté entre les mains du recteur, et qu'il pût être prouvé par un simple certificat de ce magistrat, dont la signature devait faire foi devant l'autorité supérieure et dispenserait de tout autre témoignage.

Il est constant, par le témoignage de Thomas Bazin, que ce dernier point fut accordé; quant aux autres, nous ignorons quel fut exactement le résultat de la mission confiée à Marescal et à Basset; mais, quelques semaines plus tard, l'Université envoyait en députation vers Henri V deux députés nouveaux, Jean de Bonesque et Eustache Du Mesnil. Ceux-ci avaient pour instructions de gagner tout d'abord les bonnes grâces du duc de Bourgogne et de son conseiller, Jean de la Saulx, seigneur de Courtivron, celles de l'archevêque de Cantorbéry et celles de l'évêque d'Amiens. Il leur était aussi recommandé de mettre à profit, dans l'intérêt de l'Université, le crédit de jour en jour croissant de Pierre Cauchon, récompensé depuis peu, par l'évêché de Beauvais, de son dévouement à la cause anglaise. Les points à débattre et à obtenir étaient d'ailleurs les mêmes qui avaient fait l'objet des requêtes précédentes, c'est-à-dire l'exemption du guet et des autres charges militaires en faveur des suppôts de l'Uni-

---

(1) *Histor. Caroli VII*, lib. I. c. xiv, t. I, p. 36 de l'édit. de M. Quicherat : « Quamdiu Universitas Parisiensis mansit sub obedientia Anglorum, omnes scholastici, si ad gradum aliquem in quacumque facultate promoverentur, inter alia, in manu rectorum Universitatis, hujusmodi pacem se servaturos sacramento firmare adigebantur. »

versité, et l'octroi de lettres patentes pour garantir aux bénéficiers et aux gradués le complet exercice de leurs droits sur les cures, prébendes et abbayes du royaume, même quand elles seraient situées en Normandie (1).

Si ces requêtes répétées trahissaient chez leurs auteurs des préoccupations un peu étroites, elles n'avaient rien d'excessif ni d'insolite; et comme elles ne paraissent pas s'être renouvelées, tout porte à croire qu'elles furent accueillies. Mais l'Université de Paris pouvait déjà pressentir, elle comprit mieux encore par la suite que le joug de l'étranger serait pour elle plus lourd à supporter que l'autorité paternelle des princes de la maison de France.

Au mois de décembre suivant, Henri V faisait son entrée à Paris, et comme il advient fréquemment en de telles conjonctures, un des premiers soins du monarque victorieux fut de convoquer une assemblée de notables où ne siégèrent que ses partisans, de réclamer des subsides et, comme conclusion, de frapper les habitants d'un impôt extraordinaire déguisé sous la forme d'un échange. Ordre en effet fut donné à chacun de porter à l'hôtel des monnaies une certaine quantité de marcs d'argent proportionnée à sa fortune, et en échange de laquelle il devait recevoir des espèces monnayées, mais avec perte d'un huitième sur les valeurs métalliques déposées (2). En vain l'Université, invoquant ses vieux privilèges, s'efforça d'échapper à la loi commune, en vain ses écoliers et ses maîtres portèrent en suppliants leurs réclamations au pied du trône; Juvénal des Ursins nous apprend ce qu'ils gagnèrent à cette démarche : « Ils furent rebutés, dit-il, par le roy d'Angleterre qui parla hautement à eux; ils cuidèrent répliquer, mais à la fin ils se turent et départirent; car autrement on en eust logé en prison. Alors aussi falloit-il dissimuler par toutes sortes de personnes, et accorder ce qu'on demandoit; ou autrement on les eust tenus assez légèrement pour Armagnacs. »

---

(1) Dans notre *Index chronologicus chartarum pertinentium ad historiam Universitatis Parisiensis,* n° MCLXVI, nous avons publié le texte des instructions qui furent données à Jean de Bonesque et à Eustache Du Mesnil.
(2) Juvénal des Ursins, *Hist. de Charles VI,* collect. Michaud et Poujoulat, p. 562; Vallet de Viriville, *Hist. de Charles VII,* t. I, p. 237.

Cet échec, non moins douloureux pour sa fierté que funeste à ses intérêts, ne mit pas fin aux sollicitations de l'Université; car un mois ne s'était pas écoulé, qu'elle se décidait à députer de nouveau vers Henri V, alors à Rouen, M⁰ Basset, que devaient accompagner Jean de la Fontaine, maître ès arts, bachelier en droit canon; Guillaume Guignon, maître ès arts, bachelier en droit canon et licencié en droit civil; enfin Pierre Amiot, maître ès arts et bachelier en droit canon (1). Parmi les affaires qui devaient être humblement recommandées au roi d'Angleterre, nous signalerons le payement des gages de M⁰ Paul de Bonnefoy, qui enseignait alors la langue hébraïque dans les écoles de Paris. Henri V avait promis en sa faveur une allocation de 100 fr., sur lesquels 50 seulement avaient été payés, et il s'agissait d'obtenir le payement du surplus (2). Nous voyons figurer pour la première fois une autre réclamation ayant pour objet d'assurer aux écoliers et à leurs maîtres la faculté de circuler librement dans le royaume, tant par eau que par terre, avec leur bagage et les effets à eux appartenants, sans être assujettis à aucun droit de péage. C'était là un privilège accordé de tout temps aux suppôts de l'Université et qui ne pouvait guère lui être enlevé ni même contesté en principe, bien qu'il fût exposé, en des jours si troublés, à de fréquentes violations.

Au mois d'août 1421, tandis que Henri V assiégeait la ville de Dreux, nous trouvons encore la trace d'une députation qui fut envoyée vers lui pour implorer sa royale protection auprès des évêques et même auprès du saint-siège, en faveur des gradués de l'Université, candidats aux bénéfices ecclésiastiques. La collation des bénéfices donnait lieu alors à beaucoup de discussions dans l'Église et même dans l'école, par la difficulté de concilier les privilèges des gradués et les droits des collateurs. Les documents recueillis par Du Boulay sont incomplets et ne laissent pas voir clairement ce qui se passa devant Dreux entre les envoyés de l'Université. Il en ressort cependant qu'une discussion s'éleva entre l'évêque de Paris, Jean Courtecuisse, prélat très

---

(1) *Index chronologicus*, p. 245.
(2) Voyez notre écrit, *De l'enseignement de l'hébreu dans l'Université de Paris*, qui, avant d'être publié à part, avait paru dans la *Revue des Sociétés savantes*, avril 1863.

mal vu de la faction anglaise, et M° Jean Beaupère, de la Faculté de théologie, dévoué aux intérêts de cette faction. On ne parvint pas à s'entendre, et la députation dut regagner Paris sans avoir conclu à rien, ni rien obtenu. A son retour, elle fut accueillie au cloître des Mathurins par l'explosion du mécontentement général, et une partie de l'assemblée invita le recteur à sévir contre ceux qui avaient si mal servi les intérêts de la compagnie (1). Peut-être faut-il rattacher à cet incident la retraite de Jean Courtecuisse, qui peu de temps après quitta le siège de Paris pour aller occuper celui de Genève.

L'année suivante, à quelques semaines de distance, moururent Henri V et Charles VI, l'un le 31 août, l'autre le 21 octobre 1422. Aux termes du traité de Troyes, l'Université de Paris devait reconnaître le fils de Henri V, qui, à peine âgé de quelques mois, venait d'être proclamé roi de France et d'Angleterre, sous le nom de Henri VI. Trop empressée, pour sa gloire, de faire acte de soumission à la domination étrangère, elle se hâta de faire partir pour Londres deux de ses maîtres, Jean Beaupère, que nous avons déjà vu paraître tout à l'heure, et Jean Saquespée, de la Faculté de médecine. Ils étaient porteurs de lettres de créance près la reine mère et le duc de Glocester, qu'ils avaient mission d'entretenir « d'aucunes choses, disent ces lettres, touchant la seigneurie de notre souverain seigneur Henry, roi de France et d'Angleterre, et la paix d'iceux royaumes (2). » Ces démonstrations prématurées de dévouement obtinrent la récompense qu'elles méritaient; et, dès le mois d'août 1423, parurent des lettres patentes de Henri VI qui étaient conçues dans les termes suivants :

« Henry, par la grâce de Dieu, roy de France et d'Angleterre, au prévost de Paris et à tous noz séneschaulx, baillis, prévosts, vicontes, et autres noz justiciers, officiers et subgez, ou à leurs lieutenants, salut. De la partie de nos très chiers et bien amez les recteur, maistres et escoliers de notre très chière et très amée fille, l'Université de Paris, nous a esté exposé en complaignant, que en plusieurs pais et lieux de nostre royaume de France, ilz sont par vous ou aucuns de vous molestez, troublez ou empeschiez

---

(1) Du Boulay, *Hist. Univ.*, t. V, p. 349 et suiv.
(2) Du Boulay, *Hist. Univ.*, t. V, p. 360 et 361.

en l'exécution de leurs privilèges, d'ancienneté à eulx octroiez, desquelx ilz ont joy notoirement et paisiblement partant et tel temps qu'il n'est mémoire du contraire, sans lesquels ilz ne pourroient vaquer ne entendre à leur estude; lesquelles molestations, troubles et empeschements redondent à leur très grand grief, préjudice et dommages; requérans sur ce notre provision et remède; et pour ce, nous, ces choses considérées, et, avec grans et innumérables biens et fruis, qui, tant en amplation, accroissement et deffense de la foy catholique, comme autrement, se sont ensuis et ensuivent de temps en temps, non seulement en notre dit royaume de France, mais généralement en toute chrisitianté, et les grans sciences, labeurs et diligences de notre dicte fille et des supposts d'icelle; les voulans pour ce favoriser, en tant que selon Dieu et raison faire le pouvons, en ensuivant le traicté de la paix final, fete entre noz très chiers seigneurs, ayeul et père, auxquels Dieu pardoint : par l'advis de nostre très chier et très amé oncle Jehan, régent nostre royaume de France, duc de Bedfort, avons osté et ostons de présent lesdiz troubles et empeschemens, et voulons que lesdiz exposans jouissent de leurs privilèges, selon la forme et teneur de la paix dessus dicte. Si vous mandons, commandons, et expressément enjoignons, et à chacun de vous, si comme à lui appartendra, que lesdits troubles et empeschements vous ostez, et lesdiz exposants et chacun d'eulx fetes et souffrez joir et user de ceste nostre présente voulenté, selon sa forme et teneur, sans les molester, traveiller ou empescher en aucune manière au contraire (1). »

Dans les lettres patentes qu'on vient de lire, Henri VI, roi d'Angleterre, tient le langage qui convient à son rôle; tout Anglais qu'il soit, il parle en roi de France, parce qu'il porte ce titre, aux termes d'un traité qui subsistera tant qu'il n'aura pas été brisé par la force des armes. Mais quels sentiments de tristesse et quelle humiliation ne devaient pas éprouver les vieux maîtres de l'Université de Paris, chez qui les discordes civiles n'avaient pas étouffé le patriotisme, lorsque sous leurs yeux cette grande école, qui s'honorait d'être appelée la fille aînée des rois de France, ne pouvait obtenir la confirmation de ses privilèges que par la

(1) *Index chronologicus*, p. 247.

grâce d'un duc de Bedford, à la condition de s'entendre appeler la fille d'un roi d'Angleterre!

A partir de 1423, l'Université de Paris cesse d'envoyer des députations à Henri VI et de lui adresser des requêtes. Était-ce qu'elle fût satisfaite, ou bien avait-elle la conscience de ne pouvoir rien obtenir désormais? Ce qui n'est que trop constant, c'est que la situation où elle se trouvait n'était rien moins que florissante. Le nombre de ses écoliers avait sensiblement diminué, de même que celui de ses maîtres. Au lieu de trente cours de médecine qui étaient en pleine activité à Paris vers le commencement du XIV° siècle, on ne comptait plus que dix à quinze docteurs régents de la Faculté qui donnassent des leçons publiques (1). Les collèges étaient en pleine décadence. Celui de Navarre, un des plus considérables, avait été dévasté, et ses maîtres massacrés ou mis en fuite, lors du sac de la ville par les Bourguignons en 1418 (2). D'autres collèges, moins importants, étaient, faute de ressources, abandonnés par leurs principaux; et, bien qu'il se trouvât encore des compétiteurs pour se disputer les postes vacants, le candidat préféré ne trouvait le plus souvent que la pauvreté et la ruine là où il avait cru découvrir pour lui des moyens assurés d'existence (3).

Cette lamentable situation, qui s'aggravait d'année en année, se continua, sans incidents remarquables, depuis l'avènement de Henri VI jusqu'à l'époque où les exploits de la Pucelle d'Orléans ranimèrent tout à coup l'espérance dans le cœur de ceux qui n'avaient pas subi sans une amère douleur l'autorité d'un prince étranger. Cependant cette fois encore l'Université de Paris, malgré l'exemple du chancelier Gerson, se montra infidèle à ces traditions de patriotisme qui faisaient naguère son honneur et sa force. A la nouvelle des combats heureux livrés par les Français sous les murs d'Orléans, le pieux chancelier, retiré à Lyon au couvent des Célestins, avait pris la plume, et dans un écrit qui peut être consi-

---

(1) Voyez sur ce point une note de notre *Index chronologicus*, p. 223, n° 3.
(2) Launoy, *Regii Navarræ gymnasii Historia*, Parisiis, 1677, in-4°, p. 126.
(3) Du Boulay, *Hist. Univ.*, t. V. p. 385, cite cette déclaration du procureur de la nation de France : « Die 16 mensis maii 1429, congregavi nationem Franciæ... Exposui nationi quod erant plura collegia nationis quæ quotidie demoliuntur propter defectum magistrorum. » Cf. *ibid.*, p. 350 et 351.

déré comme son testament, car cet écrit est daté du 14 mai 1429 et précéda seulement de quelques semaines la mort de l'auteur, il avait défendu Jeanne d'Arc contre les imputations de sortilège, d'impiété et d'inconduite que la faction anglaise commençait à propager (1). Il avait montré que, combattant pour son roi et pour son pays contre des ennemis acharnés, la cause qu'elle défendait était juste et sainte; qu'elle n'avait usé ni de fraude ni de maléfices contraires à la loi de l'Église ; que Charles VII et son conseil ne s'étaient pas décidés sans de bons motifs à suivre ses avis; qu'elle s'était conduite avec prudence dans la guerre, et n'avait jamais témoigné cette présomption ni cette témérité qui est une manière de tenter Dieu (2); qu'enfin les œuvres qu'elle avait accomplies, quelle qu'en fût l'issue, ne devaient pas être nécessairement attribuées à l'esprit malin, mais plutôt à la puissance divine. Tel était le jugement du chancelier Gerson sur Jeanne d'Arc. Mais sa voix n'était plus écoutée dans les écoles qu'il avait dirigées si longtemps. L'Université ne comprit ni le caractère ni la mission de la jeune fille inspirée qui sauvait la France; elle ne sut même pas rester neutre, et prit parti pour les Anglais avec une ardeur aussi inconsidérée que pusillanime. A peine Jeanne d'Arc fut-elle tombée devant Compiègne au pouvoir des Bourguignons, commandés par Jean de Luxembourg, que l'Université de Paris se hâta d'écrire à ce dernier et au duc de Bourgogne (3) pour obtenir d'eux que la prisonnière fût remise aux mains de l'inquisiteur de la foi ou de l'évêque de Beauvais, dans le diocèse duquel la capture avait eu lieu. Elle ne cacha pas dans ses lettres la douleur qu'elle ressentirait de la délivrance « de cette femme qui se dit la pucelle, au moyen de laquelle l'honneur de Dieu a été sans mesure offensé, la foi blessée, l'Église déshonorée. » S'il faut en croire Du Boulay, ce serait à

---

(1) Cet écrit de Gerson, publié dans le recueil de ses œuvres, 1706, in-fol. t. IV, p. 804, a été produit au procès de réhabilitation de la Pucelle d'Orléans, et réimprimé à ce titre par M. Jules Quicherat, *Procès de Jeanne d'Arc*, t. III, p. 298 et suiv.

(2) *Procès de Jeanne d'Arc*, p. 301 : « Pie et salubriter potest de pietate fidei et devotionis sustineri factum illius Puellæ... præsertim ex causa finali quæ justissima est, scilicet restitutio regis ad regnum suum, et pertinacissimorum justissima repulsio seu debellatio. » *Ibid.*, p. 303 : « Ponderandum est quod hæc puella et ei adhærentes militares non dimittunt vias humanæ prudentiæ... »

(3) *Procès de Jeanne d'Arc*, t. I. p. 8 et suiv.

l'instigation de l'évêque de Beauvais, Pierre Cauchon, que l'Université aurait fait ces démarches (1). Je crains que, par un sentiment de respect filial, le docte historien ne se soit trop hâté d'amoindrir la part de déplorable initiative qui revient dans cette affaire à la grande école dont l'honneur lui était si cher. En effet, quelques mois s'étant écoulés sans que Jean de Luxembourg se fût dessaisi de sa captive, on vit l'Université de Paris gourmander la tiédeur de l'évêque de Beauvais (2); elle s'en prit en quelque sorte à lui-même de l'ajournement du procès qu'elle croyait urgent d'ouvrir devant un tribunal ecclésiastique (3); elle fit appel à l'autorité du roi d'Angleterre (4); elle le conjura de mettre fin à « cette longue retardation de justice qui devait déplaire à tout bon chrétien, » disait-elle : si bien que ce prince, en délivrant les lettres patentes qui lui étaient demandées (5), se félicita publiquement de « déférer aux vœux de sa très sainte et très chère fille, l'Université de Paris, et de dévotement obéir aux docteurs et maîtres de sadite très sainte et très chère fille. »

Ces maîtres ès arts, ces docteurs en théologie et en droit canon, qui auraient dû être les défenseurs de Jeanne d'Arc, et qui prenaient les devants pour la condamner, cédaient sans doute à la pression exercée sur eux par une faction dévouée à l'Angleterre; toutefois il faut reconnaître, non pour les absoudre, mais pour expliquer leur conduite, qu'ils obéissaient aussi à des préjugés et à des ressentiments partagés par la grande majorité de la population de Paris.

Les Parisiens avaient fait l'expérience du gouvernement des Armagnacs, qui formaient le gros du parti de Charles VII. Ils se rappelaient les impôts forcés, les exactions et les pillages qu'ils avaient eus à subir, quinze ans auparavant, de la part de maîtres cupides et dissolus; et, quelque odieuse que fût pour eux la domination anglaise, ils se résignaient à la supporter plutôt que de retomber sous le joug de leurs anciens oppresseurs. Aussi, quand

---

(1) Du Boulay, *Hist. Univ.*, t. V, p. 395 : « Universitas, instigante M. Petro Cauchon, episcopo Belvacensi, scripsit ad ducem Burgundiæ, ut eam Ecclesiæ traderet... »
(2) *Procès de Jeanne d'Arc*, t. I, p. 15.
(3) *Ibid.*, p. 16 : « Si forsan in ejus rei prosecutione vestra paternitas diligentiam præbuisset acriorem, nunc in ecclesiastico judicio causa præfatæ mulieris ageretur. »
(4) *Procès de Jeanne d'Arc*, t. I, p. 17.
(5) *Ibid.*, p. 18 et 19.

les troupes de Charles VII parurent sous les murs de la ville, espérant l'emporter par un vigoureux coup de main, non seulement la Pucelle ne reçut des habitants aucune aide, ils ne tentèrent en sa faveur aucune diversion, mais ils s'unirent résolument aux Anglais pour la repousser. Durant le combat, ils la traitaient de *paillarde* et de *ribaude* (1); effrayés des représailles qui auraient pu accompagner sa victoire, ils regardaient sa défaite comme une délivrance pour eux-mêmes; et, s'il faut en croire Monstrelet, ils renouvelèrent le serment de résister jusqu'à la mort au roi Charles, qui les voulait, disaient-ils, tous détruire (2). » Cette animosité et ces terreurs presque unanimes des habitants de Paris furent certainement au nombre des causes qui déterminèrent l'attitude de l'Université. Ses instances réitérées, ses lettres, ses démarches pour décider le duc de Bourgogne et le roi d'Angleterre à faire juger la Pucelle furent l'écho des malédictions que proférait contre l'héroïque jeune fille une foule prévenue et inquiète pour sa propre sécurité.

Lorsque le procès qu'elle avait sollicité avec un zèle aussi bruyant qu'intempestif eut été engagé, l'Université figura dans le tribunal en la personne de quatre de ses anciens recteurs, Denis de Sabrevois, Guillaume Evrard, Pierre Maurice et Thomas de Courcelles, auxquels furent adjoints plusieurs maîtres ès arts, plusieurs docteurs en théologie ou en décret, entre autres Jean Beaupère, Jacques de Touraine, Girard Fueillet, Jean de la Fontaine, Nicole Midi, Jean Basset. On possède encore l'état des indemnités qui furent, par l'ordre de Henri VI, payées à la plupart d'entre eux pour leur participation au procès, à raison de vingt sous tournois par jour (3). Deux des juges désignés, Jean Tiphaine,

---

(1) *Journal d'un bourgeois de Paris*, coll. Michaud et Poujoulat, p. 256.

(2) *Chronique de Monstrelet*, t. IV, p. 35 : « Yceulx Parisiens avoient une commune voulenté d'eulx défendre, sans y avoir division... Et les dessus diz Parisiens plus que par avant se reconformèrent les ungs avec les autres, promectans que de tout leur puissance ils résisteroient jusques à la mort contre iceluy roy Charles qui les vouloit comme ils disoient, du tout détruire... »

(3) Voyez dans le *Procès de Jeanne d'Arc*, t. V, p. 197 et suiv., un mandat de Thomas Blount, trésorier et gouverneur général des finances du roi en Normandie, adressé à Pierre Sureau, receveur général, pour qu'il ait à payer à maître Jehan Beaupère, Jacques de Thouraine, Nicole Midi, Pierre Morice, Girard Fueillet, docteurs, et à Thomas de Courcelles, bachelier formé en théologie, la somme de vingt sous tournois chacun, par chaque jour qu'ils affirmeront avoir vaqué au procès de Jeanne d'Arc.

docteur en médecine, et Guillaume de la Chambre, licencié de la même Faculté, s'étaient d'abord récusés, en prétextant leur profession qui les rendait inhabiles à donner un avis en pareille matière; mais, nonobstant leurs scrupules, ils se virent contraints de siéger (1). Parmi les plus acharnés contre Jeanne d'Arc, il faut citer Thomas de Courcelles, qui opina pour qu'elle fût soumise à la torture (2), et Nicole Midi, soupçonné d'avoir réduit le procès aux douze assertions qui devaient servir à perdre l'accusée (3). Me Jean Basset, au contraire, inclinait à l'indulgence; il hésitait à se prononcer sur le caractère des visions que Jeanne d'Arc s'était attribuées; il ne les regardait pas nécessairement comme l'œuvre du malin esprit; il admettait qu'elles pouvaient venir de Dieu sans néanmoins l'affirmer, et se contentait de blâmer ce qui, dans la conduite de la Pucelle, lui paraissait choquer les bonnes mœurs et s'écarter de la soumission due à l'Église catholique (4). Son opinion se rapprochait à quelques égards du sentiment exprimé par Gerson, bien qu'il se montrât, sous d'autres rapports, beaucoup moins favorable à Jeanne d'Arc que le pieux chancelier.

Quand l'instruction du procès fut achevée, Jean Beaupère, Jacques de Touraine, Girard Fueillet et Nicole Midi furent députés à Paris pour communiquer les pièces à l'Université; ils reçurent même pour cette misson, s'il est permis de consigner ici ce détail, une indemnité de cent livres chacun (5). L'Université ayant ren-

---

Donné à Rouen, le 1er mars 1430. — Quittance de cette somme, le 4 mars 1430. — Lettres du roi d'Angleterre, accordant à Jean Beaupère, docteur en théologie, une gratification de trente livres tournois en sus de ses journées de présence au procès de Jeanne d'Arc. Le 2 avril 1431. — Nouveau paiement de six vingt livres tournois, fait par le receveur général des finances de Normandie aux maîtres en théologie de l'Université de Paris qui avaient vaqué au procès de Jeanne d'Arc. Le 9 avril 1431.

(1) *Procès de Jeanne d'Arc*, t. I, p. 196; t. III, p. 47 et 50.
(2) *Ibid.*, t. I, p. 403 : « Magister Thomas de Courcellis dixit quod sibi videtur bonum esse eam ponere [in torturis]. »
(3) Déposition de Thomas de Courcelles dans le procès de réhabilitation. *Procès de Jeanne d'Arc*, t. III, p. 60 : « Fuerunt facti et extracti certi articuli, numero duodecim... ut sibi videtur ex verisimilibus conjecturis, per defunctum magistrum Nicolaum Midi.
(4) *Procès de Jeanne d'Arc*, t. I, p. 342 et suiv.
(5) Lettres du roi d'Angleterre accordant une indemnité de cent livres tournois à maître Jehan Beaupère, Jacques de Thouraine, Nicole Midi et Girard Fueillet, envoyés à Paris pour soumettre les pièces du procès de Jeanne d'Arc à l'Université. Donné à Rouen, le 21 avril 1431. (*Procès de Jeanne d'Arc*, t. V, p. 203.)

voyé l'examen de l'affaire à la Faculté de théologie et à la Faculté de décret, ces deux compagnies, au bout de quelques jours, firent connaître leur avis par l'organe de leurs doyens, dans une assemblée générale des quatre facultés qui se tint aux Mathurins, sous la présidence du recteur Pierre Gonda, le 19 avril 1431 (1). Cet avis, comme on ne pouvait que trop s'y attendre, était sur tous les points d'une rigueur impitoyable contre Jeanne d'Arc. On la déclarait convaincue de mensonge, de superstition, de blasphème, d'apostasie, de trahison, de fourberie, de cruauté, d'orgueil, de révolte, etc. Après en avoir délibéré, l'Université vota ces conclusions farouches, que le recteur fut chargé de transmettre au tribunal ecclésiastique séant à Rouen. Le prestige que conservait l'École de Paris donnait à son jugement une autorité presque irrécusable. Les ennemis de Jeanne d'Arc ne manquèrent pas de faire valoir qu'elle avait contre elle les plus notables docteurs de la plus célèbre école qui fût au monde. On nous dispensera de retracer les derniers incidents de ce simulacre de procès. Condamnée une première fois pour ses méfaits prétendus à la prison perpétuelle, à l'eau d'angoisse et au pain de douleur, Jeanne d'Arc, peu de jours après, pour avoir repris des habits d'homme, était condamnée de nouveau comme relapse, et abandonnée au bras séculier. Le même jour, qui était le 30 mai 1431, elle expirait dans les flammes d'un bûcher, après avoir eu à subir, à ses derniers moments, les exhortations d'un théologien de l'Université de Paris, de ce Nicole Midi, son persécuteur implacable (2).

Le rôle que l'Université de Paris a joué dans le procès de Jeanne d'Arc, la part qu'elle a eue à sa condamnation, ont pesé longtemps sur elle, comme un reproche que l'histoire était en droit de lui faire, et que ses ennemis ne lui ont point épargné. Deux siècles s'étaient écoulés depuis le tragique événement; et sur la fin du règne de Louis XIII, dans le feu des contestations ardentes qui venaient de se renouveler entre l'École de Paris et la compagnie de Jésus, celle-ci disait, en parlant de sa rivale :

« N'ont-ils pas conspiré contre la Pucelle d'Orléans, envoyée de

---

(1) Du Boulay, *Hist. Univ.*, t. V, p. 365 et s. *Procès de Jeanne d'Arc*, t. I, p. 411 et s.
(2) *Procès de Jeanne d'Arc*, t. I, p. 470 : « Pro ejus (Joannæ) salutari admonitione et populi ædificatione, fuit solemnis prædicatio per eximium theologiæ doctorem Nicolaum Midi... »

Dieu miraculeusement pour le salut du royaume très chrestien, et dans une assemblée générale des Mathurins fait lettre au roy d'Angleterre, Henri VI, pour le supplier, avec toutes les instances possibles, de la faire punir?... Ne l'ont-ils pas condamnée, cette saincte vierge, après de longues consultations, et déclarée sorcière, invoquant les diables, idolâtre, schismatique et hérétique? Et les juges qui lui firent ensuite son procez, ne disent-ils pas dans cette inique et cruelle sentence portée contre son innocence, son honneur et sa vie, qu'ils en ont usé ainsi ayant esgard et respect aux délibérations des maistres des Facultez de théologie et décret en l'Université de Paris, voire et de tout le corps d'icelle Université (1)? »

Ces reproches amers étaient fondés, nous avons pu nous en convaincre; mais, pour être tout à fait juste, il aurait fallu ajouter que, par un revirement, facile à prévoir, de l'opinion publique, Jeanne d'Arc ayant disparu de la scène, l'Université, qui avait poursuivi sa condamnation et pris parti jusque-là pour les Anglais, se sépara d'eux insensiblement, et, sans devenir tout à fait leur ennemie, contraria souvent leur politique. Elle fit encore bon accueil à Henri VI, quand, au mois de décembre 1431, le jeune roi vint à Paris se faire couronner dans l'église de Notre-Dame par les mains du cardinal de Winchester (2); elle sollicita peut-être, et en tout cas elle reçut de lui avec reconnaissance une nouvelle confirmation de quelques-uns de ses privilèges (3). Mais un mois ne s'était pas écoulé, Henri VI érigeait l'Université de Caen pour l'étude du droit canonique et du droit civil (4) : grave sujet de mécontentement, sinon de préjudice, pour les écoles de Paris. Il est vrai que Charles VII, à peu près à la même époque, fondait l'Université de Poitiers (5); mais il récompensait par là les populations qui s'étaient montrées le plus fidèles à sa cause, tandis que le roi d'Angleterre n'avait pas les mêmes motifs de créer

(1) *Response au livre intitulé Apologie pour l'Université de Paris contre le discours d'un Jésuite,* Paris, 1643, in-12, p. 96 et suiv.
(2) *Chronique de Monstrelet,* t. V, p. 1 et suiv.
(3) *Ordonnances des rois de France,* t. XIII, p. 169.
(4) Lettres patentes, datées de Rouen, du mois de janvier 1431, ce qui correspond pour nous au mois de janvier 1432. *Ibid.,* p. 176.
(5) Lettres patentes du 19 mars 1431; Du Boulay, *Hist. Univ.,* t. V, p. 844 et suiv.; *Ordonnances,* t. XIII, p. 179.

une concurrence aux écoles de la ville où il était venu se faire couronner et qu'il pouvait appeler sa seconde capitale. Ce coup inattendu et immérité fut vivement ressenti par l'Université de Paris. Elle s'en plaignit avec amertume ; elle représenta que la nouvelle fondation avait été faite contrairement aux clauses du traité de Troyes qui garantissaient les privilèges de l'École de Paris ; qu'elle ôterait à ces écoles tout moyen de se relever de leurs ruines ; que d'ailleurs elle serait sans utilité, même pour la Normandie, qui, étant un pays de droit coutumier, n'avait nul besoin d'une Faculté de droit canonique ou de droit civil. Ces énergiques réclamations furent portées devant le parlement par Guillaume Evrard, que nous avons vu figurer au procès de Jeanne d'Arc ; elles furent même adressées aux pères du concile de Bâle par l'entremise des envoyés de l'Université (1). Est-il nécessaire d'ajouter qu'elles n'eurent pas la puissance d'empêcher ni même de retarder l'effet des concessions de Henri VI en faveur de la ville de Caen ?

Un autre édit de ce prince, qui touchait aussi par certains côtés aux intérêts de l'Université de Paris, causa dans ses rangs un très

(1) Du Boulay, *Hist. Univ.*, t. V, p. 428. Félibien, *Hist. de Paris*, t. IV, p. 594, donne le procès-verbal de la séance du parlement où furent portées les remontrances de l'Université : « Du xii novembre (1433). Ce jour les recteur et députés de l'Université de Paris et le prévost des marchands firent dire et remontrer au chancelier et aux présidens et conseillers de Parlement, par la bouche de Me Guillaume Erart, maistre en théologie, qu'ils avoient entendu qu'on vouloit instituer, establir ou fonder en la ville de Caen estude de loix et de décrets, et comment en pourroit redonder au grand dommaige et préjudice du roy et de son royaume, ou préjudice et à la diminution ou confusion de la foy chrétienne, ou préjudice de la souveraineté et ressort de la Court de Parlement, contre le traicté de la paix, et singulièrement préjudicieroit à la restauration de la cité et estude. Déclairoit en oultre ledict Erart les dommaiges et inconvéniens disposez d'advenir par ledict estude de Caen, et avec ce remonstroit comment le dict estude ne seroit mie utile ne nécessaire, espécialement pour le pays de Normandie qui est tout reiglé et gouverné par coustumes ; et comment à Louvain, à Dôle et ailleurs avoit estudes de loix par fournir ce royaume de légistes et juristes. Par quoy vouloit dire iceluy Erart qu'il n'estoit nécessité ne utilité de establir ladicte estude de Caen ; et que, en tant que besoing seroit, l'Université de Paris offroit de consentir et permettre à Paris estude de droit civil *ad tempus* ainsi que seroit advisé ; en suppliant au chancelier et à la Court, que ce voulsissent remonstrer ou faire remonstrer au roy et à son conseil où il appartiendroit, afin que ledict estude ne soit estably ou fondé en ladicte ville de Caen. Sur quoy le chancelier fist response, en disant aux dessus nommez qu'ils baillassent par escript devers la Court leur offre dessusdict, et que on auroit advis sur ce qui avoit esté dict et et requis de par l'Université et le prévost des marchands de Paris. »

vif émoi : nous voulons parler de l'édit qui permettait de racheter moyennant une somme douze fois égale au revenu annuel les rentes constituées sur les maisons et héritages de la ville de Paris et de ses faubourgs (1). Un grand nombre de ces rentes appartenaient à des églises et à des collèges qui trouvaient plus d'avantage à les toucher qu'à recevoir un capital d'un emploi peut-être difficile. L'édit qui permettait le rachat datait du mois de juin 1428 : il avait passé d'abord inaperçu ; mais il fut renouvelé le 31 mai 1431. Les collèges qui possédaient des rentes s'alarmèrent ; l'Université prit fait et cause pour eux, et protesta devant le parlement. Cette fois encore, M$^e$ Guillaume Evrard fut l'interprète des doléances de sa corporation. Il insista sur le tort qu'elle éprouvait et qui atteindrait, en même temps qu'elle, un grand nombre de fondations pieuses, et par conséquent les âmes des trépassés pour lesquelles, faute de revenus, on cesserait de chanter et de prier. Il se plaignit amèrement que l'édit, qui compromettait de si respectables intérêts, eût été préparé dans l'ombre et sans que les gens d'Église eussent été consultés. Il mêla même la menace à la plainte, disant que, si les rois et les princes, au temps passé, avaient prospéré pour leurs bonnes œuvres, par le contraire il était à croire vraisemblablement qu'il *mescheéroit à ceux qui feroient œuvres mauvaises*. « Pompeius, s'écria l'orateur, fut très glorieux en son empire ; mais tantost qu'il fist de l'Eglise establc à ses chevaux, il finit meschamment (2). »

Les dispositions de l'Université à l'égard de ses dominateurs étrangers étaient donc modifiées, et elle ne laissait pas échapper l'occasion de le témoigner. Au mois de mars 1432, quelques-uns de ses maîtres, entre autres Jean Basset, sont arrêtés à Rouen et emprisonnés par les ordres du bailli, sous l'inculpation de complot contre l'autorité du roi d'Angleterre. Leur vrai crime, c'était leur

---

(1) Voici l'art. 1$^{er}$ de l'édit du 31 juillet 1428 : « Que toutes manières de rentes constituées par achat et à pris d'argent... par dons, lais ou autrement... sur les maisons et héritages assis à Paris et ès faubours d'icelle, à que les personnes qu'elles appartiennent, soient églises, collèges ou autres personnes, les propriétaires d'icelles maisons ou héritages, qui sont à présent ou qui seront pour le tems à venir, puissent racheter, c'est assavoir le denier, douze deniers, monnoye courante à présent. » (*Ordonn.*, t. XIII, p. 136. Cf. *ibid.*, p. 174.)

(2) Du Boulay, *Hist. Univ.*, t. V, p. 424 ; Vallet de Viriville, *Hist. de Charles VII*, t. II, p. 332.

attitude dans le procès de Jeanne d'Arc, et l'intérêt qu'ils avaient montré pour l'accusée, l'appui qu'ils avaient essayé de lui prêter (1). Oubliant la conduite toute différente qu'elle avait elle-même tenue en cette triste conjoncture, et la part qu'elle pouvait revendiquer dans la sentence de condamnation, l'Université de Paris éleva la voix en faveur des siens, et, comme sa plainte n'avait nullement ému les magistrats du bailliage de Rouen, elle porta l'affaire devant le parlement, qui se montra moins inexorable. En effet, une délibération du 24 avril 1433 fit défense au bailli de Rouen de rien faire au préjudice de l'appellation de l'Université (2). De tels arrêts, rapprochés des griefs qui les avaient motivés, frappaient, comme autant de coups indirects, le ruineux édifice de la domination anglaise.

Mais quelque chose de plus grave encore que les incidents qui viennent d'être rappelés, ce sont les démarches que fit l'Université auprès du duc de Bourgogne en faveur de la paix.

Dès l'année 1429, des pourparlers s'étaient engagés entre Charles VII et le duc de Bourgogne (3). Bien que ces premières négociations n'eussent pas abouti, même à une trêve si nécessaire de part et d'autre, cependant elles n'avaient pas été entièrement rompues, et les exploits de Jeanne d'Arc, joints aux sentiments personnels de Philippe le Bon, à ses scrupules tardifs, à son dégoût de l'alliance anglaise, avaient ouvert de jour en jour de nouvelles chances de pacification. Ce fut dans ces conjonctures que, le cardinal de Sainte-Croix ayant été envoyé en France par le pape Eugène IV pour travailler au rapprochement des partis, l'Université, encouragée sans doute par sa présence, n'hésita plus à se prononcer.

Dans une assemblée qui se tint aux Mathurins le 7 octobre 1432, sous la présidence de M⁰ Gérard Gehe, alors recteur, un cri s'éleva contre les maux de la guerre, et il fut résolu qu'on enverrait une ambassade porter au duc de Bourgogne les doléances et les vœux de l'École de Paris. Les députés dont l'assemblée fit choix furent M⁰ Jean de Brion, évêque de Meaux, conservateur des privilèges

---

(1) *Procès de Jeanne d'Arc*, t. V, p. 272, 273.
(2) Du Boulay, *Hist. univ.*, t. V, p. 422 et 424 ; Vallet de Viriville, *Hist. de Charles VII*, t. II, p. 333.
(3) *Chronique de Monstrelet*, t. IV, p. 348.

de la compagnie, et Mᵉ Nicolas Quoquerel, maître ès arts. Comme ils réclamaient cent talents d'or pour leurs frais de voyage, et que le trésor de l'Université se trouvait à sec, les nations de France, de Normandie et de Picardie avancèrent la somme, sous la condition que le payement serait garanti par les Facultés de théologie, de droit et de médecine. Les instructions données aux deux ambassadeurs les chargeaient de représenter à Philippe le Bon la déplorable situation de la France, la désolation des campagnes et des villes, l'affliction de l'Université. Les deux ambassadeurs devaient s'efforcer d'apitoyer le puissant vassal et le conjurer d'employer tous ses soins pour le rétablissement de la paix, d'une paix sérieuse et durable, et, à défaut de paix, pour la conclusion d'une trêve qui permît d'adoucir les plaies de la guerre (1).

C'était, depuis douze ans, la première fois que l'Université se hasardait à intervenir dans les affaires du pays; qu'elle reprenait son rôle, non pas d'arbitre, mais de conseillère elle-même intéressée au succès de ses propres avis. Elle ne s'adressait pas, chose remarquable, au roi d'Angleterre, bien qu'il fût par elle salué du nom de roi de France; elle s'adressait à un prince français, se disant peut-être qu'il se montrerait plus sensible que des étrangers aux maux du royaume et qu'il avait entre les mains tous les moyens de salut. Néanmoins, dans les instructions que l'Université avait données à ses ambassadeurs, elle ne prononçait pas le nom de Charles VII; bien plus, elle le désignait sans le nommer, comme l'ennemi de la nation, et ne laissait percer nulle part le soupçon qu'il pût jamais remonter sur le trône et rentrer dans Paris. C'est ainsi qu'à la veille des événements qui doivent les toucher le plus les partis cherchent à dissimuler et quelquefois n'osent pas s'avouer à eux-mêmes leurs craintes et leurs espérances.

La démarche de l'Université de Paris fut pour le moment sans résultat. Malgré une trêve aussitôt violée que conclue entre les Français et les Bourguignons, les hostilités se continuèrent dans la plupart des provinces. Mais en 1435, lorsque s'ouvrirent de nouvelles et sérieuses négociations entre les belligérants, l'Université eut de nouveau l'occasion d'élever la voix en faveur du rétablissement de la paix. Le roi d'Angleterre l'invita lui-même à se ren-

---

(1) Nous avons publié le texte de ces instructions dans notre *Index chronologicus*, p. 256.

dre au congrès qui se réunit au monastère de Saint-Waast, dans la ville d'Arras (1). Là se rencontrèrent un légat du pape Eugène IV, et nombre de prélats, abbés et docteurs, députés par le concile de Bâle, et tous animés du désir d'apporter un terme aux calamités d'une guerre si longue. L'Université de Paris, fidèle à son rôle, se proposait d'exprimer, par l'organe de ses envoyés, sa pitié profonde pour les maux incalculables du royaume, et ses souhaits ardents pour la cessation des hostilités et la conclusion immédiate de la paix.

Les églises pillées et dévastées, les reliques des saints jetées au vent; les vases sacrés profanés; les immunités ecclésiastiques foulées aux pieds; des viols, des meurtres, des incendies; nombre d'enfants morts sans baptême et égorgés jusque dans le sein de leur mère; des chrétiens traités si cruellement par des chrétiens qu'il eût mieux valu pour eux tomber dans les mains des païens et des infidèles; les écoles désertes; les campagnes dépeuplées; les routes si peu sûres qu'on n'osait pas s'y hasarder; partout l'image de la désolation et de la misère : voilà le tableau que la France présentait en 1435, et que l'Université avait chargé ses envoyés de dérouler sous les yeux des puissants personnages réunis au congrès d'Arras (2). Pour mettre fin par une paix solide à de si épouvantables calamités, fallût-il abandonner une partie du territoire de la France à ceux que l'Université appelait encore, dans

---

(1) C'est ce qui résulte des instructions mêmes données à ses ambassadeurs, *Index chronologicus*, p. 258 : « Primo significabunt ipsam convencionem fuisse intimatam dictæ Universitati ex parte domini regis, cujus obtemperando mandatis, ipsa Universitas ipsos transmisit ambassiatores... »

(2) *Index chronologicus, ibid.* : « Sunt enim universe ecclesie manu sacrilega depredate, orbate presbiteris et populo; destructe et in ruinam irreparabiliter collapse; sacre reliquie et vasa sacra violenter asportata; ymo ipsum preciosissimum Christi corpus sepe infideli temeritate irreverenter tractatum, et viliter humi projectum, ad depredationem sacri vasis ad ejus custodiam ordinati. Sunt insuper homicidia innumera, eciam in sacris perpetrata edibus, templa succensa igni, et ad ea confugientes innocentes, qualibet spreta emunitate, absque offensa, inhumaniter trucidati, aut alias, absque pietate, gladio interempti. Neque vero describi possint tyrannides quibus indifferenter tam religiosi aut ecclesiastici quam scholares impie, immanibus et diversis tormentorum speciebus et penarum generibus sunt afflicti, adeo quod eciam infideles et pagani populum Christianum tanta morum crudelitate tractare vererentur, si eisdem tributum redderetur. Quante insuper mulieres violate, virgines deflorate, conjugia fedata sunt, preguantes mulieres suffocate; partus et parvuli absque baptismo et sepe in utero matris periclitati sunt! Exprimi non possit preterea que edificiorum demolicio

ses instructions, les adversaires du royaume, *adversariis regni*, c'est-à-dire aux partisans de Charles VII, elle y consentait; mais, gardienne toujours vigilante de ses privilèges, elle demandait une garantie en faveur des bénéficiers dont les bénéfices feraient partie du territoire abandonné. Elle déclarait d'ailleurs que, si la guerre devait continuer, il ne restait plus qu'une ressource pour les habitants du royaume, c'était de s'expatrier (1).

Le congrès d'Arras ne répondit pas entièrement aux espérances de l'Université de Paris : il ne rendit pas la paix à la France; mais il amena un rapprochement sincère et définitif entre Charles VII et le duc de Bourgogne, qui ne tarda pas à tourner ses forces contre les Anglais, si longtemps ses alliés. Les affaires prirent alors une face nouvelle et se précipitèrent vers le dénouement que les exploits de Jeanne d'Arc avaient préparé. L'Université de Paris, qui était restée plus française au fond que quelques-uns de ses actes ne le feraient supposer, n'eut aucune peine à suivre l'essor imprimé par les événements aux idées nationales. Après la réduction de Paris au mois d'avril 1436, elle se hâta de témoigner la part qu'elle prenait à la joie publique, en ordonnant une procession solennelle qui eut lieu en l'église Sainte-Catherine du Val, et dans laquelle parurent environ quatre mille maîtres et écoliers, portant des cierges (2). En même temps elle désigna quelques-uns de ses membres pour se joindre à la députation qui allait porter à Charles VII les requêtes avec les hommages des gens d'Église et des bourgeois de la ville (3). Ce qu'elle avait la certitude d'obtenir et que cependant elle sollicitait avec instance comme une faveur difficile, c'était la confirmation de ses privilèges. Charles VII promit « de lui en bailler des lettres en forme, ainsi qu'avoient

et ruina universa; patens est, et non est qui terras vel agros audeat excedere, neque per vias incedere, solum vite periculo; et, quod pejus est referre, omnium oculis innotuerunt fames, calamitas et miseria, quibus multitudo innumerabilis populi et privatorum hac occasione periit. Et ut multa brevi verbo dicantur in tantum mala excreverunt, quod nulla iniquitas et impietas super excogitari valeat. »

(1) *Ibid.* : « Aperiatur quomodo pondere guerrarum regnum istud in tantum est depressum, quod amplius guerram sustinere non possit; et ubi pax non interveniet, compellit necessitas regnicolas ad loca extranea transire et partes Franciæ relinquere desertas.

(2) Du Boulay. *Hist. Univ.*, t. V, p. 435; Félibien, *Hist. de Paris*, t. IV, p. 825; Vallet de Viriville, *Hist. de Charles VII*, t. II, p. 361.

(3) Félibien, *ibid.*, p. 826; t. V, p. 269.

fait d'ancienneté ses prédécesseurs. » Ces lettres, délivrées à Bourges au mois de mai, furent enregistrées au Châtelet de Paris le 2 juin suivant; elles étaient conçues dans les termes les plus explicites et les plus favorables. « Désirans de tout nostre cœur, disait le roi, voir de nostre temps nostre fille, première née, l'Université de l'estude de Paris, florir, fructifier, croistre et multiplier en comble et plantureuse abondance de vertus et tous biens, et estre souverainement exaucée et élevée par tous honneurs, graces et liberalitez; voulans toujours persévérer en nos faits, selon les vertueuses œuvres de nos prédécesseurs... tous et chacuns les privilèges, libertez et franchises par nosdits prédécesseurs donnez et octroyez à nostredite fille l'Université de l'estude de Paris et aux supposts d'icelle, ensemble les autres droits, coustumes, usaiges d'icelle nostre fille et de sesdits supposts... Nous iceux ayans fermes et agréables, de nostre grace spéciale, pleine puissance et autorité royal, loüons, approuvons, certifions et confirmons par ces présentes (1). »

Malgré d'aussi formelles assurances en faveur du maintien de ses privilèges, l'Université de Paris, dès l'année suivante, ne fut pas exemptée de l'emprunt, ou, pour mieux dire, de la contribution de guerre qui venait d'être imposée aux habitants de Paris pour la délivrance de la ville et du château de Montereau, encore aux mains des Anglais. En consentant d'assez bonne grâce à payer sa part de ce subside extraordinaire, elle obtint du moins de Charles VII la déclaration expresse que ce dangereux précédent ne serait pas invoqué contre elle et ne préjudicierait pas dans l'avenir à ses immunités (2).

Deux mois s'étaient écoulés depuis ces derniers incidents, lorsque Charles VII, s'étant décidé enfin à quitter ses fidèles provinces du centre du royaume, rentra dans Paris le 12 novembre 1437, après une absence qui avait duré près de vingt ans et qui avait eu toutes les amertumes de l'exil le plus navrant. Au parvis Notre-Dame, il trouva le corps de l'Université qui était venu le complimenter (3). Par un caprice du sort ou de l'élection,

---

(1) *Recueil des privilèges de l'Université*, p. 15; *Ordonn. des rois de France*, t. XIII, p. 219; Du Boulay, *Hist. Univ.*, t. V, p. 438.
(2) *Recueil des privilèges*, p. 95; *Ordonn.*, t. XIII, p. 439.
(3) *Chronique de Monstrelet*, t. V, p. 304.

l'orateur qui devait porter la parole au nom des quatre facultés était ce Nicole Midi que nous avons vu si acharné contre Jeanne d'Arc. Quelle attitude pouvait avoir devant Charles VII victorieux cet ancien adversaire, ce juge inique de la Pucelle? Selon l'usage, Nicole Midi avait reçu des instructions contenant la substance de l'allocution qu'il devait prononcer. Il eut donc à exprimer les élans de l'allégresse générale au retour d'un prince chez lequel resplendissaient, dit-il, toutes les qualités qui conviennent à un roi catholique, la pureté de la foi, la soumission à Dieu et à l'Église, l'amour de la justice, la clémence et la miséricorde. Il eut ensuite à retracer tout ce que l'Université avait souffert, alors que, pareille à une orpheline, elle était privée de son protecteur naturel. Enfin, après avoir dépeint les malheurs que la désunion entraîne et les bienfaits de la concorde, Nicole Midi déposa aux pieds de Charles VII les protestations de l'obéissance filiale et du dévouement de l'École de Paris (1).

Ainsi fut scellée, après de longues et mutuelles épreuves, la réconciliation de l'Université de Paris et de la royauté des Valois. Cependant Charles VII, qui ne pardonna jamais à la ville de Paris de l'avoir expulsé et combattu, se souvint également, jusqu'à la fin de son règne, que l'Université avait méconnu ses droits, abandonné et trahi sa cause pour se donner aux Anglais. Il maintint, comme il l'avait promis, ses anciens privilèges, mais sans y ajouter de nouvelles faveurs. Il se garda d'étendre le rôle déjà si considérable de cette corporation, vénérée à juste titre, mais arrogante et présomptueuse, qui s'était mêlée un jour des affaires de l'Église et de celles de l'État, avec la prétention à peu près avouée d'en rester l'arbitre. Loin d'encourager ses visées ambitieuses, il les réprima : elle prétendait relever immédiatement de l'autorité royale, il la soumit à la juridiction du parlement (2). Elle continua de s'appeler la fille aînée des rois de France; mais elle apprit de Charles VII qu'elle était leur sujette en même temps que leur fille aînée, et elle sentit de plus en plus dans la suite le poids de cette sujétion. Ainsi la décadence politique de l'Université de Paris suivit de près l'extension un peu abusive de son influence. Après

---

(1) Du Boulay, *Hist. univ.*, t. V, p. 442; Vallet de Viriville, *Hist. de Charles VII*, t. II, p. 384 et suiv.
(2) *Ordonnances*, t. XIII, p. 457.

avoir rêvé les plus hautes destinées, elle vit, en moins d'un quart de siècle, ses espérances à demi réalisées, puis cruellement déçues. Désormais surveillée, contenue, affaiblie, elle allait se trouver peu à peu ramenée au rôle qui était le sien, celui d'une grande école qui a pour mission d'élever la jeunesse, et qui doit se contenter de sa tâche et s'y dévouer exclusivement avec une légitime fierté; car si, par certains côtés, cette tâche laborieuse paraît obscure et même ingrate, il n'en est pas, après tout, qui importe plus aux familles et à l'État.

# L'UNIVERSITÉ DE PARIS

AU TEMPS

# D'ÉTIENNE MARCEL.

# L'UNIVERSITÉ DE PARIS

## AU TEMPS

## D'ÉTIENNE MARCEL.

Quel a été le rôle de l'Université de Paris, quelle attitude a-t-elle gardée en présence des projets de réforme et des tentatives révolutionnaires qui ont marqué en France le milieu du XIV$^e$ siècle, et auxquelles le nom d'Étienne Marcel est resté attaché?

L'Université de Paris touchait alors au plus haut point de splendeur et d'influence qu'elle dût atteindre. Il y avait plus d'un siècle et demi qu'elle avait été officiellement reconnue par un édit célèbre de Philippe-Auguste. Le nombre de ses collèges s'était accru d'année en année, et en 1356 elle en possédait déjà quarante, administrés par des séculiers ou par des communautés religieuses, et fréquentés par une multitude d'étudiants accourus non seulement de toutes les provinces de France, mais de toutes les contrées de l'Europe. Elle avait vu monter dans ses chaires les maîtres les plus illustres que la chrétienté eût connus, Alexandre de Halès, Albert le Grand, saint Thomas d'Aquin, saint Bonaventure, Duns Scot, Jean Buridan. La pompe même de ses processions ajoutait à son prestige, et lorsque la longue suite de ses suppôts, formant le cortège du recteur, s'étendait à travers la ville, depuis le cloître des Mathurins jusqu'au delà de la porte Saint-Denis, l'impression unanime de tous les habitants de Paris était un sentiment de respect pour l'illustre corporation qui leur offrait ce spectacle de sa puissance. Fière de ses privilèges et de sa haute situation dans la cité, l'Université de Paris ne se contentait pas du rôle spécial que son institution lui assignait; il ne lui suffisait pas d'enseigner la jeunesse : elle intervenait dans les affaires de l'État; et à la mort de Philippe le Bel, elle avait pris une délibération par laquelle elle reconnaissait pour héritier du trône de France son fils Philippe le Long (1). Comment dès lors, au temps d'Étienne Marcel, se serait-elle tenue à l'écart? Comment dans ces jours néfastes se serait-elle montrée indifférente aux dangers qui menaçaient le royaume? Elle avait à choisir entre plusieurs attitudes; elle pouvait ou prendre parti pour ceux qui demandaient à des institutions nouvelles le salut de l'État, ou combattre leurs desseins comme subversifs et soutenir envers et contre tous les droits de la royauté; elle pouvait enfin garder une situation intermédiaire et n'user de son influence que pour calmer les esprits et faire prévaloir des idées de conciliation. A quelles résolutions s'est-elle arrêtée, et quelle ligne de conduite a-t-elle suivie?

Les chroniqueurs contemporains parlent de plusieurs démarches qui furent faites par l'Université auprès du duc de Normandie, celui qui dans l'histoire s'appellera Charles V, et qui déjà, comme fils aîné du roi Jean, gouvernait le royaume pendant la captivité de son père, prisonnier des Anglais. Ils citent un maître en théologie, Robert de Corbie, qui n'était pas sans crédit dans les écoles et qui fut un des partisans les plus résolus d'Étienne Marcel et du roi de Navarre, Charles le Mauvais. Quelques écrivains ont conclu de là que l'Université s'était montrée favorable aux idées de Marcel, et que parmi les meilleurs soutiens du célèbre agitateur figuraient les écoliers et leurs maîtres.

Dans ses *Mémoires*, en général si exacts et si complets, sur le roi de Navarre (2), Secousse garde, il est vrai, une sage réserve. Il se contente de noter au cours du récit les démarches de l'Université; il blâme les paroles adressées au duc de Normandie par

---

(1) Nous avons publié le texte de cette importante délibération dans notre *Index chronologicus chartarum pertinentium ad historiam Universitatis Parisiensis*, p. 93.

(2) *Mémoires pour servir à l'histoire de Charles II, roi de Navarre*, Paris, 1758, in-4º.

le général des Frères Prêcheurs, Simon de Langres; mais il ne représente pas l'École de Paris comme engagée dans la faction du prévôt des marchands et comme ayant prêté à sa cause un appui volontaire et efficace. L'opinion de notre savant et vénéré confrère M. Naudet nous paraît se rapprocher beaucoup de celle de Secousse (1). Mais les historiens qui sont venus après Secousse et M. Naudet, surtout les plus récents, assignent à l'Université une part bien autrement active dans le mouvement insurrectionnel du XIVᵉ siècle. M. Henri Martin affirme que le clergé était disposé à s'associer au tiers état; ailleurs il montre l'Université qui s'ébranle et se joint avec le clergé diocésain au corps municipal; puis, après avoir raconté comment les beaux jardins que les Frères Prêcheurs possédaient aux portes de Paris furent sacrifiés aux nécessités de la défense de la ville, il ajoute : « Les bons frères ne murmurèrent point; ils étaient aussi dévoués à la chose publique que les gens des métiers (2). » M. Jules Quicherat va plus loin; dans la remarquable notice qu'il a consacrée à Étienne Marcel, il avance que « les plus solides appuis du prévôt des marchands, c'étaient les riches bourgeois, les professeurs de l'Université, les moines mendiants, tous ceux qui maniaient l'argent ou la parole (3). » Dans l'édition primitive de son livre sur *Étienne Marcel* et dans son mémoire sur *la démocratie au moyen âge* (4), M. Perrens avait textuellement reproduit cette assertion de M. Quicherat; elle ne se retrouve pas dans la nouvelle édition du premier ouvrage, que l'auteur a récemment donnée sous les auspices de la ville de Paris (5); son sentiment actuel, s'il faut en juger par ses derniers travaux, c'est que l'Université resta neutre dans la querelle entre la bourgeoisie et la royauté.

Cette appréciation de l'attitude et de la conduite de l'Université nous paraît plus exacte que le sentiment opposé; mais nous voudrions ne pas nous borner, comme l'a fait M. Perrens, à l'énoncer rapidement : nous voudrions la développer et la compléter, de

---

(1) *Conjuration d'Étienne Marcel contre l'autorité royale*, Paris, 1815, in-8°.
(2) *Histoire de France*, 4ᵉ édit., t. V. p. 159, 161, 185, 190.
(3) *Le Plutarque français*, Paris, 1844, t. I, p. 330.
(4) *Étienne Marcel et le gouvernement de la bourgeoisie au XIVᵉ siècle*, Paris, 1866, in-8°, p. 168; *la Démocratie au moyen âge*, Paris, 1873, in-8°, t. I, p. 245.
(5) *Étienne Marcel, prévôt des marchands (1354-1358)*, Paris, 1874, in-4°.

manière à caractériser le rôle de l'Université pendant les années 1357 et 1358 aussi nettement que le permettent les témoignages dont nous disposons. Nous ne venons pas en effet exhumer des documents enfouis avant nous dans les bibliothèques; nous n'avons à produire aucune pièce nouvelle. Mais l'étude des textes déjà connus est-elle donc épuisée? A-t-elle fourni tout ce qu'elle peut donner? En nous attachant à ces textes, en les examinant avec soin, sans nous écarter des règles d'une saine critique, nous ne désespérons pas de pouvoir jeter quelque jour sur un point d'histoire qui n'est pas sans intérêt, et qui jusqu'ici, en général, nous semble avoir été imparfaitement éclairci.

C'est l'effet ordinaire des grandes calamités publiques de réunir, ne fût-ce que pour un seul jour, les esprits et les cœurs dans un sentiment commun de dévouement au salut du pays. Quand la nouvelle du désastre de Poitiers parvint à Paris, tous les historiens tombent d'accord qu'elle causa chez les habitants de toute condition une douleur inexprimable. Le peuple et la bourgeoisie, comme la noblesse et le clergé, n'eurent qu'une pensée : délivrer le roi, tombé aux mains des Anglais, et sauver le royaume, en s'unissant au duc de Normandie, fils aîné du roi et son lieutenant. *Considerabat plebs tota*, dit le continuateur de Guillaume de Nangis avec une précision énergique, *quod per dominum Karolum et ipsius auxilium pater reverteretur et tota patria salvaretur* (1). Il s'élevait, à la vérité, un concert de voix indignées contre la chevalerie française, coupable, disait-on (2), d'avoir lâché pied devant l'ennemi; mais le défaut de courage et les trahisons supposées qui étaient reprochés à la noblesse n'intimidaient pas les esprits et ne faisaient qu'exalter le patriotisme des classes populaires. Il serait surprenant que l'Université de Paris ne se fût point associée à cet élan généreux de la population. Aussi vit-on siéger aux états généraux de 1356 quelques-uns de ses membres. Nous en connaissons deux seulement, M° Robert de Corbie et M° Grimer, qui, dans une pièce authentique, re-

---

(1) *Chronique latine de Guillaume de Nangis*, éd. Géraud, t. II, p. 242.
(2) *Chroniques de Froissart*, éd. Luce, p. 37, 38 et 268. Voyez surtout la complainte sur la bataille de Poitiers publiée par M. de Beaurepaire, *Bibl. de l'École des chartes*, III° série, t. II, p. 260 et suiv.

trouvée par M. Douët d'Arcq (1), se trouvent qualifiés de maîtres en divinité, ce qui veut dire maîtres de la Faculté de théologie. Mais la liste complète des députés aux états ne nous est point parvenue. Ils étaient plus de huit cents, dont quatre cents députés des bonnes villes (2); la pièce que nous venons de citer ne mentionne que trente-quatre noms, les noms de ceux qui firent partie du Conseil des états. Il ne faudrait pas conclure du silence des historiens et de la rareté des documents que l'Université ne fut représentée que par deux des siens dans l'assemblée que le duc de Normandie avait convoquée.

Mais, entre ce prince et les états, la bonne harmonie, que les malheurs de la France paraissaient avoir cimentée, ne subsista pas longtemps. Avant d'accorder les subsides qui leur étaient demandés, soit pour continuer la guerre contre les Anglais, soit pour payer la rançon qui serait certainement exigée du roi, les députés des trois ordres, par les conseils d'Étienne Marcel et de l'évêque de Laon, Robert Le Coq, entreprirent de réformer les abus et d'en châtier les auteurs. Les commissaires qu'ils avaient chargés de ce soin notifièrent au dauphin le résultat de leurs délibérations : c'était : 1° de réclamer la délivrance du roi de Navarre, Charles d'Évreux, emprisonné par l'ordre du roi Jean; 2° de dénoncer plusieurs des officiers royaux comme la principale cause des maux du pays; 3° enfin de demander que tous ces officiers fussent non seulement privés de leurs charges, mais arrêtés et poursuivis devant des juges pris dans l'assemblée des états. Le duc de Normandie n'était âgé que de vingt ans, mais il avait déjà, malgré sa jeunesse, la ferme habileté qui devait lui mériter sur le trône le surnom de *Sage*. Plus irrité des sommations qui lui étaient adressées sous forme de requêtes que disposé à les accueillir, mais assez maître de lui-même pour dissimuler son mécontentement, il crut ne pouvoir mieux faire que de temporiser. Au bout de quelques jours, sous prétexte d'en référer, avant toute décision, au roi son père, et d'aller à la rencontre de l'empereur d'Allemagne, son oncle, dont l'arrivée

---

(1) *Bibl. de l'École des chartes*, 1re série, t. II, p. 382 et suiv.
(2) Voyez le procès-verbal de la séance des états, publié par Isambert, *Recueil des anciennes lois françaises*, t. III, p. 771. Cf. Picot, *Hist. des états généraux*, t. I, p. 44 et suiv.

à Metz était annoncée, il ajourna sa réponse et invita les états à suspendre provisoirement leurs réunions. Puis, après avoir envoyé un certain nombre de délégués dans les bailliages solliciter des subsides au nom du roi, il quitta lui-même Paris, le 3 décembre, et n'y rentra que dans les premiers jours de janvier 1357.

Afin de subvenir à la détresse du trésor royal, le dauphin avait fait publier pendant son absence un édit qui réduisait de moitié la valeur de la livre tournois. La bourgeoisie se montrait fort mécontente de cette mesure. Étienne Marcel, escorté d'une troupe de jour en jour plus nombreuse, était venu trois jours de suite au Louvre porter au duc d'Anjou, frère du duc de Normandie, d'énergiques protestations. Le « commun de Paris, s'il faut en croire les *Grandes Chroniques* (1), étoit moult ému, » et plus d'une fois l'agitation avait failli dégénérer en tumulte et en sédition.

Quels étaient alors les sentiments de l'Université et de quel côté inclinait-elle? Un incident peu remarqué des historiens permet de l'apprécier.

Parmi les officiers royaux que les commissaires des états avaient dénoncés, le plus détesté de tous comme chef de l'ancien gouvernement, celui dont le châtiment était réclamé avec le plus de passion, c'était le chancelier du royaume, Pierre de Laforêt, archevêque de Rouen. Mais tandis qu'à Paris de puissants adversaires travaillaient à faire mettre en jugement le malheureux prélat, celui-ci était traité par le saint-siège avec une éclatante faveur : il recevait du pape Innocent VI le chapeau de cardinal. Malgré les dénonciations haineuses dirigées contre son administration, malgré les dangers que pouvait courir sa personne, le nouveau cardinal, qui s'était éloigné de Paris, ne craignit pas d'y revenir. Il y rentra en même temps que le duc de Normandie, le 14 janvier, c'est-à-dire peu de jours après des scènes de désordre qui n'avaient pas été sans gravité. Si l'Université avait pris parti, comme on le croit, pour la bourgeoisie soulevée par Étienne Marcel, elle n'aurait fait sans doute qu'un médiocre accueil au prélat contre lequel s'élevaient alors de si graves accusations et

---

(1) *Les Grandes Chroniques de France*, éd. de M. Paulin Paris, t. VI, p. 45 et 47.

une si vive animosité. Que fit-elle cependant? Elle s'empressa d'accourir au-devant de lui, et, pendant que le prévôt des marchands et les bourgeois de sa suite s'arrêtaient à la porte Saint-Antoine pour y recevoir le duc de Normandie, les *Grandes Chroniques* racontent qu'un grand nombre de collèges et les ordres religieux vinrent en procession jusqu'au delà des portes de la ville, à la rencontre du nouveau cardinal (1). Que ce fût par révérence pour sa dignité, le rédacteur des *Chroniques* le dit expressément, et nous n'avons pas de peine à le croire. Mais Pierre de Laforêt était un personnage trop considérable dans le royaume, pour que les honneurs qui lui étaient rendus n'eussent pas une double signification, l'une religieuse et l'autre politique. En célébrant son arrivée à Paris, l'Université ne pouvait donc pas se faire illusion : elle ne s'acquittait pas seulement d'un devoir traditionnel envers un prince de l'Église ; elle témoignait clairement qu'elle ne partageait pas les ressentiments des ennemis de Pierre de Laforêt, que leurs dénonciations et leurs cris de vengeance n'avaient pas trouvé d'écho dans ses écoles, qu'on y gardait, malgré tout, le respect dû à la personne du chancelier de France aussi bien qu'à la dignité de cardinal.

Il est constant d'ailleurs que le clergé, celui de Paris comme celui d'autres villes, qui s'était associé d'abord aux projets de la bourgeoisie pour la réforme des abus, se sépara des états aussitôt que la conduite et le langage des partisans d'Étienne Marcel laissèrent soupçonner des intentions factieuses (2). Beaucoup de ses membres, qui avaient assisté aux réunions du mois d'octobre 1356, ne siégèrent pas à celles du mois de février suivant ; l'archevêque de Reims, Pierre de Craon, qui avait porté la parole devant le duc de Normandie, avec une singulière fermeté, au nom de la première commission, s'abstint dans la suite de paraître aux assemblées, se prononça en faveur du prince, et fit tant, dit Secousse,

---

(1) *Les Grandes Chroniques de France*, éd. de M. Paulin Paris, t. VI, p. 48.
(2) Il faut lire sur ce point le chapitre des *Grandes Chroniques*, p. 59 et suiv. : *Coment la puissance inique des trois estas déclina et vint à néant*. Froissart dit de son côté, p. 95 : « Vous di que li noble dou royaume de France et li prelat de sainte Église se commencièrent à taner de l'empire et ordenance des trois estats. Si en laissoient le prevost des marchans convenir et aucuns des bourgois de Paris, pour ce que cil s'en entremettoient plus avant que il ne volsissent. » Cf. Secousse, *Mémoires*, etc., p. 137 et suiv.

qu'il devint son principal conseiller (1). Un seul prélat, Robert Le Coq, évêque de Laon, resta fidèle à Étienne Marcel, jusqu'à devenir le complice déclaré de la rébellion contre l'autorité royale (2). Cependant il avait figuré dans les conseils du roi Jean, et il avait été comblé de ses faveurs.

Nous n'avons pas à raconter les événements de l'année 1357 : au mois de mars, le triomphe éphémère des chefs de la bourgeoisie parisienne; la création d'un nouveau conseil de gouvernement qui concentre tous les pouvoirs en ses mains; le renvoi des officiers royaux que le duc de Normandie renonce à maintenir dans leurs charges; la grande ordonnance de réformation, subie plutôt qu'acceptée par le prince; au mois d'avril, une nouvelle réunion des états, dont les rangs s'éclaircissent de plus en plus; la résistance des provinces aux ordres venus de Paris; à Paris même, de fréquentes scènes de tumulte et un commencement de réaction en faveur de l'autorité royale; dans les mois suivants, le progrès de l'agitation, les voyages du dauphin à Rouen, à Poitiers et à Chartres; les efforts d'Étienne Marcel pour conserver et accroître sa popularité; les états généraux pour la troisième fois appelés à se réunir à Paris, au mois de novembre; dans la nuit du 7 au 8 de ce mois, la délivrance du roi de Navarre, alors détenu au château d'Arleux, dans le Cambrésis; son arrivée à Paris; ses relations tantôt secrètes et tantôt avouées avec le parti populaire; son apparente réconciliation avec le duc de Normandie. L'Université, autant qu'on peut en juger, resta étrangère à tous ces événements et à toutes ces intrigues, sur lesquelles par conséquent nous ne saurions insister sans sortir de notre sujet. Mais, au mois de janvier 1358, il se produisit deux incidents, l'un que tous les historiens ont mentionné, l'autre que les écrivains les plus récents passent en général sous silence, mais qui tous deux témoignent clairement des dispositions du corps universitaire.

Dès les premiers jours de l'année 1358, Étienne Marcel, voulant donner un signe de ralliement à ses partisans, ordonna, par le cri d'un héraut, à tous les bons citoyens, d'avoir à porter un

---

(1) Secousse, t. I, p. 138.
(2) Voyez l'acte d'accusation contre Robert Le Coq, publié par M. Douët d'Arcq dans la *Bibl. de l'École des chartes*, 1re série, t. II, p. 550 et suiv. Cf. Secousse, *Mémoires*, p. 109 et 110.

chaperon mi-parti rouge et pers, c'est-à-dire bleu foncé, avec des agrafes d'argent entremêlé d'émail vermeil et azuré. Sur l'agrafe se lisaient ces mots : *A bonne fin*, en signe d'alliance, disent des lettres de rémission du 10 août 1358 (1), de vivre et mourir avec le prévôt contre toutes personnes. Il est intéressant de savoir quelle fut alors la conduite de l'Université. Non seulement elle n'obéit pas à l'ordonnance d'Étienne Marcel, mais elle fit savoir qu'elle ne s'y soumettrait pas. Un mandement du recteur fit défense à tous maîtres et écoliers de porter aucun signe de faction. C'est par Du Boulay (2) que nous connaissons ce fait important. Contre son habitude, le scrupuleux historien, ainsi que notre savant confrère et ami M. Paulin Paris (3) en fait la remarque, ne cite aucun texte à l'appui de son assertion. Toutefois, on ne saurait douter qu'il n'eût sous les yeux ou l'acte même dont il parle, ou quelque ancien registre dans lequel cet acte était mentionné. Malheureusement les registres de l'Université de Paris qui se réfèrent à cette époque ne nous sont point parvenus (4); de sorte que nous ne pouvons vérifier par nous-même le témoignage de Du Boulay, ce qui n'en infirme nullement l'irréfragable autorité.

Quelques jours après le mandement du recteur, eut lieu un autre incident qui fut la confirmation de celui que nous venons de rappeler. Le samedi 13 janvier, monseigneur le duc de Normandie, racontent les *Grandes Chroniques*, fit venir au Louvre plusieurs maîtres de Paris. Par ces mots, « maîtres de Paris, » il nous est impossible de comprendre les notables de la ville, comme Secousse paraît disposé à le croire, sur la foi d'une chronique. Parmi les notables habitants figuraient sans doute les maîtres qui enseignaient dans les écoles; aussi l'expression de *notabiles* a-t-elle pu leur être appliquée par un chroniqueur. Mais quelle que

---

(1) Ces lettres ont été publiées par Secousse, dans le *Recueil de pièces* qui forme le second volume de ses *Mémoires* sur le roi de Navarre, p. 85 et 86.
(2) *Hist. Universitatis Parisiensis*, t. IV, p. 336.
(3) *Grandes Chroniques*, t. VI, p. 85.
(4) Le plus ancien registre que nous possédions est celui de la Nation d'Allemagne, dont le lecteur trouvera d'assez longs extraits dans notre *Index chronologicus*, aux années 1332, 1333 et 1338. Mais le registre s'arrête à l'année 1347, et ne reprend qu'à l'année 1396. Toute la partie intermédiaire est depuis longtemps perdue, comme en témoigne la note suivante, d'une écriture très ancienne : « Registrum procuratoris de quinquaginta annis amissum est, quod immediate hoc sequi debet. Ideo hoc quod sequitur incipit in anno 1396. Magna fuit et adhuc in compluribus est negligentia. »

soit au moyen âge la diversité des sens du mot *magister*, ce mot, dans le passage des *Grandes Chroniques*, dont il s'agit, nous paraît incontestablement désigner le corps enseignant. Et quel fut l'entretien du dauphin avec ces maîtres de l'Université qu'il avait réunis autour de lui? Il leur parla sur le ton le plus affable, et leur demanda de se conduire envers lui-même comme de bons sujets, leur promettant d'être pour eux un bon seigneur. Ceux qui étaient présents répondirent au prince qu'ils vivraient et mourraient pour lui. Ils ajoutèrent qu'il n'avait que trop tardé à prendre le gouvernement (1). Que les paroles du duc de Normandie témoignent d'une certaine appréhension et du désir de rallier des partisans à sa cause, nul ne saurait le contester; mais, dans l'accueil que ces paroles reçurent, dans l'appel qui fut adressé au prince pour qu'il prît d'une main ferme la conduite des affaires, n'y a-t-il pas la preuve manifeste que l'Université restait étrangère aux menées factieuses d'Étienne Marcel, et qu'elle conservait au fils du roi Jean un dévouement fidèle et courageux?

Il est vrai qu'au mois de février, l'Université reparut devant le duc de Normandie; elle accompagnait cette fois le prévôt des marchands et une députation de bourgeois et de membres du clergé. Il s'agissait de la paix publique, plus que jamais menacée par les nouveaux dissentiments qui se manifestaient, malgré des protestations amicales, entre le duc de Normandie et le roi de Navarre. Le général des Frères Prêcheurs, Simon de Langres, adressa au régent un discours que Secousse qualifie d'insolent (2), et qui sous ce rapport fut dépassé, selon le même écrivain, par l'interpellation d'un autre moine, prieur d'Essonne près Corbeil. Qu'avait dit cependant Simon de Langres? Qu'il fallait en finir avec le roi de Navarre; le mettre en demeure de produire en une seule fois toutes ses réclamations; cela fait, lui rendre les forteresses qui lui avaient été enlevées; examiner ensuite avec maturité ses autres demandes, et lui rendre sur chaque point bonne justice. Le prieur d'Essonne ajouta que Mᵉ Simon n'avait pas tout dit; et se tournant vers le régent, il déclara, au nom des assistants,

---

(1) *Grandes Chroniques*, p. 80. Cf. Secousse, *Mémoires*, p. 172.
(2) Secousse, *Mémoires*, p. 178, 179.

que si l'une des parties, ou le régent lui-même ou le roi de Navarre, repoussait la transaction proposée, ils avaient résolu de se mettre contre celui qui l'aurait repoussée et de prêcher contre lui (1). Faut-il interpréter ces paroles comme une adhésion à la politique d'Étienne Marcel? Nous ne le pensons pas : nous ne saurions y voir qu'une invitation à la concorde entre les princes de la maison de Valois, et le témoignage vivement exprimé de ce besoin de tranquillité et d'union qui commençait à devenir dominant. Ni le général des Frères Prêcheurs ni le prieur d'Essonne ne font allusion aux griefs réciproques de la bourgeoisie et de la royauté : ils ne s'occupent l'un et l'autre que du roi de Navarre et du dauphin, et des bons rapports à établir entre les deux princes; ils parlent en médiateurs, ou, si l'on veut, en arbitres : ils ne parlent point en rebelles; et c'est, à notre avis, par une fausse interprétation de leurs paroles que la plupart des historiens les ont représentés tous deux comme appartenant à la faction d'Étienne Marcel.

Il nous semble aussi qu'on est tombé dans une singulière méprise à propos de l'excommunication lancée par l'évêque de Paris, Jean de Meulan, contre le maréchal de Normandie, Robert de Clermont. Il n'est que trop évident que Robert de Clermont s'était attiré, par sa violence inconsidérée, la censure ecclésiastique la plus rigoureuse. Il avait forcé les portes du cloître de Saint-Merry, où s'était réfugié un apprenti changeur, Perrin Marc, à la suite du meurtre de Jean Baillet, trésorier du dauphin; il en avait arraché le meurtrier, et l'avait fait pendre : il avait donc violé le droit d'asile, droit que les décisions répétées des conciles

---

(1) Voici, dans son intégrité, le passage des *Grandes Chroniques*, p. 85, que nous venons de résumer : « Celle sepmaine, l'Université de Paris, le clergié, le prévost des marchans et ses compaignons, alèrent par devers monseigneur le duc, au palais, et la fu dit audit duc, par frère Simon de Langres, maistre de l'ordre des Jacobins, que tous les dessus nommés avoient esté ensemble au conseil, et avoient délibéré que le roy de Navarre feroit faire audit duc toutes ses demandes à une fois; et que tantost que il les auroit faites, ledit duc feroit rendre audit roi de Navarre toutes ses forteresses : et, après l'en regarderoit sur toutes les requestes dudit roy, et luy passoit l'en tout ce que l'en devroit. Et pour ce que ledit maistre ne disoit plus, un moine de Saint Denis en France, maistre en théologie et prieur d'Essonne, dit audit maistre que il n'avoit pas tout dit. Si dist alors ledit prieur à monseigneur le duc, que encore avoient-ils délibéré que se il ou le roy de Navarre estoient refusans de tenir et accomplir leur délibération, ils seroient tous contre celuy qui en seroit refusant, et prescheroient contre luy. »

avaient consacré, et que l'Église n'avait jamais laissé enfreindre sans frapper d'anathème les coupables (1). L'évêque de Paris eût manqué aux devoirs de sa charge, s'il eût laissé impuni l'attentat commis par le maréchal de Normandie. Il est superflu et presque puéril de chercher des motifs politiques, une connivence avec Étienne Marcel, des haines de parti, pour expliquer l'excommunication qu'il lança; elle était commandée par des motifs religieux, par le respect de la loi ecclésiastique et la protection due aux antiques immunités du cloître Saint-Merry. Mais, bien que dans cette circonstance Jean de Meulan, fidèle à son devoir épiscopal, n'ait point hésité à braver le mécontentement du dauphin, aucun témoignage n'autorise à le classer parmi les adversaires de l'autorité royale. S'il rendait à Dieu ce qui est à Dieu, il savait rendre à César, comme l'a remarqué M. Perrens (2), ce qui est à César. Aussi, quelques mois plus tard, lorsque, toute sédition étant apaisée, le dauphin rentra dans Paris, Jean de Meulan fut de ceux qui allèrent au-devant de lui et tinrent place dans son cortège.

L'évêque de Laon, Robert Le Coq, fut le seul prélat, Robert de Corbie fut le seul maître de l'Université, qui prirent résolument parti pour Étienne Marcel et pour le roi de Navarre. Nous n'avons pas à parler de Robert Le Coq, personnage d'ailleurs bien connu, et dont les documents publiés par M. Douët d'Arcq ont mis l'attitude et les méfaits en pleine lumière. Robert de Corbie n'appartenait à aucune communauté religieuse : c'était un maître séculier. Il assista aux états généraux de 1356, dans les rangs du tiers état, comme député de la ville d'Amiens, fut au nombre des commissaires désignés par ces états pour la réforme du royaume, prit une part très active aux menées d'Étienne Marcel, se prononça pour le roi de Navarre après la mise en liberté de ce prince, porta souvent la parole dans les assemblées populaires, et mit tout en œuvre afin d'assurer le triomphe de son parti. Mais, quelque rôle que des convictions profondes, ses relations d'amitié ou son ambition l'aient poussé à jouer, la question

(1) Voyez la savante dissertation de M. Wallon, *Du droit d'asile*. Ce fut la thèse que notre éminent confrère présenta, en 1837, à la Faculté des lettres de Paris pour obtenir le grade de docteur ès lettres.
(2) *Étienne Marcel et le gouvernement*, etc., p. 323.

est de savoir si, dans la voie où il marchait, il fut suivi par ses collègues, maîtres en divinité comme lui, et par de fidèles disciples. L'Université de Paris laissait, après tout, à ses écoliers et à ses maîtres, en des conjonctures aussi graves, une certaine liberté d'opinion et de conduite. Tant qu'elle n'avait pas elle-même prononcé, chacun pouvait se laisser aller à sa propre pente. La pente où Robert de Corbie s'était engagé fut-elle suivie dans les écoles? Aucun témoignage, aucun fait ne l'établit. Robert de Corbie apparaît donc à l'historien comme une recrue isolée que Marcel et le roi de Navarre avaient gagnée à leur cause, mais qui n'entraîna pas avec elle d'autres défenseurs de leurs projets. Ajoutons qu'après la mort d'Étienne Marcel, Robert essaya de rentrer en grâce auprès du régent, et qu'il obtint des lettres de rémission et la restitution de ses biens et bénéfices (1). En 1364, nous le retrouvons à la Faculté de théologie, prenant part à une délibération de la compagnie contre les assertions d'un cordelier, frère Soulechat, sur la pauvreté volontaire (2).

Il ne faut donc pas s'armer du nom de Robert de Corbie pour soutenir que l'Université, abandonnant la cause du dauphin, c'est-à-dire la cause de la royauté, était passée en majorité dans le camp d'Étienne Marcel. Nul ne se méprenait alors sur ses affections et sur ses vœux : loin de là, son amour de la paix et son attachement au roi, représenté par le dauphin, d'autre part la déférence du dauphin envers elle, étaient si notoires que, la situation devenant de jour en jour plus critique pour Étienne Marcel et ses partisans, ce fut à l'Université que le prévôt des marchands s'adressa pour servir d'intermédiaire aux Parisiens près du duc de Normandie.

Le 22 janvier 1358, le jeune prince avait vu massacrer à ses côtés, dans son propre palais, les maréchaux de Champagne et de Normandie, et il avait entendu Marcel ordonner froidement ce meurtre, que Robert de Corbie osait le lendemain justifier devant les députés des bonnes villes. S'il n'avait pas quitté Paris immédiatement, c'est qu'il s'y sentait surveillé et en quelque sorte retenu prisonnier. A peine eut-il atteint sa vingt et unième

---

(1) *Bibl. de l'École des chartes*, I<sup>re</sup> série, t. II, p. 387.
(2) *Index chronologicus*, etc., p. 162.

année, le 14 mars suivant, il échangea son titre de lieutenant du roi contre celui de régent du royaume; puis il s'échappa furtivement par la Seine, la douleur et l'indignation dans l'âme, résolu de ne pas rentrer dans Paris avant d'avoir tiré vengeance des meurtriers (1). Après être allé à Meaux, de là à Senlis, puis à Provins, pour assister à la réunion des états provinciaux de Champagne, il avait gagné Compiègne, où il venait de convoquer les états généraux. Ce fut dans cette ville que vinrent le trouver, dans les premiers jours de mai, sur les instances d'Étienne Marcel, le recteur de l'Université et deux maîtres de chaque Nation, précédés des grands bedeaux. Selon la mission qu'ils avaient reçue, ils s'efforcèrent de fléchir le prince, et lui donnèrent l'assurance que les Parisiens étaient prêts à lui accorder toutes les satisfactions qu'il ordonnerait, pourvu qu'il ne demandât la mort de personne. Le régent accueillit la députation avec bonté; mais il ne consentit à rendre aux Parisiens ses bonnes grâces qu'autant que dix ou douze, et tout au moins cinq ou six des personnages les plus compromis dans les troubles de Paris, lui seraient livrés. Il déclara d'ailleurs qu'il leur laisserait la vie sauve (2).

Lorsque la réponse du prince eut été transmise à Marcel, celui-

---

(1) Continuateur de Guillaume de Nangis, t. II, p. 254 : « A civitate Parisiensi consternatus animo abiit et recessit, proponens ad eam non reverti, nisi prius vindicta aliqualis de præfatis fuerit subsecuta. »

(2) *Regist. Nationis Anglic.*, ad diem 9 maii 1358, cité par Du Boulay, t. IV, p. 344 : « Sequenti die (post festum SS. Jacobi et Philippi) facta congregatione ad S. Mathurinum Facultatis artium deliberatum fuit concorditer, quod duo magistri de qualibet Natione una cum D. rectore et bedello superiore uniuscujusque Nationis irent ad dominum D. Normaniæ propter pacem et concordiam trium statuum; et hoc expensis propriis, ita quod quælibet Natio ferret expensas istorum qui irent de illa Natione. » Continuateur de Guillaume de Nangis, t. II, p. 255 : « Præpositus præfatus et illi qui gubernationem civitatis sibi post recessum ducis acceperant, supplicaverunt Universitati Studii Parisiensis quatenus ad dictum ducem regentem accederent, et ei, ex parte eorum et totius urbis, humiliter supplicarent, quatenus indignationem quam erga ipsos cives conceperat, a corde suo dulciter amoveret; promittentes et offerentes emendam condignam sibi facere, salva vita omnium, honore et reverentia qua decebat. Universitas autem, pro bono civitatis, libenti animo misit plures solemnes deputatos supplicaturos pro negotiis supradictis. Qui quidem a domino duce et aliis dominis cum omni benignitate recepti, reportarunt quod unus numerus satis parvus, ut puta decem vel duodecim, vel saltem quinque vel sex virorum qui magis de illo negotio perpetrato suspecti habebantur, non intendens eorum mortem : et tunc si hoc facerent, libenter dux, ut dicebat, seipsum intimum amicitia sicut antea reformaret... »

ci jugea, non sans motifs, qu'un pardon offert dans de telles conditions offrait peu de garanties à ceux qui l'obtenaient. Il se prépara donc à soutenir la lutte avec plus d'ardeur que jamais, fit réparer les anciens murs, creuser des fossés, élever des remparts nouveaux, placer des balistes aux portes. Mais parvint-il à entraîner avec lui l'Université? Tous les faits démentent une pareille supposition.

L'Université n'avait pas réussi à procurer par ses démarches le rétablissement de la paix, mais elle ne la souhaitait pas moins très vivement, autant, il faut le dire, dans son propre intérêt que par un sentiment de patriotisme. Les préparatifs d'une guerre civile que tout faisait prévoir ou, pour mieux dire, qui se trouvait déjà engagée, lui portaient le plus grave préjudice. Le contre-coup des agitations de la place publique se faisait sentir dans les écoles et troublait les études. « Que sont devenus, s'écriait Pétrarque (1), témoin véridique de cette affligeante situation, que sont devenus les bataillons pressés des étudiants, et l'ardeur qu'ils montraient pour l'étude, et la gaieté qui les animait? Ce n'est plus le bruit des controverses, mais des bruits de guerre qui retentissent; ce ne sont plus des amas de livres, mais des monceaux d'armes qui frappent la vue : il n'y a plus ni syllogismes ni sermons, mais la voix des sentinelles qui font le guet, près des machines de guerre, sur les remparts de la ville. » La sûreté des personnes, surtout quand elles appartenaient à l'Église, était tellement menacée que le dauphin, après sa rentrée dans Paris, a pu écrire au comte de Savoie (2), en parlant des Navarrais, alliés d'Étienne Marcel : « Et ainsi devoient entrer en la dicte ville; et si tost qu'ils y eussent esté, ils eussent murtri et mis à mort tout le clergié et genz d'église... » Aussi, dans une délibération du chapitre de Notre-Dame de Paris, en date du 13 avril 1364, et relative à des vexations commises par les adhérents d'Étienne Marcel, cette triste époque est-elle dénoncée au jugement de l'histoire comme une époque de tyrannie, *tempore tempeste tyrannique fuit Parisius* (3). En admettant que ce témoignage, postérieur

---

(1) *Epist. rer. senil.*, l, II, X, ep. II.
(2) Perrens, *la Démocratie au moyen âge*, t. II, p. 359 et suiv.
(3) Arch. Nat., Reg. 44209¹, f° 489. Nous devons ce renseignement à l'obligeance du savant éditeur de Froissart, M. Siméon Luce.

au triomphe de la cause royale, parût suspect, on ne saurait méconnaître que, sous le règne du prévôt des marchands, les intérêts matériels des collèges et des maisons religieuses souffraient de cruelles atteintes. Ainsi on avait vu, comme nous en avons fait la remarque plus haut, les beaux jardins des Frères Prêcheurs, qui s'étendaient en deçà et au delà des murs de la ville, saccagés et détruits pour faire place à des travaux de défense, fossés, remparts et chemins de ronde (1). Nous ajoutions que, suivant M. Henri Martin, « les bons frères ne murmurèrent pas ». Nous serions heureux de savoir quelle autorité l'éminent historien pourrait alléguer à l'appui de cette assertion. Sans vouloir nous jeter nous-même dans la voie toujours périlleuse des suppositions, nous croyons être plus près de la vraisemblance en conjecturant que Simon de Langres lui-même vit avec tristesse la dévastation des propriétés du couvent dont il était le supérieur, et qu'il en sut mauvais gré à la bourgeoisie parisienne.

Lorsque, dans ces tristes jours, l'Université avait une plainte à élever, à qui venait-elle demander appui et protection? A l'autorité royale. La rue de Fouarre, où se trouvaient, comme on sait, les écoles de la Faculté des arts, était fréquentée la nuit par des femmes de mauvaise vie et par des gens sans aveu. On y entassait des immondices à infecter tout le voisinage ; on s'introduisait dans les salles de classe, et on souillait la chaire des professeurs et la paille destinée à servir de siège aux étudiants, comme si on eût voulu empêcher ceux-ci de recueillir, selon l'expression du temps, la fleur et la perle de la science, *florem et margaritam scientiæ*. Il semblerait que la répression de ces scandales fût de la compétence exclusive du prévôt des marchands, premier magistrat, et alors, pour ainsi dire, maître absolu de la ville. Cependant, fait curieux! ce ne fut point à lui que l'Université fit parvenir ses doléances; elle s'adressa directement au duc de Normandie, qui de Compiègne l'autorisa à établir, à chaque issue de la rue de Fouarre, une porte qui resterait fermée la nuit. Les lettres écrites à ce sujet par le régent (2) offrent ceci de remarquable, qu'il y

(1) Cont. de Guillaume de Nangis, t. II, p. 257 : « Fuerunt destructa hospitia et domus quas Fratres Prædicatores habebant et Minores extra muros Parisienses... Et non solum domos quas ædificaverant perdiderunt exterius, sed etiam domos intra mœnia... »
(2) Lettres du mois de mai 1358. *Recueil des anc. lois*, etc., t. V, p. 26 et suiv.

parle de l'Université dans les termes les plus affectueux. Il déclare qu'il forme des vœux pour elle du fond de ses entrailles, *totis visceribus affectamus*, et qu'il travaillera énergiquement à lui donner repos, honneur et sécurité. Il fait en particulier l'éloge de la Faculté des arts; il la signale comme le fondement, l'origine et le principe des autres sciences, *fundamentum, originem ac principium aliarum scientiarum*. En regard de ces déclarations et de la concession bienveillante qu'elles servaient à motiver, si l'on place le silence et la conduite d'Étienne Marcel, qui ne paraît pas avoir accordé aux élèves et à leurs maîtres une seule faveur, pas même une parole d'encouragement; qui, bien au contraire, par sa politique agitée et par ses machinations, compromettait de la manière la plus grave tous les intérêts, il n'est point difficile de comprendre pourquoi l'Université de Paris n'a pas embrassé la cause du prévôt des marchands.

Cependant les événements suivaient le cours qu'il était facile de prévoir. « Bon commencement eurent, dit un chroniqueur en parlant des états de 1356, mais mal finirent (1). » Tandis que le trouble et la confusion croissaient à Paris, quelques-unes des provinces voisines étaient la proie de la plus cruelle anarchie. En Normandie, en Picardie et en Champagne, la jacquerie était venue ajouter d'effroyables scènes de meurtre, de pillage et d'incendie à tous les symptômes de dissolution qui menaçaient la France. La misère était générale, et de jour en jour plus douloureuse et plus accablante. Elle entraînait les populations, qui mouraient de faim, à tous les excès d'une rébellion sauvage; elle disposait la bourgeoisie épouvantée à subir le joug d'un maître dont le pouvoir ne fût pas mis en question, et qui rendît à chacun la sécurité et la paix.

Si la jacquerie, en se disciplinant, avait pris de la consistance, peut-être aurait-elle pu venir en aide à Marcel; mais, après s'être souillée par des crimes sans nombre, elle ne tarda pas à être écrasée en plusieurs rencontres par les nobles, ralliés enfin pour la défense de leur famille et de leur propre vie. Le régent s'était rapproché de Paris, et depuis les derniers jours de juin il campait avec trois mille gentilshommes, suivis de leurs valets et de

(1) *Chronique des quatre premiers Valois*, publiée par M. Luce, p. 59.

leurs écuyers, du côté de Charenton, ce qui le rendait maître du cours supérieur de la Seine. Le roi de Navarre était à Saint-Denis, à la tête d'une petite armée; les Parisiens l'avaient proclamé leur capitaine; mais ce prince ambitieux n'était pour eux qu'un allié flottant, incertain, toujours prêt à les trahir. Il n'avait pas empêché que les communications de la ville avec la campagne fussent coupées, les approvisionnements compromis. Les habitants, exposés à la famine, ne cachaient ni leurs craintes ni leur mécontentement (1). A la fin du mois précédent, deux d'entre eux, accusés de trahison, avaient été mis à mort par ordre de Marcel; mais leur supplice avait accru l'effervescence, bien loin de la calmer. Il était évident que la violence ne rendrait pas au prévôt des marchands la direction des esprits qui lui échappait.

Dans ces conjonctures, l'Université de Paris fut appelée de nouveau à remplir le rôle de médiatrice, rôle pour lequel la bienveillance du régent semblait la désigner.

La veuve de Charles le Bel, Jeanne d'Évreux, tante du roi de Navarre, s'affligeait des dissensions qui armaient l'un contre l'autre deux princes de sa famille. Elle avait essayé plusieurs fois de les réconcilier, et de réconcilier en même temps le dauphin avec Étienne Marcel. Dans le courant du mois de juin, elle entama de nouvelles négociations en vue de la paix, et elle supplia l'Université d'intervenir. Le rédacteur d'un vieux registre, aujourd'hui perdu, auquel Du Boulay a emprunté le fait, n'a pas négligé de nous apprendre le caractère de la démarche que fit la reine Jeanne d'Évreux : ce ne fut pas un ordre, ni même une simple invitation, ce fut une prière, *supplicationem,* qu'elle adressa au recteur. Elle avait le droit de compter sur le succès, comme veuve du dernier roi, fils lui-même de Philippe le Bel, et d'une autre reine de Navarre, qui, dans les dernières années de sa vie, avait fondé à Paris le collège de Navarre, richement doté et devenu bientôt florissant. Comment l'Université n'aurait-elle pas gardé le souvenir de ce bienfait et témoigné une juste déférence aux

(1) *Chronique des quatre premiers Valois,* p. 84 : « Une principal cause qu'il plus tot fit tourner le commun de Paris contre le prévost de Paris, si fut pour la deffaulte de vivres qu'ilz avoient eu en la dicte cité et par espécial de pain. »

héritiers de sa bienfaitrice (1)? Le recteur d'alors, tout récemment élu, était Jean de la Marche, qui fut, avec son neveu et héritier, Guillaume de la Marche, le fondateur du collège de ce nom. Sur la convocation du recteur, la Faculté des arts se réunit, le 24 juin, aux Mathurins, et fut d'avis, conformément au vœu de la reine, d'aller trouver le duc de Normandie, mais sous la condition que les procureurs des quatre Nations de la Faculté des arts feraient le voyage aux frais de leurs Nations respectives, en tenant compte au recteur de sa propre dépense; clause curieuse, qui montre à quels détails minutieux descendaient quelquefois les délibérations dans l'École de Paris. L'Université se trouva, sans avoir cherché cet honneur, appelée à préparer et à seconder la transaction qui eut lieu, le 8 juillet, entre le roi de Navarre et le dauphin; mais ce stérile traité ne rendit pas la paix à l'État, car les conditions en furent aussitôt violées que convenues.

Déjà cependant le pape Innocent VI avait lui-même élevé la voix contre les sanglantes agitations du Royaume Très Chrétien.

Innocent VI, qui était Français, avait appris avec une extrême douleur les désastres de son pays natal. Après la bataille de Poitiers, il était intervenu en faveur du roi Jean, et avait fait tous ses efforts pour modérer les prétentions des Anglais et obtenir d'eux une paix honorable (2). Il ne paraît pas, à l'origine, avoir donné une sérieuse attention aux événements qui se passaient à Paris. Soit qu'il les jugeât sans gravité, soit qu'il fût distrait par d'autres soins, il ne se mêla pas, dans le principe, à la querelle du duc de Normandie et du prévôt des marchands. Mais quand le dé-

---

(1) M. Siméon Luce a signalé le premier, je crois, l'influence que le souvenir de la fondation du collège de Navarre avait pu avoir sur les démarches de l'Université. (*Bibl. de l'École des chartes*, t. XXI (an. 1859-1860), p. 276.)

(2) Dans son discours sur l'état des lettres en France au XIVᵉ siècle (*Hist. litt. de la France*, t. XXIV, p. 168), M. Victor Le Clerc a cité quelques passages de la lettre touchante que, dès le 11 octobre 1356, c'est-à-dire environ trois semaines après la bataille de Poitiers, Innocent VI adressait à l'empereur d'Allemagne : « Mon très cher fils, une si grande amertume a rempli mon cœur, une si poignante douleur l'a déchiré, à la nouvelle de l'événement sinistre qui frappe mon très cher fils en Jésus-Christ, Jean, l'illustre roi de France... qu'il m'a semblé que ma force, tous mes sens m'abandonnaient à la fois. Il faudrait être dépourvu de raison, de pitié, d'humanité, pour ne point fondre en larmes, pour ne point laisser échapper les plus tristes accents, pour ne pas éclater en gémissements, en pleurs, en lamentations, en sanglots, à l'aspect de tout ce sang chrétien répandu par les plus nobles peuples, de cette ruine des familles fidèles, de ces dangers pour les âmes... »

saccord eut dégénéré en conflit armé, et que, dans le même temps, les atrocités de la jacquerie eurent consterné la société chrétienne, Innocent VI ne se résigna pas plus longtemps à garder le silence. Il écrivit à l'archevêque de Lyon, Raymond Saquet, à l'évêque de Paris, Jean de Meulan, au prieur de Saint-Martin des Champs, Jean Du Pin, et les chargea de parler en son nom aux habitants des villes et campagnes, et de les exhorter à cesser toute sédition et à fuir les nouveautés pernicieuses. Il adressa en même temps à l'Université de Paris une lettre qui nous a été conservée. Il y exprime avec émotion l'affliction amère que lui font éprouver les maux qui désolent l'illustre royaume de France, ces criminelles inventions où se sont laissés aller Paris et d'autres villes, ces fureurs populaires déchaînées contre tant de nobles seigneurs; enfin, pour des milliers de personnes, la perte de leurs biens, de leur vie et même de leur âme. Le pape, en conséquence, invite l'Université à s'unir à lui pour l'amour de Dieu, et par respect pour le saint-siège apostolique. Elle ira trouver le prévôt des marchands Étienne Marcel, les échevins et autres bourgeois de la ville de Paris; elle les conjurera d'abandonner leurs projets pernicieux, de faire acte d'humilité et d'obéissance; elle concertera ses propres demandes avec celles de l'archevêque de Lyon et de l'évêque de Paris; elle méritera ainsi la bénédiction du saint-siège et celle de Dieu.

Cette lettre, datée de Villeneuve-lez-Avignon, le 14 juin 1358, fut apportée par le recteur Jean de la Marche à l'assemblée qui se tint le 16 juillet suivant au cloître des Bernardins (1). Quel fut l'accueil fait par l'Université aux injonctions charitables du souverain pontife? Fut-elle mêlée aux dernières négociations qui eurent lieu entre le régent et le prévôt des marchands? Osa-t-elle conseiller au premier la clémence, au second la soumission et l'obéissance? Nous n'avons à cet égard aucun témoignage. Mais, à considérer la situation générale des affaires, on ne voit pas quel rôle utile l'Université pouvait encore jouer à la date du 15 juillet 1358. Les pourparlers qui se continuaient n'attestaient que l'indomptable opiniâtreté d'Étienne Marcel à défendre une cause perdue sans retour. Il n'avait pu rallier à son parti, malgré son

---

(1) Du Boulay, *Hist. Univ. Paris.*, t. IV, p. 344 et 354.

éloquent appel, la bourgeoisie des bonnes villes du royaume. Il mettait son suprême espoir dans le roi de Navarre et, malgré de cruelles déceptions, il ne reculait pas devant la pensée de le proclamer roi de France. Mais, lorsqu'il croyait s'être assuré du concours de ce prince, de sanglantes collisions éclataient entre la milice parisienne et les Navarrais : six cents bourgeois succombaient aux portes de Paris sous les coups de ceux que le prévôt des marchands déclarait ses alliés. Nous n'entrerons pas dans le récit d'événements bien connus, étrangers à l'objet spécial de ce travail. Tout s'avançait rapidement vers un dénouement trop certain. Dans la nuit du 31 juillet, un échevin, Jean Maillard, se fit l'interprète du mécontentement des Parisiens et l'instrument des pensées de vengeance qui animaient beaucoup d'entre eux. Cette nuit même, à la suite d'une violente altercation avec Marcel, Jean Maillard se répandit avec les siens dans la ville, aux cris de : « Montjoie et Saint-Denis ! Au roi et au duc ! » Marcel périt, frappé de sa main, selon le récit de Froissart, ou, suivant d'autres, sous les coups de meurtriers restés inconnus. Plusieurs d'entre les amis du prévôt furent égorgés à la même heure que lui; d'autres furent massacrés ou pendus les jours suivants. Le régent, qui se trouvait à Meaux, fut rappelé avec instance à Paris, et y rentra dès le 2 août en grande pompe. La rébellion était vaincue, l'autorité royale rétablie et vengée; il restait à réformer les abus qui avaient causé les malheurs de la France, motivé les plaintes sévères des états généraux, et servi de prétexte aux visées les plus téméraires et aux plus coupables intrigues d'Étienne Marcel.

On peut apprécier, par ce qui précède, l'attitude que l'Université de Paris a conservée pendant cette crise mémorable de la monarchie. Elle n'a pris aucune part au mouvement insurrectionnel; elle s'y est montrée plutôt contraire que favorable; elle inclinait du côté de la royauté qui la protégeait et l'honorait, plutôt que du côté de la bourgeoisie qui l'inquiétait et qui la troublait. Elle ne se refusait pas à la réforme des abus qui venaient de compromettre l'existence même du royaume de France ; mais les projets des réformateurs l'effrayaient, et elle ne consentit pas à s'y associer et à les soutenir.

De là résulte une conséquence qui n'est pas sans intérêt pour l'intelligence des événements de ces terribles années. L'entreprise d'Étienne Marcel ne fut pas aussi populaire, elle ne réunit pas à Paris autant d'adhésions, elle n'y trouva pas autant d'appuis que les historiens les plus récents l'ont pensé. Elle n'eut pour elle que la partie la plus remuante de la bourgeoisie; elle eut contre elle la noblesse et le plus grand nombre des membres du clergé; elle ne parvint pas à rallier cette corporation puissante de l'Université, qui sut se maintenir, sur sa montagne Sainte-Geneviève, en dehors des dissensions civiles, toujours prête à porter au prince des paroles de paix, jamais à devenir complice d'une sédition contre lui. Qui n'a lu, dans l'*Histoire de France* de M. Michelet (1), le tableau saisissant de la ville de Paris vers le milieu du XIVe siècle ? D'un côté, sur la rive droite de la Seine, la ville commerçante et industrielle, avec son corps de métiers, ses habitudes laborieuses, ses richesses lentement acquises et les aspirations libérales que développent le travail et l'aisance; sur la rive gauche du fleuve, la ville savante, la cité des philosophes, *civitas philosophorum*, comme on l'appelait dès le siècle précédent; des écoles célèbres dans la chrétienté; tout un monde d'étudiants et de maîtres, parmi lesquels les gens d'Église et les théologiens n'étaient pas les moins nombreux, tous hommes d'étude, mal préparés aux agitations de la place publique, plus soucieux de leurs privilèges que des libertés de l'État, dévoués à la royauté qui les avait toujours protégés, défiants envers les novateurs dont les desseins leur échappaient ou leur nuisaient. Les quartiers commerçants et industriels se prononcèrent en majorité pour Marcel : mais il ne réussit pas à entraîner la ville savante, le quartier latin. Il représentait la pensée et les vœux d'une partie considérable de la population, vœux à beaucoup d'égards légitimes et sages : de là viennent sa fortune passagère et le nom qu'il a conservé dans l'histoire. Mais comme il ne représentait pas la population entière, et que, par ses menées tumultueuses, il blessait les convictions et les intérêts de beaucoup d'habitants, il était condamné à n'être jamais que l'homme d'un parti, jusqu'au jour où, n'ayant pas réussi par la persuasion, il aurait recours à la violence pour assurer le triomphe de ses idées. Quelque sagacité et, souvent,

---

(1) *Hist. de France*, t. III, p. 375 et suiv.

quelque prévoyance qu'il ait alliées à une rare fermeté de caractère, son échec était inévitable, et l'historien ne saurait s'en affliger, pour peu que l'historien considère le degré de puissance et de prospérité auquel la France, délivrée des agitations populaires, parvint en peu d'années sous le règne réparateur de Charles V.

# UN
# COMPTE DE LA NATION D'ALLEMAGNE,
### DE L'UNIVERSITÉ DE PARIS,
#### AU XVᵉ SIÈCLE.

UN

# COMPTE DE LA NATION D'ALLEMAGNE,

## DE L'UNIVERSITÉ DE PARIS,

### AU XV<sup>e</sup> SIÈCLE.

---

Les écoles de Paris furent fréquentées dès le xiie siècle par un grand nombre d'étudiants, accourus de toutes les contrées de l'Europe. Un contemporain d'Abélard, voulant le consoler de ses malheurs par le souvenir de ses succès d'autrefois, lui rappelle qu'autour de sa chaire se pressaient jadis les enfants de l'Italie, de l'Angleterre, de l'Allemagne, de la Suède, de la Flandre et de l'Espagne, confondus avec ceux de la France (1). Henri II, au cours de sa querelle avec Thomas Becket, en appelait au jugement des écoles de Paris, originaires de différentes contrées, *scholaribus diversarum provinciarum* (2).

Tout porte à croire que ces écoliers venus de tous pays, comme leurs maîtres eux-mêmes, se partagèrent, selon leur nationalité, en groupes différents, bien avant qu'ils eussent été réunis par Philippe-Auguste en corps d'Université. Quoi qu'il en soit, ces groupes peu à peu transformés et réduits ont formé, au sein de la Faculté des arts, ce qu'on a nommé les quatre Nations de France, de Normandie, de Picardie et d'Allemagne, dont la pre-

---

(1). Voyez la lettre de Foulque, prieur de Deuil, dans les œuvres d'Abélard, éd. Cousin, t. I, p. 703 et suiv.

(2) Du Boulay, *Hist. Univ. Paris.*, t. II, p. 365.

mière trace authentique se trouve dans une bulle d'Innocent IV, du mois de mai 1245 (1), et qui n'ont disparu qu'en 1789.

La Nation d'Allemagne, la seule qui doive nous occuper, s'était longtemps appelée Nation d'Angleterre. En 1378, l'empereur Charles IV étant venu à Paris au moment même où la guerre venait de recommencer avec les Anglais, elle exprima le vœu de quitter son nom, porté par les ennemis de la France, et de prendre celui du peuple, alors ami, auquel appartenait le prince qui visitait le Royaume Très Chrétien (2). Ce changement néanmoins, comme Crevier le remarque, ne s'opéra pas immédiatement ; car c'est à partir de 1436 seulement que, dans les registres de l'Université, le nom de Nation d'Allemagne remplace d'une manière définitive celui de Nation d'Angleterre (3).

La Nation d'Allemagne était anciennement partagée en trois tribus ; la Germanie supérieure, la Basse-Germanie, et l'Écosse, comprenant l'Angleterre et l'Irlande. Une délibération du 30 décembre 1528 ramena ces trois tribus à deux, celle des *Continentaux*, ou écoliers originaires d'Allemagne, et celle des *Insulaires*, ou écoliers originaires des Iles-Britanniques (4).

Outre les trois patrons communs à toute l'Université, la sainte Vierge, saint Nicolas et sainte Catherine, la Nation avait deux patrons particuliers, saint Edmond, roi d'Angleterre, et Charlemagne (5). Elle se réunissait pour le service divin et pour les fêtes solennelles dans l'église de Saint-Cosme et Saint-Damien, dont elle avait le patronage. C'est là qu'étaient conservés ses ornements et ses archives. Un tombeau situé près du chœur et portant les armes de la Nation était destiné à la sépulture de ses suppôts (6). Un procureur de la compagnie, qui fut élevé à cette charge le

---

(1) Du Boulay, *ibid.*, t. III, p. 202.

(2) « Anno Domini 1377, die 5 januarii fuit congregatio Nationis Anglicane apud S. Maturinum ad habendum consilium de modo adeundi D. Imperatorem, et petitionibus faciendis ; et erant tres petitiones : prima de mutatione nominis Nationis Anglicanæ in nomen Nationis Almanorum. — Cité dans les additions à la *Défense des droits de l'Université de Paris*, Paris, 1657, in-4°, p. 67.

(3) *Hist. de l'Université de Paris*, t. IV, p. 73, 74.

(4) Du Boulay, l. I, t. VI, p. 213 et suiv.; Crevier, l. I, t. V, p. 231.

(5) Voyez le livre de Du Boulay, *de Patronis IV Nationum Universitatis*, 1662, in-8°.

(6) Du Boulay, *Mémoires sur les bénéfices qui sont à la collation de l'Université de Paris*, Paris, 1675, in-4°, p. 115 et suiv.

16 décembre 1441, Albert Lécrivain, nous a laissé de curieux détails sur les écoles qu'elle possédait dans le quartier latin (1). Rue du Fouarre, elle ne comptait pas moins de huit écoles, comprises dans deux maisons dont l'une s'appelait les *Grandes Écoles*, *Magnæ Scolæ*, et l'autre, les *Écoles des sept arts*, *Scolæ septem artium*. Ces écoles devaient annuellement à l'abbaye de Sainte-Geneviève, l'une 30 sous parisis, et l'autre 7 sous 6 deniers. Rue Galande, la Nation possédait une autre maison, à l'enseigne de la *Pomme rouge*, avec un terrain qui rejoignait la Seine. C'est la maison qui avait été cédée en 1430 par le collège de Laon, en échange de celle qui appartenait anciennement aux écoliers du collège de Dace, rue de la Montagne-Sainte-Geneviève. M° Lécrivain mentionne deux autres maisons, l'une rue du Clos-Bruneau, ayant pour enseigne *A l'image de Notre-Dame*, l'autre rue Saint-Hilaire, en face le collège des Lombards. Sous les noms de collège de Skarra et de collège de Lincoping, elles étaient destinées aux étudiants suédois; mais n'étant pas habitées, faute d'écoliers de ce pays, elles avaient été remises, il y avait un demi-siècle déjà, aux mains de la Nation d'Allemagne, du consentement de l'Université, *quæ jam propter absentiam scolarium illarum provinciarum ad manus Nationis ex deliberatione Universitatis et sententia Nationum, pacifice devenerunt*, porte un procès-verbal du 5 avril 1392 (2). Enfin plusieurs actes cités par Du Boulay et par Jaillot (3) ont conservé la trace d'un collège dit des Allemands, *Alamanorum domus*, situé rue du Mûrier, autrement appelée rue Pavée, laquelle allait de la rue Traversine à la rue Saint-Victor. En 1618, la Nation d'Allemagne possédait dans cette rue quelques corps de bâtiments (4), qui étaient sans doute les débris de l'ancien collège, alors détruit, quoiqu'il semble, à la manière dont en parle Dubreul, que ce collège ait encore existé de son temps (5).

---

(1) Nous empruntons les faits qui suivent aux extraits des registres de la Nation d'Allemagne que nous avons publiés dans notre *Index chartarum pertinentium ad historiam Universitatis Parisiensis*, Parisiis, 1862, in-fol., p. 267 et suiv.

(2) *Index chronologicus*, etc., p. 268. Cf. Thurot, *De l'organisation de l'enseignement dans l'Université de Paris au moyen âge*, Paris, 1850, in-8°, p. 128.

(3) Du Boulay, *Hist. Univ.*, t. IV, p. 313, 328; Jaillot, *Recherches sur la Ville de Paris*, quartier de la place Maubert, p. 107, 108.

(4) Archives de l'Univ. de Paris, Reg. viii, fol. 183, v°.

(5) *Le Théâtre des antiquités de Paris*, Paris, 1612, in-4°, p. 711.

Au reste, nous n'avons pas l'intention d'écrire l'histoire de la Nation d'Allemagne; les lignes qui précèdent n'ont dans notre pensée d'autre objet que de servir de préambule et d'explication au document qu'on va lire. Ce document est un compte de recettes et de dépenses présenté par M° Georges Wolf, qui dans l'assemblée tenue aux Mathurins, l'an de l'Incarnation 1494, la veille de la Saint-Mathieu, c'est-à-dire le 20 septembre, venait d'être nommé receveur de la Nation. Nous l'avons extrait d'un vieux registre de comptes qui fait partie, sous le n° 85, des archives de l'Université de Paris, longtemps déposées au Ministère de l'Instruction publique, et aujourd'hui conservées à la bibliothèque de la Sorbonne. Une note qu'on lit au premier feuillet nous apprend que ce registre, qui va de l'année 1494 à l'année 1530, était le quatrième de la même série. Les trois qui précédaient sont aujourd'hui perdus.

Un compte de recettes et de dépenses n'est jamais dépourvu d'intérêt; c'est une des voies les plus sûres par lesquelles nous puissions pénétrer dans la connaissance intime des institutions et des mœurs des temps passés. Toutefois, comme les documents de cette nature sont très arides, il faut se garder de les multiplier quand ils se répètent ou qu'ils reproduisent des détails analogues. C'est le motif qui nous engage à nous en tenir, sauf un très court extrait, au compte d'une seule année, bien qu'il nous eût été possible d'en publier quelques autres.

Il nous reste à présenter de rapides observations sur celui que nous allons mettre au jour.

A commencer par la recette, on remarquera qu'elle consiste à peu près exclusivement dans les rétributions acquittées par les nouveaux bacheliers ou licenciés, et par les nouveaux maîtres ès arts, à l'occasion de leur début dans les fonctions de l'enseignement.

Les rétributions exigées des bacheliers et des licenciés étaient subordonnées plus ou moins à leurs ressources pécuniaires; elles étaient donc très variables. Or la mesure des ressources pécuniaires, en un mot, de la fortune de chaque candidat, était la somme qu'il dépensait dans une semaine pour son entretien, déduction faite du loyer de sa chambre et des gages de son domestique. Cette dépense hebdomadaire, qu'il devait déclarer sous serment (1), s'appelait *bursa*; de là vient qu'à la suite du nom de chaque bachelier ou licencié notre compte indique la valeur de sa bourse, qui est estimée zéro, lorsque le candidat est pauvre. Quant à ce nom de *bursa*, il tire son origine, s'il faut en croire Richer (2), d'un usage qui de la maison de Sorbonne s'étendit aux autres collèges de l'Université de Paris. Tous les vendredis, chaque étudiant versait une certaine somme entre les mains de l'économe du collège pour sa nourriture pendant la semaine; toutes ces sommes étant recueillies dans une bourse commune, l'expression *vivre de la bourse* devint usitée dans les écoles, et la quote-part acquittée par chacun s'appela elle-même *bursa*. On voit, dans notre compte, que, selon le taux des bourses, certaines rétributions scolaires s'élevaient à 6 livres, tandis que d'autres descendaient à 6 sous. Voici l'engagement qu'un ancien statut de la Nation d'Allemagne qui date du milieu du xıv° siècle imposait aux bacheliers : « Solvetis receptori Nationis 5 bursas, et pro scholis proportionabiliter, priusquam vicum intrabitis; videlicet, si septimanatim expendetis in bursa 2 vel 3 sol., dabitis pro scholis 20 sol. paris.; si autem 4 vel 5 sol., dabitis 30 sol.; si autem 6 vel 7 sol., dabitis 40 sol.; si autem 8 vel 9, dabitis 50 sol.; et sic deinceps (3). » Il nous a été impossible toutefois d'établir un rapport constamment exact entre les dépenses présumées de l'étudiant, et le droit qu'il était tenu d'acquitter. Et en effet nous voyons, dans une délibération du mois d'avril 1423, qu'une assez grande latitude était laissée sous ce rapport à l'appréciation un peu arbitraire des examinateurs, et à celle du procureur et du receveur de la compagnie, sous la réserve de ne pas fixer au-dessous de 4 sous la taxe exigée des nouveaux bacheliers : « Conclusimus... quod minor bursa solvenda sit quatuor solidorum, ulteriorem vero taxationem temptatoribus in bacchalariatu cum procuratore et receptore relinquentes. »

---

(1) M. Thurot, p. 61, a transcrit la formule de ce serment : « Dicetis quantitatem bursæ vestræ, fideliter, sine dolo, computando omnia ordinarie consumpta et exposita in bursa, duntaxat locagio hospitii et sallario famuli exclusis. » On trouvera dans l'*Histoire de l'instruction publique en Europe*, par M. A. Vallet de Viriville. Paris, 1849-1852, in-4°, p. 360 et suiv., les serments que prêtaient, dans le cours du xıv° siècle, les écoliers de la Nation d'Allemagne, transcrits d'après un des registres de cette Nation qui se conservent aujourd'hui à la bibliothèque de la Sorbonne.

(2) Richer, *Hist. Acad. Paris.*, Bibl. Nat., Cod. lat. 9943, t. I, p. 194, v°.

(3) Thurot, p. 62; Vallet de Viriville, l. I, p. 361.

Indépendamment des rétributions variables que nous venons de mentionner, les nouveaux maîtres ès arts, *incipientes*, payaient une somme fixe de 2 livres, comme droit de bienvenue et pour la robe du recteur, *pro jocundo adventu et cappa rectoris*.

Il n'est pas et il ne pouvait pas être question dans notre compte de la taxe perçue par les bedeaux et à leur profit; mais peut-être ne sera-t-il pas hors de propos de la rappeler. Elle avait donc été ainsi réglée en 1423 : « Quod determinantes, bacchalarii, licentiati et magistri solvant sua sallaria bedellis, prout retroactis temporibus est consuetum : videlicet, in determinantia, medium francum; in bachalariatu, pro ducendo ad scolas, quatuor solidos, et pro temptaminibus, duos solidos; in licentia vero, duos solidos; in magisterio vero, pro bedellis Nationis unum francum, et pro communitate bedellorum, in petendo *Placet*, quatuor solidos cum octo denariis paris (1). »

Il serait inutile de nous arrêter aux personnages, bacheliers, licenciés ou maîtres ès arts dont le nom figure dans le compte de Me Wolf; aucun, à notre connaissance, n'a marqué dans l'histoire et n'a laissé de souvenir à la postérité. Ces listes d'étudiants, tombés dans l'oubli, n'offrent d'intérêt qu'à un seul point de vue; elles montrent que l'Université de Paris, quoique déjà bien déchue à la fin du xve siècle, conservait encore assez de prestige pour attirer dans ses écoles un grand nombre d'étrangers de tous pays.

Maintenant que nous connaissons les principales recettes encaissées par le receveur de la Nation d'Allemagne, voyons à quels objets s'appliquait la dépense. Elle consistait surtout dans les distributions faites aux suppôts de la Nation : distributions lors de ses assemblées particulières, lors des fêtes solennelles, lors de la procession du recteur, lors de l'obit d'un régent. Elle comprenait aussi, chaque fois que le service religieux était célébré, le droit du curé de Saint-Côme, ceux de l'officiant, des chantres et de l'organiste, la somme donnée à l'offrande, les frais de luminaire, les cierges, les chandeliers, les ornements, le lavage de l'église, etc. Ajoutons à ces déboursés les indemnités éventuelles ou régulières que touchaient quelquefois un ancien rec-

---

(1) *Index chronologicus*, etc., p. 249.

teur, plus ordinairement le procureur ou le receveur sortant de charge, et les bedeaux des autres Nations qui avaient accompagné le recteur à Saint-Côme, quand celui-ci appartenait à la Nation d'Allemagne, un petit nombre d'aumônes, enfin certaines redevances comme celles qui étaient dues à l'abbaye de Sainte-Geneviève, sur le territoire de laquelle étaient situées les écoles de la Nation.

Ce sont là, à peu d'exceptions près, les dépenses qui reparaissent non seulement dans le compte de 1495, mais dans tous ceux que nous avons eus entre les mains. Rapprochées des recettes qui permettaient de les acquitter, elles n'offrent pas l'image et elles ne donnent pas l'idée d'une comptabilité très compliquée ; mais elles confirment ce qu'on savait déjà de la modicité des ressources de nos anciennes écoles, et de la pauvreté des maîtres comme des écoliers.

Mais il est temps de faire succéder à ce commentaire historique le texte même du document que nous avons annoncé à nos lecteurs.

Fol. 1, r°. Anno ab incarnatione Jesu Christi Salvatoris nostri nonagesimo quarto supra millesimum quaterque centesimum, veneranda Almanorum natio fuit congregata apud Sanctum Mathurinum, vigilia Sancti Mathei apostoli et evangeliste, super novi receptoris electione. Itaque elegit via Spiritus Sancti magistrum Georgium Wolff, Badensem, diocesis Spirensis, qui fecit receptas et impensas, ut inferius patebit.

Sequitur prima recepta.

Primo recepi a magistro Georgio Noortich, antiquo receptore, quadraginta tres libras, unum solidum paris., cum tredeno et dimidio turon.

*Sequuntur nomina quorumdam incipientium ante primum compotum :*
Dominus Johannes Uberman, diocesis Spirensis,
cujus bursa valet 0 (1) :                                                6 s. p.
Pro jocundo adventu et cappa rectoris :            2 lib.
Dominus Martinus Brandeburch, diocesis Constantiensis, cujus bursa valet 0 :                                    6 s. p.

---

(1) Nous n'hésitons pas à traduire par o le signe Φ que nous retrouvons comme indiquant la valeur d'un certain nombre de bourses. Ce sont évidemment ces bourses dont il est dit souvent dans nos registres : *Cujus signum est nihil.*

| | |
|---|---|
| Pro jocundo adventu et cappa rectoris : | 2 lib. |
| Dominus Cristoforus Crafft, dyocesis Lausanensis, cujus bursa valet 4 sol. : | 1 lib. |
| Pro jocundo adventu et cappa rectoris : | 2 lib. |
| Dominus Wuillelmus Phillipson, dyocesis Aburdonensis, cujus bursa valet sol. 4 : | 1 lib. |
| Pro jocundo adventu et cappa rectoris : | 2 lib. |
| Sequuntur nomina baccalauriorum istius anni : | |
| Dominus Bohuslaus de Bertensthleren, dyocesis Halberstattensis, XIII sol. : | 6 lib. 15 s. |
| Dominus Eduardus Cockburn, dyocesis Blascuensis, cujus bursa valet 10 sol. : | 5 lib. 10 s. |
| Dominus Robertus Pringuil, dyocesis Blascuensis, cujus bursa valet sol. 10 : | 5 lib. 10 s. |
| Dominus Martinus Letner, dyocesis Constantiensis, cujus bursa valet 0 : | 1 lib. 6 s. |
| Dominus Hermannus Sullenho, dyocesis Trajectensis, cujus bursa valet sol. 9 : | 4 lib. 15 s. |
| Dominus Renfridus Pfastenhofen, dyocesis Argentinensis, cujus bursa valet sol. 7 : | 3 lib. 15 s. |
| Dominus Stephanus Swench, dyocesis Frisingensis, cujus bursa valet 0 : | 1 lib. 6 s. |
| Dominus Robertus Pirson, dyocesis Sancti Andree, cujus bursa valet sol. 4 : | 2 lib. 10 s. |
| Dominus Andreas Teller, dyocesis Argentinensis, cujus bursa valet sol. 7 : | 3 lib. 15 s. |
| Dominus Christianus Delff, dyocesis Trajectensis, cujus bursa valet sol. 4 : | 2 lib. 10 s. |
| Dominus Petrus Huyne, dyocesis Trajectensis, cujus bursa valet 0 : | 1 lib. 6 s. |
| Dominus Huberthus de Weloria, dyocesis Coloniensis, cujus bursa valet 0 : | 1 lib. 6 s. |
| Dominus Wibrandus Daconis, dyocesis Trajectensis, cujus bursa valet 0 : | 1 lib. 6 s. |

Summa hujus pagine ascendit ad nonaginta quinque libras paris., cum tribus solidis, decem denariis paris. et turon.

| | |
|---|---|
| Fol. 1, v°. Dominus Johannes de Trajecto, dyocesis Trajectensis, cujus bursa valet sol. 4 : | 2 lib. 10 s. |
| Dominus Wuill. Jacobi de Tiela, dyocesis Coloniensis, cujus bursa valet sol. 4 : | 2 lib. 10 s. |

D. Wuill. Delff, dyocesis Trajectensis, cujus bursa
valet sol. 6 :                                             3 lib. 10 s.
D. Jacobus Copier, dyocesis Trajectensis, cujus bursa
valet sol. 9 :                                             4 lib. 15 s.
D. David Loys, dyocesis S. Andree, cujus bursa
valet sol. 4 :                                             2 lib. 10 s.
D. David Sybold, dyocesis S. Andree, cujus bursa
valet sol. 5 :                                             2 lib. 15 s.

Sequitur nomen unius baccalaurei recepti ante Brandones in alia recepta; et quia non solvit alio receptori, non fuit inscriptus. Sed pro presenti solvit; ideo subsequitur.

D. Franciscus Hofflères, dyocesis Moguntinensis,
cujus bursa valet 0 :                                      4 lib. 6 s.

Sequitur nomen unius baccalaurii hoc anno recepti :

D. Johannes Rudinger, dyocesis Basiliensis, cujus
bursa valet sol. 6 :                                       3 lib. 10 s.

Sequitur nomen cujusdam magistri, sive incipientis :

Wisberthus Reynsburgk, dyocesis Trajectensis, cujus bursa valet sol. 5 :                              4 lib. 5 s.

Pro jocundo adventu et cappa rectoris :                    2 lib.

Recepi a magno bedello duos francos, quos de domo
sua debebat in computo antiqui receptoris :                2 lib.

Summa hujus pagine ascendit ad viginti octo libras et tres solidos paris.

Summa totius recepte ascendit ad centum viginti tres libras, sex solidos paris., decem denarios paris. cum uno turon.

Fol. 2. *Sequitur impensa post receptam ante primum compotum:*

Et primo, PRO DISTRIBUTIONIBUS IN VIGILIA MATHEI.

Pro distributionibus magistrorum et bidellorum
in vigilia Mathei :                                        10 l. 12 s.

Pro jure procuratoris et suis distributionibus in
eodem die :                                                1 l. 4 s.

Pro continuatione magistri magni Boy :                     4 s.
Pro instrumento fidejussorum :                             4 s. 12 t.
In processione rectoris magistri Johannis Morain :         10 s. 6 t.

In prima processione rectoris magistri Johannis
Gaisset, in festo Symonis et Jude, ad petitionem
supremi domini mei regis :                                 11 s. 3 t.

Pro distributionibus regentium apud S. Mathurinum proxima [die] post [festum] Omnium Animarum : 11 s. 3 t.

Pro distributionibus regentium apud eumdem, altera die Sancti Martini : 22 s. 6 t.

Pro continuatione magistri Petri Hemstreete in procuratorem : 4 s.

Pro continuatione magistri Petri Hemstreete : 4 s.

Pro cappa rectoris magistri Johannis Gaisset : 2 l. 10 s.

### Distributiones factæ in festo Alemanorum.

In distributionibus magistrorum et bidellorum : 12 l. 15 s.
Pro cantoribus qui aderant : 1 l. 8 s.
Pro prelato, qui fuit magister Johannes Zantina : 14 s.
Pro offertorio in officio misse : 4 s. 5 t
Pro cappis et clerico : 6 s. 12 t.
Pro distributionibus domini curati : 6 s.
Pro organista : 2 s.
Pro parvo clerico : 6 t.
Pro pauperibus : 5 t.
Pro mundatione ecclesie et candelabrorum : 4 s.
Pro straminibus : 3 s. 3 t.
Pro mundatione ornamentorum ecclesie : 1 s. 5 t.
Pro Serto Sancti Eadmundi : 1 s.
Pro bono homine : 12 t.
Pro duobus bidellis alterius Nationis qui conduxerant dominum rectorem ad Sanctum Cosmam : 1 s. 9 t.
Pro cera candelarum, tedarum et refectione illarum : 3 l. 8 s.

Summa hujus pagine ascendit ad triginta septem libras cum quatuor decim solidis paris. et duodecim turon.

### Fol. 2, v°. Pro distributionibus factis in festo Sancte Catharine.

Pro distributionibus magistrorum et bidellorum : 2 l. 11 s.
Pro offertorio : 2 s. 2 t.
Pro cappis et clerico : 5 s. 9 t.
Pro distributionibus curati : 2 s.
Pro capellano : 4 s.
Pro organista : 2 s.

In crastino, in missa Universitatis pro distributio-
nibus regentium :                                                  11 s.  3 t.

### Pro crastino Sancti Andree.

Pro distributionibus magistrorum et bidellorum :   2 l. 12 s.
Pro offertorio :                                   2 s.  4 t.
Pro cappis et clerico :                            5 s.  9 t.
Pro distributionibus domini curati :               2 s.
Pro capellano :                                    4 s.
Pro organista :                                    2 s.

### Pro festo Sancti Nicolai.

Pro distributionibus magistrorum et bidellorum :   2 l. 12 s.
Pro offertorio :                                   2 s.  6 d.
Pro cappis et clerico :                            5 s.  9 t.
Pro distributionibus domini curati :               2 s.
Pro capellano :                                    4 s.
Pro organista :                                    2 s.
In crastino, in missa Universitatis :              11 s.  3 t.

### Pro festo Conceptionis Marie.

Pro distributionibus magistrorum et bidellorum :   2 l. 13 s.
Summa hujus pagine ascendit ad quatuor decim
libras, tres solidos, octo turon., cum duobus dena-
riis paris.
Fol. 3, r°. Pro offertorio :                       2 s. 10 t.
Pro cappis et clerico :                            5 s.  9 t.
Pro distributionibus domini curati :               2 s.
Pro capellano :                                    4 s.
Pro organista :                                    2 s.
In secunda processione magistri Johannis Gaisset,
Parisiensis, tunc rectoris :                       11 s.  3 t.
Pro electione et continuatione procuratoris ma-
gistri Stephani :                                  8 s.

### Pro festo Karoli Magni.

Pro distributionibus magistrorum et bidellorum :   2 l. 13 s.
Pro offertorio :                                   2 s.  3 t.
Pro cappis et clerico :                            5 s.  9 t.

| | |
|---|---|
| Pro distributionibus domini curati : | 2 s. |
| Pro capellano : | 4 s. |
| Pro organista : | 2 s. |
| Pro cappa rectoris magistri Roberti Hasteville : | 2 l. 14 s. |

### Pro festo Purificationis Nostre Domine.

| | |
|---|---|
| Pro distributionibus magistrorum et bidellorum : | 2 l. 14 s. |
| Pro offertorio : | 4 s. 5 t. |
| Pro cappis et clerico : | 5 s. 9 t. |
| Pro distributionibus domini curati : | 2 s. |
| Pro capellano : | 4 s. |
| Pro organista : | 2 s. |
| Pro cera candelarum, tedarum et refectione illarum : | 14 l. 1 s. |
| Pro candela domini cancellarii : | 3 s. |
| In missa Universitatis in crastinum Purificationis : | 9 s. 9 t. |
| Pro electione et continuatione procuratoris magistri Doncani de Camara : | 8 s. |
| Pro parvo clerico et pauperibus : | 12 t. |

Summa hujus pagine ascendit ad viginti sex libras paris. duodecim solidos paris. et undecim turon.

| | |
|---|---|
| Fol. 3, v°. In processione rectoris magistri Roberti Hasteville : | 10 s. 6 t. |
| Pro dono gratuito antiquo receptori : | 4 l. |
| Pro libro receptoris : | 7 s. 10 t. |
| Pro bursis magni bidelli : | 7 l. 7 s. |
| Pro bursis parvi bidelli : | 3 l. 13 s. 6 d. |
| Pro stipendio receptoris : | 4 l. |
| Pitantiario Sancte Genovefe, de fundo terre parvarum scholarum nostrarum : | 15 s. |
| Eodem pitantiario de fundo terre magnarum Scholarum : | 5 s. 6 d. |

Summa hujus pagine ascendit ad viginti unam libras, unum solidum paris. et unum turon.

Summa totius impense ascendit ad nonaginta novem libras, duodecim solidos parisienses, duos denarios parisienses et duos turonos.

Recepta comparata ad misiam, recepta excedit misiam in viginti tribus libris quatuordecim solidis parisiensibus et septem denariis parisiensibus.

Duncanus de Camera, pro tunc procurator, manu propria. Ita est.

*Recepta post primum compotum.*

Sequitur nomen cujusdam baccalaurii recepti cujus nomen sequitur :

| | |
|---|---|
| Dominus Benedictus Steyner, dyocesis Constantiensis, cujus bursa valet sol. 5 : | 2 lib. 15 s. |

Sequuntur nomina baccalauriorum post primum compotum :

| | |
|---|---|
| Dominus Roberthus Waltierson, dyocesis Sancti Andree. Bursa valet 4 sol : | 2 lib. 10 s. |
| D. Johannes Cock, dyocesis Sancti Andree. Bursa valet 7 sol. : | 3 lib. 15 s. |
| D. Patricius Adamson, dyocesis Sancti Andree. Bursa valet 7 sol. : | 3 lib. 15 s. |
| D. Cutberthus Simon, dyocesis Glascuensis. Bursa valet 4 sol. | 2 lib. 10 s. |
| D. Andreas Aldeorum, Scotus. Bursa valet 4 sol. : | 2 lib. 10 s. |
| Thomas Bortyck, dyocesis S. Andree. Bursa valet 7 sol. : | 3 lib. 15 s. |
| D. Johannes Dickson, Scotus. Bursa valet 7 sol. : | 3 lib. 15 s. |
| D. Guillelmus (?) Gregorii, Scotus. Bursa valet 0 : | 1 lib. 6 s. |

Summa hujus pagellæ ascendit ad quadraginta novem libras et septem denarios paris.

Fol. 4. Sequuntur nomina quorumdam baccalauriorum receptorum :

| | |
|---|---|
| Dominus Wolffgangus Sifrid, diocesis Augustensis. Bursa valet 6 sol. : | 3 lib. 10 s. |
| D. Johannes Sorgel, dyocesis Bambergensis. Bursa valet iiij sol. : | 2 lib. 10 s. |

Sequuntur nomina licentiatorum hujus anni :

| | |
|---|---|
| D. Rolandus Blacadir, dyocesis Sancti Andree, cujus bursa valet 9 sol. : | 2 lib. 15 s. |
| Thomas Lauson dyocesis Sancti Andree. Bursa valet 4 sol. : | 1 lib. |
| Guillelmus (?) Simson, dyocesis Moraviensis. Bursa valet 4 sol. : | 1 lib. |
| Reginaldus Strang, dyocesis Moraviensis, Bursa valet 4 sol. : | 1 lib. |
| Allexander Scherer, dyocesis Abordonensis. Bursa valet 4 sol. : | 1 lib. |

Thomas Andree, dyocesis Sancti Andree. Bursa valet 4 sol. :   1 lib.
Johannes Maior, dyocesis S. Andree. Bursa valet 4 sol. :   1 lib.
Guillelmus Asson, dyocesis S. Andree. Bursa valet 4 sol. :   1 lib.
D. Nicolaus Wurmser, dyocesis Argentinensis. Bursa valet 10 sol. :   2 lib. 10 s.
Michael Rot, dyocesis Argentinensis. Bursa valet 5 sol. :   1 lib. 5 s.
Andreas Francisci, dyocesis Brandeburgensis. Bursa valet 0 :   6 s.
Johannes Dolmans, dyocesis Leodigensis. Bursa valet 6 sol. :   1 lib. 10 s.
Henricus de Livonia, dyocesis Tarbatensis. Bursa valet 5 sol. :   1 lib. 5 s.
Johannes Delff, dyocesis Trajectensis. Bursa valet 4 sol. :   1 lib.
Adam Wiler, dyocesis Spirensis. Bursa 5 sol. :   1 lib. 5 s.
Hieronymus Rebwiler, dyocesis Basiliensis. Bursa 5 sol. :   1 lib. 5 s.
David Vocat, dyocesis Sancti Andree. Bursa valet 5 sol. :   1 lib. 5 s.
Jodocus Delff, dyocesis Trajectensis. Bursa valet 7 sol. :   1 lib. 15 s.
Cornelius de Haga, dyocesis Trajectensis. Bursa valet 5 sol. :   1 lib. 5 s.
Johannes Mathie, dyocesis Leodigensis. Bursa valet 0 :   6 s.
Johannes Cadiou, dyocesis Glascuensis. Bursa valet 4 sol. :   1 lib.
Anthonius de Brisach. Bursa valet 4 sol. :   1 lib.
Ista pagina habet triginta duas libras, duos solidos paris.

Fol. 4, v°. Johannes Wachtel, dyocesis Moguntinensis. Bursa 0 :   6 s.
Joachim Delff, diocesis Trajectensis. Bursa 0 :   6 s.
Adam Elphinston, diocesis Glascuensis. Bursa 9 sol. :   2 lib. 5 s.
Christiannus Erb, diocesis Augustensis. Bursa 0 :   6 s.
Nicolaus de Gauda, diocesis Trajectensis. Bursa 4 sol. :   1 lib.

Johannes Schuppenagel, diocesis Coloniensis. Bursa 0 : — 6 s.

Johannes Henrici, diocesis Basiliensis. Bursa valet 7 sol. : — 1 lib. 15 s.

Franciscus Hofrerer, dyocesis Wormatiensis. Bursa 0 : — 6 s.

Allexander Leviston, diocesis Sancti Andree. Bursa 3 sol. : — 1 lib. 5 s.

Sequuntur nomina incipientium hujus anni :
Adam Elphinston, diocesis Glascuensis. Bursa 9 s. : — 2 lib. 5 s.
Pro jocundo adventu et cappa rectoris : — 2 lib.
Rolandus Blacadir, diocesis S. Andree. Bursa 9 sol. : — 2 lib. 5 s.
Pro jocundo adventu, etc. : — 2 lib.
Cornelius de Hagis, diocesis Trajectensis. Bursa 5 sol. : — 1 lib. 5 s.
Pro jocundo adventu, etc. : — 2 lib.
Henricus de Livonia, diocesis Derptensis. Bursa 5 sol. : — 1 lib. 5 s.
Pro jocundo adventu, etc. : — 2 lib.
Nicolaus Wurmser, diocesis Argentinensis. Bursa 10 sol. : — 2 lib. 10 s.
Pro jocundo adventu, etc. : — 2 lib.
Hieronymus Hebwiler, diocesis Basiliensis. Bursa valet 5 sol. : — 1 lib. 5 s.
Pro jocundo adventu, etc. : — 2 lib.
Michael Rot, diocesis Argentinensis. Bursa valet 5 sol. : — 1 lib. 5 s.
Pro jocundo adventu, etc. : — 2 lib.
Johannes Dolmans, diocesis Leodigensis. Bursa valet 6 sol. : — 1 lib. 10 s.
Pro jocundo adventu, etc. : — 2 lib.
Ista pagina habet triginta septem libras et quinque solidos paris.

Fol. 5, r°. Johannes Delff, diocesis Trajectensis. Bursa 4 sol. : — 1 lib.
Pro jocundo adventu, etc. : — 2 lib.
Nicolaus de Gauda, diocesis Trajectensis. Bursa 4 sol. : — 1 lib.
Pro jocundo adventu, etc. : — 2 lib.
Jodocus Delff, diocesis Trajectensis. Bursa 7 sol. : — 1 lib. 15 s.
Pro jocundo adventu, etc. : — 2 lib.

Antonius de Brisach, diocesis Constantiensis. Bursa
4 sol. : 1 lib.
Pro jocundo adventu, etc. : 2 lib.
Adam Wiler, diocesis Spirensis. Bursa valet 5 sol. : 1 lib. 5 s.
Pro jocundo adventu, etc. : 2 lib.
Andreas Francisci, diocesis Brandeburgensis. Bursa 0 : 6 s.
Pro jocundo adventu, etc. : 2 lib.
Johannes Henrici, diocesis Basiliensis. Bursa 7 sol. : 1 lib. 15 s.
Pro jocundo adventu, etc. : 2 lib.
Johannes Treveris, diocesis Treverensis. Bursa 4 sol. : 1 lib.
Pro jocundo adventu, etc. : 2 lib.
Bircardus Thoe Boechoep. Bursa valet 7 sol. : 1 lib. 15 s.
Pro jocundo adventu, etc. : 2 lib.
Johannes Calciatoris, diocesis Argentinensis, cujus bursa in aliis duabus receptis ultimis signo nichili est taxata, solvit pro nunc, ut gauderet privilegiis Nationis, quatuor solidos pro bursa, pro baccalauriatu, licentiis et magisterio : 2 lib. 12 s.
Item recepi a magistro Petro Cesaris, pro tunc magistro domus Alemannorum, ex parte provincie : 2 lib. 16 s.
Item a magistro Simone Doliatoris recepi : 1 lib. 11 s.
Ista pagina habet triginta quinque libras et quindecim solidos paris.

Summa totius recepte post primum compotum extendit se ad centum quinquaginta quatuor libras paris., duos solidos paris., et septem denarios paris.

*Sequuntur impensæ post primum compotum :*

Fol. 5, v°. Pro distributionibus magistrorum
et officiariorum in primo compoto : 10 l. 16 s.
Pro procuratore et suis distributionibus : 1 l. 4 s.
Pro priore Sancte Genovefe de fundo terre
Scholarum Anglicarum : 15 s.
Pro brandio temptatorum baccalauriorum : 1 l. 12 s.

PRO FESTO ANNUNCIATIONIS MARIÆ.

Pro distributionibus magistrorum et officiariorum : 2 l. 12 s.

| | | |
|---|---|---|
| Pro capellano : | 4 s. | |
| Pro curato : | 2 s. | |
| Pro cappis et clericis : | | 7 duod. |
| Pro offertorio : | | 8 alb. d. |
| Pro organista : | 2 s. p. | |
| Pro electione magistri Theoderici Venlo in procuratorem : | 4 s. | |

### In obitu magistri Petri Delff pie memorie.

| | | |
|---|---|---|
| Pro distributionibus magistrorum atque officiariorum : | 2 l. 10 s. | |
| Pro capellano : | 4 s. | |
| Pro domino curato : | 2 s. | |
| Pro cappatis in Vigiliis, recommendationibus et missa : | 8 s. | |
| Pro offertorio et clerico : | 4 s. | 3 t. |

### Pro festo translationis beati Nicolai.

| | | |
|---|---|---|
| Pro distributionibus magistrorum et bidellorum atque officiariorum : | 2 l. 9 s. | |
| Pro capellano : | 4 s. | |
| Pro curato : | 2 s. | |
| Pro cappis et clerico : | | 7 duod. |
| Pro offertorio : | 2 s. | 1 alb. |

Ista pagina habet viginti quinque libras, undecim solidos paris., cum quinque denariis paris. et uno turon.

| | | |
|---|---|---|
| Fol. 6, r°. Pro organista : | 2 s. | |
| Pro continuatione magistri Theoderici de Venlo : | 4 s. | |
| Pro cappa magistri Roberthi Corbelin : | 1 l. 10 s. | |
| Pro distributionibus regentium et officiariorum in processione Corbelin : | 10 s. | 6 t. |

### Pro festo Visitationis beate Marie.

| | |
|---|---|
| Pro distributionibus magistrorum et officiariorum : | 2 l. 6 s. |
| Pro capellano : | 4 s. |
| Pro curato : | 2 s. |

Pro cappis et clerico : 7 duod.
Pro organista : 2 s.
Pro offertorio : 8 alb. 2 t.
Pro cappa rectoris magistri Hemskrecke : 1 l. 18 s.
Pro electione magistri Bertholdi in procu-
ratorem : 4 s.
Pro bydellis alterius Nationis qui duxerunt
rectorem ad Sanctum Cosman : 4 alb.

PRO FESTO ASSUMPTIONIS ET DISTRIBUTIONIBUS PRO PRANDIO REGENTIUM.

Pro distributionibus magistrorum et officia-
riorum : 15 l. 14 s.
Pro capellano : 4 s.
Pro curato : 2 s.
Pro cappis et clerico : 7 duod.
Pro offertorio : 10 alb.
Pro organista : 2 s.
Pro continuatione magistri Bertholdi in pro-
curatorem : 4 s.
Ad purgandam ecclesiam : 2 alb.

Ista pagina habet viginti quatuor libras, septem solidos paris. cum uno duodeno.

Fol. 6, v°. PRO FESTO NATIVITATIS BEATE MARIE.

Pro distributionibus magistrorum et officia-
riorum : 1 l. 17 s.
Pro cappellano : 4 s.
Pro curato : 2 s.
Pro cappis et clerico : 7 duod.
Pro offertorio : 7 alb. 3 t.
Pro organista : 1 s.
Pro stipendio receptoris : 4 l.
Pro bursis magni bydelli : 15 l. 13 s.
Pro bursis parvi bydelli : 7 l. 16 s. 6 d.

Ista pagina habet triginta libras, unum solidum paris., sex denarios et duo turon.

Summa impensarum extendit se ad octuaginta libras paris. unum
solidum et quinque denarios paris.

Recepta excedit misiam in septuaginta duabus libris paris. cum
undecim solidis.

Ma. Andreas Rudentz procurator. Ita est.

Le compte de recettes et de dépenses présenté par le receveur Georges Wolf est immédiatement suivi, dans le registre que nous avons eu sous les yeux, du compte dressé par son successeur M° Jean Maktullo, du diocèse de Rochester, qui fut élu en 1495 receveur de la Nation d'Allemagne, dans l'assemblée tenue aux Mathurins, selon l'usage, la veille de la fête de saint Mathieu, ainsi que nous l'apprend la note suivante en tête du compte :

« Anno ab Incarnatione Jesu Christi Salvatoris nostri nonagesimo quinto supra millesimum quaterque centesimum, veneranda Allemanorum Natio congregata fuit apud Sanctum Mathurinum in vigilia Sancti Mathei apostoli et evangeliste, super novi receptoris electione. Itaque elegit via Spiritus Sancti magistrum Johannem Maktullo, Roffensis diocesis, qui fecit receptas et impensas, ut inferius patebit. »

Nous avons transcrit cette note, afin qu'en la comparant à celle qui précède le compte que nous avons publié, chacun puisse facilement se convaincre par soi-même de la similitude qui existe entre tous les documents de cette nature, du moins sous le rapport de la forme. Quant au fond même, nous ne trouvons dans le nouveau compte qu'un seul article qui nous paraisse intéressant à reproduire, attendu qu'il ne figure pas au compte précédent : c'est l'état des frais occasionnés par des travaux de réparations aux grandes écoles de la Nation d'Allemagne. En voici le texte :

Sequuntur impense facte pro reparatione antiquarum scholarum nostrarum :

| | |
|---|---|
| In primis pro quinque centum teglis : | 4 lib. 4 s. |
| Pro dietis cooperantium : | 1 lib. 12 s. |
| Pro lignis : | 10 s. |
| Pro plastro et dietis laborantium in hujusmodi : | 3 lib. 10 s. |
| Pro latis lapidibus ponendis in fundo camini : | 3 s. |
| Pro duobus stillicidiis : | 2 lib. |
| Pro deportatione emundiciarum extra scholas : | 4 s. |
| Pro deportatione dictarum extra urbem : | 12 s. |

Citons encore, en terminant, trois articles de dépense qui font suite au précédent, et que nous n'avions pas encore rencontrés :

| | |
|---|---|
| Pro prandio temptatorum baccalauriorum et officiariorum : | 3 lib. |

Ultra pecuniam novorum magistrorum pro prandio
Nationis : 2 lib. 8 s.

Pro cappa domini rectoris, videlicet Michaelis Nyffart : 2 lib. 2 s.

Nous n'avons aucune observation à présenter sur cette dernière dépense ; mais nous rapprocherons des deux précédentes les dispositions du statut de 1423 qui concernent les banquets universitaires. Sans proscrire ces fêtes domestiques, passées en habitude, la Nation d'Allemagne voulait en modérer les frais, ceux surtout qui pouvaient retomber à la charge de sa propre caisse. Voici les règles qu'elle avait posées à cet égard, et qui n'étaient pas toujours fidèlement observées, comme le prouvent les indications mêmes de notre compte :

« Il y aura chaque année trois banquets seulement de la Nation : le premier, lors de la reddition du premier compte ; la dépense à la charge de la Nation ne devra pas y dépasser 2 francs ; le second, le jour de la fête de saint Mathieu ; la dépense y sera également de deux francs au plus : ce qui dépassera restera à la charge des convives présents. Le troisième banquet aura lieu le jour de la fête de saint Edmond. Quelques jours avant, le procureur convoquera la compagnie qui avisera aux mesures à prendre, tant pour la célébration de l'office divin que pour le banquet. On s'entendra amicalement de manière à éviter à la Nation tout préjudice (1). »

Une pensée d'économie est la seule qui perce dans cette délibération. Cependant les repas en usage dans les écoles du moyen âge avaient des inconvénients plus graves, pour les maîtres et pour les écoliers, que celui d'épuiser leurs modiques ressources ; ils donnaient lieu souvent à des scandales affligeants pour la morale et pour la religion. Aussi dans la suite la plupart furent-ils supprimés et quelques-uns même sévèrement interdits par l'Université de Paris.

---

(1) *Index chronologicus*, etc., p. 249.

# MÉMOIRE

## SUR LES COMMENCEMENTS

### DE

# LA MARINE MILITAIRE

## SOUS PHILIPPE LE BEL.

# MÉMOIRE

## SUR LES COMMENCEMENTS

### DE

# LA MARINE MILITAIRE

## SOUS PHILIPPE LEBEL.

---

Ce fut jusqu'à nos jours une opinion très répandue, qu'au moyen âge les rois de France ne possédaient ni vaisseaux ni marins; qu'en cas de guerre maritime ils s'adressaient à des armateurs étrangers, le plus souvent Vénitiens, Pisans ou Génois, et leur nolisaient des navires, auxquels s'ajoutaient ceux qu'on avait pu se procurer dans les différents ports du royaume. Quelques érudits même ont cru pouvoir soutenir que, si la constitution régulière de l'armée de terre date en France de Charles VII, il faut descendre jusqu'à François I$^{er}$ pour trouver l'établissement d'une marine royale.

Tel est l'avis clairement énoncé par Legrand d'Aussy dans un intéressant travail dont la classe des sciences morales et politiques de l'Institut a entendu la lecture à la fin du siècle dernier, et qui est inséré au tome II de ses *Mémoires* : « Les rois, dit le savant « académicien, par une suite nécessaire de l'affaiblissement où le « système féodal avait réduit leur puissance, n'avaient et ne pou- « vaient même entretenir d'armée sur pied. Il en fut de même « pour les guerres de mer; ils n'eurent ni arsenaux, ni ateliers de

« construction, ni marine en activité constante... En fait de mer,
« c'est sous François Iᵉʳ qu'on voit commencer l'établissement
« d'une marine royale. » Et, à la fin de son mémoire, Legrand
d'Aussy répète, presque dans les mêmes termes, en se résumant :
« Nos rois, pendant bien des siècles, n'eurent pas de marine ré-
« glée; et aucun même, jusqu'à François Iᵉʳ, ne paraît avoir com-
« pris la nécessité d'en avoir une (1). »

Le sentiment de Legrand d'Aussy, longtemps partagé par les meilleurs historiens, a rencontré, dans ces dernières années, de sérieux contradicteurs. Dans la thèse qu'il présentait en 1877, pour obtenir le diplôme d'archiviste paléographe, thèse qu'il a publiée depuis, un élève de l'École des chartes, M. Dufourmentel, établissait d'une manière irréfragable que, dès le commencement de la guerre de Cent Ans, Philippe VI de Valois avait possédé des flottes et promulgué des ordonnances pour la construction des navires, la levée et la paye des marins (2). L'année suivante, un autre élève de la même école, M. Léon Pajot, poursuivant les recherches de M. Dufourmentel, fit voir à son tour, dans une thèse dont malheureusement les positions seules ont vu le jour, que, sous Charles V, de 1364 à 1374, il existait en France ce qui constitue à proprement parler une marine militaire : à savoir, un personnel, un matériel, une administration et une législation maritimes (3). La même opinion a été défendue, avec une érudition originale, par M. le marquis Terrier de Loray, dans un solide travail sur Jean de Vienne, qui commanda les flottes de France pendant les règnes de Charles V et de Charles VI (4).

Cette opinion est-elle conforme à la vérité historique? Nous le croyons. En effet, comment le contester? Les écrivains dont nous venons de rappeler les travaux ne se livrent pas à des considérations arbitraires qui n'auraient que la valeur d'une hypothèse plus ou moins vraisemblable; à l'appui de leurs

---

(1) *Mémoires de l'Inst.*, classe des sciences morales et politiques, t. II, p. 324, 371.

(2) *La Marine militaire en France au commencement de la guerre de Cent Ans*, Paris, 1869, in-8°.

(3) *La Marine militaire du Ponant*, entre 1364 et 1374, dans les positions des thèses soutenues par les élèves de l'École des chartes de la promotion de 1878. Paris, 1877, in-8°, p. 41 et suiv.

(4) *Jean de Vienne, amiral de France*, 1341-1396. Étude historique, etc. Paris, 1878, in-8°.

assertions, ils produisent des faits précis, qui ne laissent dans l'esprit aucun doute. Mais nous estimons qu'on peut aller plus loin et remonter plus haut qu'ils ne l'ont fait. Ce qu'ils ont dit de Charles V et de Philippe VI, on peut le dire, à notre avis, des fils de Philippe le Bel et de Philippe le Bel lui-même. Selon nous, c'est à ce prince qu'on doit faire remonter l'origine de la marine militaire en France : il en a préparé et ébauché, sinon complété l'organisation.

Cette conclusion, qui aurait semblé paradoxale il y a un demi-siècle, est celle qu'a présentée avant nous l'écrivain qui a le plus étudié et le mieux connu l'administration de Philippe le Bel, notre regretté confrère M. Edgar Boutaric (1). Il se proposait de consacrer à l'examen de la question un mémoire spécial : une mort prématurée ne lui a pas permis de l'achever. Les vues qu'il avait indiquées plutôt qu'exposées, et quelques-unes des preuves à l'appui, ont été savamment résumées dans un opuscule récent de M. le baron de Rostaing, ancien capitaine de vaisseau (2). Nous mettrons à profit les travaux de nos devanciers, en confirmant leurs conclusions à l'aide de divers documents contemporains dont l'authenticité n'est pas contestable et qui, pour la plupart, sont restés jusqu'à ce jour inédits.

Que les prédécesseurs de Philippe le Bel n'aient pas eu de marine ; que, pour aller guerroyer au loin, ils se soient trouvés dans la nécessité de passer des traités avec les étrangers qui leur fournissaient, à de dures conditions, non seulement des bâtiments de transport, mais des navires tout armés et garnis de troupes mercenaires ; que les seigneurs féodaux qui les accompagnaient dans leurs expéditions aient été plus d'une fois réduits à noliser à leurs frais les bâtiments sur lesquels ils rejoignaient eux-mêmes leur suzerain : ce sont là des faits que les témoignages les plus dignes de foi ne permettent pas de mettre en doute. En 1190, Philippe-Auguste, sur le point de partir pour la Terre-Sainte, s'engageait à payer aux Génois 5,850 marcs d'argent pour le secours

---

(1) *La France sous Philippe le Bel*, par Edgar Boutaric, Paris, 1861, 1 vol. in-8°, p. 376 et suiv. Ce savant ouvrage a été couronné en 1853 par l'Académie des inscriptions et belles-lettres.

(2) *La Marine militaire de la France sous Philippe le Bel*, par le baron de Rostaing, Paris, 1879, in-8°. (Extr. de la *Revue maritime et coloniale*.)

qu'ils lui avaient promis en hommes et en matériel de transport (1). Lors de la quatrième croisade, les croisés ne s'adressèrent pas au roi de France pour avoir les vaisseaux qui leur étaient nécessaires : ils envoyèrent six messagers à Venise, où ils pensaient trouver, dit Villehardouin, « une plus grande quantité de nefs qu'en nul autre port (2). » Sous le règne de saint Louis, la marine royale n'existait pas plus que sous ses prédécesseurs; ce roi, pour ses deux croisades, dut s'assurer, à prix d'argent, le concours d'armateurs étrangers. On possède encore le texte de la convention qu'il avait projeté de passer avec les Vénitiens et de celle qu'il passa définitivement avec les Génois, suivant l'exemple de son aïeul, pour l'expédition de Tunis (3). De son côté, Joinville nous raconte, avec sa sincérité habituelle, comment il s'était entendu, en 1248, avec le sire d'Apremont, pour noliser ensemble à Marseille une nef qui les conduisit en Égypte avec leurs gens (4). Le comte de Blois et de Saint-Paul, Hugues de Châtillon, plus opulent que le sire de Joinville, put agir avec plus de magnificence; il avait fait équiper à Inverness, nous dit Matthieu Paris, un magnifique vaisseau qui devait transporter en Asie les gens de Boulogne et de la Flandre; mais la mort, qui le surprit à la veille du départ pour la croisade, rendit ses préparatifs inutiles (5). Y eut-il, sous le règne du saint roi, quelque projet, quelque effort pour changer la situation que nous venons de décrire, pour créer une force navale qui appartînt au prince, qu'il eût en quelque sorte sous la main, et qu'il pût, à son heure, mettre en mouvement? Les documents connus ne mentionnent pas et ne permettent pas de supposer aucun dessein, aucune entreprise de ce genre.

Sous Philippe le Bel la situation se modifie, non pas que ce

(1) Document signalé par M. de Mas Latrie, t. II de la I<sup>re</sup> série des *Arch. des miss. scientifiques.* Paris, 1851, in-8°, p. 362.

(2) *La Conquête de Constantinople*, édit. de M. de Wailly, § 14.

(3) La convention avec les Génois et les pièces qui s'y rattachent, au nombre de vingt-cinq, ont été retrouvées et publiées par M. Jal, en partie dans son *Archéologie navale*, et plus complètement au tome I<sup>er</sup> du recueil de *Documents historiques inédits tirés de la Bibliothèque royale*, Paris, 1842, in-4°, p. 509 et suiv.

(4) *Histoire de saint Louis*, édit. de M. de Wailly, § 112.

(5) Matthæus Paris., ad an. 1239. Cf. *l'Art de vérifier les dates*, Paris, 1784, in-fol., t. II, p. 776; Fr. Michel, *les Écossais en France*, Paris, 1862, in-8°, t. I, p. 33.

prince ait entièrement rompu avec la tradition, ni qu'il ait renoncé au secours précaire que ses prédécesseurs demandaient à quiconque pouvait leur procurer des nefs et des marins, mais du moins on peut constater, à partir de son règne, une série de mesures qui se complètent l'une l'autre, et qui, dans leur ensemble, indiquent la résolution d'organiser une force maritime dont la direction appartienne à l'autorité royale. Engagé dans les luttes fréquentes avec ses voisins, tour à tour en guerre avec l'Aragon, avec l'Angleterre et avec les Flamands, Philippe le Bel comprit que, dans les conjonctures graves, une flotte ne rendait pas moins de services à un peuple qu'une armée, et il mit ses soins à réunir sur mer comme sur terre des moyens nouveaux, bien que très insuffisants, de défense et d'attaque contre des ennemis redoutables.

M. Boutaric a publié, entre autres documents inédits, un très curieux mémoire sur les moyens d'opérer une descente en Angleterre; ce mémoire fut adressé à Philippe le Bel vers 1295; il a pour auteur un capitaine génois, Benoît Zacharie, qui avait commandé en diverses circonstances, notamment en 1284 et en 1286, les galères de sa patrie (1) et qui était passé depuis au service de la France. Nous aurons à citer plus d'une fois son nom dans les pages qui suivent. Tout porte à croire que Zacharie avait eu la première idée de l'audacieuse descente qu'il proposait; toujours est-il qu'il la considéra comme le meilleur moyen pour le roi de soutenir la guerre sur mer, en causant à l'ennemi grand dommage, et en se procurant à lui-même honneur et gain. Voici en conséquence les avis qu'il donne à Philippe le Bel.

C'est en premier lieu d'équiper un certain nombre de navires portant des chevaliers avec leurs chevaux, et des hommes de pied habiles à manier l'arbalète, la lance et le dard. Ces navires auront une triple mission : 1° ils attaqueront l'ennemi sur mer; 2° ils dévasteront ses côtes; 3° si les cavaliers qui les montent peuvent descendre à terre avec les hommes de pied, ils mettront le pays à feu et à sang, détruisant les bestiaux, saccageant les villes et les bourgs qu'ils pourront prendre. Zacharie fait le compte des vais-

---

(1) Voyez Giustiniani (Agostino). *Annali della republica di Genova*, Genoa, 1537, in-fol., liv. III, p. 106 et 108.

seaux et des hommes qui seront nécessaires pour l'expédition qu'il projette : il faudrait vingt de ces navires qu'on appelait alors *huissiers*, et qui avaient une porte pour l'entrée et la sortie des chevaux, quatre galères ou vaisseaux de forme et de grandeur ordinaires, et vingt-quatre bateaux. L'équipage devait se composer de quatre cents chevaliers, quatre cents chevaux, 4,800 marins et soldats de pied engagés pour quatre mois au moins. Les dépenses à prévoir, non compris celles qui seraient à la charge personnelle des chevaliers, étaient évaluées à 63,800 livres tournois, dont 38,400 livres pour la paye des marins, à raison de 40 sous tournois par mois et par personne.

Le mémoire dont nous venons d'indiquer rapidement les points principaux ne prouve pas sans doute l'existence, et moins encore l'organisation régulière d'une marine militaire en France dans les dernières années du XIII$^e$ siècle; mais il témoigne que, dans les conseils du roi, les esprits commençaient à se préoccuper du service qu'un pareil établissement pouvait rendre au royaume; car Benoît Zacharie, quoique marin, n'aurait pas eu l'occasion de proposer à Philippe le Bel de tenter une descente en Angleterre, il ne lui aurait pas soumis tout un plan d'organisation navale, si la pensée de ce prince n'avait pas été déjà tournée vers cet important objet.

Et en effet, dans la table de Robert Mignon, publiée par notre savant confrère et ami M. de Wailly au tome XXI du *Recueil des historiens de France*, on lit ce qui suit, à propos de la guerre de Gascogne commencée en 1293 : « Compoti operum galearum « et aliorum vasorum, ac armatæ maris pro dicta guerra. » Et quelques lignes plus bas, à propos de la guerre de Flandre : « Compoti operum, galearum, ingeniorum, artilliaturarum et « aliorum, ac armatæ maris pro dicta guerra quæ incepit anno « 1296. » Ces passages confirment, à beaucoup d'égards, l'induction qu'on pouvait tirer du mémoire de Benoît Zacharie, et, quand même ils seraient isolés, l'historien aurait le droit d'en conclure que l'entretien d'une marine militaire, sinon exclusivement composée de nationaux, du moins vraiment royale, fût-elle en partie recrutée à l'étranger, est un des grands intérêts qui ont attiré l'attention de Philippe le Bel et auxquels il a consacré avec ses soins une partie des revenus de son royaume.

Nous reconnaissons que les textes que nous venons de citer sont bien courts et qu'ils ne permettent pas d'apprécier l'étendue ni la durée des dépenses et des sacrifices dont ils signalent l'existence. Le document auquel nous les empruntons n'est en effet qu'un simple sommaire dont l'auteur s'est borné à indiquer les grandes lignes de l'administration de la France au commencement du xiv$^e$ siècle, sans entrer dans les détails. Mais Robert Mignon avait dressé un second inventaire qui développait le premier, et dans lequel il avait catalogué les comptes particuliers tenus par les agents de tout ordre chargés du maniement des deniers royaux. Ce second inventaire avait pour titre : *Liber de inventario compotorum ordinariorum et aliorum per me Robertum Mignon ordinatus.* L'original s'est perdu; mais la Bibliothèque nationale en possède une copie (1), qui, malgré de nombreuses incorrections, éclaire d'un jour nouveau beaucoup de points de l'administration de Philippe le Bel. Sur le rapport de notre savant confrère et ami M. Léopold Delisle, la commission des travaux littéraires de l'Académie des inscriptions et belles-lettres a jugé le document assez important pour être inséré au tome XXIV du *Recueil des historiens de France*. Il abonde notamment en indications sur la marine royale au commencement du xiv$^e$ siècle et sur la fin du xiii$^e$; nous n'aurons qu'à recueillir ces précieux indices, en les complétant par quelques indications tirées du *Journal du Trésor* pour une partie des années 1298, 1299 et 1301. Des textes authentiques, nombreux et concordants, nous permettront d'établir que, depuis la guerre de Gascogne jusqu'à la fin de son règne, Philippe le Bel s'est occupé de faire construire des navires de toute grandeur, de les équiper, d'en affréter d'autres dans les ports de France ou dans les ports étrangers, de veiller à la garde des côtes; qu'il a eu des amiraux préposés aux commandements de ses flottes et des agents chargés des fournitures; qu'il a frappé des contributions spéciales sur les villes de commerce voisines du littoral, intéressées plus spécialement à la sûreté des mers; qu'enfin, sans avoir à beaucoup près complété l'organisation du service maritime, il a laissé, sous ce rapport, à ses fils et à leurs successeurs, une tradition et des exemples que ceux-ci devaient continuer.

(1) Fonds latin, n° 9069.

Une série de comptes qui comprennent plusieurs centaines d'articles fort différents ne sont pas susceptibles d'être analysés. On ne peut qu'en faire des extraits qu'on classe plus ou moins méthodiquement, selon la matière à laquelle ils se rapportent. Cette marche nous a semblé la seule qui pût être adoptée. Nous avons relevé aussi exactement que possible les faits épars soit dans la table de Robert Mignon, soit dans le *Journal du Trésor*, soit dans les autres documents qui nous ont passé par les mains; puis nous avons classé ces faits dans l'ordre qui nous a paru le plus favorable à la clarté de l'exposition. Nous avons été ainsi amené à parler successivement des vaisseaux, des marins, des commandants des flottes, des villes où les vaisseaux se réunissaient, de la garde des côtes, enfin des contributions spéciales établies en vue de pourvoir aux frais occasionnés par la surveillance du littoral et par la guerre maritime.

Il ne serait pas possible de fixer, même d'une manière approximative, la quantité de vaisseaux dont Philippe le Bel disposait dans le cours des différentes guerres qu'il eut à soutenir. Mais un point constant, c'est que ces vaisseaux, quel qu'en fût le nombre, provenaient de différentes origines.

Et d'abord il en existait plusieurs qui avaient été ou construits ou achetés par l'ordre du roi et à ses frais, et qui, par conséquent, lui appartenaient en propre. Nous savons déjà, par le mémoire de Benoît Zacharie, que Philippe le Bel possédait, en 1295, sinon à une époque antérieure, treize navires, dont la grandeur n'est pas indiquée, savoir : 7 à Rouen, 5 à la Rochelle et à la Réole, et le treizième à Calais (1).

En 1294, à l'époque où la guerre était engagée avec les Anglais et où il importait de pouvoir soutenir la lutte même sur la mer, le bailli de Cotentin avait à faire fabriquer des boucliers, des lances et autres objets destinés à l'armement des vaisseaux du roi : *Nostrarum*, dit Philippe le Bel, *munimentis navium faciendis*. Ajoutons que ce bailli affectait à ces travaux des arbres coupés dans un bois appartenant à un habitant du pays, et qu'il s'attribuait à lui-même une partie de l'indemnité due au propriétaire.

---

(1) « Nous en avons XIII au dit roi; li VII sont à Rouen, li V à la Rochelle et à « la Riolle, et li XIII est à Kalays. » (Boutaric, *l. l.*, p. 32 du tirage à part.)

Celui-ci ne supporta pas sans se plaindre une pareille exaction, et Philippe le Bel enjoignit au bailli de la réparer sans délai (1).

A la même date, Guillaume Bocuce s'occupait à Marseille de la construction de vingt galères.

Ce Guillaume Bocuce, que nous retrouverons plus loin, était alors viguier d'Aigues-Mortes. Il avait été, quelques années auparavant, trésorier de la sénéchaussée de Beaucaire; c'était un des agents les plus dévoués et les plus actifs de l'autorité royale (2). Fut-ce par ses ordres et sous sa direction que d'autres galères furent construites en 1297, dans cette même sénéchaussée de Beaucaire, à l'administration de laquelle il avait pris une part si directe, travail qui motivait un payement de 663 livres 9 sous 3 deniers, ou comme acompte, ou comme solde (3)?

Renaud Barbou, bailli de Rouen, reçoit, d'après le *Journal du Trésor*, le 3 mars 1299, 1,000 livres tournois, et le 6 mars 15,000 livres pour les dépenses des galères et des flottes du roi : *pro negocio galearum regis, pro negocio navigii regis.*

Dans un compte dressé cette même année 1299, nous voyons figurer, comme étant la propriété du roi, un navire dont le nom est tellement défiguré, dans les manuscrits, qu'en l'absence de

---

(1) « Philippus, Dei gratia Francorum rex, ballivo Constantini, salutem. Signi-
« ficavit nobis Robertus Bertran, miles, quod de suis nemoribus pro clipeis, lanceis et
« nostrarum munimentis navium faciendis, cepisti vel capi fecisti pro tue libito volun-
« tatis, ac, predicta faciens appreciari nemora, tertiam partem et dangerium nostrum
« retinuisti de pretio supradicto, contra ejusdem militis voluntatem. Quocirca man-
« damus tibi quatenus nemorum hujusmodi precium, absque retentione quacumque,
« dicto militi reddi et restitui facias indilate. Volumus etiam quod eidem militi seu
« heredibus suis aut successoribus suis occasione premissorum in futurum non va-
« leat prejudicium aliquod generari. Actum Parisius, die lune post dominicam qua can-
« tatur Letare Jherusalem, anno Domini millesimo ducentesimo nonagesimo quinto.
« Redde litteras dicto militi vel earum latori. » (*Cartul. de la baronnie de Bricque-
« bec*, appartenant à M. le conseiller Félix, fol. 34. Nous devons la communication
« de cette pièce à notre savant confrère et ami M. Léopold Delisle.)

(2) *Invent.*, de Robert Mignon, p. 900 : « Guillelmus Bocutii, vicarius Aquarum
« mortuarum. » (Cf. Germain, *Hist. du commerce de Montpellier*, 1861, t. I, p. 128 et 287.)

(3) Robert Mignon, p. 893 et 901 : « Compotus domini G. Bocucii... de custodia
« galearum regis apud Marsilliam. — Compotus Guillelmi Bocutii de galeis factis apud
« Marsilliam; redditus Curie sabbatho post festum beate Lucie 1294. — Alius compo-
« tus ipsius de viginti galeis novis que sunt apud Marcilliam ab Assumptione beate
« Marie 1294, etc. » — Robert Mignon, p. 856 : « Debita armata galearum factarum
« Bellicadri... Et est earum summa VIᶜ LXIII l., IX s., III d. »

tout renseignement, nous n'osons pas nous hasarder à en proposer une restitution qui serait arbitraire. Le même compte et le *Journal du Trésor* mentionnent un autre navire appelé *la Superbe, Superbia*, qui se construisait à Bayonne; d'où il suit que cette ville, rentrée provisoirement sous l'autorité du roi de France, avait dès lors un chantier de construction (1).

Nous trouvons également des traces de chantiers à Dax et à Narbonne. Dans cette dernière ville, le chantier était sous l'autorité d'un bourgeois nommé P. Binucci et qualifié de connétable. En 1310, sur une dette qui remontait à 1294, le roi devait encore à Binucci une somme de 1,600 livres (2). Malgré cette lenteur du Trésor à s'acquitter, Narbonne n'en conserva pas moins ses ateliers, dans lesquels, s'il faut en croire les documents résumés par le P. Anselme (3), l'amiral Gentian Tristan venait, en 1325, chercher des ouvriers pour les envoyer à Rouen réparer les nefs royales.

En l'année 1300, au mois d'avril, sire Robert d'Heleville, chevalier, et Michel du Mans, reçoivent du frère de Philippe le Bel, Charles, comte de Valois, dont le fils régna sous le nom de Philippe VI, l'ordre de faire armer des vaisseaux à Calais. Les frais de l'armement s'élevèrent à 1,125 livres 11 sous tournois (4). Déjà, en 1295, le Trésor royal avait eu à payer des dépenses du même genre pour les nefs qui se trouvaient alors dans le port de Calais (5).

En 1304, le sénéchal de Saintonge dressait l'état des dépenses

---

(1) Robert Mignon, p. 897 : « Compotus P. Kant de receptis et expensis pro « nave dicta *Superbia* Bayonæ factus 1299... Tradidit in fine dicti compoti quamdam « cedulam de armaturis quæ erant in nave regis vocata... » *Journal*, XXV junii 1299. « Petrus Kant pro fine compoti sui de expensis factis circa navem quæ dicitur *Super-* « *bia* Bayonæ. »

(2) Robert Mignon, p. 895 : « Compotus P. Binuccii, burgensis Narbonensis, rec- « toris constabullariæ et operariorum Narbonensium quos adduxit dictus G (Gerardus « de Montibus) ad exercitum prædictum anno 1294. Redditus sabbatho in festo sancti « Arnulphi 1310... Debentur ei pro fine dicti compoti m. vi$^e$ l. »

(3) *Histoire généalogique de la maison de France*, t. VII, p. 742.

(4) Robert Mignon, p. 972 : « Compotus domini de Helevilla, militis, et Michae- « lis de Cænomano, de navigio quod fecerunt parare apud Calesium de præcepto « domini Valesiæ, anno 1300, mense aprili. Totus est de expensis quæ est (sic) XIC XXV « lib., XI tur. »

(5) Robert Mignon, p. 896 : « Compotus magistri G. Gorniti super armamento ga- « learum et aliorum vasorum quæ erant apud Calesium 1295. »

occasionnées par la réparation de dix galères à Saint-Savinien (1).

Un des centres d'armement les plus actifs, c'était sans contredit Rouen. La ville de Rouen était mieux située qu'une autre pour servir à un établissement maritime. D'une part, le large cours de la Seine offrait de grandes facilités pour la navigation; d'autre part, les sinuosités du fleuve et l'éloignement de la mer semblaient mettre le port et ses alentours à l'abri d'un coup de main. Les avantages de cette position furent mis à profit sous le règne de Philippe le Bel. Un terrain dépendant de la paroisse de Saint-Éloi, qui avait été jusqu'alors affecté aux constructions navales, fut abandonné : on y substitua de nouveaux chantiers et des magasins qui sont connus sous le nom de *clos des Galées*. Dans un intéressant mémoire, M. de Beaurepaire a démontré que le clos des Galées était situé sur la rive gauche de la Seine, à Richebourg, c'est-à-dire tout à côté et au nord du faubourg de Saint-Sever (2). Un document, cité par M. le marquis Terrier de Loray (3), nous apprend que ce clos était entouré d'un long fossé communiquant avec le fleuve par un double canal muni d'écluses pour aider à la mise à flot des nefs nouvellement construites. Que cette savante installation ne date pas du règne de Philippe le Bel, bien qu'il ait fait exécuter des travaux au port de Rouen, nous en sommes pleinement convaincu; mais on ne saurait douter que le clos des Galées n'ait été, à plusieurs reprises, utilisé par ce prince pour les armements maritimes. En effet, il est souvent question, dans nos comptes, des préparatifs qui se font à Rouen, des vaisseaux qui s'y rassemblent, des approvisionnements qu'on y forme. Nous trouvons des indications à cet égard, notamment pour les années 1295, 1296, 1297, 1298, 1299, 1302, 1304, 1405 (4). Un compte, qui est relevé dans l'inventaire de Robert Mignon, concernait les dépenses faites à Rouen pour le service des galères depuis le 1er mars

---

(1) Robert Mignon, p. 272 : « Compotus domini P. de Baleux, senescalli Xanctonensis, « de reparatione decem galearum apud Sanctum Savinianum. »

(2) *Précis de l'Académie des sciences, belles-lettres et arts de Rouen*, années 1863-1864, in-8°.

(3) *Jean de Vienne*, etc., p. 72.

(4) Nous multiplierions à l'excès les citations, si nous transcrivions tous les passages de l'Inventaire de Robert Mignon auxquels nous empruntons ces dates. Nous nous bornerons à quelques renvois aux pages 893, 898, 900, 970, etc.

1304 jusqu'au 1ᵉʳ novembre 1308 (1). Parmi les officiers royaux à qui l'exécution des ordres du prince fut confiée, le même inventaire mentionne Pierre L'Huissier, Pierre La Rêve, archidiacre de la Rivière, au diocèse de Soissons, et le bailli Renaud Barbou.

Après la mort de Philippe le Bel, le port de Rouen conserva son importance au point de vue militaire, en même temps que son activité commerciale. Ainsi, au mois de mars 1317, Béranger Blanc, qualifié d'amiral, reçoit l'ordre de faire construire à Rouen des nefs et dromons, *de faciendo fieri naves et dromones*, et de faire réparer d'anciennes galées (2). En 1326, Jehan Le Mire, sergent d'armes du roi, présente le compte des avances qu'il a faites pour la visite et la réparation des galères et nefs du roi à Rouen et autres lieux, *pro visitatione et reparatione galearum et navium regis apud Rothomagum et alibi* (3).

Dans le recueil d'*Actes normands de la cour des comptes*, dont la publication est due à l'inépuisable érudition de notre confrère M. Léopold Delisle, on trouvera plusieurs pièces qui démontrent que, sous Philippe de Valois, le clos des Galées fut à la fois un chantier dans lequel des vaisseaux furent construits par l'ordre du roi et un arsenal assez riche pour fournir à l'armement des nefs qui stationnaient dans les ports voisins (4).

En descendant la Seine et à une faible distance de son embouchure, on trouvait sur la rive droite un autre port, celui d'Harfleur, que les sables devaient un jour obstruer, mais qui, au temps de Philippe le Bel, était très prospère.

Renaud, comte de Gueldres, avait des droits sur cette ville et sur celles de Montivilliers, d'Étretat et de Fécamp; il les échangea

---

(1) Robert Mignon, p. 971 : « Compotus Renaudi Renier et Præpositi de operibus « galearum apud Rothomagum a prima die martii anno 1304 usque ad primam diem « novembris 1308. »

(2) *Ibid.*, p. 989 : « In alio [rotulo] præceptum quod habuit mense martii 1317 [Beren-« garius Blanc, admiraldus maris] de reparatione galearum apud Rothomagum. — In « eodem, aliud quod habuit tunc de faciendo fieri naves et dromones ibi prædictus « admiraldus. »

(3) Robert Mignon, p. 938 : « Alius compotus de misiis factis ipsius (Johannis Medici) « pro reparatione et visitatione galearum et navium Regis apud Rothomagum et alibi. » Plus loin, p. 985, Jean Medici reçoit le titre de sergent d'armes du roi, *hostiarius armorum Domini regis*.

(4) *Actes normands de la Chambre des comptes sous Philippe de Valois*, publiés par Léopold Delisle. (Rouen, 1871, in-8°, pages 142, 145, 153, 166, 170, 185, 189, etc.)

contre une rente de 1,300 livres qui lui fut assignée par le roi au mois d'août 1293 (1). Le territoire d'Harfleur appartint dès lors sans réserve à Philippe le Bel. La position avait d'autant plus d'importance qu'il existait là, comme à Rouen, un clos de galées ou galères, pouvant servir à la marine royale de chantier d'arsenal et de lieu de refuge. Nous y voyons rassemblé, pendant les années 1295 et 1296, par les soins des agents royaux, le matériel nécessaire à l'équipement d'une flotte (2). Bien que notre intention ne soit pas de dépasser les premières années du xiv° siècle, nous espérons n'être pas accusé de sortir de notre sujet en rappelant que c'est à Harfleur que fut construite, en 1346, cette nef dont les contemporains disaient, selon les *Grandes Chroniques de France*, que « onques nef si belle n'avait été armée ni mise en mer (3). »

Mêmes traces de préparatifs militaires à Leure, à Dieppe, à Cherbourg. Un agent de Philippe le Bel, dont le nom a déjà passé sous nos yeux, Pierre La Rève, avait dressé le compte des dépenses faites à Cherbourg en 1295 pour la solde des mercenaires qui montaient les galées et galiotes réunies dans ce port (4). Ce fut là, selon toute apparence, le motif du payement de 8,832 livres que, d'après le P. Anselme, Philippe le Bel ordonna, en 1296, au profit de l'amiral Othon de Tocy (5). Sur l'Océan, les vaisseaux du roi avaient des points de ralliement à la Rochelle et, à Nantes (6), sans parler de Bordeaux où s'équipait la flotte que nos documents désignent sous le nom d'*armée navale de la Gironde, armata Girondæ*. Un compte porte même *armata*

---

(1) La charte royale qui créa cette rente fait partie de celles qui étaient exposées, en 1878, dans les galeries de la Bibliothèque nationale. (Voyez *Notice des objets exposés*, etc., n° 393. Chartes de Colbert, n° 30.)

(2) Robert Mignon, p. 884 : « Compotus Johannis de Aquis de garnisionibus navigii factis apud Harefluvium, anno 1295. » *Ibid.*, p. 885 : « Compotus Gileti Castellani de « garnisionibus factis apud Rothomagum, Loram et Harefluctum, factus Sabbathi post « nativitatem Beati Johannis Baptistæ, 1296. » — Cf. *ibid.*, p. 898.

(3) *Les Grandes Chroniques de France*, publiées par M. Paulin Paris. Paris, 1837, in-8°, t. V, p. 451.

(4) Robert Mignon, p. 898 : « Compotus P. La Reve pro expensis factis apud Cher-« bourc pro stipendiariis existentibus in garnisionibus galearum et galeatorum 1295. »

(5) *Hist. généal.*, t. VII, p. 734.

(6) Robert Mignon, p. 896 : « Compotus magistris G. Gorniti... et Johannis de Hyen-« villa de expensis per ipsos factis apud Rupellam. — Compotus Roberti Maugeri de « garnisionibus factis Nannetibus circa 1295. »

*aquæ Girondæ Burdigalis*. L'équipement était confié, en 1294, à Gérard des Monts, de Figeac (1).

Il y avait, comme nous l'avons dit, des vaisseaux achetés pour le compte du roi. C'est ce qui résulte de plusieurs mentions portées au *Journal du Trésor*. Ainsi, au mois de juin 1298, Jean Boulart et Jean de Versi, mandataires de la société Michel Livre, touchent 1,245 livres 8 sous tournois pour solde des navires acquis de cette société, *pro navibus emptis ab eis*. Au mois d'août suivant, une galiote vendue au roi, *vendita regi*, est payée 200 livres tournois à Jean Calmète, varlet du roi. Au mois de décembre, Arnoul Perceval achète à Jean Bourguignon une nef pour laquelle il reçoit, sans doute comme simple acompte, 70 livres parisis à prélever sur la caisse du bailli de Senlis (2).

Quelques textes nous portent à croire que les acquisitions de cette nature étaient en partie couvertes au moyen de cotisations plus ou moins volontaires levées dans les ports de mer. Ainsi, le 14 novembre 1298, le Trésor fait recette d'une somme de 200 livres tournois versée par la ville d'Harfleur pour une galère, *de villa Harefloti pro una galea*. Même somme est versée le même jour avec la même destination, au nom des villes de Leure et de Chief-de-Caux (3). Chief-de-Caux est aujourd'hui Sainte-Adresse.

Voilà un ensemble de faits non contestables qui nous paraissent attester de la manière la plus authentique un effort sérieux de l'autorité royale pour se procurer une marine. Ils ne laissent rien subsister des doutes exprimés par Legrand d'Aussy,

---

(1) Robert Mignon, p. 895 : « Compotus Gerardi de Montibus Figiaci, provisoris arma-
« turæ Girondæ, redditus Curiæ mercurii ante natale 1295. » (Cf. *Ibid.*, p. 894.)

(2) *Journal*, etc., 7ª junii 1298 : « Cepimus super regem pro denariis per Petrum
« de Melet, receptorem Pictavensem, solutis et traditis Johanni Boulart et Johanni
« de Versi, procuratoribus Michaelis Livre et sociorum ejus, pro residuo denariorum
« sibi debitorum pro navibus emptis ab eis, xııᶜ xʟᴠ l. vııı s. t. » — *Ibid.*, 4ª augusti 1298 : « Johannes Calmete, valletus regis, tum de dono regis causa servicii,
« quam ex venditione unius galeotæ venditæ regi per eumdem, continentis ʟxxıı
« gubernacula vel circiter, ııᶜ l. t. » — *Ibid.*, die 16ª decembris 1298 : « De Johanne
« Burgundi, pro una nave quam Arnulphus Parcivalli emit ab ipso Johanne ʟxx,
« l. p. »

(3) *Journal*, 24 novembris 1298 : « De villa Harefloti pro una galea ıı c. l. t.
« cont. per vice-comitem Monasterii Villaris super balliviam Caleti. — De villis
« Leuræ et Capitis Caleti, pro una galea per eumdem vice-comitem ııᶜ l. t. super eum-
« dem ballivum. »

qui, ne pouvant se résoudre à croire que Philippe le Bel eût possédé, en 1295, quelques vaisseaux, frappait de suspicion les preuves officielles de ce fait déjà produites par le P. Fournier dans son *Hydrographie* (1).

Mais les vaisseaux qui appartenaient à Philippe le Bel ne constituaient pas, ni dans les premières ni dans les dernières années de son règne, une force suffisante pour qu'il pût soutenir seul une guerre maritime. Afin de suppléer à ce qui lui manquait, il usa de trois moyens : 1° il contracta des alliances utiles; 2° il affréta des vaisseaux étrangers; 3° il mit à profit ceux qu'il trouva dans les ports français, et dont les propriétaires étaient pour la plupart des nationaux, ses sujets.

En 1293, la guerre avec l'Angleterre que, depuis quelque temps, la rivalité et les incursions réciproques des marins des deux nations pouvaient faire présager, venait d'éclater. Philippe le Bel n'avait pas attendu le commencement des hostilités pour entamer des négociations avec les princes qui pouvaient lui prêter leur concours. N'est-ce pas un fait curieux à tous les égards que l'alliance qu'il conclut avec le roi de Norvège, Éric? Aux termes d'un traité dont le texte a été publié dans l'*Archéologie navale* de M. Jal (2) et dans la *Bibliothèque de l'École des chartes* (3), Éric devait fournir annuellement au roi de France deux cents galères et cent vaisseaux de grande dimension, munis d'armes et de vivres, et portant cinquante mille hommes. Philippe le Bel, de son côté, s'engageait à payer au roi de Norvège un subside annuel de 30,000 livres sterling. Le traité, bien que ratifié des deux parts, a-t-il été suivi d'exécution? Nous en doutons; car, outre que les historiens ne parlent pas de l'arrivée d'une flotte norvégienne sur les côtes d'Angleterre, nous ne trouvons dans nos propres documents aucune trace des payements ni des comptes auxquels les engagements des deux rois auraient nécessairement donné lieu de la part du roi de France, s'ils eussent été remplis.

Les conventions avec les Génois eurent des suites pratiques

---

(1) Legrand d'Aussy, l. l., p. 339. — Le P. Fournier, *Hydrographie*, 2ᵉ édit., Paris. 1667, in-fol., liv. VI, ch. IX, p. 230.

(2) T. II, p. 297 et suiv.

(3) 1ʳᵉ série, t. IV, p. 358 et suiv.

mieux avérées. Nous n'en avons pas le texte; mais il résulte d'un compte dressé par Guillaume Bocuce, qu'il avait été chargé, en 1294, de négocier, au nom du roi, l'affrètement de galères génoises (1). Nous voyons en effet des nefs de cette nation arriver en France, à plusieurs reprises, pour se joindre aux flottes royales. Le témoignage des chroniqueurs est entièrement conforme, sur ce point, avec les comptes que nous analysons (2); il met en pleine lumière la part très active que les Génois ont prise aux expéditions navales ordonnées par Philippe le Bel.

Parmi les forces auxiliaires que la politique prévoyante de ce prince avait su se procurer, nous devons également signaler des vaisseaux portugais et espagnols; ce qui n'empêcha pas que, sous Charles IV, des deniers appartenant à des marchands d'Espagne (3) n'aient été saisis sur mer par les Français comme étant de bonne prise. Les noms de quelques-uns de ces vaisseaux nous ont été conservés dans une pièce que Robert Mignon a connue et que M. Jal a publiée assez imparfaitement d'après l'original qui existe encore aux Archives nationales: nous voulons parler du compte de Girard le Barillier « pour l'armée « de la mer faite l'an de grâce 1296 (4). » Parmi les nefs auxquelles des rations de vin furent fournies, aux frais du trésor royal, dans les ports de Normandie, Girard mentionne les nefs Holoc de Dieu, Notre-Dame et Sainte-Marie de Portugal, Sainte-Marie et Sainte-Catherine de Santander, Sainte-Marie de Tineo, Saint-Laurent de Castro, Sainte-Catherine et Sainte-Marie de Fontarabie.

Cependant, quelles que soient les ressources que Philippe le Bel ait trouvées dans les marines étrangères, celles qui lui furent

---

(1) Robert Mignon, p. 901 : « Compotus Guillelmi Bocucii .. de negotiis sibi com« missis ex parte regis pro galeis apud Januam an. 1294. »

(2) *Chron. Gaufridi de Collone*, dans le *Rec. des Hist. de France*, t. XXII, p. 10 : « Illo tempore (1294) venerunt domino regi Francorum soldarii Venetici et Genetici, « scientes debellare et defendere se in mari, qui multas naves Anglorum des« truxerunt... » (Cf. *la Branche des royaux lingnages*, ibid., p. 251 et suiv.)

(3) Robert Mignon, p. 987 : « Compotus Gentiani Tristan de LV lib. x. s. par. in « sterlingis captis supra mercatores Hispaniæ. »

(4) Arch. nat., K 36, pièce 43. Ce compte forme un rouleau de parchemin au verso duquel on lit : « Compotus Girardi Le Barillier factus anno Domini M° CC° nona« gesimo sexto die mercurii post Pascha pro armata maris. »

offertes en France même par le commerce national ne furent pas les moins importantes. Avons-nous le moyen de les apprécier mathématiquement? Assurément non ; mais du moins nous pouvons en affirmer la réalité et l'étendue.

Le compte de Girard le Barillier nous fait connaître les ports de Normandie et des parties avoisinantes de la Bretagne auxquels le roi s'était adressé, le nombre de bâtiments qui s'y trouvaient réunis, et même les noms de leurs propriétaires. Ce sont autant de détails dont chacun, pris à part, est fort insignifiant, mais qui, rapprochés, offrent un ensemble assez curieux.

En 1295, Philippe le Bel avait donc sous la main (et fournissait de vin et, selon toute probabilité, d'autres vivres), dans différents ports de commerce, les bâtiments que voici, qui n'étaient pas sa propriété, mais dont les patrons étaient à son service :

A Rouen, la nef Quief-de-Moy et celle de Jacques Hardouin, les galies de Guillaume Pere, Nicolas Franc, Vaspal, Touque Brouart, Jehan le Courtois, Hugue Bonze, Pierre Ferrez, la galie de la Capitaine, la galie Pagante, les galies d'Ugue Bonté, de Jehan Lecourtois, Pierre Raphaël, Aubert, Lion Douce, Monseigneur Henri, Jehan Despe, Nicholette Pognant.

A Leure, neuf nefs.

A Dieppe, les nefs de Henri Saint-Jouin, Martin Malneveu, Michel Godebont, Adam de Neville, Jehan d'Endrenas, Michel Cors-d'argent, Guillaume Beslendonne, Raol le Petit, Guillaume d'Endrenas, Jehan Savien, Jehan Dordelin, Gilebert Petit, Raol Doumolin, Raol de Boileville, Guillaume Merel, Jehan Ifame, Gautier Sonart, Symon-a-le-bone, Thomas Varin, Jehan Heris, Bernier Marescot, Symon Tolin, Richard, Quief-de-Ville, Jehan Bernart, Jehan Trouart, Robert Renaut, Robert Lemire, Richard Doumolin, Thomas le Valois, Richard le Meunier, Jehan Renier, Michiel Le Borgne, Michiel Despe, Jehan Nordest, Guillaume Dandelin, Jehan Darmors, Jacque Breuse, Jehan Polin, Pierre Roussel, Richard le Tonteur, Richard Dandenas, Barthelemi Roiere, Michau Dandenas, Perrot Malneveu, Machieu, Chief-de-Ville, Gautier Mifaut, Andrieu de Beleville.

A Étretat, que Girard le Barillier écrit *Estrutat*, les nefs de Thomas Satel, Robert de Dovre, Gautier de la Hese, Guillaume Toutain, Jehan Triseboure, Symon dou Mestier, Jehan le Bouchier,

Guillaume Boutin, Richard Amourous, Andrieu Triseboure, Henri Saffroy, Jehan Ibelaine, Jehan Guillehache.

A Veuletes, les nefs de Guillaume François, Raoul Leber, Thomas Saillant, Robert Chastel, Guillaume Bremenchon, Robert Cole.

A Cherbourg, que Girard écrit *Chieresbourg*, les nefs de Jehan Lefranc, Philippe Balle, Jehan Le Valois, Michiel Betart, Durand Galien, Thomas Quellingont, Raoul Malaisie, Yvain Aoustain, Guillaume Guillot.

A Honfleur, les nefs de Gautier Errant, Nichole Ambelot, Eustache Le Cordier, Guillaume de Bernières, Nichole Hautavis.

A Leure, à Chief-de-Caux (c'est-à-dire à Sainte-Adresse) et à Harefleur, les nefs de Jehan Vilain, Andrieu Vilain, Raoul Triécat, Giles de Bordeaux, Robert de Galli, Jehan de Galli, Jehan Oedet, Guillaume Thomas, Guillaume Girart, Jehan Bac, Robert Oin, Robert Gouel, Wuillaume Ormis, Symon Our, Raoul Sache-Espée, Richard Escende, Jehan Ertaut, Symon Hardi, Colin Sache-Espée, Robert Briefer, Rogier Gue, Robert Errant, Machieu Sechier, Robert Le Cougins, Raoul Lorenz, Wuillaume Alain, Martin Home, Robin Sechier, Jehan Chevalier, Gautier Dant, Guillebert Boullint, Robert Sagnare, Bertin Berengier, Martin de la Croiz, Willaume Briefer, Rogier Thomas, Antiaume de Corneville, Robin Richier, Nichole Donilloit, Herne le fiuz-à-la vielle, Denis Manchele, Thibaut Hochart, Robert d'Ingoville, Wuillaume Ermus, Guillebert Soutein, Robert Pestel, Guillebert Lorenche, Robert Ourseil, Guillebert Lemoine, Bertin Quesnel, Guillaume Rose.

A Caen, les nefs d'Aubert Le Telier, Henri Colombier, Jehan Nobles, Richart le jene, Nicholas de Brignesart, Rogier Aquart, Thomas Danere, Thomas Angot, Jehan Blondel, Pierre Caval, Nicholas Hors, Pierre Martin, Guillaume Brimel, Jeham Colomp, Élie Petitpas, Henri Hellart, Jehan Le Breit.

A Touque, les nefs de Bertaut Machon, Andrieu Tesson, Estace Mulon, Denis Boncel, Renaut Orillon, Wuillaume Poinon, Pierre Ernaut, Guillaume Tesson, Jean Babe, Henri Tirant.

A Saint-Malo, les nefs de Colin Pilart, Renout Baudin, Guillaume de Caune, Geuffroy Cornart, Colin Maudet, Thomas Aginguart, Robert de Bernaville, Pierre Le Moine, Geufroy Le Brun,

Olivier Marnaut, Michiel La Boe, Thomas Godes, Thomas Toustain, Richard Videcoc, Jehan Durant, Jeufroy Robert, Jehan Morant, Guillaume Ambaut, Estienne Les Couchie, Guillaume Gautier, Pierre Jambredort, Vilain Hue, Raoul Lambert.

A Fécamp, les nefs de Jehan Leblond, Symon Le Prévost, Wuillaume Tourpant, Richard Labe, Guillaume Poitevin, Guillaume Le Comte.

A la Hogue, les nefs de Raoul Blondel, Robert Torel, Pierre de Launoy, Robert Gocelin, Guillaume Olivier, Jehan Bequeit, Jeufrey Bouin, Anfrey Bequeit, Guillaume Trésorier, Raoul Aivre, Jehan de la Rose.

A Barefleu, les nefs de Nichole Bouchart et Guillaume Goine.

Il faut ajouter aux listes précédentes quelques navires qui se trouvaient dans les ports de Flandre, savoir les nefs de Pierre Bellant, Jehan Pompes, Henri Mugront, Gyrart Dachier, Ernaut le fils Erambourc, et la nef du maître de Sainte-Catherine d'Espagne.

Enfin nous apprenons par le compte de Girard le Barillier que trente-trois galies ou galions étaient réunis à Honfleur.

Telles sont les ressources que Philippe le Bel avait tirées, en France, de la marine marchande. En les réunissant à celles que des travaux de construction vivement conduits et des emprunts faits à l'étranger lui avaient procurées, il était parvenu à se créer des forces navales qui lui permettaient d'affronter la lutte sur mer avec quelques chances de succès.

Sur les côtes de la Gascogne, il avait une flotte qui est désignée dans les comptes, ainsi que nous l'avons dit, sous le titre d'*Armata Girondæ*. En 1295, après avoir rallié les vaisseaux qui se trouvaient dans les ports de la Manche, elle se dirigea vers l'Angleterre sous le commandement des sires d'Harcourt et de Montmorency.

La plupart des historiens racontent la funeste issue de cette expédition. La flotte française obtint d'abord quelques succès. Elle parvint à s'approcher des rivages du comté de Kent et à débarquer un corps de troupes non loin de la ville de Douvres. Tous les alentours de la ville jusqu'à l'enceinte fortifiée furent occupés et incendiés. Guillaume de Nangis assure que l'Angleterre eût été facilement conquise si les amiraux ne s'étaient point hâtés d'ordonner la retraite, en laissant à terre une partie de leurs équipages exposée aux vengeances de l'ennemi et à une mort trop certaine (1). Le retour ne fut pas glorieux. Les *Grandes Chroniques*, écho du sentiment national, reprochent à la flotte française d'être rentrée au port « sans avoir rien fait. » Quelques années après, la guerre n'ayant cessé avec l'Angleterre que pour recommencer avec les Flamands, Philippe le Bel, non content de faire avancer contre eux une puissante armée, équipa une nouvelle flotte. Elle était composée de trente galères françaises, huit galères espagnoles et seize galères génoises. Un capitaine calaisien, du nom de Pedrogne, avait spécialement sous son autorité les vaisseaux français et espagnols. Le commandement supérieur de la flotte entière avait été remis au Génois Renier de Grimaldi, avec celui des galies de sa nation. Après avoir longé les côtes de Flandre, la flotte française, arrivée à l'une des embouchures de l'Escaut, y joignit près de Zierikzée la flotte flamande commandée par Guy de Namur. Dans la chronique en vers intitulée *la Branche des royaux lingnages,* le poète Guillaume Guiart nous a laissé un récit prolixe, mais intéressant, de la bataille à laquelle il nous apprend qu'il avait assisté (2). L'issue fut quelque temps douteuse ; mais, grâce à d'habiles manœuvres, la victoire resta aux vaisseaux du roi de France. Les nefs flamandes furent mises en pleine déroute; Guy de Namur fut fait prisonnier (3). La même année, Philippe le Bel gagna la bataille de Mons-en-Puelle ; de sorte que ses armes furent en même temps victorieuses et sur terre et sur mer.

Comme l'indique la variété des noms qu'ils portaient, les navires à la disposition du roi se partageaient en plusieurs classes. Il y avait des nefs, des dromons, des galies et des galiotes. Le mot

---

(1) *Chronicon*, année 1295, édit. Géraud, t. Ier, p. 291 : « Potuissetque tunc, ut « dicebatur, *totus exercitus qui erat in navibus de gente Francorum totam de fa-* « *cili Angliam occupasse, si non auctoritas dictorum amiralium obstitisset; nam ipsi,* « *classe a portu revocata, illos qui exierant periclitari et occidi permiserunt...* » (Cf. *les Grandes Chroniques de France,* édit. P. Paris, t. V, p. 113; *Cont. Chronici Girardi de Fracheto,* dans le *Recueil des historiens de France,* t. XXI, p. 13.)

(2) *Rec. des historiens,* t. XXII, p. 255, v. 16760 et 16761 :

> Qui vit la fin de la besoigne
> Et le premier commencement.

(3) Outre la chronique de Guillaume Guiart, que Legrand d'Aussy a fidèlement suivie, voyez les historiens contemporains, *Rec. des hist.,* t. XXI, p. 24, 194, 644, etc.

de *nef* n'a pas en général, dans la langue du moyen âge, une signification bien déterminée ; il s'applique, chez les chroniqueurs comme chez les poètes, à des navires de toute forme et de toute dimension. Toutefois, d'après les savantes recherches de M. Jal, il paraît désigner plus spécialement le navire de forme ronde, ayant un ou plusieurs ponts et marchant à la voile. Les nefs qui servaient aux transports s'appelaient *huissiers*. Nous avons vu qu'elles avaient des portes qui s'ouvraient pour l'entrée et la sortie des chevaux. Rappelons ici que Benoît Zacharie recommandait à Philippe le Bel de se procurer vingt-quatre huissiers pour une descente en Angleterre. Nous ne retrouvons pas dans notre inventaire ce mot d'*huissier*, mais nous trouvons le terme de *dromon* opposé à celui de *navis*. En effet, le dromon était un bâtiment de forme allongée, ayant un ou deux rangs de rameurs, l'un inférieur, l'autre supérieur ; il était construit de façon à marcher à la voile, ainsi que la nef, quand le temps s'y prêtait ; mais il était plus rapide que la nef. La galie ou galère était, comme le dromon, un bâtiment à rames ; mais, d'après un texte de Geoffroi de Vinesauf(1), le dromon était plus long, plus large, par conséquent moins léger et moins facile à manœuvrer. Quant aux galiotes, c'étaient de petites galies. Nous voyons, au reste, par le compte de Girard le Barillier que les galies qui s'y trouvent mentionnées ne reçurent pas toutes la même quantité de vin. Une seule figure au compte pour cinq tonneaux, d'autres pour quatre, d'autres pour trois, le plus grand nombre pour deux ou pour un ; ce qui dénote avec évidence des bâtiments de grandeur fort différente, montés par des équipages très inégaux en nombre et en force.

Comment Philippe le Bel avait-il pourvu à l'équipement de ses vaisseaux ?

L'équipement d'une flotte comprenait alors, comme aujourd'hui, les vivres d'une part, et d'autre part les armes et les agrès.

En ce qui concerne les vivres, Benoît Zacharie conseillait à Philippe le Bel de donner à ses marins du pain, des fèves et des pois, rien de plus, et de leur laisser le soin de se procurer eux-mêmes, moyennant une solde un peu plus forte, du vin, de la

---

(1) Nous empruntons ce texte à M. Jal, *Archéol. nav.*, t. I, p. 239 : « Tres majores « naves subsequuntur, quas vulgo dromones appellant ; galeæ vero leviores, et ad « quælibet aptanda agiliores, subsequuntur. »

viande et les autres denrées nécessaires à la vie. C'était, à son avis, le seul moyen de s'épargner leur « murmuration » et leur « groignissement. » Philippe le Bel ne paraît pas avoir suivi ce conseil : car le compte de Girard le Barillier, sur l'autorité duquel nous aimons à nous appuyer, contient le détail des quantités de vin qui furent envoyées aux nefs et aux galies des ports normands : à Rouen et à Leure, 36 tonneaux; à Dieppe, 30; à Étretat, 7; à Veulettes, 3; à Cherbourg, 5 et 1 pipe; à Honfleur, 4 et 2 muids; à Leure et Sainte-Adresse, 57 tonneaux, 5 pipes, 2 muids et 6 setiers; à Caen, 11 tonneaux; à Touque, 6 et 1 pipe; à Saint-Malo, 26; à Fécamp, 2; à la Hogue, 7; à Barefleu, 2; dans la Flandre, 15 tonneaux et 5 muids; à Harfleur, pour les galies et galiotes, 58 tonneaux, 2 pipes et 2 muids, sans compter les fournitures faites à M$^{gr}$ Jehan d'Harcourt pour l'approvisionnement de ses nefs et bien d'autres fournitures encore. L'inventaire de Robert Mignon ne mentionne qu'assez rarement des dépenses de vin; mais nous ne devons pas oublier qu'il cite le compte de Girard le Barillier et qu'il s'y réfère. Il mentionne d'ailleurs, sans indiquer les quantités, les autres genres de fournitures, de blé, de fèves, de pois, de fromages.

Un document que Du Cange a connu et souvent cité, dont M. de Pardessus et M. Jal ont déploré la perte, et que M. de Boislisle a retrouvé dans un manuscrit de l'abbaye Saint-Germain des Prés, le même que Du Cange avait eu sous les yeux (1), les *Informationes massilienses*, confirme et complète ces renseignements. On y voit figurer des fournitures de biscottes, de figues, de lentilles, de viandes et de poissons salés pour les marins, et des fournitures d'orge pour les chevaux.

Bien que les *Informationes* ne se rattachent pas aux guerres soutenues par Philippe le Bel, mais à un projet de croisade formé en 1316 par Louis, comte de Clermont, nous avons cru devoir nous y référer; car elles contribuent à faire connaître les provisions alimentaires qu'emportait, au commencement du xiv$^e$ siècle, un vaisseau de guerre. Quant aux fournitures spécialement indiquées par Robert Mignon, les unes proviennent des villes de Nor-

---

(1) *Annuaire-bulletin de la Soc. de l'Histoire de France*, année 1872, in-8°, p. 230 et suiv., p. 240 et suiv.

mandie, notamment de Gisors; les autres d'Abbeville, d'Amiens, de Corbie, de Senlis, de Sens; quelques-unes même de Dax et de Bayonne. Tantôt les denrées sont achetées et les agents du roi les payent immédiatement (1); tantôt elles sont prises, *captæ* (2); mais, dans ce dernier cas, autant qu'on peut en juger, elles ne sont pas enlevées brutalement, et ceux qui ont été requis de les livrer sont portés dans les comptes comme créanciers du roi. Ainsi, à la suite du compte des fournitures faites en 1303 à Robert Ausgans, panetier du roi, pour l'armée de Flandre, il est dit en termes exprès que ledit Robert doit libérer le roi en payant aux fournisseurs ce qui leur est dû. Même déclaration est rendue au profit des personnes à qui des denrées avaient été enlevées en 1303 ou en 1304, date laissée incertaine dans le document, par un autre panetier royal, Jehan Coulon de Saint-Paul (3).

Quant à l'autre partie de l'équipement d'une flotte, les armes et les agrès, nos textes démontrent que Philippe le Bel a mis tous ses soins à se les procurer. En 1294, Pierre Vitalis, maître charpentier, présente le compte des carreaux de bois, *quarellorum*, qu'il a livrés pour l'armement de la flotte durant la guerre de Gascogne (4). En 1295, M⁰ Arnaud achète à Toulouse des balistes destinées au même armement (5). En 1296, Guillaume Bocuce dresse l'état des frais de l'envoi à Rouen d'ouvriers calfats (6). Ce vaisseau appartenant au roi, dont nous ignorons le véritable nom,

---

(1) Robert Mignon, p. 889 : « Garnisiones emptæ de mandato regis. » — *Ibid.*, p. 890 : « Compotus de bladis emptis apud Abbatisvillam. — Compotus de garnisio-« nibus emptis et factis apud Aquas et Bayonam. »

(2) Robert Mignon, p. 888 : « Compotus de bladis captis apud Ambianum et Cor-« beyam pro biscoto regis faciendo anno 1295. » — *Ibid.* : « Blada capta in vicecomita-« tu Ebroicensi. » *Ibid.* : « Blada capta in baillivia Gisortii. » — *Ibid.*, p. 890 : « Compotus « de bladis captis in baillivia Senonensi. »

(3) Robert Mignon, p. 959 : « Compotus Roberti Ausgans, panetarii regis, de gar-« nisionibus factis per ipsum anno 1303... Debet solvere dictus R. personis quas « tradidit in fine compoti: quibus debebatur de dictis garnisionibus, et regem acqui-« tare. » — *Ibid.*, p. 960 : « Partes garnisionum captarum per Johannem Coulon de Sancto « Paulo, panetarium regis anno 1304 vel anno 1303... Debetur personis illud quod « captum fuit ab eis. »

(4) *Ibid.*, p. 894 : « Compotus magistri P. Vitalis carpentatoris, magistri quarellorum armatæ Girondæ de anno 1294. »

(5) *Ibid.*, p. 897 : « Compotus magistri Arnaldi de armaturis et balistis quas emit « apud Tholosam pro dicta armatura (maris pro Vasconia). »

(6) *Ibid.*, p. 897 : « Compotus domini G. Bocucii de expensis calefatorum missis Ro-« thomagum per eum. »

mais que nous avons déjà eu l'occasion de signaler (1), ortait un armement qui fut remis à Pierre Lhuissier. Nous trouvons mentionnés dans notre inventaire un grand nombre de comptes relatifs à l'armement des flottes, ou, pour traduire littéralement le texte latin, à l'armée de mer, aux arsenaux maritimes : *pro armata maris, super armamento galearum, pro operibus galearum et garnisionibus*. Il ne nous paraît pas douteux que les comptes détaillés que nous ne possédons plus n'aient compris des articles relatifs aux engins de guerre et aux agrès. Les Archives nationales nous offrent, du reste, un très curieux document, qui supplée amplement aux détails qui nous manquent dans notre inventaire (2) : c'est le traité passé par le roi au mois d'août 1294 avec Pierre-Guillaume de Mar, fils de ce Guillaume Bocuce que nous ne cessons pas de rencontrer dans les négociations de cette nature, et dont le rôle important s'explique par son office de viguier d'Aigues-Mortes. Ils appartenaient tous deux, selon toute probabilité, à la famille de Guillaume de Mar, syndic de la commune de Marseille, à qui saint Louis s'était adressé, en 1246, pour le nolissement de vingt vaisseaux (3). Quoi qu'il en soit, le traité de 1294 stipule d'abord le nombre des galères qu'il s'agit d'armer et celui des marins qui devront être fournis pour en faire le service :

Je Guillaume Pierre de Mar faz savoir à touz ceus qui verront ces présentes lettres, que je ai à nostre Roy de France teles convenances. C'est à savoir que je et mes compeignons li armerons trente de ses galies de Provence pour le pris de trois cenz et seixante livres de tornois petiz le moys pour chascune galie ; et li donrons cent et seixante hommes pour chascune galée ; et paierons les gages et les viandes des diz hommes pour le pris dessus dit. Et nous obligerons de donner et de metre les diz hommes bons et souffisans en toutes choses de mer, à la connoissance de ceus que nostre Sires li Roys y envoiera.

De son côté le roi conserve à sa charge l'équipement :

Et li Roys garnira les dites galies de armeures souffisement, et les fera appareiller à ses propres despens toutesfois que mestiers sera.

---

(1) Voyez plus haut, p. 395.
(2) Ce document, déjà signalé par Boutaric (*la France sous Philippe le Bel*, p. 378), a été, en grande partie, publié dans le *Musée des Arch. nationales*, Paris, 1872, in-4°, n° 295.
(3) Jal, *Archéol. nav.*, t. II, p. 383.

Mais en quoi consistera l'équipement ? Le traité le marque avec précision :

> Et est à savoir que ce sont les armeurs qui faillent selonc mon dit pour chascune galie, vi$^{xx}$ targes bonnes et souffisanz; vi$^{xx}$ bacinez; vi$^{xx}$ cousteliers; vi$^{xx}$ espaulières.
> 
> *Item.* ii$^{m}$ de bons quarreaux de Jennes, d'un pié; iiii$^{m}$ d'autres quarreaux, i$^{m}$ de quarreaux de i pié; iiii$^{m}$ d'autres quarreaux; i$^{m}$ de quarreaux de ii piez des bons de Jennes.
> 
> *Item.* lx plates.
> *Item.* lx gorgiers de plates.
> *Item.* lx ganz de plates d'une main.
> *Item.* lx arbalètes, c'est à savoir xl d'un pié, et xx de ii piez.
> *Item.* i dozaine de longues lances.
> *Item.* ii dozaines de rondes, c javaloz qui sont appelez galtherihl.
> *Item.* M pots de chaux vive...

Tel était donc, au point de vue des armes et des agrès, l'équipement d'un vaisseau armé en guerre sous le règne de Philippe le Bel; le document que nous venons de citer nous en donne le détail précis, complet, authentique : des *targes* ou boucliers; des *bacinets* ou casques; des *espaulières* et des *gorgières*, pour protéger les épaules et la gorge des combattants; des *plates* ou gants bardés de lames de fer; des *cousteliers* ou goignards; des carreaux à lancer sur l'ennemi; des arbalètes, des lances, des javelots; enfin de la chaux vive. Des renseignements identiques ou analogues se trouvent dans les *Informationes massilienses*, qui les complètent par de longs détails sur la forme et la dimension des vaisseaux, sur la mâture, les voiles, les cordages, etc. (1).

Quant à savoir d'où arrivaient les marins qui montaient les navires, nous ajouterons sur ce point quelques détails à ceux qui précèdent. Nous avons donné la liste nominative des marins qui figurent dans le compte de Girard le Barillier. Parmi tant de noms oubliés aujourd'hui, il s'en trouve un qui devait être porté deux siècles plus tard par un armateur illustre. Thomas Angot, du port de Caen, est-il un des ancêtres de cet Angot qui dut à ses expéditions maritimes, sous le règne de François I$^{er}$, son opulence et

---

(1) *Annuaire de la Société de l'histoire de France*, an. 1872, p. 250 et suiv.

une célébrité durable? Quoi qu'il en soit, un fait est constant, c'est que, dès la fin du xiii° siècle, la Normandie, toujours féconde en navigateurs, fournit en grand nombre à Philippe le Bel aussi bien des nefs que des hommes de mer pour les monter. Mais, nous le savons déjà, ce ne fut pas le seul pays où le roi de France recruta sa marine.

On vient de voir que Guillaume de Mar s'était engagé par son traité à procurer des hommes pour les galies que le roi avait sur les côtes de Provence, à raison de 160 hommes par galie. Nous retrouvons dans nos comptes, à la date de 1295, la trace de marins que son père, Bocuce, avait embauchés à Gênes et qu'il envoya d'Aigues-Mortes à Rouen (1). La même année Jacques Maclou et Raimond Sequer amènent de Provence 157 marins. Jehan de Chartres et ses associés en amènent du même pays 142; Philippe de Boret et François Bon-et-Bel, 220; Guillaume de Quart et Bertrand de Garcia, 118; Pierre Leroux de Nîmes, et ses associés Robert de Valbrègue et Cappoboni de Florence, 241 (2). D'autres, au nombre de 200, envoyés par Boniface de Sienne, appartiennent au port d'Aigues-Mortes (3). Payen de Florence et Jehan des Moulins en conduisent 300, dont la provenance n'est pas indiquée (4). En 1296, vers Pâques, un certain nombre sont amenés à Rouen par Nicolas, prieur de Watteville (5). En 1299, Guillaume du Verger et Albert Bonard vont en Provence faire de nouvelles

---

(1) Robert Mignon, p. 900 : « Compotus... de expensis quorundam Januensium quos « Guillelmus Bocutii, vicarius Aquarum Mortuarum, misit de Aquis Mortuis apud « Rothomagum. » — *Ibid.*, p. 901 : « Compotus Guillelmi Bocutii... de expensis suis factis « procurando homines marinarios. »

(2) *Ibid.*, p. 899 : « Compotus Machutii et Raimundi Sequerii de expensis adducendo « CLVII marinarios de Provincia. — Compotus Johannis Carnotensis et sociorum suo- « rum de expensis adducendo VII$^{xx}$II marinarios de Provincia. — Compotus Philippi « de Boreto et Francisci Bon-et-Bel pro XII$^{xx}$ marinariis. — Compotus Guillelm ide « Quarto et Bertrandi Garciæ de CXVIII marinariis de Provincia adducendo 1295. « — Compotus Petri Le Roux de Nemauso, Petri Roberti de Volobrigne et Cappoboni, « hominis de Florentia, capitaneorum ducentorum et quadraginta unius hominum « marinarorium. — Compotus P. Le Roux de Nemauso et sociorum suorum de XII$^{xx}$ « marinariorum adducendo de Provencia 1295. »

(3) Robert Mignon, p. 900 : « Compotus Bonifacii de Sene pro expensis II$^c$ hominum « quos adduxit pro facto maris ab Aquis Mortuis. »

(4) *Ibid.*, p. 900 : « Compotus Pagani de Florentia et Johannis de Molendinis in Al- « vernia de III$^c$ marinariis adducendo. »

(5) *Ibid.*, p. 902 : « Compotus Nicolai, prioris de Vatevilla, de marinariis per eum « adductis Rothomagum, videlicet anno 1296, circa Pascha. »

recrues pour l'armée de mer (1). Des Espagnols également sont embauchés et dirigés sur Harfleur, comme on le voit par un compte de Jehan de l'Hôpital, qui était relatif à leur solde pour les années 1295 et 1296 (2).

Benoît Zacharie fixait à quarante sous par mois, par conséquent à environ un sous six deniers par jour, la paye des marins au service du roi. Nous n'avons pas relevé de renseignements précis sur ce point pendant la durée du règne de Philippe le Bel; mais nous inclinons à croire que le chiffre indiqué par Benoît Zacharie fut augmenté de six deniers; car, au compte qui fut rendu en la ville de Rouen, le 23 août 1316, par Bérenger Blanc, la solde des marins ayant servi sous ses ordres se trouve calculée à raison de deux gros tournois par jour. La somme qu'il eut à payer s'élevait à 1,227 livres 15 sous tournois (3), sans qu'il soit possible de déterminer, faute d'indication, à combien d'hommes ou à combien de jours elle s'appliquait.

Outre leur paye régulière, les marins touchaient une part des prises faites sur l'ennemi. Ainsi, dans son traité avec le roi, Guillaume de Mar avait stipulé qu'il aurait la moitié des prises faites tant sur terre que sur mer, à l'exception des villes, châteaux et forteresses, et la moitié de la rançon des prisonniers, à l'exception de celle des chevaliers, gentilshommes et clercs. Ce n'est pas, ce semble, s'aventurer beaucoup que de considérer ce partage

---

(1) Robert Mignon, p. 972 : « Compotus Domini Guillelmi de Viridario, servientis « armorum regis, et Alberti Bonardi, missorum in Provinciam pro marinariis addu- « cendis in exercitum Flandriæ anno 1299. »

(2) *Ibid.*, p. 916 : « Compotus J. de Hospitali pro stipendiariis Hispanorum apud « Harifluctum solvendis 1295 et 1296. »

(3) *Ibid.*, p. 688 : « Compotus quem reddidit Berengarius Blanc, admiraldus maris, « magistro P. de Condeto, archidiacono Laudunensi, apud Rothomagum, lunæ 24 au- « gusti 1316, de vadiis marinariorum qui fuerunt cum eo in armata maris in navibus et « vasis nominatis in dicto compoto, de quibus personis quilibet percipit pro vadiis duos « grossos turonenses per diem. Et fuit summa totalis $xii^c$ xxvii, lib. xv, tur. » Les *Informationes Massilienses* contiennent un article qui semble très précieux pour la fixation de la paye des marins : « Sunt necessarii in qualibet galea cxxx homines qui « recipient quolibet mense ccc libras, ad rationem lx solidorum pro quolibet ho- « mine. » Mais cette phrase présente une contradiction. En effet, si chaque mois chaque marin touche lx sous, c'est-à-dire iii livres, la paye mensuelle pour cxxx marins sera ccclxxxx livres et non pas ccc. Veut-on maintenir le chiffre de ccc livres, celui de lx sous doit être ramené à xlvi. Nous avons préféré ne pas faire entrer dans notre exposition ce texte contradictoire.

des prises comme ayant été habituel sous le règne de Philippe le Bel. Ce qui n'est pas douteux, c'est qu'il resta en usage sous les successeurs de ce prince; car, en 1319, un compte de Gentina Tristan mentionne une prise de 65 livres 10 sous parisis, dont une part fut attribuée à la ville de Calais, et l'autre aux mariniers (1).

A ces navires de toute grandeur, à ces marins venus de divers pays il fallait des chefs qui ne leur ont pas manqué, et qui méritent un souvenir de l'histoire.

Quelques-unes des indications que notre inventaire fournit à cet égard ont déjà passé sous les yeux de nos lecteurs, et nous n'avons plus qu'à les réunir en les coordonnant.

Les historiens avaient oublié, et M. Boutaric a remis le premier en lumière le rôle et les services de Benoît Zacharie, le conseiller de Philippe le Bel, qui soumit à ce prince en 1295, peut-être à une époque antérieure, un mémoire si ferme et si sage sur les moyens de créer en France une marine. Nous aurions aimé à pouvoir fixer d'une manière un peu précise la part qu'il a prise aux affaires de son temps. Giustiniani, dans ses *Annales de Gênes*, nous le montre, en 1285 et 1286, investi du commandement des galères génoises (2). Il entra ensuite pour quelques années au service de Philippe le Bel, pénétra fort avant dans la confiance de ce prince, dirigea en partie les armements maritimes de la France, fut chargé de diverses missions, reçut le titre d'amiral, et eut sous ses ordres dix galères et une galiote envoyées sur les côtes de Flandre. Il ne paraît pas que les services qu'il fut appelé à rendre à Philippe le Bel se soient prolongés au delà de 1298. Peut-être les estimait-il un prix élevé, qui effraya l'économie du roi. Aux termes d'un arrangement conclu avec lui par les maîtres des comptes, une somme de 12,000 livres lui fut allouée pour ses peines : il la reçut en plusieurs payements inscrits à leur date au *Journal du Trésor* (3), et dont le dernier était à l'échéance du

---

(1) Robert Mignon, p. 987 : « Compotus Gentiani Tristan de LV l. 10 s., in ster- « lingis captis super mercatores Hispaniæ in galea, cujus summæ medietas pertinet « villæ Calesii, et alia marinariis. »

(2) *Annali della eccelsa ed illustrissima republica di Genova*, 1537, in-fol., fº 106 vº et 108 vº.

(3) Robert Mignon, p. 900 : « Compotus Reginaldi Barbou de solutionibus per ipsum

mois d'août 1299. Un ouvrage célèbre de Du Cange, l'*Histoire de Constantinople sous les empereurs français* (1), donne quelques détails sur les vicissitudes qui remplirent les dernières années de de Benoît Zacharie. Étant revenu dans sa patrie, les Génois l'envoyèrent, en 1301, guerroyer contre les Sarrasins. Il fit aussi la guerre pour lui-même, s'empara de l'île de Chio, y bâtit des forteresses, et parvint à s'y maintenir avec l'agrément de l'empereur Andronic II, auquel il payait un tribut. Il figure, comme seigneur de Chio, de Samos et de Cos, dans la généalogie des dynastes génois de l'Archipel, donnée par M. Charles Hope à la suite de ses *Chroniques gréco-romanes* (2).

Benoît Zacharie avait un fils, Paléologue Zacharie, qui fut lui-même employé par Philippe le Bel. En 1297, il se trouvait à la Rochelle avec son père. Au mois de novembre 1299, le roi le chargea d'une mission relative à la marine, qui est rappelée au *Journal du Trésor* (3). Nous perdons désormais sa trace, et son nom ne reparaît plus dans nos documents, mais il est mentionné comme seigneur de Chio dans le tableau généalogique dressé par M. Charles Hope.

Nous avons nommé plus haut les sires d'Harcourt et de Montmorency, qui commandaient, en 1295, l'expédition dirigée contre les côtes d'Angleterre. Le premier mourut en 1302; le second, sur la fin de l'année 1304 (4).

« factis apud Rothomagum, lunæ ante Pascha 1299, pro decem galeis et uno galioto « missis in Flandriam, quibus Benedictus Zachariæ fuit admiraldus. — Compotus « Benedicti Zachariæ, admiraldi maris, de receptis et expensis quas fecit ratione officii « sui, videlicet annis 1296 et 1297, redditus circa sabbato post Pascha 1298. Debentur « ei pro fine dicti compoti, pro certa conventione et financia cum eo per magistros facta, « XII M. l. turonenses. » — *Journal du Trésor*, 2ª die aprilis 1299 : « Benedictus Za-« charie, admiraldus navigii regis, de dono regis in recompensationem servitii, per se « et per suos hactenus regi impensi, nec non et pro expensis, missionibus, debitis et « aliis quibuscumque in quibus rex poterat ei teneri usque ad martis post Ramos Pal-« marum quartam diem aprilis XCVIII, de summa XII M l. t., III M l. t. » — *Journal du* « *Trésor*, 2ª die augusti 1299 : « Benedictus Zacharie, pro toto residuo de XII M l. t. sibi « debitis III. M. l. t. per Paleologum filium suum. »

(1) Paris, 1657, in-fol., IIIᵉ partie, p. 112 et suiv.
(2) *Chroniques gréco-romanes* inédites ou peu connues publiées par Charles Hope, Berlin, Veidmann, 1873, 1 vol. in-8°.
(3) *Journal*, etc., xvª novembris 1299 : « Paleologus Zacharie missus ad partes mari-« timas. » Voyez aussi le P. Anselme, t. VII, p. 738. On y trouve d'intéressants détails sur Benoît Zacharie et sur son fils.
(4) Le P. Anselme, t. VII, p. 733.

Tandis qu'ils laissaient échapper le succès promis à leur entreprise, Othon de Tocy, ayant comme eux le titre d'amiral, gardait les côtes de France depuis l'embouchure de la Garonne jusqu'à celle de la Seine. Nous avons déjà dit que Philippe le Bel lui fit payer 8,832 livres pour les galies et galiotes qui étaient à Cherbourg le 1ᵉʳ avril 1296 (1). Dans d'autres circonstances, Tocy, reçut encore une somme de 20,000 livres. Après sa mort, mentionnée au *Journal du Trésor* comme antérieure au 27 juin 1299, les navires dont il avait le commandement furent ramenés à la Rochelle, par sire Henri le Marquis, chevalier, qui fut aussi quelque temps sous les ordres du sire de Montmorency (2).

En 1296 et 1297, un autre officier à la solde de Philippe le Bel, qui est cité plus d'une fois dans nos documents, Michel de Navarre, opérait en mer, à la tête de ses marins, des prises sur ceux qu'on appelait les ennemis du royaume, *super inimicos regni*, c'est-à-dire sur les Anglais. Cinq vaisseaux, entre autres, tombèrent en son pouvoir sur les côtes de Flandre. Le compte de cette prise fut rendu à la Chambre des comptes, le dernier jour de mai 1296, par Léonard le Sec, maire d'Amiens, et par un habitant de la ville du nom de Jehan. Michel de Navarre paraît avoir été mêlé, en 1304, aux préparatifs de la guerre maritime contre les Flamands (3).

Voici un autre nom qui doit nous arrêter, Renier de Gri-

---

(1) Le P. Anselme, t. VII, p. 734. Voyez plus haut, p. 399.

(2) *Journal*, etc., 6 junii 1298 : « Henricus Le Marquis, miles, pro fine compoti sui « de facto maris cum dominis Harcuriæ et Montis Morenciaci... » — *Ibid.*, Ultima die junii : « Henricus li Marquis, miles, pro fine compoti sui de Sancto Martino cum « dominis Harcuriæ et Montis Morenciaci. » — *Ibid.*, 27 junii 1299 : « Henricus li Mar-« quis, miles, pro fine compoti sui de expensis suis factis in guerra Vasconiæ cum « domino Othone de Touci in mari, et pro reditu suo cum galeis post mortem ipsius « apud Rupellam, et pro expensis factis apud Rothomagum circa galeas. »

(3) Robert Mignon, p. 931 : « Compotus Michaelis de Navarra de prisiis per eum « factis super inimicos regni, redditus Curiæ die Veneris post festum beati Nicolai hic-« malis 1296. » — Robert Mignon, p. 910 : « Compotus Leonardi Lesec, majoris Am-« bianensis, et Johannis de Ambianis, de bonis quinque navium captarum in Flan-« dria super Anglicos per Michaelem de Navarra, redditus curiæ penultima die maii « 1296. » — *Ibid.*, p. 294 : « Compotus domini Symonis Louvardi de bonis captis in « mari per M. de Navarra et ejus adjutores super inimicos regni, factus per clericum « suum quinta maii 1298. » — Cf. *ibid.*, p. 985. — *Ibid.*, p. 972 : « Compotus Michaelis « de Navarra de aliquibus expensis quas fecit pro armata maris 1304. »

maldi, vaillant capitaine, *valente e franco huomo*, disent les contemporains, affrontant sans peur les hasards des combats maritimes, *bene aventuroso in guerra di mare* (1). Il était originaire de Gênes, et son aïeul avait été prince de Monaco (2). Philippe le Bel sut l'attacher à son service; et, s'il faut en croire Villani, il aurait amené à ce prince du port de Gênes seize galères bien armées (3). Qu'il ait eu des vaisseaux génois sous son commandement, le fait n'est pas contestable; mais les avait-il recrutés lui-même en Italie et conduits en France? Ce qui nous étonne et nous suggère quelques doutes, c'est que, dans la table de Robert Mignon, si riche en détails de cette nature, nous n'avons trouvé aucun indice qui confirme l'assertion de Villani; nous y lisons seulement les deux mentions suivantes : « Compotus Reneri de Grimaldi, admiraldi maris, de armata galearum anno 1302. » — « Alius compotus ipsius Reneri, ratione officii « sui, videlicet a principio mensis februarii 1303 usque ad « dominicam ante nativitatem Domini 1304 (4). » La généalogie donnée par le P. Anselme nous apprend que Renier de Grimaldi, deuxième du nom, était chevalier et seigneur du Cagne et de Villeneuve Normande. La victoire navale qu'il remporta à Zierikzée sur les Flamands justifia la confiance que Philippe le Bel lui avait témoignée. Le P. Anselme fixe la date de sa mort à l'année 1304.

Après Grimaldi, sans prétendre donner la liste complète et la biographie des amiraux de France au temps de Philippe le Bel, nous devons nommer Thiebaud de Cepoy ou Chepoy, qui figure avec ce titre dans l'ouvrage du P. Anselme. Bien qu'il soit question de lui dans notre inventaire, il ne s'y présente jamais comme étant chargé d'une fonction touchant à la marine. Cependant il résultait d'un registre de la Chambre des comptes, aujourd'hui perdu, qu'il avait commandé sur mer dans la Méditerranée pendant les années 1306, 1307 et 1308. Ce registre indiquait à quel chiffre ses émoluments et ceux de ses compagnons

---

(1) Villani, apud Muratori, *Rerum Ital. script.*, t. XIII, col. 411.
(2) Le P. Anselme, t. IV, p. 489, et t. VII, p. 738.
(3) Muratori, *ibid.* : « ... Da Genovefa venne nel mare di Flandria con 16 galee bene « armate al soldo del re. »
(4) Robert Mignon, p. 971 et 972.

avaient été fixés : il recevait personnellement trente sous par jour; chaque chevalier touchait quinze sous; chaque écuyer sept sous et demi (1). En 1307, il se trouvait à Venise, et ce fut dans cette ville qu'il reçut, des mains mêmes de Marco Pol, pour le frère du roi, Charles de Valois, un exemplaire de l'ouvrage du célèbre voyageur. Thiebaud de Cepoy a consacré le souvenir de ce don dans un préambule qui se lit en tête d'un manuscrit de la Bibliothèque nationale, et qui, aux yeux des meilleurs juges, démontre l'antériorité de la rédaction française des voyages de Marco Pol (2).

Parmi les chefs qui ont exercé un commandement maritime, citons encore Bérenger Blanc. Après avoir commencé par être sergent du roi, nous le trouvons investi, en 1315, du titre et de l'emploi d'amiral. Il exerçait encore ces fonctions en 1317, époque à laquelle l'ordre lui fut donné, comme on l'a vu plus haut, de veiller à la réparation d'anciens navires et d'en faire construire de nouveaux. La liquidation des dépenses qu'il avait faites, soit pour l'équipement de la flotte, la construction et la réparation des vaisseaux, soit pour la paye des marins, fut laborieuse, autant qu'on peut en juger par l'inventaire de Robert Mignon; nous y apprenons qu'elle se prolongea jusqu'en 1321 (3). Sous les règnes des successeurs de Philippe le Bel, on voit le commandement des flottes passer à Gentian Tristan et à Pierre Mége, etc. Mais il n'entre pas dans notre sujet de pousser aussi loin cette étude sur les origines de la marine française.

Les vaisseaux de Philippe le Bel n'étaient pas seulement employés à des expéditions plus ou moins lointaines; ils croisaient le long du littoral, veillant à la garde des côtes, et formant ce qu'on appelait alors le guet de la mer, *guetum maris* (4). Cette surveillance rendait de véritables services aux villes voisines, surtout aux villes commerçantes, dont elle protégeait les navires

---

(1) Le P. Anselme, t. VII, p 739.
(2) Ms. fr. 5649. Dans un mémoire lu à la séance des cinq Académies le 25 octobre 1850, notre regretté confrère et ami M. Paulin Paris a signalé un des premiers l'importance du texte rapporté en France par Thiebaud de Cepoy. Voyez aussi la nouvelle édition que M. Pauthier a donnée du livre de Marco Pol (Paris, 1865, in-8°, introd., p. 82 et suiv.).
(3) Robert Mignon, p. 966 et 988.
(4) *Ibid.*, p. 504 : « Pars receptionis gueti maris in baillivis Caletensi anno ;299. »

et les marchandises; mais, comme on peut aisément le croire, elle ne laissait pas que d'être dispendieuse pour le roi. Estimant que tout service rendu doit être payé, Philippe le Bel établit un impôt spécial, non pas peut-être sur toutes les villes du royaume, mais sur celles qui avaient des motifs sérieux d'apprécier la sécurité de la mer. Nous trouvons des traces de cet impôt dès 1290 sous les titres d'*Obole de la mer, Obolum maris*. Robert Mignon le mentionne comme ayant été levé en 1296 à Rouen, en 1299 à Gisors et dans le pays de Caux, en 1303 dans tout le littoral de la Normandie (1). Il portait essentiellement sur les marchandises, qui étaient taxées, d'après leur valeur, à raison de quatre deniers par livre. Nous sommes très porté à croire qu'il a été levé pendant toute la durée du règne de Philippe le Bel. Ce qu'il y a de certain, c'est qu'à la date de 1317 il est encore question d'un impôt qui se prélève sur les denrées entrant dans un port de mer, et qui sert à payer les frais de l'armement destiné à garder la mer et les marchandises qui la traversent (2).

Pour apprécier exactement l'administration de Philippe le Bel, non seulement les projets qu'il a mis à exécution, mais ceux qu'il avait conçus, il faudrait des documents que nous ne possédons pas. Que nous reste-t-il du *Journal du Trésor*? A peine trois années (encore ne sont-elles pas complètes), les années 1297, 1299 et 1302. Qu'est-ce que l'inventaire de Robert Mignon? Une simple table des matières qui ne signale que très indirectement, qui fait supposer plutôt qu'elle ne montre, les faits contenus dans les pièces de comptabilité dont elle donne la liste. Cependant les inductions que nous avons pu tirer de ces documents incomplets ne sont pas, nous le croyons, sans quelque importance ni sans quelque nouveauté. Nous sommes autorisé à dire que la marine n'a pas été une des moindres préoccupations de Philippe le Bel.

(1) Robert Mignon, p. 502 : « Compotus de recepta... oboli maris in baillivia Rothomagensi... » anno 1290. » — *Ibid.*, p. 504 : « Aprisia facta per modum compoti... obolorum pro « facto maris... anno 1299 (Caletum et Gisortium). » — *Ibid.*, p. 160 : « Compotus magistri Johannis Gaidre de subventionibus collectis in portubus maris « totius Normaniæ, videlicet quatuor denariis pro libra, ante sanctum Hilarium 1302 « usque ad Omnes Sanctos 1303. »

(2) Robert Mignon, p. 636 : « Compotus Symonis de Billy, militis, baillivi ibi (Am-« bianis), de impositione facta super mercaturis venientibus ad portum maris, pro « solvendo armaturam constitutam ad custodiendum mare et mercaturas transeuntes « per illud, redditus 21 decembris 1317. »

Le manque à peu près absolu de vaisseaux et de marins avait dû causer plus d'un souci aux rois de France ses prédécesseurs : mais ils n'avaient fait aucun effort dont il soit resté quelque trace; ils n'avaient pris aucune mesure pour obvier à cette périlleuse lacune dans le système des forces offensives et défensives de la France. A-t-elle été comblée par Philippe le Bel? Nous sommes loin de le prétendre; mais il l'a du moins aperçue; il en a senti le danger; il s'est imposé des sacrifices pour se procurer des vaisseaux et des marins soumis à son autorité; il a entrepris enfin de se soustraire à cette périlleuse et funeste dépendance à l'égard de Gênes et de Venise, dans laquelle la royauté française s'était trouvée jusqu'à lui, toutes les fois qu'elle avait eu à défendre sur mer l'honneur et les droits de la nation. Tel est le service trop oublié que l'administration de Philippe le Bel a rendu au pays, et que nous nous sommes efforcé de mettre en lumière.

# MÉMOIRE

SUR LES

# COMMENCEMENTS DE L'ÉCONOMIE POLITIQUE

DANS LES ÉCOLES DU MOYEN AGE.

# MÉMOIRE

### SUR LES

## COMMENCEMENTS DE L'ÉCONOMIE POLITIQUE

#### DANS LES ÉCOLES DU MOYEN AGE.

A quelle époque et par quelles voies la science de l'économie politique a-t-elle pénétré au moyen âge, dans les écoles d'Occident? Sous quelles influences et dans quelle mesure s'y est-elle développée? Quels résultats a-t-elle produits dès son apparition? Tel est le point peu connu de critique philosophique et d'histoire que je me propose d'examiner. La question n'est pas sans intérêt; et, pourvu que celui qui la traite s'appuie sur des textes authentiques, elle est susceptible d'une solution certaine et précise.

L'économie politique est la science des faits sociaux qui se rattachent à la production et à la circulation de la richesse. Ces faits ne nous sont pas moins familiers que les phénomènes les plus vulgaires de la nature physique; ils se reproduisent partout où les hommes réunis en société s'adonnent à des professions différentes et échangent entre eux les produits de la terre et ceux de leur industrie, en se servant d'un moyen d'échange qui est la monnaie. Il semble donc que l'économie politique, trouvant chez tous les peuples un champ plus ou moins vaste d'observation, ait dû atteindre de bonne heure, dans chaque pays civilisé, un certain degré de développement. Mais l'expérience démontre que les faits qui sont mêlés le plus intimement à l'existence de l'homme n'attirent, en général, qu'à la longue l'attention des philosophes; et, de même que, parmi tant de merveilles de la nature extérieure, les premières qui ont été observées ne sont pas celles qui nous touchent de plus près, comme les animaux et les plantes, mais celles qui sont le plus éloignées de nous, comme le spectacle des cieux; de même, dans l'ordre moral, les spéculations métaphysiques sur l'être et le non-être, sur l'origine et la fin des choses, ont devancé plus d'une fois l'étude de l'âme elle-même et des lois de la pensée. Ainsi, chez les Grecs, Xénophane et Parménide ont précédé Socrate.

C'est, au reste, un point de fait dont tous les historiens conviennent, que durant la première période du moyen âge, du VIII° siècle, par exemple, jusqu'au XIII°, on n'aperçoit chez les écrivains la trace d'aucune préoccupation, quelle qu'elle soit, des questions sociales qui sont le domaine de la science que nous appelons aujourd'hui l'*économie politique*. Le prêt à intérêt figure dans un capitulaire de 789 (1), qui l'interdit, et dans les décrets de plusieurs conciles, dans les lettres de plusieurs papes qui le condamnent (2). Charlemagne va même jusqu'à prohiber comme usuraire, et dès lors comme criminelle, la vente d'un muid de blé ou de vin à un prix plus élevé que celui qui a été payé au temps de la vendange ou de la moisson (3). Mais ni les motifs de ces prohibitions sévères, ni les raisons qui pourraient être alléguées en sens contraire, ne fournissent la matière d'aucune controverse. Les villes de Champagne voient s'ouvrir des marchés et des foires qui sont, durant près de trois siècles, le centre habituel des transactions commerciales d'une partie de l'Occident (4); mais le commerce en lui-même, l'influence qu'il exerce et les services qu'il rend à la so-

---

(1) Baluze, *Capitularia regum Francorum*, Parisiis, 1780, t. I, col. 215.
(2) *Decret.*, P. II, c. XIV, q. 3. Cf. *Decretal. Greg. IX*, l. V, t. XIX, *de Usuris*.
(3) *Capit.*, V, ann. 806, XVIII, t. I, col. 455 : « Quicumque tempore messis vel vinde-
« miæ, non necessitate, sed propter cupiditatem, comparat annonam aut vinum, verbi
« gratia, de duobus denariis comparat modium unum, et servat usquedum venundari
« possit contra denarios quatuor, aut sex, seu amplius : hoc turpe lucrum dicimus. »
« *Ibid.*, t. I, col. 468, *Capit.* I, ann. 809 : « Ut nemo propter cupiditatem pecuniæ
« et propter avaritiam suam prius det pretium et futuram coemptionem sibi præparet,
« ut duplum vel triplum tunc recipiat, sed tantum quando fructus præsens est, illos
« comparet... »
(4) Voyez le savant mémoire de M. Bourquelot sur les foires de Champagne, inséré dans le recueil des *Mémoires présentés par divers savants à l'Académie des inscriptions et belles-lettres*, 2° série, t. V.

ciété, sont des sujets d'étude qui passent inaperçus. Il en est de même de la monnaie; elle circule de mains en mains, comme la garantie nécessaire de toutes les valeurs et comme l'instrument de tous les échanges, sans qu'on songe à en expliquer l'origine, le rôle social et les lois nécessaires.

Pour constater d'une manière irrécusable l'indifférence des précurseurs de la scolastique à l'égard des questions économiques, il suffit d'ouvrir leurs ouvrages. Nous avons compulsé tour à tour les œuvres d'Alcuin, de Raban Maur, de Scot Érigène, d'Hincmar, de Gerbert, de saint Anselme, d'Abélard. Ce sont assurément là les plus grands noms qui aient illustré la théologie et la philosophie du moyen âge avant le XIII° siècle ; ceux qui les ont portés ont tous, à des titres divers, joué un rôle éclatant et exercé une influence manifeste sur leurs contemporains : lequel d'entre eux pourrait être, avec quelque apparence de raison, revendiqué par les économistes? La plupart ont approché des princes et ont été mêlés au maniement des affaires humaines; ceux qui ont vécu, comme Abélard, loin des cours, et qui n'ont pris aucune part au gouvernement, avaient médité du moins sur les devoirs de l'homme, et ils ont laissé des traités de morale dans lesquels sont ingénieusement débattus quelques-uns des points les plus délicats de la science des mœurs. Mais, quelles que fussent leur pénétration habituelle et l'expérience qu'ils avaient acquise, trop enfoncés, comme écrivains, dans l'interprétation de la Bible et de quelques parties de l'*Organon* d'Aristote, ni les uns ni les autres ne paraissent avoir soupçonné que la poursuite de la richesse, qu'ils méprisent, occupe trop de place dans la vie des nations comme dans celle des individus pour ne pas offrir au philosophe un sujet fécond de recherches et de réflexions pratiques, utiles à cette poursuite même.

Nous opposerait-on le *Polycraticus* de Jean de Salisbury? Mais, malgré quelques réflexions morales sur le luxe et sur la fiscalité, éparses dans cet ouvrage, Jean de Salisbury n'a évidemment nul souci des questions qui préoccupent de nos jours les économistes.

Indépendamment du caractère complexe des phénomènes que l'économie politique étudie, deux causes principales devaient contribuer à la laisser dans l'oubli durant les premiers siècles qui ont suivi la mort de Charlemagne : c'était, d'une part, l'état misérable de la société, encore à demi barbare et à peine constituée, presque sans industrie et sans commerce, et aussi pauvre qu'elle était grossière et ignorante; c'était, d'autre part, l'absence de toute tradition et de tout modèle susceptible de donner l'éveil aux esprits. Il avait fallu les *Catégories* et l'*Hermeneia* d'Aristote pour que la chaîne des études logiques ne fût pas interrompue; les ouvrages de Donat et de Priscien avaient sauvé du naufrage les théories grammaticales; quelques débris de l'antiquité, quelques traités élémentaires, tels que les neuf livres de Marcien Capella, *De Nuptiis Mercurii et Philologiæ*, allaient perpétuer dans les écoles un ensemble tel quel de notions de physique et d'astronomie plus ou moins inexactes; nous ne parlons ni de la métaphysique ni de la morale, auxquelles le christianisme ouvrait des horizons nouveaux, que Rome ni la Grèce n'avaient pas connus. Mais quelle était la part de l'économie politique dans l'héritage du passé? A y regarder de près, cette part était absolument nulle. Il n'existait aucune donnée qui indiquât la nature et l'étendue des questions à étudier, aucun germe qui pût être cultivé et développé. Non seulement on ne possédait pas ceux des ouvrages des anciens qui touchent, dans quelques parties, à la théorie de la richesse; mais la trace elle-même de la doctrine s'était effacée. Ainsi, dans les *Étymologies* d'Isidore de Séville, cette encyclopédie abrégée qui fut si utile à l'éducation du moyen âge, la monnaie se trouve mentionnée, mais en quels termes? « La monnaie, *moneta*, est ainsi appelée, dit Isidore, parce qu'elle « avertit, *monet*, de peur que quelque fraude ne se glisse dans « sa composition métallique ou dans son poids. La pièce de mon« naie est le sou d'or, d'argent ou de bronze, lequel est appelé « *nomisma*, parce qu'il porte l'empreinte du nom et de l'effigie « du prince. » Isidore oublie que *nomisma* ne vient pas du latin *nomen*, mais du grec νόμος; et toutefois cette étymologie peu exacte vaut mieux que celle qui est proposée par l'auteur quelques lignes plus bas : « Les pièces de monnaie, *nummi*, ont été ainsi « appelées du roi de Rome, Numa, qui le premier, chez les La« tins, les marqua de l'empreinte de son image et de son nom. « — Il y a, continue Isidore, trois éléments essentiels de la mon« naie : le métal, l'effigie et le poids. Faute d'une seule de ces

« conditions, la monnaie n'existe plus (1). » Voilà les seules notions sur la monnaie qui eussent été recueillies par Isidore dans les livres anciens, et qu'il eût transmises à ses successeurs. Est-il surprenant que de pareilles pauvretés aient laissé les esprits indifférents aux vérités économiques, et que, dénués de tout autre enseignement et de toute autre lumière, ils n'aient fait aucun pas dans une voie qui ne leur était pas même ouverte ?

Mais, dans les premières années, et surtout vers la fin du XIII° siècle, la scène avait singulièrement changé. A mesure que la société féodale s'organisait, quelque imparfaites que fussent encore ses institutions, la sécurité qu'elles garantissaient aux intérêts privés avait contribué au progrès du travail et de la prospérité publique. Les produits de la terre s'étaient accrus; plusieurs branches d'industrie s'étaient développées; les relations commerciales avaient pris une grande extension, rendue bientôt plus rapide par l'influence des croisades. La formation de la richesse, comme sa circulation, offrait par conséquent aux philosophes un champ de plus en plus vaste de faits à observer et de questions à résoudre. En même temps le cercle de l'érudition s'était agrandi d'une manière inespérée. Il n'est personne qui ne sache que les écoles chrétiennes avaient vu se répandre chez les disciples comme chez les maîtres un grand nombre d'ouvrages de l'antiquité grecque, nouvellement traduits en latin. Parmi ces ouvrages, inconnus pour la plupart aux âges précédents, se trouvaient deux des plus excellents traités d'Aristote, la *Morale à Nicomaque* et la *Politique*. Nous ne parlons pas de l'*Économique*, bien que l'ouvrage ait été connu sur la fin du XIII° siècle par la traduction latine attribuée à Durand d'Auvergne (2) : car il traite exclusivement de l'administration domestique, en d'autres termes, des soins que le père de famille doit à ses enfants et à sa maison; et, dans ces conseils, empreints d'une grande sagesse pratique, la science

---

(1) *Etymol.* lib. XVI, c. xvii : « Moneta appellata est, quia monet, ne qua fraus in « metallo vel pondere fiat. Nomisma est solidus aureus vel argenteus, sive æreus, qui « ideo nomisma dicitur, quia nominibus principum effigiisque signabatur... Nummi « vero a Numa, Romanorum rege, vocati sunt, qui eos primum apud Latinos imagini-« bus notavit et titulo nominis sui præscripsit. In nomismate tria quæruntur : metal-« lum, figura et pondus. Si ex iis aliquid defuerit, nomisma non erit. »

(2) Jourdain, *Recherches sur l'âge et l'origine des traductions d'Aristote*, nouv. édit. Paris, 1843, in-8°, p. 71; *Hist. litt. de la France*, t. XXV, p. 58 et suiv.

que nous appelons l'économie politique n'occupe, à vrai dire, aucune place.

La *Morale à Nicomaque* et la *Politique* elle-même n'ont pas pour objet principal, nous l'avouons, la théorie de la richesse; dans les deux ouvrages, cette théorie se trouve, ou peu s'en faut, reléguée au dernier plan et remplit à peine quelques pages. Toutefois, à plus d'une reprise, elle est touchée en deux de ses points les plus essentiels, l'utilité de la monnaie et l'intérêt de l'argent. Or ces passages, que nous allons citer, offrent cela de précieux pour l'historien, qu'ils sont le vrai point de départ de la science de l'économie politique au moyen âge. Un maître illustre de la philosophie contemporaine a écrit que la scolastique était tout entière sortie d'une phrase de Porphyre, traduite par Boèce, sur les notions universelles d'espèce et de genre (1); nous croyons qu'on peut avancer, avec non moins de raison, que les premières spéculations et les premières controverses qui aient eu lieu, depuis l'antiquité, sur les questions économiques, ont été suggérées à nos ancêtres par quelques textes de la *Morale* et de la *Politique* d'Aristote, dont elles sont le commentaire.

Voici en quels termes Aristote s'exprime dans la *Morale à Nicomaque* au sujet de l'échange et de la monnaie:

« Toutes les choses échangeables, dit-il, doivent, jusqu'à un
« certain point, pouvoir être comparées entre elles. C'est de là
« qu'est venue l'invention de la monnaie. La monnaie est une
« sorte de mesure qui sert à évaluer toutes choses; elle évalue ce
« qui manque chez l'une, et ce qui chez l'autre est en excès. Elle
« montre, par exemple, quelle quantité de chaussures il faudrait
« pour égaler la valeur d'une maison ou une quantité donnée
« d'aliments... La mesure commune de toutes choses, continue
« Aristote, ce sont en réalité nos besoins, lesquels sont le lien uni-
« versel de la société; car, si les hommes n'avaient aucuns besoins,
« ou s'ils n'avaient pas des besoins semblables, il n'y aurait pas
« entre eux d'échange, ou, du moins, l'échange ne se ferait pas
« de la même manière. Mais, par un commun accord, la monnaie a
« été, pour ainsi dire, substituée à nos besoins, et en est devenue
« le signe conventionnel. C'est pourquoi elle a reçu le nom de

---

(1) Cousin, *Ouvrages inédits d'Abélard*, introd., p. LX et suiv.

« νόμισμα, afin d'indiquer qu'elle tire son origine, non de la na-
« ture, φύσει, mais de la loi, νόμος, et qu'il dépend de nous de la
« changer et de lui ôter son utilité. En supposant que nous
« n'ayons actuellement aucun besoin, la monnaie que nous gar-
« dons en main est une garantie que l'échange pourra se faire plus
« tard, dès que le besoin mettra dans le cas d'y avoir recours ; car
« il faut que celui qui donnera alors sa monnaie soit assuré de trou-
« ver en retour ce qu'il demandera. Au reste, la monnaie est elle-
« même soumise à des variations : elle ne conserve pas toujours
« la même valeur, bien que cette valeur soit cependant plus fixe
« et plus uniforme que celle des choses que la monnaie re-
« présente (1). »

Après avoir ainsi expliqué dans la *Morale à Nicomaque* le rôle de la monnaie comme mesure universelle des valeurs de différente nature, Aristote signale dans la *Politique* les autres services qu'elle rend à la société.

« A mesure, dit-il (2), que des rapports de mutuels secours se
« développèrent entre les hommes par l'importation des objets
« dont on était privé et par l'exportation de ceux qu'on possédait
« en abondance, la nécessité introduisit l'usage de la monnaie, les
« denrées dont la nature nous fait un besoin n'étant pas, en
« général, d'un transport facile. On convint donc de donner et
« de recevoir dans les échanges une matière qui, utile par elle-
« même, fût aisément maniable dans les usages habituels de la
« vie : ce fut du fer, par exemple, ou de l'argent, ou telle autre
« substance analogue dont tout d'abord on détermina simplement
« la dimension et le poids, et qu'enfin, pour se délivrer des em-
« barras de continuels mesurages, on marqua d'une empreinte
« particulière, signe de sa valeur. »

A entendre ces explications si lumineuses, non moins justes que profondes, sur l'utilité et, si je puis parler ainsi, sur la fonction sociale de la monnaie, comment s'étonner que, même en un siècle indifférent ou étranger aux problèmes de cet ordre, elles aient frappé et convaincu tous les esprits sensés, en discréditant à leurs yeux le frivole avoir dont ils s'étaient contentés jusque-là ?

La *Morale à Nicomaque* a été connue en Europe dès les pre-

---

(1) *Morale à Nicomaque*, l. V, c. v.
(2) *Politique*, l. I, c. III.

mières années du XIII<sup>e</sup> siècle par diverses traductions latines faites sur le texte grec, et par une autre dérivée de l'arabe (1). Ce fut un demi-siècle après seulement que Guillaume de Meerbecke donna une traduction de la *Politique* (2). Mais la lecture de la *Morale* avait suffi pour enseigner aux Latins le vrai système de la monnaie. Aussi le trouve-t-on exposé dans plusieurs écrivains de cet âge, d'après Aristote lui-même.

Nous citerons en première ligne Albert le Grand. Sa vie se passa dans les couvents des Frères Prêcheurs, tantôt à Paris, tantôt à Cologne, à méditer les ouvrages d'Aristote, à les interpréter, à en développer le sens pas à pas, pour l'instruction de ses contemporains. Or les commentaires qu'il a écrits sur la *Morale* ne sont, en ce qui touche la monnaie, comme pour tout le reste, qu'une simple paraphrase du texte original.

La monnaie, dit-il (3), est la mesure de toutes choses, elle est la mesure de ce qui excède chez les uns et de ce qui manque chez les autres. *Numisma mensurat omnia; mensurat autem et superabundantiam et defectum.* Elle en est la mesure, non par rapport à leur nature intrinsèque, *secundum quod unum quodque in sua natura accipitur*, mais par rapport à l'usage que nous en faisons, *secundum relationem ad usum*, c'est-à-dire par rapport à l'utilité dont elles sont pour subvenir à nos besoins, *secundum quod valet in usu supplere indigentiam*. Elle sert à maintenir une proportion égale entre les objets à échanger. Le laboureur à qui le cordonnier donnerait une chaussure pour un sac de blé recevrait moins qu'il ne donne, et le cordonnier recevrait trop. La monnaie rétablit l'équilibre, et cela pour toute espèce d'échanges, non seulement pour les échanges qui se rapportent à des besoins pressants, mais pour ceux qui deviendront nécessaires dans la suite. Selon Albert, le possesseur de la monnaie qui a cours dans un État doit, en l'échangeant, pouvoir se procurer ce dont il a besoin. Mais, fidèle jusqu'au bout à la pensée d'Aristote, Albert reconnaît avec lui que la monnaie ne garde pas toujours sa même valeur; qu'elle vaut tantôt plus, tantôt moins; qu'elle peut arriver même à ne

---

(1) Jourdain, *Recherches*, etc., p. 179 et suiv.

(2) Jourdain, *ibid.*, p. 70 et 181; *Hist. litt. de la France*, t. XXI, p. 140 et suiv.

(3) *Ethic.*, lib. V, tract. II, c. x, t. IV, p. 203 et suiv. de la grande édition des œuvres d'Albert le Grand donnée par Jammy en XXI vol. in-fol.

plus rien valoir; d'où il suit qu'elle n'est pas une garantie absolument sûre, *nummus non est fidejussor certus*.

Saint Thomas d'Aquin, à l'exemple d'Albert le Grand, son maître, a commenté la *Morale* d'Aristote et les premiers livres de la *Politique*, c'est-à-dire que les doctrines du Stagirite sur la monnaie lui sont familières; que, dans ses Commentaires, il les a reproduites tantôt à la lettre, tantôt avec de courts développements, et qu'en toute circonstance il s'y réfère et les invoque pour les besoins de son argumentation.

Chose remarquable! Les volumineuses compilations dues à Vincent de Beauvais n'offrent, en cette matière, aucune citation d'Aristote, que nous sachions du moins. Dans le chapitre de son *Miroir naturel* qu'il a consacré à la monnaie et au numéraire (1), Vincent de Beauvais s'en tient encore au passage d'Isidore que nous avons transcrit, et à une page de Pline le Naturaliste sur les plus anciennes variations de la monnaie romaine (2). Mais la théorie péripatéticienne de la monnaie reparaît chez la plupart des autres écrivains du xiiie siècle. Elle est paraphrasée habilement par Gilles de Rome, le précepteur de Philippe le Bel, dans son traité célèbre *De la conduite des princes, de Regimine principum*; et le docte écrivain la recommanda à son royal disciple comme très utile pour les pères de famille et pour les souverains qui ont un peuple ou leur maison à gouverner (3). Elle a inspiré, un peu avant le milieu du xiiie siècle, le curieux chapitre de *l'Image du monde* : « Porquoi monnoie fut establie (4). » On la rencontre, sinon dans le *Tesoro* même de Brunetto Latini, du moins dans un fragment anonyme qui se trouve intercalé dans plusieurs manuscrits de cet ouvrage (5). Enfin il n'est pas difficile de reconnaître le vestige et l'influence de la même doctrine dans plus d'un passage des écrits de saint Bonaventure, de Henri de Gand et de Duns Scot. On peut dire sans exagération que, vers la fin du xiiie siècle, les parties élémentaires de la théorie de la monnaie étaient pas-

---

(1) *Speculum naturale*, l. VII, c. LIX.
(2) *Hist. natur.*, l. XXXIII, c. XIII et suiv.
(3) *De Regimine principum*, l. II, p. 3, c. IX, édit. de Rome, 1607, in-8°, p. 368 et suiv.
(4) *Hist. litt. de la France*, t. XXIII, p. 316, 317.
(5) *Li livres dou trésor*, par Brunetto Latini, publ. par M. Chabaille dans la collection des Documents inédits sur l'histoire de France, Paris, 1863, in-4°, p. 621 et suiv.

sées, dans les écoles d'Occident, à l'état de lieu commun philosophique.

Telle est donc l'influence exercée par Aristote sur l'apparition et les premiers développements de l'économie politique au moyen âge. Avant que ses ouvrages eussent pénétré en Europe, la seule pâture offerte aux esprits, ce sont de puériles étymologies qui n'instruisent pas et qui ne poussent pas même à s'instruire en excitant la curiosité. Mais à peine les efforts de zélés traducteurs ont-ils propagé parmi les chrétiens la connaissance des livres du Stagirite, que déjà des notions précises et vraies commencent à se faire jour. Des idées analogues à celles d'Aristote existent, il est vrai, chez d'autres écrivains; et le *Digeste*, par exemple, a conservé un curieux fragment du jurisconsulte Paul, dans lequel l'origine et le rôle de la monnaie se trouvent expliqués en peu de mots avec une exactitude remarquable (1). Mais, bien qu'au XIIIe siècle le *Digeste* ne fût pas inconnu, ce n'est pas à cette source que les maîtres de cet âge ont emprunté leur théorie de la monnaie; ce ne sont pas, dans cette matière, les *Pandectes* qu'ils invoquent et qu'ils commentent, c'est Aristote; et voilà pourquoi nous attribuons au Stagirite, et non pas à d'autres que lui, une part d'influence décisive sur l'introduction première des notions économiques dans les controverses de l'école.

Mais Aristote n'a pas traité que la question de l'origine de la monnaie, il a parlé aussi du prêt à intérêt, et tout le monde sait qu'il l'a condamné, au nom de la logique, de la manière la plus sévère. Il va jusqu'à dire que le prêt à intérêt doit être en exécration à tous les hommes : pourquoi? Parce qu'il est un moyen d'acquisition tiré et comme engendré de la monnaie elle-même, et qui la détourne de la destination pour laquelle le numéraire a été inventé. La doctrine péripatéticienne, sur ce point, se

---

(1) *Digestorum*, lib. XVIII, tit I, § 1 : Origo emendi vendendique a permutationibus « cœpit : olim enim non ita erat nummus : neque enim aliud merx, aliud pretium « vocabatur, sed unusquisque, secundum necessitatem temporum ac rerum, utilibus « inutilia permutabat, quando plerumque evenit, ut quod alteri superest alteri desit. « Sed quia non semper nec facile concurrebat, ut, quum tu haberes quod ego desi- « derarem, invicem haberem quod tu accipere velles, electa materia est, cujus pu- « blica ac perpetua estimatio difficultatibus permutationum æqualitate quantitatis « subveniret; eaque materia forma publica percussa usum dominiumque non tam ex « substantia præbet quam ex quantitate : nec ultra merx utrumque, sed alterum pre- « tium vocatur. »

trouvait en parfait accord avec les opinions reçues, puisque l'usure était interdite, ainsi que nous l'avons rappelé, par les capitulaires des rois et par les décisions des conciles. Mais cette double réprobation ne se rattachait, dans la pensée de ses auteurs, à aucune vue systématique; elle n'était de leur part qu'un acte de soumission à l'autorité des livres saints, qui, en plusieurs passages, susceptibles, il est vrai, d'interprétations différentes, frappent d'anathème les usuriers. Aristote fournit aux scolastiques le moyen de justifier rationnellement les prohibitions portées par la loi civile et par la loi religieuse; et de là découlèrent, pendant la seconde moitié du moyen âge, ces débats relatifs à l'usure qui furent alors une des principales formes de l'économie politique naissante.

Que la controverse ait été engagée au xiii° siècle et pas avant, c'est là ce qui résulte avec évidence du passage suivant tiré d'un opuscule : *De usuris*, qui porte le nom de saint Thomas d'Aquin et qui figure dans la collection de ses œuvres, bien que l'authenticité en soit très douteuse aux yeux des meilleurs juges. « Nous « avons appris, dit l'auteur, que de notre temps il s'était élevé « entre les docteurs des controverses nombreuses, non seulement « sur des questions de philosophie naturelle, mais aussi sur des « questions de morale, matières dans lesquelles la diversité des « sentiments et des opinions est périlleuse. Nous savons que ces « controverses portaient principalement sur cette branche de la « justice qui concerne les échanges, la justice commutative, « comme l'appellent les philosophes, et sur le précepte qui s'y « trouve compris, de ne pas se livrer au péché d'usure (1). »

Cependant la trace de discussions sérieuses n'apparaît pas chez les écrivains du commencement du xiii° siècle. Guillaume de Paris, Alexandre de Hales, Albert le Grand lui-même, se contentent de rappeler les textes de l'Ancien et du Nouveau Testament qui paraissent condamner l'usure; ils ne recherchent pas la raison philosophique de cette réprobation.

---

(1) Opp. D. Thomæ, Romæ, 1570, t. XVII, *De usuris* : « Temporibus nostris au-
« divimus multas controversias inter doctores non solum in naturalibus quæstioni-
« bus, verum etiam in moralibus, in quibus periculum est diversa sentire et opi-
« nari : et præcipue in ista parte justitiæ quæ commutativa dicitur a philosophis,
« et ista parte ejusdem quæ vitium usuræ cohibet. »

Saint Thomas est un de ceux qui ont les premiers traité la question avec le p[lu]s de soin et le plus de développement. Il y revient dans tous ses grands ouvrages, dans ses *Questions sur le mal*, dans ses *Questions quodlibétiques*, dans son *Commentaire sur le Maître des Sentences*, et dans sa *Somme de théologie*. Nous laissons à part le traité *De usuris*, puisqu'on s'accorde, nous le répétons, à le regarder comme apocryphe.

Les arguments de saint Thomas varient peu ; ce sont les mêmes en général qu'il reproduit en toute occasion ; mais il ne les reproduit pas dans les mêmes formes. D'ailleurs, à voir le nombre des objections qu'il se pose à lui-même, et que, suivant son habitude constante, il discute une à une, on sent l'importance qu'il attache à la question et qu'on y attachait certainement autour de lui.

Il y a un premier argument contre l'usure, qui avait eu, à ce qu'il paraît, quelque succès, et que saint Thomas n'hésite pas à rejeter. Une somme d'argent, disaient quelques docteurs, ne subit pas d'altération par l'usage. Donc l'usage qu'on en fait, sous la condition de la restituer, ne doit donner lieu à aucune indemnité. Mais, répondait saint Thomas, une maison ne se détruit pas par le fait d'être habitée, et cependant le droit de l'habiter se paye ; d'où résultent deux conséquences : la première, qu'une indemnité peut être due au prêteur par l'emprunteur, même en l'absence de tout dommage éprouvé par ce dernier ; la seconde, que, si, dans le prêt d'une somme d'argent, il est inique de réclamer quelque chose en sus du capital, ce n'est pas seulement parce que la restitution du capital suffit pour que le prêteur soit garanti de tout préjudice (1).

Selon saint Thomas, la raison essentielle de l'injustice du prêt à intérêt se trouve ailleurs ; elle tient, comme le soutenait Aristote, à la nature même et à la destination propre du numéraire. Il n'en est pas du numéraire, non plus que du vin, du blé et de mille autres choses, comme il en est d'une maison qu'on peut prêter ou

---

(1) *In lib. Sentent.* III, d. 37, q. 1, art. IV : « Quidam dicunt, quod ideo pecuniam
« pro certo lucro concedere non licet, sicut domum, vel equum, vel alia hujusmodi,
« quia pecunia non deterioratur ex usu, sed aliis rebus aliquid deperit ex usu. Sed
« ista ratio non est generalis, quia in aliquibus rebus, pro quarum concessione ali-
« quid accipi potest licite, nihil ex usu deperit, sicut in concessione domus ad usum ad
« unum diem ; et propterea pretium quod accipitur non commensuratur damno quod
« accidit ex usu rei. » (Cf. *Quæst. de Malo*, q. 13, art. IV.)

louer à autrui, tout en en conservant pour soi la propriété. A l'égard du numéraire, l'usage ne saurait être séparé de la propriété, et la cession de l'une entraîne celle de l'autre. En effet, le numéraire, pris en soi, est ce qu'il y a de plus stérile au monde; il est incapable de rien produire, et surtout il ne se reproduit pas lui-même; il ne vaut que comme moyen d'échange; il est le signe et la mesure des autres valeurs, et sa fonction propre est d'être échangé contre ces valeurs. Il n'y a donc qu'une manière légitime de s'en servir, qui est de l'échanger, c'est-à-dire de le consommer. Le prêteur le prête à cette seule fin, et dès là, lorsqu'il prétend recevoir, sous forme d'intérêt, outre son capital, le prix de l'usage de ce capital, comme si l'usage et la propriété du capital étaient distincts, le prêteur se fait payer la même chose deux fois, ce qui est contraire à toute justice (1).

Nous n'examinons pas quelle est, au fond, la valeur de ces arguments : nous nous contentons de les exposer, en abrégeant quelques détails. Aristote en a certainement fourni les éléments; mais est-il besoin de faire observer combien ce premier germe s'est développé et transformé entre les mains des scolastiques, disciples du philosophe de Stagire? Celui-ci s'était borné à dire qu'il est contraire à la nature des choses que l'argent engendre l'argent; sur cette simple base, on vient de voir quel enseignement doctrinal,

(1) II, 2 S., q. 78, art. 1 : « Accipere usuram pro pecunia mutuata est secundum se
« injustum : quia venditur id quod non est : per quod manifesto inæqualitas constituitur, quæ justitiæ contrariatur. »

« Quædam res sunt quarum usus est ipsarum rerum consumptio, sicut vinum consumimus eo utendo ad potum, et triticum consumimus eo utendo ad cibum. Unde in talibus non debet seorsum computari usus rei a re ipsa; sed cuicumque conceditur usus, ex hoc ipso conceditur res; et propter hoc in talibus permutuum transfertur dominium. Si quis ergo seorsum vellet vendere vinum, et vellet seorsum vendere usum vini, venderet eamdem rem bis, venderet id quod non est : unde manifeste per injustitiam peccaret. Et simili ratione injustitiam committit qui mutuat vinum, aut triticum, petens sibi dari duas recompensationes; unam quidem restitutionem æqualis rei; aliam vero, pretium usus, quod usura dicitur.

« Quædam vero sunt quorum usus non est ipsa rei consumptio, sicut usus domus est inhabitatio, non autem dissipatio. Et ideo in talibus seorsum potest utrumque concedi...

« Pecunia autem principaliter est inventa ad commutationes faciendas; et ita proprius et principalis pecuniæ usus est ipsius consumptio sive distractio, secundum quod in commutationes expenditur. Et propter hoc, secundum se est illicitum pro usu pecuniæ mutuatæ accipere pretium quod dicitur usura; et sicut alia injuste acquisita tenetur homo restituere, ita pecuniam quam per usuram accepit... »

quelle argumentation tout au moins spécieuse saint Thomas d'Aquin a su élever.

La théorie de l'usure, qui reparaît partout dans les écrits du saint docteur, doit-elle être considérée comme son œuvre personnelle ? Nous n'oserions l'affirmer ; mais assurément nul n'a présenté cette théorie avec plus de science et de clarté que lui. Elle fit fortune au XIIIe siècle. Non seulement elle ne fut contredite par aucun théologien de quelque renom ; mais la plupart l'adoptèrent. Nous l'avons retrouvée même chez les écrivains qui n'appartiennent pas à l'ordre de Saint-Dominique, tels que Henri de Gand, Gilles de Rome et Richard de Midleton.

Les écrits de Henri de Gand offrent une nouvelle preuve de l'influence qu'Aristote a exercée en ces matières sur la marche des idées. Henri commence en effet par analyser les passages de la *Politique* et de la *Morale à Nicomaque* relatifs à l'institution de la monnaie ; il rappelle que, d'après le Stagirite, elle n'est qu'un simple instrument d'échange, impuissante par elle-même à produire la richesse qu'elle a seulement pour mission de représenter ; et il part de là, comme saint Thomas, pour établir que, l'argent étant du nombre des choses qui se consomment par l'usage, on ne peut en céder l'usage moyennant intérêt et en retenir la propriété ainsi que le propriétaire d'une maison en cède l'usage sans qu'elle cesse de lui appartenir. Comme l'usure est permise indirectement par la loi romaine, les légistes, dit Henri, supposent qu'elle n'aurait rien d'illicite, si elle n'était pas défendue par les canons de l'Église ; et tout au contraire les lois de l'Église ne la défendent que parce qu'elle est illicite en soi (1).

Chez Gilles de Rome, nous retrouvons la même doctrine appuyée des mêmes arguments. Pour le précepteur de Philippe le Bel comme pour saint Thomas, comme pour Henri de Gand, l'usure viole la justice et la nature : la justice, en exigeant un double

---

(1) *Henrici a Gandavo aurea quodlibeta*, Venetiis, 1613, in-fol., quod l. VI, q. XXVI, p. 374 : « Multum errant quidam legistæ qui, ignorantes naturam peccati « usuræ, quia inveniunt usuras in legibus suis permissas, et non prohibitas, nisi in- « directe, dicunt quod usuræ non sunt illicitæ, nisi quia a canone vel ab Ecclesia sunt « prohibitæ. Cum totaliter se res habeat modo contrario, scilicet quod non sunt prohi- « bitæ, nisi quia sunt illicitæ... » Quant à Richard de Midleton, voy. *Mag. Ricardi de Media-Villa super IV libros Sententiarum quæstiones*, lib. IV, dist. XV, art. 5 (Brixiæ, 1591), in-fol. t. IV, p. 223.

prix pour un même objet; la nature, en attribuant au numéraire consommé par l'usage une vertu de reproduction que naturellement il n'a pas. Aussi Gilles de Rome conseille-t-il aux princes de ne pas tolérer l'usure dans leurs États (1).

Du moment que les théologiens professaient que le numéraire ne devait pas, en règle générale, produire d'intérêt, la logique les amenait à repousser comme autant d'infractions à la règle tous les contrats, quels qu'ils fussent, qui impliquaient, au profit du prêteur, quelque bénéfice déguisé. Raymond de Pennafort nous a laissé dans sa *Somme pastorale* (2) un tableau curieux des ruses que l'esprit de lucre avait imaginées pour échapper à la rigueur des préceptes ecclésiastiques. Tel prêteur se faisait remettre en gage des biens dont il percevait les fruits pendant la durée du prêt. Tel autre stipulait une indemnité excessive pour la nourriture des bestiaux qu'il avait reçus en nantissement. Celui-ci achetait des denrées au-dessous de leur valeur, parce qu'il en versait le prix avant la livraison. Celui-là, en faisant une avance à un vigneron, exigeait de lui, jusqu'à l'époque du remboursement, un certain nombre de journées de travail. Il était tout simple que la subtilité des casuistes fît effort pour déjouer les ruses des usuriers, pour avertir les consciences chrétiennes; mais elle ne sut pas se modérer elle-même. Trop ardents à poursuivre sous toutes les formes le bénéfice résultant du prêt des choses fongibles, la plupart des théologiens du XIIIe siècle arrivèrent à flétrir comme usurières des opérations qui, dans la suite, furent reconnues par l'Église comme parfaitement licites. Nous n'en citerons qu'un exemple, le contrat de rente viagère : Henri de Gand n'hésite pas à le condamner (3); et cependant l'entière régularité de ce genre de

---

(1) *De regimine principum*, l. II, p. 3, c. II : *Quod usura est simpliciter detestabilis et quod eam decet reges et principes prohibere.*

(2) La *Somme pastorale* de Raymond de Pennafort a été publiée pour la première fois par notre confrère M. Ravaisson, d'après un manuscrit de la bibliothèque de Laon, à la suite du catalogue des manuscrits de cette ville). (Voy. *Catalogue des manuscrits des départements*, Paris, 18, t. I, p. 621 et 622.) Le passage auquel nous nous référons se trouve analysé très habilement dans le beau livre de notre confrère M. L. Delisle, *Études sur la classe agricole en Normandie au moyen âge*, Évreux, 1851, p. 203 et suiv.

(3) *Quodl.* lib. I, q. XXXIX, p. 41 : « Contractus ille in quo emuntur reditus ad « vitam... simpliciter est usurarius; nec in aliquo excusatur propter dubium mortis « in emente. » Il convient d'ajouter que cette décision rigoureuse est contestée par

contrat et de beaucoup d'autres contrats analogues ne trouve plus de contradicteur, même au point de vue canonique, depuis les bulles des papes Martin V et Calixte III (1).

Les maximes qui régnaient au XIIIe siècle en matière de prêt ne devaient pas inspirer aux docteurs scolastiques des sentiments favorables au commerce ; aussi le jugeaient-ils fort sévèrement. C'est dans le sens le plus rigoureux qu'ils décidaient toutes les questions de casuistique morale auxquelles la pratique du négoce pouvait donner lieu. Ainsi, pour nous borner à quelques exemples, ils autorisaient la société de commerce, à la condition que le gain et la perte fussent partagés entre les associés ; mais ils la réprouvaient comme n'étant qu'un contrat usuraire, dès que le bailleur de fonds stipulait sa participation aux bénéfices et non aux pertes. Raymond de Pennafort allait plus loin : il frappe d'une réprobation commune tous ceux qui achètent des denrées pour les revendre à un prix plus élevé que celui auquel ils les ont achetées. Il ne faisait d'exception qu'en faveur des artisans qui avaient transformé par leur travail la matière première, le fer, le plomb ou le cuivre qu'ils avaient acquis ; il leur permettait, comme rémunération de leur peine, de bénéficier sur la revente (2). C'était absoudre et justement honorer le travail industriel, mais aux dépens du négoce. En effet, comme on demandait à un vieux négociant, rapporte Ibn-Khaldoun (3), la nature véritable du négoce : « Acheter à bas prix, répondit-il, et vendre « cher : voilà en quoi le négoce consiste. » Si les décisions des casuistes rigides avaient pu devenir la loi des consciences, elles auraient eu l'effet désastreux que Montesquieu (4) leur impute ; elles auraient entraîné la destruction du commerce.

Entré dans l'ordre de Saint-Dominique à l'époque de la plus grande renommée de Raymond de Pennafort, saint Thomas par-

---

l'auteur de l'opuscule (*De usuris*, qui porte le nom de S. Thomas. « Fatemur, dit-il, « c. IX), nos nusquam legisse auctoritatem, nec audivisse, seu in canone, seu in episto- « lis extravagantibus, pro hac opinione facientem aliquid. »

(1) *Corpus Juris canonici*, Extravagantes Decretales, l. III, tit. 5. (Cf. Troplong. *Du prêt*, Paris, 1845, in-8°, p. 355 et suiv.)

(2) Cité par Henri de Gand, *Quodl.* 1, q. 40, p. 42.

(3) *Les Prolégomènes d'Ibn-Khaldoun*, traduits en français et commentés par M. de Slane, Paris, 1865, 2e partie, p. 348.

(4) *Esprit des lois*, lib. XXI, c. xx.

tageait, à beaucoup d'égards, les opinions de l'ancien général des Frères Prêcheurs. A ses yeux, le commerce avait quelque chose de honteux en soi, parce qu'il n'impliquait pas essentiellement une fin honnête, mais un gain pécuniaire (1). Le saint docteur reconnaît toutefois que le gain procuré par le négoce peut recevoir une destination légitime : auquel cas le négoce est licite (2). C'est ce qui arrive, continue-t-il, soit au négociant qui demande à son commerce un bénéfice modéré, afin de soutenir sa famille ou de venir en aide aux pauvres, soit à celui qui se livre à des opérations commerciales dans l'intérêt public, pour que sa patrie ne manque pas du nécessaire, soit enfin à celui qui recherche dans le gain, non pas le gain lui-même, mais la juste récompense de son travail.

Sur tous ces points, les contemporains et les successeurs de saint Thomas sont dans les mêmes sentiments que lui, sauf peut-être, chez quelques-uns, une appréciation plus indulgente des avantages du commerce et des conditions auxquelles il peut s'exercer.

Celui de tous qui paraît avoir eu, à quelques égards, la notion la plus exacte de ces matières, c'est Henri de Gand. Quelque peu disposé qu'il soit à l'indulgence envers les usuriers, il ne s'associe pas à la réprobation injuste que Raymond de Pennafort a lancée contre le commerce en général. « Quoi! s'écrie-t-il, « faudra-t-il donc envelopper dans le même anathème tous ceux « qui se livrent à des opérations commerciales? Assurément non. « Il est vrai que saint Chrysostome condamne ceux qui achètent « des denrées pour les revendre purement et simplement, sans « que la marchandise ait éprouvé aucune transformation; le grand « saint les compare à ces trafiquants que Jésus-Christ chassa du « temple. Mais n'est-il pas juste de tenir compte des changements « que les denrées subissent entre les mains des négociants qui les « achètent pour les revendre, changements de lieu, change- « ments de temps, changements de condition? Telle marchan- « dise est vendue à vil prix dans le pays où elle abonde, qui se « vendra fort cher dans un autre pays où elle est rare. Le com-

---

(1) II, 2 S., q. 77, art. 4 : « Negotiatio, secundum se considerata, quamdam tur- « pitudinem habet, in quantum non importat de sui ratione finem honestum. »

(2) II, 2 S., q. 77, art. 4 : « Nihil prohibet lucrum ordinari ad aliquem finem ne- « cessarium vel etiam honestum, et sic negotiatio licita redditur... »

« merçant qui a pris soin de la transporter est en droit de la
« vendre ce qu'elle vaut, quoiqu'il l'ait payée moins cher; car,
« outre le prix d'acquisition, l'acheteur doit lui rembourser les
« frais de transport. Ainsi de même l'artisan qui a forgé une barre
« de fer doit recevoir à la fois et le prix du métal et le prix de son
« travail (1). »

Henri de Gand, au témoignage de Valère André (2), avait composé un écrit *De mercimoniis et negociationibus*. Il est à regretter que cet écrit ne soit pas parvenu jusqu'à nous; on y eût trouvé de précieuses indications sur les doctrines de l'école en matière de commerce. Son existence seule suffit à prouver l'intérêt que l'auteur attachait à ces questions.

A l'exemple de Henri de Gand, Duns Scot fait entrer dans l'estimation de la valeur des marchandises le labeur qu'elles ont coûté et les risques de tout genre qu'elles ont fait courir au marchand. Il reconnaît d'ailleurs le double service que le commerce rend à l'État, soit en conservant à la disposition des citoyens les denrées qui peuvent leur être nécessaires, soit même en important des pays étrangers les denrées que ces pays produisent et qui manquent ailleurs (3).

Le disciple de Duns Scot, François de Mayronis, partage l'opinion de son maître; et, malgré les répugnances des casuistes pour le trafic de l'or et de l'argent, il n'hésite pas à ranger le change des monnaies parmi les professions autorisées par la loi de Dieu comme utiles à l'État (4). Gilles de Rome, avant François de May-

---

(1) *Quodlb.* I, q. 40, p. 43.
(2) Cité dans l'*Histoire littéraire de la France*, t. XX, p. 161.
(3) *In lib. IV Sententiarum*, dist. XV, q. 2, Opp., Lugduni, 1639, t. IX, p. 185 : « Rei-
« publicæ utile est habere conservatores rerum venalium ut prompte possint invenire
« ab indigentibus, volentibus illas emere. In ulteriori etiam gradu utile est reipublicæ
« habere afferentes res necessarias, quibus illa patria non abundat; et tamen usus earum
« ibi est utilis et necessarius. Ex hoc sequitur, quod mercator qui affert rem de patria
« ubi abundat, ad patriam ubi deficit, vel qui illam emptam conservat, ut prompte
« inveniatur a volente eam emere, habet actum utilem reipublicæ. »
(4) *In quatuor libros Sententiarum*, Venetiis, 1520, in-fol., lib. IV, dist. 16, q. 4, fol.
204 : « Mercatio est vitæ humanæ necessaria... Homines communiter indigent rebus
« ejusdem rationis sicut ejusdem speciei. Regiones autem non omnes habent res ejus-
« dem rationis... Aliquæ habent vinum, aliquæ ficus. Ideo mercatio est necessaria,
« ut transferantur de una ad aliam... Sicut ars mercationum licite facta est naturalis...
« ita pecuniæ commutationes, sive camptiones, quia una moneta currit in una regione
« et non in alia : unde pro suo labore aliquid possunt lucrari licite... »

« ronis, avait soutenu la même thèse : car, dit-il, les monnaies
« qui sont en circulation dans les différentes contrées n'étant pas
« les mêmes et n'ayant pas la même valeur, il faut bien que les
« habitants puissent, en cas de besoin, se procurer par voie de
« change le genre de monnaies qui leur est nécessaire pour leurs
« transactions en pays étranger (1). »

Ainsi, quelques notions sur la monnaie, des maximes sévères en matière de prêt, d'injustes préventions contre le commerce, tempérées par le sentiment de ses avantages sociaux : tel était, au XIII° siècle, le fond des idées économiques en circulation dans les écoles. La science commençait à poindre et elle jetait quelques pâles reflets, empruntés d'Aristote. Ce n'est qu'à l'aide du temps, par le lent progrès de la philosophie, des lois et des institutions, et surtout par le développement des relations commerciales, que ces faibles lueurs devaient s'accroître et s'éclaircir, de manière à former une véritable science.

Dans les dernières années du XIII° siècle, on vit se produire, en matière de finance, un fait non pas entièrement nouveau, mais assez rare jusque-là dans l'histoire de la monarchie française, et qui, tout à coup répété avec un scandaleux éclat, nous paraît avoir exercé une influence très notable sur la marche de l'économie politique : nous voulons parler de l'altération des monnaies. Philippe le Bel, avec moins de scrupule qu'aucun de ses prédécesseurs, chercha plusieurs fois dans ce triste expédient le moyen de subvenir à la détresse du trésor royal. Ce fut en vain que les plus fidèles conseillers du roi, tels que Pierre du Bois et Mouchet, lui objectèrent que la mesure était détestable; qu'elle causait plus de dommage au pays que ne ferait une guerre; qu'elle ne profitait qu'aux fermiers et aux fabricants de monnaies (2) : Philippe le Bel ne tint nul compte de ces sages avis, et préféra s'attirer de l'indignation populaire le surnom flétrissant et mérité de faux mon-

(1) *De regimine principum*, lib. II, p. III, p. 370.
(2) Voyez le mémoire de notre savant confrère et ami M. de Wailly sur Pierre du Bois, *Mém. de l'Acad. des inscript.*, t. XVIII, 2° partie, p. 249. Voyez aussi un article de M. Boutaric, *Revue contemporaine*, avril 1864, les documents relatifs à Philippe le Bel, publiés par le même auteur dans le recueil des *Notices et extraits des manuscrits*, t. XX, 1°re partie; enfin l'intéressante notice que notre confrère M. Renan a consacrée à Pierre du Bois dans le XXVI° volume de l'*Histoire littéraire*, p. 471 et suiv.

nayeur. Après lui, le fâcheux exemple qu'il avait donné ne trouva que trop facilement des imitateurs. Les rois qui lui succédèrent, voyant s'épuiser leurs ressources, ne se firent aucun scrupule de s'en procurer de nouvelles en falsifiant tous plus ou moins les monnaies. Le règne de Jean I$^{er}$, notamment, offre bien peu d'années durant lesquelles le taux monétaire n'ait pas été plusieurs fois remanié dans un intérêt purement fiscal. On peut même citer certaines années, comme l'année 1351 et l'année 1355, où ce taux ne changea pas moins de dix-huit fois (1). Le changement était quelquefois si soudain que, de l'aveu du roi Jean lui-même, dans ses lettres du 17 septembre 1361, « à grand'peine estoit homme « qui en juste payement des monnoyes de jour en jour se pût « connoître (2). »

Ces variations, pareilles à une maladie devenue chronique, portaient atteinte à des intérêts trop nombreux; elles excitaient, dans tous les rangs de la société, noblesse, clergé, bourgeoisie, un mécontentement trop général pour ne pas attirer de la manière la plus directe l'attention de l'école sur les questions qui se rattachent à l'institution de la monnaie. Les problèmes de cet ordre n'avaient encore été qu'effleurés : il devenait d'autant plus opportun de les traiter à fond, que le pouvoir royal tendait à faire considérer la mutation des monnaies, dit très bien Secousse (3), comme un droit domanial, comme une manière de lever des impôts plus prompte, plus facile, et moins à charge au peuple que toutes les autres. Aussi la controverse déjà ouverte ne tarda-t-elle pas à prendre des développements considérables, dont le XIII$^e$ siècle n'offre pas le plus faible vestige.

Nous citerons comme premier exemple quelques passages très curieux des commentaires sur la *Morale* et la *Politique* d'Aristote, parvenus jusqu'à nous sous le nom d'un maître de la Nation de Picardie, qui fut recteur de l'Université de Paris en 1327, et qui vivait encore en 1358, Jean Buridan (4).

Dans ses *Questions sur les dix livres des Éthiques*, *Quæstiones super decem libros Ethicorum*, ouvrage imprimé plus d'une fois

---

(1) *Ordonn. des roys de France*, t. II, p. 12, et t. III, p. 13 et suiv.
(2) *Ibid.*, t. II, p. CIV et 520.
(3) *Ordonn. des roys*, t. III, préface, p. CI.
(4) Du Boulay, *Hist. Univ. Paris.*, t. IV, p. 996.

au XVe et au XVIe siècle (1), Buridan s'attache à démontrer l'utilité de la monnaie; et, autant qu'il nous est permis d'en juger, cette démonstration est aussi complète que lumineuse.

« La monnaie, dit Buridan (2), est nécessaire dans les échan-
« ges; je dirai plus, elle est absolument indispensable au soutien
« de la vie humaine. J'en donne plusieurs preuves. Une première
« preuve se tire de l'éloignement des lieux où existent les objets
« à échanger. Ainsi Arras produit du blé et ne produit pas de
« vin; ses habitants voudraient échanger leur blé contre du vin
« de Gascogne; mais, pour transporter leur blé en Gascogne, il
« leur en coûterait plus que le blé ne vaut; et, s'ils rapportaient
« du vin, ils en rapporteraient bien peu. Que se passe-t-il alors?
« Il devient nécessaire d'avoir une matière échangeable, qui, étant
« d'un faible volume, soit facile à porter, qui cependant ait une
« grande valeur, et qu'on puisse donner pour du blé ou pour du

---

(1 L'édition que nous avons eue sous les yeux est de 1513 : elle se vendait à Paris chez Poncet-Lepreux, rue Saint-Jacques, près les Mathurins, à l'enseigne du Loup.

(2 Lib. V, q. 17 : « Dicendum quod ad perfectam hominum communicationem et
« sustentationem numisma est necessarium in commutationibus; imo, puto quod
« ipsum est simpliciter necessarium ad illius hominum quæ nunc est multitudinis
« sustentationem. Hæc conclusio probatur multipliciter. Primo quidem ex distantia
« locorum ubi sunt commutandæ res. Verbi gratia, in Atrebato sunt frumenta et
« non vina; pro frumentis igitur suis volunt habere vina de Gasconia. Portare au-
« tem ad Gasconiam sua frumenta majoris sumptus esset quam frumenta valerent,
« et ita nihil aut modicum vini reportarent. Quid igitur fiet? Necesse est esse aliquid
« parvæ quantitatis, ut sit bene portabile, et valoris magni, quod sit commutabile
« frumento et vino. Et hoc est numisma quod accipiam pro frumento, et pro eo vinum
« reportabo. Et ad istum modum commutationis optimi sunt floreni. Secundo hoc idem
« patet ex distantia temporum. Verbi gratia, nunc habeo vinum multum, et anno
« sequenti indigebo; nec vinum quod habeo servare possum, quia putrefieret. Ergo ne-
« cesse est quod ego aliquid accipiam pro vino, quod feliciter servare possim sine
« sumptu et sine putrefactione, et hoc est numisma... Tertio idem patet ex nostra
« multiplici indigentia. Verbi gratia, iste pauper oportet quod labore suo lucretur sibi
« necessaria. Laborat igitur tribus diebus uni diviti; et sibi deficiunt panis, carnes, lac,
« sal, sinapium, etc., quæ non habet ille dives, sed habet lapides preciosos. Quid igitur
« fiet? Necesse est ut pro labore recipiat rem ad parva partibilem; pro cujus una
« parte habeat lac, et pro alia panem, et sic de aliis. Et ad hoc est necessaria
« minuta pecunia... Quarto idem patet ex quorumdam commutabilium magni va-
« loris indivisibilitate. Verbi gratia, equum habeo, et indigeo veste, calciamentis et
« cibo. Igitur equum meum non dabo coriario, quia forte non habet vestes, neque
« agricolæ quia forte non habet calciamenta, et forte agricola et coriarius non in-
« digent equo. Igitur pro equo oportet pecuniam accipere, cujus unam partem dabo
« pro panno, aliam pro calciamento, reliquam pro frumento. Et ut sit ad unum
« dicere, consideranti multæ necessitates numismatis apparebunt. »

« vin. Cette matière est la monnaie qui me sera remise en échange
« de mon blé, et que j'échangerai contre du vin. Seconde preuve,
« tirée de l'époque lointaine à laquelle l'échange se trouve par-
« fois reculé. J'ai cette année beaucoup de vin; l'année pro-
« chaine, j'en manquerai peut-être; et cependant je ne puis gar-
« der le vin que je possède, car il s'altérerait. Il faut donc que
« j'échange mon vin contre une chose que je puisse conserver sans
« crainte qu'elle s'altère, et sans trop de dépense. Cette chose est
« la monnaie. C'est ce qu'indique Aristote dans le passage où
« il est dit que la monnaie nous est une garantie pour les échanges
« à venir. Troisième preuve, tirée de la multiplicité de nos be-
« soins. Voici, par exemple, un pauvre homme qui se trouve ré-
« duit à chercher dans son travail les moyens de sustenter sa vie.
« Il emploie trois journées à travailler pour une personne riche.
« Il n'a ni pain, ni viande, ni lait, ni sel, ni moutarde. Le riche n'a
« rien à lui donner de tout cela; il ne possède que des pierres pré-
« cieuses. Que va-t-il arriver? Il importe qu'en payement de son
« travail le pauvre puisse recevoir une chose divisible en petites
« parties, dont il donnera l'une pour du lait, l'autre pour du
« pain, et ainsi du reste. Or c'est en cela précisément que consiste
« l'utilité de la menue monnaie. — Quatrième preuve, tirée de
« l'indivisibilité des objets échangeables ayant une grande
« valeur. J'ai un cheval, mais je n'ai ni habit, ni chaussures, ni
« pain. Je ne donnerai pas mon cheval au cordonnier, qui peut-
« être n'aurait pas à me donner de vêtements, non plus qu'au
« laboureur, qui n'aurait pas de chaussures; et d'ailleurs il peut
« advenir que ni le cordonnier ni le laboureur n'ait besoin d'un
« cheval. Il faut que je change mon cheval pour de l'argent,
« dont j'emploierai une partie à acheter du drap, une autre, des
« chaussures, et le reste, du blé... En y réfléchissant, ajoute
« comme conclusion Buridan, on découvrirait bien d'autres avan-
« tages de la monnaie. »

Les écrivains du moyen âge, ceux surtout du xive siècle, s'expriment si rarement dans un style naturel et populaire, que cette
page d'une glose oubliée nous a paru digne d'être recueillie, tant
elle contraste, par la clarté familière de l'exposition, avec le jargon
obscur et prétentieux de l'école.

Mais Buridan ne s'est pas contenté de mettre en lumière le

rôle social et l'indispensable nécessité de la monnaie. Dans un autre de ses ouvrages, dans ses *Questions sur la Politique d'Aristote* (1), il a consacré un chapitre spécial à rechercher quels sont les caractères constitutifs de la monnaie, et s'il est permis de la changer.

Cinq choses, selon Buridan, sont à considérer dans la monnaie : la matière, le poids, la forme, le nom et l'usage. La matière de la monnaie doit être précieuse et rare ; c'est tantôt la nature et tantôt l'art qui la fournit. Sa forme résulte de l'image dont elle reçoit l'empreinte. Elle a tel ou tel poids ; elle porte telle ou telle dénomination ; elle est en usage dans tel ou tel pays. Buridan ajoute que la monnaie ne doit pas être détournée de sa fin essentielle, qui est de servir à l'échange des produits naturels (2). Il constate en même temps que, si la monnaie n'a pas le titre et le poids qu'elle doit avoir, si la matière en est commune, elle n'est pas réglée selon le droit (3). Mais est-il permis de changer la monnaie? Une telle prérogative, selon Buridan, ne saurait, en tout cas, appartenir qu'au prince, qui seul a qualité pour régler ce qui concerne la monnaie ; et, par ce mot de prince, il faut entendre tous ceux qui ont en main les affaires du pays, et non pas la seule personne du monarque (4). Quant au changement en lui-même, il peut être de différentes sortes. Il peut porter sur la matière ou sur le poids ; quand il porte sur la matière, il peut être général ou partiel : général, si l'on substitue une matière à une autre ; partiel, si l'on se borne à former un alliage de la matière primitive et d'une matière nouvelle, à mêler, par exemple, de l'or avec un autre métal moins précieux. Mais ce qui établit une distinction essentielle entre toutes les modifications possibles de la monnaie,

---

(1) *Quæstiones in octo libros Politicorum*, Oxonii, 1640, in-4°, lib. I, q. xi, p. 51 : « Circa monetam sunt quinque consideranda, scilicet materia, pondus, figura, appellatio et usus. Materia debet esse pretiosa et rara ; et quandoque solummodo a natura ministratur, aliquando ab arte. Figura fit impressione imaginis. Pondus : quod sit tanti ponderis et tanti. Appellatio, quia sic appellatur. Usus, quod ipsa utantur homines in regione tali et tali... »

(2) *Quæstiones*, etc. : « Ordinare monetas ad alium finem quam ad commutationem bonorum naturalium est moneta abuti. »

(3) *Ibid* : « Si moneta non sit de materia rara et pretiosa, et non habeat tantum pondus et valorem quantum debet habere, tunc moneta non est recte ordinata. »

(4) *Quæst. in lib. Polit* : « Ad solum principem pertinet monetarum mutatio.... quia ad solum principem pertinet monetam ordinare. Et capitur ibi princeps non pro uno homine solum, sed pro omnibus qui habent politiam regere... »

c'est que les unes tendent à l'utilité publique, et que les autres ne peuvent être expliquées que par un caprice du prince : celles-ci ne sont jamais permises; celles-là peuvent être licites. Ainsi quand la matière qui composait la monnaie, le fer, par exemple, est devenue très commune, il est avantageux au public et, par conséquent, il est permis d'y substituer une autre matière plus rare. Le prince peut également, et par le même motif, changer ou le poids ou le titre, ou même tout à la fois le titre et le poids d'une pièce de monnaie (1). Ainsi l'on peut frapper de nouvelles pièces du même métal qui aient moins de poids et, par conséquent, moins de valeur que les anciennes. Mais ce qui n'est pas permis, c'est d'attribuer la même valeur à des monnaies qui n'ont pas le même poids ni le même titre, et c'est d'opérer de pareils changements d'une manière arbitraire, sans qu'il doive en résulter aucun avantage pour la communauté.

Telle est la doctrine qui était enseignée par Buridan aux écoliers de Paris, et qu'il a résumée dans un chapitre de ses *Questions sur la Politique d'Aristote*. Il est, à notre connaissance, le premier des écrivains de cet âge qui ait protesté, au nom de la science et du droit, contre les variations de la monnaie. Quoique nous n'ayons relevé dans ses commentaires aucune allusion aux événements contemporains, ne sommes-nous pas en droit de regarder la discussion à laquelle il se livrait devant ses disciples comme le contre-coup de l'émotion causée, jusque dans l'Université de Paris, par l'incessante mobilité des valeurs monétaires?

Si nous voulons suivre maintenant le progrès des maximes énoncées par Buridan, nous les reverrons reparaître, mais largement développées, et revêtues cette fois d'une forme systématique, dans le traité de Nicolas Oresme sur les monnaies, traité qu'un écrivain érudit signalait, il y a quelques années aux économistes, et dont plus récemment notre savant confrère de l'Académie des sciences morales et politiques M. Wolowski a publié une remarquable édition (2).

(1) *Quæst.*, etc. : « In nullo casu propter bonum privatum, nulla mutatio monetæ est licita... Propter commune bonum in multis casibus licita est mutatio monetæ. »

(2) *Traictie de la première invention des monnoies de Nicole Oresme*, textes français et latin, etc., et traité de la monnaie de Copernic, publiés et annotés par M. L. Wolowski, Paris, 1864, in-8°. Voyez aussi l'*Essai sur la vie et les ouvrages de Nicole Oresme*, par Francis Meunier, Paris, 1857, in-8°.

Nicolas Oresme, mort évêque de Lisieux en 1382, est au nombre des esprits les plus savants et les plus judicieux que le xive siècle ait vus paraître. On lui doit des traductions en langue vulgaire de plusieurs ouvrages d'Aristote, et quelques écrits originaux qui témoignent à la fois de son érudition et de son habileté comme écrivain. L'ouvrage qu'il nous a laissé sur la monnaie est un traité complet de la question. L'auteur y expose d'abord, d'après Aristote, la manière dont la monnaie fut inventée et les services qu'elle rend aux hommes. Il distingue ensuite, comme l'avait fait Buridan, les différents aspects sous lesquels on peut l'envisager et les variations correspondantes dont elle est susceptible, par rapport à la matière, au poids, à la forme, au nom, etc. Mais ce que Nicolas Oresme s'attache surtout à bien établir, c'est que la monnaie ne doit pas être changée, sans motif sérieux d'utilité publique, par un simple caprice ou par un calcul intéressé du prince. En effet, la monnaie n'appartient pas au prince, quoiqu'elle porte son effigie; elle appartient à la communauté et aux particuliers dont elle est la propriété, et il n'est pas permis d'y toucher arbitrairement. Ainsi, à moins que les pièces qui ont cours n'aient été falsifiées par des contrefacteurs ou que le métal n'en soit usé, le prince n'a pas le droit de les retirer de la circulation, ni d'en faire frapper de nouvelles portant son effigie. A plus forte raison, le prince ne doit-il pas abaisser injustement le taux de la monnaie quand il s'agit de la faire entrer dans ses caisses, ni l'élever quand elle doit en sortir, ni en altérer le poids ou la matière; ce qui serait une violation de la foi publique, une fraude détestable, et, pour tout dire, l'acte d'un faussaire. Nicolas Oresme n'avait pas de peine à démontrer, mais il démontre avec une émotion éloquente, dans une suite de chapitres excellents, les tristes effets des variations de la monnaie, lorsque ces variations ne sont pas commandées par la nécessité la plus urgente et lorsqu'elles n'ont pour but que de grossir le trésor royal. Elles sont alors pour les particuliers une véritable spoliation, et pour la communauté une cause d'appauvrissement; car elles tendent à diminuer dans le royaume la bonne monnaie, celle qui contient le plus de métaux précieux, et que les étrangers et les changeurs accaparent pour y substituer une monnaie plus faible en or et en argent. En faisant le malheur de l'État, ces variations de la monnaie préju-

dicient au prince lui-même; elles nuisent à sa renommée, ébranlent son pouvoir et compromettent le sort et la fortune de ses enfants; « car, dit Oresme (1), oncques la très noble séquelle des rois
« de France n'apprint à tyranniser, et aussi le peuple gallican ne
« s'accoustume pas à sujétion servile; et pour ce, se la royalle séquelle de France délinque de sa première vertu, sans nulle doubte
« elle perdra son royaume, et sera translaté en d'autres mains. »

A lire ce fier et douloureux avertissement qui termine le docte traité de Nicolas Oresme, il est difficile de ne pas rapporter la composition de l'ouvrage aux années les plus calamiteuses et les plus oppressives du règne de Jean I$^{er}$, lorsque, par la faute des conseillers du malheureux monarque, la perpétuelle mobilité que nous avons signalée dans le taux monétaire aggravait de mois en mois la détresse du royaume et les souffrances du peuple. Sous le sage gouvernement de Charles V, la situation s'améliora comme par miracle; et, bien que Nicolas Oresme n'ait pas été, comme on l'a souvent écrit (2), le précepteur de ce prince, et qu'il ait seulement vécu à sa cour, l'influence des fermes avis, des patriotiques protestations de l'évêque de Lisieux, ne fut sans doute pas étrangère à la régularité que le système monétaire présenta durant quelques années. Mais bientôt les désastres du règne de Charles VI amenèrent de nouvelles perturbations qui ruinèrent le pays. Cette fois, l'Université en corps se rendit l'interprète du mécontentement général dans les remontrances qu'elle adressa au roi, en 1412. « Et n'est point à oublier, disait-elle (3), comment depuis
« ung peu de temps en ça vostre monnoye est grandement diminuée en poix et en valeur, en tant qu'un escu est de mendre
« valeur qu'il ne souloit, de deux sols, et les blans de deux blans,
« chascun de trois mailles; laquelle chose est ou préjudice de
« vostre peuple et de vous premièrement. Et par ainsi est la
« bonne monnoie expurgée; car les changes et les Lombars cueillent tout le bon or, et font payement de nouvelle monnoie. »

Est-ce la lecture du traité de Nicolas Oresme qui avait inspiré aux maîtres de l'Université cette protestation? Un fait constant,

---

(1) *Traictie*, etc., p. 84.
(2) M. Fr. Meunier réfute solidement cette erreur, t. l. p. 23 et suiv.
(3) *Chronique de Monstrelet*, édit. donnée par la Société de l'histoire de France, t. II, p. 325.

et que nous croyons avoir mis pleinement en lumière, c'est que, dès le xiv° siècle, les délicates questions qui se rattachent à l'institution et au rôle de la monnaie pénétraient dans l'enseignement des écoles et étaient débattues tantôt dans des écrits spéciaux, tantôt sous la forme d'un simple commentaire de la *Morale* ou de la *Politique* d'Aristote. Ce qu'on peut encore affirmer sans crainte, c'est que l'ouvrage de Nicolas Oresme n'était point passé inaperçu, mais que ses contemporains le tenaient en grande estime, et qu'après la mort de l'auteur il ne tomba point dans l'oubli, mais trouva des lecteurs et même des imitateurs. Nous n'en voulons d'autre preuve que le petit traité de l'Allemand Gabriel Biel sur le même sujet (1). Biel est un des derniers maîtres de la scolastique, et il a longtemps conservé dans les écoles d'outre-Rhin une certaine renommée. Or, en écrivant sur les monnaies, il avait sous les yeux, comme il est facile de s'en assurer, l'ouvrage de Nicolas Oresme. On retrouve en effet dans son opuscule les mêmes divisions, les mêmes idées et jusqu'aux mêmes expressions que chez l'évêque de Lisieux. Ce dernier n'était pas indigne de servir de modèle à ses successeurs. Les juges les plus compétents tombent d'accord qu'il a connu les vrais principes de la monnaie et qu'il les a professés avec autant d'exactitude que de netteté et de décision. C'est le témoignage que lui rendaient récemment M. Roscher et M. Wolowski. De l'aveu de notre savant confrère, l'ouvrage de l'évêque de Lisieux contient une théorie de la monnaie qui demeure encore parfaitement correcte aujourd'hui, sous l'empire des principes reconnus au xix° siècle.

Tandis que le débat s'engageait avec vivacité sur les mutations de la monnaie, les lois et les théories relatives à l'usure se modifiaient insensiblement par l'influence des mœurs et du progrès de la civilisation.

Le pouvoir royal hésita longtemps avant d'autoriser le prêt à intérêt : disons mieux, il ne le permit jamais d'une manière expresse; néanmoins il fut amené à le tolérer et à fermer les yeux sur des pratiques qui avaient été jusque-là poursuivies et réprimées comme illicites.

---

(1) *De monetarum potestate et utilitate*, Norimberg, 1542, in-4° — Cum Matthæi Boissii additionibus, Colon., 1574, in-8°. V. Fabricius, *Bibl. med. et inf. latin.*, t. III.

En 1311, Philippe le Bel interdit, sous peine de corps et de biens, à la volonté du roi, de prêter à usure au delà d'un denier pour livre par semaine, de quatre deniers par mois, et de quatre sols par année (1). Est-ce donc que l'usure allait être officiellement permise dans ces limites? Les dispositions de l'édit royal semblaient l'indiquer; mais le roi repoussa une telle interprétation de ses volontés, et, par une nouvelle ordonnance du 8 décembre 1312 (2), il déclara réprouver et défendre toutes manières d'usures, de quelque quantité qu'elles fussent, comme elles sont de Dieu et des saints Pères défendues. Il accorde, en conséquence, aux débiteurs qui s'étaient engagés à payer des intérêts, la faculté de ne point les payer, et à ceux qui les auraient payés la faculté d'en répéter le montant contre leurs créanciers. Le roi ajoutait « qu'à l'égard des usures de menue quantité, encore
« qu'elles ne fussent pas frappées d'une peine spéciale, il enten-
« doit que ceux qui les recevroient, useroient ou séquesteroient,
« fussent corrigés et punis ainsi comme, selon Dieu et droiture,
« profit public des sujets du royaume seroit à faire. » Mais ces prohibitions inopportunes étaient impuissantes contre des habitudes que les nécessités ordinaires de la vie et les besoins du commerce avaient de plus en plus enracinées chez les populations. Aussi, en 1332, sans précisément autoriser l'usure, Philippe VI de Valois prit l'engagement de ne lever ni faire lever amende, quelle qu'elle fût, à l'occasion des usures qui ne dépasseraient pas un denier la livre par semaine (3). Ce qu'il y a de plus remarquable, c'est le consentement tacite que le clergé avait donné à l'ordonnance royale. En principe, il n'en approuvait pas les dispositions, mais il ne les condamnait pas non plus; et le roi se faisait fort, comme il dit, que les prélats, à son exemple, ne lèveraient aucune amende sur les prêteurs qui se seraient renfermés dans les termes de l'ordonnance (4).

Ces adoucissements apportés à l'ancienne législation ne pouvaient rester sans quelque influence sur les controverses de l'é-

---

(1) *Ordonnances des roys de France*, in-fol., t. I, p. 484 et suiv.; p. 494 et suiv.
(2) *Ibid.* p. 508.
(3) Ordonn. du 25 mars 1332. *Ordonn. des roys de France*, t. II, p. 85.
(4) *Ibid.* : « Et cest article les prélats n'octroient ne contredisant à présent; mais
« nous faisons fort que il n'en lèveront nulles amendes. »

cole, alors surtout qu'ils avaient été concertés avec les représentants de l'Église. Et, en effet, à partir du xiv° siècle, les docteurs scolastiques ne se montrent plus aussi unanimes dans leurs sentiments sur le prêt à intérêt, et la rigueur des anathèmes portés contre les usuriers tend à fléchir. On s'accorde, sans doute, à enseigner que l'usure est, selon l'expression d'Albert le Grand (1), tout à fait opposée à la perfection de la vie chrétienne, qu'elle constitue un péché et même un péché mortel. Néanmoins il est constant que le droit romain la permettait; ne serait-ce point qu'elle n'est pas aussi contraire à la loi naturelle qu'elle est contraire à la loi plus parfaite promulguée dans l'Évangile?

Sur ce dernier point, les avis étaient certainement partagés. François de Mayronis, tout disciple qu'il est de Duns Scot, estime que la loi naturelle ne réprouve pas d'une manière absolue le prêt à intérêt. L'argent, dit-on, est stérile, comme il ne produit pas de fruits, c'est exiger plus qu'on n'a prêté que d'en vendre l'usage, comme si l'usage se distinguait ici de la propriété. « Je réponds, « dit François de Mayronis (2), que, au point de vue de l'État, « l'usage des choses s'apprécie par l'utilité dont elles sont dans « l'État. Les choses ne sont ni stériles ni fécondes par elles-mêmes, « mais selon le profit qu'on peut ou non en retirer. Or, qu'il y ait « de grands profits à retirer d'une somme d'argent, nul ne saurait « le contester. »

N'est-ce pas là au fond l'argument que les économistes de nos jours allèguent en faveur du prêt à intérêt? L'argent, qui est l'objet du prêt, disent-ils, est une valeur que l'usage transforme sans la détruire, et que celui qui la possède peut employer très utilement pour la société et avec bénéfice pour lui-même : comment dès lors ne serait-il pas licite d'en céder l'usage, moyennant

---

(1) *Polit.* I, c. viii, t. IV, p. 41 : « Leges civiles, etsi non statuant, tamen permittunt « usuras et ordinant eas... In usuris enim, secundum leges, transfertur dominium... « Verum est quod usura est contra perfectionem religionis christianæ; sed contra « civilia non est. »

(2) *In lib. Sentent.* IV, d. xvi, q. 3, fol. 204 : « De jure naturali non apparet quod « [usura] sit illicita. Una ratio assignatur : Usura est usus æris. Pecunia sterilis est. « et ideo non debet reddere fructum, ut plus recipiatur quam mutuatum fuit. Respon- « deo : Usus rei in politia attenditur ad utilitatem rei publicæ : unde in se res non « dantur steriles, sed ut cadunt in usu : quo pecunia est multum utilis. »

une redevance, comme on tire un loyer de sa terre, et un salaire de son industrie (1)?

Mais, si le prêt à intérêt n'est pas absolument contraire à la loi naturelle, jusqu'à quel point cependant doit-il être toléré par la loi civile? Telle est la question que se pose Buridan (2); il la résout par la considération de l'utilité générale. Quand il y a plus d'inconvénients que d'avantages à prohiber l'usure, non seulement il faut se garder de la prohiber, mais il faut la permettre; dans le cas contraire, il convient de l'interdire. La décision à rendre, les règlements à faire en cette matière, se trouvent donc subordonnés aux circonstances; d'où il suit, comme le fait remarquer Buridan, que les politiques qui autorisent ou qui interdisent l'usure dans un pays doivent être des gens sages, avisés et sachant prévoir de loin l'avenir, *procul videntes de futuris*.

Cette doctrine juste en soi, que le législateur civil peut, en considération même de l'utilité sociale, autoriser l'usure, a suggéré à Durand de Saint-Pourçain, de l'ordre de Saint-Dominique, une idée assez singulière (3). Il n'admet pas que les simples particuliers puissent, sans offenser Dieu, percevoir, de leur autorité privée, un intérêt, quelque léger qu'il soit, sur l'argent qu'ils prêtent. Mais pourquoi ces prêts ne se feraient-ils pas au nom et par délégation spéciale du souverain? Pourquoi n'y aurait-il pas, dans chaque cité, un magistrat qui, moyennant une redevance autorisée par le souverain, prêterait à ceux qui auraient besoin d'argent? Celui qui remplirait cet office de prêteur public ne com-

---

(1) Say, *Traité d'Économie politique*, liv. II, ch. viii.
(2) *Quæst. in lib. Politic.*, p. 67 : « In aliquo casu, in politia bene et recte ordinata « usura est permittenda... quia in aliquo casu ad prohibitionem usuræ multo plura « mala eveniunt quam de ejus permissione. In aliquo casu, usura non est permittenda « in politia bene recta... quia ex ejus permissione plura mala eveniunt in aliquo casu... « De permissione vel etiam prohibitione usuræ in politia, oportet procedere secundum « diversas circumstancias locorum et temporum et hominum... Ex quo sequitur corol-« larie, quod oportet prohibentes usuras esse sapientes et procul videntes de futuris. »
(3) *In lib. Sentent.* lib. III, dist. 37, q. 2 : « Si aliquis auctoritate illius qui præest rei-« publicæ ordinaretur seu statueretur ad tradendum mutuum indigentibus, et de hoc « serviret reipublicæ, in qua sunt quamplures qui mutuis indigent, et nisi invenirent « qui eis mutuum traderent, notabiliter damnificarentur, et respublica in eis : si talis, « inquam, tradens gratis mutuum reciperet pro servitio quod communitati exhibet ali-« quod certum salarium, annuatim, taxandum auctoritati illius qui præest, non videre-« tur esse illicitum, quia quilibet serviens reipublicæ, de servitio licito et reipublicæ « necessario meretur mercedem seu remunerationem... »

mettrait pas le péché d'usure, même en recevant une rétribution fixée annuellement; car il n'agirait que par les ordres du prince, conformément à la loi, et les émoluments qu'il percevrait ne seraient que le juste salaire du service qu'il aurait rendu à l'État. Le précepte qui interdit l'usure ne serait donc pas violé; et cependant les malheureux qui sont à bout de ressources trouveraient à emprunter dans de bonnes conditions. Tel est le plan que Durand de Saint-Pourçain met en avant pour concilier, en matière d'usure, les points de vue opposés de la théologie et de la politique. Il n'y a qu'un malheur, et Durand lui-même a la bonne foi d'en convenir (1) : ce plan, trop ingénieux, n'a été réalisé ni même essayé nulle part. Il n'a servi qu'à prouver, avec les bonnes intentions de l'auteur, les difficultés du problème à résoudre.

A mesure qu'on avance dans le moyen âge, on voit se prononcer de plus en plus, chez les théologiens les plus orthodoxes, le sentiment de ces difficultés et le désir d'y échapper. Comme chrétiens, ils condamnent tous le prêt à intérêt; mais ils s'étudient plutôt à restreindre qu'à étendre la portée de cette réprobation; beaucoup l'interprètent dans le sens de l'indulgence plus volontiers que dans celui de la rigueur. C'est à ce point de vue que nous paraît notamment s'être placé Jean de Gerson, chancelier de l'Église de Paris, dans son traité *Des contrats*. On peut, sans doute, extraire de cet ouvrage plus d'un passage sévère contre l'usure; mais, chez le pieux chancelier, la raison politique se trouvait-elle pleinement d'accord avec certaines décisions du théologien? Il est au moins permis d'en douter. Quelles que fussent la tournure mystique de son esprit et ses aspirations vers la vie cachée en Dieu, Gerson avait longtemps vécu au milieu du monde; il s'était trouvé mêlé à ses agitations, et, dans ce contact prolongé avec les réalités de l'existence, il avait appris que la loi civile ne doit pas être aussi inflexible que la loi religieuse, et qu'elle ne renverse pas ni ne blesse pas celle-ci en s'accommodant aux besoins sociaux. De là cette page remarquable dans laquelle, sans absoudre le prêt à intérêt, Gerson absout le législateur humain qui l'autorise.

(1) *In lib.*, etc. : « Sed istum modum non legi nec audivi alicubi statutum vel ordina-
« tum... » Sur D. de S. Pourçain, voy. notre livre de la *Philosophie de S. Thomas*,
« t. II, p. 154 et suiv.

« Il ne faut pas, dit-il (1), reprocher à la loi civile d'être con-
« traire à la loi divine ou à la loi ecclésiastique, lorsqu'elle tolère
« certaines usures. Le législateur civil a surtout en vue la conser-
« vation de l'État et le maintien de la paix entre les citoyens; il
« cherche à prévenir les vols, les rapines, les meurtres et les
« autres crimes qui troublent la société. Et, comme il arrive sou-
« vent que les excès de la méchanceté ne peuvent pas être entière-
« ment réprimés, le législateur agit à la manière d'un médecin
« prudent; il tolère de moindres maux pour en éviter de pires.
« Or de légères usures, moyennant lesquelles il est pourvu à des
« nécessités urgentes, sont un moindre mal que le défaut de res-
« sources, qui entraîne des malheureux soit à voler et à piller, soit
« à se défaire de leurs biens mobiliers et immobiliers à vil prix,
« avec une perte bien autre que le payement d'un intérêt modi-
« que. On échapperait par cet expédient à l'incroyable oppression
« que les usuriers font peser sur les chrétiens, et qui leur crée à
« eux-mêmes d'opulents loisirs. Il est constant qu'une pareille
« tolérance est conforme au jugement de la raison naturelle;
« j'oserais même dire, n'était le péché commis par celui qui en
« profite, qu'elle n'est pas contraire à la loi divine. Et, comme
« les biens temporels, et surtout ceux des laïques, ne relèvent pas
« immédiatement du pape, il est constant aussi que le pape ne
« doit pas casser les lois utiles qui sont faites pour la conservation
« de ces biens, encore que l'usure implique un péché qui ferme
« à son auteur l'entrée dans la vie éternelle. »

(1) *De contractibus*, p. II, prop. 17, Opp. t. III, col. 183 : « Lex civilis, tolerans usuras
« aliquas, non ideo semper dicenda est contraria legi divinæ vel Ecclesiæ... Legislator
« civilis attendit consistentiam reipublicæ ad consecutionem pacifici convictus inter
« cives, ut quod non fiant furta, rapinæ, homicidia, et cætera humanum convictum
« turbantia. Sed quia frequenter effrenata segnitia non potest ex toto compesci, agit
« more prudentis medici : tolerat minora mala, ut pejora vitentur... Apparuit autem
« minus malum, quod usuræ leves fierent pro succursu indigentium, quam ut induce-
« rentur per indigentiam furari, rapere aut passim distrahere sua bona mobilia vel
« immobilia, vilissimo pretio, cum damno longe majori quam esset moderata receptio
« sub usuris; nec inde Judæi viverent in otio per oppressionem incredibilem Christia-
« norum quibus fœnerantur. Constat autem quod hæc tolerantia consona est dictamini
« naturalis rationis, immo et divinæ legis, præsupposito peccato. Constat præterea
« quod papa, sicut non est immediatus dominus bonorum temporalium, præsertim
« laicorum, sic non debet passim irritare leges utiles pro dispensatione talium bonorum
« constitutas, utiles, inquam civiliter, licet fiant cum peccato, quod impedit quoad
« finem beatitudinis consequendæ. »

Ailleurs Gerson s'élève contre le rigorisme outré de ces casuistes qui enchaînent les consciences par des lois impraticables : « Qui « ne sait que l'usure doit être extirpée? s'écrie-t-il (1). Mais il serait « bon de dire dans quel cas il y a vraiment péché d'usure, afin « que l'on ne confondît pas le juste avec l'impie, que l'on ne « qualifiât pas d'usuraires certains contrats parfaitement légi-« times, et que, par une rigueur mal entendue, on ne s'exposât « pas à compromettre les revenus mêmes de beaucoup d'églises. »

Ce qui contribuait assurément à discréditer le rigorisme aux yeux de l'école, c'était son impuissance de jour en jour plus manifeste. A quoi bon lancer des anathèmes contre le prêt à intérêt, s'ils n'étaient pas respectés? Déjà, au XIII° siècle, un glossateur de Guillaume de Duranti avançait qu'on ne rougissait plus du péché d'usure, si grand était le nombre de ceux qui le commettaient (2). Que fut-ce donc au XIV° siècle, lorsque certains gouvernements italiens ouvrirent des emprunts publics avec stipulation d'intérêts, lorsqu'ils créèrent des institutions comme le *Mont* de Florence et comme la célèbre banque de Saint-Georges, à Gênes, qui attiraient les capitaux par de séduisantes promesses, et qui les appliquaient aux besoins de l'État, non sans profit pour les prêteurs (3)? Là, dans un intérêt national, l'usure était pratiquée en grand, non point avec l'assentiment tacite, mais sous les auspices et avec le concours du pouvoir civil. Comment de tels exemples n'auraient-ils pas rendu illusoires les recommandations des casuistes?

Au reste, les souverains pontifes eux-mêmes avaient dû faire fléchir devant l'impérieuse loi des circonstances la rigueur des préceptes du droit canon. Ainsi les fragments de la correspondance de Boniface VIII, recueillis par La Porte du Theil (4), contiennent plusieurs lettres qui autorisent des évêques et des monastères à emprunter; or peut-on supposer que ces emprunts aient été con-

---

(1) *De contractibus*, col. 186 et 187 : « Deus æquissime, quis nesciat et simoniam et « usuram modis omnibus extirpandas esse? Sed primitus declarandum sub quibus « casibus et quibus intentionibus proprie dicta simonia vel usura committitur. »
(2) *Speculum juris*, lib. IV : « Erubescentia hujus vitii cessat propter multitudinem « peccantium. » (Sur Guillaume Duranti, voyez *Hist. litt.*, t. XX, p. 411 et suiv.
(3) Sclopis, *Hist. de la législation italienne*, Paris, 1861, in-8°, t. I, p. 189; t. II, p. 211 et suiv.
(4) Bibl. nationale, fonds Moreau, 1229, *passim*.

tractés à titre purement gratuit, et que les banquiers florentins qu'on y voit figurer aient poussé le scrupule au point de ne stipuler en leur faveur aucun intérêt?

Mais tout s'enchaîne ici-bas. En même temps que la nécessité sociale du prêt à intérêt commençait à être mieux appréciée, les conditions de l'échange et de la vente étaient aussi mieux comprises.

Dans leur défiante sévérité à l'égard du négoce, les docteurs du xiii° siècle s'étaient efforcés de maintenir un exact rapport entre le prix de vente et la valeur des choses vénales. Mais comment apprécier cette valeur? Est-elle absolue et immuable? Ou bien est-elle relative et varie-t-elle? Et, dans ce dernier cas, quelle est la règle qui sert à la fixer? La question valait assurément la peine d'être examinée, car l'économie politique en offre peu qui soient plus intéressantes. Or voici la réponse qui, par un notable progrès dans les idées, tend à prévaloir au xiv° siècle : c'est que les choses n'ont pas par elles-mêmes de valeur; que leur valeur est proportionnée au besoin qu'on en a et que, par conséquent, elle trouve sa mesure dans le besoin même.

Cette vérité importante avait été entrevue, comme bien d'autres, par le maître commun de tous les maîtres de la scolastique, par Aristote. N'a-t-il pas écrit, en effet, dans la *Morale à Nicomaque*(1), « que la mesure de toutes les choses échangeables, c'est « le besoin que nous en avons? » Dans son commentaire sur la *Morale*, Eustrate, ou plutôt Michel d'Éphèse, paraphrase habilement la pensée du Stagirite; il montre que le besoin que nous avons les uns et les autres de beaucoup d'objets est le lien de la société, puisque, ne pouvant pas nous les procurer nous-mêmes, nous sommes obligés de nous adresser à nos semblables pour les obtenir. Le commentaire qui porte le nom d'Eustrate a été connu des chrétiens en même temps que la *Morale à Nicomaque*. Il en existait au xiii° siècle une traduction latine dérivée du grec, dont la Bibliothèque nationale possède plusieurs manuscrits (2), et qui a laissé des traces nombreuses dans les écrits d'Albert le Grand et de saint Thomas d'Aquin. Sur le point qui nous occupe, le docteur

---

(1) L. V, c. v, éd. Michelet, Berlin, 1829, t. I, p. 100 : Δεῖ ἑνί τινι πάντα μετρεῖσθαι... τοῦτο δ'ἐστὶ τῇ μὲν ἀληθείᾳ ἡ χρεία, ἣ πάντα συνέχει.

(2) Jourdain, *Recherches sur les trad. d'Aristote*, p. 62, 180 et 440.

angélique suit à la fois Aristote et son interprète, empruntant à tous deux et complétant ses emprunts par quelques explications qui lui sont personnelles. Cette partie de son commentaire se retrouve tout entière transcrite dans celui de Walter Burleigh (1), et l'on peut en suivre la trace jusque dans les *Quæstiones super decem libros Ethicorum* de Buridan; mais, chez ce dernier, la doctrine est énoncée avec une tout autre netteté que chez ses prédécesseurs. Il sent qu'il est en présence d'une question de quelque gravité, et cette question, il la pose en termes précis, et la discute avec ce ferme jugement qui lui est ordinaire.

« Les besoins de l'homme, dit-il (2), sont la mesure naturelle de « la valeur des choses échangeables, ce qui se démontre de la ma- « nière suivante. La bonté ou la valeur d'une chose s'apprécie d'a- « près la fin pour laquelle cette chose existe; aussi n'y a-t-il rien de « bon, suivant Averroès, que par rapport aux causes finales. Mais « la fin à laquelle les choses échangeables sont naturellement « destinées, c'est de pourvoir aux besoins de l'homme. Par exem- « ple, si j'ai besoin de blé dont vous possédez une grande quan- « tité, et si vous avez vous-même besoin de vin, que j'ai en abon- « dance, je vous donne du vin pour du blé, et nous nous trouvons « pourvus tous deux de ce qui nous manque. Il suit de là que la « vraie mesure des choses échangeables, c'est la part qu'elles ont

---

(1) *Gualteri Burlæi expositiones super decem libros Ethicorum*, Venetiis, 1521. in-fol., fol., 92.

(2) Lib. V, q. 16 : « Dicendum est quod indigentia humana est mensura naturalis « commutabilium; quod quidem probatur sic : Bonitas sive valor rei attenditur ex fine « propter quam exhibetur; unde Commentator secundo metaphysicæ : Nihil est bonum « nisi propter causas finales. Sed finis naturalis ad quem justitia commutativa ordinat « exteriora commutabilia est supplementum indigentiæ humanæ. Verbi gratia : Si « indigeo blado quo tu abundas, et tu indiges vino quo ego abundo, commuto tibi « vinum pro blado; et ita utraque nostra indigentia est repleta. Igitur supplementum « indigentiæ humanæ est vera mensura commutabilium. Sed supplementum videtur « mensurari per indigentiam; majoris enim valoris est supplementum, quando majorem « supplet indigentiam, sicut quando major est dolii capacitas et vacuitas, tanto plus « de vino requiritur ad replendum illud, etc. Item hoc probatur signo quod videmus, « quod illo tempore quo vina deficiunt, quoniam magis indigeremus eis, ipsa fiunt « cariora. Similiter vina sunt cariora ubi non crescunt quam ubi crescunt, eo quod illic « magis indigemus. Et sic de aliis. Item in commutativa non æstimatur precium com- « mutabilium secundum naturalem valorem ipsorum; sic enim musca plus valeret « quam totum aurum mundi; sed æstimamus valorem ipsorum secundum quod « veniunt in usum nostrum, et non veniunt in usum nostrum, nisi ad nostras supplen- « das indigentias... Sed contra hoc objicitur sic, etc... »

« dans la satisfaction de nos besoins, et qui se trouve à son tour
« mesurée par ces besoins mêmes. Cette part, en effet, a d'autant
« plus de valeur que nos besoins sont plus grands; de même que
« plus est grande la capacité d'un tonneau vide, plus il faut de vin
« pour le remplir. C'est ainsi que, dans les années où le vin man-
« que, il est d'un prix plus élevé, parce qu'on en éprouve plus
« généralement le besoin. C'est ainsi encore que le vin coûte plus
« cher dans les pays qui n'en produisent pas que dans les pays de
« vignobles; en effet, dans les premiers, le besoin qu'on a de vin
« est ressenti plus vivement que dans les seconds. Ajoutons que,
« dans l'échange, le prix des objets à échanger ne se règle pas
« d'après leur valeur naturelle; car, dans ce cas, une mouche
« vaudrait plus que tout l'or du monde. La valeur des choses
« s'apprécie d'après l'usage que nous en faisons, c'est-à-dire
« d'après les services qu'elles nous rendent, en nous procurant
« ce qui nous manque. »

Après avoir expliqué en ces termes, aussi clairement, ce semble, que pourraient le faire les écrivains de nos jours, le fondement de la valeur que les hommes attachent aux choses, Buridan se pose deux objections : la première, c'est que le pauvre, à ce compte-là, devrait payer le blé plus cher que le riche; la seconde, c'est que beaucoup de choses sont très coûteuses, qui cependant sont médiocrement nécessaires, et que les riches se procurent, non pour leurs besoins véritables, mais par superfluité et pour des plaisirs luxueux.

Buridan examine tour à tour ces deux objections. Il établit d'abord que le besoin qui sert de mesure à la valeur des choses échangeables n'est pas le besoin particulier de tel ou tel individu; ce sont les besoins ordinaires de la généralité de ceux, pauvres ou riches, entre lesquels l'échange est susceptible de s'opérer (1). Il analyse ensuite, non sans subtilité, la position différente du riche et du pauvre. Le premier a des espèces monnayées en grande quantité; le second, s'il n'en possède pas, a un fonds qui manque au riche, c'est le travail. Lorsqu'il s'agira de se procurer du blé, chacun sera disposé à donner ce qu'il a en abondance, le riche son argent, le pauvre son travail; mais le pauvre ne consentira à payer le

---

(1) Lib. V, q. 16 : « Indigentia istius hominis vel illius non mensurat valorem muta-
« bilium, sed indigentia communis eorum qui inter se commutare possunt. »

blé qu'au prix le plus bas; car il est dépourvu d'or autant que de froment (1). Ainsi, par la force des choses, l'équilibre se rétablira pour le blé entre les prix d'achat payés par le riche et par le pauvre, l'un poussant à l'élévation des prix et l'autre à leur abaissement. Quant à ces objets dispendieux et superflus dont le prix est hors de proportion avec leur utilité, Buridan fait observer qu'il y a deux sortes de pauvreté et de richesse : d'où résultent deux natures de besoins et, par conséquent, deux natures de valeurs. En un sens, la pauvreté consiste à être privé des biens de la fortune, et, en un autre sens, à manquer non pas des choses qui sont absolument nécessaires, mais de celles qu'on désire, bien qu'elles soient superflues. Ce dernier genre de pauvreté se remarque chez les gens, même opulents, qui, en dépit des leçons de la philosophie, ne savent pas se contenter de ce qu'ils possèdent. Les besoins qu'ils éprouvent sont factices; mais ils sont dispendieux, et ils contribuent, comme les besoins naturels, à régler la valeur des choses. De là vient que tant de superfluités sont si coûteuses (2).

Assurément ce sont là des vérités très simples, très élémentaires; et toutefois, au xiv° siècle, n'y avait-il pas quelque mérite à les dégager, pour la première fois peut-être, aussi nettement que l'a fait ce maître, ignoré aujourd'hui, mais alors célèbre et populaire, de l'Université de Paris?

Nous recueillons avec soin dans les ouvrages des écrivains antérieurs à la Renaissance toutes les traces qui rappellent la première apparition de l'économie politique dans la controverse des écoles. C'est le motif qui nous engage à relever, dans le traité du chancelier Gerson sur les contrats, une page très curieuse en faveur de l'établissement d'un prix officiel et légal pour toutes les marchandises généralement. Il y a eu, à toutes les époques, un

---

(1) Lib. V, q. 16 : « Pauper, quoad ea quibus abundat, multo pluri precio emit
« ea quibus indiget quam dives; plus enim apponeret de labore corporali pro uno
« sextario frumenti quam dives pro viginti; sed plus pecuniæ non apponeret, eo quod
« indiget ea sicut et frumento : videlicet enim indiget exterioribus bonis. »
(2) *Ibid.* : « Divites et pauperes dupliciter accipiuntur. Uno modo, secundum habere
« multum de bonis fortunæ aut modicum; et sic eos accipit vulgus. Alio modo secun-
« dum sufficientiam et non sufficientiam; et sic capiuntur veræ divitiæ et vera pauper-
« tas. De quibus dicit Seneca (*Epist. ad Lucilium*) : non qui parum habet, sed qui plus
« cupit, pauper. »

certain nombre de denrées qui ont été taxées. Ainsi, au XIIIᵉ siècle, dans l'Université de Paris, on taxait le loyer des habitations destinées aux étudiants; on taxait aussi le louage des livres de théologie, de jurisprudence et de philosophie à leur usage (1). Au siècle suivant, en 1350, le roi Jean Iᵉʳ rendit une ordonnance qui réglait non seulement le prix de beaucoup de denrées de consommation, mais le taux des salaires dans la plupart des corps d'états (2). Par amour de la paix, afin de prévenir entre les vendeurs et les acheteurs ces discussions qui dégénèrent fréquemment en rixes, Gerson proposait de taxer toute espèce de marchandises sans exception.

« Il serait possible, dit-il, de régler par une loi équitable le
« prix des marchandises de toutes sortes, meubles, immeubles,
« cens, etc. Au delà de ce prix, il ne serait pas permis au ven-
« deur de rien exiger, ni à l'acheteur de rien offrir de lui-même.
« Dans le contrat de vente, le prix convenu est en quelque sorte
« l'équivalent de l'objet cédé; mais, comme les passions contraires
« et dépravées des hommes rendent difficile la fixation de cet
« équivalent, il est bon qu'il soit déterminé par un sage. Or, dans
« un État, nul ne doit être censé plus sage que le législateur.
« C'est donc surtout au législateur qu'il appartient de régler au-
« tant que possible, pour chaque chose, le juste prix qui ne doit
« pas être dépassé par les particuliers, en dépit de leurs caprices
« qu'il faut enchaîner et réprimer dans la mesure où l'exige le
« bien de l'État. Plût à Dieu que le prix de toutes les denrées fût
« réglé comme l'ont été le prix du pain et celui du vin! Combien
« on éviterait par là d'altercations, non seulement inutiles, mais
« impies, qui s'élèvent chaque jour entre les vendeurs et les ache-
« teurs! De tels débats seraient impossibles dès que l'on pourrait
« dire, sans beaucoup de paroles et en termes absolus : cette
« aune de drap vaut tant; cette mesure de blé, tant; cette pièce
« de vin, tant; ce fromage, tant. Payerait le prix qui voudrait;

---

(1) Nous avons publié deux taxes de ce genre dans notre *Index chronologicus chartarum ad historiam Universitatis Parisiensis pertinentium*, Parisiis, 1862, in-fol. p. 54 et suiv., 74 et suiv.

(2) *Ordonn. des roys de France*, t. II, p. 350 et suiv. Notre confrère M. Levasseur a donné l'analyse de cette ordonnance dans son *Histoire des classes ouvrières*, Paris, 1859, t. I, p. 393.

« celui qui le trouverait trop élevé s'éloignerait sans tenir de
« mauvais propos. La mesure est d'une application difficile, j'en
« tombe d'accord; mais combien elle aurait d'effets salutaires!
« Elle serait une source de paix pour les hommes de bonne vo-
« lonté, et de gloire pour Dieu (1). »

Nous ne chercherons pas dans cette page, empreinte des sentiments pacifiques de l'auteur, la preuve du savoir ou du génie économique de Gerson. Elle donne en effet aux législateurs un fort mauvais conseil, qui n'a jamais profité aux États assez mal inspirés pour le suivre. Mais, quelque erronées que puissent être les vues du pieux chancelier en matière de commerce, nous les signalerons comme un nouvel indice des préoccupations qui, sur la fin du moyen âge, avaient pénétré dans les écoles, tandis que, durant la période qui s'étend de la mort de Charlemagne à la fin des croisades, on n'en trouvait la trace nulle part. La science de l'économie politique n'est pas alors constituée : le sera-t-elle même avant le XVIII siècle? Saura-t-elle discerner, avant Smith, en dépit de quelques essais originaux, son objet propre et sa méthode vraie? Mais il est arrivé plus d'une fois que certaines questions, qui devaient entrer un jour dans le domaine d'une science, fussent agitées avec ardeur, alors qu'on ne s'était pas rendu compte du but que cette science poursuivait, ni de la voie qu'elle devait suivre pour l'atteindre. Telle nous paraît avoir été la situa-

---

(1) *De contractibus*, prop. 19, Opp. t. III, col. 175 : « Justa lege potest institui
« pretium rerum venalium, tam mobilium quam immobilium, tam censualium quam
« non censualium, feudalium et non feudalium; ultra quod pretium non liceat vendi-
« tori exigere, imo nec emptori dare, maxime privata voluntate. Cum itaque pretium
« sit in contractibus tanquam medium adæquativum, et difficile sit tale medium semper
« invenire propter affectiones varias et corruptas hominum, prorsus expediens est ut
« illud medium capiatur prout sapiens judicabit, sicut loquitur Aristoteles de medio
« virtutis. Nullus autem debet censeri sapientior in regimine reipublicæ quam legislator.
« Propterea spectat ad eum præcipue, quantum possibile est, justum pretium statuere,
« quale non licet transgredi privata voluntate quæ debet coerceri vel ligari prout reipu-
« blicæ deposcit utilitas. Et utinam pretia sic omnibus rebus essent imposita, quemad-
« modum videmus, in pane et in vino! Quot evitarentur altercationes, nedum inutiles,
« sed perjuræ, et impiæ, quas experimur quotidie fieri inter ementes et vendentes!
« Quod non fieret, si unico verbo et absoluto, statim diceretur pretium, ut ulna panni
» tantum valet, modium bladi tantum valet ; hæc cada vini est hujus pretii, hic caseus
« tanti; et ita de similibus. Tunc daret pretium, qui vellet; qui nollet, abiret. Alterca-
« tione dimissa. Difficile est fatemur, sed tam salubriter factibile apud homines bonæ
« voluntatis, quibus ex hoc esset pax et gloria Deo. »

tion de l'économie politique dans la seconde partie du moyen âge. Elle n'est pas même soupçonnée dans les écoles chrétiennes aussi longtemps que la Bible, quelques ouvrages des Pères de l'Église et les premières parties de l'*Organon* d'Aristote sont les seuls livres qu'on y explique. Mais, dès qu'une version latine de la *Morale* et de la *Politique* a commencé à circuler, de nouveaux points de vue se découvrent aux esprits; de nouvelles questions sont posées; le prêt à intérêt, l'échange et quelques parties essentielles de la théorie de la monnaie servent de thème à des controverses plus ou moins sérieuses. Aristote a donné le signal; il a fourni les premiers éléments de ces discussions; le progrès du commerce et les vicissitudes de la politique les ont favorisées en appelant l'attention des esprits sur des problèmes sociaux qui jusque-là n'avaient pas eu la même opportunité ni le même attrait. Ainsi s'est formé peu à peu un courant d'idées économiques, encore bien faible, sans doute, mais qui était destiné à grossir de siècle en siècle, en attirant à lui les esprits généreux que séduit l'espoir d'améliorer la condition de l'homme ici-bas. Peut-être n'était-il pas inutile de remonter à la source première de ce courant et de décrire sa marche pénible durant les années où il n'était qu'une branche négligée et obscure de la science humaine. C'est la tâche assez laborieuse que nous nous étions proposée dans les pages qui précèdent; puissions-nous ne pas l'avoir remplie d'une manière trop incomplète ni trop aride!

# MÉMOIRE

## SUR

# L'ÉDUCATION DES FEMMES

## AU MOYEN AGE.

# MÉMOIRE

## SUR

# L'ÉDUCATION DES FEMMES

## AU MOYEN AGE.

---

Quand on a devant les yeux le tableau des universités qui furent établies du XIII° au XV° siècle dans les différents pays de l'Europe, et particulièrement en France; quand on considère la multitude des collèges dont elles se composaient, les privilèges importants concédés aux écoliers et à leurs maîtres par les papes et par les rois, enfin ce grand nombre de bourses fondées en faveur des étudiants pauvres; quelque lent que paraisse le progrès des études et des sciences durant le moyen âge, on ne saurait méconnaître que l'éducation de la jeunesse n'ait été alors une des plus constantes préoccupations de l'Église et de la royauté, des seigneurs féodaux et de la bourgeoisie. L'éducation des filles fut-elle, pour nos pères, l'objet de soins aussi diligents et aussi soutenus que celle des garçons? Il serait déraisonnable et frivole de le prétendre. Fénelon (1) se plaignait que, de son temps, rien ne fût plus négligé que l'éducation des filles; combien de fois les moralistes de nos jours n'ont-ils pas élevé la même plainte contre le siècle

---

(1) *De l'éducation des filles*, ch. 1.

présent! Ne soyons donc pas surpris si le moyen âge a encouru le reproche auquel, malgré notre brillante civilisation, nous n'avons pas su échapper, et s'il n'a pas pourvu, avec plus de diligence qu'il ne l'a fait, aux moyens de répandre parmi les femmes elles-mêmes, à tous les degrés de l'échelle sociale, le bienfait de l'instruction. Cependant, même aux époques les plus sombres de l'histoire depuis la chute de l'empire romain, jamais ce grand intérêt n'a été entièrement oublié. Pour s'en convaincre, il suffit de considérer la suite nombreuse de femmes éminentes qui, de Charlemagne à saint Louis et de Philippe le Bel à Charles VIII, se sont distinguées non seulement par leurs vertus publiques ou privées, mais par la variété des connaissances, et quelquefois même par le talent d'écrire. Pour qu'elles atteignissent à cette culture d'esprit si remarquable dont témoignent les historiens, il fallait bien sans doute que leur enfance comme leur jeunesse eussent été environnées de soins intelligents, qui ne profitaient pas à elles seules, mais qui ont dû s'étendre à leurs compagnes et embrasser, dans une certaine mesure, toute leur génération. Mais où avaient-elles puisé, ces femmes remarquables, l'instruction qu'elles possédaient? Quelles écoles avaient-elles fréquentées? Quelles leçons avaient-elles reçues? En un mot, et pour ramener le problème à ses termes les plus généraux, quelle a été, au moyen âge, l'éducation des femmes? Ce curieux sujet d'études est d'autant plus difficile à creuser profondément qu'il touche à la vie cachée des familles, aux secrets du foyer domestique, où l'œil de l'historien ne pénètre guère et où si souvent s'achève l'éducation de l'enfant. Aussi ne prétendons-nous pas épuiser la question que nous avons posée : nous voudrions seulement coordonner quelques-uns des faits qui contribuent à en éclairer les aspects principaux, soit que ces faits aient été signalés par d'autres érudits et se trouvent déjà connus, soit que nous les ayons recueillis nous-même aux sources et qu'ils soient mis en lumière pour la première fois.

Dans un fragment lu devant l'Institut de France, il y a bientôt trente-six ans (1), M. Michelet a éclairé d'une vive lumière cer-

---

(1) *Séance publique annuelle des cinq Académies*, tenue le 2 mai 1838, in-4°, p. 67 et suiv.

taines faces du sujet que nous nous proposons de traiter. Notre prétention ne saurait être en aucune sorte de refaire ces pages magistrales; mais, en nous plaçant à un autre point de vue que notre illustre confrère de l'Académie des sciences morales et politiques, peut-être nous sera-t-il donné de jeter quelque jour sur les côtés de la question qu'il n'a pas eu à envisager.

C'est la religion chrétienne qui la première a consacré et fait prévaloir les maximes sur lesquelles s'appuieront toujours ceux qui réclament pour les femmes une sérieuse éducation. Le christianisme proclame en effet que la femme, bien que soumise à l'homme, ne vaut pas, devant Dieu, moins que l'homme; qu'elle ne forme qu'une même chair avec l'homme; qu'elle participe à ses devoirs en ce monde et à sa destinée dans l'autre.

Telle est, d'ailleurs, la dignité originelle de la femme, qu'une femme, une Vierge, a été choisie pour concourir à la rédemption du genre humain en mettant au jour l'enfant divin qui devait le racheter. Dès lors, comment la condition de la femme ici-bas serait-elle d'ignorer les vérités sublimes qu'elle a autant d'intérêt que l'homme à connaître? Aux yeux même de la foi, les nobles facultés dont elle est douée demandent à être cultivées, et c'est se rendre coupable envers Dieu que de leur refuser cette culture indispensable. Sans doute l'apôtre saint Paul recommande que la femme se taise dans l'Église, c'est-à-dire qu'elle ne s'arroge pas le droit de disputer sur le dogme ni sur la morale; il veut qu'elle se montre obéissante envers son mari (1); mais en même temps il l'honore assez pour ne pas dédaigner de l'instruire et pour confondre dans sa sollicitude les diaconesses avec les diacres de la primitive Église. A l'exemple de saint Paul, les Pères grecs et latins donnèrent par la suite une attention particulière à ce qui concerne l'éducation des femmes. Sans parler des traités spéciaux que plusieurs d'entre eux ont écrits sur la virginité, et qui sont remplis de préceptes propres à diriger l'adolescence et la première jeunesse des vierges chrétiennes, on pourrait aisément relever, chez saint Clément d'Alexandrie, chez saint Basile, chez saint Grégoire de Nazianze et chez saint Augustin, pour nous en tenir à ces seuls noms, un grand nombre de passages sur l'éducation de la jeunesse

---

(1) *I Corinth.*, c. xiv, v. 34 et 35; *I Timoth.*, c. ii, v. 11 et 12.

qui ne s'appliquent pas moins aux jeunes filles qu'aux jeunes garçons, et qui seront toujours lus avec fruit par les mères de famille. Les lettres que saint Jérôme écrivait à Eustochium, à Paula, à Gaudence, à Læta, à Marcella, ne sont pas la partie la moins précieuse ni la moins célèbre de ses œuvres; et que renferment-elles sinon des témoignages répétés de la plus active sollicitude pour l'instruction des femmes, tantôt des règlements de vie, tantôt des explications savantes de quelque passage obscur de la Bible, tantôt, comme les lettres à Gaudence et à Paula, tout un plan d'éducation destiné à de jeunes filles?

Les races germaines qui se partagèrent l'empire romain étaient mieux préparées que d'autres à recevoir les enseignements du christianisme sur la condition de la femme. Tacite nous apprend, en effet, que les Germains reconnaissaient dans les femmes quelque chose de divin; ils écoutaient leurs avis et ajoutaient foi à leurs prédictions. Dans la paix et surtout à la guerre, elles étaient pour eux des compagnes fidèles, endurcies au travail, intrépides dans le combat, généralement chastes, dignes des honneurs rendus par la nation à leur bravoure et à leur vertu (1). Quand le christianisme fut prêché à ces races grossières, il trouva donc le respect de la femme empreint dans leurs usages. Il épura ce sentiment traditionnel; il le sanctifia, l'affermit, et, le tournant contre la barbarie, le fit concourir à la civilisation des peuples germains.

Ainsi, par la foi religieuse et par quelques-unes de ses traditions nationales, la société du moyen âge se trouvait poussée à honorer la femme comme épouse et comme mère, et à la protéger, dès ses plus tendres années, en veillant à son éducation.

A quelle époque remontent les premiers pas faits dans cette voie? On ne saurait le dire avec une entière précision; car ils furent si incertains et si rares, selon toute vraisemblance, qu'ils n'ont, pour ainsi dire, pas laissé de traces. Un fait constant, c'est qu'au vi<sup>e</sup> et au vii<sup>e</sup> siècle il existait sur le sol de la Gaule plusieurs monastères dans lesquels les lettres divines et humaines étaient cultivées par les religieuses, et où de jeunes enfants étaient admises et élevées.

---

(1) *De moribus Germaniæ*, c. VIII, XVIII, XIX.

Ainsi, au vi° siècle, sainte Radegonde, reine de France, retirée au monastère de Sainte-Croix, qu'elle avait fondé à Poitiers, lisait habituellement saint Grégoire de Nazianze, saint Basile, saint Athanase, saint Hilaire, saint Ambroise, saint Jérôme, saint Augustin, Sedulius et Paul Orose. Elle exhortait ses compagnes à imiter son exemple; elle les instruisait elle-même; et, quand on faisait la lecture en commun, elle expliquait les passages obscurs et difficiles. C'est elle dont le nom reparaît sans cesse dans les vers du poète Fortunat, fixé lui-même à Poitiers par la plus pure affection pour Radegonde (1).

Au vii° siècle, sainte Gertrude, abbesse de Nivelle, qui savait, dit-on, par cœur la plus grande partie de l'Écriture sainte, faisait venir des livres de Rome et des maîtres d'Irlande pour l'enseignement des novices (2). L'abbaye de Chelles, dirigée par sainte Bertille, avait une école qui compta plusieurs élèves de l'un et de l'autre sexe, venus d'Angleterre, et qui fournit des maîtresses et des livres aux pays voisins (3). Au monastère de Saint-Jean, à Laon, sainte Anstrude s'exerçait à l'enseignement des lettres, qu'elle avait étudiées dans son enfance (4).

Ouvrons, au reste, la règle donnée par saint Césaire, évêque d'Arles, au monastère de femmes qu'il avait fondé de 507 à 512 dans sa ville épiscopale; nous y trouvons les recommandations les plus précises au sujet des études. Il veut que les religieuses de ce monastère apprennent toutes les lettres, *omnes litteras discant* (5); que tous les jours, en tout temps, elles consacrent à la lecture deux heures de la matinée.

Quelques années après la mort de saint Césaire, une abbesse

---

(1) Mabillon, *Act. SS. Ord. S. Ben.*, t. I, p. 328; *Fortunati carmina*, Moguntiæ, 1603, in-4°, l. VIII, c. I, p. 184; *Hist. litt. de la France*, t. III, p. 347; Montalembert, *les Moines d'Occident*, Paris, 1868, in-12, t. II, p. 256 et suiv.

(2) Mabillon, *ibid.*, t. II, p. 465 : « Ita exitus rei patuit in illa ut pœne omnem bibliothecam divinæ legis memoriæ reconderet... Per suos nuntios, boni testimonii viros, sanctorum patrocinia vel sancta volumina de urbe Roma, et de transmarinis regionibus gnavos homines ascibat ad docendum. »

(3) *Ibid.*, t. III, p. 25.

(4) *Ibid.*, t. II, p. 976.

(5) *Lucæ Holstenii codex regularum monasticarum*, Augustæ Vindelicorum, 1749, in-fol., t. I, p. 356 : « Omnes litteras discant; omni tempore, duabus horis, hoc est a mane usque ad horam secundam, lectioni vacent. » *Ibid.*, p. 364 : « Lectionem aut ipsa frequentius legat, aut legentis verba toto pectore suscipiat. »

qui portait son nom, sans être sa sœur (1), comme on l'a cru à tort, sainte Césarine, renouvela, dans une lettre à sainte Radegonde, les recommandations du saint prélat. Après avoir insisté pour que les jeunes filles reçues dans le monastère fussent toutes astreintes à l'obligation d'étudier les lettres et de savoir par cœur le psautier, elle ajoute que l'instruction, qu'elle ait été acquise par la lecture ou qu'elle soit le fruit des leçons d'un maître, constitue le véritable ornement de l'âme, qu'elle est comme une parure de pierres précieuses, laquelle sied bien aux femmes qui pratiquent de bonnes œuvres (2).

Dans une règle anonyme, qui paraît être fort ancienne, car elle est citée par saint Benoît d'Aniane (3), l'auteur fait aussi des recommandations aux religieuses sur la manière d'élever les plus jeunes filles; il rappelle les soins pieux dont ces enfants doivent être entourées au couvent, de peur qu'elles ne contractent dans le premier âge des habitudes d'indolence et de légèreté qu'il serait difficile de corriger plus tard; puis il ajoute qu'elles doivent être exercées de bonne heure à la lecture, *habeant lectionis usum*, afin d'acquérir, dès leurs plus tendres années, les connaissances qui leur seront utiles à une époque plus avancée de la vie (4).

L'enseignement donné par les cloîtres profita dans la suite aux laïques; mais à cette époque voisine de l'invasion barbare, où la société civile était encore dans le chaos, nous inclinons à penser qu'il s'adressait exclusivement, dans chaque monastère, soit aux sœurs de la communauté, soit à de jeunes filles destinées à prendre le voile. Et, comme les écoles monastiques sont les seules

---

(1) *Hist. litt. de la France*, t. III, p. 275.
(2) Martene, *Thes. Anecdot.*, t. I, p. 3 : « Nulla sit de intrantibus quæ non litteras
« discat; omnes Psalterium memoriter teneant... Lectiones divinas jugiter aut legite
« aut audite, quia ipsæ sunt ornamenta animæ; ex ipsis pretiosas margaritas auribus
« appendite; ex ipsis annulos et dextralia. Dum bona opera exercetis, his ornamentis
« decoramini. »
(3) *Holstenius*, l. 1, t. I, p. 393.
(4) *Regula cujusdam patris*, c. xxiv, *ibid.*, p. 404 : « Infantes in monasterio quanta
« cura et disciplina sint enutriendæ multis didicimus documentis. Debent enim enu-
« triri cum omni pietatis affectu et disciplinæ ministerio ne desidiæ vel lasciviæ vitio
« sub tenera ætate maculatæ, aut vix, aut nullatenus possint postea corrigi... Ha-
« beant lectionis usum, ut sub puerili ætate discant quod ad perfectum deductis pro-
« ficiat. »

dont on aperçoive alors quelque vestige, il faut bien en conclure que sous les Mérovingiens, malgré des lueurs isolées et passagères, l'ignorance était aussi générale parmi les populations et aussi profonde que la misère.

Nous n'avons pas à retracer ici les efforts énergiques de Charlemagne pour apporter un remède au mal; mais il appartient à notre sujet de constater que, dans ses plans de fondations scolaires, ce grand prince n'avait pas méconnu l'importance de l'éducation des femmes. « Il voulut, dit Éginhard (1), que ses filles, « aussi bien que ses fils, fussent instruites dans les arts libéraux « que lui-même cultivait. » Elles ne négligeaient sans doute pas les occupations qui conviennent particulièrement à leur sexe; elles apprenaient, pour se préserver de l'oisiveté, à travailler la laine, à manier la quenouille et le fuseau; mais ces soins ne les absorbaient pas, et elles s'adonnaient, par la volonté de leur père, aux études qui ornent l'esprit (2). On voit, en effet, un groupe de jeunes filles se mêler aux fils de Charlemagne et aux seigneurs de la cour qui assistaient, dans l'école du palais aux leçons d'Alcuin. Parmi elles figurent la sœur du roi, Gisèle; deux de ses filles, Gisèle et Richtrude; Liutgarde, une de ses femmes; Gontrade, sœur d'Adalhart. Les objets de leurs études étaient ceux de l'enseignement d'Alcuin, c'est-à-dire les premiers éléments de la grammaire, puisés dans Priscien et dans Donat, quelques aperçus de rhétorique et de logique, empruntés à Cassiodore et à Boèce, peut-être même directement tirés d'Aristote, quelques vagues notions d'arithmétique, de géométrie et d'astronomie : bien pauvre fonds d'érudition assurément, mais le seul qu'on eût alors; de sorte que les femmes de la cour de Charlemagne, en possession de ces premières connaissances qui nous paraissent aujourd'hui si peu de chose, avaient parcouru le cercle entier de la science de leur temps et pouvaient, à bon droit, passer pour très savantes. Aussi voyons-nous qu'elles étaient placées très

---

(1) *Vita Karoli imperatoris*, édit. Teulet, t. I, p. 64 : « Liberos suos ita censuit « instituendos, ut tam filii quam filiæ primo liberalibus studiis, quibus et ipse operam « dabat, erudirentur. »

(2) *Vita*, etc. : « Filias lanificio assuescere, coloque ac fuso, ne per otium torperent, « operam impendere, atque ad omnem honestatem erudiri jussit. » (Cf. *Alcuin*, par F. Monnier, Paris, 1853. in-8°, p. 56 et suiv.)

haut dans l'estime de leur maître Alcuin, qui leur a dédié quelques-uns de ses ouvrages. Les cinq premiers livres de son commentaire sur l'Évangile de saint Jean furent adressés à Gisèle, la sœur de Charlemagne, et à Richtrude; son Traité de la nature de l'âme, à Gontrade, sous le nom d'*Eulalie*, qu'elle portait à l'école du palais (1).

En dehors de la cour de Charlemagne, les ordonnances que ce prince rendit pour relever les études dans toute l'étendue de son empire ne furent certainement pas sans influence sur le progrès de l'éducation des filles. Lorsque, en 787, par une circulaire célèbre, il recommandait d'une manière si pressante que, dans les évêchés et dans les monastères, on prît soin, non seulement de vivre d'une manière régulière et conforme aux saintes lois de la religion, mais d'enseigner les lettres à tous ceux qui, par la grâce de Dieu, avaient la capacité nécessaire pour les étudier (2); quand, l'année suivante, en transmettant aux églises un homiliaire corrigé par Paul Warnefried, le puissant monarque exhortait toutes personnes à suivre son propre exemple et à cultiver les arts libéraux (3), il n'est pas probable que des recommandations parties de si haut, et si exactement conformes à l'esprit et aux traditions de l'Église, n'aient pas fait sentir leur effet jusque dans les monastères de femmes. Les moines, il est vrai, sont seuls nommés dans les lettres de Charlemagne; mais les graves motifs qui, dans la pensée du prince, devaient pousser les religieux à s'instruire, n'existaient-ils pas presque au même degré pour les religieuses? De même, lorsque, dans le palais d'Aix-la-Chapelle, en 789, Charlemagne ordonnait d'établir des écoles de lecture pour les enfants de condition servile ou de condition libre, et d'enseigner, dans les monastères et les évêchés, le psautier, le chant, le calcul et la grammaire (4); lorsque Théodulphe, évêque d'Orléans, animé d'un zèle égal pour l'instruction, prescrivait aux curés de son diocèse de tenir école dans les bourgs et dans les campagnes et de

---

(1) *Hist. litt. de la France*, t. IV, p. 306 et 310.
(2) *Capitularia regum Francorum*; Parisiis, 1780, in-fol., t. I, col. 201 et 202.
(3) *Capitularia*, etc., t. I, col. 203 et suiv.
(4) *Ibid.* t. I, col. 237 : « Non solum servilis conditionis infantes, sed etiam ingenuo-
« rum illos adgregent sibique socient (ministri altaris Dei). Et ut scholæ legentium
« puerorum fiant, psalmos, notas, cantus, computum, grammaticam per singula monas-
« teria vel episcopia discant. »

recevoir gratuitement tous les enfants qui leur seraient envoyés par les fidèles (1), on ne saurait se refuser de croire que les filles elles-mêmes n'étaient pas exceptées, et que, dans certains diocèses sinon dans tous, elles trouvaient à se procurer les connaissances tout au moins les plus élémentaires. Ce qui confirme cette présomption, c'est que, dès la fin du $IX^e$ siècle, comme on le voit par une ordonnance épiscopale de Riculphe, évêque de Soissons (2), les évêques commencèrent à défendre que les filles fussent réunies aux garçons dans les écoles tenues par les curés : preuve irréfragable que les écoles étaient déjà fréquentées plus ou moins tant par les filles que par les garçons.

Au reste, il est constant que, du $IX^e$ siècle au $XIII^e$, il s'est rencontré dans les rangs les plus élevés, il est vrai, de la société, beaucoup de femmes qui avaient reçu un certain degré d'instruction, appréciaient l'utilité de la science, aimaient les livres, recherchaient le commerce des savants, et parfois cultivaient elles-mêmes les lettres et la poésie. Citons les noms de quelques-unes d'entre elles d'après les indications éparses que fournissent les historiens.

Au $IX^e$ siècle, c'étaient l'impératrice Judith, la seconde femme de Louis le Débonnaire, à qui Raban-Maur a dédié son commentaire sur les livres de *Judith* et d'*Esther* (3); la reine Hermentrude, femme de Charles le Chauve, que Jean Scot a célébrée dans ses vers (4); Berthe, comtesse de Roussillon, dont on cite quelques vers brodés sur une nappe d'autel qu'elle avait envoyée à l'église de Lyon (5); Dodane, duchesse de Septimanie, auteur d'un manuel dans lequel, entre autres avis qu'elle donne à son fils, elle lui recommande de ne pas négliger, au milieu de la vie

---

(1) *Concilia Galliæ*, ed. Jac. Sirmond, t. II, p. 215 : « Presbyteri per villas et vicos « scholas habeant; et, si quilibet fidelium suos parvulos ad discendas litteras eis « commendare vult, eos suscipere et docere non renuant, sed cum summa charitate eos « doceant... Cum ergo eos docent, nihil ab eis pretii pro hac re exigant... »

(2) *Sacrosancta concilia*, etc. studio Ph. Labbe, Lutetiæ Parisiorum, 1671, in-fol., t. IX, p. 421 : « Monemus... ut presbyteri... scholarios suos modeste distringant, caste « nutriant, et sic litteris instruant, ut mala conversatione non destruant; et puellas « ad discendum cum scholariis suis in schola sua nequaquam recipiant. »

(3) *Hist. litt. de la France*, t. V, p. 161.
(4) *Ibid.* p. XIX de l'avertissement.
(5) Mabillon, *Act. SS. Ord. Ben.*, t. III, p. 143; *Hist. litt. de la France*, t. V, p. 453 et 462.

mondaine, l'acquisition d'une bibliothèque d'ouvrages propres à l'instruire et à l'édifier (1).

Au x$^e$ et au xi$^e$ siècle, nous citerons l'impératrice Adélaïde, femme d'Othon le Grand, qui reçut plusieurs lettres de Gerbert (2); Helvide, issue des ducs de Lorraine et mère du pape Léon IX, qui parlait le latin aussi facilement que sa langue maternelle (3); Agnès, première femme de Geoffroy, comte d'Anjou, qui, pour se procurer un recueil d'homélies, donnait deux cents brebis, un muid de froment, un autre de seigle, un troisième de millet, et un certain nombre de peaux de martre (4); la comtesse Mathilde, si fidèle à Grégoire VII, qui possédait plusieurs langues, et que les soins du gouvernement n'empêchaient pas de s'adonner aux lettres ni de s'être formé une nombreuse bibliothèque composée d'ouvrages de tout genre (5); une autre Mathilde, fille de Baudoin V, comte de Flandre, et femme de Guillaume le Conquérant (6); ses deux filles, Adèle, comtesse de Champagne (7), et Cécile, religieuse de la Trinité de Caen (8), toutes trois citées par les historiens pour leurs goûts littéraires, leur instruction et leurs essais poétiques; Emma, selon toute vraisemblance, abbesse de Saint-Amand de Rouen, à qui le poète Baudri, abbé de Bourgueil, adressa des vers en réponse à ceux qu'il avait reçus d'elle (9).

---

(1) Mabillon, *ibid.*, t. V, p. 752 : « Admoneo te, ut inter mundanas sæculi curas plu-« rima volumina librorum tibi acquiri non pigeas. »

(2) *Œuvres de Gerbert*, collationnées sur les manuscrits par A. Olleris, Paris, 1876. in-4°, p. 11, 18, 71, 130, etc.

(3) Mabillon, *ibid.*, t. IX, p. 54; *Hist. litt.*, t. VII, p. 459.

(4) Mabillon, *Ann. Ord. S. Bened.*, t. IV, p. 574. C'est par erreur que les Bénédictins, *Hist. litt.*, t. VII, p. 3, attribuent ce coûteux marché à Grécie, la première femme de Geoffroy; il a eu lieu, comme on peut le voir dans Mabillon, par les soins de la comtesse Agnès.

(5) *Vita Mathildis*, ap. Muratori, *Script. rer. ital.*, t. V, p. 392 : « Teutonicam, « Francigenam et Lombardicam optime novit linguam... » *Ibid.*, p. 396 : « Fuit etiam « scientiarum studio dicata, et liberalium artium grandis bibliotheca sibi non defuit. » (Cf. *ibid.*, p. 381.)

(6) Orderic Vital, *Hist. eccles.*, éd. Leprévost, Parisiis, 1840, in-8°, t. II, p. 189 : « Re-« ginam hanc simul decoravere forma, genus, litterarum scientia, cuncta morum et vir-« tutum pulchritudo. »

(7) *Hist. litt. de la France*, t. X, p. 131, et t. XI, p. 282 et suiv.; d'Arbois de Jubainville, *Hist. des comtes de Champagne*, t. II, p. 251 et 252.

(8) *Hist. litt.*, t. VII, p. 153.

(9) Duchesne, *Historiæ Francorum scriptores*, t. IV, p. 377; *Histor. litter.*, t. VII, p. 154.

Baudri composa aussi pour la comtesse de Champagne plus d'une pièce rimée (1), et un poème encyclopédique longtemps inédit, que notre savant confrère et ami, M. Léopold Delisle, vient de publier d'après une copie aujourd'hui déposée à la bibliothèque de Tours, et prise, il y a quelques années, sur un manuscrit du Vatican, par M. André Salmon (2).

Au XII° siècle, où se manifeste une sorte de renaissance littéraire, on voit s'accroître le nombre de femmes lettrées. Telles furent alors Marsilie, qui gouverna l'abbaye de Saint-Amand après Emma, et à qui l'on doit le récit d'un miracle accompli dans la chapelle du monastère (3); Mathilde d'Anjou, seconde abbesse de Fontevrault, que dirigeaient les conseils affectueux de Pierre de Celles, qui s'appelle son ami en Jésus-Christ, *amicus in Christo* (4); la sœur Angélucie, religieuse du même couvent, dont elle était la fleur, nous dit l'historien de ses derniers moments (5); Héloïse, qui dut sa renommée à son savoir autant qu'à ses fautes et à ses malheurs; Adélaïde, nièce d'un archidiacre de Poitiers, que Pierre de Blois, dans une lettre à cet archidiacre, témoigne avoir été nourrie de fortes études littéraires, *plurimum litterata* (6); sœur Relinde, abbesse du monastère de Hohenbourg, fondé depuis peu par sainte Odile, et dans lequel les sciences humaines étaient cultivées avec une véritable ardeur (7); Herrade, qui succéda à Relinde dans les fonctions abbatiales, et dont il nous reste une si curieuse encyclopédie, moitié prose, moitié vers, l'*Hortus deliciarum*, le *Jardin des délices* (8); sainte Hildegarde, célèbre par ses visions et par le commerce de lettres qu'elle entretint avec les personnages les plus considérables de son temps (9) : voilà pour les femmes qui avaient embrassé la vie religieuse. D'autres, qui continuèrent à vivre

---

(1) Duchesne, *ibid.*, p. 272 : « Versibus applaudit, scitque vacare libris, » dit Baudri en parlant de la comtesse de Champagne.

(2) *Mémoires de la Société des Antiquaires de Normandie*, 3° série, t. XXVIII, Caen, 1871, in-4°.

(3) Mabillon, *Ann. Ord. S. Ben.*, t. V, p. 506; *Hist. litt.*, t. IX, p. 383.

(4) *Gall. Christ.*, t. II, col. 1318; *Hist. litt.*, t. IX, p. 130.

(5) Martène, *Thes. Anecdot.*, t. III, col. 1710.

(6) *Bibl. Max. Patrum*, Lugduni, 1677, in-fol., t. XXIV, p. 975.

(7) *Hist. litt.*, t. XIII, p. 587 et suiv.

(8) *Bibliothèque de l'École des chartes*, série I™, t. I, p. 239 et suiv.

(9) Fabricius, *Bibl. med. et inf. latin.*, Patavii, 1754, in-4°, t. III, p. 160.

dans le monde, peuvent être également citées pour leur culture littéraire : ainsi Ermengarde, duchesse de Bretagne, à qui Marbode adressa des vers (1); Blanche, comtesse de Champagne (2); les deux femmes d'Henri I$^{er}$, roi d'Angleterre, l'une, la reine Mathilde, dont il existe plusieurs lettres adressées à saint Anselme de Cantorbéry (3), et l'autre, la reine Adélaïde, qui correspondait avec Hildebert de Tours (4), et encourageait la muse de deux poètes anglo-normands, Philippe de Than et David (5); Constance Fitz-Gilbert, que charmaient à ce point les poésies de David qu'elle paya un marc d'argent pour les faire transcrire. Elle s'intéressait aux travaux historiques d'un autre poète de la même nation, Geoffroi Gaimar, jusqu'à emprunter des livres à son intention (6).

Sans qu'il soit nécessaire d'étendre la liste qui précède, une conséquence nous paraît en résulter, c'est que, durant la période assez longue que nous venons de parcourir, l'amour des lettres, l'étude et l'instruction n'ont pas été un phénomène aussi rare parmi les femmes que le feraient supposer les malédictions de Pierre le Vénérable contre l'apathie de son temps pour les arts libéraux, et en particulier contre l'ignorance du sexe féminin. « Ce sexe a totalement rejeté loin de lui les leçons de la sagesse; « il n'en a gardé aucun vestige, » s'écrie l'abbé de Cluny (7), et. tout au contraire, ce sexe, jugé trop sévèrement par le pieux abbé, avait contribué pour sa part à renouer la chaîne des traditions littéraires.

Dans l'éducation de quelques-unes de ces femmes, toutes remarquables à des titres divers, dont nous avons recueilli les noms, peut-être y a-t-il à faire déjà une certaine part à d'autres influences

---

(1) *Marbodi carmina varia*, à la suite des *Œuvres d'Hildebert de Tours*, Paris, 1708, in-fol., col. 1566.
(2) Martene, *Ampliss. Collect.*, t. I, col. 1025. D'Arbois de Jubainville, *Hist. des comtes de Champagne*, t. IV, p. 297.
(3) *Hist. litt.*, t. X, p. 438.
(4) *Hildeberti Opera*, col. 45, 57, 170, etc.
(5) *Hist. litt.*, t. XIII, p. 61 et 66.
(6) *Ibid.*, p. 63 et 66.
(7) *Epist. ad Heloissam*, inter *Abælardi Opera*, Parisiis, 1849, in-4°, t. I, p. 711 :
« Quumque ab his exercitiis (discendarum artium) detestanda desidia totus pene torpeat
« mundus, et ubi subsistere possit pes sapientiæ, non dicam apud sexum femineum,
« a quo ex toto explosus est, sed vix apud ipsos viriles animos invenire valeat... »

que celles de l'Église et du cloître. Ainsi des écoles laïques commençaient à se montrer, témoin l'école que tenaient les filles de Manegold de Lutenbach, dans laquelle nous les voyons enseigner, vers la fin du xi$^e$ siècle, les personnes de leur sexe (1). D'un autre côté, il faut tenir compte des éducations privées qui eurent lieu au foyer domestique, le plus souvent d'une manière fort incomplète, mais parfois aussi plus savamment, avec le concours de maîtres éclairés, qui n'étaient ni moines ni prêtres, mais de simples laïques. Ainsi le chanoine Fulbert avait donné à sa nièce Héloïse un maître laïque, le plus habile à coup sûr, le plus élégant et plus séduisant de tous. Sous la direction d'Abélard, Héloïse, déjà très instruite, fit des progrès singuliers dans les lettres et dans la philosophie; par son savoir encore plus que par sa beauté, qui cependant n'était pas méprisable (2), elle s'attira l'admiration de tous ceux qui l'approchaient, en attendant qu'elle excitât leur pitié par son infortune.

Mais de pareilles exceptions étaient rares. La plupart des parents n'étaient pas assez riches pour payer un précepteur. Quant à ceux qui auraient pu se permettre un pareil luxe, ils préféraient se décharger de pénibles soucis en confiant leur fille au monastère voisin. N'était-ce pas le parti que saint Jérôme recommandait à Læta, qui l'avait consulté au sujet de l'éducation de sa fille Paula?... « Vous dites, lui écrivait-il (3), que, vivant à Rome, au
« milieu du monde, comme une femme du siècle, vous ne pouvez
« pas remplir tous les devoirs que l'éducation de votre enfant
« vous impose? Ne prenez donc pas un fardeau que vous vous sen-
« tez hors d'état de porter. Mettez votre enfant dans un cloître.
« Au milieu des chœurs des vierges, qu'elle s'habitue à ne pas
« prendre en vain le nom de Dieu, et à regarder le mensonge

---

(1) *Chron. Richardi Pictaviensis*, ap. Martene, *Ampliss. Collect.*, t. V, col. 1153 : « His temporibus florere cœpit in Theutonica terra Menegaldus philosophus, divinis et « saecularibus litteris ultra coaetaneos suos eruditus. Uxor quoque ejus et filiae, religione « florentes, multam in scripturis habuere notitiam, et discipulos proprios filiae ejus « docebant. » (Cf. *Hist. litt.*, t. IX, p. 280 et suiv. )
(2) *Abælardi Opera*, epist. I, t. I. p. 9 : « Quae (Heloissa) quum per faciem non esset « infima, per abundantiam litterarum erat suprema. Nam quo bonum hoc, litteratoriae « scilicet scientiae, in mulieribus est rarius, eo amplius puellam commendabat, et in « toto genere notissimam fecerat. » (Cf. *Petri Cluniacensis epist.*, ibid.. p. 710.)
(3) *S. Hieronymi Opera*, Parisiis, 1695, in-fol., t. IV, p. 592.

« comme un sacrilège; qu'elle ignore le péché; qu'elle vive d'une
« vie angélique; que les aiguillons de la chair n'atteignent pas
« sa chair... Épargnez-vous ainsi à vous-même ce qu'il vous en
« coûterait de soins et de peines pour veiller sur elle. Mieux vaut
« que vous ayez à regretter son absence et que vous n'ayez pas
« à trembler incessamment à son sujet. » Soit nécessité, soit
libre choix, jamais les avis qu'on vient de lire n'ont été suivis
plus fidèlement par les familles chrétiennes que durant la période qui nous occupe. Abélard, chose remarquable! a pris soin
de les citer dans une lettre aux religieuses du Paraclet (1), comme
si le souvenir de ses leçons privées et de ses entraînements coupables sous le toit du chanoine Fulbert eût fait mieux comprendre au séducteur d'Héloïse l'opportunité des conseils de saint
Jérôme.

Puis donc que l'éducation monastique était à peu près la seule
qui fût donnée aux femmes, riches et pauvres, nobles et roturières, du IX$^e$ au XII$^e$ siècle, il importe d'examiner en quoi cette
éducation consistait et jusqu'où elle pouvait aller.

Nous aurions un grand intérêt à pouvoir distinguer ici les leçons données à des enfants placées dans les cloîtres par leurs familles pour y être instruites, sans se destiner à la vie religieuse,
et les leçons qui s'adressaient aux novices et aux religieuses professes; mais les documents nous manquent pour établir cette distinction, et il n'est pas même certain qu'elle ait existé dans la
pratique ordinaire des couvents. En effet, si les jeunes filles qu'on
y admettait ne devaient pas toutes prendre un jour le voile, la
vocation monastique pouvait, à un jour donné, se développer
chez toutes par l'effet même de l'éducation reçue; et il importait
dès lors de ne laisser aucune d'elles sans une sérieuse préparation aux devoirs de l'état qu'elle serait peut-être conduite à embrasser dans la suite.

Il est vraisemblable que, dans beaucoup de monastères, l'enseignement ne dépassait point le cercle des connaissances usuelles,
telles que la lecture, l'écriture, le chant et le comput; mais ailleurs il était plus élevé, plus complet. Ainsi les premières années
d'Héloïse s'étaient passées au couvent d'Argenteuil; elle y avait

---

(1) *Abælardi Opera*, t. I, p. 227.

été reçue tout enfant, *puellula* (1), et quand elle prit les leçons d'Abélard, il témoigne qu'elle avait déjà une brillante instruction et qu'elle la devait à l'enseignement du couvent.

La vie religieuse, pour les femmes surtout, offrait de longs loisirs. La faiblesse de leur sexe ne permettait pas qu'elles fussent assujetties aux durs labeurs que la règle de Saint-Benoît prescrivait à ses disciples; elles ne défrichaient pas la terre; elles ne la cultivaient pas, et les travaux manuels auxquels elles se livraient consistaient surtout dans les soins divers que réclament les besoins quotidiens de toute communauté. Abélard en fait lui-même la remarque dans une lettre à Héloïse, et il tire de là cette conclusion que les religieuses resteraient exposées à trop de tentations si elles ne consacraient pas leurs loisirs à l'étude des saintes lettres (2).

L'étude, si efficace contre les séductions de l'oisiveté, devenait d'ailleurs une sorte de nécessité dans les cloîtres où les règles les moins austères imposaient aux nonnes l'obligation de fréquents et longs offices qui se récitaient en latin, et de lectures communes ou particulières qui supposaient à un certain degré l'habitude de cette langue. Les religieuses étudiaient donc le latin, et celles qui en possédaient le mieux les éléments les enseignaient aux novices et à quelques jeunes filles appelées à rentrer bientôt dans le monde. Ainsi se perpétua parmi les femmes la connaissance de la langue latine, longtemps après qu'elle eut cessé d'être la langue vulgaire.

Mais la connaissance du latin n'était pas dans les monastères une science stérile. On l'appliquait à la méditation de l'Ancien et du Nouveau Testament, à la lecture des Pères de l'Église, des écrivains ecclésiastiques, des historiens, des poètes, et, en général, de tous les ouvrages, même récents, qui pouvaient servir soit à l'édification, soit même à la seule instruction. De là cette érudition, remarquable pour le temps, qu'on observe, durant la période qui nous occupe, chez les religieuses et chez plusieurs femmes du monde. Héloïse possède à fond l'Écriture et les Pères,

---

(1) *Abælardi Opera*, t. I, p. 15 : « ... Quæ (abbatia) Argenteolum vocatur, ubi ipsa « (Heloissa) olim puellula educata fuerat atque erudita... »

(2) *Opera*, p. 236 : « Cui (litterarum studio) tanto magis operam dare potestis, quanto « in opere manuum minus moniales quam monachi desudare possunt, et ex otii quiete « atque infirmitate naturæ facilius in tentationem labi. »

On y trouve de curieux échantillons de la poésie du cloître, telle que les religieuses d'autrefois la comprenaient, poésie le plus souvent incorrecte et vulgaire, à peine semée de quelques inspirations heureuses, quand celle qui tenait la plume vivait au couvent d'Argenteuil et écrivait sous la dictée d'Héloïse. On voit aussi dans le recueil de M. Delisle que ces hommages rendus aux trépassés, en vers pompeux et vides de sens, étaient vertement blâmés par de rigides censeurs, qui les dénonçaient comme un frivole passe-temps, disons mieux, comme une sorte de délire (1). C'était assurément les juger avec beaucoup de sévérité. Quant à nous, ce qui nous importe, en notre qualité d'historien, c'est le nouvel indice que de pareils essais, tout médiocres ou même tout détestables qu'ils sont, nous offrent du degré de culture qui existait dans les couvents et de l'instruction que les jeunes filles de la bourgeoisie et de la plus haute noblesse y recevaient. Nous avons cité les noms de quelques femmes à qui des pièces de vers latins étaient adressées ou qui en avaient elles-mêmes composé; ce goût et ce talent de la poésie latine n'étaient-ils pas un souvenir de l'éducation du cloître?

Enfin, parmi les occupations de la vie monastique, utiles aux lettres et pouvant en inspirer le goût aux religieuses et à leurs élèves, on nous reprocherait de ne pas rappeler la copie et l'enluminure des manuscrits. Ce genre de travail, si recommandé aux moines, n'était pas étranger aux couvents de femmes. Au monastère de Wessobrunn, en Bavière, la nonne Diemueth, qui vivait au temps de Grégoire VII, consacrait à ce pieux exercice la plus grande partie de ses journées. A sa mort, elle avait transcrit un nombre incalculable de volumes, parmi lesquels se trouvaient des missels et autres livres d'église et plusieurs ouvrages de saint Grégoire le Grand, de saint Augustin, de saint Jérôme, d'Origène, de Cassiodore, de Paschase Ratbert et de Lanfranc. Aussi, lorsque dans la suite une tombe lui fut élevée, l'infatigable copiste y fut

---

(1) *Ibid.*, pag. 192, *Vox scolarium urbis Bathoniensis :*

> Quid furitis nonnæ? Quid amatis carmen inane?
> . . . . . . . . . . . . . . . . . . . . . . . . . . . . .
> Quid nos buccicropa sermonum mole gravatis?
> Quid teritis tempus, ventosaque verba rotatis,
> Insultis versus et ploratus pueriles?

représentée une plume à la main (1). Le seul manuscrit de l'*Hortus deliciarum* que l'on connaisse fut exécuté vraisemblablement à l'abbaye de Hohenbourg, sous les yeux mêmes d'Herrade; on y admirait des miniatures d'une merveilleuse délicatesse, qui faisaient honneur à l'habileté et au goût des religieuses, compagnes de l'auteur. Ce chef-d'œuvre de calligraphie et d'art était un des joyaux de la bibliothèque de Strasbourg; il a été consumé en 1870, avec bien d'autres richesses, dans l'incendie allumé par les bombes prussiennes.

Résumons-nous : la lecture, l'écriture, le chant, le comput, les éléments de la grammaire et de la versification latine, l'art du copiste, l'Écriture sainte, les Pères et les écrivains ecclésiastiques, ce furent là, du IX$^e$ au XII$^e$ siècle, les principaux objets d'études dans les monastères de femmes, et par conséquent les matières principales de l'éducation qui s'y donnait. L'abbesse et les plus savantes parmi les religieuses instruisaient elles-mêmes leurs compagnes et les novices; on vit cependant des maîtres étrangers paraître quelquefois dans les couvents. Cécile, par exemple, fille de Guillaume le Conquérant, est citée comme ayant reçu, étant religieuse à la Trinité de Caen, des leçons de grammaire de M$^e$ Arnoul Mauclerc, qui fut depuis patriarche de Constantinople, et dont les historiens vantent l'habileté comme dialecticien et comme orateur (2).

L'usage et l'influence de l'éducation monastique persistèrent au XIII$^e$ siècle, comme on peut s'en convaincre par de nombreux exemples. Ainsi, quand de pauvres veuves de chevaliers morts en Terre-Sainte venaient implorer saint Louis, accompagnées de leurs fils et de leurs filles, le roi, selon le confesseur de la reine Marguerite, « aucune fois demandoit se aucune de ces filles savoit « lettres, et il disoit qu'il la feroit recevoir à l'abbaye de Pontoise « ou ailleurs (3). » Là se poursuivait, là se complétait l'éducation de la jeune orpheline dont les premières années s'étaient passées

---

(1) Pez, *Thes. Anecdot. nov.*, t. 1, p. I, p. xx.
(2) Guibert de Nogent, *Gesta Dei per Francos*, l. VIII, c. I : « Is (Arnulfus) in dia-
« lecticæ eruditione non hebes, quum minime haberetur ad grammaticæ documenta
« rudis, regis Anglorum filiam monacham diu disciplina docuerat. » (Cf. *Histoire littéraire de la France*, t. IX, p. 130.
(3) *Recueil des historiens de France*, t. XX, p. 95.

sous le toit paternel. La sœur de saint Louis, Isabelle, fondatrice de l'abbaye de Lonchamps, « entendoit moult bien le latin, » rapporte la sœur Agnès, qui a écrit sa vie (1) ; « et si bien l'entendoit, « que quant les chapelains ly avoient escrites les lettres qu'elle « faisoit faire en latin, et il ly aportoient, elle les amendoit quand « il y avoit un faux mot. » La bienheureuse Julienne, du Mont-Cornillon, au diocèse de Liège, savait également le latin, et même assez à fond pour avoir pu travailler avec le frère Jean à l'office du Saint Sacrement. Lorsque le frère Jean avait recueilli dans l'Écriture sainte les passages les mieux appropriés au sujet, on raconte qu'il les soumettait à la sœur Julienne, qui écartait les uns et retenait les autres (2). Citons un dernier nom, Marguerite de Duyn, prieure de la Chartreuse de Poletin, dont il nous reste, entre autres écrits, des méditations en latin qui témoignent d'une certaine érudition théologique, et même de quelque talent d'écrire (3).

Cependant dès le XIII<sup>e</sup> siècle, sinon dès le XII<sup>e</sup>, il était facile d'apercevoir qu'un changement se préparait dans la manière dont les femmes avaient été jusque-là élevées, et qu'un mode d'éducation différent résulterait des institutions, des usages et des goûts nouveaux qui tendaient à prévaloir de jour en jour dans la société du moyen âge. On n'ignore pas que la fondation des universités porta un coup funeste à la prospérité des monastères où les lettres étaient enseignées ; car elle eut pour effet de créer sur plusieurs points de l'Europe, et principalement en France, des centres d'études très actifs, qui attirèrent la jeunesse de tous les pays au préjudice des anciennes écoles. Bientôt celles-ci furent abandonnées, à ce point que les moines eux-mêmes désertèrent

---

(1) *Hist. litt. de la France*, t. XX, p. 101.
(2) *Ibid.*, t. XIX, p. 14 et suiv.
(3) *Ibid.*, t. XX, p. 305 et suiv. « Humble recluse, dit M. Victor Leclerc, en ter« minant la notice de Marguerite de Duyn, qui, dans un tel siècle, s'exprimait en latin « avec plus de correction et de netteté qu'un grand nombre de ses contemporains ; qui, « comme écrivain français, tout en laissant voir qu'elle habitait le fond d'une province, « et sans s'écarter des formes ordinaires aux idiomes du Midi, trouvait cependant déjà « quelques-uns des mouvements propres à cette langue qui commençait à devenir notre « langue française ; dont l'instruction n'était point commune, puisqu'elle cite Daniel, « les Psaumes, les Proverbes, les Évangiles, les Épîtres de saint Paul, saint François « d'Assise, et qu'elle avait certainement parcouru les Pères ou du moins les principaux « mystiques. »

les classes de leur couvent pour se rendre à Paris ou à Oxford et y compléter leur instruction. Les abbayes de femmes subirent le contre-coup de ces vicissitudes, qui paraissent, au premier coup d'œil, leur être à peu près étrangères. Soit que le zèle des premiers jours se fût refroidi, soit que le mauvais exemple donné par les moines eût été contagieux, les études déclinèrent d'autant plus que la diffusion rapide de la langue vulgaire tendait à renouveler les matières de l'enseignement, même pour les jeunes filles. Nous pourrions, il est vrai, citer une abbesse du monastère de Château-Châlon, Mahaut de Bourgogne, qui déclarait, à la date du mois de juin 1289, avoir vu et lu *verbo ad verbum* un diplôme de l'empereur Frédéric II (1); d'où l'on serait en droit de conclure que les religieuses ne renoncèrent pas immédiatement ni absolument à la connaissance du latin. Mais il est constant qu'elles en négligèrent l'étude; le latin tomba peu à peu en désuétude parmi elles, et, à mesure qu'elles le délaissaient, elles perdirent l'habitude et le talent de la versification dans cette langue. Ainsi, ces *Rouleaux des morts*, dont nous parlions plus haut, et qui étaient, jusqu'au XII° siècle, semés de pièces de vers, se réduisent, quand on avance dans le moyen âge, à quelques lignes d'une prose aride, qui semblent être la reproduction d'un formulaire. Comme l'intelligence de la langue latine commence à se perdre, on compose, à l'usage des nonnes, quelques versions en langue vulgaire des auteurs ecclésiastiques; on écrit pour elles en français la vie des saints et de longs poèmes, comme les *Miracles de la Vierge*, par Gautier de Coinsy. Vainement, en 1242, le chapitre général de l'ordre de Saint-Dominique défend aux confesseurs de traduire à leurs pénitentes aucun sermon, aucune homélie, aucune sorte d'ouvrages mystiques et ascétiques (2); la défense ne concernait que les monastères de l'ordre, et, en supposant qu'elle ait été respectée, elle atteste, puisqu'elle la combat, l'invasion de l'idiome national à l'intérieur des couvents de femmes.

Tandis que l'éducation du cloître se modifiait ainsi d'une manière insensible, sans jamais s'être altérée au point de répondre complètement aux profanes aspirations d'une partie de la société,

---

(1) *Mémoire et consultation pour servir à l'histoire de l'abbaye de Château-Châlon*, Lons-le-Saunier, 1765, in-fol. *Pièces justificatives*, p. 159.
(2) Martene, *Thes. Anecdot.*, t. V, p. 1294; *Hist. litt. de la France*, t. XVI, p. 144.

un légiste, que Philippe le Bel consulta plus d'une fois, Pierre Dubois (1), proposait une réforme des couvents qui aurait pu exercer, si elle avait réussi, une sérieuse influence sur l'instruction des femmes. Dans un mémoire concernant les moyens de recouvrer la Terre-Sainte (2), il émettait l'avis de réduire le nombre des monastères et d'employer les ressources devenues disponibles à fonder des écoles pour les deux sexes. Jeunes filles et garçons auraient été admis dès l'âge de cinq ans et même de quatre ans. Arrivés à l'âge de raison, on leur eût appris assez de latin pour qu'ils fussent en état d'entendre la langue; mais on se fût appliqué surtout à leur enseigner le grec, l'hébreu, l'arabe et les autres langues de l'Orient. Cette éducation savante se serait terminée, pour les jeunes gens, par l'étude de la logique, de l'Écriture sainte et de la théologie, et, pour les jeunes filles, par l'étude de la médecine et de la chirurgie, y compris les sciences accessoires. Après avoir acquis une instruction aussi variée, on comprend que les jeunes filles élevées dans les nouvelles écoles n'étaient pas destinées, dans les projets de Pierre Dubois, à prendre simplement le voile. Le hardi réformateur les appelait à une mission plus compliquée; il proposait de les envoyer dans la Terre-Sainte travailler à la conquête religieuse de l'Orient. Il espérait que, frappés de leur sagesse et de leur habileté, les patriarches et les prêtres du rite oriental, à qui le célibat n'était pas imposé comme au clergé d'Occident, que les Sarrasins eux-mêmes consentiraient à les prendre pour femmes; que, par leurs connaissances dans l'art de guérir, par les services qu'elles ne manqueraient pas de rendre, elles gagneraient la confiance des populations, et qu'elles pourraient ainsi devenir les artisans les plus actifs de la civilisation catholique chez les schismatiques et chez les infidèles.

Comme tant d'autres plans hasardés que les conseillers des

1. Il y a quelques années, Pierre Dubois était fort oublié. C'est notre savant confrère et ami, M. Natalis de Wailly, qui, le premier, a remis en lumière son nom et ses travaux. (*Mém. de l'Acad. des inscriptions*, t. XVIII. Voyez aussi les intéressantes études de M. Boutaric, *Revue contemporaine*, 15 avril 1864, et *Notices et extraits de manuscrits*, t. XX, 2ᵉ partie; enfin l'article que M. Renan a consacré à Pierre Du Bois, au t. XXVI de l'*Histoire littéraire*.

2. *De recuperatione Terræ sanctæ*, dans le recueil de Bongars, *Gesta Dei per Francos*, Hanoviæ, 1611, in-fol., t. II, p. 328.

princes leur soumettent avec trop de complaisance peut-être, celui de Pierre Dubois échoua complètement. Il n'a pas même reçu un commencement d'exécution, et, si nous le mentionnons, c'est qu'il respire une foi profonde dans la puissance de l'éducation, qu'il abonde en vues originales, inattendues au XIV° siècle, et qu'enfin, à défaut d'autre succès, il aurait pu être utile à la civilisation, non de l'Orient, mais de l'Europe et en particulier de la France, en contribuant à multiplier les écoles ouvertes des tinées aux femmes.

Cependant, par l'irrésistible mouvement des idées et des mœurs, on voyait se développer en face de l'éducation monastique, et beaucoup de grandes familles l'adoptaient pour leurs enfants, un mode d'éducation nouveau, que nous croyons ne pouvoir mieux qualifier qu'en l'appelant l'éducation mondaine. Nous désignons par là l'éducation qui se donnait dans les manoirs féodaux et dans quelques maisons opulentes de la bourgeoisie, l'éducation, par exemple, que, durant leur jeunesse, avaient reçue les nobles dames qui figuraient dans les tournois, dans les chasses et dans les cours d'amour, qui étaient l'ornement de toutes les fêtes, lisaient les romans de chevalerie, protégeaient les poètes et les artistes, n'étaient pas insensibles à la beauté d'un monument, et, sans aigrir le christianisme, ne se défendaient pas d'aimer et de rechercher tout ce qui peut contribuer à l'embellissement de la vie. On les rencontre également au nord et au midi, à la cour des comtes de Toulouse et de Provence et à celle des rois de France. Elles accueillent, elles inspirent les troubadours comme les trouvères; elles cultivent elles-mêmes la poésie, et composent des tensons et des lais. Au midi, ce sont, pour nous borner à quelques noms, la comtesse de Die (1); Alis d'Anduze et Clara d'Anduze (2); Marie de Ventadour (3); Béatrix de Provence, femme du comte Raymond Bérenger (4); la princesse Marguerite de Provence, sa fille, qui épousa saint Louis; sa seconde fille, Éléonore de Provence, qui fut mariée à Henri III, roi d'Angleterre, et qui passe pour avoir composé dans sa jeunesse un roman

(1) *Hist. litt. de la France*, t. XV, p. 446 et suiv.
(2) *Ibid.*, t. XV, p. 23; t. XIX, p. 473 et suiv., 477 et suiv.
(3) *Ibid.*, t. XVII, p. 558 et suiv.
(4) *Ibid.*, t. XIX, p. 443, 508, 532.

provençal, *Blandin de Cornouailles* (1). Au nord, il serait facile de dresser une liste nombreuse de nobles châtelaines et de princesses de sang royal qui se distinguèrent par leurs goûts littéraires. On y verrait figurer la sœur de Philippe-Auguste, Marie, comtesse de Champagne, qui est nommée dans les chansons de Quênes de Béthune, et sur la demande de laquelle Chrétien de Troyes composa le roman de *la Charrette* (2); la seconde femme de Philippe le Hardi, Marie de Brabant, la protectrice du poète Adenez, qui lui dédia les *Enfances d'Ogier*, et écrivit sous ses yeux le roman de *Cléomadès* (3); une femme vraiment animée du souffle de la poésie, Marie de France, l'auteur du *Purgatoire de saint Patrice* et de lais fameux, qui, s'il faut en croire un contemporain (4), faisaient les délices des comtes, des barons, des chevaliers et surtout des dames; enfin, dans les dernières années du xiv$^e$ siècle et les premières du siècle suivant, une autre femme du mérite le plus rare, supérieure à Marie de France par la variété des aptitudes et par l'étendue des travaux, assez richement douée pour avoir réuni dans sa personne l'inspiration du poète à la gravité réfléchie du moraliste et à la fidélité de l'historien : nous avons nommé Christine de Pisan.

Entre le cloître avec son inflexible austérité et ces femmes brillantes, quelques-unes légères, toutes mêlées plus ou moins aux pompes et aux plaisirs du siècle, qu'y avait-il de commun, la religion mise à part? Sauf quelques exceptions honorables, elles n'avaient pas la solide et sérieuse instruction que le cloître donnait à celles qui l'avaient fréquenté; mais elles possédaient le sentiment des arts, une science aimable et une délicatesse de goût dont ni le modèle ni la source n'était dans le cloître. Comment leur esprit et leur cœur s'étaient-ils formés? Quelle avait été leur éducation? Ce point est celui de tous peut-être qui présente le plus d'obscurité, car c'est celui qui touche de plus près à la vie privée, non moins difficile à observer dans le palais des grands

---

(1) Fauriel, *Hist. de la poésie provençale*, t. III, p. 92 et suiv. ; *Hist. litt. de la France*, t. XXI, p. 823 et suiv.

(2) D'Arbois de Jubainville, *Hist. des comtes de Champagne*, t. IV, p. 640 et suiv.

(3) *Hist. litt. de la France*, t. XX, p. 682 et suiv., p. 710 et suiv.

(4) Voyez *Tristan. Recueil de ce qui est resté des poèmes relatifs à ses aventures*, publié par Francisque Michel, Londres, 1835, in-8°, t. I, p. cxviii.

que dans la modeste habitation du roturier. Nous ne saurions nous contenter des renseignements en petit nombre fournis par les historiens, qui ne descendent pas, en général, à ces détails d'intérieur, négligés même des biographes; mais nous trouverons d'utiles indications chez les poëtes. Lacurne de Sainte-Palaye (1) fait remarquer que nos vieux romanciers appliquaient presque toujours au temps dont ils faisaient l'histoire, vraie ou fabuleuse, les usages des temps où ils vivaient. Nos auteurs de fabliaux peuvent aussi être considérés, jusqu'à certain point, comme les peintres des mœurs contemporaines. Nous sommes donc en droit de les interroger, les uns comme les autres, sur l'éducation des femmes de leur temps.

Dans une pièce de vers qui fait partie du recueil de M. Raynouard (2), un troubadour, Pierre Corbiac, décrit les connaissances variées qu'il avait su acquérir par son travail, et qui composaient pour lui un trésor plus précieux, plus cher et de plus de valeur que « fin or et argent. » Il avait d'abord été initié aux mystères de la création, à l'origine du péché, au bienfait de la rédemption, en un mot, aux vérités de la foi contenues dans l'histoire de l'Ancien et du Nouveau Testament. Il avait étudié ensuite les sept arts libéraux, et notamment la rhétorique, c'est-à-dire l'art de colorer les paroles et d'y répandre de l'agrément. Puis il avait appris à fond sa propre langue, la langue populaire, ne voulant point faire de barbarisme, ni dans le choix des mots ni dans la prononciation. Il n'avait négligé ni l'arithmétique, ni la médecine, ni l'astronomie, ni même la nécromancie. Il savait la musique, et il avait étudié, suivant la méthode de Boèce et de Gui d'Arezzo, le système des gammes et les règles des accords. Il jouait de plusieurs instruments, et possédait l'art de composer des lais et des chansons à refrains avec leurs airs. Pour compléter son éducation, Pierre Corbiac s'était livré à la lecture des romans. Les aventures de Brutus dans la Grande-Bretagne, sa victoire sur les géants, et les prophéties de Merlin, ne lui étaient pas moins familières que les hauts faits de Romulus et de César, de Charlemagne et de Roland. Versé enfin dans la musique sacrée,

---

(1) *Mémoires de l'Académie des inscriptions*, t. XVII, p. 794.
(2) *Choix de poésies des troubadours*, t. V, p. 310; *Hist. litt.*, t. XIX, p. 500 et suiv.

il savait chanter au lutrin, en donner les versets et les répons.

Dans la pièce que nous venons d'analyser, il s'agit de l'éducation d'un troubadour, et non pas de celle d'une jeune fille ; et cependant cette pièce renferme plusieurs traits qui conviennent à la jeune fille de haut lignage, élevée dans le manoir paternel, sous les yeux de sa mère, avec le concours de maîtres étrangers.

Comme le troubadour et le trouvère, comme la novice dans son cloître, comme tous les enfants nés en pays chrétien, ces enfants des grandes familles étaient initiées avant tout aux vérités de la religion ; elles apprenaient l'*Oraison dominicale*, la *Salutation angélique*, le *Symbole*, et quelques faits principaux de l'Ancien et du Nouveau Testament. Quant à la partie profane de leur éducation, elle avait compris anciennement, au XIIIe siècle elle comprenait encore, au moins par exception, les éléments du latin ; mais elle avait certainement pour fond la langue vulgaire.

Notre savant confrère M. Guessard a publié deux grammaires provençales qui remontent au XIIIe siècle (1). Bien que les auteurs de ces grammaires, Hugues Faidit et Raymond Vidal, paraissent les avoir destinées aux troubadours, les règles tracées dans celle de Hugues Faidit, qui est imitée de Donat, comme l'annonce le titre même de l'ouvrage, *Donats Proensals*, sont cependant peu compliquées et n'offrent rien qui soit au-dessus de la portée de la jeunesse.

Un des correspondants de l'Académie, M. Thomas Wright, a, de son côté, retrouvé et mis en lumière (2) un vocabulaire français que, sur la fin du XIIIe siècle, un chevalier anglais, Gautier de Biblesworth, grammairien et poète très oublié de nos jours, composa en vers pour lady Dionysia de Monchensi, du comté de Kent. Ce curieux doctrinal, dans lequel les règles du langage sont mêlées à des préceptes de conduite, offre cette particularité que

---

(1) *Grammaires provençales de Hugues Faidit et de Raimond Vidal de Besaudan*, 2e édit., Paris. 1858, in-8°.

(2) Wright, *A volume of vocabularies, from the tenth century to the fifteenth*, 1857, in-4°, p. 142 et suiv. ; Victor Leclerc, *Discours sur l'état des lettres au XIVe siècle*, édit. in-8°, t. I, p. 440. Tout récemment, M. Paul Meyer a publié (*Revue critique d'histoire et de littérature*, n[os] complémentaires de 1870), d'après un manuscrit de la bibliothèque Harléienne, un petit traité composé en 1396 par un Anglais, pour enseigner, selon les termes de l'auteur, à parler et à écrire correctement « doux françois, « selon l'usage et coutume de France. »

le mot anglais s'y trouve assez souvent sous le mot français. En France, chose singulière! on ne découvre au XIII⁰ siècle aucun livre du même genre, mais de simples abécédaires, tels que celui qui fut acheté 45 sous tournois le 30 mars 1415 pour une petite-fille du duc d'Orléans, alors âgée de six ans (1); de sorte que nous devons à l'Angleterre un de nos vocabulaires les plus anciennement connus, pour ainsi dire contemporain des vocabulaires latins-français, de même que nous lui devons notre première grammaire savante, l'*Esclaircissement de la langue françoyse*, ouvrage composé par Jean Palsgrave un siècle et demi plus tard. Cependant, malgré cette absence de traités didactiques, lorsque notre langue non seulement était apprise par les dames étrangères, mais était préférée par Brunetto Latini à l'italien, comme la « parleure la plus délitable et plus commune à toutes gens (2); » pouvons-nous admettre qu'elle n'ait pas, comme le provençal, sinon comme le latin, fourni à nos ancêtres la matière de quelques préceptes et d'un enseignement tout au moins oral, tant pour les filles que pour les garçons?

Ce qu'il y a de certain, c'est que, dès le XIII⁰ siècle, certaines familles nobles des pays étrangers envoyaient leurs enfants en France pour y apprendre, disent les chroniqueurs, « le langage de France. » C'est le motif qui avait fait placer par leurs parents à l'abbaye de Saint-Nicolas du Bois, sous le règne de saint Louis, trois malheureux enfants, originaires de Flandre, que le sire de Couci fit pendre pour un délit de chasse commis sur ses terres (3).

Outre la langue maternelle, les études des nobles damoiselles et d'un petit nombre d'enfants de la haute bourgeoisie comprenaient quelques notions d'histoire, comme on peut le conjecturer d'après d'anciens manuscrits publiés par M. Thomas Wright (4); mais leurs principaux objets, c'étaient la récitation des fabliaux et des romans, le chant, l'art de s'accompagner sur les instruments le

---

(1) L. Delisle, *le Cabinet des manuscrits de la Bibliothèque impériale*, Paris, 1868, in-4°, t. I, p. 104.
(2) *Li Tresors*, l. I, p. 1, ch. 1.
(3) Guillaume de Nangis, *Recueil des historiens de France*, t. XX, p. 398.
(4) *Feudal manuals of English history, a series of popular Sketches of our national history, compiled at different periods, from the thirteenth century to the fifteenth, for the use of the feudal gentry and nobility. Now first edited from the original manuscripts by Thomas Wright*. London, 1872, in-8°.

plus en vogue, comme la harpe et la viole; un peu d'astrologie, un peu de fauconnerie, la science des dés et des échecs, si familière à la société féodale; enfin les connaissances médicales nécessaires pour soigner, au retour d'un tournoi, d'une chasse ou d'un combat, les chevaliers blessés.

Sur ce dernier point, nous nous contenterons de renvoyer aux textes savamment rapprochés par M. de Roquefort dans une note de son recueil des *Poésies de Marie de France* (1). Sur les autres points, nous ne manquons pas de témoignages aussi concordants qu'on peut le désirer.

Et d'abord un document daté du mois de mars 1597, et dont nous devons la communication à l'obligeante érudition de M. Léopold Delisle, peut donner une idée des livres qui composaient, sur la fin du XIIIᵉ siècle, la bibliothèque d'une famille flamande, et qu'une mère, en mourant, laissait à ses enfants : c'est le testament de dame Maroie Payenne, bourgeoise de Tournai, dont l'original existe à la Bibliothèque nationale (2). Entre autres dispositions de dernière volonté, la testatrice déclare léguer « à Jakemin, « son fils, une décrétale en langue romane et son grand safir; à « Katerine, sa fille, le livre de Nostre-Dame et l'esmeraude; à « Hanekin, le psautier en roman et le livre des Estoiles; à Gonte- « let, le livre des Pères; à Biernart, le roman du *Chevalier du Cygne*. » Voilà donc les ouvrages, les uns sacrés, les autres profanes, tous en langue vulgaire, que dame Payenne avait possédés, et qui n'étaient pas sans prix pour elle ni pour ses héritiers, puisqu'elle en faisait, en même temps que de ses bijoux, l'objet d'une disposition particulière de son testament.

Écoutons maintenant le témoignage des romanciers et des poètes.

Dans un passage cité par M. Francisque Michel (3), l'auteur du *Chevalier aus .ij. espées* dit, en parlant d'une jeune fille :

> Et lisoit d'un roman de Troie
> K'ele avoit tantost commencié.

---

(1) Paris, 1832, in-8º, t. II, p. 197 et suiv. Voy. aussi Fr. Michel, *Roman de la Violette ou Gérard de Nevers, par Gibert de Montreuil*. Paris, 1834, in-8º, p. 104 et suivantes.
(2) Collect. de Flandre, vol. 183, pièce cotée *Tournai*, 8.
(3) *Roman de la Violette*, p. XLII.

Le prince Floire et son amie Blanceflor, dans le roman qui porte leur nom (1), élevés tous deux sous le même toit,

> Livres lisoient paienors...
> Et quant à l'escole venoient
> Lor tables d'yvoire prenoient,
> Adont leur véissiez escrire
> Letres et vers d'amors...

Dans le conte de *la Dame qui disoit eures de Nostre Dame et vigiles de mors*, le poète s'exprime en ces termes, touchant ce personnage :

> Et fu courtoise et avenant,
> Latin sost bien lire et roumant.

La prieure mise en scène par Chaucer, dans ses *Contes de Canterbury*, avait appris le français à l'école de Stratford le Bow, un français barbare, à la vérité, et qui n'était pas le français de Paris :

> And Frensch she spak ful fair and fetysly,
> Aftur the scole of Stratford atte Bowe,
> For Frensch of Parys was to hir unknowe (2).

Combien de langues n'étaient pas familières à Mirabel, cette princesse sarrasine, qui joue un des rôles principaux dans le roman d'*Aiol!*

> Elle sot bien parler de quatorze latins,
> Elle savoit parler et grigois et hermin,
> Flamenc et bourguignon et tout le sarrasin,
> Poitevin et gascon, se li vient à plaisir (3).

Une autre princesse sarrasine, Fleur d'Épine, la fille de Machabré, dont les aventures sont racontées dans le poème de *Gaufrey*, avait une instruction plus variée. Non seulement elle savait,

---

(1) *Floire et Blanceflor*, poème du XIIIᵉ siècle, publié par M. Éd. du Méril. Paris, 1856, in-18, p. 11 et 12.
(2) *The Canterbury tales*, the prologue, v. 124. Cité par M. Francisque Michel, *le Mystère de saint Louis*, Westminster, 1871, in-4°, préf., p. IV.
(3) *Hist. litt. de la France*, t. XXII, p. 286.

dès l'âge de quatorze ans et demi, parler latin et entendre roman, jouer aux dés et aux échecs, mais elle se connaissait mieux que femme du monde au cours des étoiles et de la lune :

> Et du cours des étoiles et de la lune luisant
> Savoit moult plus que fame de chest siècle vivant (1).

C'est aussi le témoignage que l'auteur de la *Chronique de Du Guesclin* rend à la femme de l'illustre connétable, dame Thiéphaine, « de hautes gens extraite et engendrée. »

> Trente-trois ans avoit, ne fu point mariée,
> Mais c'estoit la plus sage et la mieulx doctrinée
> Qui fust ens ou païs n'en toute la contrée.
> Du sens d'astronomie estoit bien escolée
> Et de philosophie estoit sage esprovée (2).

Dans les *Enseignemens de Trébor*, ce dernier semble attacher moins de prix pour son fils à ces hautes connaissances qu'aux talents agréables, si utiles pour réussir dans le monde. « Fiz, » dit-il,

> Fiz, se tu sez contes conter,
> Ou chansons de geste chanter,
> Ne te laisse pas trop proier.

L'abbé de la Rue s'est cru autorisé à conclure de ces vers que l'art de réciter des fabliaux et de chanter des chansons de geste faisait alors partie de l'éducation, et que l'habileté dans cet art était, selon le langage du temps, une preuve de gentillesse et de courtoisie (3). A l'appui de la même thèse, nous pouvons produire un autre texte plus complet, et d'autant plus précieux pour nous qu'il concerne spécialement l'éducation des femmes. Ainsi, dans le roman de *Floris et Liriope*, qui est un épisode du poème de *Beau-*

---

(1) *Gaufrey*, chanson de geste publiée par MM. Guessard et Chabaille. Paris, 1859, in-18, p. 55.

(2) *Chronique de Bertrand Du Guesclin*, publiée par E. Charrière, Paris, 1839, in-4°, t. I, p. 85, v. 2326-2332. Cf. *ibid.*, t. I, p. 122, t. II, p. 159.

(3) *Essais historiques sur les bardes, les jongleurs et les trouvères normands et anglo-normands*, Caen, 1834, in-8°, t. I, p. 150. Cf. *Hist. litt.*, t. XXIII, p. 236.

*dous,* le poète Robert de Blois décrit en ces termes les talents que Liriope possédait (1) :

> Faucon, tercieul et esprivier
> Sout bien porter et afaitier ;
> Moult sot d'achas, moult sot de tables,
> Lire romans et conter fables,
> Chanter chansons, envoiséures ;
> Toutes les bonnes apresures
> Que gentil fame savoir doit
> Sout elle, que riens n'i falloit.

Dans une autre partie du poème de *Beaudous,* qui forme une pièce séparée, sous le titre de *Chastiement des dames* (2), Robert de Blois s'est gardé d'oublier le chant parmi ses préceptes :

> Se vous avez bon estrument
> De chanter, chantez hautement.
> Biaus chanters en leu et en tans
> Est une chose moult plesant.

Aussi Tristan, « ki bien saveit harper, » dit Marie de France, avait-il appris cet art à Iseult :

> Bons lais de harpe vus apris,
> Lais bretuns de vostre païs.

Et dans le *Roman de la Violette,* le poète fait défiler devant nous les dames et les damoiselles qui sont les hôtes du roi, chacune à son tour chantant, après le festin, une chanson amoureuse, œuvre de quelque trouvère (3).

Pour revenir des fictions du roman aux réalités de l'histoire, on n'ignore pas combien la musique était en honneur, sous les premiers Valois, auprès des princes et des princesses. Dans son remarquable *Discours sur l'état des arts au* XIV$^e$ *siècle* (4), notre savant confrère, M. Renan, rappelle que le premier dauphin, fils de

---

(1) *Hist. litt.,* t. XXIII, p. 745.
(2) Barbazan et Méon, *Fabliaux et Contes des poètes françois,* etc. Paris, 1808, II, p. 198.
(3) *Tristan,* etc., p. 100 et 146; *Poésies de Marie de France,* t. I, p. 308. Cf. *Roman de la Violette,* p. 69.
(4) Édit. in-8°, t. II, p. 285.

Charles VI, jouait de la harpe et de l'épinette ; qu'Isabeau de Bavière et Valentine de Milan jouaient de la harpe. Leurs comptes, en effet, mentionnent assez fréquemment soit l'achat de cordes, soit des payements aux faiseurs de harpes pour avoir appareillé et mis à point leurs instruments.

En continuant à compulser les documents contemporains, nous ne doutons pas qu'on ne découvrît d'autres témoignages qui confirmeraient ceux que nous venons de citer. Il nous paraît démontré par là que, dans l'éducation des jeunes filles, de noble extraction le plus souvent, qui n'étaient pas envoyées au cloître et que leurs parents faisaient élever sous leurs yeux, la littérature française et quelques arts d'agrément occupaient une grande place. De même que nous mettons entre les mains de nos enfants Homère et Sophocle, Virgile et Horace, Corneille et Racine, Fénelon et Bossuet, les œuvres qui honorent le plus les lettres et que nous jugeons les plus propres à former l'esprit et le cœur de la jeunesse ; de même, au XIII$^e$ et au XIV$^e$ siècle, on laissait lire aux jeunes filles les romans du cycle de Charlemagne et ceux du cycle d'Arthur ou du cycle d'Alexandre, d'abord parce que ces vastes épopées étaient les seuls poèmes qu'on possédât, et en second lieu parce qu'elles paraissaient être les chefs-d'œuvre de l'art, et cela avec d'autant plus de vraisemblance qu'elles étaient dès lors adoptées, admirées et imitées dans toute l'Europe.

Que beaucoup de mères prudentes et pieuses préférassent, comme sujet de lecture pour leurs filles, les Vies des Saints et la *Légende dorée*, dont il existait des traductions, nous n'y contredisons pas. Nous accordons qu'il s'est trouvé, au XIV$^e$ et au XV$^e$ siècle, plus d'une femme, plus d'une mère, telle que le panégyriste du *Chevalier sans reproche* nous dépeint, un siècle plus tard, la première femme du seigneur de la Trémouille, Gabrielle de Bourbon, qui « se délectoit sur toutes choses à ouyr parler de la saincte « Escriture, sans trop s'enquérir des secrets de théologie, » et « emploioit une partie des jours à composer petitz traictez à l'hon- « neur de Dieu et à l'instruction de ses damoiselles (1). »

Cependant on ne saurait méconnaître que l'éducation des fem-

---

(1) Jean Bouchet, *Panégyric du chevalier sans reproche*, ch. xx, dans la collection Michaud et Poujoulat, 1$^{re}$ série, t. IV, p. 443.

mes est, en général, appropriée à leur condition et au genre de vie qu'elles seront appelées à mener dans la suite. Or, au moyen âge, à la cour du roi et dans les châteaux de la noblesse, les romans et les fabliaux fournissaient une matière inépuisable de divertissements très goûtés. Devant un cercle attentif, le jongleur récitait tantôt quelques fragments détachés d'un grand poème, tantôt des fables et des lais, ou des chansons d'amour. Quelquefois, comme on le voit dans le roman de *la Violette,* de nobles dames remplissaient elles-mêmes l'office de jongleur. Puis, quand la récitation et le chant avaient cessé, les vers du poète, le caractère et les aventures des personnages mis en scène étaient un sujet d'entretien; c'est Marie de France elle-même qui nous l'apprend :

> Et quant icel lai ot feni,
> Li chevalier après parlèrent;
> Les aventures racontèrent
> Que soventes fois sont venues
> Et par Bretaigne sont véues (1).

Comment les jeunes filles destinées à prendre part un jour à ces passe-temps littéraires n'auraient-elles pas été initiées d'assez bonne heure à la connaissance de cette littérature si goûtée, de ces œuvres poétiques et romanesques, qui volaient alors de bouche en bouche et qui charmaient le peuple comme les grands?

Aussi n'apprenons-nous pas que Froissart ait éprouvé aucun étonnement lorsqu'il trouva entre les mains d'une jeune fille de la cour le roman de *Cleomadès.* Loin de la blâmer, il aima mieux continuer avec elle une lecture qui les intéressait tous deux; il osa même, c'est lui qui nous le raconte, envoyer à la jeune lectrice, devenue son amie, un autre roman, le *Baillieu d'amour,* non sans glisser pour elle dans le manuscrit une ballade qui n'était pas moins qu'une véritable déclaration des plus tendres sentiments (2).

Nous n'aurions pas l'exemple de Froissart pour en témoigner, il est manifeste qu'une éducation qui admettait la lecture, l'étude

---

(1) *Poésies de Marie de France,* t. 1, p. 554. Cf. *Roman de la Violette,* p. 6, 152, 307, 308, etc.

(2) Lacurne de Sainte-Palaye, *Mémoire sur la vie de Froissard,* dans les *Mémoires de l'Acad. des inscriptions,* anc. coll., t. IX, p. 667; *Poésies de J. Froissart,* publiées par J. A. Buchon. Paris, 1829, in-8°, p. 206.

même des trouvères, ces inventeurs si audacieux pour le fond de la pensée et si peu chastes dans l'expression, n'offrait rien de rassurant pour les bonnes mœurs. Elle ne contribuait pas à les faire fleurir dans les familles; elle ne prévenait ni ne réprimait l'effervescence des passions; loin de là, elle exposait, elle poussait les imaginations aussi bien que les cœurs à de funestes égarements.

Je crois qu'on peut attribuer en partie à l'influence des fabliaux et des romans, quels qu'ils soient, romans d'aventures, romans allégoriques et même chansons de geste, les idées qu'une fraction de la société du moyen âge s'était formées de l'amour hors du mariage, idées qui, sous des noms spécieux, cachaient de si graves erreurs de doctrine et autorisaient de si honteux scandales. Aussi le chancelier de Gerson a-t-il écrit un traité en règle contre le *Roman de la Rose* (1), que, dans une sorte d'allégorie morale, il fait dénoncer par la justice aux magistrats dépositaires de l'autorité, comme un livre de perdition qui prêche à la jeunesse l'amour du plaisir, la dégoûte du mariage, excite les plus mauvaises passions, sape tous les fondements de la morale chrétienne.

L'auteur du *Songe du vieux pèlerin* ne fait point appel au bras séculier contre le danger social des mauvaises lectures, mais, s'adressant au jeune roi Charles VI : « Tu te dois, dit-il à ce prince, « delecter en lire ou oyr les anciennes histoires pour ton enseigne-« ment... Tu te dois garder des livres et des romans qui sont « remplis de bourdes, et qui attraient le lisant souvent à impossi-« bilité, à folie, vanité et pechié (2). »

Enfin, dans son livre de l'*Éducation de la femme chrétienne* (*De Institutione feminæ christianæ*) (3), Louis Vivès n'hésite pas à condamner aussi la lecture des romans comme funeste à la vertu des femmes. Autant il insiste pour que les jeunes filles reçoivent une solide instruction, qui n'a jamais, suivant lui, perverti aucune âme et qui en a sauvé plusieurs de la contagion du vice (4), au-

---

(1) *Contra Romantium de Rosa*, Opp. Antwerpiæ, 1706, in-fol., t. III, col. 297 et suiv.
(2) Passage cité par M. Le Clerc. *Discours sur l'état des lettres*, etc., t. I, p. 245.
(3) *J. Lud. Vivis opera*, Valentiæ Edetanorum, 1783, in-fol., t. IV, p. 65 et suiv.
(4) *Ibid.* p. 79 : « Nullam fere inveniemus doctam impudicam, immo vero pleraque « omnia feminarum hujus et superiorum seculorum vitia... ex inscitia sunt profecta... »

tant il désapprouve qu'elles perdent leur temps et qu'elles se dépravent l'imagination en lisant les *Aventures d'Amadis*, de *Tristan* et de *Lancelot du Lac*, et autres ouvrages d'écrivains dénués de sens, dit-il, et ayant vécu dans l'oisiveté ou dans le libertinage (1).

On peut conclure de la protestation de Jean de Gerson et de celle de Vivès que la vogue de nos vieux romanciers ne cessa point de tout le moyen âge et qu'elle persistait encore au XVIᵉ siècle. Elle se prolongea en effet jusqu'à Michel Cervantes, qui lui porta le coup mortel en France comme en Espagne.

Mais la société du moyen âge, quel que fût alors l'empire de la religion, paraît avoir été, en fait d'éducation, moins sévère que d'autres époques plus sceptiques. Elle n'avait pas au même degré que nous le respect de l'enfance, ni l'appréhension de troubler sa sérénité et sa pudeur par des récits équivoques et par des tableaux licencieux. Il faut entendre les invectives généreuses du chancelier Gerson contre l'inexprimable incurie des parents qui exposent aux regards de leurs enfants des peintures obscènes, qui font entendre à leurs oreilles des chants lascifs (2). Ce qui démontre, à nos yeux, que Gerson n'exagérait pas le mal, c'est un ouvrage qui a eu quelque renom, le *Livre du chevalier de la Tour*, que Geoffroy, seigneur de la Tour-Landry, écrivit en 1371 et en 1372 pour l'éducation de ses trois filles (3). L'auteur, au début, annonce le projet de décrire « les bonnes mœurs et bons faits des bonnes « dames, afin que toutes dames et demoiselles y puissent prendre « bon exemple et belle contenance et bonne manière. » Mais, pour mieux leur enseigner à se garder du mal, le chevalier de la Tour décrit également « la meschanceté d'aucunes femmes mauvaises

---

(1) *J. L. Vivis op.*, p. 86 : « Miror cordatos patres hoc suis filiabus permittere... ut ne-
« quitiæ feminæ assuescant legendo... » Pag. 87 : « Tum et de pestiferis libris, cujusmodi
« sunt in Hipania Amadisius, Splandianus, Florisandus, etc.; in Gallia, Lancilotus
« a Lacu, Paris et Vienna, Ponthus et Sidonia, Petrus provincialis et Maguelona.
« Melusina, etc. : quos omnes libros conscripserunt homines otiosi, male feriati,
« imperiti, vitiis ac spurcitiæ dediti... Feminæ hi omnes libri non secus quam vipera
« vel corpius aversandi sunt... »

(2) *Adversus corruptionem juventutis per lascivas imagines*. Opp. t. III, col. 292.

(3) *Le Livre du chevalier de la Tour Landry pour l'enseignement de ses filles*, publié par M. Anatole de Montaiglon. Paris, 1854, in-18. Sur ce curieux ouvrage, voyez Legrand d'Aussy, *Notices et extraits des manuscrits*, t. V, p. 158 et suiv., mais surtout Paulin Paris, *les Manuscrits françois de la Bibliothèque du roi*, t. V, p. 73 et suiv.; V. Le Clerc, *Discours sur l'état des lettres*, t. I, p. 244.

« qui malusèrent et eurent blasme. » Aussi, dans le cours de l'ouvrage, combien d'anecdotes et de tableaux qui bravent l'honnêteté et que nous rougirions de laisser lire à nos enfants, depuis l'historiette, renouvelée d'un fabliau, où la vertu d'un ermite est gravement exposée par la dame même qui lui avait donné l'hospitalité, jusqu'aux confidences peu morales des trois damoiselles qui jouent inutilement à la courte paille le trop volage Boucicaut! Qu'une certaine grâce naïve règne dans ces récits, et qu'après avoir diverti les dames de la cour de Charles VI, ils ne soient pas sans charme même pour nous, je l'accorde; mais, sous la plume d'un père s'adressant à ses filles avec l'intention de les instruire, quelle idée un pareil ouvrage ne donne-t-il pas du relâchement qui s'était introduit dans l'éducation des femmes nobles!

Devant la dépravation précoce qui s'insinuait par la lecture et par l'étude dans les âmes les mieux douées, on comprend que des esprits scrupuleux se soient demandé s'il était bon que les femmes reçussent quelque instruction littéraire. Chez les anciens, Plutarque, entre autres, s'était posé la même question, et, dans un traité que nous ne possédons plus, mais dont le titre nous a été conservé par Stobée (1), il s'était prononcé pour l'affirmative.

C'est la solution exactement contraire qui fut adoptée par un jurisconsulte du XIII<sup>e</sup> siècle, Philippe de Navarre, dans son ouvrage intitulé *Les quatre temps de l'homme*. « Toutes fames,
« dit-il (2), doivent savoir filer et coudre; car la pauvre en aura
« mestier et la riche conoistra mieux l'ovre des autres. A fame ne
« doit-on apprendre letres ne escrire, se ce n'est especiaument
« pour estre nonain : car par lire et escrire de fame sont maint
« mal avenu; car tiex li osera baillier ou envoier letres ou faire
« jeter devant li, qui seront de folie ou de prière en chançon,
« ou en rime, ou en conte, qu'il n'oseroit dire ne proier de
« bouche, ne par message mander; et si n'eust ete nul talant de

---

(1) Ὅτι καὶ γυναῖκα παιδευτέον. (Voy. Fabricius. *Bibl. Græc.*, éd. Harles, t. V, p. 197.)
(2) Passage cité par M. Beugnot, dans la notice sur la vie et les écrits de Philippe de Navarre. *Bibliothèque de l'École des chartes*, 1<sup>re</sup> série, t. II, p. 1 et suiv. Dans le manuscrit français de la Bibliothèque nationale, 24431, f° 162 v°, le même passage se lit avec des variantes dont nous devons la communication à M. Francisque Michel. Nous en avons mis quelques-unes à profit.

« mal faire, li deables est si soutis et extendans à faire péchier,
« que tost la metroit en corage que eles lise les letres et li face
« respons. »

François de Barberino soutient le même avis dans son curieux livre *Del reggimento et de' costumi delle donne*, écrit au commencement du XIV<sup>e</sup> siècle (1). Savoir coudre, filer, faire des bourses, travailler, en un mot, des mains, c'est là, selon Barberino comme selon Philippe de Navarre, la science qui convient proprement aux jeunes filles, celle qui par la suite, quand elles seront mariées, leur sera le plus utile, non seulement pour occuper leurs loisirs, mais, en cas de revers de fortune, pour sustenter leur existence. Est-il bon qu'elles soient instruites et même qu'elles sachent lire et écrire? Le sévère moraliste avoue que les avis sont partagés, et qu'en se prononçant pour l'ignorance il étonnera et scandalisera de bons esprits ; mais les dangers de l'instruction le frappent encore plus que les avantages qu'elle peut avoir pour les femmes. Les connaissances qu'une femme possède, fussent-elles bornées à la lecture et à l'écriture, Barberino appréhende qu'il n'en résulte pour elle des occasions et des tentations de pécher...
« Je ne prétends pas, dit-il, qu'on puisse garder une femme qui
« ne veut pas se garder elle-même ; mais je pense que l'homme
« peut enlever à celle qui a un mauvais naturel les occasions de
« mal faire, et écarter de l'âme de celle qui est bonne tout ce
« qui pourrait altérer sa pureté... Le meilleur parti, selon moi,
« est de faire apprendre aux filles toute autre chose qu'à lire et à
« écrire. » Barberino excepte le cas où il s'agit d'une jeune fille qui se destine à la vie religieuse ; il permet qu'on lui enseigne à lire, afin qu'elle soit en état de remplir les devoirs imposés par la règle du couvent : « Et toutefois, ajoute-t-il, n'était ce dernier
« motif, je louerais les parents de la laisser sans instruction. »

Nous ôterions à l'opinion de Barberino quelque chose de sa signification vraie, si nous n'ajoutions qu'il est bien plus explicite à l'égard des filles du peuple et de la bourgeoisie qu'à l'égard des filles nobles. Il conserve encore quelques doutes sur la manière d'élever celles-ci ; mais il n'en a aucun sur le mode d'éducation

---

(1) Roma, 1815, in-8°. Sur cet ouvrage, assez rare en France, et sur l'auteur, on ne lira pas sans intérêt un article de M. Delécluze inséré dans la *Revue française*, août 1839, p. 119 et suiv.

qui convient à celles-là ; il ne veut entendre parler pour elles d'aucune instruction, même la plus élémentaire : il les confine dans les soins du ménage, dans le travail des mains, et, pour le reste, dans l'ignorance.

Heureusement pour les femmes et pour le progrès de leur éducation, le sentiment de François Barberino trouvait, comme il s'y était attendu, moins de partisans que de contradicteurs. Sans parler de Vincent de Beauvais, qui engage les familles nobles à donner de l'instruction à leurs filles, Christine de Pisan, aussi jalouse de l'honneur de son sexe que passionnée pour la science, a consacré un chapitre de sa *Cité des dames* à réfuter « ceux qui « dient qu'il n'est pas bon que des femmes apprennent lettres (1). »

« Je me merveille trop fort, dit-elle, de l'opinion de aucuns
« hommes, qu'ilz ne vouldroient point que leurs filles, femmes ou
« parents, aprenissent science, et que leurs mœurs en empire-
« roient. Par ce peuz tu bien veoir que toutes opinions d'hommes
« ne sont pas fondées sur raison et que ceulx ont tort; car il ne
« doit mye être présumé que de sçavoir les sciences morales, et
« qui apprennent vertu, les mœurs doyent empirer, ains n'est point
« de doubte que ils anoblissent. Comme doncques est-il à penser
« que bonnes leçons et doctrine les peust empirer ? Ceite chose
« n'est pas à soustenir. Je ne dis mye que bon fust qu'aucune
« femme estudiast es sciences de sorts et defendues; car pour
« néant ne les a pas l'Église ostées du commun usaige; mais que
« les femmes empirent de sçavoir du bien n'est pas à croire. N'es-
« toit pas de celle opinion Quintus Ortencius qui fut à Rome
« grand rhétoricien et souverain orateur. Cellui ot une fille
« nommée Ortence, qu'il aima pour la subtilité de son engin, et
« la fit étudier en ladite science de rhétorique... Pareillement, à
« parler de plus nouveau temps, sans quérir les anciennes ystoires,
« Jehan Andry (2), solennel canoniste à Bouloigne, n'a pas LX
« ans, n'estoit pas d'opinion que mal fust que femmes fussent
« lettrées, quant à sa bonne et belle fille qu'il ama tant, nommée
« Novelle, fist apprendre lettres, et si avant, que quant il estoit
« occupé d'aucune besoigne, par quoy il ne povoit vaquer et

---

(1) Liv. IV, ch. xxxvi. Bibl. nationale, mss. franç. 807, 808 et 809.
(2) Il s'agit, dans ce passage, de Jean André, jurisconsulte, mort à Bologne en 1348. (Voy. Fabricius, *Bibl. med. et inf. latin.*, t. I, p. 94, et t. IV, p. 49.)

« lire à ses escoliers, il y envoyoit Novelle, sa fille, lire en sa
« chaire. Et, afin que la beauté d'elle n'empeschast pas la pensée
« des escoutans, elle avoit une petite courtine devant son visaige.
« Et par celle manière elle aucunes fois allégeoit les occupations
« de son père, lequel l'ama tant, que pour mettre le nom d'elle
« en mémoire, fist une table en sa lecture de décrets qu'il nomma
« de sa fille la *Novelle...* »

Ainsi s'exprimait Christine de Pisan avec une noble confiance dans le pouvoir moral des arts libéraux. Elle prouvait elle-même, par son exemple, que la plus solide instruction peut s'allier chez les femmes aux plus nobles vertus; mais, au milieu des désordres de la cour de Charles VI, elle était une bien rare exception, autant par la régularité de sa conduite que par son brillant savoir; et, quelque zèle qu'elle montre dans ses écrits pour la défense de son sexe, il n'offrait pas alors, surtout dans les familles féodales, beaucoup de modèles dignes d'être suivis. L'amour des lettres et celui des arts, la passion des beaux manuscrits et des splendides reliures, ce sont là, n'en déplaise à Christine de Pisan, les meilleures qualités des grandes dames du XIV$^e$ et du XV$^e$ siècle. Nous les découvrons chez Jeanne de Valois, sœur de Philippe VI; chez Bonne de Luxembourg, première femme de Jean le Bon; chez Isabeau de Bavière; chez Valentine de Milan, duchesse d'Orléans; chez Marie de Clèves, sa bru; chez Charlotte de Savoie, la seconde femme de Louis XI (1). Tel était le fruit précieux des leçons que ces femmes de noble race avaient reçues dans leur jeunesse; mais, chez plusieurs de leurs contemporaines, les qualités de l'esprit avaient été mieux cultivées que celles du cœur; le goût des arts libéraux était plus développé que le sentiment du devoir; leur éducation, à beaucoup d'égards, avait été frivole, et cette frivolité est une des causes qui ont dû contribuer à la corruption des mœurs de la noblesse française.

Que devenait cependant l'éducation des femmes du reste de la nation, c'est-à-dire de l'immense majorité du pays? Ce serait une

---

(1) Le savant ouvrage de notre confrère M. Léopold Delisle sur *le Cabinet des manuscrits de la Bibliothèque impériale*, Paris, 1868, in-4°, t. I, fournit de nombreux témoignages du soin vraiment honorable que la plupart de ces grandes dames du XV$^e$ siècle mettaient à se procurer de beaux manuscrits et de belles reliures. (Voyez notamment p. 14, 18, 30, 91 et suiv., 104, 119, 120, etc.)

égale erreur de croire qu'elle fût entièrement négligée, ou qu'elle fût l'objet de soins particuliers, suivis et féconds.

Parmi les jeunes filles, les unes, pour la plupart de familles bourgeoises, étaient envoyées au couvent; les autres demeuraient avec leurs parents, et, quand ceux-ci étaient des artisans ou des laboureurs, elles étaient grossièrement élevées. Elles apprenaient, dès leurs plus tendres années, ainsi que l'avait ordonné, en 1246, le concile de Béziers, le *Pater*, l'*Ave Maria*, le *Credo*, mais rien ou très peu de chose au delà, si ce n'est à filer et à coudre, et, dans les campagnes, à manier la charrue, à sarcler l'avoine et le blé. Telle fut, pour citer un exemple illustre, la première et la seule éducation que reçut Jeanne d'Arc, qui ne savait, disait-elle, ni *a* ni *b*.

Il ne faut pas croire que, dans les rangs de la bourgeoisie, même la plus haute, il n'y eût pas de femmes tout aussi peu lettrées que le fut la Pucelle; car la femme de Guillaume de Saint-Germain, procureur du roi au parlement de Paris de 1365 à 1383, Denisette Mignon, ne savait elle-même ni lire ni écrire (1).

Cependant il ne manquait pas alors, dans les campagnes ni dans les villes, d'écoles élémentaires pour les deux sexes.

A partir du XI$^e$ siècle, on aperçoit dans la plupart des provinces la trace authentique de petites écoles, dont quelques-unes devaient, à notre avis, remonter jusqu'à Charlemagne. Le plus grand nombre étaient destinées aux garçons; mais sous le règne de Philippe le Bel il en existait aussi pour les filles, et elles se multiplièrent alors sensiblement. Dans le rôle de la taille de Paris en 1292, on ne voit figurer qu'une seule maîtresse, dame Tyfaine, qui résidait rue aux Ours, près la rue Saint-Denis (2); en 1380, on en trouve vingt et une, répandues dans les différents quartiers de Paris et formant une communauté (3).

A Paris, les maîtresses étaient, comme les maîtres d'école, soumises à l'autorité du chantre de Notre-Dame. Avant d'entrer en exercice, elles promettaient de lui obéir et d'observer fidèlement les statuts de la corporation. Ce serment prêté, elles rece-

---

(1) *Le Ménagier de Paris, traité de morale et d'économie domestique*, etc. Paris, 1847, in-8°, t. II, p. 104.
(2) *Paris sous Philippe le Bel*, par H. Géraud. Paris, 1837, in-4°, p. 54.
(3) Félibien, *Hist. de Paris*, t. III, p. 449.

vaient du chantre, pour un temps limité, en général pour une année, qui expirait soit au 6 mai, jour auquel tous les maîtres et maîtresses de Paris se réunissaient sous la présidence du chantre, soit au 24 juin, à la Saint-Jean, la permission de tenir école, d'y façonner les jeunes filles aux bonnes mœurs et de leur enseigner l'abécédaire; car c'est là l'unique sens raisonnable que nous puissions donner à ces mots : *licentiam docendi puellas in litteris grammaticalibus*, qui se retrouvent dans la formule du serment et dans les diplômes parvenus jusqu'à nous (1). Ils ne désignent certainement pas la grammaire prise dans toute son étendue, mais ses parties les plus élémentaires, c'est-à-dire la connaissance des lettres et la manière dont elles s'assemblent, enfin ce qu'il faut savoir pour être en état de lire couramment.

Que les enfants qui suivaient l'école aient appris à compter en même temps qu'à lire, c'est ce qui semble résulter d'un passage du *Ménagier de Paris*, dans lequel nous voyons plusieurs bourgeois s'amuser entre eux à faire l'épreuve du savoir de leurs femmes en fait de calcul. « Empreu, » dit Tassin à dame Tassine. Celle-ci, par orgueil, répond : « Je ne suis mie enfant pour apprendre à « compter (2). »

Le règlement scolaire le plus ancien que nous possédions est de 1357 (3). Il renferme une disposition remarquable dont on

---

(1) Voici un de ces diplômes que nous croyons inédit; nous l'empruntons aux archives de l'Université de Paris, longtemps déposées au ministère de l'Instruction publique et aujourd'hui à la Sorbonne, carton 1er, liasse 3e, n° 7 : « Arturus de Vandetar, « cantor et canonicus Ecclesie Parisiensis, ad romanam Ecclesiam nullo medio perti- « nentis, dilecte nostre Perrette la Couppenoire salutem in Domino. Cum ad nos « ratione dicte cantorie nostre spectet scollarum Parisius et banleuce, tam de jure « quam de usu, pacifica et approbata consuetudine, collatio et regimen, hinc est quod « nos de vestris sufficientia et ydoneitate in Domino confidentes, regendis scolla Pa- « risius in parochia Sancti Germani Antissiodorensis, docendique et instruendi puellas « in bonis moribus, litteris grammaticalibus ac aliis licitis et honestis, recepto tamen « prius a vobis juramento in talibus prestari solito, de gratia speciali, licentiam vobis « impertimus præsentibus usque ad nostram proximam synodum tantummodo valitu- « ris. Datum sub sigillo nostro, anno Domini m° cccc° octuagesimo quarto, die sexta « mensis maii. »

(2) *Le Ménagier de Paris*, t. I, p. 140.

(3) Félibien, *Hist. de Paris*, t. III, p. 447, a publié le texte de ces règlements d'après le recueil des *Statuts et Reglemens des petites escoles*, imprimé à Paris en 1672, 1 vol. in-12. Voyez aussi le solide et précieux travail, malheureusement inachevé, de M. Philibert Pompée, *Rapport historique sur les écoles primaires de la ville de Paris*. Paris, 1re partie, 1839, 1 vol. in-8°, p. 156 et suiv.

rencontre déjà quelque trace dès le ix⁰ siècle : c'est la défense absolue qui est imposée aux maîtres de recevoir les filles avec les garçons dans leur école, et aux maîtresses de recevoir les garçons avec les filles. Une pareille défense a-t-elle existé chez les nations étrangères? Nous n'oserions l'affirmer; car nous apprenons, par le témoignage d'un chroniqueur, qu'un maître irlandais réunissait dans son école de jeunes filles avec de jeunes garçons, les clercs avec les laïques, qu'il tonsurait même tous ses élèves sans distinction de sexe : ce qui eut pour résultat de le faire expulser d'Irlande (1). Quoi qu'il en soit, la prohibition dont il s'agit fut renouvelée à différentes reprises; jamais, sous l'ancienne monarchie, elle ne fut levée, et, au xvii⁰ siècle, nous trouvons la séparation des sexes dans les écoles consacrée tout à la fois par les vieux statuts, par les ordonnances épiscopales et par les arrêts les plus récents du parlement (2).

Il ne serait pas sans intérêt de savoir comment se recrutaient les maîtresses, ne fût-ce que pour mieux apprécier quel était leur degré d'instruction, et jusqu'où elles pouvaient conduire leurs élèves. Nous ne possédons aucun renseignement à cet égard; mais, sous Louis XIV, dans une réponse au livre de Claude Joly sur les écoles ecclésiastiques, parmi les reproches que l'auteur anonyme, soit Edme Pourchot, soit Jacques de l'Œuvre, adresse au chantre de Notre-Dame, nous voyons figurer celui d'avoir accordé fréquemment l'autorisation de tenir école, non pas à des maîtres ès arts, mais à des sergents, à des fripiers, à des maçons, à des joueurs de marionnettes, à des personnes de toute profession (3). Il faut bien que Claude Joly ne se soit pas montré difficile sur les garanties d'aptitude à exiger des maîtres et des maîtresses d'école, pour qu'un pareil reproche ait pu lui être publiquement adressé; mais ce reproche même nous met sur la trace d'un fait qui a dû se reproduire au moyen âge bien plus fréquemment qu'au viix⁰ siècle : c'est que les personnes pourvues de quelque

---

(1) *Memoriale fratris Walteri de Coventria*, etc., edited by William Stubbs, London, 1872, in-8°, t. I, p. 69.
(2) Voyez notre *Histoire de l'Université de Paris au xvii⁰ et au xviii⁰ siècle*, p. 193.
(3) *Factum ou Traité historique des écoles de l'Université de Paris en général avant l'an 1200; des écoles de grammaire en particulier avant l'an 1500, de l'exercice des petites écoles et de leur direction, contre M. Claude Joly*, etc. 1689, in-4°, p. 9.

instruction, pouvant et voulant se consacrer d'une manière exclusive à la tenue des petites écoles, étaient fort rares, et que, faute d'en trouver, le chantre de Notre-Dame était réduit à accepter des femmes d'artisans, des marchandes, de simples ouvrières, qui cumulaient avec leur profession ou leur travail le soin de veiller sur les jeunes filles de la paroisse et de leur apprendre à lire et à écrire. Parmi les vingt et une maîtresses d'école qui figurent dans un document authentique de l'année 1380, nous conjecturons qu'il en existait plus d'une appartenant à cette catégorie.

Nous n'avons parlé jusqu'ici que des écoles de Paris : ce sont les seules en effet sur lesquelles on ait des renseignements certains et précis ; mais il n'est pas douteux que des écoles analogues n'aient existé dans les autres villes de France et dans les campagnes, soit qu'elles aient relevé, comme à Paris, de la juridiction épiscopale, exercée par le chantre, soit qu'elles aient été dans la dépendance du seigneur de la contrée. Ainsi un titre de 1405 mentionne une maîtresse d'école que les gens de l'hôtel de ville de Rouen dispensent des aides sur les vins, en raison de ses fonctions. Dans un autre titre, qui nous éloigne un peu du moyen âge, car il est de 1519, il est question d'une école de filles établie sur le territoire de l'abbaye de Saint-Amand, et soumise à l'autorité de l'abbaye (1).

Citons, comme dernier exemple, une légende qui atteste à la fois l'existence d'écoles rurales et le charitable concours que les familles aisées prêtaient quelquefois à l'instruction des enfants pauvres. Une jeune fille de la campagne, raconte Thomas de Cantimpré (2), conjurait son père de lui acheter un psautier pour apprendre à lire. « Mais comment, lui disait son père, « pourrais-je t'acheter un psautier ? c'est à peine si je gagne cha- « que jour de quoi t'acheter du pain. » L'enfant, dans sa détresse, implora la sainte Vierge, qui, après une année de prières, lui apparut en songe, tenant à la main deux psautiers. Mais, au réveil, le songe se dissipa, et l'enfant, déçue dans son espoir, se mit à fondre en larmes. « Mon enfant, lui dit alors son père, « le dimanche et les jours de fête, va trouver la maîtresse d'école

(1) *Recherches sur l'instruction publique dans le diocèse de Rouen avant* 1789, par M. Ch. de Beaurepaire. Évreux, 1872, in-8°. t. 1, p. 58.
(2) *Bonum universale de apibus*, Duaci, 1627, in-8°, l. 1, c. xxiii, p. 93.

« de la paroisse; prie-la de te donner quelques leçons, et efforce-
« toi, par ton zèle à bien apprendre, de mériter l'un des psautiers
« que tu as vus aux mains de la Vierge. » La petite paysanne obéit,
et telle fut la rapidité de ses progrès dans la lecture, que les autres enfants, de familles aisées, qui fréquentaient l'école, en furent
émerveillées; croyant à un miracle, elles se cotisèrent entre elles,
raconte la légende, pour acheter à la jeune fille pauvre le livre
de classe et de piété que ses parents n'avaient pas pu lui procurer.

De tout ce qui précède il résulte que les parents d'une jeune
fille, si humble que fût leur position, n'étaient pas, au moyen
âge, absolument dépourvus des moyens de la faire instruire par
des mains étrangères. Profitaient-ils toujours des facilités qu'ils
avaient? J'en doute beaucoup; car, si l'on en juge par le témoignage de Christine de Pisan, hors la cour et quelques grandes
maisons, c'était peu l'usage de donner de l'instruction aux filles.

Combien l'existence elle-même des écoles était précaire! Elles
restaient à la merci des événements qui se passaient dans la contrée d'alentour. Le continuateur de Guillaume de Nangis témoigne
qu'après la peste de 1348 on ne trouvait plus de maîtres pour enseigner les enfants (1). Ce fut bien pis encore après la guerre de
cent ans contre les Anglais, lorsque, dans la moitié de la France,
les campagnes eurent été dévastées, et que, dans les villages,
le nombre des feux eut diminué d'une manière sensible (2). Beaucoup d'écoles durent alors disparaître, et certainement celles qui
étaient destinées aux filles ne furent point épargnées. L'ignorance devint générale parmi les femmes de la campagne; elle
se répandit dans les villes, et elle atteignit la bourgeoisie, sans
épargner la noblesse elle-même.

A ce moment Constantinople succombait, et les Grecs, chassés
de leur pays, apportaient avec eux en Europe les plus beaux chefs-
d'œuvre de la littérature antique. Une lumière inespérée éclairait

---

(1) *Chronique de Guillaume de Nangis*, etc. Paris, 1843, in-8°, t. II, p. 216 : « Pauci
« inveniebantur qui scirent aut vellent in domibus, villis et castris, informare pue-
« ros in grammaticalibus rudimentis. »

(2) Sur la dépopulation des campagnes en Bourgogne au commencement du xv° siècle,
voyez un savant travail de M. Simonnet dans les Mémoires de l'Académie des sciences et belles-lettres de Dijon, 1<sup>re</sup> série, t. XII, an. 1864. Nous en avons rendu compte
dans la *Revue des Sociétés savantes*, 4° série, t. VI, p. 162 et suiv.

tout à coup les ténèbres qui s'épaississaient sur l'Occident. Quelle part les femmes ont-elles prise à cette renaissance des lettres païennes? Quelle influence a-t-elle exercée sur leur éducation? Nous laissons à de plus érudits que nous le soin d'élucider cette curieuse question. Bornons-nous, en terminant, à constater, comme la dernière conclusion de nos humbles recherches, que si, de Charlemagne à Louis XI, l'éducation des femmes laissa beaucoup à désirer sous une foule de rapports, cependant elle ne fut pas aussi nulle qu'on le croit généralement, et qu'il y eut alors des écoles monastiques et de petites écoles où les jeunes filles de toute condition étaient recueillies, tandis que les enfants des grandes familles recevaient au foyer domestique une assez riche culture, dont l'unique défaut fut souvent d'être un peu trop mondaine. L'œuvre, en un mot, était ébauchée; la partie, si je l'ose dire, était engagée contre l'ignorance au nom des lumières et de la civilisation chrétienne : il s'agissait de la suivre et de la gagner. C'est la tâche difficile et honorable que la société du moyen âge légua aux générations suivantes.

# MÉMOIRE

SUR

# LA ROYAUTÉ FRANÇAISE

## ET LE DROIT POPULAIRE

D'APRÈS LES ÉCRIVAINS DU MOYEN AGE.

# MÉMOIRE

SUR

## LA ROYAUTÉ FRANÇAISE

### ET LE DROIT POPULAIRE

D'APRÈS LES ÉCRIVAINS DU MOYEN AGE.

---

Le moyen âge a vu se produire deux systèmes opposés sur la souveraineté : le système du droit pontifical et celui du droit impérial.

Le pape, vicaire de Jésus-Christ, suprême interprète des paroles divines, infaillible gardien du dépôt de la foi; l'empereur, légitime héritier des Césars, investi de tous les pouvoirs qu'ils avaient exercés, armé comme eux du glaive pour commander à la terre et dompter la résistance des nations rebelles : voilà, dans les temps qui suivirent la mort de Charlemagne, les deux types de la puissance et de l'autorité souveraine qui s'offrirent à la pensée des écrivains politiques. Comment les uns prirent parti pour le pape et exaltèrent ses prérogatives jusqu'à proclamer sa suprématie, même dans l'ordre temporel, lui assujettissant les couronnes et lui reconnaissant le droit d'en disposer; comment les autres se constituèrent les défenseurs de la puissance impériale, l'élevèrent au-dessus de toutes les autres puissances, prétendirent lui subordonner même l'autorité pontificale et renouveler ce régime, tombé avec le vieil empire romain, sous lequel le prince, maître de la religion, domine les consciences : beaucoup d'autres l'ont raconté avant nous, et notre dessein n'est pas de reprendre ce récit, auquel nous pourrions à peine ajouter quelques traits. Le but que nous poursuivons est plus restreint. Entre les ambitieuses visées des champions du despotisme impérial et les doctrines théologiques favorables à la suprématie temporelle du saint-siège, nous voudrions suivre la trace des idées que les écrivains de la scolastique, théologiens, philosophes, légistes, sermonnaires, se sont formées de la royauté, et qui, de siècle en siècle, ont abouti à une notion du gouvernement dans laquelle l'idée monarchique se concilie avec le sentiment du droit populaire. C'est en France principalement que la marche de ces idées peut être utilement observée. La France, en effet, n'a pas vu se produire chez elle ces luttes acharnées du sacerdoce et de l'empire, qui ont si profondément troublé l'Allemagne et l'Italie; elle n'a pas subi le joug humiliant des nouveaux Césars, ni la domination des doctrines théocratiques; et elle s'est frayé elle-même sa voie, à travers d'innombrables écueils et en dépit des systèmes les plus contraires, vers un gouvernement tempéré qui lui fût propre. C'est cette voie obscure et difficile à reconnaître qu'il s'agit pour nous de retrouver, non pas dans les faits qui sont du domaine des chroniqueurs et des historiographes, mais plutôt dans les doctrines qui reflètent les faits, et qui tantôt préparent, tantôt consacrent le progrès des institutions sociales.

L'Université de Bologne, qui prétendait remonter jusqu'à Théodose le Jeune, venait de recevoir de l'empereur Frédéric Barberousse ses premiers statuts et d'importants privilèges, lorsqu'une controverse eut lieu, dit-on, entre quelques-uns de ses professeurs, sur le point de savoir si l'empereur était le seigneur des seigneurs et le roi des rois désigné dans ce passage de l'Apocalypse (1) : *Rex regum et dominus dominantium*. Les historiens ajoutent que l'affirmative trouva de nombreux défenseurs (2), et il est constant qu'elle devint la doctrine en quelque

---

(1) *Apoc.*, c. xix, v. 16.
(2) Rossetti, *Sullo spirito antipapale che produsse la riforma*, etc., Londra, 1832, in-8°, c. xi, p. 136; — *Vita e poesie di messer Cino da Pistoja*, novella edizione rivista dal Seb. Ciampi, Pisa, 1813, in-8°. p. 5, 38 et suiv., 132. Cf. Ouvré, *De monarchia Dantis*, Parisiis, 1853. in-8°, p. 5.

sorte officielle de la nouvelle école de jurisconsultes. C'est au fond la thèse que Dante lui-même a soutenue dans son traité célèbre *De monarchiâ*, bien que le tempérament altier et peu docile du poète florentin ne parût pas le destiner à être le champion d'une pareille cause.

Tout autre est l'aspect sous lequel la royauté se présente dans les ouvrages de nos plus anciens écrivains. Elle y apparaît comme une autorité purement locale, dont la juridiction s'arrête au delà d'une certaine étendue de pays, et qui n'affiche aucune prétention à la souveraineté universelle. Néanmoins, si humble qu'elle fût, comparée à la puissance impériale, les traditions de la législation romaine s'accordaient avec les enseignements de l'Église pour assurer à la personne du roi le respect des peuples et la soumission du clergé. Selon la loi romaine, encore si vivante longtemps après la chute de Rome, la volonté du prince n'a-t-elle pas force de loi (1)? Selon l'Église, tout pouvoir ne vient-il pas de Dieu, et ne lui devons-nous pas obéissance? A ces motifs en faveur de la royauté, s'ajoutait une raison qui devait vivement frapper les descendants des races germaines, nous voulons dire le devoir de fidélité qui rattachait les anciens leudes à leur chef et qui ne dépendait ni de l'étendue des domaines de celui-ci, ni du nombre de ses vassaux, mais de la foi jurée. Ainsi se développa, sous l'influence de causes multiples, l'idée d'un pouvoir souverain, unique de sa nature, auquel appartenait le droit de commander et d'être obéi dans le territoire dont il était possesseur. Cette image de la puissance ou plutôt de la majesté royale pénétra de bonne heure dans tous les esprits, chez les ignorants comme chez les doctes; et de Clovis à Charlemagne, de Charlemagne à Philippe-Auguste, on en suit facilement la trace chez les chroniqueurs et chez les théologiens.

Combien les récits de Grégoire de Tours ne nous offrent-ils pas de scènes dans lesquelles le pouvoir monarchique figure avec des prérogatives qui l'élèvent au-dessus de tous les autres pouvoirs! « O roi, » disait lui-même le courageux historien à Chilpéric, au moment où ce prince, aveuglé par la colère, allait sévir cruellement contre l'évêque de Rouen, Prétextat, « ô roi, si quelqu'un

---

(1) *Digest.* I, 4 : « Quod principi placuit legis habet vigorem. »

« de nous veut s'écarter du sentier de la justice, tu peux le cor-
« riger; mais si toi-même tu t'en écartes, qui te reprendra? Nous
« te parlons, il est vrai; mais tu nous écoutes si tu veux. Si tu ne
« le veux pas, qui te condamnera, si ce n'est celui qui s'est pro-
« clamé la justice même (1)? »

Sous la seconde race, il est enjoint à tous les fidèles de prier pour le roi et pour les grands qui composent sa cour (2) : ceux qui refusent de lui obéir, ceux qui ourdissent des complots contre lui sont frappés d'anathème par plusieurs conciles (3). « Si
« chacun, disait Agobard (4), est dans l'obligation d'accomplir
« la promesse qu'il a faite à son semblable, comment ne serait-il
« pas obligé à une fidélité encore plus inviolable envers le prince
« qui a reçu de Dieu le gouvernement de la chose publique? »

Au xe siècle, un moine de l'abbaye de Saint-Benoît-sur-Loire, Hugues de Sainte-Marie, comparant la royauté et le sacerdoce aux trois personnes de la sainte Trinité, déclare que le roi, à qui toute puissance appartient dans son royaume, est l'image de Dieu le Père, de même que l'évêque est l'image de Dieu le Fils, ou de Jésus-Christ; d'où il tire cette conséquence que, le Fils étant soumis au Père, les évêques pareillement doivent être soumis au roi (5).

Cependant, si l'Écriture sainte recommande aux sujets, comme un devoir sacré, l'obéissance envers les rois, elle rappelle aux

---

(1) Grég. de Tours, *Hist. des Francs*, l. V, c. xix, t. II, p. 235 de l'édition donnée par la Société de l'histoire de France.

(2) *Capit.* an. 769, art. 13 : « Quando denuntiatum fuerit pro rege vel pro fidelibus
« suis, qualibet causa, orationes facere, nemo in hoc negligens appareat. » (Voy. *Recueil des Historiens de France*, t. V, p. 646.)

(3) Concile de Loire, en 843 : « Si quis contra regiam dignitatem dolose et callide
« perniciose satagere comprobatus fuerit, nisi dignissime satisfecerit, anathematize-
« tur. Si quis potestati regiæ, quæ non est, juxta Apostolum, nisi à Deo, contumaci ac
« inflato spiritu, contra auctoritatem et rationem, pertinaciter contradicere præsump-
« serit, et ejus justis et rationabilibus imperiis, secundum Deum, et auctoritatem
« ecclesiasticam, et jus civile, obtemperare irrefragabiliter noluerit, anathematizetur. »
(Voyez. *Concilia Galliæ*, ed. Sirmond, t. III, p. 8.)

(4) *Agobardi flebilis epistola de divisione imperii Francorum inter filios Ludovici imperatoris*, dans la *Patrologie* de l'abbé Migne, t. CIV, p. 287.

(5) *Tract. de regia potestate*, l. I, c. II : « Rex in regni sui corpore Patris omnipo-
« tentis obtinere videtur imaginem, et episcopus Christi. Unde rite regi subjacere viden-
« tur omnes regni ipsius episcopi, sicut Patri Filius. » (Cf. *Hist. litt. de la France*, t. X, p. 285 et suiv.)

rois, en maints passages, les obligations qu'ils ont eux-mêmes à remplir envers leurs sujets. Si la législation romaine admet que la volonté du prince a force de loi, la législation canonique enseigne que la loi suppose le consentement du peuple, et qu'elle a pour fin le bien de la communauté (1). Enfin, quelque respectée que fût la religion du serment, la fidélité qui rattachait les descendants des Germains à leurs chefs s'alliait, chez eux, à un sentiment habituel de fierté qui relâchait les liens de leur dépendance; de telle sorte que, dans les premiers siècles du moyen âge, les motifs qui portaient à exalter l'autorité royale se trouvaient balancés par des motifs contraires, qui poussaient, sinon à la méconnaître et à la supprimer, tout au moins à la tempérer et à la contenir dans de justes bornes.

« Le mot de roi, » écrit saint Isidore de Séville, au troisième livre de ses *Sentences* (2), « le mot de roi veut dire celui qui gou-
« verne avec sagesse. C'est le titre qui est décerné aux bons prin-
« ces, mais qui ne saurait être conservé aux mauvais. » Quel est donc le nom qui convient à ces derniers? Celui de tyran. « Les an-
« ciens, dit ailleurs saint Isidore, ne faisaient pas la distinction des
« rois et des tyrans; mais, parmi nous, l'usage a prévalu d'appeler
« tyrans les méchants rois, qui écrasent le peuple sous le poids
« de leur ambition et de leur cruauté. » Ces lignes d'Isidore de Séville ont été reproduites, commentées, amplifiées par la plupart des théologiens des âges suivants. Elles leur indiquaient la voie qu'ils ont suivie, les uns avec plus de hardiesse, les autres plus timidement.

Au viii$^e$ siècle, l'évêque Rattier, qui occupait le siège de Vérone, mais qui était né au pays de Liège, et qui avait étudié en France, décrivant, dans un ouvrage intitulé *Agonisticon*, les devoirs des divers états, proclamait que la nature humaine est partout égale à elle-même; d'où cette conséquence que Dieu n'a pas donné à l'homme le droit de commander à son semblable. « Faites atten-

---

(1) *Decreti P I*, dist. II, c. 1 : « Lex est constitutio populi qua majores natu simul
« cum plebibus aliquid sanxerunt. » *Ibid.*, dist. IV, c. 11 : « Erit autem lex honesta,
« justa, possibilis, secundum naturam, etc., nullo privato commodo, sed pro communi
« civium utilitate conscripta. »

(2) Cap. xlviii : « Reges a recte agendo vocati sunt, ideoque recte faciendo, regis
« nomen tenetur, peccando amittitur. »

« tion, disait le docte prélat (1), à cette parole de Dieu, lorsqu'il
« créa l'homme : « Croissez et multipliez; remplissez et soumettez la
« terre; commandez aux poissons de la mer, aux oiseaux du ciel
« et aux bêtes de la terre. » Par là, Dieu a voulu faire comprendre
« qu'il était dans la destination de l'homme de commander aux
« oiseaux, aux bêtes et aux poissons, mais non pas à l'homme;
« que tous, au sortir des mains du Créateur, sont naturellement
« égaux, et que les hommes doivent s'imputer à eux-mêmes cette
« inégalité qui a le plus souvent pour résultat de placer les meil-
« leurs et les plus vertueux sous le joug d'autrui...

Peut-être le souffle de démocratie qu'il est aisé d'entrevoir dans
ce passage se retrouverait-il moins facilement chez les autres
théologiens de la même époque; mais un point sur lequel ils sont
tous fixés, sur lequel ils insistent tous, c'est l'étendue, c'est la
grandeur des devoirs imposés à la royauté.

Sur la fin du VIII<sup>e</sup> siècle, un évêque d'Orléans, appelé Jonas,
a écrit un traité de l'*Institution royale*, dédié à Pépin le Bref (2).
En développant le texte d'Isidore de Séville que nous citions plus
haut, il rappelle que le roi est ainsi appelé parce qu'il a pour mission de régir son peuple avec piété, avec justice, avec clémence.
Si le prince ne possède pas ces vertus, s'il se montre impie, injuste, cruel, il ne mérite pas le nom de roi, mais celui de tyran.
Les sujets sont sans doute obligés d'être fidèles à leurs princes;
car, suivant la parole de l'Apôtre, celui qui résiste aux puissances
établies résiste à Dieu lui-même. Mais le ministère des princes
consiste à gouverner avec équité : ils doivent écouter les griefs
des petits et des pauvres, et ne pas permettre qu'ils soient oppri-
més par des officiers subalternes, négligents, cupides ou violents.
A cet effet, il est opportun qu'ils s'entourent de conseillers craignant Dieu, selon l'exemple donné par Moïse, qui avait choisi

---

(1) Martène, *Ampliss. Coll.*, t. IX, col. 805 : « Attende Deum in principio creationis
« humanæ dixisse : « Crescite et multiplicamini, et replete terram, et subjicite eam, et
« dominamini piscibus maris et volatilibus cœli et bestiis terræ; » ut intelligas homines
« non hominibus, sed volatilibus, bestiis et piscibus esse prælatos; omnesque a Deo na-
« tura æquales conditos, sed inæqualitate morum faciente, aliis alios in tantum sup-
« positos, ut plerumque alii dominentur etiam melioribus... » (Cf. *Hist. litt. de la
France*, t. VI, p. 348 et suiv.)

(2) Ce traité a été publié par D'Achery, *Spicileg.*, t. I, p. 233 et suiv., et dans la
*Patrologie* de l'abbé Migne, t. CVI. Cf. *Hist. litt.*, t. V, p. 25 et suiv.

parmi le peuple d'Israël des hommes courageux, détestant l'avarice et amis de la vérité, pour l'assister dans le gouvernement de la nation. Enfin, les rois ne sauraient oublier que leur puissance vient de Dieu, et non pas des hommes; qu'elle ne s'acquiert ni par les vices, ni par l'ambition, ni par la force, mais par un secret jugement de la Providence.

Quelques années après l'évêque Jonas, vivait un écrivain qui fut mêlé aux controverses religieuses sous le règne de Charlemagne, et aux affaires politiques sous Louis le Débonnaire, Smaragde, abbé de Saint-Mihiel, dans le diocèse de Verdun. Il a laissé, entre autres ouvrages, un traité dédié à Louis le Débonnaire, qu'il a intitulé *la Voie royale; Via regia* (1). Ce traité contient l'exposition des devoirs qu'un prince chrétien doit remplir, s'il veut prospérer ici-bas et, en quittant son royaume terrestre, parvenir au royaume des cieux. Aimer Dieu et le prochain, se montrer juste, miséricordieux, clément, pacifique; placer sa gloire non dans la richesse, mais dans la vertu; se défier de l'orgueil et de l'envie, s'entourer de bons conseils et agir avec prudence, réprimer sa colère, écarter les flatteurs, ne pas permettre que la monnaie soit falsifiée : voilà les devoirs d'un roi selon le cœur de Dieu. Quelque sages qu'ils soient, on pourrait reprocher à ces préceptes d'être un peu vulgaires; ils avaient leur prix cependant à une époque où la royauté franque était à peine dégagée des langes de la barbarie. Mais ce qu'il y a de remarquable, c'est l'obligation que le pieux abbé imposait à son royal disciple de ne pas permettre l'esclavage dans ses États. « Très clément prince, ne permettez
« pas l'esclavage dans votre royaume. Montrez-vous le fils très
« fidèle de ce Père céleste que vous priez chaque jour avec tous
« vos frères, en lui disant : « Notre père, qui êtes aux cieux. »
« Aimez ce qu'il aime, et défendez ce qu'il défend. Il a lui-même
« ordonné, par la bouche de Moïse, que celui-là fût mis à mort qui,
« pour de l'argent, aurait vendu son frère, fils d'Israël. Il nous
« enseigne, par la bouche du prophète Amos, qu'il ne pardonnera
« pas à la ville de Tyr d'avoir réduit ses frères en captivité. Nous
« devons à Dieu une obéissance vraie; or, de tous les devoirs de
« charité que Dieu nous impose, un des premiers c'est de rendre

(1) Publié par D'Achery, *Spicileg.*, t. I, et dans la *Patrologie* de l'abbé Migne, t. CII.

« la liberté à nos esclaves. Considérons que ce n'est pas la na-
« ture, que c'est le péché qui a institué l'esclavage. Nous sortons
« tous égaux des mains de Dieu; le péché seul a détruit cette
« égalité naturelle, et réduit l'homme sous le joug de son sem-
« blable (1). »

Ainsi, dès le règne de Louis le Débonnaire, un cri de liberté retentissait à la cour des rois francs.

Mais continuons à recueillir les enseignements des théologiens du IXe siècle sur les devoirs de la royauté. Hincmar, qui joua, même au point de vue politique, un rôle si considérable sous le règne de Charles le Chauve, a tenu à ce prince, dans plusieurs écrits, le langage le plus austère. Dans son traité *De regis persona et regis ministerio* (2), il enseigne que Dieu fait les bons rois et permet les méchants; que le suprême bien pour un peuple, c'est un bon roi; que la bonté d'un gouvernement en fait la puissance; qu'il faut au prince de bons conseillers; que lui-même, dans l'intérêt de son pouvoir, doit posséder l'art de gouverner; que la nécessité seule doit l'engager à faire la guerre et à étendre ses États; qu'à l'intérieur de son royaume, il doit user de la force pour ramener chacun à l'observation de la loi, user de clémence avec discernement, redouter les présents et les flatteries des scélérats, n'avoir avec eux aucun commerce. Ailleurs (3) Hincmar dénonce à Charles le Chauve les vols et les rapines commis par les gens de guerre, et il le somme de réprimer ces violences. Comment le prince pourrait-il, sans impiété, exiger des sujets de son royaume l'acquittement des impôts et autres redevances, s'il ne leur ménageait pas par sa vigilance les moyens de payer ce qui leur est réclamé, s'il ordonnait et faisait ce qu'il lui plaît, s'il n'interdisait pas, mais laissait faire aux autres ce qui déplaît à Dieu? Mais la partie la plus intéressante des œuvres politiques d'Hincmar, c'est l'écrit dans lequel, résumant un opuscule d'A-

---

(1) Cap. xxx : « Prohibe, clementissime rex, ne in regno tuo captivitas fiat, etc..
« Vero obedire debet homo Deo... Inter alia præcepta salutaria, et opera recta quisque
« liberos debet dimittere servos, considerans quia non illi eos natura subegit, sed
« culpa. Conditione enim æqualiter creati sumus, sed aliis alii culpa subacti... »
(Passage cité par l'abbé Clouet, *Hist. de Verdun*, Verdun, 1867, in-8°, t. I, p. 211.)

(2) *Patrologie*, t. CXXV, p. 834 et suiv.

(3) Voy. *ibid.*, p. 954 et suiv., la lettre à Charles le Chauve, *De coercendis militum rapinis*.

dalard, abbé de Corbie, *De ordine palatii*, il trace le tableau des assemblées qui se réunissaient sous les règnes de Charlemagne et de Louis le Débonnaire (1). Deux fois par an, dit-il se tenaient des plaids auxquels assistaient les principaux d'entre les clercs et d'entre les laïques. On choisissait, autant que possible, des hommes craignant Dieu, et si fidèles, qu'excepté leur salut éternel, il n'y avait rien qu'ils missent au-dessus de l'intérêt du roi et du royaume : amis, parents, bienfaiteurs, douces flatteries, sentiments de haine et de vengeance, chacun les savait prêts à tout sacrifier, éclairés qu'ils étaient par cette vraie sagesse qui confond les sophismes et les ruses de la sagesse du monde. Les avis n'étaient pas contraints; chacun donnait en toute liberté celui qu'il jugeait le meilleur. On arrêtait ce qu'il y avait à faire pour l'année courante et pour la suivante. La décision prise était tenue secrète, qu'elle concernât les affaires du royaume ou les particuliers.

Le vœu d'Hincmar était que ces assemblées, dont il avait pu, dans sa jeunesse, apprécier l'utile influence, fussent appelées régulièrement à se réunir, et que les successeurs de ceux qui les avaient composées autrefois se montrassent dignes de leurs ancêtres. Avait-il à cet égard beaucoup d'espoir? Nous en doutons; car le vigilant et judicieux prélat ne pouvait méconnaître le rapide progrès de la féodalité, qui venait d'arracher à Charles le Chauve le capitulaire de Kiersy, confirmant l'hérédité des offices et des bénéfices. Or le régime féodal, qui morcelait le royaume, était manifestement incompatible avec tout pouvoir, assemblée ou monarque, ayant juridiction sur le royaume entier. Les plaids que Charlemagne et Louis le Débonnaire avaient tenus cessèrent donc de se réunir, et on pourrait dire que la royauté, privée de ses conseils naturels, affranchie de tout contrôle, devint absolue, si la féodalité, de plus en plus oppressive, n'avait pas singulièrement rétréci la sphère d'action du pouvoir royal.

Toute réduite, tout humiliée qu'elle était alors, l'autorité du roi trouvait une garantie dans les obligations que le droit féodal

---

(1) *Ibid.*, p. 1003 et suiv. *Ad proceres regni pro institutione Carlomanni regis et ordine palatii*. (Cf. *Histoire littéraire de la France*, t. IV, p. 489.)

imposait envers elle à ses vassaux. Entourée du prestige que lui assuraient les lois, la religion et les mœurs, elle apparaissait à ses sujets, dans son domaine étroitement circonscrit, comme la plus haute expression de l'autorité ici-bas, l'Église exceptée. Mais comment était-elle jugée par les rares écrivains qui s'appliquaient aux questions politiques? Quelle opinion se formaient-ils de son origine et de l'étendue de ses droits?

Lorsqu'elle était tombée au dernier degré de l'abaissement, vers le milieu du x$^e$ siècle, la manière dont les monarchies s'étaient établies à l'origine donnait lieu à d'étranges débats, et il circulait à ce sujet des doctrines que la démocratie la plus avancée ne désavouerait pas. C'est ce que nous apprend un écrivain dont nous citions tout à l'heure l'ouvrage en faveur de la monarchie, Hugues de Sainte-Marie.

« Oui, dit-il (1), j'en connais, parmi nos contemporains, qui
« croient que la royauté tire son origine, non de Dieu, mais
« d'hommes ignorant Dieu, habitués à vivre de rapines, de
« trahisons et de meurtres, couverts enfin de toute espèce de
« crimes, qui, dans les commencements du monde, ont eu, par
« l'inspiration du diable, l'aveugle ambition et l'inexprimable
« témérité de prétendre dominer les autres hommes leurs égaux. »

Une doctrine si peu monarchique affligeait profondément Hugues de Sainte-Marie. « A quel point elle est frivole, dit-il, nous
« le savons par le témoignage de l'Apôtre, lorsqu'il dit que toute
« puissance vient de Dieu. » Mais, frivole ou non, la doctrine comptait des partisans, qui la répandaient dans le clergé et parmi le peuple. C'était une semence qui n'était pas destinée à périr.

La royauté se dégagea peu à peu des liens qui l'entravaient; elle réagit contre la puissance des grands vassaux et parvint à l'abattre et à la dominer, au prix de quels efforts habiles et persévérants, nous n'avons pas à le raconter ici; mais il entre dans notre sujet de faire voir comment, à mesure qu'elle se re-

---

(1) *De regia potestate*, l. 1, c. 1 : « Scio quosdam nostris temporibus qui reges
« autumant non a Deo, sed ab his habuisse principium qui, Deum ignorantes, super-
« bia, rapinis, perfidia, homicidiis et postremo universis pene sceleribus, in mundi
« principio, diabolo agitante, supra pares homines dominari cœca cupiditate et inenar-
« rabili affectaverunt præsumptione et temeritate. Quorum sententia quam sit frivola
« liquet apostolico documento, qui ait « Non est potestas, nisi a Deo. »

levait, surtout à partir des règnes de Louis le Gros et de Philippe-Auguste, elle ne cessa d'être rappelée au sentiment de sa mission et de ses devoirs par la voix des écrivains qui donnaient quelque attention aux affaires publiques.

Nous ne citerons qu'un seul témoignage, qui en résume et qui en vaut beaucoup d'autres, celui de Jean de Salisbury, l'ingénieux auteur du *Polycraticus* et du *Metalogicus*, mort évêque de Chartres, en 1180.

Bien qu'il eût embrassé avec ardeur le parti de Thomas Becket dans la lutte du saint prélat contre le roi d'Angleterre, Jean de Salisbury ne saurait être classé parmi les adversaires de la royauté. Loin de là, il tient pour constant que les rois sont en quelque sorte la représentation de la Divinité ici-bas, et le crime de lèse-majesté est à ses yeux le plus énorme. Mais combien il est éloigné de permettre que la royauté se montre despotique et arbitraire, qu'elle s'élève au-dessus des lois, ou plutôt qu'elle n'ait d'autre loi que son caprice! Il est de toute justice, avait dit saint Isidore de Séville, que le prince obéisse aux lois que lui-même a établies (1). Jean de Salisbury exprime la même pensée avec moins de concision et avec plus d'énergie.

« Tous les hommes, dit-il, sont assujettis à l'obligation d'obser-
« ver la loi, à moins qu'on n'en cite à qui la licence de commet-
« tre l'iniquité ait été accordée. Aussi, lorsqu'on dit que le prince
« est affranchi des liens de la loi, ce n'est pas qu'il soit permis au
« prince de faire le mal; c'est parce que l'amour seul de la jus-
« tice, et non pas la crainte de la peine, est le motif qui doit
« pousser le prince à se montrer équitable, à procurer le bien
« de l'État, à préférer en toutes choses l'utilité des citoyens à
« ses caprices personnels. Quand il s'agit des affaires publiques,
« qui pourrait mettre en avant la volonté du prince? Il ne lui est
« permis de vouloir que les choses qui sont voulues par la loi,
« conformes à l'équité, ou bien celles qui sont commandées par
« l'intérêt général. En pareil cas, sa volonté a l'autorité d'un
« jugement, et c'est avec raison que sa décision doit faire loi,
« parce qu'elle est supposée être toujours d'accord avec l'équité.

« Entre le roi et le tyran, continue Jean de Salisbury, il y a

---

(1) *Sentent.*, c. li.

« cette seule différence que le roi obéit à la loi, gouverne son
« peuple selon la loi, se considère comme le ministre de la loi, ré-
« clame pour lui-même, en vertu de la loi, la première part dans
« les devoirs et dans les charges publiques, et n'a enfin d'autre
« titre de supériorité, sinon que dans l'État les particuliers ont
« chacun leur charge propre, tandis que toutes les charges pèsent
« réunies sur le prince (1). »

Il serait superflu de reproduire tous les passages des écrits de Jean de Salisbury dans lesquels il a développé la même idée ; mais, avant de quitter ce sujet, nous demandons la permission de citer quelques lignes sur la tyrannie, empreintes d'une éloquence amère.

« Le tyran, selon le portrait que les philosophes nous en ont
« laissé, est celui qui fait peser sur le peuple une domination
« violente, tandis que le vrai roi gouverne par les lois. Or la loi
« est le don même de Dieu ; c'est la forme de l'équité, la règle de
« la justice, l'ouvrage de la volonté divine, la garantie du salut,
« un principe de force et d'union pour les peuples, la raison des
« devoirs, la destruction et la mort des vices, le châtiment de la
« violence et du crime. La loi est combattue tour à tour par la
« violence et par la ruse ; tantôt elle est déchirée par la dent
« cruelle du lion, et tantôt elle ne sait comment se défendre contre
« les embûches du dragon. De quelque manière qu'elle succom-
« be, il est évident que les coups dont elle est frappée sont dirigés
« contre la grâce elle-même, et qu'ainsi Dieu se trouve en quel-
« que sorte provoqué au combat. Le prince défend la loi et la li-
« berté du peuple ; le tyran s'imagine n'avoir rien fait, tant qu'il
« n'a pas anéanti les lois et réduit le peuple en esclavage. Le
« prince est en quelque sorte l'image de la Divinité ; le tyran est
« l'image de la violence qui se révolte contre Dieu, et de la per-
« versité, fille de l'enfer. Image de la Divinité ; le prince doit
« être aimé, vénéré, obéi ; image de la perversité diabolique, le
« tyran doit, dans la plupart des cas, être mis à mort (2). »

Ainsi Jean de Salisbury poussa la passion pour le règne des lois et l'aversion pour la tyrannie jusqu'à permettre, disons mieux,

---

(1) *Polycraticus*, l. IV, c. I et II.

(2) *Polycraticus*, l. VIII, c. XVII : « ... Imago deitatis princeps amandus, venerandus
« est et colendus ; tyrannus, pravitatis imago, plerumque etiam occidendus. »

jusqu'à conseiller le meurtre des tyrans. Et ce n'est pas là une parole échappée à l'écrivain dans l'ardeur de la composition; car il a écrit un chapitre entier pour démontrer que tout tyran est un ennemi public, que non seulement il est licite, mais juste et équitable de mettre à mort. Quoi qu'il en soit, ce qui ressort des textes que nous avons cités, c'est l'obligation qui incombe au prince, d'une part, d'observer les lois, et d'autre part, de travailler au bien général.

Mais le bien général comprend celui des classes déshéritées de la fortune, comme les laboureurs, les artisans, les serfs. Ces classes, longtemps opprimées, commençaient, vers le XII° siècle, à trouver des interprètes de leurs souffrances et des sourdes colères qui les agitaient. On a souvent cité ce cri d'appel au sentiment de l'égalité originelle, selon l'heureuse expression de M. Augustin Thierry (1), qui retentit dans ces vers du *Roman de Rou* :

> Nous sommes hommes comme ils sont,
> Tous membres avons comme ils ont,
> Et tout aussi grand corps avons,
> Et tout autant souffrir pouvons;
> Ne nous faut fors cuer sulement.

Nous empruntons à la *Chronique des ducs de Normandie* un passage non moins curieux, qui peint avec force la dure existence des paysans (2) :

> Cil endurent les grefs tormenz,
> Les nefs, les pluyes e les venz:
> Cist ovrent la terre od lur mains;
> Od granz mesaises e od fains;
> Icist r'ont assez aspre vie,
> Povre, soffraitose et mendie.
> Senz cest ordre, senz ceste gent
> Ne sai mie com faitement
> Li autre peussent durer.

Et plus loin, ce cri de colère et de vengeance :

> Mauvais avom esté e fous
> Dunt tant avom plaissiez les cous;

---

(1) *Hist. du tiers état*, édit. in-4°, Introd., p. XXV.
(2) Paris, 1839, t. I, p. 465.

> Kar homes sumes forz e durs,
> Plus adurs et plus seurs,
> Et mult plus membru e plus grant
> Que il ne sunt ou autretant.
> Por un qu'il sunt, sumes nos cent.

La philosophie avait-elle été moins touchée que les poëtes de la dure condition des vilains? Était-elle restée sourde à leurs plaintes? On a peine à le croire. Lorsque de toutes parts les villes, secouant le joug de leurs seigneurs, s'organisaient en communes, et que les campagnes elles-mêmes commençaient à s'agiter, poussées par le sentiment de leur misère et par l'irrésistible désir d'améliorer leur sort, comment admettre que les écrivains qui se donnaient la mission d'instruire la royauté aient omis, parmi ses devoirs, ceux qu'elle avait à remplir envers les classes qui se trouvaient à la fois les plus laborieuses et les plus pauvres? Nous avons cité plus haut quelques graves paroles de l'abbé Smaragde en faveur de l'affranchissement des serfs; Jean de Salisbury, dans son *Polycratique*, nous offre un texte dans lequel on sent circuler le même souffle de charité chrétienne et de politique libérale. Le docte et ingénieux évêque ne cherche pas sans doute à nous apitoyer par d'éloquents tableaux sur le sort de ceux qu'il appelle dans son langage figuré les pieds de l'État; mais il montre, avec l'autorité du bon sens, à quel point il importe au bien public de ne pas mécontenter une classe de personnes aussi nombreuse et aussi utile, en la livrant à une injuste oppression.

« J'appelle les pieds de l'État, dit-il, ceux qui exercent d'humbles professions contribuant à la marche terrestre de l'État et de ses membres. Tels sont et les laboureurs, constamment attachés à la terre, et les artisans qui travaillent la laine, ou le bois, ou le fer, ou l'airain, et ceux qui se chargent de pourvoir à notre nourriture, et ceux qui fabriquent mille objets nécessaires à la vie. C'est un devoir pour les inférieurs de respecter leurs supérieurs; mais ceux-ci, à leur tour, doivent venir en aide à ceux qui sont au-dessous d'eux, et aviser aux moyens de pourvoir à leurs besoins. Plutarque donne avec raison le conseil de songer aux humbles, c'est-à-dire à cette partie de la nation qui est la plus nombreuse, le petit nombre cédant toujours au plus grand. De là est venue l'institution des magistrats, qui

« ont mission de protéger le dernier des sujets contre l'injustice,
« de manière que le travail des artisans procure à l'État de bon-
« nes chaussures. La chose publique est en quelque sorte déchaus-
« sée lorsque les laboureurs et les artisans sont en proie à l'injus-
« tice. Il n'y a rien de plus honteux pour ceux qui gèrent les
« magistratures. Quand la masse du peuple est dans l'affliction,
« c'est comme si le prince était atteint de l'infirmité de la
« goutte (1). »

Le passage qu'on vient de lire n'est que la paraphrase d'un écrit ayant pour titre *De l'institution de Trajan*, que la tradition attribuait à Plutarque et que nous ne connaissons que par les extraits que Jean de Salisbury en a donnés. L'évêque de Chartres a fait à l'antiquité bien d'autres emprunts dont il ne se cache pas. Ses contemporains, quoique moins érudits qu'il n'était lui-même, ont aussi beaucoup imité les anciens. Toutefois il serait sans intérêt pour nous de suivre la trace de ces imitations; elles se perdent, en effet, dans l'influence générale exercée par le christianisme, qui a donné un sens nouveau et communiqué une vertu vivifiante aux maximes de la sagesse païenne, stériles jusqu'à lui. Ce qu'il nous importe d'ailleurs de connaître, ce ne sont pas les antécédents des doctrines qui ont régné du VIII$^e$ au XII$^e$ siècle, mais ces doctrines elles-mêmes, puisqu'elles caractérisent les siècles qui les ont professées et pratiquées. Écartons par conséquent ces rapprochements inutiles, et attachons-nous aux résultats positifs de l'étude à laquelle nous venons de nous livrer.

En réunissant les différents traits de ce tableau, chacun peut aisément se rendre compte des mérites et des défauts des premières conceptions politiques qui se soient produites en France au moyen âge, en dehors des théories extrêmes de la suprématie pontificale et du droit impérial. Certes on ne saurait méconnaître ce qu'il y a de vérité et même de grandeur, ce qu'il y eut surtout de salutaire, d'abord en présence de la barbarie germaine, un peu plus tard en présence de la féodalité oppressive et dissolue, dans cette notion du pouvoir royal, à qui chacun était tenu d'obéir, mais qui devait lui-même obéissance à la loi; de ce pouvoir dont

---

(1) *Polycraticus*, l. IV, c. xx. Cf. l. V, c. t et ii. Voyez aussi l'intéressante étude de M. l'abbé Demimuid sur *Jean de Salisbury*, Paris, 1873, in-8°, p. 112 et suiv.

le prince n'était pas investi dans son intérêt personnel, mais dans l'intérêt commun, que, par conséquent, il ne devait pas employer à satisfaire ses caprices, mais consacrer au bonheur de ses sujets, sous peine d'être justement qualifié de tyran; de ce pouvoir enfin à qui les sages d'alors, échos et interprètes de la sagesse de tous les siècles, imposaient l'obligation de se montrer équitable envers tous, mais surtout envers les petits, c'est-à-dire de couvrir de sa protection les artisans dans les villes, les laboureurs dans les campagnes, et de garantir les uns et les autres contre l'oppression et la violence. Que de pareilles maximes de gouvernement, développées dans les chaires chrétiennes, enseignées dans les écoles, aient exercé une sérieuse et utile influence à une époque où la société française était encore dans un état voisin du chaos; qu'elles aient alors contribué à rallier autour de l'autorité royale la bourgeoisie et le peuple, c'est là un point qui n'est pas sérieusement contestable. Il est à remarquer cependant que, pris dans leur ensemble, les passages empruntés à divers écrivains que nous venons d'analyser offrent à peine les premiers linéaments d'une théorie politique: ils ne contiennent guère autre chose que le simple énoncé des devoirs de la royauté. Ils forment, à l'usage des princes, une sorte de code moral qu'il était excellent, surtout au $xi^e$ et au $xii^e$ siècle, de placer sous leurs yeux, mais qui n'offrait à eux-mêmes et à la société civile d'autres garanties d'un sage gouvernement que leur capacité et leurs vertus personnelles.

Quelles que fussent les lacunes de la doctrine, l'idéal qu'elle proposait à l'imitation des rois, à la vénération et aux espérances des peuples, se trouva un jour réalisé dans la personne de Louis IX. Le fils de Blanche de Castille sur le trône est bien le roi que le premier âge de la scolastique avait rêvé. On peut lui reprocher des fautes politiques, mais pas un acte où la morale la plus austère ait quelque chose à reprendre. Aux qualités de l'esprit et du cœur que doit posséder un prince, il joint les vertus qui élèvent le chrétien jusqu'à la sainteté. Il connaît ses droits, et il sait les faire respecter; mais il est encore pénétré plus à fond du sentiment de ses devoirs. Nul n'est esclave de la loi au même degré que lui. S'il ne permet pas qu'elle soit violée par personne, il est le premier à l'observer. Ses décisions, quelles qu'elles soient, ne sont pas des coups arbitraires d'autorité ; il n'agit pas par caprice, mais par vertu. L'équité est sa règle constante, même à l'égard de ses ennemis. Comme il aimerait mieux mourir que commettre un péché mortel, il se ferait scrupule de causer injustement à autrui le plus léger préjudice. Il contient les grands dans l'obéissance, et en même temps il se montre compatissant aux petits et aux faibles. Il aime à recevoir lui-même leurs réclamations et à juger leurs différends. Les sentences qu'il rend sous le chêne de Vincennes sont en quelque sorte l'image de la protection vigilante qu'il étend sur tout son peuple. Nous ne parlons pas de l'inépuisable charité dont il donna de si éclatantes preuves, ni de tant d'hôpitaux qu'il fonda sur ses domaines pour le soulagement de tous les genres de misères. Le gouvernement de Louis IX mit en relief le caractère de haute moralité et de paternelle justice, de douceur sans faiblesse et de fermeté sans arrogance, que le pouvoir royal peut revêtir entre les mains d'un prince capable et éclairé, que remplit le sentiment du devoir, uni à la pensée de Dieu. Un pape contemporain, Alexandre IV, pouvait dire à juste titre, en parlant d'une telle royauté : « C'est un soleil de foi, un foyer de « dévotion, un miroir de bonnes œuvres. Elle brille par la noblesse « de la race et par la pureté de l'esprit. Le trône qu'elle occupe « offre réunis la dignité la plus vénérable et de magnifiques ver- « tus, l'élévation du rang et la splendeur d'une bonté surémi- « nente (1). »

Lorsque Bossuet composait son livre célèbre, *la Politique tirée de l'Écriture sainte*, il avait devant les yeux la monarchie de Louis XIV, et il cherchait dans ce modèle la plupart des traits qu'il annonçait avoir empruntés à la Bible. Il ne serait pas absolument exact de prétendre que le règne de Louis IX a de même fourni aux docteurs de cet âge le plus grand nombre des aperçus politiques semés dans leurs ouvrages. Toutefois les opinions qu'ils expriment, les règles qu'ils établissent, les conseils qu'ils donnent,

---

(1) « Fidei solem, devotionis ignem et speculum operum, quibus præfulget, atten- « dimus... Charitate sanguinis rutilat, animi puritate prælucet ; magnum quidem est « (Franciæ solium) dignitatis honore, sed gestorum nobilitate magnificum, conspicuum « altitudine status, sed præcellentia bonitatis illustre... Datum Neapoli sept. kalendas « Maii, pontificatus nostri anno I. » (Cité par M. Chéruel, *Histoire de l'administration monarchique*, t. I, p. LXVI.)

sont, à beaucoup d'égards, le commentaire des actes du saint roi. Assurément il aurait approuvé, comme étant d'accord avec ses propres maximes, les nombreux passages des écrits de saint Thomas d'Aquin où l'Ange de l'école enseigne que le but de tout gouvernement est le bien de la communauté; que les gouvernements ne sont pas institués pour la satisfaction personnelle de ceux qui sont à leur tête, mais pour l'utilité publique; que les rois sont les pasteurs des nations, et qu'un bon pasteur songe, avant toutes choses, à l'intérêt de son troupeau. Et ailleurs, lorsque saint Thomas dit qu'un prince vraiment digne du nom de roi ne doit rechercher ni la richesse, ni la puissance, ni la gloire, si souvent achetées au prix du sang et de la fortune des peuples; que les seuls biens dignes de lui sont les biens éternels; que c'est là que doit tendre la visée de ses efforts et de ses espérances; que son premier devoir envers ses sujets, c'est de leur inspirer l'amour de la vertu et de leur ouvrir ainsi les voies vers la félicité dernière (1) : l'âme du saint roi n'aurait-elle pas reconnu dans ces paroles une expression encore plus fidèle, s'il se peut, d'elle-même, de ses sentiments et de sa politique? Mais la doctrine de saint Thomas n'est pas un accident isolé dans le mouvement des écoles au XIII° siècle : on la retrouve chez tous les écrivains de ce temps. Elle a inspiré à Gilles de Rome quelques-unes des meilleures pages de son traité *Du gouvernement des princes*. Le trait commun de l'enseignement politique des contemporains et des successeurs immédiats de saint Thomas d'Aquin, c'est la prédominance de l'élément moral et religieux. Leur honnêteté, qui trouve sa garantie dans la piété la plus fervente, ne leur permet ni de conseiller ni d'entrevoir même les pratiques déloyales et les sentiers tortueux dans lesquels la politique sera, deux siècles plus tard, entraînée par Machiavel, et dont elle aura tant de peine à se dégager.

Cependant la connaissance de la *Politique* d'Aristote, depuis peu traduite en latin, venait d'ouvrir aux esprits des horizons nouveaux. Ainsi, à côté d'autres vues profondes et originales, on trouvait chez le philosophe grec une savante théorie des formes de gouvernement, classées à la fois d'après leur but et d'après le

---

(1) Nous demandons la permission de renvoyer, sur tous ces points, à notre livre de la *Philosophie de saint Thomas d'Aquin*, t. I, p. 404, 423 et suiv.

nombre de ceux qui participent à la souveraineté. L'intérêt commun est-il la fin dernière du gouvernement? le gouvernement s'appellera la monarchie ou la royauté, s'il est aux mains d'un seul; l'aristocratie, s'il est aux mains de plusieurs; la démocratie, s'il est aux mains de tous. L'intérêt particulier est-il, au contraire, le mobile suprême des gouvernants, l'intérêt public est-il sacrifié à leurs caprices et à leurs passions? la royauté va dégénérer en tyrannie, l'aristocratie en oligarchie, la démocratie en démagogie (1). Cette théorie savante et vraie n'était pas en désaccord avec la doctrine traditionnelle de l'école sur la mission du pouvoir social; aussi fut-elle aussitôt adoptée que connue. Nous la retrouvons chez Albert le Grand, chez saint Thomas, chez Jean de Paris, chez Duns Scot. Elle prend place désormais parmi les points les moins contestés de la science politique.

Aristote, dont le véritable sentiment sur la monarchie n'est pas facile à démêler, fournissait néanmoins en sa faveur un argument que les scolastiques étaient préparés à comprendre et à mettre en œuvre : c'est qu'elle est, à tout prendre, la forme de gouvernement qui est plus conforme à l'ordre de la nature, puisque, dans l'univers, un seul Dieu a créé et gouverne toutes choses. Comme disait le vieil Homère : « Il n'est pas bon d'avoir beaucoup de chefs; n'en ayons qu'un seul. » Οὐκ ἀγαθὸν πολυκοιρανίη εἷς κοίρανος ἔστω (2).

Mais, en même temps, l'exemple d'Aristote, le portrait qu'il trace des maximes et des mœurs de la tyrannie, devaient rendre de plus en plus vive la réprobation dont elle était déjà l'objet. Nous avons entendu Jean de Salisbury flétrir la tyrannie; avec quelle énergie croissante n'est-elle pas réprouvée par saint Thomas! Où est la sécurité, demande le saint docteur (3), là où le droit ne sert plus de règle, et où la volonté, ou plutôt le caprice d'un seul, en tiennent lieu? Le tyran, selon la passion qui le possède, se livre à tous les genres d'oppression : s'il est avare, il prend les biens de son peuple; s'il est violent, il verse le sang au moindre prétexte; il tue par caprice, non par justice. Il persécute les bons encore plus que les méchants, effrayé de leur

---

(1) *Politique d'Aristote*, t. III, chap. v.
(2) Aristote termine par ce vers d'Homère le XII<sup>e</sup> livre de la *Métaphysique*.
(3) *La Philosophie de saint Thomas d'Aquin*, t. I, p. 407 et suiv.

vertu, qu'il regarde comme une menace pour son injuste domination. Il est l'ennemi de la concorde et de la paix : il sème ou entretient les divisions et les défiances parmi les citoyens, il empêche ce qui pourrait favoriser le rapprochement des volontés ; il avilit les âmes par la terreur ; il les rend incapables de tout effort viril et courageux. Malheur aux nations courbées sous un pareil joug ! Il n'est pas plus cruel d'être la proie d'une bête féroce que de tomber aux mains d'un tyran.

Mais il y avait à tirer de la *Politique* d'Aristote un autre enseignement que la haine de la tyrannie : c'est que les formes simples de gouvernement, royauté, aristocratie, démocratie, ne sont pas par elles-mêmes les meilleures de toutes, mais que chacune demande à être tempérée par quelques emprunts aux deux autres formes... « Certains auteurs croient, dit Aristote (1), que la consti« tution parfaite doit réunir les éléments de toutes les autres. C'est « pourquoi ils vantent celle de Lacédémone, où se trouvent com« binées la monarchie représentée par les rois, l'aristocratie par « les gérontes, la démocratie par les éphores qui sont toujours « tirés des rangs du peuple... » La leçon ne fut pas perdue pour les docteurs du XIII° siècle, et saint Thomas se l'est appropriée, non pas seulement dans son commentaire sur le texte du philosophe grec, mais dans sa *Somme de théologie*.

« Deux choses, dit-il (2), sont nécessaires pour fonder un ordre « durable dans les États. La première est l'admission de tous à « une part du gouvernement général, afin que tous se trouvent « intéressés au maintien de la paix publique, devenue leur ou« vrage. La seconde est le choix d'une forme politique où les pou« voirs soient heureusement combinés... La plus heureuse combi« naison des pouvoirs serait celle qui placerait à la tête de la cité « ou de la nation un prince vertueux, qui rangerait au-dessous de « lui un certain nombre de grands chargés de gouverner selon « les règles de l'équité, et qui, les prenant eux-mêmes dans toutes « les classes, les soumettant à tous les suffrages de la multitude, « associerait ainsi la société entière aux soins du gouvernement. « Un tel État rassemblerait dans sa bienfaisante organisation la

---

(1) *Politique*, l. II, chap. III, trad. de M. Barthélemy Saint-Hilaire.
(2) *La Philosophie de saint Thomas d'Aquin*, t. I, p. 413.

« royauté représentée par un chef unique, l'aristocratie carac-
« térisée par la pluralité des magistrats choisis parmi les meilleurs
« citoyens, et la démocratie ou la puissance populaire, mani-
« festée par l'élection des magistrats, élection qui se ferait dans
« les rangs du peuple et par sa voix... »

Ainsi la science politique, sous l'influence d'Aristote, fit, au XIII° siècle, un nouveau pas, et un pas considérable, vers une conception plus complexe et plus haute du gouvernement qui s'adapte le mieux aux besoins des peuples et à la faiblesse humaine. Elle ne considéra pas la royauté elle-même, quelque vénérable qu'elle se fût montrée sous saint Louis, comme étant la meilleure des constitutions; elle chercha des garanties, dirai-je seulement contre la tyrannie? non, mais contre les défaillances éventuelles de la personne du roi; et elle les trouva dans le mélange de toutes les formes, c'est-à-dire dans la participation des grands et du peuple aux affaires publiques. Ajoutons que là encore la commune doctrine de l'école se rencontrait avec la pratique habituelle de Louis IX. Le gouvernement du saint roi n'offre sans doute pas l'image, pas même l'ébauche d'un gouvernement représentatif, comme l'a cru à tort M. Beugnot (1); mais s'il se réservait, surtout dans les cas importants, la décision suprême, comme l'a montré si clairement notre savant confrère et ami M. de Wailly dans ses éclaircissements sur Joinville (2), Louis IX aimait à s'entourer de bons avis; il se faisait assister par un conseil de seigneurs et de prélats; il ne refusait pas aux bourgeois des différentes villes l'avantage d'être consultés sur les affaires relatives à leurs intérêts, sur les monnaies, par exemple. Un pas de plus, et la logique va nous conduire à l'idée d'une imposante réunion dans laquelle tous les éléments de la nation se trouveront rapprochés, l'Église et la société civile, la bourgeoisie et la noblesse, et qui, sous le nom d'états généraux, aura pour mission d'appuyer, de guider et de contenir l'autorité personnelle du monarque.

(1) Dans son *Essai sur les institutions de saint Louis*, couronné en 1821 par l'Académie des inscriptions et belles-lettres. (Voyez, sur cet ouvrage, un article de Daunou, *Journal des Savants*, 1822, p. 37 et suiv.)

(2) Il n'est personne qui ne connaisse et qui n'ait admiré la magnifique édition des œuvres de *Jean, sire de Joinville*, donnée par M. de Wailly (Paris, 1873, gr. in-8°). (Voyez, p. 434 et suiv. de cette édition, l'éclaircissement sur le pouvoir royal.)

Chose remarquable! ce dernier progrès s'accomplit en fait sous celui des successeurs de saint Louis qui poussa le plus loin l'infatuation de son propre pouvoir : Philippe le Bel, comme on l'a remarqué, fut le premier qui s'abstint de viser dans ses ordonnances l'avis des gens de son conseil, et qui se servit de cette formule despotique : Par la plénitude de notre autorité « royale. » Mais, lorsque l'ambitieux monarque se vit aux prises avec la papauté dans un conflit qui rappelait les luttes des empereurs d'Allemagne et des pontifes romains, il ne crut pouvoir opposer à son redoutable adversaire une défense plus efficace qu'en faisant appel au dévouement de tous les ordres de l'État, clergé, noblesse, bourgeoisie. Ainsi fut convoquée l'assemblée mémorable qui se tint à Paris en 1302, et qui est considérée par la plupart des historiens comme la première réunion des états généraux. La situation critique où la royauté française venait de se placer eut pour résultat d'assurer, sans coup férir, à la nation la plus haute garantie qu'elle pût réclamer pour la bonne gestion de ses affaires.

Comme il importait de frapper l'opinion publique et de la conquérir, Philippe le Bel mit en mouvement les légistes qui fréquentaient sa cour et qu'il était dans l'usage de consulter. Ceux-ci, nourris de l'étude et pénétrés de l'esprit des lois romaines, employèrent toute leur habileté, tout leur savoir historique, juridique et théologique, à démontrer l'entière indépendance de la royauté française et les droits qu'elle tenait de Dieu. Nous n'analyserons pas longuement le traité célèbre, faussement attribué à Gilles de Rome, qui a pour titre *De utrâque potestate* (1). Le but avoué de l'auteur, quel qu'il soit, c'est de prouver que le pouvoir civil est distinct du pouvoir ecclésiastique, et que le pape n'a pas autorité sur les princes en matière temporelle. Cette thèse est établie, dans une première partie, par quatre sortes de preuves : 1° par des preuves tirées de la nature; 2° par des preuves tirées de la théologie ; 3° par le droit canon; 4° par le droit civil. Nous sortirions de notre sujet en insistant sur cette discussion hérissée de textes et de subtilités; mais, à la fin de la seconde partie de l'ouvrage, nous devons signaler le chapitre où l'auteur

---

(1) Publié dans le recueil de Goldast, *Monarchia sancti Romani Imperii*, Francofordiæ, 1614, in-fol. t. II, p. 96 et suiv.

réclame pour la royauté capétienne l'indépendance et les droits qui sont reconnus à la puissance impériale. Les Francs n'existaient-ils pas avant l'empire d'Allemagne, et même avant l'empire romain? Ils descendent des Troyens; ils ont lutté avec une valeur indomptable contre les légions de Rome; ils n'ont jamais subi son joug. Établis d'abord dans la Pannonie, puis sur les bords du Rhin, enfin dans la Gaule, leur nation n'a été la vassale d'aucun autre peuple. En fût-il autrement, les Francs, à une certaine époque, eussent-ils reconnu un autre suzerain que leur chef, ils vivent indépendants depuis un tel nombre de siècles, qu'il y aurait, sous ce rapport, prescription à leur profit. Le roi de France ne reconnaît pas de supérieur ici-bas; son pouvoir vient de Dieu et ne relève pas d'une autre autorité que celle de Dieu.

Telle est la conclusion du traité *De utrâque potestate*. C'est également le cri que les députés de la bourgeoisie firent entendre dans un pamphlet, sous la forme d'une adresse au roi, qui parut en 1302, lors de la réunion des états généraux : « A vous, très « noble prince, notre sire, par la grâce de Dieu, roi de France, « supplie et requiert le peuple de France, que vous gardiez la « souveraine franchise de votre royaume, qui est telle que vous « ne reconnaissiez de votre temporel souverain en terre, fors que « Dieu... »

L'auteur de cette supplique prétendue était un conseiller de Philippe le Bel, Pierre du Bois, énergique adversaire de la papauté, contre laquelle il avait composé, sous le titre de *Quæstio de potestate papæ*, un traité qui ne doit pas être confondu avec celui que nous venons d'analyser.

Considérez maintenant les progrès de la pensée de Philippe le Bel, dans d'autres écrits de Pierre du Bois, dans les mémoires politiques qu'il adressa au roi à diverses époques, ouvrages du plus haut prix, dont le principal a été retrouvé et mis en lumière par M. de Wailly, et plusieurs autres par M. Boutaric (1). Il ne s'agit plus pour l'auteur de défendre l'indépendance de la royauté

---

(1) Le mémoire de M. de Wailly sur Pierre du Bois a été publié dans la *Bibliothèque de l'École des chartes*, 2ᵉ série, t. III, et dans les *Mémoires de l'Académie des inscriptions*, t. XVIII. Les écrits retrouvés par M. Boutaric ont paru dans le tome XX, IIᵉ partie, des *Notices et extraits des manuscrits*. Voyez aussi l'article que M. Renan a consacré à Pierre du Bois au tome XXVI de l'*Histoire littéraire de la France*.

française, mais de lui préparer les voies vers la domination universelle. Pierre du Bois estime que tout le monde est d'accord pour souhaiter que les Français commandent à l'univers. Inspiré par cette ambitieuse confiance, il montre comment le roi de France, tantôt par la ruse, tantôt par la force, un jour par des traités, le lendemain par la guerre, pourra s'emparer des États de l'Église et de la Lombardie, devenir le suzerain de Constantinople, de l'Espagne, de la Hongrie, aspirer même au trône d'Allemagne. De si vastes desseins ne sauraient évidemment s'accomplir sans que beaucoup de sang ne soit versé; mais qu'importe? En supposant que quatre-vingt ou cent mille hommes ne revissent pas leurs foyers, la population n'en paraîtra pas pour cela diminuée. « Vous possédez, dit à Philippe le Bel l'impi-
« toyable publiciste, un trésor inépuisable d'hommes qui suffi-
« sent à toutes les guerres qui peuvent se présenter. » Dure parole, que saint Thomas d'Aquin n'aurait pas prononcée, et que Gilles de Rome, s'il l'a connue, n'a pas dû approuver. Pierre du Bois, il est vrai, n'aime pas la guerre; il en détourne Philippe le Bel, et il a donné pour titre à l'un de ses écrits : *Summaria de abbreviatione guerrarum doctrina*. Mais, s'il redoute le péril des aventures belliqueuses, c'est pour le roi plutôt que pour le peuple; ses scrupules l'abandonnent lorsque l'existence qui est en jeu est celle non du prince lui-même, mais des hobereaux qui ne possèdent que peu ou point de terres.

Ainsi la royauté française, qui ne voulait d'abord que s'affranchir de la tutelle des papes, était poussée par ses ardents apologistes à sortir de ses anciennes voies, à étendre au dehors son influence, à revendiquer pour elle-même l'universelle domination que les empereurs s'attribuaient. Il est manifeste que de pareilles prétentions s'accordaient difficilement avec les légitimes prérogatives des états généraux : aussi n'est-il nullement question de ces assemblées dans les écrits de Pierre du Bois. Les avis qu'il émet s'adressent à un monarque qui peut ce qu'il veut, et dont l'autorité ne doit être gênée par aucun contrôle.

Nous ne trouvons de même aucune mention des états généraux dans le commentaire de Jean Buridan sur la *Politique* d'Aristote. Ailleurs, et sur d'autres matières, l'auteur a fait preuve de sagacité et de hardiesse; mais quand il arrive aux questions de gouvernement, il montre une réserve excessive. Il va jusqu'à dire que le roi, à la différence du tyran, n'ayant en vue que le bien de ses sujets, doit posséder un pouvoir sans limites, une autorité absolue (1). Il n'admet pas que le maniement des affaires de l'État tombe aux mains des pauvres (2). Comme dit Albert : « Il n'y a rien de si intraitable qu'un pauvre qui est parvenu. » *Asperius nihil est paupertate cum consurgit in altum.* Le premier soin des pauvres, s'ils avaient le pouvoir, serait de s'enrichir, et, une fois devenus riches, ils se rendraient oppresseurs. Cependant Buridan est loin de préférer la richesse au mérite; et il entend que les fonctions publiques soient conférées non aux plus opulents, mais aux plus dignes (3). Ce qui nous paraît le plus original dans ce commentaire de la *Politique* d'Aristote, c'est l'énumération des avantages de la monarchie héréditaire. L'auteur accorde qu'en soi et d'une manière absolue, *per se et simpliciter* (4), l'élection, qui permet de choisir pour prince le meilleur, vaut mieux que l'hérédité; mais il a très bien vu et il expose avec beaucoup de précision les côtés principaux par lesquels, dans la pratique, l'hérédité est préférable à la monarchie élective. 1° Le prince, qui sait que son fils doit lui succéder, le prépare avec soin à recueillir l'héritage de la puissance royale; 2° les sujets, accoutumés à obéir au père, acceptent sans peine l'autorité du fils; 3° on n'a pas à redouter les brigues ni les divisions qui accompagnent une élection; 4° le royaume n'est jamais sans roi; dès que le roi est mort, il est remplacé par son fils. Bossuet, dans sa *Politique tirée de l'Écriture sainte*, n'a pas fait valoir d'autres arguments en faveur de l'hérédité monarchique.

Mais, lorsque Buridan soutenait cette cause, et lorsque Pierre du Bois, avant lui, encourageait de sa plume les desseins despotiques de Philippe le Bel, ni l'un ni l'autre n'était l'unique et complète expression soit du sentiment public, soit des doctrines de l'école; et à côté d'eux s'élevait plus d'une voix incommode

---

(1) *Quæstiones ad octo libros Politicarum*, Oxonii, 1640, in-4°, VI, q. 2, p. 18 : « Rex in sua politia non debet habere potestatem limitatam, imo debet esse summus. »
(2) *Quæstiones*, etc., III, q. 5, p. 119.
(3) *Ibid.* III, q. 19, p. 157 : « Principatus sunt distribuendi secundum dignitatem illius per quod politia ordinatur, suum in finem debitum, sed hoc est secundum virtutes et non secundum divitias. »
(4) *Ibid.* III, q. 23, p. 169.

qui soutenait, tantôt indirectement, tantôt dans les termes les plus précis et les moins équivoques, les droits de la souveraineté populaire.

Nous hésitons à ranger Duns Scot parmi les partisans des doctrines démocratiques; il ne les a pas, en tout cas, hautement soutenues, et son nom n'est pas resté attaché à la défense de cette cause. Que dire cependant des lignes suivantes de son *Commentaire sur le Maître des sentences* (1)?

« Il y a deux sortes de principat ou d'autorité, savoir : l'au-
« torité paternelle et l'autorité politique. Celle-ci, à son tour, est
« double, en ce sens qu'elle réside en une seule personne ou dans
« la communauté... L'autorité paternelle est juste en vertu de
« cette loi de la nature qui oblige les enfants à obéir à leurs pa-
« rents. L'autorité politique, qu'elle réside dans une seule per-
« sonne ou dans la communauté, peut également être juste en
« vertu du consentement général et du choix de la commu-
« nauté elle-même. Que des personnes étrangères les unes aux au-
« tres, s'étant proposé de bâtir une ville ou de l'habiter, aient re-
« connu qu'une autorité quelconque leur est nécessaire pour être
« bien gouvernées, elles pourront convenir de confier le soin de
« les régir soit à un chef unique, soit à la communauté; et, si
« elles font choix d'un chef unique, elles pourront se réserver
« le droit d'élire après lui son successeur, comme il a été lui-même
« élu, ou bien elles le choisiront, lui et sa postérité. »

Le consentement du peuple n'est-il pas représenté dans les lignes qui précèdent comme la source de tout pouvoir politique?

Mais la théorie du droit populaire est beaucoup plus nettement accentuée chez d'autres docteurs, entre autres chez Marsile de Padoue.

L'ouvrage le plus considérable de Marsile de Padoue est le traité qu'il écrivit contre la suprématie pontificale, vers l'année 1324, sous le titre de *Defensor pacis* (2). Les discussions théologiques y occupent moins de place qu'on ne pourrait s'y attendre; au contraire, la politique y reçoit des développements qu'il est rare de trouver chez les écrivains de cette époque. Après une exposition

---

(1) *In Sentent.*, lib. IV, dist. 15, q. 2, p. 165.
(2) Publié par Goldast, *Monarchia*, etc., t. II. Cf. Franck, *Réformateurs et publicistes de l'Europe*, 1864, in-8°, p. 142 et suiv.

très diffuse, d'abord de l'origine de la société, puis des différentes formes de gouvernement, Marsile aborde les questions fondamentales. Il distingue dans chaque État deux sortes de pouvoir, celui qui fait les lois, ou législatif, et celui qui veille à leur exécution, ou exécutif. Le pouvoir législatif réside dans l'assemblée du peuple. La loi est l'expression des suffrages de l'universalité des citoyens ou de la majorité d'entre eux (1). Après avoir voté la loi, c'est à eux qu'il appartient de la promulguer, afin que nul n'en ignore, de la changer, de l'interpréter, de la suspendre, selon les différentes nécessités des temps et des lieux. Sont seuls privés du droit de suffrage les enfants, les esclaves, les étrangers et les femmes (2). A ceux qui lui opposeraient que la multitude, en général, ne possède ni le savoir, ni l'expérience, ni les vertus qui doivent distinguer le législateur, Marsile répond que le soin de préparer les lois doit sans doute être abandonné à un petit nombre de personnes capables, mais que l'acceptation définitive de la loi appartient au peuple et ne saurait être prononcée par personne mieux que par l'assemblée du peuple; et pourquoi? Parce que la fin de toute législation est le bien du peuple, et que le peuple s'entend parfaitement à discerner si les mesures qu'on lui propose ne favorisent pas les intérêts d'un seul ou de quelques-uns au détriment de l'intérêt de tous (3). Si la loi émane des citoyens, la puissance exécutive, qui a pour mission de faire exécuter la loi, dérive, à plus forte raison, de la même source. Loin de reculer devant cette conséquence de sa doctrine, Marsile y insiste et la développe avec complaisance. Il se prononce, avec la plupart de ses contemporains, pour l'unité du pouvoir exécutif, c'est-à-dire pour la monarchie; mais il la veut élective. Il ne méconnaît pas, il expose même très amplement les avantages de la transmission héréditaire du pouvoir, mais il n'en est pas touché. Il estime que l'élection

---

(1) *Defensor pacis*, p. 169 : « Dicamus, secundum veritatem atque consilium Aris-
« totelis, legislatorem seu causam legis effectivam, primam et propriam, esse populum,
« seu civium universitatem, aut ejus valentiorem partem, per suam electionem seu
« voluntatem, in generali civium congregatione per sermonem expressam. »

(2) *Defensor pacis*, p. 170 : « Separantur a civibus pueri, servi, advenæ ac mulieres. »

(3) *Defensor pacis*, p. 170 : « Ex universa multitudine magis attenditur legis com-
« munis utilitas, eo quod nemo sibi nocet libenter. Ibi autem inspicere potest quilibet
« an lex proposita declinet... ad cujusdam aut quorumdam commodum quam aliorum
« vel communitatis... »

offre plus de garanties que l'hérédité, qu'il y a plus de chances pour qu'un roi élu possède la prudence, la justice, l'énergie et les autres qualités indispensables à la bonne conduite des affaires. La force de la logique, si respectée de l'École, conduisait Marsile à reconnaître au législateur, c'est-à-dire au peuple, le droit de corriger le prince, parlons plus clairement, de le déposer, s'il transgresse les lois. Le peuple, en effet, est le premier souverain : *Est enim multitudo dominus major*. Mais il est juste d'ajouter que les explications de notre philosophe sur ce point délicat sont assez embarrassées, comme s'il était lui-même effrayé de la témérité de ses maximes. En tout cas, il donne au peuple le conseil de ne frapper que les transgressions graves, scandaleuses, qui peuvent amener la subversion de l'État, et de négliger les fautes légères, les abus passagers (1).

Marsile de Padoue, comme son surnom l'indique, était originaire d'Italie, et c'est en Allemagne, à la cour de l'empereur Louis de Bavière, qu'il a composé le traité auquel nous venons de faire quelques emprunts. Mais, dix ou douze ans seulement avant de mettre au jour cet ouvrage, il avait été recteur de l'Université de Paris, comme en témoigne la part qu'il prit à une délibération, en date du 12 mars 1312, que rapporte Du Boulay (2). Il appartient donc par ce côté à la France, où il compta des sectateurs ardents, entre autres Jean de Jandun, maître des artiens au collège de Navarre. Une traduction française de son ouvrage circula même dans les écoles de Paris (3), non sans y causer quelque trouble, qui émut la cour de Rome. Il est à remarquer que, si les propositions qu'il a émises contre la primauté et l'indépendance du saint-siège ont été censurées par la Faculté de théologie et condamnées par le pape Jean XXII, la censure ne s'applique pas à ses doctrines politiques. Pour mieux apprécier l'influence que celles-ci ont exercée, il serait intéressant d'avoir sous les yeux les leçons sur la *Politique* d'Aristote, auxquelles M<sup>e</sup> Nicolas d'Au-

---

(1) *Defensor pacis*, p. 175, 179, 184, 185.
(2) *Hist. Univ. Paris.*, t. IV, p. 163.
(3) *Ibid.*, p. 177 : « Cum accepisset (Sacra Facultas) Marcilii errores in linguam Gal-
« licanam ad contumeliam Sanctæ Sedis a nonnullis versas fuisse, conata est auctorem
« detegere... » (Cf. V. Le Clerc, *Discours sur l'état des lettres au XIV<sup>e</sup> siècle*, édit.
in-8°, t. I, p. 377.)

tricourt conviait, en 1348, la jeunesse de Paris. Le juste et l'injuste devaient former la matière principale de l'enseignement; et le professeur promettait à son auditoire de lui apprendre les moyens d'établir de nouvelles lois et d'amender les anciennes (1). Nicolas d'Autricourt était, en effet, un novateur, comme en témoignent des doctrines entachées de scepticisme, qui le firent condamner par la Sorbonne. En métaphysique et en logique, il montra une telle hardiesse, que nous attacherions beaucoup de prix à connaître ses doctrines politiques. Il est à présumer qu'elles étaient fort libérales, et plutôt tournées vers la souveraineté populaire que vers la royauté.

Mais un ouvrage que nous possédons, et dans lequel il est facile de retrouver, sinon la lettre, du moins l'esprit des maximes prêchées par Marsile de Padoue, c'est le traité de Nicolas Oresme, *De l'invention de la monnaie*. Cet ouvrage, consacré à un sujet spécial, n'aborde pas directement les questions politiques; mais, de la première à la dernière ligne, il respire l'amour d'une sage liberté, la haine de la tyrannie. L'auteur menace d'une chute prochaine les monarchies qui écrasent leurs sujets sous un joug détesté. Les rois veulent-ils conserver leur trône et le transmettre à leurs descendants? Aristote leur en indique le moyen : c'est de ne pas abuser de leur pouvoir. Que le prince ne pressure pas ses peuples; qu'il ne les irrite pas par d'injustes exactions; qu'il respecte leurs franchises, s'ils en ont, et qu'il leur en octroie, s'ils n'en ont pas; qu'il se garde de les troubler dans l'exercice de leur liberté; qu'il ne réclame pas pour lui-même l'absolue puissance; qu'il se contente de celle que la loi et la coutume lui accordent. Il faut abandonner le moins possible, comme dit Aristote, à la décision arbitraire du monarque. En développant ces maximes, Oresme tourne ses regards vers la France, et il remercie Dieu de n'avoir pas permis que les francs courages des Français fussent si abattus qu'ils consentissent à devenir serfs. Puis, dans quelques

---

(1) D'Argentré, *Collect. judic. de nov. erroribus* (Lutetiæ Parisiorum, 1728, in-fol. t. I, p. 357), nous a conservé le texte de cette curieuse affiche : « Quicumque voluerit « audire librum Politicorum Aristotelis, cum quibusdam quæstionibus in quibus « disceptatur de justo et injusto, per quas poterit novas leges condere, conditas, si « quæ sint corrigendæ, corrigere, veniat ad talem locum; inveniet magistrum Nico« laum de Autricuria, qui docebit omnia ista in dicta lectura. »

lignes menaçantes, que nous avons eu occasion de citer ailleurs (1), supposant que la maison royale de France n'a oncques appris à tyranniser, ni la nation de France à servir, il ne craint pas de prophétiser que le jour où la tyrannie aura prévalu, le royaume périra.

Moins d'un demi-siècle après le règne de Philippe le Bel, et malgré les efforts des légistes, champions de la monarchie absolue, il existait donc en France un fonds de doctrines libérales, démocratiques même, qui avaient eu dans les écoles quelque retentissement et auxquelles les esprits les plus judicieux n'étaient pas demeurés étrangers.

Ces doctrines, que nous avons vues poindre dès le VIII<sup>e</sup> siècle, n'étaient destinées ni à disparaître ni à rester enfermées dans les livres et dans l'enceinte des écoles. Aux états généraux de 1355 et de 1356, le sentiment des malheurs du pays ayant contribué à les propager dans les rangs de la bourgeoisie parisienne, elles inspirèrent les tentatives de réforme politique auxquelles se rattache le nom d'Étienne Marcel. La volonté du peuple fut alors proclamée publiquement la première des lois; et Marcel, devenu le chef d'une puissante faction, essaya d'établir un gouvernement nouveau, dans lequel les états généraux, régulièrement convoqués, auraient exercé une influence décisive sur la marche des affaires. Aux mouvements populaires que l'exemple des Parisiens suscita dans plusieurs villes, répondirent, dans les campagnes de l'Ile-de-France et de quelques parties de la Normandie et de la Picardie, le soulèvement des paysans et les scènes sanglantes de la jacquerie. Mais il suffit à la royauté de laisser l'insurrection s'user à Paris et jeter l'épouvante dans les provinces pour avoir raison de ses derniers efforts. La réaction qui suivit ne se montra violente que durant quelques jours : elle fit place bientôt à une calme appréciation des besoins et des vœux du pays. Lorsque Charles V fut monté sur le trône et qu'il se vit en pleine possession de l'autorité royale qu'il avait exercée comme régent pendant la captivité du roi Jean, son père, il usa de son pouvoir avec modération, et accomplit peu à peu, à petit bruit, quelques-unes des réformes

---

(1) Dans notre mémoire sur les *Commencements de l'économie politique dans les écoles du moyen âge*.

pour lesquelles Étienne Marcel avait combattu et était mort. Mais, tout modéré qu'il était, le gouvernement royal resta alors sans contrepoids. Il est à remarquer que, pendant le règne de Charles V, les états généraux ne furent convoqués que deux fois : une première fois à Chartres, en 1367, si l'on peut appeler du nom d'états généraux la réunion des députés de quelques provinces seulement; une seconde fois à Paris, en 1369. Le roi s'attribua la nomination des agents chargés de veiller au recouvrement des impôts; il éleva de sa propre autorité le droit de fouage à quatre livres dans les villes, et à deux livres dans les campagnes. C'est la monarchie absolue qui vient de renaître, tempérée par la sagesse personnelle du monarque, tolérante, éclairée, laborieuse, capable de grandes choses à force de patiente modération, mais affranchie de tout contrôle et n'ayant à rendre compte de ses actes que devant la conscience du monarque et devant Dieu, excepté dans ces jours d'aveuglement de la part du souverain et de colère de la part des sujets, où l'excès du mal pousse le peuple à la révolte. Est-ce à dire que la marche des idées fut suspendue? Assurément non; car, lorsqu'une idée s'est fait jour dans le monde, il se peut que son cours se ralentisse; il ne s'arrête pas. Cependant il est constant que, sous Charles V, on n'entend plus s'élever, en faveur de la souveraineté du peuple, ces revendications énergiques dont nous avons retrouvé l'écho sous les règnes précédents. Le droit populaire s'efface pour un quart de siècle devant la royauté, ou, s'il reparaît dans quelque ouvrage, c'est à la dérobée, comme une parenthèse inattendue, qui témoigne de la persistance des aspirations démocratiques.

Un écrivain que la Faculté de droit de l'Université de Paris avait admis, en 1369, au rang de ses docteurs, Philippe de Leyde, a laissé deux ouvrages où sont agitées des questions politiques : ce sont un traité *De curâ reipublicæ et sorte principantis*, et un autre, qui appartient à la vieillesse de l'auteur, *De formis et semitis reipublicæ* (1). On y trouve les vues les plus saines sur le but de l'État, qui est le bien de la communauté, et sur les obligations du prince, qui doit se montrer le fidèle observateur des lois et mettre tous ses soins à défendre les intérêts de ses sujets. Philippe de

---

(1) *Philippi de Leyden tractatus juridico-politici*, etc. Amstælodami, 1701, in-4°.

Leyde insiste d'une manière toute spéciale sur la protection due aux habitants de la campagne; il veut que leur sécurité et leur liberté soient assurées, qu'ils puissent vaquer paisiblement à la culture des champs : de ces conditions surtout, suivant lui, dépend la prospérité de l'État (1). Ce sont assurément là de sages et nobles maximes; toutefois il ne faudrait pas en conclure que Philippe de Leyde est d'avis de restreindre les prérogatives du prince. Bien au contraire, il réclame pour le prince et la richesse et la puissance, et il blâme énergiquement ceux qui cherchent à limiter son pouvoir.

« Les cités, dit-il (2), qui invoquent leurs privilèges pour en-
« chaîner, contenir et entraver la puissance du souverain, ces
« cités ne mettent pas le bon ordre dans l'État, mais bien la con-
« fusion et le désordre. Et, en effet, lorsque, dans une cité, les
« gens du peuple et les grands travaillent à dépouiller le prince,
« et en quelque sorte à le déplumer, il advient de deux choses
« l'une : ou le prince, à force de patience et d'habileté, arrive,
« par des voies obliques, à rompre les mailles du filet qui l'en-
« lace; ou bien, courbant la tête sous le joug, conduit comme un
« esclave là où il ne voulait point aller, il voit s'écrouler sa puis-
« sance; et, malheur plus grand, l'État tombe aux mains d'une
« foule de maîtres qui, sous prétexte de veiller à son salut, l'op-
« priment et l'étouffent. »

Faut-il voir dans ces paroles une allusion au triomphe passager d'Étienne Marcel et de ses complices?

Considérons maintenant un ouvrage qui eut un bien autre retentissement que les traités de Philippe de Leyde, *le Songe du Vergier*. Peu de livres ont trouvé plus de lecteurs et ont été plus goûtés, sur la fin du moyen âge, que ce dialogue célèbre entre

(1) *De formis et semitis reipublicæ*, p. 402 : « Ubi agricultores operas rusticas exer-
« cere prohibentur... ibi salus dispersa et incurvata. Cultores agrorum ubi debita li-
« bertate fruuntur... civitates splendida ordinatione refulgent... »

(2) *Ibid.*, p. 394 : « Civitates quæ per privilegia ipsis concessa potentiam principis
« cathenant, ligant, impediunt et in servitutem redigunt, non bene rempublicam dis-
« ponunt, sed vere dissipant et deformant. Et ubi civitates, plebeii seu majores super
« bonorum principis deplumatione laborant, judicium residebit in istorum alterum : aut
« diligens industria principantis per obliquas vias laqueos fabricatos avellet, aut sub
« jugum servitutis paulisper declinans, tandem quo non vult manu ductus, potentia
« sua corruet; et respublica, quod grave est, plures deplorabit sub pallio consulentium
« principales eamdem suffocantes... »

un clerc qui défend la papauté et un chevalier qui prend parti pour la prérogative royale.

Quel qu'en soit l'auteur, qu'il faille l'attribuer à Philippe de Mézières, ainsi que M. Paulin Paris l'a soutenu dans un savant mémoire, ou bien à Raoul de Presles, comme le croit M. Franck (1), le but de l'ouvrage n'est pas douteux : c'est l'apologie, c'est la glorification de la royauté française. L'écrivain anonyme s'attache à démontrer que cette royauté ne relève ni du pape ni de l'empereur. Serait-il vrai qu'elle relève du pape? La Bible, Aristote et la tradition prouvent le contraire. Mais elle peut encore moins être considérée comme la vassale des empereurs d'Allemagne. Ni par la loi de Dieu, ni par la loi naturelle, ni par la loi civile, elle ne dépend de l'empire. L'empire est l'héritier de la puissance romaine : or les Romains n'avaient aucun droit sur le reste du monde, si ce n'est celui que la force brutale peut créer, et jamais ils n'ont subjugué les Francs. Le roi de France ne reconnaît d'autre supérieur que Dieu. Telle est l'étendue de sa puissance, qu'il peut, de son autorité propre, lever des impôts (2), et que c'est pour tous ses sujets un devoir de conscience d'acquitter ceux qu'il a établis. Il est vrai que les mesures qu'il ordonne doivent être inspirées par le bien public et, autant que possible, conformes à l'usage; il ne doit s'écarter de la coutume du royaume et créer de nouvelles charges que si la nécessité le commande : mais les cas où la nécessité justifie une contribution extraordinaire sont, si nous en croyons l'auteur, en assez grand nombre. Ainsi, la défense du pays, la guerre sacrée contre les infidèles ou les schismatiques, la captivité du roi, une naissance dans la lignée royale, la chevalerie du fils du roi, le mariage de sa fille,

---

(1) *Mém. de l'Acad. des inscriptions*, t. XV, p. 336 et suiv : Franck, *Réformateurs et publicistes de l'Europe*, Paris, 1864, in-8°. Il y a, comme on sait, deux textes, l'un français, l'autre latin, du *Songe du Vergier*. Le texte français, qui paraît bien être le texte original, existe dans plusieurs manuscrits; il a été joint au *Traité des droits et des libertés de l'Église gallicane*, Paris, 1731, in-fol. t. II. Le texte latin fait partie du I$^{er}$ volume du recueil de Goldast. *Monarchia*, etc., que nous avons cité plus d'une fois dans le cours de ce travail.

(2) Goldast, t. I, p. III : « Quo jure rex Franciæ possit gabellas, impositiones et « alia onera extraordinaria subditis inducere?... Respondeo quod reges qui non co- « gnoscunt superiorem in terris, possunt tales exactiones introducere; cujus modi est « rex Franciæ. »

l'acquisition d'une province, voilà autant de circonstances qui autorisent la levée de nouvelles taxes en vertu de l'ordre du prince. Mais quoi! se peut-il que cet ordre émane de sa seule volonté? Les états généraux ne seront-ils pas appelés à donner leur approbation à l'accroissement des charges publiques? Point délicat; sur lequel *le Songe du Vergier* garde un silence prudent. Après que le clerc a cité comme un des caractères de la tyrannie l'aversion que le tyran professe pour les assemblées et le soin qu'il prend d'empêcher, autant que possible, les citoyens de se réunir, le chevalier se croit dispensé de répondre à ce reproche par les louanges qu'il donne au gouvernement de Charles V. Est-ce donc un tyran, s'écrie-t-il, que le prince qui aime son peuple et qui consacre toutes ses pensées, tous ses efforts, à procurer à ses sujets la tranquillité et la paix? Et toutefois, dans le cours du dialogue, l'auteur, par la bouche du chevalier, fait une concession difficile à concilier avec l'ensemble de sa doctrine. Non seulement il admet que les ressources provenant des taxes doivent être exclusivement employées dans l'intérêt public, mais, si elles reçoivent un autre emploi, si elles sont affectées à des divertissements et autres dépenses de luxe, il déclare que le prince manque au premier de ses devoirs, que sa faute est d'autant plus grande que son autorité est plus absolue, qu'il mérite d'être déposé, et que le peuple est en droit de choisir un autre souverain, sauf à laisser dormir ce droit par crainte de plus grands maux (1). Charles V aurait-il approuvé cette concession faite au droit populaire, qu'il aimait à laisser dans l'ombre? On peut croire qu'il l'estimait peu dangereuse sous un règne prospère, comme le sien, où elle ne pouvait trouver son application. Quelque jugement qu'il en ait porté, la maxime échappée à l'auteur du *Songe*

---

(1) Goldast, t. I, p. III : « Si princeps justitiam denegaret subditis... si sint inducti « reditus extraordinarii justa de causa scilicet pro defensione patriæ, nec eo modo defen- « datur quo possit et debet, nec reditus ad illum usum, sed in alium convertantur, tunc « tales reditus juste possent denegari : imo jure scripto, super dictamine rectæ rationis « fundato, merito a regimine [princeps] tanquam indignus foret deponendus. Et si « in regimine totius regni sic negligeret, omnino deponendus; et liceret populo alium « sibi principem eligere... » Il est à remarquer que ce passage est singulièrement adouci dans le texte français, qui ne contient même pas, au moins dans les éditions et dans les manuscrits que nous avons eus sous les yeux, les membres de phrases les plus caractéristiques.

*du Vergier* méritait d'être signalée comme une preuve curieuse des tempéraments que les plus énergiques soutiens de la prérogative royale apportaient parfois dans la défense de cette cause.

La politique habile et heureuse de Charles V avait comprimé pour quelques années, elle n'avait pas réussi à étouffer entièrement les doctrines démocratiques qui dès longtemps s'étaient fait jour, soit dans les agitations populaires, soit dans les harangues et dans les livres des docteurs. Charles V mort, elles reprirent leur cours avec une étonnante rapidité.

Six semaines n'étaient pas écoulées depuis les obsèques du prince défunt, une insurrection, qui présageait les malheurs du règne de Charles VI, éclate à Paris. Le premier jour, le chancelier de France, messire Miles de Dormans, croit qu'il suffira de quelques paroles sévères pour faire rentrer le peuple dans l'obéissance. « Vous savez, dit-il à la foule ameutée, que la ville de Paris
« a été privilégiée par les décrets des anciens rois, embellie de
« monuments par une sage administration des revenus publics,
« et qu'elle a toujours été entre toutes, que dis-je? par-dessus tou-
« tes les villes de France, traitée avec beaucoup d'honneur et d'af-
« fection... Mais que veut dire ceci, d'oser venir ici, tout agités
« de fureur, pour adresser vos demandes à la majesté royale avec
« le ton du commandement plutôt que dans un langage respec-
« tueux, et la menace à la bouche plutôt qu'en suppliant? »

Inutiles remontrances! Le lendemain, comme la sédition continuait, le chancelier en était réduit non seulement à concéder l'abolition des taxes que les Parisiens se refusaient à payer, mais à s'incliner devant la souveraineté populaire. « Les rois, s'écria-
« t-il, auraient beau le nier cent fois, c'est par la volonté du peu-
« ple qu'ils règnent, *et si cencies negent, reges regnant suffragio*
« *populorum;* c'est la force du peuple qui les rend redoutables.
« Les succès des sujets donnent de l'éclat à la royauté; mais il
« est du devoir des rois de pourvoir avec vigilance au salut de
« leurs sujets, et de leur procurer les charmes de la paix, les
« douceurs du repos et de l'aisance (1). »

---

(1) *Chronique du religieux de Saint-Denis,* l. I, ch. vi, trad. de M. Bellaguet, t. I, p. 45 et suiv.

Sous le règne de Charles VI, comme dans la suite au temps de la Ligue, les prédicateurs se livrèrent souvent, du haut de leurs chaires, aux attaques les plus virulentes contre l'autorité royale. Bien que les invectives et les menaces qu'ils se permettaient trouvassent leur excuse dans les malheurs du temps, elles n'en étaient pas moins un symptôme grave de l'état des esprits, et elles attestaient, dans les rangs du clergé et dans les ordres religieux, certaines tendances, disons mieux, une doctrine très arrêtée, plutôt sévère qu'indulgente pour la royauté.

Mais des paroles échappées à l'improvisation, des discours inspirés par les circonstances, et qui n'ont laissé de traces que dans les écrits des chroniqueurs, offrent pour nous moins d'intérêt que les œuvres méditées à loisir, qui contiennent l'opinion réfléchie de leur auteur. Ce n'est pas que, dans les années calamiteuses de la fin du XIV$^e$ et du commencement du XV$^e$ siècle, la France ait produit quelque ouvrage éminent, consacré à la science politique; mais la misère du peuple, la pénurie du trésor, les discordes civiles, la triste situation de l'Église elle-même, déchirée par le schisme, l'assassinat du duc d'Orléans et l'apologie publique de ce meurtre par Jean Petit, suscitèrent beaucoup de controverses et beaucoup d'écrits, dans lesquels la subtilité scolastique se donna très souvent libre carrière, mais qui renferment aussi des parties intéressantes sur les questions de gouvernement. Il y a même ceci de remarquable que, dans quelques-uns de ces écrits, le sentiment monarchique se réveille fréquemment avec une énergie inattendue. Les écrivains, les orateurs connaissent les obligations qui sont imposées à la royauté, et savent les lui rappeler; mais plus la démocratie parisienne se montre factieuse et criminelle, plus la fidélité au roi et à sa descendance apparaît comme une garantie de bon ordre et de paix, tandis que l'intervention des assemblées qui doivent contrôler l'exercice de l'autorité royale est jugée inopportune et dangereuse.

Voici, par exemple, un conseiller, un secrétaire de Charles VI, Pierre Salmon, que le roi est supposé consulter, et qui lui adresse des avis, « touchant son état et le gouvernement de sa personne, » ainsi que porte le titre de l'ouvrage. Salmon n'ignore pas, et il rappelle à Charles VI, que les rois sont investis de la puissance royale, non dans leur intérêt, mais dans celui de leurs peuples;

qu'ils doivent les gouverner débonnairement et avec justice; que « le peuple a toujours l'œil au roi, » et que, si le roi n'est homme droiturier et équitable, son royaume est bientôt corrompu et détruit. Mais, à la suite de ces sages conseils, qui tendent à modérer l'exercice du pouvoir royal, vient se placer, sous la plume de Pierre Salmon, un avis de tout autre caractère, c'est que le roi doit se défier des assemblées de nobles et de bourgeois, et gouverner plutôt par lui-même : « Gardez, sur toutes choses, que nulles gran« des assemblées de nobles ni de communes ne se facent en vostre « royaume; mais toutes questions et descors ja meuz et à mou« voir prenez en vostre main, et remettez comme roy et souve« rain à raison et justice; et que par vous justice soit maintenue « et bien gardée en vostre royaume (1). »

Mais c'est principalement le chancelier Gerson qu'il faut entendre sur ces matières, d'abord parce qu'il a été un des esprits les plus éclairés et les plus honnêtes de son temps, et, en second lieu, parce qu'il a pris la part la plus directe aux événements publics.

Gerson est partisan déclaré de la monarchie, et la raison qu'il donne de sa préférence pour cette forme de gouvernement est la même que nous avons déjà rencontrée chez saint Thomas d'Aquin et chez d'autres docteurs : c'est que l'unité dans le gouvernement est un principe de force, de paix et de stabilité; que, prise d'une manière générale, l'unité est la loi du monde, et que, pour bien gouverner une nation, il faut un seul chef, comme il y a un seul Dieu pour gouverner l'univers (2).

Non seulement Gerson est partisan de la monarchie, mais il la veut héréditaire. « Le royaume, dit-il, se gouverne et se maintient « mieux par succession que par élection. » En divers passages de ses écrits, il signale deux avantages de l'hérédité monarchique : le

---

(1) *Les demandes faites par le roi Charles VI, touchant son État*, etc., avec les réponses de *Pierre Salmon, son secrétaire familier*, publiées par A. Crapelet. Paris, 1833, gr. in-8°, p. 101.

(2) *Harengue faicte au nom de l'Université de Paris*, etc., en 1405. Paris, 1821, in-8°, p. 3 : « La fille du roy, la mère des sciences congnoit et sçait par la doctrine des « théologiens, juristes, philosophes et poètes, en espécial par la détermination expresse « d'Aristote en ses *Politiques*, que royaume ou règne est police et gouvernement meil« leur et plus durable, convenable et raisonnable qui soit, à l'exemple du monde qui « n'est gouverné que par un Dieu souverain. »

premier, c'est que le roi, qui considère le royaume comme sa chose propre, est dirigé, dans l'éducation de ses enfants, par la pensée qu'ils recueilleront un jour son héritage; le second, c'est que les sujets, accoutumés à obéir au père, sont plus enclins à obéir à son fils qu'à des maîtres nouveaux et étrangers (1).

A ces maximes profondément monarchiques, à des déclarations de fidélité quelquefois enthousiastes, comme celles qui remplissent le célèbre discours prononcé devant Charles VI en 1405, sur ce texte : *Vivat rex!* on trouve mêlés, dans les ouvvrages de Gerson, les plus austères conseils pour la royauté, l'énergique revendication du droit des peuples, la haine de la tyrannie. « C'est une er« reur de croire, dit-il, que les rois peuvent user à leur gré de la « personne et du bien de leurs sujets, les grever arbitrairement « d'impôts, sans que l'utilité publique l'exige. Agir ainsi, ce n'est « pas se conduire en roi, mais en tyran... » — « C'est une autre « erreur, dit-il encore, de croire que les rois sont affranchis de « toute obligation envers leurs sujets; bien au contraire, selon le « droit naturel et selon le droit divin, ils leur doivent fidélité et « protection. S'ils manquent à ce devoir, s'ils se conduisent in« justement, surtout s'ils persévèrent dans leur iniquité, c'est le « cas d'appliquer cette règle de droit, qu'il est permis de repous« ser la force par la force. Sénèque n'a-t-il pas dit qu'il n'y a « pas de victime plus agréable à Dieu qu'un tyran (2)? »

Étrange citation dans la bouche d'un écrivain qui devait poursuivre avec une ardeur infatigable le libelle de Jean Petit en faveur du tyrannicide! Ailleurs Gerson rappelle, et cette fois il parlait devant Charles VI, que « peu souvent tyran meurt de mort « naturelle; il est hay de Dieu et du monde; et n'est presque si « petit, s'il veut sa vie aventurer pour oster la vie au tyran, qu'il

---

(1) *Harengue*, p. 12 : « On obéist plus volontiers a celuy qu'on a accoustumé que a un « estrange ou nouvel. » (Cf. *Opp.* t. IV, col. 662.)

(2) *Considerationes principibus et dominis utilissimæ. Opp.* t. IV, col. 622; *Ibid.* « col. 624 : « Error est dicere terrenum principem in nullo suis subditis domino durante « obligari, quia secundum jus divinum et naturalem æquitatem et verum dominii finem, « quemadmodum subditi debent fidem, subsidium et servitium domino, sic etiam domi« nus subditis fidem debet et protectionem. Et si eos manifeste et cum obstinatione in « injuria et de facto prosequatur princeps, tunc regula hæc naturalis : Vim vi repellere « licet, locum habet; et id Seneca in tragœdia : Nulla Deo gratior victima quam tyran« nus. »

« ne puisse trouver manière et voie de le tuer et délivrer le
« pays (1). »

C'est par de tels avertissements, nous pourrions dire par de telles menaces, portés jusqu'aux pieds du trône, que Gerson se rattache aux tendances démocratiques; il tempère ainsi, non sans s'exposer au reproche d'inconséquence, la vivacité qu'il porte ailleurs dans l'expresssion de son dévouement à la royauté. Mais on peut, à bon droit, s'étonner que l'illustre chancelier, qui déteste les abus du pouvoir et l'injustice, n'ait pas vu que le moyen le plus efficace de les prévenir ou d'y remédier, c'est le contrôle d'une assemblée qui représente la nation auprès du roi. Il n'indique ni cette garantie ni ce remède; il en paraît effrayé plutôt qu'il n'y est porté. Aussi, après avoir marqué le rang qui appartient dans l'État au clergé et à la chevalerie, c'est-à-dire à la noblesse, il ne laisse en partage à la bourgeoisie elle-même que le travail et la sujétion. « En l'état de bourgeoisie, dit-il, doit être
« le fer du labeur et la force d'humilité... C'est expédient à
« l'état populaire, continue-t-il, qu'il soit en subjection... C'est
« expédient que l'état populaire soit par les autres plus hauts états
« gouverné... C'est expédient que le roi, qui est le chief d'or en
« valeur et en authorité, ne sueffre point confondre les offices
« des membres dessous soy... Le chief ne doit point user des
« pieds comme des bras en sa défense. Si ne doit point comman-
« der aux populaires et aux bras de bourgeoisie, qu'ils soient
« armés régulièrement comme les bras de chevallerie doivent
« estre : car ce seroit confusion. Si seroit l'accoustumance très
« périlleuse, injuste et dommagieuse (2). »

Dans ces paroles de Gerson, si défavorables à l'action politique, nous ne dirons pas de la multitude, mais de la bourgeoisie, il faut tenir compte de l'impression produite sur lui par le spectacle des funestes désordres dont il était chaque jour témoin. Il était au fond plus libéral que quelques passages de ses discours ne le feraient croire.

Voulons-nous écouter un docteur contemporain qui se trouve moins mêlé que Gerson à la lutte des partis, et qui sut peut-être

---

(1) *Harengue faicte au nom de l'Université*, p. 24.
(2) *Oratio ad Regem*, 4 sept. 1413, *Opp.* t. IV, col. 675.

les apprécier avec plus de calme? Voici en quels termes le cardinal de Cambrai, Pierre d'Ailly, s'exprime sur les avantages d'une monarchie pondérée :

« Le gouvernement monarchique, dans lequel un chef unique
« commande à la multitude avec sagesse, est sans doute préféra-
« ble à toute autre forme simple de gouvernement; cependant,
« si la monarchie est mélangée d'éléments empruntés les uns à
« l'aristocratie, qui consiste dans le gouvernement des meilleurs,
« les autres à la démocratie, qui est le gouvernement du peuple,
« ce gouvernement mixte l'emportera sur tous les autres, attendu
« qu'il fait participer à l'exercice de la souveraineté le peuple et les
« grands. Le gouvernement monarchique ne mérite la préférence
« qu'à la condition de n'être pas corrompu. Or ce grand pouvoir
« qu'on accorde au roi expose la royauté à dégénérer en tyrannie,
« à moins que le roi ne possède une vertu parfaite, qui se ren-
« contre rarement. Aussi, dans la nation d'Israël, à qui le peuple
« chrétien a succédé, les rois que Dieu avait institués ne possé-
« daient pas la plénitude de la puissance. Un seul chef commandait
« à Israël; mais cette monarchie était tempérée d'aristocratie,
« puisque soixante et dix vieillards étaient délégués pour remplir
« l'office de juges à côté du monarque; elle avait aussi quelque
« chose de démocratique, puisque ces soixante et dix vieillards
« étaient élus, et que le peuple entier participait à l'élection (1). »

C'est en 1417, durant le concile de Constance, que Pierre d'Ailly écrivait les lignes qu'on vient de lire. Il avait alors en vue le gouvernement de l'Église autant que celui de l'État; il prétendait tempérer l'autorité du souverain pontife par celle du concile général, de même que le pouvoir royal par le contrôle d'une assemblée librement élue. En ce qui concerne l'Église, il put croire, à considérer quelques-unes des décisions du concile, que la cause qu'il soutenait était gagnée; mais il ne pouvait nourrir le même espoir pour la société civile, surtout en France.

A la faveur de la division qui régnait entre les princes du sang, et que l'incapacité du monarque, atteint de folie, ne contribuait que trop à entretenir, tous les ressorts du gouvernement s'étaient brisés. La souveraineté populaire avait eu dans Paris ses jours de

---

(1) *De ecclesia et cardinalium auctoritate*, au tome II des *Œuvres de Gerson*.

triomphe, et, à plusieurs reprises, les habitants de cette grande cité avaient fait l'expérience des excès auxquels peut se porter la violence d'une foule aveugle et déchaînée. Or il serait contraire à la nature de l'esprit humain et aux lois de l'histoire que les fureurs démagogiques n'eussent pas refoulé du côté de la monarchie beaucoup d'esprits honnêtes, dégoûtés de la liberté politique et de la démocratie.

« Votre successeur légitime, et la reine, et votre chevalerie, « votre clergé, votre bonne bourgeoisie, disait Gerson devant le « roi, après l'insurrection des cabochiens, estiez comme en ser- « vage et en très dure et vile servitude, par l'outrageuse entre- « prise d'aucunes gens de petit ou de nul estat qui vouloient « donner et querir leur propre profit. Dieu l'a permis, afin que « nous connoissions la domination royale et celle d'aucuns po- « pulaires; car la royale a communément et doit avoir douceur « et miséricorde. Noble cueur li est piteux; mais cueur villain a « domination tyrannique et qui se détruit elle-même (1). »

Dans son *Livre de la Paix* (2), commencé en 1412 et terminé vers 1414, Christine de Pisan tient le même langage, mais avec plus d'acrimonie. Serait-ce qu'elle veut l'oppression des peuples? Bien au contraire : « Ne plaist à Dieu, suivant elle, que ils « soient à princes trop asservis, ne foulez par outrageuses char- « ges. » Mais, encore tout émue des mouvements tumultueux, tour à tour grotesques et sanglants, auxquels elle avait assisté, elle entend qu'aucune part ne soit accordée dans le gouvernement aux gens de mestier, qui ne connaissent d'autre travail que celui des bras et des mains, qui ne sont jamais sortis de leur atelier, qui n'ont pas fréquenté les légistes, coustumiers en chose de droit et de justice, qui n'ont point appris à parler ordonnément par raisons belles et évidentes, et qui, sachant à peine le *Pater noster*, incapables de se gouverner eux-mêmes, voudraient gouverner l'État. Que dire des assemblées où ils se concertent? Le plus fou

---

(1) *Opp.* t. IV, col. 658.

(2) *Le Livre de la Paix*, comme beaucoup d'autres ouvrages du même auteur, est encore inédit; mais M. Raimond Thomassy en a publié de longs fragments dans son *Essai sur les écrits politiques de Christine de Pisan* (Paris, 1838, in-8°). Nous avons emprunté à ce travail excellent les textes que nous analysons dans les lignes qui suivent.

y parle, le tablier sur soi, un pied en avant, l'autre en arrière, les mains au côté. Les conclusions qu'ils adoptent sont prises sans débat. Au sortir de là ils sont prêts à toute espèce de crimes. Il suffit que l'un d'eux commence, ils suivent comme des moutons : la fureur du sanglier le plus féroce ne saurait leur être comparée; ils ne respectent ni prince, ni princesse, ni seigneur, ni maître, ni voisin, ni voisine; ils tuent, massacrent, pillent, dérobent. Voilà, selon Christine de Pisan, ce que produit la domination des menus populaires, nous dirions aujourd'hui de la vile multitude.

Ces invectives éloquentes et courageuses contre les excès de la démagogie répondaient à peine aux sentiments d'indignation et d'horreur éprouvés par tous ceux qui en avaient souffert. Christine de Pisan, si contraire à l'influence politique du bas peuple, admettait du moins celle de la bourgeoisie. Aux bourgeois notables et d'ancienne lignée, comme elle dit elle-même, elle accordait certaines prérogatives, elle reconnaissait le droit d'intervenir dans les affaires de leur cité, et sans doute aussi dans celles de l'État. Mais, à mesure que les malheurs s'aggravèrent avec le désordre, ils ne laissèrent place dans les âmes découragées qu'au besoin de la paix et d'une autorité assez forte pour la rendre au pays.

En 1417, le duc de Bourgogne reçoit la soumission de plusieurs villes du royaume, qui lui rendent hommage, dit le religieux de Saint-Denis, comme à un envoyé du ciel, *tanquam de cœlo emisso*. « Comme je demandais souvent, continue le même chroniqueur, « la cause d'une adhésion si subite, de ces applaudissements et « de cette joie inaccoutumée, il me fut répondu : « Les habitants « du royaume sont à ce point accablés d'exactions et de vexations « pécuniaires et autres, que ce mot est le seul sur les lèvres de « chacun : « Vive, vive quiconque pourra dominer, pourvu que « la chose publique puisse jouir des biens de la paix! *Vivat,* « *vivat, qui dominari poterit, dum tamen manere possit respu-* « *blica in pulchritudine pacis* (1)! »

Le jour où cette paix, objet de vœux unanimes, serait rendue à la France, n'avait pas encore lui en 1417. Avant d'y arriver, le pays devait subir, durant de longues années, tous les maux de la guerre civile et de la domination étrangère. Sauvé enfin par Jeanne

---

(1) *Chronique du religieux de Saint-Denis*, t. VI, p. 81, trad. de M. Bellaguet.

d'Arc, il eut, après tous ses désastres, la chance inespérée de trouver en Charles VII un roi digne de ce nom, qui réussit en quelques années à pacifier, à réorganiser et à relever le royaume. Mais, dans les années prospères de ce règne inauguré si tristement, la volonté du prince devint la seule loi. Il eut près de lui un conseil dont il prenait l'avis et auquel il avait donné d'assez larges attributions; mais il ne réunit pas les états généraux, et, à l'exemple de son aïeul Charles V, « il gagna ce point (1), selon « l'expression de Commines, d'imposer tailles à son plaisir. » Ce fut en vain que les princes réunis à Nevers, en 1442, firent entendre quelques doléances et essayèrent d'attirer à eux les nobles, les gens d'Église et le commun peuple, « pour faire tous ensemble « nouvelles ordonnances et bailler gouvernement au royaume de « par les trois états. » Charles VII leur fit savoir que si jamais ils tentaient quelque chose contre lui ou contre la majesté royale, « il laisseroit toutes besognes pour leur courir sus. » Il déclara d'ailleurs que, « de son autorité roiale, veu les grans affai- « res de son royaume, » il pouvait mettre des tailles, et qu'il n'était « nul besoin de assembler les trois estats pour mettre sus « lesdictes tailles, car ce n'est que charge et despense au povre « commun peuple, qui a à payer les frais de ceulx qui y vien- « nent (2). »

Nous ne pousserons pas plus loin cette étude historique. Nous sommes parvenus, en effet, aux confins du moyen âge, et notre intention n'est pas d'aborder le tableau des événements ni celui des doctrines qui appartiennent à l'ère moderne. Toutefois, avant de poser la plume, il nous sera permis de nous arrêter un moment aux états généraux de 1484, l'assemblée la plus considérable qui ait représenté la nation, depuis celles qui s'étaient tenues à Paris sous le roi Jean et qui avaient laissé de si tristes souvenirs pour la royauté (3).

Quel était, en 1484, l'état de l'opinion? A quelle doctrine se rattachaient les personnages les plus considérables du pays?

---

(1) Commines, liv. VI, ch. VI, t. II, p. 225 de l'édit. de la Soc. de l'Hist. de France.
(2) Monstrelet, éd. Douet d'Arcq, t. VI, p. 39 et 50. Cf. Dansin, *Étude sur le gouvernement de Charles VII*. Strasbourg, 1856, in-8°, p. 30 et suiv.
(3) *Journal des états généraux tenus à Tours en 1484*, dans la Collect. des Doc. inéd. sur l'Hist. de France.

A l'ouverture des états, le chancelier de France, Guillaume de Rochefort, rappela en termes éloquents les sentiments d'inviolable fidélité que la nation avait gardés, même au milieu des plus cruelles épreuves, à la famille de ses rois.

« Vous surpassez, disait-il, les nations étrangères par une in-
« fatigable activité d'obéissance. Nous ne lisons nulle part qu'un
« seul jour la légèreté de l'esprit, des ordres royaux trop sévères,
« les victoires de l'ennemi, ou enfin des maux quelconques,
« aient contraint la nation de France à être infidèle envers son roi.
« Bien au contraire, pour le défendre, pour soutenir son parti,
« elle a coutume de courir aux armes avec tout son courage, et
« de mourir même volontairement, si le sort l'ordonne. Ce qu'il
« y a de plus difficile devient aisé au peuple de France, quand il
« faut garder la vie du prince et obéir à ses commandements. Nos
« histoires sont pleines d'exemples de fidélité et de constance.
« Ouvrons les chroniques des nations étrangères : nous verrons
« souvent les princes abandonnés de leurs sujets pour la moindre
« cause... Depuis que Guillaume I$^{er}$ a conquis l'Angleterre, les
« Anglais sont au neuvième changement de dynastie; et, à dater
« du commencement de leur monarchie, c'est le vingt-sixième.
« Personne, sans doute, ne reprochera aux Français une telle in-
« constance. »

A ces souvenirs habilement évoqués, à ces protestations d'obéissance et de fidélité monarchique, un député de la noblesse de Bourgogne, Philippe Pot, seigneur de la Roche, opposait de graves avertissements et une revendication presque amère des droits du peuple.

« Comme l'histoire le raconte, et comme je l'ai appris de mes
« pères, dans l'origine, le peuple souverain créa des rois par son
« suffrage, et il préféra particulièrement les hommes qui sur-
« passaient les autres en vertu et en habileté. En effet, chaque peu-
« ple a élu un roi pour son utilité. Oui, les princes sont tels, non
« afin de tirer un profit du peuple et de s'enrichir à ses dépens,
« mais pour, oubliant leurs intérêts, l'enrichir et le conduire du
« bien au mieux. S'ils font quelquefois le contraire, certes ils
« sont tyrans et méchants pasteurs, qui, mangeant eux-mêmes
« leurs brebis, acquièrent les mœurs et le nom de loups, plutôt
« que les mœurs et le nom de pasteurs... N'avez-vous pas lu sou-

« vent que l'État est la chose du peuple? Or, puisqu'il est sa chose,
« comment négligera-t-il ou ne soignera-t-il pas sa chose? Com-
« ment des flatteurs attribuent-ils la souveraineté au prince qui
« n'existe que par le peuple? Est-ce que, chez les Romains, cha-
« que magistrat n'était pas nommé par élection? Est-ce qu'une
« loi y était promulguée avant que d'abord, rapportée au peu-
« ple, elle eût été approuvée de lui? Dans beaucoup de pays en-
« core, selon l'ancienne coutume, on élit le roi... Je veux que
« vous conveniez que l'État est la chose du peuple, qu'il l'a con-
« fiée aux rois, et que ceux qui l'ont eue par force ou autrement,
« sans aucun consentement du peuple, sont censés tyrans et usur-
« pateurs du bien d'autrui. »

Où trouver l'expression la plus fidèle des doctrines politiques auxquelles les enseignements de l'école et la leçon encore plus impérieuse de l'expérience avaient conduit le moyen âge? Est-ce dans les paroles si hardies du député de la noblesse de Bourgogne? Est-ce dans les protestations si fidèles du chancelier de France? Nous n'hésitons pas à dire que c'est à la fois dans les unes et dans les autres. Philippe Pot et Guillaume de Rochefort représentent les deux aspects sous lesquels nous avons vu que la monarchie a été envisagée constamment depuis ses origines les plus anciennes jusqu'à la fin du xv° siècle. C'était le premier article de la foi politique du moyen âge, que les peuples doivent soumisson et fidélité au prince; mais un second article, également admis, également professé, c'est que le prince, de son côté, se doit à ses peuples, que ses droits dérivent de ses devoirs, et que, s'il manque aux uns, il compromet les autres. L'école enseignait que c'est une règle de conscience pour les sujets d'honorer les rois et de leur obéir; mais elle ajoutait que l'autorité royale a été instituée en vue des sujets eux-mêmes et pour leur plus grand bien; que ce n'est pas un pouvoir absolu, illimité, tyrannique plutôt que royal, qui permette au prince de tout oser et qui oblige les peuples à tout subir. Quelques docteurs n'hésitaient pas à rappeler que c'est l'élection, c'est-à-dire le consentement du peuple, qui, dans l'origine, a fait les rois, et qui les fait encore dans certains pays. Enfin c'était un sentiment très répandu, que, dans l'intérêt du prince non moins que dans l'intérêt de ses peuples, pour garantir ceux-ci de l'oppression, et pour préserver le prince des entraînements qui conduisent à la tyrannie et des fautes que les meilleures intentions n'épargnent pas à la faiblesse humaine, il est indispensable que la royauté se soumette au contrôle des états généraux de la nation.

Au reste, cette notion complexe de la royauté, qui se dégage de l'étude des doctrines comme de celle des faits, sinon dans l'Europe entière, du moins en France, pendant le moyen âge, n'était pas destinée à se transmettre dans son intégrité aux générations futures. Les courants opposés qui s'étaient réunis pour la former, le droit monarchique et le droit populaire, ne devaient pas tarder à changer de direction, et, sur le terrain nouveau où ils allaient s'engager, tout présageait que le premier absorberait et étoufferait le second. La royauté française marchait depuis Philippe le Bel vers la monarchie absolue; elle y toucha sous Charles V et sous Louis XI; avec Richelieu, elle s'y fixa; et sous Louis XIV elle connut, et la nation connut avec elle, les séduisantes splendeurs attachées à l'exercice d'un pouvoir sans contrôle, de même que les périls certains et les épreuves quelquefois mortelles qui en sont le châtiment.

# NICOLAS ORESME

ET LES

ASTROLOGUES DE LA COUR DE CHARLES V.

# NICOLAS ORESME

ET LES

## ASTROLOGUES DE LA COUR DE CHARLES V.

---

L'astrologie judiciaire repose sur deux hypothèses : l'une, que les événements qui se passent sur la terre, et qui font le malheur des hommes ou leur bonheur, sont liés aux mouvements des corps célestes; l'autre, que cette liaison n'est pas dérobée à nos regards, mais que l'observation, aidée du calcul, nous fournit le moyen d'en discerner les lois principales. Ces deux hypothèses, quelque jugement qu'on en porte, se tiennent et se complètent, et la pensée n'éprouve aucune peine à passer de l'une à l'autre. La première d'ailleurs est, pour ainsi dire, suggérée à l'intelligence de l'homme par la nature elle-même. A la vue du spectacle des cieux, de ces milliers de corps, les uns fixes, les autres errants, qui sont placés au-dessus de nos têtes, et d'où rayonne vers nous la chaleur avec la lumière, comment ne serait-on pas tenté de croire que ces foyers brillants, dont les positions apparentes règlent le cours des saisons, exercent une influence décisive sur les choses de ce monde, et en particulier sur nos destinées? Pour surmonter ce penchant que la curiosité favorise, que l'imagination entretient, il ne faut pas moins que l'effort vigoureux de la raison éclairée par une longue expérience. Encore la victoire de la raison n'est-elle jamais complète; le préjugé persiste malgré les démentis qui lui sont infligés par les faits, et l'aveugle foi dans la puissance des astres, le fol espoir de lire dans les cieux le secret de l'avenir, continue à faire des dupes, même aux époques les plus avancées de la civilisation.

On ne saurait donc s'étonner que l'astrologie judiciaire remonte à la plus haute antiquité, et qu'après avoir été cultivée par les prêtres de la Chaldée et de l'Égypte, par les Grecs et par les Romains, elle ait continué durant le moyen âge à exercer un puissant prestige sur les imaginations, même chez les peuples chrétiens.

A partir du XIIIe siècle, deux causes principales, la connaissance de la *Métaphysique* d'Aristote et celle de quelques ouvrages des astronomes arabes, contribuèrent à donner le plus rapide essor à cette science fallacieuse.

Après avoir établi que le mouvement qui emporte le monde suppose un premier moteur qui lui-même est immobile, Aristote, au XIIe livre de sa *Métaphysique*, enseigne que les astres, ayant reçu l'impulsion du premier moteur, la communiquent au reste de la nature; qu'ils servent ainsi d'intermédiaire entre Dieu et les êtres inférieurs; qu'ils sont pour ceux-ci le principe immédiat de toute vie et de toute action. Assigner ce rôle aux corps célestes dans le mécanisme de l'univers, c'était poser le premier fondement de l'astrologie judiciaire. Si, en effet, le mouvement et la vie émanent des astres, l'homme lui-même comme les animaux et les plantes, comme tous les phénomènes naturels, est soumis à leur influence; sa destinée dépend d'eux, elle est en rapport avec les apparences qu'ils nous offrent, et, pour la connaître, il suffit d'observer exactement ces apparences mobiles et changeantes qui la déterminent. L'orthodoxie chrétienne reculait devant cette conséquence; elle protestait, au nom du libre arbitre et de la morale, contre un système qui assujettissait à la nécessité les déterminations volontaires de l'âme humaine; et voilà pourquoi saint Thomas d'Aquin, quoi qu'en disent quelques écrivains, ne saurait être rangé parmi les adeptes de l'astrologie judiciaire. S'il croyait, avec Aristote, au pouvoir des astres dans l'ordre matériel, il n'a jamais concédé que ce pouvoir s'étendît aux actes humains, et sa doctrine soustrait absolument à l'astrologie ce domaine de la liberté dans lequel l'imagination des faiseurs d'horoscopes s'exerçait avec le plus de complaisance et le plus de scandale (1).

Mais l'autorité d'Aristote n'était pas la seule qui pût égarer dans ces voies périlleuses la crédulité des esprits. En même temps que la *Métaphysique* du philosophe de Stagyre se répandait en Occident, l'Europe chrétienne voyait circuler dans les universités le *Quadripertit* de Ptolémée et les tables astrologiques de quelques Arabes, comme Alkindi, Albumazar, Alcabitius, Abenragel. Jusqu'alors ceux qui cultivaient l'astrologie n'avaient eu d'autres guides que Censorinus, Manilius et Julius Firmicus, qui pouvaient bien séduire quelques rêveurs isolés, mais qui n'avaient pas assez de poids pour entraîner le plus grand nombre des esprits. Ptolémée, dans le *Quadripertit*, les Arabes dans leurs spéculations les plus hasardées, apparaissent au contraire comme les maîtres d'une science régulière, ayant ses principes et sa méthode propre, et pouvant conduire ses adeptes à des résultats incomparables. Aussi trouvaient-ils des sectateurs jusque dans les rangs de ceux qui semblaient préservés de cette superstition par une certaine culture. Il y eut désormais peu de mathématiciens qui ne fissent métier de pronostiquer l'avenir d'après l'aspect des cieux. Beaucoup de médecins, avant de prescrire un médicament, vérifiaient la position des planètes (2). L'astrologie devint la science la plus admirée et la plus recherchée, surtout par les grands. Presque tous les princes de l'Europe eurent à leur service, comme l'empereur Frédéric II, des astrologues, sans l'avis desquels ils n'auraient osé ni livrer bataille ni décider aucune affaire importante (3).

En France, de même que dans les autres pays où des traduc-

---

(1) *De judiciis astrorum*. Opp. t. XIX, p. 286, ed. Rubeis : « Si aliquis judiciis astrorum utatur ad praenoscendum corporales effectus, puta tempestatem et serenitatem aeris, sanitatem vel infirmitatem corporis, vel ubertatem et sterilitatem frugum, et similia quae ex corporibus et naturalibus causis dependent, nullum videtur esse peccatum. Nam omnes homines circa tales effectus aliqua observatione utuntur corporum coelestium, sicut agricolae seminant et metunt certo tempore, quod observatur secundum motum solis... Hoc autem omnino tenere oportet quod voluntas hominis non est subjecta necessitati astrorum; alioquin periret liberum arbitrium : quo sublato, non deputarentur homini neque bona opera ad meritum, neque mala ad culpam... Et ideo pro certo tenendum est, grave peccatum esse circa ea quae a voluntate hominis dependent judiciis astrorum uti. » Cf. *C. Gentes*, III, c. 82, 84, 85, 86.

(2) Germain, *Hist. de la commune de Montpellier*, t. III, p. 108.

(3) Libri, *Hist. des sciences mathématiques*, t. II, p. 50 et suiv.

tions latines avaient propagé la connaissance des ouvrages grecs et arabes, les horoscopes tirés des astres excitèrent dès le XIII° siècle autant de curiosité que d'espérance, et donnèrent lieu à beaucoup de recherches et de travaux. Un poète provençal, Bérald de Baux, poussa, dit-on, la passion pour de semblables études jusqu'à en perdre la raison (1). Quelques âmes curieuses et timorées se demandaient s'il est permis de s'adonner à l'astrologie et consultaient à cet égard les théologiens. Parmi les ouvrages contenant des pronostics, on distinguait déjà les livres permis et les livres défendus : Albert le Grand a dressé le catalogue des uns et des autres (2), et il a même encouru par cet écrit les reproches du chancelier Gerson, qui blâme son excessive indulgence pour des œuvres dignes d'anathème (3). Cependant saint Louis n'était pas un roi qui encourageât les spéculations équivoques et justement suspectes. Il n'avait pas d'astrologue à sa cour, et certainement, à l'exemple de saint Thomas, il regardait comme un péché très grave de consulter les astres sur les événements à venir qui dépendent de la volonté des hommes. Mais les rois qui lui succédèrent n'imitèrent pas sa réserve. A partir des Valois surtout, l'astrologie judiciaire prit en France un développement comparable à celui qu'elle avait en Italie, en Allemagne et en Espagne, au temps de Frédéric II et d'Alphonse X. Ses disciples se multiplièrent et furent confondus dans l'estime publique avec les véritables astronomes. Ceux-ci, à la vérité, prêtaient à l'erreur du vulgaire en cédant eux-mêmes à la tentation de dresser des horoscopes. Il y a sans doute une exception à faire sous ce rapport en faveur de Jean de Lignières, que Trithème appelle le restaurateur de la science des astres (4), et qui a laissé plusieurs ouvrages sérieusement conçus et non dénués de valeur. Mais son

---

1) *Hist. litt. de la France*, t. XVI, p. 119.

(2) Voyez son *Speculum astronomicum, in quo de libris licitis et illicitis pertractatur*. Opp., t. V, p. 656 et suiv.

(3) *Trilogium astronomiæ theologisatæ*. Opp., t. I, II, col. 201 : « Videtur autem, salvo tanti doctoris honore, quod sicut in exponendis libris philosophicis... nimiam curam apposuit... ita et in approbatione quorumdam librorum astronomiæ, præsertim de imaginibus, de nativitatibus, etc., nimis ad partem superstitionum, ratione carentium, determinavit. »

(4) *De script. eccles.*, c. 580 : « Astronomus omnium suo tempore celeberrimus, qui hanc disciplinam a memoria hominum jam pene abrasam magnifice instauravit. »

disciple Jean des Murs avait rédigé une *Pronostication sur la Conjonction de Saturne, de Jupiter et de Mars*; elle se lit encore dans quelques manuscrits (1). Un autre disciple de Jean de Lignières, Jean de Saxe, ne se borna pas à composer des canons pour la connaissance des éclipses; il commenta Alcabitius, et, s'il faut en croire Simon de Pharès, il tint à Paris école d'astrologie (2). L'astrologie peut réclamer, et à meilleur titre encore, bien d'autres noms, avant comme après Jean des Murs. Ainsi, deux médecins de Montpellier, Arnaud de Villeneuve, auteur d'un traité de médecine astrologique, *De judiciis infirmitatum secundum motum Planetarum*, et Bernard de Gordon, imbu des mêmes préjugés, comme on peut le voir par son traité *De prognosticis*, dans lequel il fait la plus large part aux influences stellaires; — maître Symon de Cuiro, qui prédit la grande peste de 1348 dans son traité *De convivio Solis et Saturni*; — maître Guillaume de Louri, que « son grant sens et singulière expérience de la science des estoilles » firent envoyer par les Anglais de Bourges à Londres « pour y desennuyer le bon roi Jean » durant sa captivité; — messire Jacques de Saint-André, chanoine de Tournai et grand aumônier, qui eut, à ce qu'on rapporte, l'heureuse chance d'avoir prédit la bataille de Cocherel et la victoire de Du Guesclin; — enfin le plus célèbre de tous, Thomas de Pisan, le père de Christine de Pisan, qui fut appelé de Venise à Paris, en 1368, par le roi Charles V, pour devenir son astrologue en titre (3).

Nous avons nommé Charles V : tous les historiens tombent d'accord qu'il poussa le goût de l'astrologie plus loin qu'aucun de ses prédécesseurs. Il était « très expert et sage en icelle, » nous dit Christine de Pisan (4), « et aimoit celle science comme chose esleue et singulière. » Les ouvrages d'astrologie étaient sans comparaison les plus nombreux dans la bibliothèque qu'il s'était formée au Louvre. Il avait fait traduire en langue vulgaire le *Quadriper-*

---

(1) Bibl. nat. Ms. lat. 7378 A.
(2) Bibl. nat. Ms. fr. 1337, fol. 134 v°.
(3) Simon de Pharès, *passim*; Germain, *Hist. de la commune de Montpellier*, t. III, p. 109; *De la médecine et des sciences occultes à Montpellier*, 1872, in-4°; V. Le Clerc, *Discours sur l'état des lettres au XIV° siècle*, éd. in-8, t. II, p. 531 et s.
(4) *Le livre des faits et bonnes mœurs du sage roy Charles*, p. II, ch. IV.

*til* et le *Centiloge* de Ptolémée, Guido Bonati, Abenragel, etc. Un des médecins de la cour, maître Gervais Chrétien, ayant fondé un nouveau collège, Charles V y créa deux bourses destinées à des mathématiciens qui devaient prendre le titre d'écoliers du roi, *scholares regis*, et ne lire que des ouvrages non défendus par l'Université. A ces bourses il ajouta le matériel scientifique jugé alors nécessaire pour se livrer à l'étude des cieux, c'est-à-dire des astrolabes, des équatoriaux, des sphères et autres instruments (1). S'il faut en croire Richard de Bury (2) et un panégyriste de Paris qui paraît bien être Jean de Jandun (3), l'astronomie était, de leur temps, enseignée dans cette ville depuis un demi-siècle au moins, c'est-à-dire bien avant Charles V; mais, à partir du règne de ce prince, elle prit un nouvel essor, et cet essor eût été sans doute plus fécond qu'il n'a été, si la manie des horoscopes n'avait imprimé aux esprits une fausse direction et consumé leurs facultés en des recherches frivoles.

Mais plus les spéculations astrologiques, encouragées de si haut, allaient se développant et s'accréditant, non sans péril pour la théologie elle-même, qu'elles menaçaient de corrompre aussi profondément que la science profane, plus la contradiction qu'elles avaient rencontrée à toutes les époques de la part de quelques esprits judicieux devait être énergique et opiniâtre. Sans remonter plus haut que les premières années du XII° siècle, lorsque le mal était encore sans gravité, Hildebert de Tours ne s'était pas fait scrupule de rire de ceux qui s'exagéraient le pouvoir des astres sur les événements de la terre (4), et Abélard avait maintenu

---

(1) « Il (Charles V) eut en merveilleuse recommandation les astrologiens, dit Simon de Pharés (*l. c.*, fol. 142. r°), et se gouverna par eulx, et par especial par ung nommé maistre Gervais Chretien qui fut grand et profond astrologien... A la requeste duquel et autres de son sang, aymant ladite science et par grande délibération de son grand conseil et de toute l'Université de Paris, il voulut construire et édiffier et après fonder ou meilleur lieu de l'Université de Paris, ung collège de astrologie et médecine où il mist plusieurs livres singuliers desdites sciences, en grand et merveilleux nombre... Y mist aussi plusieurs astralabes, équatoires, spères et autres instrumans. »

(2) *Philobiblion*, c. VIII, passage cité par Du Boulay, *Hist. Univ. Paris.*, t. IV. p. 891.

(3) *Bulletin du comité de la langue, de l'histoire et des arts de la France*. Paris. 1857, in-8, t. III, p. 510 et suiv.; *Paris et ses Historiens aux XIV° et XV° siècles*, Paris, 1867. in-4°, p. 1 et suiv.

(4) *Hildeberti Opera*. Parisiis, 1708, p. 1296-1310.

les droits du libre arbitre et la contingence des actions de l'homme contre le fatalisme qui se cache au fond de tous les systèmes de divination (1). Un peu plus tard, Jean de Salisbury consacrait plusieurs chapitres de son *Polycraticus* à combattre, sous leurs différentes formes, les superstitions ayant pour objet la connaissance de l'avenir (2). Mais au xiv° siècle ces réfutations particulières ne pouvaient plus suffire. Quand l'astrologie pénétrait à la cour du roi de France et qu'elle élevait la prétention d'être officiellement reconnue comme une branche du savoir humain, la plus élevée et la plus utile de toutes, il importait qu'elle fût examinée à fond et que la vanité de ses maximes fût pleinement mise à jour. Ce fut la tâche à laquelle se consacra Nicolas Oresme. Esprit judicieux, aussi savant que sensé, il combattit sans relâche l'astrologie, et non seulement l'astrologie, mais la sorcellerie, la magie et toutes les pratiques superstitieuses qui déshonoraient son siècle; et, ce qu'on doit remarquer à sa gloire, il les combattit par des arguments que, même de nos jours, la raison la plus sévère ne désavouerait pas.

Nous avons déjà rencontré Nicolas Oresme dans d'autres voies, car il en a parcouru plusieurs : nous voudrions faire connaître avec quelques détails les services que dans celle-ci le docte prélat a rendus à la science philosophique. Cette étude peut servir à éclairer un point curieux de l'histoire des idées au moyen âge; mais, n'eût-elle d'autre résultat que d'ajouter quelques traits nouveaux à la biographie d'un homme justement célèbre, elle ne serait pas dépourvue d'intérêt.

Le catalogue des ouvrages d'Oresme, dressé par Launoy (3), reproduit par Fabricius (4), complété par M. Francis Meunier dans une savante monographie (5), renferme un assez grand nombre d'écrits contre l'astrologie. C'est assurément là un sujet auquel Oresme est revenu à plusieurs reprises; mais, comme l'a déjà remarqué notre savant confrère M. Hauréau, on a pris à tort pour autant d'ouvrages distincts tantôt de simples parties d'un

---

(1) *Expositio in Hexameron*, Opp. éd. V. Cousin, t. I, p. 649.
(2) *Polycraticus*, lib. II, c. xix et suiv.
(3) *Regii Navarræ Parisiensis gymnasii historia*. Parisiis, 1697, in-4°, p. 456.
(4) *Bibliotheca mediæ et infimæ latinitatis*, t. V, p. 120.
(5) *Essai sur la vie et les ouvrages de Nicole Oresme*. Paris, 1857, in-8.

seul ouvrage, tantôt ce même ouvrage inscrit sous des titres différents.

Ainsi Launoy et Fabricius, d'après lui, attribuent à Nicolas Oresme les ouvrages suivants :

*Contra judiciarios astronomos et principes in talibus se occupantes.*

*Utrum res futuræ per astrologiam possint præsciri.*

*Rationes et causæ plurium mirabilium in natura.*

*Quodlibeta et diversæ quæstiones.*

*De proportionibus proportionum.*

*De uniformitate et difformitate intentionum.*

Aux ouvrages précédents M. Francis Meunier en ajoute deux autres en latin : *De proportionalitate motuum cœlestium;* — *Solutiones prædictorum problematum;* et un troisième, en français, contre les divinations en général et contre l'astrologie judiciaire en particulier.

M. Meunier a très bien vu que Launoy s'était trompé à plusieurs reprises, en croyant à l'existence d'ouvrages distincts alors qu'il s'agissait d'un même traité cité par les auteurs ou dans les manuscrits sous un titre différent; mais, faute d'avoir lu la notice consacrée à Oresme, par M. Hauréau, dans le *Dictionnaire des Sciences philosophiques*, M. Meunier a commis une erreur analogue, en considérant les diverses parties de la réfutation la plus complète que Nicolas Oresme ait donnée de l'astrologie comme autant d'ouvrages à part sous les titres divers que nous transcrivions il n'y a qu'un instant :

*Utrum res futuræ per astrologiam possint præsciri.*

*Rationes et causæ plurium mirabilium in natura.*

*Quodlibeta et diversæ quæstiones.*

*Solutiones prædictorum problematum.*

Cette réfutation se trouve contenue dans un manuscrit de la Bibliothèque nationale, inscrit naguère parmi ceux du fonds de Saint-Victor sous le n° 439, et classé aujourd'hui parmi ceux de l'ancien fonds sous le n° 15126.

Ce qui a pu faire illusion à M. Francis Meunier, c'est la note qui termine ce manuscrit; elle est ainsi conçue : « Que secuntur hic habentur, scilicet : Questio determinata a magistro Nicholao Oresme, utrum res future per astrologiam possint presciri.

Fol. 1. Ab eodem : Rationes et cause plurium mirabilium in natura, Fol. 39. Plura quodlibeta et diverse questiones ab eodem. Fol. 80. Soluciones ab eodem predictorum problematum. Fol. 95. » N'était-il pas naturel de conclure de cette indication que le manuscrit qu'elle termine renfermait plusieurs ouvrages distincts, l'un contre l'astrologie, les autres sur des questions de physique et d'histoire naturelle?

Ajoutons qu'au folio 39 recto, on lit les lignes suivantes, qui paraissent bien marquer la fin d'un premier ouvrage : « Et sic finitur questio contra divinatores, facta anno 1370. »

Mais, immédiatement après ce passage, l'auteur continue en ces termes : « Ut autem aliqualiter pacificentur animi hominum, quanvis sit extra propositum, aliquorum que mirabilia videntur causas proposui hic declarare, et quod naturaliter fiant sicut ceteri effectus de quibus communiter non mirantur. » Malgré ces mots : « Sic finitur questio contra divinatores, » l'ouvrage n'était donc pas terminé; Oresme y avait ajouté une suite, plutôt dirigée, il est vrai, contre les superstitions qui sont le cortège habituel de l'astrologie que contre l'astrologie proprement dite. Cette suite elle-même se compose de trois parties indiquées dans la table que nous avons transcrite plus haut, comme autant d'ouvrages différents; mais ces parties tiennent les unes aux autres et forment avec la première un traité complet dont nous n'avons pas la fin, dont nous ne connaissons même pas le titre avec exactitude, et qu'il suffit peut-être de désigner provisoirement par les premiers mots qui en sont le début : « Utrum res futuræ per astrologiam possint presciri. »

Quoi qu'il en soit, c'est en 1370, comme on vient de le voir, que ce traité a été composé. Nicolas Oresme, qui n'était pas encore évêque de Lisieux, remplissait alors depuis dix ans la charge de doyen de l'église de Rouen, et il venait d'achever la traduction des *Ethiques* d'Aristote. Il nous apprend lui-même qu'il avait longtemps étudié l'astrologie, qu'il avait lu les livres des astrologues, et qu'il avait conféré avec plusieurs d'entre eux, « sæpe in astrologia studui, et codices revolvi, et cum actoribus contuli (1). » Ailleurs, il renvoie à un ouvrage qu'il avait écrit

---

(1) Bibl. nat., Ms. lat. 15126, fol. 39 r°.

antérieurement contre ceux qui font métier de deviner l'avenir, et dans lequel il avait fait voir le sort malheureux qui les attend. « Adde que in alio tractatu contra divinatores sunt collecta de flagellis et vindicta illorum qui prædictis se intermiscent (1). » Quel était cet ouvrage? Était-ce le petit traité qui est intitulé dans deux manuscrits de la Bibliothèque nationale : *Contra judiciarios astronomos qui se prophetas volunt appellari*, qui paraît avoir eu pour titre, dans un autre manuscrit de la même bibliothèque : *Contra judiciarios astronomos et principes in talibus se occupantes*, et dans un manuscrit de la bibliothèque de Bâle : *Que pars astronomie sit sectanda?* Ou bien était-ce le livre *Des divinations*, qui existe, comme le précédent, à la Bibliothèque nationale, sous le nom d'Oresme (2), dans deux manuscrits du fonds français cotés 1350 et 19951? A ne considérer que les questions qui s'y trouvent traitées, on pourrait hésiter entre les deux ouvrages, car dans l'un et dans l'autre il est parlé des conséquences funestes que les pratiques superstitieuses ont généralement pour ceux qui commettent la faute de s'y livrer; mais il est à remarquer, et nous apprenons par le témoignage même d'Oresme, qu'avant d'écrire le livre *Des divinations*, il avait traité le même sujet en latin.

« Mon intention, à l'aide de Dieu, dit-il, est monstrer en ce livret par expérience, par aulteurs, par raison humaine, que fole chose, mauvaise et périlleuse temporelement est mettre son entente à vouloir savoir ou deviner les aventures et les fortunes à venir ou les choses occultes par astrologie, par nigromance, par géomance ou par quelsconques tels ars, se on les doit appeller ars. Mesmement tele chose est plus périlleuse à personnes d'estat, comme sont princes et seigneurs ausquelz appartient le gouvernement publique. Et pour ce ay je composé ce livret en françois, afin que gens lais le puissent entendre, desquels, si comme j'ay

---

(1) Bibl. nat., Ms. lat. 15126, fol. 18.

(2) M. Meunier dit (p. 48) que « le nom d'Oresme ne se lit ni au commencement ni à la fin du manuscrit de Saint-Germain, c'est-à-dire du manuscrit du fonds français coté alors 1907 et aujourd'hui 19951. C'est là une erreur. L'ouvrage, dans ce manuscrit, se termine ainsi : « Explicit liber magistri Nicolai Oresme de divinationibus. » Le nom d'Oresme se lit également dans le manuscrit 1350. : « Cy commence le livre de Nicole Oresme de Divinations. » — « Ci finist le livre de maistre Nicole Oresme de Divinations. »

entendu, plusieurs sont trop enclins à telles fatuités. Et autres fois ay je escript en latin de ceste matière... »

Ce passage nous paraît trancher la question, et nous n'hésitons pas à conclure que, parmi les ouvrages d'Oresme contre l'astrologie, le premier en date est le petit traité *Contra judiciarios astronomos*. En quelle année fut-il composé? Nous l'ignorons : mais il doit remonter assez haut dans la carrière d'Oresme, s'il a précédé effectivement le livre *Des divinations;* car ce livre est lui-même un des premiers que l'auteur ait composés en langue vulgaire. Cet habile écrivain, à qui nous devons la première traduction française de quelques-uns des traités les plus importants d'Aristote, s'excuse d'employer l'idiome national ; il demande grâce en quelque sorte pour son inexpérience : « Quanque je diray, je le soubsmet à la correction de ceulx à qui il appartient et supplie que on me ait excusé de la rude manière de parler; car je n'ay pas apprins ne acoustumé de riens bailler ou escripre en françois. » C'est là le langage d'un écrivain qui débute. Oresme se serait exprimé autrement à l'époque où il venait d'achever ses versions d'Aristote, « une des plus belles translations de latin en françois qui oncques feust faicte, » dit un écrivain presque contemporain (1).

Le livre *Des divinations*, fait assez curieux, fut traduit en latin; cette traduction fait partie d'un manuscrit de la bibliothèque de Bâle, coté F. V. 6. Une note du traducteur, ou plutôt du copiste, nous apprend qu'il termina son travail à Paris le jour de la Saint-Remi de l'an du Seigneur 1411. « Scriptus anno Domini 1411° ipso die beati Remigii. » La même note devait contenir la date de la composition de l'ouvrage original; mais, par une erreur de transcription, elle porte simplement : « Explicit liber magistri Nicholai Oresme de divinationibus, translatus in latinum quia ipsum composuit in gallico, scriptus anno domini mur°xvi°, die septima mensis decembris; » indication évidemment fautive, puisque, en 1316, Oresme n'était pas né. A la date de 1316, Haenel, dans son recueil de catalogues, substitue celle de 1346 (2), qui ne soulève pas la même objection et qui paraît même assez

---

(1) Bibl. nat., Ms. fr. 1233, fol. 116 r°.
(2) *Catal. libr. manuscript.*, col. 537.

vraisemblable; mais comme il ne dit pas sur quel fondement il appuie cette rectification, nous devons la tenir pour arbitraire, et laisser provisoirement indécise une question de chronologie que nous n'avons pas des éléments suffisants pour résoudre.

Nous avons mentionné deux autres ouvrages d'Oresme : l'un, *De proportionalitate motuum cœlestium* (1), l'autre *De uniformitate et difformitate intentionum* (2), dans lesquels il touche à l'astrologie et aux arts occultes. Dans le premier, il réprouve comme des inventions présomptueuses et impies la théorie de Platon et les théories analogues sur la grande année, cette année qui verrait toutes les planètes ensemble, leurs révolutions achevées, revenir à leur point de départ, après 24,000 ans selon les uns, après 36,000 ans suivant les autres. Dans le second ouvrage, Oresme mêle à des définitions purement mathématiques quelques pages pleines de sens sur les phénomènes naturels à l'aide desquels s'expliquent la plupart des prétendus prodiges où triomphe l'art fallacieux des sorciers et des magiciens.

Quant au traité *De proportionibus proportionum*, qui porte, comme les précédents, le nom d'Oresme, il est cité au nombre de ses écrits contre l'astrologie; mais il nous a paru ne rien contenir qui fût relatif à cet objet.

Ce qu'il y a de constant, et ce qui nous suffit, c'est que trois ouvrages principaux, deux en latin et un troisième écrit en français, résument dans tous ses détails la polémique opiniâtre que Nicolas Oresme a soutenue contre les astrologues de son siècle. Il est temps de mettre en lumière les traits les plus curieux de cette polémique, en donnant une rapide analyse des écrits qui la renferment.

Nous commençons par celui qui porte la date de 1370. Ce n'est pas le premier, nous l'avons vu, que l'auteur ait composé; mais c'est le plus considérable.

Les événements futurs peuvent-ils être connus à l'avance par l'étude des astres? Telle est la question que se pose Oresme. En faveur de l'affirmative il allègue quinze arguments tirés de l'autorité ou de la raison, et auxquels il en oppose, pour la négative,

---

(1) Bibl. nat., Ms. lat. 7378 A.
(2) Bibl. nat. Ms. lat. 7371, 14579, 14580.

cinquante-cinq consistant à relever non seulement les témoignages contraires à l'astrologie, mais les erreurs et les contradictions, ou plutôt les inepties des astrologues. Mais ce n'est là encore que le prélude de la réfutation que le judicieux écrivain a entreprise. Afin de mettre pleinement en évidence les conclusions qu'il a posées, il discute quelques-unes des propositions qui servent de fondement aux spéculations astrologiques, par exemple, que la durée de l'existence, le bonheur et le malheur dépendent de l'astre sous lequel chacun de nous a été conçu. Doctrine chimérique, répète Oresme pour ainsi dire à chaque page; doctrine qui mène à la destruction de toute philosophie, car, en expliquant toutes choses par l'influence des corps célestes, par le pouvoir de Mars ou de Saturne, c'est-à-dire par des causes générales et éloignées, elle détourne de la recherche des causes prochaines et immédiates, de ces causes que cherchait Aristote et qui sont l'objet propre de la science (1); doctrine d'ailleurs contraire à la morale et à la foi, en ce sens qu'elle dispense l'homme de la prudence et de la prière : à quoi bon en effet implorer Dieu, à quoi bon se consulter soi-même et consulter les autres avant d'agir, si l'heure à laquelle nous sommes venus au monde, ou bien à laquelle nous prenons une résolution, décide du succès de nos entreprises (2)?

Nous nous attachons, dans cette rapide analyse, aux sommets du débat, aux conclusions qui peuvent encore offrir pour nous quelque intérêt, en laissant de côté beaucoup de détails qui n'en ont plus et qui sont à peine intelligibles.

Après une longue et minutieuse discussion des maximes et des textes sur lesquels s'appuient les astrologues, Oresme, étudiant la question sous une autre face, entreprend de montrer que les faits qui paraissent le plus merveilleux s'expliquent naturellement,

---

(1) Ms. lat. 15126, f° 16 v° : « Et dico quod ex istis destruitur philosophie inquisitio, quia isti recurrunt semper ad illas causas celestes universales; et sufficit eis dicere quod isti male accidit quia Saturnus, aut Mars, et cetera. Et non curant de causis propinquis et immediatis et univocis, sicut curavit Aristoteles. »

(2) *Ibid.*, fol. 17 v° : « Arguo etiam catholice et moraliter quod talia judicia et sue electiones primo sunt contra totam philosophiam moralem quia bona prudentia et bona electio facta inter prudentes, secundum eos nichil valeret, nisi esset in horis quas eligant... » Fol. 18 r° : « Sunt etiam contra fidem et devotionem, et contra dogmata domini nostri Jesu Christi, in quo est confidendum, et sibi attribuendum, et recurrendum; et tu hore attribues quod sibi deberet attribui... »

sans qu'il soit nécessaire de recourir ni à l'influence des astres, ni à celle du démon, ni même à la volonté de Dieu. C'est cette partie du traité contre l'astrologie qui a été regardée à tort comme un ouvrage à part, intitulé *Rationes et causæ plurium mirabilium in natura*; mais il est aisé de voir qu'elle se rattache à ce qui précède et à ce qui suit. Oresme indique en termes précis quelle est son intention :

« Afin, dit-il (1), de tranquilliser les esprits, bien que par là je m'écarte de l'objet de cet ouvrage, je me propose d'indiquer les causes de quelques phénomènes qui passent pour merveilleux, et de faire voir qu'ils arrivent naturellement, aussi naturellement que bien d'autres qui ne sont pas regardés comme des prodiges : de telle sorte qu'il n'y a pas lieu de recourir, pour les expliquer, à l'influence du ciel, ce dernier refuge des malheureux, ni au démon, ni même à la volonté du Dieu très glorieux, comme si Dieu les produisait d'une manière plus immédiate que bien d'autres phénomènes dont nous croyons connaître les causes. Je me contenterai de faire cette simple remarque : c'est que les faits particuliers ont leurs causes particulières auxquelles il faut les rattacher; ce qui est très difficile pour qui n'examine pas en particulier chaque fait, ni les circonstances qui l'accompagnent. Pourquoi Socrate est-il pauvre? pourquoi Platon est-il riche? pourquoi le poivre exerce-

---

(1) Bibl. nat., Ms. 15126, fol. 39 r° : « Ut autem aliqualiter pacificentur animi hominum, quamvis sit extra propositum, aliquorum que mirabilia videntur causas proposui hic declarare, et quod naturaliter fiant, sicut ceteri effectus de quibus communiter non mirantur; nec propter hoc oportet ad celum tanquam ad ultimum et miserorum refugium currere, nec ad demones, nec ad Deum gloriosum, quasi scilicet illos effectus faciat immediate plus quam alios quorum causas credimus nobis satis notas. Unum autem hic noto, quod effectuum singularium oportet etiam causas singulares assignare; quod est difficillimum, nisi homo videat illos effectus singulariter et eorum circumstantias singulares. Et ideo quod predicta fiant naturaliter, ut jam dixi,.. sufficiet michi declarare. Quare autem Socrates est pauper et Plato dives, aut quare alius tali hora perdidit, aut quare piper in pauca quantitate provocat cecessum et in magna venam, ut dicit Aristoteles in prima parte Problematicæ. Et quare bladum deficit in isto campo, et quare Socrates audivit talem vocem, aut vidit tale mirabile : quomodo istorum redderentur cause particulares et immediate, nisi circumstantiæ particulares cognoscerentur?

« Ideo, ut dixi, quod talia naturaliter fiant in generali solum declarabo, quemadmodum fecerunt valentes medici, in medicina scribentes regulas generales, et documenta singularia medicis particulariter operantibus relinquentes. Nullus enim medicus sciret dicere Socrati, si sit infirmus, qualis est infirmitas et quomodo curabitur, nisi videat ipsum, et consideret consideranda singularia. Similiter valentes morales, ut Aristoteles et ceteri, solum generalia scripserunt; nec est aliqua lex, ut ipse dixit in *Politicis*, que non quandoque sit mutanda. »

t-il sur le corps une action différente, selon qu'il est pris à petite dose ou à forte dose? pourquoi le blé est-il mal venu dans ce champ? pourquoi Socrate a-t-il eu cette vision, a-t-il entendu cette voix? Comment rattacher de pareils faits à leurs causes immédiates, à moins d'en connaître toutes les circonstances? Qu'il me suffise donc de dire d'une manière générale que ces faits arrivent naturellement. Je ferai comme les médecins, auteurs de livres de médecine; ils se bornent, quand ils écrivent, à poser des règles générales, et ils laissent au praticien l'appréciation des cas particuliers. Quel est le médecin qui, sans avoir examiné à fond une personne malade, pourrait dire quelle est sa maladie et ce qu'elle doit faire pour s'en guérir? »

N'y a-t-il pas, dans les lignes qui précèdent, un sentiment très net du devoir et des conditions de la science humaine?

Toutefois, lorsque notre auteur pénètre au cœur même de son sujet, la principale ou plutôt la seule explication qu'il donne des faits merveilleux consiste à les présenter comme autant d'hallucinations des sens. C'est ainsi qu'il s'attache, dans une suite de chapitres, à montrer qu'un objet unique peut paraître double ou multiple; que plusieurs objets peuvent n'en former qu'un seul pour les yeux; qu'une chose peut paraître plus grande ou plus petite que sa dimension vraie; qu'elle peut paraître en mouvement lorsqu'elle est en repos, et immobile lorsqu'elle est en mouvement; avec des couleurs qu'elle n'a pas; tout autre enfin qu'elle n'est en réalité. Mêmes illusions du côté de l'ouïe. On croit entendre ce qu'on n'entend pas, une voix, par exemple, qui n'a point parlé (1). Et quelles sont les causes de ces erreurs? Oresme en indique plusieurs, à savoir : la distance, les milieux, l'imperfection des organes, la faiblesse du jugement, mais surtout la puissance de l'imagination. Quand une image est fortement imprimée dans l'esprit, il arrive souvent que l'objet lui-même nous paraît

---

(1) Bibl. nat., Ms. lat. 15126, fol. 39 : « In primo capitulo videbitur quod una res visui potest apparere esse 2 aut plures.

2° Quod plures visui possunt apparere una.

3° Quod res potest visui apparere major vel minor quam sit.

4° Quod res quieta potest apparere moveri, et mota quiescere.

5° Quod res potest visui apparere alterius coloris quam sit.

6° Quod res potest apparere alia res quam sit.

7° Quod possibile est homini apparere quod audiat quod tamen non audit, ut quod audiat loqui, » etc.

présent. Socrate, dites-vous, a vu apparaître son père mort : cette apparition n'a rien d'impossible ; c'est un effet d'imagination produit chez Socrate par le vif et profond souvenir de son père. De même, le bruit d'une porte ébranlée la nuit par le vent fait croire à une personne peureuse qu'un voleur s'est introduit dans la maison. Tel autre, à la vue d'un chat ou d'un loup, pensera, dans sa frayeur, voir le diable. Tel autre, dans l'élan de sa piété, se croira visité par un ange (1).

A cette revue des erreurs des sens, Oresme a mêlé des observations d'une sagacité remarquable sur la nature complexe des perceptions sensibles. On est en général enclin à les considérer comme un phénomène très simple ; elles impliquent au contraire une grande variété d'éléments. Ainsi, voir l'habit de Socrate, ce n'est pas seulement voir à première vue et d'une manière confuse une certaine couleur ; c'est voir en outre que cette couleur est blanche ou noire ; en troisième lieu, qu'elle est appliquée sur une étoffe ; en quatrième lieu, que cette étoffe a servi à faire un habit ; en cinquième lieu, que cet habit est celui de Socrate. De même, que se passe-t-il lorsque nous entendons des voix d'hommes : 1° nous avons la perception confuse d'un son ; 2° nous jugeons que ce son est plus ou moins fort ou plus ou moins faible ; 3° qu'il est formé par la voix de l'homme ; 4° que ceux qui l'émettent se disputent, se battent ou bien jouent. Il y a ainsi mille circonstances, telles que la forme, la distance, la position des objets, qui servent à caractériser nos perceptions et sur lesquelles nous portons des jugements. Mais plus ces jugements sont nombreux, et plus la perception totale qui les comprend et les résume offre de chances

---

(1) Ms. lat. 15126. f° 41 r° : « Et si dicatur : Socrates in camera vidit patrem suum mortuum aut, etc., respondeo quod hoc est possibile, scilicet quod appareat, quoniam habet in virtute interiori speciem patris aut alterius ; et tunc fortiter de eo ymaginatur, etc., nec ad delata seu presentia ante oculos advertit. »

*Ibid.* : « Videmus quod aliqui fortiter de et super aliqua re ymaginantur et cogitant ; et videtur eis quod sint in loco vel juxta personas de quibus cogitant ; et sic homo timidus cogitans de aliquo mortuo, intrans cameram aut exiens, videns umbram aut aliquid tale, judicabit et apparebit quod sit. Sicut timidus etiam de motu murorum de nocte, aut motu ostii a vento, judicabit et apparebit ei quod videat et audiat furem. »

*Ibid.*, fol. 42 v° : « Timidus de nocte videns lupum in campis aut catum in camera, dicet et judicabit quod sit inimicus aut diabolus, etc., quia ad illos habet suam ymaginationem, et illos timet. Et homo raptus et devotus judicabit quod sit Angelus. »

d'erreur. Il est plus aisé de se tromper en disant que tel son est la voix de Socrate, qu'en se bornant à dire que c'est une voix d'homme (1).

Assurément ces observations d'assez fine psychologie n'appartiennent pas en propre à Oresme : elles ne sont que le développement de la doctrine d'Aristote, notamment dans ce passage du traité *De l'âme :* « Quand on dit que telle chose est blanche, on ne se trompe pas; mais si l'on ajoute que cette chose blanche est ceci ou cela, c'est alors qu'on peut tomber dans l'erreur (2). » Mais ne devons-nous pas savoir gré à l'écrivain du moyen âge d'avoir aussi bien compris son modèle et d'en avoir donné un commentaire aussi judicieux?

Il serait intéressant de savoir si Oresme a eu d'autres guides qu'Aristote. En commençant la lecture des chapitres que nous venons d'analyser, nous nous attendions à y trouver la trace de quelques emprunts faits à Sextus Empiricus; mais nous n'avons relevé aucun passage qui confirmât cette conjecture. Bien que les *Hypotyposes Pyrrhoniennes* fussent traduites en latin dès le XIVe siècle, et bien que, d'autre part, Sextus ait consacré plusieurs chapitres à réfuter les astrologues de son temps, il ne paraît pas qu'Oresme ait connu son nom ni ses œuvres.

Nous voici bien loin de l'astrologie, et on serait en droit de nous le reprocher si nous n'avions pour excuse le propre exemple d'Oresme que nous n'avons fait que suivre dans ces digressions en sortant de notre sujet, *extra propositum*.

Revenons à l'analyse des ouvrages de notre auteur que nous nous étions proposé de faire connaître. Celui de ses écrits qui a pour titre *Contra judiciarios astronomos*, offre ceci de remarquable qu'il a pour objet de détourner les rois de l'étude de l'as-

---

(1) *Ibid.*, fol. 44 v°; « Primo in confuso percipitur color; 2° quod est...; 3° quod est in panno; 4° quod in panno vestis; 5° quod in veste Socratis, etc. Sic etiam primo auditur sonus... 2° judicat quod est magnus sonus; 3° quod diverso modo figuratur; 4° quod est hominum; 5° hominum iratorum et bellantium vel ludentium; et sic de multis circumstantiis per quas judicatur campana audiri, aut homo, aut talis campana, aut talis homo, aut in tali loco, etc. Et quanto plus dearticulatur sonus, seu quanto pluribus circumstantiis, tanto magis cognoscitur sed etiam tanto in majori tempore; et etiam tanto in dearticulando cadit sepius error, unde citius erratur in judicando, quod audio Socratem quam quod audio aliquid. »

(2) *De anima*, III, 8, § 12 : Ὅτι μὲν λευκόν οὐ ψεύδεται, εἰ δὲ τοῦτο τὸ λευκόν ἢ ἄλλοτι, ψεύδεται.

trologie. « Beaucoup de princes et de seigneurs, dit Oresme (1), poussés par une curiosité funeste, s'adonnent à des arts futiles dans l'espoir de découvrir les choses cachées et de pénétrer l'avenir. C'est pour les convaincre de leur erreur que j'ai composé ce traité. Dans un premier chapitre, je résumerai les arguments qu'on peut alléguer en faveur des princes qui s'adonnent à l'astrologie. Je ferai voir dans un second chapitre que les rois astrologues ont été en général très malheureux. Dans un troisième chapitre, je dirai quel doit être l'objet de tous les efforts d'un roi. Le quatrième chapitre sera consacré à une réfutation générale de l'astrologie. Dans le cinquième, je montrerai quelles sont les parties de l'astrologie qu'il faut étudier, quelles sont celles qu'il faut écarter; et dans le sixième, quelle conduite les princes doivent tenir à l'égard des arts mécaniques. Le septième chapitre renfermera une réponse aux raisons des astrologues exposées dans le premier. »

Voilà, d'après l'auteur lui-même, le but et le plan de son livre. On saisit, à première vue, quelles en sont les parties les plus intéressantes : c'est d'abord le chapitre dans lequel Oresme parle des malheurs qui frappent les rois astrologues (2).

(1) Bibl. nat., Ms. lat. 10709, fol. 1 : « Multi principes et magnates, noxia curiositate solliciti, vanis nituntur artibus occulta perquirere et investigare futura. Ad cujus erroris impugnationem ordinavi tractatum qui sequitur in hunc modum. In primo capitulo arguitur quod principes debeant studere in astrologia. In 2° inducitur quomodo reges astrologi fuerunt infortunati. In 3° ostenditur ad quid debent intendere principes. In 4° arguitur generaliter contra omnes astrologos. In 5° declaratur que pars astrologie sit sectanda, et que non. In 6° docetur qualiter principes debent se habere ad artes mechanicas. In 7° solvuntur rationes adducte in principio questionis... »

(2) Ibid., fol. 53 r°. Cap. II : « At contra, experientia et ratio huic sententie obviare videntur. Nam si antiquas revolvamus hystorias, inveniemus reges talibus operam dantes, ut in pluribus infortunatos fuisse, ac si fortuna indignata adversus illos pugnaret aerius, qui ejus consilia vanis artibus explorabant. Et ut verius loquar, hos Deus juste dejicit qui divine ordinationi imprudenter nituntur resistere, quum non sorte, sed arte, non divinationibus, sed practicis consiliis, invocato divino auxilio, oportet regimini publico providere. Unde Catho : Quod Deus intendit perquirere sorte... et Deus per prophetas suas sede deridet eos qui in astrologorum judiciis confidebant... Nuper quoque fuit Alfonsus rex Castelle; cujus hystoriam non bene novi, sed nullum magnum factum illius audivi sicut aliorum, nisi quod tabulas astrologie corrigi fecit. Intellexi tamen a quibusdam, et verisimile est, quod in bellis plus ceteris infortunatus, et in pace reipublice negligens fuit. Istis denique temporibus, rex Majoritarum Jacobus multum erat astrologie inclinatus : qui cum semel horam recedendi de Ammone per hanc scientiam elegisset, inde profectus, nunquam reversus, satis cito per Petrum, regem Aragonum, perdidit caput simul et regnum. Et non solum de principibus sed vere de omnibus vindicta secuta est, qui judiciis astrologic vacaverunt. Inde, post multas im-

« Quand nous lisons les anciennes histoires, n'y trouvons-nous pas que les rois qui se livraient à de pareilles occupations ont échoué dans beaucoup de leurs entreprises, comme si la fortune indignée, dit énergiquement Oresme, eût pris elle-même parti contre eux, pour les punir d'avoir voulu pénétrer ses secrets à l'aide de pratiques superstitieuses. Disons avec plus de vérité, continue-t-il, que Dieu renvoie justement ceux qui osent résister à l'ordre établi par sa providence, en refusant de reconnaître que c'est l'art, et non le sort, les conseils de la prudence, et non les pratiques divinatoires, qui, le nom de Dieu invoqué, doivent servir de règle au gouvernement des États... Je ne connais pas bien le règne d'Alphonse, roi de Castille, qui vivait à une époque récente; mais je n'ai entendu citer de lui aucune action notable, sinon qu'il a dressé des tables astrologiques. J'ai cru comprendre cependant qu'il n'avait pas été heureux à la guerre et que, durant la paix, il avait négligé le soin de la chose publique. De nos jours, le roi de Majorque, Jacques, avait la passion de l'astrologie : il sortit de la ville d'Elne à l'heure qui lui était indiquée par l'état du ciel; mais il n'y rentra jamais : il ne put vaincre Pierre d'Aragon, et il perdit à la fois la vie et son royaume. »

« L'étude de l'astrologie, poursuit Oresme (1), est une cause de ruine pour les particuliers, qu'elle empêche de veiller à leurs intérêts : à plus forte raison est-elle funeste aux affaires publiques. Le gouvernement de l'État est une assez grande occupation pour absorber toutes les pensées, tous les soins du prince qui en est chargé. » Oresme cite les vers célèbres de Virgile :

> Excudent alii spumantia mollius æra;
> Orabunt causas melius, cœlique meatus
> Describent radio et surgentia sidera dicent.

« Ce qui signifie, ajoute-t-il, que d'autres que les rois doivent être

---

probationes talium auctor *Policratici*, libro 2° concludi. sic dicens : « Postremo plurimos eorum audivi, novi multos; sed neminem in hoc errare diu fuisse recolo, in quo manus Domini condignam non exercuerit ultionem. » (L. II, c. XXVI, p. 134.)

(1) *Ibid.*, fol. 54 v°. Cap. III : « Populares talibus scientiis dediti sunt pauperes dejecti, et in rebus secularibus indiscreti... Ex hoc impeditur rei familiaris procuratio, quanto magis cure reipublico disconveniunt, ubi tota intentio, tota mens, consiliis practicis et negociis agilibus occupanda est. Quod magis commode quam pulchre precipit Virgilius Romanis dicens : « Excudent alii spumantia mollius era, » etc.

Fol. 55 r° : « Et subjungit Virgilius : « Cœlique meatus describent. » Hoc est quod alii quam reges debent esse astrologie et investigare motus cœli. Et statim ostendit scientiam quam debent principantes habere : « Tu regere imperio populos, » etc.

Fol. 54 v° : « O utinam in aulis principum, magis autem in cordibus regum essent hec metra conscripta !... »

astrologues, et s'enquérir du mouvement des planètes. Le poète nous enseigne quelle est la vraie science qui appartient aux rois : c'est de gouverner leurs peuples :

> Tu regere imperio populos, Romane, memento.

« Plût à Dieu que ces vers fussent inscrits sur les murs des palais des princes, mais surtout au fond de leurs cœurs. *O utinam in aulis principum, magis autem in cordibus regum essent hec metra inscripta !* »

Oresme se défend toutefois de proscrire entièrement l'astrologie. Lorsque l'astrologie s'occupe des futurs contingents, lorsqu'elle prétend annoncer à l'avance les faits qui dépendent de la volonté de l'homme, elle n'est assurément qu'une superstition dangereuse; mais il n'en est pas de même de la science qui a pour objet de connaître les mouvements des cieux et la nature des corps célestes; c'est là une science à la fois belle, honnête et utile, car : 1° elle se propose un but très élevé qui a toujours attiré l'esprit de l'homme; 2° elle est d'un grand secours pour l'intelligence des vérités divines; 3° elle rend de véritables services dans la pratique de la vie en nous permettant de former d'utiles conjectures sur les changements que les différents états du ciel peuvent amener dans les corps (1). Est-ce à dire cependant que, même dans ces conditions, l'astrologie soit une occupation qui convienne aux princes? Oresme admet qu'ils ne doivent pas y rester étrangers; mais

---

(1) *Ibid.*, fol. 56 v° : Cap. v. « Quid ergo dicemus? Erit ne interdicta tam nobilis scientia et ab antiquis sapientibus tam laudata et pre cunctis aliis, velut divina, commendata? Respondeo quod quedam pars est astrologie que speculatur motus celi et naturam corporum celestium, quorum consideratio pulchra est et honesta. Sed dicetis : Quid valet ista scire, nisi ad judicia et utilitatem vite hominum applicentur? Vobis igitur ostendam hujus speculationis triplicem finem. Unus est, tam nobiles res cognoscere ad quas cognoscendas et contemplandas, secundum philosophos, humana ingenia inclinantur... Et hic est finis alius, scilicet utilitas atque juvamentum ad cognitionem divinorum. Et fuit hoc olim principale argumentum quo manuducta est philosophorum indagatrix diligentia in notitiam de motu corporum celi... Tercia commoditas... principalis est hanc speculationem applicare ad judicia futurorum. Hec autem futura in proposito sunt duplicia circa qualitates temporum et ad hec consequentia, sicut alterationes in corporibus humorum, de quibus pauca et generalia provideri vel conjecturari, quorum observatio non solum est licita, sed etiam utilis... »

« Multa si quidem sunt que per ista et multo plura que per astra sciri non possunt... Alia sunt futura contingentia circa actus humanos futuros, de quibus est astrologia de nativitatibus, interrogationibus et electionibus, que falsa est, et superstitiosa, et impossibilis sciri. »

il veut qu'ils s'en instruisent par les écrits d'autrui, par les leçons de quelques maîtres, plutôt que par des recherches qui leur soient personnelles, *non laboriosa investigatione, sed per narrationem aliorum*. Il résulte de là que les princes n'ont pas à s'inquiéter de savoir à fond les démonstrations de Ptolémée, ni de mesurer le cours des planètes, ni de faire des prédictions, toutes choses qui, fussent-elles louables chez un particulier, utiles à un médecin, sont chez un prince impertinentes et nuisibles. Le rôle du prince est d'encourager les astrologues, de subvenir même, s'il le faut, à leur pauvreté par des allocations sur le trésor public. Oresme n'y met qu'une condition : c'est que les astrologues, objets des faveurs du prince, ne soient pas élevés par lui aux premiers postes de l'État ni associés au gouvernement, à moins que leur élévation ne soit justifiée par leur expérience des affaires et par leur capacité politique (1).

On ne saurait méconnaître l'irréprochable solidité de la doctrine de Nicolas Oresme sur l'astrologie ; mais ce qui ne mérite pas moins d'attention que la sagesse des vues dans le traité que nous venons d'analyser, c'est l'époque où il a été composé, ce sont les circonstances dans lesquelles il a paru. Nulle part on ne citerait

---

(1) *Ibid.*, fol. 57 v° : Cap. vi : « Dico ergo primo quod decens est et honorabile regibus et principibus quedam generalia de istis non laboriosa investigatione, sed per narrationem aliorum cognoscere, ut pote de corporum celestium numero, magnitudine, figura et ordine et terre habitabilis descriptione, cujus notitia ad legislatorem confert, secundum Aristotelem primo *Rhetorices*. In his enim rebus ita debet princeps intendere ut non ab his impediatur a publico regimine. Sed dum vacas, loco ludi valde laudabile est mentem laboribus fatigatam allevare solaciis utilibus et honestis, principem precipue, de quo ait Vegetius, quod neque quemdam magis decet meliora scire vel plura quam principem. Predictorum autem consideratio nobilis est et preclara, que, si modesta fuerit, profuit et delectat. In his ergo sic se habeat princeps, ut nec a philosophis ignarus, nec a vulgo fantasticus reputetur. Secundo dico quod non spectat ad principem curiositas Ptolomei demonstrationes scire, planetas equare, et ad individua astrologica applicare, et similia : que, licet private persone, ut medico, forent utilia, sunt tamen principibus impertinentia, noxia et curiosa. Tertio, dico quod studentes in parte astrologie superius approbata princeps debet honorare et de erario publico, si opus est, indigentie eorum succurrere : hec enim est precipua liberalium artium, que debet in civitatibus legi... Illos tamen astrologos non ob hoc debet princeps apices publici regiminis promovere, nisi aliunde polleant politica prudentia et virtute. Quarto, dico quod aliquos mathematicos superstitiosos maxime et cum diligentia debet vitare tanquam fallaces deceptores, fatuos, et periculosos ; sciatque ac de ejus memoria non excedat quid mali finaliter evenit omnibus qui eorum consiliis et eorum vaciniis crediderunt. »

une protestation plus énergique contre les superstitieuses rêveries qui, sous le nom d'astrologie judiciaire, avaient captivé non seulement le xiv° siècle, mais la cour de Charles V, mais, dit-on, Charles V lui-même. Oresme vivait dans l'intimité de ce grand roi, que la postérité a surnommé le Sage; il avait été comblé de ses bienfaits; il avait traduit, par ses ordres, plusieurs ouvrages d'Aristote; avait-il été son précepteur, au sens propre de ce mot ? Rien n'est moins certain; mais il avait contribué du moins à lui enseigner la philosophie et la religion; il avait été « son instructeur en ces sciences, » comme dit un historien du temps de Charles VII (1), dans un passage que M. Meunier n'a pas connu et qui nous permet de rectifier ce qu'il y a de trop absolu dans les conclusions du docte écrivain (2). Et cependant Oresme ne craint pas d'attaquer ouvertement, avec l'autorité de la raison la plus ferme, un ensemble de spéculations et de recherches qui, malgré ce qu'elles contenaient de chimérique, étaient alors très goûtées, même par le judicieux monarque. Nous inclinons à croire que Charles V n'a pas été, autant qu'on le dit, partisan de l'astrologie judiciaire. Il aimait les sciences et ceux qui les cultivaient; il aimait surtout l'astronomie, en tant qu'elle a pour objet la connaissance des mouvements célestes; il la pratiquait et l'encourageait, comme le prouvent les fondations qui lui sont dues au collège de M° Gervais. Mais avait-il foi, ainsi que le prétendent les historiens, dans les horoscopes dressés par des astrologues officiels? Nous en doutons quand nous lisons Oresme. En tout cas, l'évêque de Lisieux eût-il été seul à lutter contre le torrent, ce ne serait pas un médiocre honneur pour lui d'avoir défendu la cause du bon sens et de la vérité, au risque de se trouver en désaccord avec son royal protecteur et de le mécontenter par la franchise de son langage.

Il nous reste à dire quelques mots du traité *Des divinations*. Quel que soit l'intérêt de cet ouvrage, nous nous y arrêterons peu,

---

(1) Bibl. nat., Ms. fr. 1223, fol. 116 r° et v°.
(2) M. Meunier (*Essai*, etc., p. 24) dit « qu'il faut descendre jusqu'à du Haillan, c'est-à-dire jusqu'en 1576, et jusqu'à La Croix du Maine, c'est-à-dire jusqu'en 1584, pour trouver enfin Oresme appelé, chez l'un, *instructeur*, chez l'autre, *précepteur* de Charles V. » On voit, par la citation précédente, que cette qualité d'*instructeur* de Charles V était attribuée à Oresme dès le commencement du xv° siècle.

d'abord parce qu'on y trouve les mêmes idées que dans les deux traités qui viennent d'être analysés, et en second lieu parce qu'il est déjà connu par quelques extraits que M. Meunier en a donnés dans son *Essai sur Oresme*. Bornons-nous à dire qu'il se compose de dix-sept chapitres dont les titres indiqueront très clairement le sujet. Nous laissons parler l'auteur :

« Le premier est des ars par quoy on enquiert des choses occultes et mussiées. Le second, combien il y a de vérité ès parties de astrologie. Le tiers, quelle vérité il a ès arts dessus dis. Le quart, d'une réponse à une objection. Le quint, des argumens que les princes doivent estudier en telles sciences. Le sixième, des argumens que savoir les choses par ce sont possibles. Le septième, des argumens que c'est chose prouffitable et possible. Le VIIIe, de vraye probacion du contraire par expérience. Le IXe sera de mon propos par auctorités. Le Xe sera probacion du propos par raisons. Le XIe sera que en tielx ars n'a pas certaineté. Le XIIe sera comment on est deceu par tielx ars. Le XIIIe sera comment les princes se doivent avoier à telles sciences. Le XIIIe sera comment on respondra aux argumens du quart chapitre. Le XVe sera des réponses aux argumens du quint chapitre. Le XVIe des responses aux argumens du VIe chapitre. Le XVIIe sera des recapitulacions et conclusions *omnium capitulorum*. »

Non seulement le livre *Des divinations* rappelle par le fond des idées les autres ouvrages d'Oresme contre l'astrologie, mais certains passages sont une traduction plus ou moins libre du petit traité *Contra astronomos judiciarios*. Nous nous contenterons de citer le passage suivant du XIIIe chapitre.

« La principale estude du prince doit estre gouverner son peuple par la science de politiques, et par bons conseils de plusieurs gens loyaulx qui à la manière des anciens Romains pensent plus du bien commun que d'acquérir richesses et vains honneurs. A telles choses doit le prince veillier et labourer. Mais bien est vérité que aussi comme l'arc vault moins d'estre trop longuement tendu, il convient que le prince ait aucune recreation et aucun honneste esbat qui lui soit repos. Et quand il est de noble engin, à li appartient bien savoir de astrologie et d'autres bonnes sciences aucunes bonnes conclusions, si comme de la disposition du ciel, du monde, et du nombre, de la qualité, de la quantité, de la figure et des mouvements des corps du ciel, et de telles choses qui sont bonnes et delectables à savoir. Et les doit le prince aprendre par oir dire, par simple narracion, non pas par curieuse inquisicion : car il ne doit pas savoir les démonstracions de Ptholomée, ne travailler à enquérir des planètes, ne estudier astralabes, ne telles choses, mesmement au cas que ce li seroit peinne ou que il en seroit en rien destourbé du gouvernement publique... Se il y mettoit trop sa cure, il ne seroit pas reputé pour sage, mais pour fantastique. »

En écrivant les lignes qui précèdent, on ne saurait douter que l'auteur n'ait eu sous les yeux le chapitre v de l'ouvrage latin.

Il serait superflu de poursuivre entre les deux ouvrages un parallèle qui ajouterait peu de chose à ce que nous savons déjà des opinions de Nicolas Oresme et de la lutte qu'il a soutenue contre les pratiques superstitieuses répandues en France au xiv° siècle. Le récit de cette lutte, curieuse en elle-même, gagnerait sans doute en intérêt si elle avait porté plus de fruits, et si les préjugés combattus par l'évêque de Lisieux avaient cédé devant les efforts persévérants de sa logique et de son savoir. Mais il n'eut pas la consolation de pouvoir se dire en mourant qu'il les avait vaincus. Lorsqu'il s'éteignit, le 11 juillet 1382, l'astrologie judiciaire était aussi cultivée, aussi florissante qu'au siècle précédent; peut-être même avait-elle vu s'accroître plutôt que diminuer le nombre de ses adeptes. Le peuple comme les grands, et les grands comme le peuple, interrogeaient à l'envi les astres et espéraient y découvrir le secret de leurs destinées. De là tant d'horoscopes, les uns favorables, les autres sinistres, qui ont ému alors les imaginations, et dont quelques-uns, conservés dans les manuscrits (1), sont parvenus jusqu'à nous comme un témoignage irrécusable de la crédulité de nos pères. Telle est l'impuissance ordinaire des efforts de la sagesse dans des controverses contre les erreurs invétérées. Si de nos jours, malgré les leçons de l'expérience, après

---

(1) Un manuscrit latin de la Bibliothèque nationale, inscrit sous le n° 7443, et cité par M. Vallet de Viriville (*Hist. de Charles VII*, t. II, p. 345), contient un recueil de prédictions astrologiques dressées pour la plupart en 1426, à la requête du gouvernement anglais. Elles concernent Henri VI, le régent Bedford, le comte de Salisbury, sir John Falstaf, le duc de Bourgogne, Jean de la Trémoille, le duc de Bretagne, le duc d'Alençon, le connétable de Richemont, et enfin Charles VII. Ce recueil, ajoute M. Vallet de Viriville, paraît avoir pour principal auteur Jean Halbout, de Troyes, qui avait la réputation d'être le plus habile homme de son âge et le plus capable de dresser un thème de nativité.

tant d'admirables découvertes qui ont répandu des flots de lumière sur la nature et sur l'homme, nous ne sommes pas affranchis complètement du joug des superstitions populaires, qui s'étonnera qu'au xiv° siècle, avant Copernic, avant Descartes et Newton, la parole judicieuse d'un écrivain sensé et honnête, tel que fut Nicolas Oresme, n'ait pas suffi pour avoir raison de l'astrologie judiciaire?

DE

# L'INFLUENCE D'ARISTOTE

## ET DE SES INTERPRÈTES

### SUR LA DÉCOUVERTE DU NOUVEAU-MONDE.

# DE
# L'INFLUENCE D'ARISTOTE
## ET DE SES INTERPRÈTES
### SUR LA DÉCOUVERTE DU NOUVEAU-MONDE.

Je me propose de rechercher, dans les pages qui suivent, l'influence qu'Aristote et ses interprètes ont exercée sur le développement d'une conception géographique qui, de l'aveu de tous les historiens, a joué un rôle essentiel dans la découverte du Nouveau-Monde.

Lorsque, le 3 août 1492, Christophe Colomb quitta le port de Palos avec les trois vaisseaux que la reine Isabelle de Castille avait placés sous ses ordres, il s'attendait, en cinglant vers l'ouest, à rencontrer les côtes de l'Inde. C'était surtout cette conjecture, évidente à ses yeux, qui lui avait inspiré sa périlleuse entreprise; ce fut elle qui le soutint contre le découragement de ses compagnons, effrayés de la longueur du voyage; tel était l'empire qu'elle exerçait sur son esprit, qu'en touchant la terre il se crut à proximité de l'Asie; qu'au voyage suivant, parvenu à l'île de Cuba, il en prit les côtes pour celles du Cataï, et qu'il mourut avant d'avoir été détrompé. Il est constant, par le témoignage de Christophe Colomb, que la possibilité d'aller d'Espagne en Asie, à travers l'océan Atlantique, n'était pas une hypothèse qui lui fût propre et qu'il eût personnellement inventée; il avoue qu'il l'avait puisée dans les ouvrages des cosmographes les plus accrédités de son temps, entre autres, l'*Imago mundi* du cardinal d'Ailly. C'est d'ailleurs un fait avéré, que cette doctrine remonte plus haut même que Pierre d'Ailly, plus haut même que le moyen âge, et qu'elle a été soutenue dès l'antiquité : le témoignage de Sénèque, à défaut de ceux d'Aristote et de Strabon, ne permet aucune hésitation à cet égard. Mais combien d'autres conceptions qui s'étaient produites chez les anciens se sont ensuite effacées et perdues, ou bien sont demeurées stériles ! Comment se fait-il que l'idée d'une communication entre les rivages de l'Europe et la côte de l'Asie, prolongée à l'orient, ait surnagé, et par quels intermédiaires cette idée s'est-elle transmise jusqu'à l'époque où Christophe Colomb devait en faire une application si courageuse et si féconde, encore que ses prévisions se soient trouvées en partie erronées et que la découverte qu'il accomplit n'ait pas été celle qu'il avait annoncée ? La question touche aux origines du fait le plus important qui soit consigné dans les annales de la géographie. Elle méritait assurément un sérieux examen, et c'est à juste titre que M. Alexandre de Humbold en a fait le sujet principal de son livre sur la géographie du nouveau continent (1). Mais peut-être eût-il été possible à l'éminent écrivain d'apporter des conclusions encore plus précises. Les témoignages qu'il a recueillis et le commentaire dont il les accompagne laissent-ils clairement discerner la principale influence qui a perpétué en Occident la tradition que Christophe Colomb a suivie ? Dans ces savantes recherches, où éclate une érudition si variée et en général si exacte, il y a, si je ne me trompe, une lacune que je voudrais essayer de combler, en insistant sur un point qui me paraît capital : c'est que l'hypothèse du voisinage de l'Espagne et de l'Asie, cette hypothèse fausse en elle-même et cependant très favorable aux entreprises maritimes, fut empruntée, non pas aux livres des géographes, mais à ceux d'Aristote et de ses interprètes. Aristote l'avait indiquée ; ses interprètes l'ont recueillie, et c'est par leur intermédiaire qu'elle s'est transmise au moyen âge, qu'elle a pénétré dans l'enseignement de l'école et qu'elle est entrée dans

(1) *Examen critique de l'histoire de la géographie du nouveau continent*, Paris, 1836 et années suiv., 5 vol. in-8°. Voyez aussi l'*Essai sur l'histoire de la cosmographie et de la cartographie pendant le moyen âge*, par le vicomte de Santarem, Paris, 1849-1852, 3 vol. in-8°.

le courant des opinions répandues au siècle de Christophe Colomb, qui en comprit la portée et eut l'intrépide courage de s'élancer à travers l'Océan sur la foi de cette seule idée.

Je circonscris en ces termes l'objet de mes recherches; j'en indique à l'avance le résultat, afin de prévenir les fins de non-recevoir qui pourraient, au seul énoncé du titre de ces pages, s'élever dans quelques esprits contre la supposition paradoxale que le péripatétisme ait à revendiquer aucune part dans un fait en apparence aussi étranger à ses doctrines que la découverte du Nouveau-Monde.

La géographie du moyen âge, sur laquelle je ne voudrais pas m'appesantir, mais que je ne puis me dispenser de caractériser à grands traits, procédait, jusqu'au XII° siècle, de deux origines contraires : l'une profane, les anciens géographes; l'autre ecclésiastique, les Pères de l'Église.

Les traditions géographiques n'avaient pas souffert moins de dommage que les autres branches de la culture littéraire dans le chaos qui suivit les invasions barbares. Toutefois de précieux débris avaient échappé au naufrage. Avant comme après Charlemagne, Pomponius Méla, Pline l'Ancien, Solin son abréviateur, l'astronome Manlius, Hygin, Macrobe et Marcien Capella n'ont pas cessé d'être lus en Occident. Au XII° siècle, on trouve cités les *Canons* de Ptolémée (1), dont la *Grande Composition*, traduite en latin par Gérard de Crémone, fut si répandue un siècle plus tard. Les ouvrages de Strabon n'étaient pas alors connus, et ils ne l'ont pas été avant le pontificat de Nicolas V, qui en commanda la première traduction à Guarini.

La doctrine que l'antiquité léguait aux nouvelles générations par l'entremise de quelques-uns de ses écrivains, c'est que la terre est une sphère qui occupe le centre du monde; que la plus grande partie de sa surface est couverte par les eaux; qu'il existe, outre le continent que nous occupons, une seconde zone tempérée au delà de l'équateur, dans l'hémisphère austral; que cette zone, par son climat semblable au nôtre, convient à l'habitation des hommes, mais que, pour y pénétrer, il faut traverser des régions

---

(1) *Les Canons* de Ptolémée sont cités par Hermann Contract, *De utilitatibus astrolabii*, ap. B. Pez, *Thes. anecdot. nov.*, t. III, p. 2, col. 125; et par Hugues de Saint-Victor, *Erudit. didascal.*, l. III, c. II, Opp. t. III, p. 7.

brûlées par le soleil; qu'ainsi d'infranchissables barrières nous en séparent, et que, s'il y a des antipodes, nous ne pouvons avoir avec eux aucune communication.

Les écrivains des premiers siècles du moyen âge suivirent les modèles qu'ils avaient sous les yeux, et dans l'étude de la géographie, que Cassiodore avait recommandée (1), ils se montrèrent, comme partout ailleurs, les disciples des anciens. En général, ils admettent la sphéricité de la terre. Isidore de Séville, copiant une phrase du *Poeticon Astronomicon* d'Hygin, enseigne que la terre est placée au centre de l'univers, à une distance égale de tous les points de sa circonférence (2) : n'est-ce pas reconnaître qu'elle a, comme le monde lui-même, la forme d'une sphère? Beda est plus positif encore : il ne se contente pas d'affirmer que la terre, malgré les inégalités de sa surface, est ronde; il en fournit la preuve, empruntée à Pline : c'est que, du point que nous occupons, nous apercevons les astres qui sont au nord sans voir ceux qui sont au midi; et que, réciproquement, si nous habitions les contrées méridionales, nous ne verrions pas ceux du nord, la convexité du sol ne permettant pas, dans ce cas ni dans l'autre, d'embrasser à la fois les deux pôles (3). Raban Maur admet aussi que la terre est de forme sphérique; mais, ne voulant pas contredire ouvertement la mention de ses quatre angles qui est faite dans la sainte Écriture, il inscrit à la circonférence du globe terrestre un carré idéal dont les angles correspondent aux quatre points cardinaux (4). Nous retrouvons la même doctrine chez Scot Érigène et Remi d'Auxerre, interprètes de Marcien Capella (5), et

---

(1) *De Instit. div. litter.*, c. XXV : « Cosmographiæ quoque notitiam vobis percurrendam esse non immerito suademus. »

(2) *Etymol.*, l. XIV, c. v. Cf. Hygin, *Poeticon astronomicon*, l. I, c. VIII.

(3) *De Natura rerum*, c. XLVI, Opp. t. I : « Orbem terræ dicimus, non quod absoluti orbis sit forma, in tanta montium camporumque disparitate, sed cujus amplexus, si cuncta linearum comprehendantur ambitu, figuram absoluti orbis efficiat. Inde enim fit, ut septentrionalis plagæ sidera nobis semper appareant, meridianæ nunquam; rursusque hæc illis non cernantur, obstante globo terrarum. » Ce sont les propres expressions de Pline (*Hist. nat.*, l. 64).

(4) *De Universo*, l. XII, c. II : « Formam terræ ideo Scriptura orbem vocat, eo quod respicientibus extremitatem ejus circulus semper apparet, quem circulum Græci orizonta vocant. Quatuor autem cardinibus eam formari dicit, quia quatuor cardines quatuor angulos quadrati significant, qui intra prædictum terræ circulum continentur. »

(5) Bibl. nat., anc. fonds, mss. 8674, 8675, 8786 et 7596 A; fonds de Saint-Ger-

un peu plus tard chez Adélard de Bath, Honoré d'Autun et Guillaume de Conches, qui reproche avec hauteur, à ceux qui ne la partagent pas, de se montrer plus fidèles à suivre les illusions des sens que le jugement de la raison (1).

Non seulement la plupart des écrivains des premiers siècles du moyen âge tombent d'accord de la sphéricité de la terre; mais ils pensent que, par delà la zone torride que traverse l'Océan, il existe une terre inconnue dont l'accès nous est interdit. Cette conception est clairement exprimée par Isidore dans les lignes suivantes : « Extra tres partes orbis, quarta pars trans Oceanum est, quæ nobis ardore solis incognita est... » Raban Maur se contente de transcrire la phrase d'Isidore, sans toutefois le citer (2). Honoré d'Autun admet dans l'hémisphère austral une seconde zone tempérée et habitable. C'est aussi, pour me borner à ces seuls exemples, l'opinion qui est exprimée par l'abbesse Herrada de Langsberg et par le poète philosophe Bernard de Chartres (3).

Macrobe et Capella nous ont laissé de précieux détails sur l'opinion que les anciens se formaient soit de l'étendue des mers, soit du nombre des continents. Selon eux, les deux hémisphères que l'Océan sépare l'un de l'autre sont en outre coupés à deux reprises par les eaux, de manière que la surface de la terre se trouve partagée en quatre continents, deux dans l'hémisphère boréal et deux dans l'hémisphère austral. Quelle que soit l'origine de ce singulier système, et qu'il faille ou non en attribuer l'invention, comme l'a supposé M. Letronne, aux interprètes d'Homère, jaloux d'expliquer le cours et les sources du fleuve Océan (4), nous le retrouvons chez Guillaume de Conches (5) et chez un écrivain du com-

---

main, 1110. Sur le commentaire inédit de Scot Erigène, voyez un article de M. Hauréau inséré dans la *Revue de l'instruction publique* du 8 et du 15 décembre 1859.

(1) « Quidam vero bestiales, plus sensui quam rationi credentes, dixerunt terram esse planam, eo quod, quocumque se moveant, tumorem ipsius non sentiant. » Passage cité par Vincent de Beauvais, *Specul. Natur.*, l. VI, c. VIII, p. 375, de l'édition de Douai, 1624, in-fol. Cf. Honoré d'Autun, *De imagine mundi*, c. v : « Terræ forma est rotunda, unde et orbis est dicta. »

(2) Isidore, *Etymol.*, l. XIV, c. v; Raban, *de Universo*, l. XII, c. IV.

(3) Santarem, *Essai*, etc., t. Ier, p. 69 et suiv.

(4) Dans une lettre à M. de Humbold sur la position du Paradis terrestre, *Examen critique de la géographie du nouveau continent*, t. III, p. 127.

(5) *Philosophia minor*, l. IV, c. III. Cet ouvrage de Guillaume, comme nous l'avons montré ailleurs, est le même qui figure au tome II des œuvres de Bède sous le titre de

mencement du xiiie siècle, Geoffroy de Saint-Victor, qui s'exprime ainsi (1) : « Les philosophes établissent, par des raisons très plausibles, l'existence, en quatre points du monde, de quatre portions de terre ferme, non seulement habitables, mais habitées. En effet, selon les philosophes, la terre est partagée, ainsi que le ciel, en cinq zones; celles qui touchent aux pôles ne peuvent pas être habitées, en raison du froid excessif qui résulte de l'absence continuelle du soleil; la troisième, qui occupe le milieu, ne peut pas l'être davantage, en raison de l'excessive chaleur produite par la perpétuelle présence de cet astre; les deux zones qui sont situées entre la zone torride et les zones glaciales, étant maintenues dans une température moyenne, peuvent être habitées et le sont effectivement. Comme le grand Océan divise deux fois chaque zone tempérée, elle est partagée en deux continents, ce qui, pour les deux zones, donne quatre continents, deux dans l'hémisphère supérieur et deux dans l'hémisphère inférieur. Les deux continents qui ont la même longitude dans un hémisphère différent se font face, non pas, il est vrai, directement, et leurs habitants s'appellent anthètes, c'est-à-dire placés les uns en face les autres; les deux continents qui ont une longitude différente, celui-ci dans l'hémisphère du nord et celui-là dans l'hémisphère du midi, se trouvent aux deux extrémités d'une ligne qui passe par le centre de la terre; aussi leurs habitants sont-ils appelés antipodes. »

*De elementis philosophiæ*, et parmi les œuvres d'Honoré d'Autun, sous celui de *Philosophia mundi*.

(1) *Microcosmus*, Bibl. imp., fonds de Saint-Victor, n° 738, f° 18 verso : « Naturalis philosophus probabili valde ratione in quatuor locis mundi quatuor (partes) aridas asserit apparuisse, et singulas non solum habitabiles, sed et habitatas esse. Docet enim quinque terræ esse vel cœli zonas, quarum duas extremas frigoris intemperie, propter perpetuam solis absentiam, probabiliter asserit inhabitabiles ; mediam vero caloris intemperie, propter perpetuam solis præsentiam, inhabitabilem ; porro duas, inter mediam et extremas, constitutas, frigoris et caloris temperie habitabiles et habitatas propter solis ad eas accessum et recessum temperatum. In singulis enim duas apparuisse aridas astruunt, in superiori scilicet hemispherio duas, et in inferiori duas, magno Oceano utramque zonam bis dividente, et sic quatuor aridas faciente, ita ut duæ quæ in eadem zona sunt, altera in inferiori, altera in superiori hemispherio, indirecte quidem, sibi contra positæ sint : quarum et habitatores anthetos, id est contra positos vocant. Quæ vero in diversis zonis sunt, altera sursum, altera deorsum, quæ per medium terræ conum se respiciunt, directa sibi contra positione opponuntur ; unde et earum habitatores antipodes vocant, quasi pedes contra pedes positos habentes. »

Cependant ces doctrines n'avaient pas été accueillies sans défiance par les Pères de l'Église, qui les jugeaient peu compatibles soit avec le texte de la Bible, soit avec la tradition chrétienne. Quand on s'en tient à la lettre des saintes Écritures, la première idée qu'elles suggèrent n'est pas celle de la sphéricité de la terre; bien loin de là, c'est l'idée que la terre est plate, qu'elle est entourée de tous côtés par la mer, et que le ciel forme au-dessus d'elle une voûte solide qui s'appuie aux extrémités de sa surface et qui soutient elle-même la couche des eaux supérieures. Que les passages de la Bible qui renferment les éléments de cette cosmographie idéale se prêtent à des interprétations de plus d'une sorte, un certain nombre de Pères l'ont pensé; mais, pris dans leur sens littéral, ces passages fournissaient des objections spécieuses, du moins pour les chrétiens, contre les doctrines qui avaient régné chez les anciens et avec lesquelles il ne paraissait pas facile de les concilier. L'hypothèse des antipodes donnait lieu, en outre, à des difficultés spéciales qui touchaient au fond même de la tradition ecclésiastique. En effet, s'il existe, au delà des mers, des êtres ayant une nature semblable à la nôtre, mais séparés de nous par d'infranchissables barrières, que devient l'unité du genre humain? Ces peuples étrangers à notre hémisphère sont-ils la postérité d'Adam? S'ils font partie de la grande famille humaine, et si cependant l'Évangile ne doit jamais être porté aux contrées qu'ils habitent, Jésus-Christ n'est donc pas mort pour eux? Ces doutes non résolus avaient conduit Lactance et saint Augustin à rejeter l'existence des antipodes comme une fiction aussi contraire à la foi qu'à la droite raison; car, disait Lactance (1), comment supposer que des hommes puissent vivre la tête en bas et les pieds en haut? Aux doctrines de l'antiquité s'étaient substituées peu à peu, chez quelques Pères, des conceptions toutes différentes, dont la *Topographie chrétienne* de Cosmas offre la plus complète expression (2). Suivant Cosmas, moine égyptien de la fin du

---

(1) *Instit. div.*, III, 24 : « Quid? Illi qui esse contrarios vestigiis nostris antipodas putant, num aliquid loquuntur? Aut est quisquam tam ineptus, qui credat esse homines, quorum vestigia sint superiora quam capita? » Voyez aussi S. Augustin, *De civitate Dei*, XVI, 9.

(2) Publ. par Montfaucon, *Collectio nova Patrum et scriptorum Græcorum*. Parisiis, 1706, in-fol., t. II, p. 115 et suiv.

vᵉ siècle, le tabernacle élevé dans le désert par Moïse est l'image fidèle de l'univers. Comme ce tabernacle, la terre que nous foulons a la forme d'un parallélogramme et sa surface est plane; au delà de l'Océan qui l'entoure, il existe une autre terre où nul homme n'a pénétré depuis le déluge, fermée qu'elle est par des murailles qui soutiennent le firmament, pareil à la voûte d'un temple. La terre habitée s'élève du midi au nord; là elle se termine par une haute montagne, derrière laquelle le soleil et les astres se cachent lorsqu'ils disparaissent de l'horizon. M. Letronne a démontré que cette cosmographie, qui se donne pour le plus pur reflet des traditions bibliques, était formée d'éléments empruntés à la philosophie et à la poésie primitives de la Grèce (1). Ainsi, par un scrupule de conscience exagéré et irréfléchi, la géographie, détournée de sa voie véritable, se voyait ramenée aux hypothèses où les anciens s'étaient souvent perdus avant de découvrir la sphéricité de la terre.

Entre les traditions du paganisme et un système qui revendiquait en sa faveur la sainte Écriture, le choix ne pouvait pas être douteux pour les premiers scolastiques, à la condition toutefois que le nouveau système se produisît sous des formes arrêtées qui en faciliteraient l'intelligence. Mais ceux des saints Pères qui paraissent le moins favorables à l'antiquité se sont bornés à jeter çà et là, surtout dans leurs commentaires sur les livres saints, tantôt des objections, tantôt de rapides aperçus qu'il n'est pas facile de recueillir et qui ne présentent pas un corps régulier de doctrines. Quant à Cosmas, qui est le seul dont les opinions soient bien définies, son livre n'a jamais été traduit en latin; nous ne le trouvons cité nulle part, et par conséquent, l'influence qu'il a exercée, si toutefois il a circulé en Occident, n'a pu être que très faible. Ainsi ne soyons pas surpris si les scolastiques, dès l'aurore du moyen âge, n'ont pas su se défendre contre le prestige des exemples de l'antiquité, et si la plupart ont admis la sphéricité de la terre, sur le témoignage de Pline et de Macrobe, bien qu'elle ne fût pas écrite dans la Bible. M. Letronne paraît croire que, sous l'influence de la Bible et des Pères, cette notion s'était perdue

---

(1) Voyez, dans la *Revue des Deux Mondes*, en mars 1834, p. 601 et suiv., le savant article de M. Letronne : *Des opinions cosmographiques des Pères de l'Église, rapprochées des doctrines philosophiques de la Grèce.*

au moyen âge (1) et qu'elle n'a reparu qu'à l'époque de la renaissance des lettres antiques; c'est là une thèse difficile à défendre en présence des passages d'Isidore, de Bède, de Guillaume de Conches, etc., que nous avons cités plus haut. Mais ce qu'il faut reconnaître en même temps, c'est que les scolastiques ont modifié les traditions païennes, en géographie comme en toute chose, afin de les adapter à la tradition ecclésiastique.

Malgré le goût du merveilleux dont les esprits étaient alors possédés, et qui les a entraînés si loin dans le pays des chimères, il y a un prodige qui fait reculer leur crédulité, disons mieux, leur piété, c'est que la race humaine ait peuplé d'autres contrées que les trois parties du monde connu des anciens, l'Europe, l'Asie et l'Afrique. Isidore n'hésite pas à rejeter cette tradition comme une fable. Au VIII° siècle, elle fut condamnée par le pape Zacharie, en la personne du prêtre Virgile, depuis évêque de Salzbourg, qui paraît, au reste, l'avoir présentée sous sa forme la plus paradoxale. Raban Maur en porte le même jugement qu'Isidore, et dans les mêmes termes. Au X° siècle, un interprète de Boèce se défend d'y croire et déclare qu'elle est contraire à la foi : « Absit, dit-il, ut nos quisquam antipodum fabulas recipere arbitretur, quæ sunt fidei christianæ omnino contrariæ (2). » Guillaume de Conches, qui se signala plus d'une fois par des opinions hardies, se range en cette occasion au sentiment général, et incline à penser que, s'il existe deux zones habitables, une seule est habitée, et qu'au surplus, eussions-nous des antipodes, nous ne pourrions en acquérir la certitude, faute de pouvoir communiquer avec eux (3). Cette hésitation, sur une matière où il était si facile aux esprits de donner un libre cours à leur fantaisie, ne saurait être imputée qu'à l'influence des Pères et aux répugnances manifestes de l'Église pour la doctrine des antipodes.

Un autre point où la trace des mêmes influences est manifeste chez les scolastiques, c'est leur opinion sur la situation du Paradis. La plupart s'accordent à le placer aux extrémités de l'Orient. Le fond de l'Orient, même pour les écrivains du paganisme, était la

---

(1) *Des opinions cosmographiques des Pères*, p. 632.
(2) *Classicorum auctorum e Vaticanis codicibus*, t. III, Romæ, 1831, in-8°, p. 333.
(3) *Philosophia minor*, l. IV, c. III : « Nullus tamen nostrum ad illos, neque illorum ad nos pervenire potest. »

terre des prodiges. Là les lois de la nature paraissaient suspendues; là tout prenait un aspect extraordinaire, la configuration du sol, ses productions, les animaux qui le peuplaient, et jusqu'aux périls qui menaçaient le mortel assez téméraire pour s'aventurer dans ces régions étranges. En plaçant sous ce climat privilégié le premier séjour de l'homme, les scolastiques conciliaient aussi bien que possible les traditions de l'antiquité et celles de l'Église. Suivant la croyance commune, le Paradis était, depuis l'exil d'Adam, inaccessible à sa postérité. Des murailles de feu le séparaient de l'habitation des humains; des anges en défendaient l'entrée, et la légende racontait qu'aucun de ceux qui s'en étaient approchés n'avait pu y pénétrer. Les merveilles de l'Inde, racontées par Pline et Solin, n'étaient-elles pas les signes avant-coureurs des prodiges encore plus mystérieux de la région sainte fermée aux regards des mortels? Ne semblaient-elles pas avertir qu'on avançait vers la limite infranchissable où s'arrêtait le domaine de l'homme, où commençait le domaine de Dieu? De même que les connaissances que nous acquérons par la lumière naturelle sont la préface des vérités divines que la foi seule peut atteindre, ainsi les contrées de l'Orient, objet de tant de récits chez les anciens, formaient, pour ainsi dire, dans la géographie des premiers siècles du moyen âge, le vestibule de la région sacrée où s'était écoulé l'âge d'innocence de la vie de l'humanité.

Mais, dans ce mélange d'idées profanes et chrétiennes entre lesquelles flottaient les esprits, que devenait l'antique conjecture d'une communication de l'Europe et de l'Asie à travers l'Atlantique? Sans doute la certitude, de jour en jour plus répandue, de la sphéricité de la terre semblait la favoriser; mais elle ne se conciliait pas avec l'hypothèse des quatre continents admis par Macrobe et Capella, ni surtout avec les opinions qui régnaient sur la situation du Paradis. S'il était vrai que le Paradis occupât les extrémités de l'Orient, ce n'était pas seulement l'étendue des mers qui séparait l'Espagne et l'Inde; c'était en outre la contrée mystérieuse que Dieu s'était en quelque sorte réservée à lui-même. Vainement un navigateur intrépide aurait dirigé son vaisseau vers les bords où se couche le soleil; au lieu d'un rivage hospitalier, il n'aurait rencontré qu'une terre inaccessible aux pilotes. Aussi ne trouve-t-on dans les premiers siècles du moyen âge aucune trace des conceptions géographiques qui ont donné l'éveil au génie de Christophe Colomb. Les écrivains de cet âge qui ne connaissaient pas les grands ouvrages d'Aristote possédaient du moins les *Questions naturelles* de Sénèque, et ils pouvaient y lire cette phrase remarquable : « Quelle est la distance qui sépare les rivages les plus reculés de l'Espagne et la côte de l'Inde? La traversée peut se faire en quelques jours, lorsqu'un bon vent enfle la voile? » Mais l'expérience nous apprend que les indications les plus curieuses échappent souvent à nos regards distraits, comme tant de phénomènes de la nature que nous ne remarquons pas, bien qu'ils se reproduisent tous les jours. Sénèque, au reste, ne s'était-il pas lui-même contredit dans ce passage de ses *Déclamations* : « Supposer qu'il existe au sein de l'Océan des terres fertiles, et par delà l'Océan d'autres rivages et un autre monde; supposer que la nature n'a pas de bornes, que lorsqu'elle semble toucher à son terme elle a encore de nouvelles perspectives à nous offrir, ce sont là des rêves faciles à former parce que l'Océan n'est pas navigable. » Mais ni ces contradictions apparentes ni les textes qui les renferment n'avaient dans l'origine frappé aucun de ceux qui lisaient les ouvrages du célèbre philosophe. On ne donnait pas plus d'attention à l'opinion de Posidonius, rapportée par Pline et Solin, que l'Inde est située en face la Gaule, « adversam Galliæ (1). » Toutes ces idées n'ont commencé à se répandre en Europe qu'à une époque plus avancée du moyen âge, et par quelle voie? Nous pensons et nous croyons pouvoir démontrer que c'est par la voie d'Aristote, par l'influence de ses livres et par celle des nombreux interprètes arabes et latins qui les ont commentés.

Aristote enseigne, au livre de ses *Problèmes* (2), qu'il n'existe au couchant ni montagnes ni terre, mais seulement la mer Atlantique. Ces expressions ne doivent pas être entendues à la lettre, puisque dans ce cas elles signifieraient que l'Atlantique n'a pas de bornes; elles ne peuvent désigner que la vaste étendue occupée par la mer, ce qui n'empêche pas qu'à une distance plus ou moins éloignée les flots de l'Océan ne baignent un rivage opposé à celui de l'Europe. A quelle distance est placé ce rivage? Voilà le pro-

---

(1) Sénèque, *Quæst nat.*, præf.; *Suasor.* 1; Pline, *Hist. nat.*, l. VI, c. xxi; Solin, *Polyhistor.* c. xliii.

(2) *Probl.* xxvi, 52 : Πρὸς ἑσπέραν δὲ οὔτε ὄρος οὔτε γῆ ἐστιν, ἀλλὰ τὸ Ἀτλαντικὸν πέλαγος.

blème. Dans le passage célèbre qui termine le second livre du traité *Du ciel et du monde*, Aristote ne paraît pas éloigné d'admettre que cette distance n'est pas considérable, et même que les deux extrémités de l'Orient et de l'Occident se rejoignent :

« Ceux qui pensent, dit-il, que la région vers les Colonnes d'Hercule confine aux pays de l'Inde, de sorte que les deux rivages soient baignés par la même mer, ne semblent pas émettre une opinion trop incroyable. Entre autres preuves, ils citent les éléphants qui se trouvent dans les deux régions; ce qui tient, disent-ils, à ce que les extrémités de la terre sont contiguës (1). »

La même idée, un peu affaiblie, reparaît au livre des *Météores*, où elle est combattue :

« Les pays qui sont au delà de l'Inde et des Colonnes d'Hercule ne semblent point, à cause de la mer, se réunir ensemble, de telle sorte que la terre habitée présente une surface continue (2). »

L'opinion à laquelle Aristote vient de faire allusion à deux reprises différentes compta de graves autorités en sa faveur parmi les géographes anciens; car nous apprenons, par le témoignage de Strabon, que, selon Ératosthène, la zone tempérée, revenant sur elle-même, forme pour ainsi dire un cercle; « de sorte que, si l'étendue de la mer Atlantique n'était pas un obstacle, nous pourrions nous rendre par mer de l'Ibérie dans l'Inde, en suivant toujours le même parallèle (3). » La pensée est la même que chez Sénèque, dans le passage des *Questions naturelles* cité plus haut. Mais le point que nous tenons surtout à établir, parce qu'il est le seul qui touche à l'objet de nos recherches, c'est que, dès l'anti-

---

(1) *De Cœlo*, II, 14 : Οὐ μόνον ἐκ τούτων δῆλον περιφερὲς ὂν τὸ σχῆμα τῆς γῆς, ἀλλὰ καὶ σφαίρας οὐ μεγάλης... Διὸ τοὺς ὑπολαμβάνοντας συνάπτειν τὸν περὶ τὰς Ἡρακλείους στήλας τόπον τῷ περὶ τὴν Ἰνδικήν, καὶ τοῦτον τὸν τρόπον εἶναι τὴν θάλατταν μίαν, μὴ λίαν ὑπολαμβάνειν ἄπιστα δοκεῖν. Λέγουσι δὲ τεκμαιρόμενοι καὶ τοῖς ἐλέφασιν, ὅτι περὶ ἀμφοτέρους τοὺς τόπους τοὺς ἐσχάτους ὄντας, τὸ γένος αὐτῶν ἐστιν, ὡς τῶν ἐσχάτων διὰ τὸ συνάπτειν ἀλλήλοις τοῦτο πεπονθέναι. M. Letronne, *Journal des savants*, année 1831, p. 478, ajoute la particule οὐκ après τρόπον, et lit καὶ τοῦτον τὸν τρόπον οὐκ εἶναι τὴν θάλατταν μίαν. Mais cette conjecture n'est confirmée par aucun manuscrit ni par aucun commentaire; j'ajoute qu'elle n'est pas nécessaire pour l'intelligence du texte, qui s'entend très bien en supposant que la même mer baigne à la fois les bords de l'Inde et ceux de l'Espagne.

(2) *Meteor.*, II, 5.

(3) Strabon, *Geograph.*, I, 4 : Ὥστ', εἰ μὴ τὸ μέγεθος τοῦ Ἀτλαντικοῦ πελάγους ἐκώλυε, κἂν πλεῖν ἡμᾶς ἐκ τῆς Ἰβηρίας εἰς τὴν Ἰνδικὴν διὰ τοῦ αὐτοῦ παραλλήλου.

quité, les interprètes d'Aristote n'avaient pas laissé échapper une vue aussi importante. Si nous la cherchons en vain dans ceux des ouvrages d'Alexandre d'Aphrodise qui nous sont parvenus, elle reparaît dans Thémistius (1), et nous voyons Simplicius s'y arrêter avec complaisance. Voici, en effet, comment il s'exprime dans son commentaire sur le traité *Du ciel et du monde* (2) :

« Si la terre n'est pas vaste, il ne faut pas repousser comme déraisonnable l'opinion de ceux qui pensent que l'extrémité des terres connues à l'occident, c'est-à-dire les Colonnes d'Hercule, près du détroit de Gadès, et l'extrémité des terres connues à l'orient, c'est-à-dire les côtes baignées par l'océan Indien, sont assez rapprochées. Ce qui paraît le démontrer, c'est l'existence des éléphants dans ces différentes contrées. »

Ce passage prouve que l'idée de la proximité de l'Europe et de l'Asie subsista chez les péripatéticiens de l'antiquité jusqu'aux derniers jours de la philosophie grecque. Sans être sur le premier plan, elle faisait partie de cet ensemble de doctrines d'inégale valeur qui, après la chute de la vieille société, bannies des lieux où elles avaient été d'abord enseignées, se répandirent dans tout l'Orient, y portèrent des fruits inespérés, et un peu plus tard reparurent en Europe et servirent de modèle aux nations chrétiennes.

Quand le péripapétisme pénétra chez les Arabes, il y porta cette tradition, qui fut d'abord rattachée, par ceux qui la recueillirent, à sa véritable source, comme on peut s'en convaincre par cette phrase du géographe Massoudi : « Ce qui prouve, dit l'auteur de la Logique, que la terre est petite, c'est l'opinion, professée par quelques personnes, que le lieu appelé du nom des Colonnes d'Hercule touche aux limites de l'Inde, et que la mer qui les sépare est une seule mer (3). » Cependant Massoudi ne semble pas avoir partagé l'opinion qu'il mentionne ici, et elle ne fut pas non plus adoptée par les autres géographes de sa nation : je n'en dé-

---

(1) *Themistii Peripatetici lucidissimi paraphrasis in libros quatuor Aristotelis de Cœlo nunc primum in lucem edita, Moyse Alatino Hebræo, Spoletino medico ac philosopho, interprete*, Venetiis, 1573, in-fol., p. 39.

(2) *Simplicii philosophi acutissimi commentaria in quatuor libros de Cœlo Aristotelis*, Venetiis, 1548, in-fol., p. 83.

(3) Passage cité par M. Santarem, *Recherches sur la découverte des pays situés sur la côte occidentale d'Afrique*, etc., Paris, 1842, in-8°, p. 22.

couvre du moins aucune trace chez ceux dont M. Reinaud nous fait connaître les noms, les ouvrages et les doctrines dans sa belle introduction à la *Géographie* d'Abulféda. Vainement on opposerait que, suivant Edrisi, la mer des Indes communique avec l'Atlantique; Edrisi ne déclare-t-il pas que par delà l'Atlantique nul ne sait ce qui existe, et ne l'appelle-t-il pas la mer des ténèbres? « Personne, dit-il (1), n'a pu en apprendre rien de certain, à cause des difficultés qui s'opposent à la navigation, la profondeur de l'obscurité, la hauteur des vagues, la fréquence des tempêtes, le grand nombre des animaux monstrueux et la violence des vents. Aucun navigateur ne se hasarde à gagner la haute mer; on vogue le long des côtes sans perdre de vue les rivages. » Mais tandis que les géographes se faisaient l'écho de l'épouvante que l'Océan inspirait aux marins, la conjecture exprimée par Aristote sur son peu d'étendue se conservait chez les interprètes arabes du Stagyrite, et en particulier chez le plus célèbre de tous, chez Averroès, qui s'exprime en ces termes dans son commentaire sur les livres *Du ciel et du monde*:

« Aristote donne la preuve suivante de la petitesse de la terre : c'est que l'horizon des lieux où les statues d'Hercule sont placées, c'est-à-dire l'extrémité occidentale de la terre habitée, est proche de son extrémité orientale, et qu'entre les deux régions il existe une seule mer continue. Ces statues attribuées à Hercule étaient élevées le long des côtes de la mer, du nord au midi; l'une se trouvait à l'extrémité occidentale de la côte d'Espagne; je l'ai vue de mes yeux; plus tard, elle a été détruite par des pirates, vers l'année 430 de l'ère de Mahomet. Après avoir rappelé que ces statues marquent le point extrême de l'Occident, et que l'Occident est séparé de l'Orient par la mer, Aristote ajoute que les deux contrées sont peu éloignées; et ce qui le démontre, suivant lui, c'est qu'elles produisent l'une et l'autre des éléphants. En effet, les animaux qu'on ne rencontre pas dans tous les pays, mais dans un seul, sont particuliers à ce pays, par la raison que c'est là le climat approprié à leur nature. Dès lors les régions qui les produisent ne sauraient être à une distance bien éloignée, car l'éloignement suppose en général la dissemblance. Cette remarque est

---

(1) *Géographie d'Edrisi*, trad. par M. Jaubert, t. II, p. 2.

évidente lorsque l'éloignement se produit dans le sens de la latitude; elle se vérifie aussi quand il a lieu dans le sens de la longitude. »

Dans la traduction du Commentaire d'Averroës, qui fait partie de l'édition des œuvres d'Aristote donnée par les Juntes (1), ce passage offre une singularité curieuse : il y est dit que la statue d'Hercule qui se trouvait à l'extrémité de l'Espagne s'appelait la statue de l'Inde, *quod dicebatur idolum Indiæ*. Cette leçon est confirmée par le manuscrit 924 du fonds de Sorbonne de la Bibliothèque nationale; dans d'autres manuscrits je ne l'ai pas rencontrée, et le savant M. Munck, qui a bien voulu vérifier pour moi la version hébraïque du Commentaire moyen d'Averroës, n'y a pas retrouvé non plus ces expressions remarquables. Mais il nous suffit qu'elles aient figuré dans certaines copies pour être autorisé à soutenir que les doctrines, si l'on veut, les erreurs géographiques recueillies par le péripatétisme arabe tendaient à représenter l'Océan comme la voie qui conduisait dans l'Inde. On raconte que dans l'île de Corvo, l'une des Açores, les Portugais découvrirent une statue équestre qui avait le bras étendu vers l'occident. M. de Humboldt a expliqué très ingénieusement cette tradition par une singularité de la configuration topographique de l'île de Corvo (2), dont un promontoire, situé au N.-O., a la forme d'une personne levant le bras dans la même direction; peut-être le fait n'est-il pas sans quelque rapport avec celui dont nous venons de trouver la trace dans l'écrivain arabe.

Malgré la mauvaise philosophie dont les ouvrages d'Averroës sont remplis, et contre laquelle les écrivains ecclésiastiques, saint Thomas à leur tête, ont réclamé si vivement, chacun sait quelle vogue ses commentaires ont eue au moyen âge dans les universités chrétiennes. Averroës était pour les scolastiques le premier des interprètes et, sur tous les points où le dogme religieux n'était pas directement intéressé, il égalait presque l'autorité d'Aristote. Comment supposer qu'une idée qu'il avait recueillie et con-

---

(1) Venetiis, 1550, in-fol., t. V, p. 80 : « Et unum istorum idolorum erat in ultimo occidentis Hispaniæ, quod dicebatur idolum Indiæ; et ego vidi ipsum elevatum. » Le manuscrit 6504 de l'ancien fonds, fol. 198, et le manuscrit 171 du fonds de Saint-Victor, portent : *idolum Gadis*, au lieu de *idolum Indiæ*.

(2) *Examen critique*, t. II, p. 325 et suiv.

tinuée pût périr avec lui? Son seul témoignage suffisait pour la préserver de l'oubli. Et, en effet, la tradition de la proximité de l'Europe et des Indes se conserve après lui; nous la retrouvons chez les écrivains du xiii° siècle, les plus familiers avec le péripatétisme et la philosophie musulmane, je veux dire Albert le Grand, saint Thomas et Roger Bacon.

A la faveur des sources nouvelles que le zèle des traducteurs avait ouvertes en Occident à l'érudition, une sève plus abondante commençait à circuler dans les écoles de la chrétienté et vivifiait la géographie comme les autres branches des connaissances humaines. Une partie des erreurs anciennes tendait à disparaître; les vérités déjà connues se confirmaient. L'autorité de la Bible n'était pas moins respectée qu'autrefois, et on l'élevait bien au-dessus de tous les jugements des philosophes; mais les docteurs les plus accrédités dans l'école reconnaissaient que l'écrivain sacré a souvent accommodé son langage à l'inexpérience des esprits vulgaires auxquels il s'adressait; que les expressions dont il se sert sont susceptibles de plusieurs sens, et que toute interprétation qui contredit des faits certains doit être écartée (1). Le système de Cosmas, fondé sur l'exégèse la plus littérale, n'avait jamais été, comme nous l'avons dit, bien répandu; mais il perdait encore du terrain, et l'idée de la sphéricité de la terre en gagnait. Je n'en veux citer d'autre preuve que l'exemple d'Albert le Grand et celui de saint Thomas, qui a résumé dans sa *Somme* les arguments à l'appui de cette vérité (2). Qu'importe que des contemporains, comme Gervais de Tilbury, aient encore admis

(1) Voyez en particulier S. Thomas, *Summa theol.*, II, 1, q. 68, art. 1, *In may. Sentent.*, II, dist. 14, q. 1 : « Nihil auctoritati Scripturæ derogatur, si diversimode exponatur, dummodo hoc firmiter teneatur, quod Sacra Scriptura nihil falsum contineat. Constat tam in Scriptura Sacra multa metaphorice tradita esse, quæ secundum planam superficiem litteræ intelligi non valent. » Cf. 1. S. q. 68, art. 1 : « Duo sunt observanda : primo quidem, ut veritas Scripturæ inconcusse teneatur; secundo, quum Scriptura divina multipliciter exponi possit, quod nulli expositioni aliquis ita præcise adhæreat, ut si certa ratione constiterit hoc esse falsum, quod aliquis sensum Scripturæ esse credebat, id nihilominus asserere præsumat. »

(2) 1, 2, S. q. 54, art. 2 : « Terram esse rotundam per aliud medium demonstrat naturalis et per aliud astrologus. Astrologus enim hoc demonstrat per media mathematica, sicut per figuras eclipsium vel per aliud hujusmodi; naturalis vero hoc demonstrat per medium naturale, sicut per motum gravium ad medium, vel per aliud hujusmodi. » Voyez aussi Vincent de Beauvais, *Specul. nat.*, l. VI, c. viii; Albert le Grand, *De cælo et mundo*, l. II, tract. IV, c. ix et suiv.

que la terre était de forme carrée (1)? Qu'importe que la même conception reparaisse dans un certain nombre de cartes du xiiiᵉ et du xivᵉ siècle? Ces vieilles chimères ne prévalaient pas, et, si elles s'étaient répandues, l'autorité du Docteur angélique aurait suffi pour les faire abandonner. Le débat continuait sur les terres australes et des antipodes, et, sans admettre l'existence de ces derniers, on s'accordait en général à reconnaître une seconde zone tempérée. L'hypothèse de plusieurs continents opposés, que nous avons signalée dans le xiiᵉ siècle, n'avait pas encore disparu des livres de géographie, et on en trouve encore de nombreux vestiges après Geoffroy Saint-Victor. Enfin les contrées même lointaines de l'Asie, que les Arabes avaient souvent parcourues, allaient être bientôt visitées par les chrétiens, soit par des marchands que la passion du négoce ou l'esprit d'aventure entraînait, comme Marco Polo, soit par des missionnaires, comme Fr. Rubruquis, que les papes envoyaient prêcher l'Évangile aux nations infidèles. Malgré les fables dont elles sont semées, les relations de ces intrépides voyageurs devaient contribuer à étendre les connaissances positives et détourner insensiblement les philosophes de donner pour limites au monde, du côté de l'Orient, les inaccessibles régions du Paradis.

Ces progrès, les seuls qui fussent possibles avant les découvertes des navigateurs modernes, n'étaient pas encore, à beaucoup près, tous accomplis, mais ils se préparaient, lorsque Albert entreprit de commenter les livres d'Aristote, et en particulier le traité *Du ciel et du monde*. Arrivé au passage qui nous occupe, le célèbre docteur expose en ces termes l'opinion de ceux qui soupçonnent que des côtes occidentales de l'Europe aux bords opposés la distance n'est pas aussi grande qu'on le croit vulgairement :

« Dicunt quod locus qui in Hispaniis vocatur Gades sive statua Herculis, eo quod Hercules usque huc pugnando venit et idolum sui triumphi erexit, quod super mare Oceanum ex parte Occidentis est, secundum eamdem mensuram climatis continet ex parte Orientis primum terminum ejusdem climatis in termino orientali, in terra Indiæ quæ est sub Cancro; inter enim orizontem habitantium in climate illo juxta Gades Herculis, et orizonten habitan-

---

(1) Santarem, *Essai*, t. 1ᵉʳ, p. 107 et suiv.

tium in India, non est in medio, ut dicunt, nisi quoddam mare parvum; sed mare Oceanum meta est climatis illius ex occidentali parte. Cum ergo parum distet orizon Occidentalium ab orizonte Orientalium, longitudo semicirculi terræ quæ est mensura longitudinis illius climatis, non est magna, et sermo eorum qui hoc dicunt non est negandus; quod hæc enim duo loca sunt vicinitatis unius ad æquinoctialem, per totam semicirculi terræ longitudinem, demonstrat natura elephantum qui nascuntur in ea, tam in orientali parte ejus quam in occidentali ex utraque parte maris quod dividit orizontem eorum; eo quod unius climatis unus est modus caloris et siccitatis (1)... »

Vers le temps où Albert, cette lumière de l'ordre de Saint-Dominique, écrivait les lignes que nous venons de rapporter, un autre frère prêcheur, Guillaume de Meerbecke, traduisait en latin le commentaire Simplicius (2). Nous inclinons à penser qu'il existait aussi une version latine du commentaire de Themistius, car ce commentaire est cité par Albert le Grand (3). Lorsqu'à son tour saint Thomas écrivit son exposition des livres *Du ciel et du monde*, il n'est donc pas surprenant qu'il ait reproduit l'hypothèse de la proximité du continent oriental et de l'extrémité des côtes d'Espagne et d'Afrique. Suivant sa coutume, saint Thomas est plus court que son maître Albert et se tient plus près du texte d'Aristote, qu'il se borne à paraphraser.

« Et ideo non videntur valde incredibilia opinari qui volunt coaptare, secundum similitudinem et propinquitatem, locum in extremo Occidentis situm, qui dicitur esse circa Herculeas columnas, quas scilicet Hercules statuit in signum suæ victoriæ, loco qui est circa mare Indicum in extremo Orientis; et dicunt esse unum mare Oceanum quod continuat utraque loca; et similitudinem utrorumque locorum conjiciunt ex elephantibus, qui circa utrumque locum oriuntur, non autem in mediis regionibus : quod quidem est signum convenientiæ et similitudinis locorum, non autem propinquitatis... »

---

(1) *De cœlo et mundo*, l. II, tract., IV, c. xi, Opp., t. II, p. 146. J'ai corrigé d'après les manuscrits plusieurs fautes du texte imprimé.

(2) Jourdain, *Recherches sur l'âge et l'origine des traductions latines d'Aristote*, 2ᵉ édit., p. 68; *Hist. litt. de la France*, t. XXI, p. 148.

(3) *De cœlo et mundo*, l. II, tract. IV, c. ix, p. 144.

Dans son commentaire sur les *Météores*, saint Thomas, sans revenir sur la même idée, indique seulement que l'océan Atlantique a deux rivages opposés, l'un aux Colonnes d'Hercule, l'autre à l'extrémité orientale de l'Asie :

« Quod est circa terminum Indicum, ex parte Orientis, et quod est circa columnas Herculis, ex parte Occidentis, non videntur posse copulari ad invicem, ut sit reditus ex alia parte, et sic tota ista portio terræ sit habitabilis continue, quia impeditur accessus propter mare... »

Nous ne faisons pas difficulté de le reconnaître, les passages que nous venons de citer sont de simples paraphrases du texte d'Aristote; mais qui ne sait que la paraphrase des textes anciens fut au moyen âge une partie considérable de l'enseignement? C'est sous cette forme que les idées se conservaient; c'est par cette voie que les sciences de l'antiquité nous sont parvenues. Quand une conception philosophique avait figuré dans une paraphrase, on peut affirmer qu'elle était entrée dans la circulation de l'école; elle devenait un objet de controverse, et, si elle n'était pas tout à fait stérile, le germe qu'elle renfermait ne tardait pas à se développer.

Au reste, dans un ouvrage qui n'est plus un simple commentaire, mais qui révèle un effort très sérieux de composition originale, dans l'*Opus Majus* de Roger Bacon, nous allons retrouver des indications toutes semblables à celles que nous ont offertes Albert le Grand et saint Thomas d'Aquin. Roger Bacon examine quelle est l'étendue de la terre habitable; et, à ce propos, il fait remarquer que la mer est moins large qu'on ne le croit entre la côte occidentale de l'Afrique et l'Inde; ce qui suppose le prolongement de l'Asie à l'orient, et laisse par conséquent un plus grand espace pour l'habitation des hommes.

« Aristoteles vult in fine secundi *Cœli et Mundi*, quod plus habitetur quam quarta. Et Averroes hoc confirmat. Dicit Aristoteles quod mare parvum est inter finem Hispaniæ, a parte Occidentis, et inter principium Indiæ, a parte Orientis. Et Seneca libro V *Naturalium*, dicit quod mare hoc est navigabile in paucissimis diebus, si ventus sit conveniens... Et hoc per auctoritatem alterius considerationis probatur; nam Esdras dicit, IV libro, quod sex partes terræ sunt habitatæ et septima est cooperta aquis... Et propter hoc dico, quod licet habitatio nota Ptolomæo et ejus sequacibus sit coarctata intra quartam unam, plus tamen est habitabile. Et Aristoteles potuit plus nosse, quia auctoritate Alexandri misit duo millia hominum ad investigandum res hujus mundi, sicut Plinius dicit VIII *Naturalium*. Et ipsemet Alexander perambulavit usque ad finem Orientis, et sicut patet ex historia Alexandri et ex epistolis quas Aristoteli conscripsit, semper mandavit ei de omnibus mirabilibus et insolitis quæ inveniebat in Oriente. Et ideo potuit Aristoteles plus certificare quam Ptolomæus. Et Seneca similiter, quia Nero imperator, discipulus ejus, similiter misit, ut exploraret dubia mundi, sicut Seneca narrat in *Naturalibus*. Et ideo secundum hæc, quantitas habitabilis magna est, et quod aqua cooperitur, modicum debet esse. Versus enim polos mundi, oportet quod aqua abundet, quia loca illa frigida sunt propter elongationem a sole; sed frigus multiplicat humores; et ideo a polo in polum decurrit aqua in corpus maris, et extenditur inter finem Hispaniæ et inter principium Indiæ non magnæ latitudinis; et vocatur Oceanus, ut principium Indiæ possit esse multum ultra mediatem æquinoctialis circuli sub terra, accedens valde ad finem Hispaniæ... Aristoteles et suus commentator dicunt ad probationem parvitatis maris inter Hispaniam et Indiam, quod elephantes sunt tantum in illis duobus locis. Verum enim est quod circa montem Atlantem abundant elephantes, ut Plinius dicit sicut et Aristoteles, et similiter in India... Sed Aristoteles dicit quod elephantes in illis locis esse non possent, nisi essent similis complexionis; et si essent multum distantia, non haberent similem complexionem, et ideo nec elephantes essent in illis locis tantum. Quapropter concludit hæc loco esse propinquiora; et ideo oportet quod mare parvum sit inter ea (1)... »

Ainsi s'exprime Roger Bacon dans ce passage, souvent cité par les historiens de la géographie. Un point digne de remarque, ce sont les autorités que le docteur franciscain allègue. Il cite Aristote et Averroës, subsidiairement Sénèque et Pline. Je conviens qu'il cite également Ptolémée, mais pour le combattre. Suivant lui, le géographe grec n'a pas connu, il ne pouvait pas connaître les véritables dimensions de la terre aussi bien que le précepteur d'A-

---

(1) *Opus Majus*, ed. Venetiis, 1750, in-4°. p. 137.

lexandre, à qui les conquêtes de son royal disciple en Orient avaient procuré de si précieuses notions, ni aussi bien que le précepteur de Néron, mettant à profit les résultats de l'expédition que ce prince, au témoignage de quelques historiens, envoya dans la mer des Indes. Ce jugement de Roger Bacon nous paraît démontrer que ce n'est pas à Ptolémée, comme le croit M. de Santarem, que le moyen âge a emprunté l'hypothèse d'une communication entre l'Europe et l'Asie par l'océan Atlantique. Cette hypothèse implique les deux notions suivantes, qui sont admises par Ptolémée : la première, que la terre est ronde; la seconde, qu'elle s'étend en longitude de l'est à l'ouest. Mais quand on est en possession de ces prémisses, il reste encore à tirer la conséquence. Or, cette conséquence, qui n'avait pas échappé à Eratosthène, n'est pas énoncée par Ptolémée, tandis qu'elle se retrouve de la manière la plus expresse chez Aristote. Voilà pourquoi, bien qu'Aristote ne l'ait pas inventée, nous la considérons comme une idée péripatéticienne. Elle a été puisée dans ses ouvrages par ses interprètes, et ce sont leurs commentaires qui l'ont fait pénétrer dans l'école. Les textes que nous avons cités ne nous paraissent laisser aucun doute sur ce fait, que les éclaircissements qui suivent achèveront, nous l'espérons, de mettre dans tout son jour.

Campano de Novarre, Jean Sacrobosco, Robert de Lincoln, Cecco d'Ascoli, dans les écrits sur la sphère qu'ils nous ont laissés, ne parlent pas de la proximité supposée de l'Europe occidentale et des rivages de l'Inde. La cosmographie qu'ils enseignaient est même contraire plutôt que favorable à cette hypothèse. Cecco d'Ascoli persiste à placer le Paradis terrestre à l'orient de l'Asie. Robert de Lincoln tient encore pour le vieux système qui partage la terre en quatre continents, séparés par deux grandes mers, dont l'une occupe l'équateur, et dont l'autre descend du pôle nord au pôle sud, en coupant la première à angle droit. On ne saurait se dissimuler que, malgré d'incontestables progrès, la géographie était encore altérée sur ces différents points par d'incroyables erreurs, dont les interprètes d'Aristote eux-mêmes ne savaient pas toujours se garantir. Dans les questions sur le livre *Du ciel*, Albert de Saxe enseigne que nous sommes séparés des régions australes par des déserts coupés de hautes montagnes, qui ont la propriété d'attirer la chair humaine comme l'aimant attire le fer (1). Malgré la réputation de savoir et de ferme jugement qu'il s'est acquise par quelques opinions contraires aux préjugés de l'école, Pierre d'Abano rapporte ces fables ridicules sans les combattre ouvertement; et même il s'en sert pour expliquer que la zone torride peut être habitée, comme il essaye de le démontrer, sans que nous ayons aucune communication avec ses habitants. C'est à ce propos qu'il nous donne ce précieux renseignement, cité par les historiens des découvertes maritimes, que, trente années auparavant, les Génois avaient équipé deux galères qui franchirent le détroit d'Hercule à l'extrémité de l'Espagne, mais que depuis on ne savait ce qu'elles étaient devenues (2).

Cependant voici un très ancien traité de cosmographie, le premier peut-être qui ait été écrit en français, dans lequel l'idée de la proximité de l'Asie et de l'Afrique se trouve clairement indiquée : c'est le traité *De la sphère*, qui fut composé pour le roi Charles V par Nicolas Oresme, grand maître du collège de Navarre, mort évêque de Lisieux en 1382. Quelles sont les autorités que le savant prélat invoque à l'appui de l'opinion qu'il exprime? C'est Aristote et Averroës. « Selon Aristote, » dit-il au chapitre des climats, après avoir parlé de ces statues élevées par Hercule, que nous avons déjà rencontrées, « selon Aristote et Averroës, en la fin du second livre *De cœlo et mundo*, la fin de terre habitable vers Orient, et la fin de terre habitable vers Occident, sont bien près l'une de l'autre, et n'y a entre deux que une mer qui n'est pas moult large. Et pour ce, en alant de l'une fin à l'autre, par terre habitable, y a plus d'espace grandement que n'est la moitié du circuit de la terre. Et doncques si les climats se traient en la fin d'Occident, si comme mettent les aucteurs, et ils ne treuvent en long que la moitié du circuit de la terre, il s'en suit, selon Averroës, que ces climatz ne se estendent pas jusques à la fin d'Orient et qu'il y a grans habitacions oultre, hors des climatz par devers

---

(1) *Alberti de Saxonia quæstiones de Cœlo et Mundo*, l. II, q. 26 : « Auctoritate quorumdam, versus æquinoctialem sunt quidam montes, qui habent naturam attrahendi carnem humanam, sicut magnes attrahit ferrum; et hæc est causa quare nullus transit. »

(2) Voyez le curieux ouvrage de Pierre d'Abano, *Conciliator controversiarum quæ inter philosophos et medicos versantur*, Venetiis, 1565, diff. 67.

Orient, où il convient que les climatz ou aucuns d'iceulx soient plus longs que les astrologiens ne mettent (1)... » Il est essentiel d'observer que Nicolas Oresme est un des interprètes d'Aristote les plus accrédités du xiv° siècle, et que parmi les ouvrages qu'il a traduits en français pour le service du roi de France figure le traité *Du ciel et du monde*. Les livres du Stagirite avaient donc contribué, si j'ose ainsi m'exprimer, à son éducation géographique, comme au reste il semble lui-même le reconnaître par les citations qu'il en fait non seulement dans le passage que nous venons de citer, mais dans beaucoup d'autres.

Nicolas Oresme nous conduit à Pierre d'Ailly, entré comme boursier au collège de Navarre onze années environ après le départ d'Oresme, et devenu lui-même, dans la suite, une des gloires de cette maison, tant par les charges éminentes qu'il remplit dans l'Église que par son érudition variée et par ses ouvrages. Ceux de ses écrits qui touchent à l'objet de nos recherches sont une cosmographie où il ne fait qu'abréger la géographie de Ptolémée nouvellement traduite par Angeli, des *Questions* sur la sphère et un traité qu'il a intitulé *Imago mundi*. Ce dernier ouvrage, accompagné de curieux appendices, est de beaucoup le plus important. L'auteur y répète à plusieurs reprises que la distance n'est pas aussi grande qu'on le suppose entre le détroit de Gadès et le continent de l'Inde. « Mare Oceanum inter orientales et occidentales Gades Herculis angustiorem latitudinem, quam philosophorum vulgus credit, perhibetur habere. » Et un peu plus haut : « Latus orientale Indiæ a quibusdam fertur usque prope finem Africæ protendi (2). » Mais à quelle source Pierre d'Ailly avait-il emprunté cette notion, si ce n'est à la même source que Nicolas Oresme, saint Thomas d'Aquin et Albert le Grand, je veux dire aux livres d'Aristote et d'Averroës ? Une particularité que M. Humbold a relevée (3) et qui n'est pas sans valeur pour l'histoire littéraire, c'est que le cardinal de Cambrai, sur la question qui nous

---

(1) Ch. xxxviii, *Des habitations qui sont dehors les climats.* Voy. l'*Essai sur la vie et les ouvrages de Nicole Oresme*, par M. Francis Meunier, Paris, 1858, in-8°, et le *Mémoire sur la cosmographie du moyen âge*, d'Ernest de Fréville, dans la *Revue des Sociétés savantes*, ann. 1859, 2° sem., p. 734.

(2) *Imago mundi*, epilog. Cf., ibid., c. xlix.

(3) *Examen critique*, t. 1er, p. 63 et suiv.

occupe, ne fait souvent qu'abréger et même copier Roger Bacon. Un assez grand nombre de passages de l'*Imago mundi* sont la reproduction textuelle de l'*Opus Majus*.

Sans chercher ici à opérer des rapprochements qui prolongeraient outre mesure cette discussion déjà trop étendue, nous sommes, je crois, autorisé à conclure : 1° qu'au temps de Pierre d'Ailly, une tradition sur la faible étendue de la mer qu'on supposait séparer le continent oriental et l'occident de l'Europe s'était établie dans l'école; 2° que cette tradition, dont la source était Aristote, se perpétuait comme elle s'était formée, par l'entremise des interprètes du Stagirite.

Nous touchons à l'époque où les sciences et les arts de l'Europe verront s'accomplir une révolution mémorable dans laquelle la géographie aura la plus vaste part. Sénèque a écrit de beaux vers sur les découvertes que l'avenir réservait au génie de l'homme dans des mondes inconnus à l'antiquité :

> Venient annis saecula seris
> Quibus Oceanus vincula rerum
> Laxet, et ingens pateat tellus,
> Tethysque novos detegat orbes,
> Nec sit terris ultima Thule.

Cette prédiction n'avait pas échappé aux anciens interprètes de Sénèque, et l'un d'eux, Nicolas Triveth, de l'ordre des Frères Prêcheurs, explique avec concision comment elle recevra son accomplissement lorsque les progrès de l'industrie humaine auront surmonté les obstacles qui nous dérobent la connaissance de la nature (1). Au xv° siècle, la science de la navigation était assez avancée pour qu'une expédition partie des côtes occidentales de l'Europe pût s'aventurer sur l'Océan avec chances de succès, si elle était conduite par un chef intrépide, dont le cœur, suivant

---

(1) Comm. inédit sur les tragédies de Sénèque, Bibl. nat., anc. fonds, mss. 8032, f° 124 r° : « Secula venient annis seris, quibus Oceanus laxet vincula rerum, » scilicet impedimenta quibus adhuc prohibentur homines ne videant aliquas terras vel regiones ignotas; unde subdit « et pateat, » id est, patebit ingens tellus, « Tethysque, » id est nauta Jasonis « detegat, » id est, deteget, non in persona sua, sed in arte navigationis quam primo adinvenit, « novos orbes, » id est, ignotas regiones nobis, et tanquam novas regiones, « nec sit, » id est, erit, « Tile ultima terris, » scilicet, quod ultra eam invenietur terra per navigationem... »

l'expression d'Horace, fût cuirassé trois fois contre les dangers. Les Portugais, animés par leurs princes, donnèrent les premiers l'exemple en cinglant vers le sud; ils reconnurent toute la côte d'Afrique, depuis les Canaries jusqu'au cap de Bonne-Espérance; avec un courage encore plus héroïque, Christophe Colomb résolut de pousser à l'ouest, espérant se frayer la route des Indes à travers l'Atlantique.

Quand une idée a fait son chemin dans le monde, il arrive souvent que son origine s'oublie; ceux qui en tirent les applications les plus grandioses ignorent ou feignent d'ignorer d'où elle vient et à quelle source ils doivent rapporter cette tradition qui les a si heureusement servis. Tel ne fut pas le sort de l'idée dont nous esquissons l'histoire. Christophe Colomb, qui la mit à profit, en connaissait la provenance; il savait par quelles lectures et sous quelles influences son propre génie s'était développé, et il ne cherchait pas à cacher qu'il avait trouvé chez Aristote ce germe devenu si fécond entre ses mains. Son fils Fernand Colomb, en racontant sa vie, explique avec beaucoup de détail, d'après ses manuscrits, les motifs qui l'avaient poussé à entreprendre son expédition; en première ligne figurent l'opinion exprimée par Aristote au livre *Du ciel et du monde*, et le commentaire d'Averroës. Mais nous avons mieux encore, nous possédons le propre témoignage de Christophe Colomb lui-même, qui, dans la relation de son troisième voyage, écrite selon toute apparence au commencement de l'année 1498, s'exprime en ces termes :

« Le Maître de l'*Histoire scolastique* dit en parlant sur la Genèse que les eaux sont peu abondantes; que, lorsqu'elles furent créées, elles ne couvraient toute la terre que parce qu'elles étaient vaporeuses et comme des brouillards; et que, lorsqu'elles furent devenues solides et réunies, elles occupèrent très peu de place. Nicolas de Lira en a la même opinion. Aristote dit que ce monde est petit et qu'il y a peu d'eau, et qu'on peut passer facilement d'Espagne dans les Indes. Avenruyz confirme cette idée, et le cardinal Pierre de Aliaco le cite, en appuyant cette opinion, qui est conforme à celle de Sénèque, en disant qu'Aristote a pu connaître beaucoup de choses secrètes sur le monde, à cause d'Alexandre le Grand, et Sénèque à cause de César Néron, et Pline à cause des Romains, les uns et les autres ayant dépensé beaucoup d'argent, employé beaucoup de monde et mis beaucoup de soin pour découvrir les secrets du monde et en répandre la connaissance. Le même cardinal accorde à ces écrivains une autorité plus grande qu'à Ptolémée et aux autres Grecs et Arabes (1). »

Il semble que Christophe Colomb ne pouvait déclarer dans des termes plus positifs qu'il est lui-même le disciple d'Aristote et de ses interprètes, qu'il s'est inspiré de la lecture de leurs écrits, que leurs exemples ont contribué pour une large part à l'éclairer et à le diriger. Il n'a pas suivi l'autorité de Ptolémée; pourquoi? Pour le même motif qui la diminuait aux yeux de Roger Bacon et de Pierre d'Ailly, et qui leur faisait préférer le témoignage de Pline et celui de Sénèque. Fernand Colomb nous apprend que son père a connu la *Géographie* de Strabon; et, en effet, la traduction latine que Guarini en avait donnée fut imprimée à Venise en 1469 ou 1471; mais Strabon lui-même ne serait-il pas resté pour Colomb une lettre morte si celui-ci n'avait pas été préparé par ses études antérieures à saisir la portée des indications fournies par le grand géographe? N'hésitons pas à croire, d'après son propre aveu, que ses premiers, ses véritables maîtres ont été les scolastiques; c'est à la tradition péripatéticienne qu'il doit la conjecture sur la foi de laquelle, en quittant l'Espagne, il a cru s'embarquer pour les Indes. Et n'est-ce pas aussi cette même tradition, répandue alors dans toutes les écoles de l'Europe, qui fit pencher en faveur des desseins de Colomb le jugement des commissaires que la reine de Castille avait chargés de les examiner? Sans doute, pour désarmer les appréhensions et les préjugés qui s'opposaient à une entreprise aussi périlleuse et aussi nouvelle, il ne fallait pas moins que l'autorité séculaire du philosophe qui enchaînait à ses décisions la chrétienté, et que les théologiens eux-mêmes s'étaient habitués à vénérer comme un oracle.

Nous ne voudrions pas encourir le reproche d'être tombé dans une exagération puérile. Nous n'ignorons pas que la découverte du Nouveau-Monde fut le résultat de causes très complexes. L'heureuse issue des expéditions entreprises par les Portugais; les récits des équipages qui les avaient accomplies; les renseignements

---

(1) *Relations des quatre voyages entrepris par Christophe Colomb*, etc.. Paris, 1820, in-8°, t. III, p. 41.

précieux que devait y trouver un esprit naturellement observateur; l'habitude et le goût des voyages; un long séjour en Portugal au bord de cette mer dont les flots semblent solliciter les navigateurs et les pousser aux aventures; les conseils de Toscanelli, qui, dans une lettre célèbre, conseillait lui-même le voyage aux Indes par la voie de l'ouest; quelques indices vagues recueillis par les habitants des côtes et qui semblaient annoncer un continent à une distance assez rapprochée vers le couchant : toutes ces circonstances bien certainement ont agi sur Colomb et ont contribué à le pousser dans la direction qu'il a suivie. Mais quand on les a toutes énumérées, et quand, d'une autre part, on a payé un juste tribut d'admiration au sublime esprit, au cœur magnanime qui sut exécuter le plus grand et le plus périlleux des desseins, il reste encore un dernier mot à ajouter : c'est que la pensée dominante de Colomb était l'hypothèse de la proximité de l'Espagne et de l'Asie, et que cette hypothèse lui venait d'Aristote et des scolastiques. C'est le point auquel nous nous sommes attaché, en essayant d'y répandre quelques lumières nouvelles. Malgré l'oubli, et peut-être même à cause de l'oubli dans lequel la géographie du moyen âge est tombée à mesure que l'homme a mieux connu sa demeure terrestre, peut-être n'était-il pas indifférent de constater que les découvertes des modernes avaient en partie leur origine historique dans une conception énoncée, il y a deux mille ans, par Aristote, recueillie par ses interprètes grecs et arabes, commentée par Albert le Grand, saint Thomas d'Aquin et Roger Bacon, et fécondée par un navigateur de génie dont la science égalait l'intrépide courage.

# JORDANO BRUNO.

# JORDANO BRUNO [1].

Le but suprême de la philosophie est la connaissance raisonnée de la vérité : son procédé naturel est la réflexion, non la foi. Cependant les siècles de foi ne sont pas ceux où la tâche du philosophe présente le plus de difficultés, où son courage est exposé aux plus rudes épreuves. La foi, comme l'espérance, l'amour et en général, tous les sentiments, est d'autant plus facile au cœur qu'elle est partagée. L'exemple y dispose et la favorise. Il en coûte moins pour être soumis et fidèle, lorsqu'on vit au milieu d'une société qui pratique elle-même l'obéissance. Ajouterai-je que, sous la discipline sévère de la foi, l'esprit le plus rebelle s'habitue à contenir et à régler ce qu'il peut y avoir d'excessif et d'immodéré dans son ardeur. Sa démarche en devient plus lente, mais elle est aussi mieux assurée. S'il avance peu, il ne s'égare pas. Il acquiert assez d'empire sur lui-même pour résister aux entraînements de ses pensées, et on ne le voit pas troubler le monde par des rêves pernicieux qui feraient le malheur de sa propre vie.

Le véritable écueil pour les philosophes, c'est, il faut le dire, cette liberté séduisante et mensongère, mélange d'esclavage et d'anarchie, qui est propre aux âges où se prépare et s'annonce, mais où ne se consomme pas l'émancipation définitive des intelligences. Le spectacle que présente alors la société, l'état de ma-

---

[1] Le morceau suivant a été composé à l'occasion de l'ouvrage de M. Christian Bartholmèss, *Jordano Bruno*, Paris, 1846, 2 vol. in-8°. Il a paru dans la *Revue Nouvelle*, n° du 1ᵉʳ mars 1847. Nous l'avons revu avec soin, corrigé et un peu développé.

laise et d'inquiétude où elle se trouve, le vide affligeant que le progrès du doute opère dans les âmes, la fatigue du présent, l'aversion du passé, l'attente de l'avenir, mille causes réunies paraissent convier la raison à secouer les chaînes qui la retiennent captive. Le philosophe suit cette pente sans consulter ses forces, sans mesurer l'étendue des obstacles qu'il aura à surmonter. Il court avec impétuosité là où la nature et les circonstances le portent, espérant découvrir par la seule vertu de son génie le remède aux maux qui tourmentent ses semblables et dont il est lui-même atteint. Espoir frivole! efforts impuissants! Il n'est jamais plus éloigné du but que lorsqu'il se flatte enfin de le toucher. Il a cru être en possession d'une doctrine destinée à rallier les âmes en les réformant, et, victime de son imagination ou de son orgueil, il se trouve n'avoir mis au monde qu'une utopie que le sens commun et la conscience repoussent énergiquement, et dont l'audace ne fait qu'ajouter au désordre général. L'autorité ne tarde pas à s'émouvoir de cette tentative menaçante pour sa suprématie; elle appelle la persécution à son aide pour retenir l'ascendant qui lui échappe; le philosophe, convaincu de rébellion ou de blasphème, meurt dans un cachot ou sur un bûcher. Voilà où se terminent tant de projets et d'efforts souvent généreux que le premier souffle de la liberté renaissante avait inspirés.

Le Napolitain Jordano Bruno, condamné au feu par l'inquisition de Rome dans la dernière année du XVI<sup>e</sup> siècle, est le type achevé de ces martyrs de l'indépendance philosophique qui sont morts victimes de leurs erreurs et des passions humaines exaltées par le désordre des temps. Le siècle où il vécut avait vu l'unité religieuse de l'Europe se briser et la guerre civile ensanglanter la France, l'Angleterre et l'Allemagne. Au milieu de la confusion qui régnait de toutes parts, il semblait que l'ère de l'affranchissement allait commencer pour la raison, et qu'après avoir été longtemps esclave, elle se gouvernerait à sa guise et propagerait en toute liberté ses rêveries. Bruno se berça, comme tant d'autres, de cette espérance. Il secoua toute espèce de joug, et s'abandonna au charme de penser par lui-même et de communiquer ses pensées à autrui. Cependant rien n'était changé dans la constitution de la société chrétienne, sinon que les fondements se trouvaient ébranlés, que l'ordre avait fait place à l'anarchie, la paix à l'agitation, que les esprits ne savaient où se prendre, et que le pouvoir, irrité de ses pertes, venait de passer de l'indulgence à la plus extrême rigueur. Au XV° siècle, Pomponace, qui doutait de l'immortalité de l'âme, avait coulé tranquillement ses jours; Nicolas de Cusa, malgré ses conjectures téméraires sur l'identité de Dieu et du monde, avait porté la pourpre romaine. Mais de pareilles licences ne furent plus tolérées lorsque Luther eut donné le signal de la rébellion ouverte. Les princes catholiques firent face au péril qui menaçait l'orthodoxie, en se montrant impitoyables contre les novateurs. Toutes les hardiesses de la pensée furent surveillées, poursuivies comme des crimes et frappées du plus cruel châtiment. En moins d'un siècle, de 1560 à 1600, que d'accusés! que de victimes! Bruno fut un nom de plus ajouté à ces tables sanglantes qui se fermèrent avec lui pour les philosophes.

Malgré l'éclat douloureux qui a environné sa mort, Bruno est un personnage généralement peu connu, même des historiens. Plusieurs circonstances de sa vie n'ont pas encore été éclaircies complètement, et quant à ses ouvrages, on ne saurait se figurer les débats et souvent les méprises qu'ils ont occasionnés. Les biographes à venir s'entendront mieux et se tromperont moins, il faut l'espérer, grâce aux deux volumes qu'a laissés un docte et consciencieux écrivain, enlevé prématurément aux lettres et à la philosophie, M. Christian Bartholmèss. Le premier volume est consacré à la vie de Bruno; le second, à l'analyse détaillée de ses œuvres et de sa doctrine. Nous ne saurions dire tout ce que l'un et l'autre contiennent de détails curieux et inespérés sur les écrivains et les événements du XVI° siècle. Il n'est pas un point, si minime qu'il soit, que l'auteur n'ait approfondi par les recherches les plus minutieuses et les plus exactes. En mettant à profit les matériaux si habilement recueillis et coordonnés par M. Bartholmèss, en y ajoutant quelques recherches qui nous sont personnelles, nous allons essayer nous-même de faire connaître la carrière aventureuse et les opinions du philosophe napolitain.

A quelques milles de Naples, entre la Méditerranée et le Vésuve, s'élève la petite ville de Nola, dont l'origine remonte, dit-on, aux Phéniciens, et qui a été autrefois une des cités les plus florissantes de l'Italie méridionale. Bien que déchue aujourd'hui de son ancienne prospérité, elle est encore le siège d'un évêché rendu célèbre dans les annales de l'Église par les vertus de saint Félix et de saint Paulin. Ce fut là que naquit Jordano Bruno, vers 1550, de parents nobles, suivant les uns, obscurs, suivant les autres. On possède peu de détails sur ses premières années. On ne sait ni où il fut élevé ni quelle éducation il reçut; mais il paraît constant, d'après son propre témoignage, qu'il montra un goût précoce pour les lettres et la poésie. Fut-ce le désir de sacrifier aux muses dans une sainte retraite qui le porta à embrasser la vie monacale dans une des maisons que l'ordre de Saint-Dominique avait fondées au royaume de Naples? M. Bartholmèss l'affirme (1), sans justifier à notre avis cette assertion par aucun texte décisif; elle est moins arbitraire cependant que le doute élevé par Echard (2), qui conteste que Bruno ait été dominicain, malgré le témoignage précis d'un contemporain, Gaspard Schoppe (3), témoignage confirmé aujourd'hui par un document tiré des archives de Venise (4).

La vie du cloître exige une entière abnégation, un cœur soumis et humble; elle est peu propice aux âmes inquiètes et indociles, que l'obligation de se plier au joug de la règle exaspère presque toujours sans pour cela les contenir. Bruno en fit personnellement la funeste expérience. La discipline monastique, de laquelle il attendait le repos, ne le lui donna pas; mais, par l'irritation qu'elle lui causa, elle servit à faire fructifier les semences d'insubordination que sa nature renfermait. Il raconte (5) qu'après avoir vivement aimé les lettres et la poésie, après avoir sacrifié à Thalie et à Melpomène, il fut poussé vers la philosophie par ses

(1) *Jordano Bruno*, t. I, p. 32.

(2) Echard, *Scriptores ordinis Prædicatorum recensiti*. Lutetia Parisiorum, 1721. in-fol., t. II, p. 342.

(3) Dans une lettre datée de Rome, le 17 février 1600, Gaspard Schoppe ou Scioppius, qualifie ainsi Bruno, « patria Nolanus, professione Dominicanus. » Cette lettre bien connue et souvent imprimée, qui contient la relation du dernier procès et du supplice de Bruno, a été reproduite en grande partie par M. Bartholmèss, t. I, p. 332 et suiv.

(4) Note de police du 28 septembre 1592, retrouvée par M. Léopold Ranke, et transcrite par M. Bartholmèss, t. I, p. 320. Bruno y est signalé comme apostat, « essendo stato primo frate domenicano. »

(5) *Eroici furori*, t. II, p. 313. etc., des Œuvres italiennes de Bruno, recueillies par M. Ad. Wagner, Leipsig, 1830, 2 vol. in-8°.

maîtres eux-mêmes, par ses supérieurs et ses juges. Ministres de la jalousie, serviteurs de l'ignorance, esclaves de la méchanceté (1), s'il faut en croire ses rancunes amères, ils le détournèrent des hautes études auxquelles il se sentait naturellement enclin (2); ils prétendirent enchaîner son génie et, de libre qu'il était sous l'empire de la vertu, l'assujettir au joug d'une vile et stupide hypocrisie. Bruno avait trop de fierté dans l'âme, trop de présomption et de fougue aventureuse pour rester longtemps observateur fidèle du vœu d'obéissance. Un jour donc, il dépouilla le froc, quitta son monastère, et se mit à parcourir les principales villes de la péninsule, Naples, Gênes, Milan, Florence, Venise.

L'Italie possédait au xvi<sup>e</sup> siècle un grand nombre d'académies florissantes, modernes créations de ses philosophes et de ses princes. La plupart étaient composées de grammairiens et de poètes qui s'exerçaient à la connaissance et à l'imitation de l'antiquité. Ailleurs, comme à l'Académie de Cosenza, fondée par Telesio, on s'adonnait aux sciences naturelles, en cherchant à les régénérer par le perfectionnement des méthodes. Ces foyers d'activité scientifique et littéraire excitaient la curiosité et l'attente de tous ceux qui n'étaient pas insensibles aux progrès des lettres et de la philosophie. M. Bartholmèss conjecture, non sans raison, que Bruno les visita dans le cours de ses voyages. Ce fut là qu'il dut puiser la plupart de ses connaissances en astronomie et en physique, et peut-être le germe de sa doctrine; mais il y contracta de plus en plus l'amour de l'indépendance, l'aversion du frein et de l'autorité. Il commença dès lors à s'attirer de fréquents démêlés avec l'Église par la hardiesse avec laquelle il dogmatisait. Les ouvrages qu'il composa durant cette période, comme l'*Arche de Noé*, ne nous sont pas parvenus; mais tout porte à croire qu'il s'y exprimait sans ménagement à l'égard des personnes et des choses les plus vénérées. Certaines parties du dogme, comme le mystère de la transsubstantiation eucharistique et la conception immaculée de la sainte Vierge, exercèrent, dit-

---

(1) *Eroici furori* : « Ministri e servi dell' invidia, ignoranza et malignitade. »
(2) *Ibid.* : « Ritenendolo da cose più degne et alle a le quali era naturalmente inchinato, cattivano il suo ingegno, per che da libero sotto la virtu lo rendesser cattivo sott'una vilissima e stolta ipocrisia. »

on, sa verve licencieuse et impie (1). Désormais, non seulement Aristote, mais la papauté et le catholicisme, allaient compter un ennemi de plus parmi les philosophes.

En 1580, nous trouvons Bruno séjournant à Genève, où il était sans doute venu dans l'espérance d'y trouver un abri que sa patrie ne lui offrait plus. Mais la métropole du calvinisme, malgré ses plaintes contre la tyrannie de Rome, ne le cédait pas en intolérance à l'inquisition. Qui ne connaît la fin lamentable de Michel Servet, condamné et brûlé pour crime d'hérésie? M. Bartholmèss a exhumé une pièce curieuse qui prouve que les successeurs de l'apôtre de la Réforme persévéraient dans ses maximes et ne se montraient pas de meilleure composition que lui-même à l'égard de leurs adversaires. C'est la délibération du consistoire contre Henri Estienne, lequel est excommunié et condamné même à la prison : pourquoi? « Pour avoir imprimé un livre plein de choses scandaleuses et indignes d'un chrétien, pour avoir manqué à M. de Bèze, qui lui reprochait l'abus qu'il faisait de ses talents et sa mauvaise réputation, étant communément appelé le Pantagruel de Genève et le prince des athées; enfin pour avoir dit qu'il fallait être hypocrite pour plaire au consistoire (2). » Je m'imagine que Bruno, avec son humeur querelleuse, la franchise de ses allures et sa parole irrévérente, n'aurait pas évité le sort de Henri Estienne s'il avait longtemps habité à Genève; mais il eut la sagesse de quitter promptement cette ville. Il traversa les monts pour venir en France, visita Lyon et les écoles de Toulouse, où, selon son témoignage, il excita des tempêtes (3), puis se dirigea vers Paris.

Malgré la Saint-Barthélemy et malgré la Ligue, Paris était resté le centre des études de la chrétienté, « une ville, écrivait Castelnau (4), pleine de si grands et savants personnages, que le peuple faisoit jugement qu'elle ne pouvoit faillir. » Là, Bruno obtint

(1) Scioppius, *ibid.*: « Qui (Bruno) cum jam annis abhinc octodecim de transsubstantiatione... dubitare, imo eam prorsus negare, et statim virginitatem B. Mariæ... in dubium vocare cœpisset... »

(2) *Jordano Bruno*, t. I, p. 60. Cf. Renouard, *Annales de l'imprimerie des Estienne*, 2ᵉ édit., Paris, 1843, p. 416.

(3) Bartholmèss, t. I, p. 49.

(4) *Mémoires de Michel de Castelnau*, l. I, ch. IV, collection Michaud et Poujoulat, p. 409.

ce qu'il désirait avec le plus d'ardeur, et ce qu'il n'avait pu encore se faire accorder nulle part, la licence d'enseigner. On peut même inférer du témoignage de Schoppe qu'il aurait été admis au nombre des professeurs ordinaires de l'Université s'il avait voulu aller à la messe (1). En dépit de cette dernière circonstance, qui n'a pas médiocrement embarrassé les biographes, nous devons croire qu'il contint sa fougue habituelle et sut se montrer plein de réserve et de modération; car il vécut paisible et honoré, gagna l'amitié de plusieurs personnages de la cour, et compta même Henri III parmi ses protecteurs. Il témoigna sa vive reconnaissance pour ce prince en lui adressant son traité *De umbris idearum* (2), avec une dédicace emphatique dans laquelle le triste fils de Catherine de Médicis est présenté à l'admiration des peuples et au respect des docteurs comme un modèle d'éminente vertu, de génie sublime et de magnanimité. Au reste, l'enseignement de Bruno à ce moment de sa carrière était peu susceptible d'échauffer les têtes et d'exciter des défiances, même sous un roi dévot jusqu'à la superstition; il roulait sur la topique et la mnémonique. Bruno démontrait la possibilité d'une méthode à la fois simple et large qui, pareille à l'esprit humain, serait identique pour toutes les branches du savoir, et dans toutes abrégerait le travail de la pensée en le réduisant à un pur mécanisme. Cette méthode, selon lui, n'était même plus à découvrir : elle avait été inventée deux siècles auparavant par l'Espagnol Raymond Lulle, dont le *Grand Art* demandait seulement à être simplifié, étendu et complété. Bruno se livra au rôle ingrat et obscur de réformateur du lullisme (3). Il prépara des tables comprenant toutes les notions fondamentales de l'intelligence, soit sujets, soit attributs; il nota tous les rapports que ces notions peuvent avoir entre elles, toutes les questions qu'elles peuvent soulever; il traça des règles pour la combinaison des ju-

---

(1) Scioppius, l. 1 : « Parisios devenit, ibique extraordinarium professorem egit, cum videret ordinarios cogi missae interesse. »

(2) *De umbris idearum*, Parisiis, 1582, in-12 : « Egregium populorum spectaculum virtute praestantis animi spectatissimum, certitudine sublimis ingenii celeberrimum... doctorumque omnium obsequio jure colendissimum. »

(3) La plupart des œuvres latines de Bruno sont consacrées au lullisme; ce sont, outre le traité *De umbris idearum*, les ouvrages suivants : *De compendiosa architectura et complemento artis Lullii*, Parisiis, 1582. — *Cantus Circæus*, Parisiis, 1582. — *Explicatio triginta sigillorum ad omnium scientiarum inventionem, dis-*

gements et leur transformation en raisonnements; il ajouta d'autres règles pour la conduite et le perfectionnement de la méthode; et ce travail une fois achevé, le *Grand Art* de Lulle ainsi amélioré, il l'exposa de vive voix et dans divers écrits comme un moyen infaillible de disserter avec justesse et facilité sur toute espèce de sujets, comme la voie qui menait à la science universelle. La postérité n'a pas ratifié le jugement de Bruno sur son œuvre. Elle s'est montrée impitoyable pour cette méthode qui promet tant, qui donne si peu; elle ne s'est pas contentée de ne point la mettre en pratique, elle l'a complètement oubliée. A Dieu ne plaise que nous en appelions de la sentence des siècles; qu'il nous soit permis cependant de le faire remarquer : tout n'est pas absolument vain dans le lullisme. Il repose sur deux principes qui ne peuvent être sérieusement contestés : le premier, que la pensée a des éléments fixes, des lois invariables qui sont les mêmes chez tous les hommes, en tous lieux, en tous temps, malgré la variété infinie des conceptions que l'esprit peut former; le second, que pour celui qui connaîtrait à fond ces lois et ces éléments, qui saurait exactement de quelle manière ils se combinent et produisent des notions nouvelles, la génération de la connaissance deviendrait une sorte de calcul, un jeu presque sans fatigue. Maintenant la philosophie arrivera-t-elle jamais à donner une liste exacte des catégories élémentaires, des principes régulateurs de l'esprit humain? Réalisera-t-elle pour l'intelligence tout entière l'œuvre étonnante qui a été entreprise et achevée par Aristote pour une seule des opérations de la pensée, le raisonnement? Supposez le génie le plus opiniâtre et le plus pénétrant, n'échouera-t-il pas toujours devant les difficultés d'une pareille tâche? Là est toute la question. Mais, au XVIe siècle, qui songeait à se la poser? Maîtres et disciples, dévorés du désir de connaître et pleins de foi dans les forces de l'esprit humain, accueillaient avidement les promesses de tous ceux qui offraient de les conduire par une route facile aux sources du savoir. Bruno n'avait pas résisté aux séductions du *Grand Art* de Lulle; ses auditeurs n'y résistèrent pas davantage, et son en-

*positionem et memoriam*, Londini, 1583. — *De specierum scrutinio et lampade combinatoria Raymundi Lullii*, Pragæ, 1588, in-12. — *De imaginum, signorum et idearum compositione*, Francofurti, 1591. — *Summa terminorum metaphysicorum*, Marpurgi Cattorum, 1609, in-12.

seignement, malgré l'aridité des matières, fut entouré d'une éclatante faveur dans l'École de Paris (1).

Au milieu des succès qu'il obtenait, Bruno quitta subitement la France pour se rendre en Angleterre. Dans quelle intention, on l'ignore. M. Bartholmèss conjecture qu'il avait été chargé par le roi Henri III d'une mission auprès de l'ambassadeur Michel de Castelnau, chez lequel il descendit à Londres. Je serais enclin à croire que le départ de notre philosophe tenait à des motifs moins sérieux, tels que la curiosité, l'amour du bruit, le désir de paraître. Un voyageur illustre, le comte palatin de Sirad, Albert de Lasco, visitait alors l'Angleterre. Il était accueilli par des fêtes pompeuses, entremêlées de harangues, de banquets, de représentations théâtrales et surtout de discussions philosophiques. Serait-il étonnant que Bruno eût cédé à la fantaisie de prendre part à ces joutes de la pensée et de rompre une lance avec les maîtres des écoles d'Angleterre? Que tel fût ou non son dessein en quittant la France, il ne manqua pas de se rendre à Oxford, où une grande solennité universitaire était annoncée en l'honneur du comte de Sirad. Au jour venu, il prit rang au milieu des assaillants, entre lesquels il se fit remarquer par l'opiniâtre hardiesse de ses coups. La discussion ne roulait pas sur des objets de médiocre importance. Il s'agissait du mouvement de la terre, de la pluralité des mondes et de l'immensité de l'univers! S'il faut en croire Bruno, il ferma la bouche jusqu'à quinze fois au docteur qui portait la parole et soutenait la lutte, dans ce tournoi philosophique, comme le coryphée de l'Université (2). La dispute s'envenimant, on en vint de part et d'autre aux sarcasmes et aux injures. L'adversaire de Bruno, ayant pris une plume et tracé des lignes et des cercles, s'écria : « Regarde! tais-toi et apprends! C'est moi qui vais t'en-

(1) Le succès de l'enseignement de Bruno à Paris est attesté par un de ses disciples. Jean de Nostitz, *Artif. Aristotelico-Lullio-Rameum*, etc., Brieg, 1615 : « Annus nunc agitur tertius et trigesimus, quum Lutetiæ Parisiorum primum Jord. Brunum arte Lulliana et mnemonica multos ad se discipulos atque auditores allicere memini... »

(2) *La Cena de ceneri*, Opp. it., t. I, p. 173 : « Andate in Oxonia e fatevi racontar le cose intravenute al Nolano, quando publicamente disputo con que dottori in teologia in presenza del Prencipe Alasco Polacco, ed altri de la nobilita inglese! Fatevi dire, come si sapea rispondere agli argomenti, come resto per quindici sillogismi quindici volte, qual pulcino entro la stoppa, quel povero dottor, che come il corifeo de l'Academia ne puosero avanti in questa grave occasione. »

« seigner Copernic et Ptolémée! » Mais dès qu'il se fut mis à dessiner les sphères, il devint évident, raconte Bruno, que, s'il avait ouvert Copernic, il ne l'avait pas lu, et que, s'il l'avait lu, il ne l'avait pas compris (1). Ailleurs Bruno nous représente son antagoniste ne sachant que répondre ni quel argument opposer; il se dresse de toute sa taille, veut terminer la discussion par une bordée d'adages érasmiens qui devaient produire l'effet de coups de poing, et se met à vociférer : « Eh quoi! tu ne cours pas aux « Petites-Maisons! toi, le modèle des penseurs, qui ne fais aucune « concession ni à Ptolémée ni à tant d'éminents astronomes et de « grands philosophes (2)! » Pour compléter ce tableau par un dernier trait, Bruno ajoute que « les autres mâchèrent leur langue (3). »

Malgré la violence satirique de ce récit, nous inclinons à croire que Bruno ne se mesura pas sans avantage avec ses adversaires. L'année même où il débarquait en Angleterre, il publiait son *Explication des trente sceaux* (*Explicatio triginta sigillorum*), moins remarquable par l'apologie du lullisme que par une épître adressée aux maîtres de l'Université d'Oxford, et qui respire la confiance d'un athlète enivré de lui-même et certain de la victoire. Bruno, dans cette orgueilleuse épître, prend le titre de docteur d'une théologie perfectionnée, de maître d'une sagesse plus pure et irréprochable, de philosophe connu dans les principales académies de l'Europe, qui a fait ses preuves et qui a été accueilli honorablement, qui n'est étranger que chez les barbares et le vulgaire, qui réveille les esprits en sommeil, qui dompte l'ignorance présomptueuse et récalcitrante; qui, en toutes ses actions, développe une sympathie généreuse pour l'humanité, qui aime d'une égale affection Italiens et Anglais, mères et jeunes épouses, têtes mitrées et têtes couronnées, gens de robe et gens d'épée, ceux qui portent capuchons et ceux qui n'en portent pas; qui a pour règle de regarder non pas au chef oint, ni au front marqué, ni

(1) *La Cena de ceneri*, p. 181 et suiv.
(2) *Ibid.*, p. 131 : « L'un de' quali (dottori barbareschi) non sapendo piu che si rispondere e che argomentare, s'alzò in piedi, in atto di volerla finir con una provisione di adagi d'Erasmo, o ver coi pugni, credo : Quid? Nonne Anticyram navigas? tu ille philosophorum protoplastes, qui nec Ptolomaeo, nec tot tantorumque philosophorum et astronomorum majestati quippiam concedis! »
(3) *Ibid.*, p. 183 : « Rimasero masticando in lor lingua. »

aux mains lavées, mais à l'endroit où se trouve le visage véritable de l'homme, c'est-à-dire aux forces de l'esprit, aux qualités du cœur; qui est détesté de ceux qui propagent la sottise et servent l'hypocrisie, cher à tous ceux qui aiment la probité et le travail, admiré des nobles génies!...

Le motif qui avait dicté à Bruno cette épître aux maîtres d'Oxford était le désir de donner des leçons publiques dans l'Université. En dépit de sa jactance ridicule, la permission qu'il sollicitait lui fut d'abord accordée, sauf à lui être retirée dès la première occasion. Pour matière de son cours, il choisit un sujet de cosmographie, l'infinité de l'univers; et un autre, de psychologie et de métaphysique, l'immortalité de l'âme. Les historiens ne nous ont transmis aucun détail sur son enseignement; mais il nous est facile d'en juger par deux ouvrages qui furent composés à Londres de 1583 à 1584, et qui renferment les bases de sa philosophie; nous voulons parler du traité *Della causa, principio e uno*, et de celui *Del infinito universo e mondi* (1).

Le trait le plus saillant et le point de départ de la philosophie exposée dans ces deux ouvrages, c'est, je ne dirai pas la confusion de Dieu et du monde, mais du moins l'idée que Dieu et le monde sont si étroitement unis qu'on peut à peine les distinguer l'un de l'autre. Bruno se représentait l'univers comme un immense organisme dont les existences particulières sont les membres et où l'esprit divin circule comme le sang dans les veines. Dieu, selon lui, est à la fois le principe formel, la raison interne des êtres et la cause efficiente qui détermine leur réalité. Le propre de toute cause, en général, est de rester distincte de son effet, dont elle se sépare après l'avoir produit; mais Dieu ne vit pas séparé de la création; il y demeure uni au contraire d'une manière indissoluble, comme la substance à son mode, comme l'âme au corps. Si la raison se refusait à concevoir cette vérité, l'expérience la forcerait de l'avouer; car que signifie l'activité qui éclate de toutes parts dans le monde, sinon que le monde renferme une source de vie, une intelligence qui préside à tous ses mouvements?

(1) Il faut y joindre, comme datant de la même époque, le *Banquet du mercredi des Cendres* (*la Cena de le ceneri*), *la Cabale de Pégase* (*Cabatta del Cavatto Pegaso*), et le plus célèbre des ouvrages de Bruno, *Spaccio de la Bestia trionfante*, dont nous parlerons plus loin. Tous ces ouvrages font partie de l'édition donnée par M. Wagner.

Une fois ce point capital établi, Bruno en tirait plusieurs conséquences.

Il soutenait premièrement que la nature ne renferme pas un objet qui ne participe à la vie. La vie ne se révèle pas chez tous les êtres par ses effets extérieurs; mais tous la possèdent. Même les objets créés par l'art n'y sont pas étrangers. Cette table en tant que table, ce vêtement en tant que vêtement, ne sont pas sans doute animés; mais comme ils font partie de la nature, ils supposent et renferment, unie à la matière, une forme vivante. Il n'existe aucun objet, si humble et si minime que soit cet objet, qui ne contienne de l'esprit (1).

Une autre conséquence, tirée par Bruno de son principe, c'est la conciliation et l'harmonie de tous les contrastes au sein de l'unité suprême. Puisque toutes les existences ont une origine et un centre communs, elles ne sauraient être opposées entre elles. Si la lutte existe quelque part, c'est à la surface, dans la région des apparences sensibles; mais, à considérer le fond des choses, l'union règne entre les contraires. De même que la personne humaine peut éprouver les émotions les plus différentes sans cesser pour cela de rester la même, ainsi dans la nature se touchent et coïncident les fins les plus extrêmes : le mouvement et le repos, la lumière et les ténèbres, l'amitié et la haine, la santé et la maladie, la vie et la mort, le bien et le mal (2).

Bruno concluait encore que, Dieu étant infini, l'univers qu'il remplit de sa présence doit participer à son infinité : que par conséquent notre système planétaire n'est pas son seul ouvrage, mais qu'il a dû créer des myriades d'étoiles et de mondes perdus dans l'immensité à des distances inaccessibles pour le regard de l'homme. En Dieu l'acte égale la puissance, et celle-ci l'essence. Si la création, qui est l'acte divin, avait des bornes, la puissance

---

(1) *Della causa*, Opp. it., I, p. 241 : « La tavola come tavola non e animata, ne la vette, ne il cuojo, come cuojo, ne il vetro come vetro, ma come cose naturali e composte hanno in se la materia e la forma. Sia pur cosa quanto piccola e minima si voglia, ha in se parte di sustanza spirituale... »

(2) *Ibid.*, p. 285 : « Non vi sonara mal ne l'orecchio la sentenza di Eraclito, che disse, tutte le cose essere uno... » *Ibid.*, p. 291 : « Se ben misuramo, veggiamo, che la corruzione non e altro che una generazione e la generazione non e altro che una corruzione; l'amore e un odio, e un amore al fine... In sustanza e radice e una medesima cosa amore e odio, amicizia e lite. »

divine ne serait pas illimitée, l'essence divine elle-même ne serait pas infinie, Dieu ne serait pas Dieu. Il faut être esclave des sens et des préjugés, selon Bruno, pour croire que le monde puisse avoir des bornes : encore le témoignage des sens n'est-il pas entièrement d'accord avec l'opinion du vulgaire; car, lorsque nous marchons, l'horizon qui bornait d'abord notre vue recule devant nous, et la perspective qui se renouvelle indéfiniment nous donne une image de l'immensité de l'univers attestée par la raison (1).

En astronomie, Bruno soutenait la doctrine de Copernic, surtout par opposition à l'hypothèse de Ptolémée, qu'il ne pouvait concilier avec l'infinité de l'univers. Si en effet l'univers est infini, son centre est partout, ou plutôt il n'en a pas. L'existence d'un centre implique celle d'une limite dont toutes les parties soient à une égale distance du point central. Ce qui n'a pas de limites ne saurait avoir de centre. Lorsque Ptolémée plaçait la terre au centre du monde, il se laissait donc guider par l'apparence, et il méconnaissait la véritable nature des choses.

La doctrine psychologique de Bruno découlait, comme toutes ses autres théories, de son hypothèse fondamentale. Que pouvait être l'âme pour lui, sinon une détermination particulière, un mode de la vie universelle, un rayon de l'esprit infini pénétrant dans le corps de l'homme qu'il organise et qu'il vivifie? Cette opinion se trouve à peine tempérée chez Bruno par le sentiment de l'individualité qu'il avait à un si haut degré. Quant à l'immortalité, il l'appelle, il l'espère; mais son espérance est mêlée de beaucoup d'indécision. Que deviendra l'âme en quittant le corps? Se replongera-t-elle dans l'intelligence divine, d'où elle est sortie? Ira-t-elle animer d'autres corps? Voyagera-t-elle de planète en planète à travers l'immensité de l'univers? C'est là ce que Bruno ne détermine pas.

Voilà les principales idées qui composent le fond de la doctrine de Bruno, et qui ont dû fournir la matière de son enseignement à l'Université d'Oxford. Ce panthéisme à peu près avoué, mais non sans grandeur, ces vues neuves et originales sur la nature des choses, et surtout la verve brillante, tour à tour moqueuse et subtile, avec laquelle le philosophe de Nola les développait, ne pou-

---

(1) *Del infinito universo e mondi*, Dial. 1 et 2, Opp. it., t. II, p. 1 et suiv.

vaient manquer de lui attirer à la fois beaucoup de partisans et d'adversaires. Il cite lui-même, parmi les premiers, un des favoris d'Élisabeth, Philippe de Sidney, qui présidait un cercle littéraire où se réunissaient les plus beaux esprits du temps, Greville, Spenser, Dyer, Temple, Harvey. Ce fut au milieu de cette société de poètes et de courtisans que Bruno composa le plus célèbre de ses ouvrages, l'*Expulsion de la Bête triomphante* (*Spaccio della Bestia triumphante*), qui a si fort exercé l'imagination des biographes. La plupart y voient un pamphlet virulent contre la papauté, que désigneraient alors ces mots de *Bête triomphante*. C'est purement une composition moitié astronomique et moitié morale, où l'auteur propose de substituer les noms des vertus à ceux des animaux qui représentent les constellations du zodiaque dans la cosmographie ancienne. Au nombre des adversaires de Bruno étaient tous les savants des universités, gens dévoués au péripatétisme, qui, d'après les anciens statuts, devait servir de base aux études. Ceux-ci résistèrent avec opiniâtreté à l'envahissement des idées nouvelles, et leur opposition implacable parvint à faire retirer à Bruno la permission qu'il avait obtenue de donner des leçons publiques. Cependant notre philosophe ne perdit pas contenance, et ne renonça point à l'idée de faire consacrer ses paradoxes par les académies savantes de l'Europe. Contraint de quitter Oxford et l'Angleterre, il revint en France en 1586; et, malgré l'attachement bien connu de l'Université de Paris pour ses vieilles traditions, il ne craignit pas de lui adresser une requête pour être autorisé à soutenir publiquement ou à faire soutenir quarante thèses contre la philosophie d'Aristote. Cette requête était accompagnée d'une lettre au recteur Jean Filesac, qui était conçue en ces termes (1) :

« Je viens vous remercier de l'exquise bienveillance dont les recteurs et tout le corps des professeurs m'ont depuis quelques années prodigué des témoignages précieux. Les plus doctes d'entre eux ont honoré mes leçons, tant publiques que privées, soit de leur présence, soit de leur indulgence. Vos bontés ont été telles qu'on ne doit pas m'appeler étranger dans cette Académie, la mère des lettres, *in hac alma litterarum parente*. J'ai dessein d'aller visiter d'autres universités; mais je ne puis ni ne dois me met-

---

(1) Du Boulay, *Hist. Univ. Paris.*, t. VI, p. 786 et suiv.

tre en route sans saluer mes hôtes. C'est pourquoi je me propose de discuter avec vous un certain nombre d'articles, comme on offre des gages de reconnaissance ou comme on laisse des souvenirs. Je me serais, sans nul doute, abstenu d'une semblable proposition si je pouvais me persuader que la doctrine péripatéticienne vous semblât éternellement vraie, ou que votre Université dût plus à Aristote qu'Aristote ne lui est redevable. Alors ma tentative serait hostile, téméraire; et ce que je désire entreprendre, par affection et déférence pour vous, ne serait qu'une marque d'irrévérence... Mais, non! j'ai la ferme confiance que votre prudence et votre magnanimité feront bon accueil à cet hommage. Je compte même sur votre faveur, et voici pour quels motifs : quand, en philosophie, quelque raison, même nouvelle, nous excite et nous subjugue, il doit nous être permis de l'exprimer philosophiquement, c'est-à-dire d'exposer notre opinion en liberté. Puis, si j'attaque sans succès, je contribue à affermir vos principes tels qu'ils sont connus depuis bien longtemps, et par conséquent je n'aurai rien fait qui soit indigne d'une si grande école. Si, au contraire, ainsi que je l'espère, ce début d'une philosophie encore naissante fait connaître quelque chose que la postérité puisse et doive embrasser et sanctionner, j'aurai accompli une œuvre digne de votre Université, la reine des universités. »

La lice solennelle où Bruno avait désiré entrer s'ouvrit, selon ses vœux, en présence de l'Université de Paris, lors de la fête de la Pentecôte. Un de ses disciples, Jean Hennequin, chargé de le représenter, commença la séance par un discours où il réclamait avec modération, mais avec fermeté, les droits de l'expérience, et protestait contre l'autorité d'Aristote et des anciens. Ce qui advint de ce tournoi scolastique, les historiens ne le disent pas; mais Bruno avouait plus tard que ses thèses n'avaient pas mieux réussi auprès des maîtres de Paris qu'auprès des maîtres d'Oxford.

En quittant la France, Bruno se dirigea vers Marbourg, où il se fit immatriculer sur les registres de l'Université en qualité de docteur de théologie de Rome. Son nom et sa doctrine étaient déjà tellement suspects qu'ayant sollicité l'autorisation de donner des leçons de philosophie, il se vit refuser, « pour de bons motifs, » disent les registres. Sur ce, il s'emporta, se plaignit avec hauteur que le droit des gens et l'usage des universités allemandes fussent violés en sa personne, et déclara qu'il ne voulait plus figurer désormais parmi les membres de l'Académie; faveur qui lui fut accordée sans peine, ajoute le recteur Nigidius, à qui nous devons le récit de cette altercation (1).

De Marbourg, Bruno se rendit à Wittemberg. C'était à Wittemberg que s'était allumé l'incendie qui, soixante années plus tôt, avait embrasé la chrétienté. Aucune ville d'Allemagne ne possédait des écoles plus florissantes. Les chefs-d'œuvre récents des littératures modernes y étaient étudiés avec autant de soin que les lettres anciennes. On y lisait Ronsard à côté d'Homère. Là Bruno retrouva cette hospitalité généreuse dont il avait goûté en France. Nul, c'est lui-même qui le raconte, ne le questionna sur sa foi philosophique. Nul ne lui demanda s'il tenait pour Aristote ou pour Platon, pour Ptolémée ou pour Copernic, pour les anciens ou pour les modernes. On le laissa penser, parler et écrire selon son gré. Il développa librement ses opinions dans des leçons publiques qui furent très suivies. S'il eût écouté les conseils de la prudence, il se serait fixé dans cet asile hospitalier pour y achever tranquillement ses jours. Mais il était dans sa destinée d'aller à travers l'Europe, comme un véritable chevalier errant, jusqu'à l'heure où il tomberait entre les mains de ses ennemis. Il se lassa donc de Wittemberg, comme il s'était lassé de Paris et de Londres, et voulut le quitter. En s'éloignant, il adressa aux habitants une harangue de remerciement où il exprime avec exaltation sa reconnaissance envers eux. « Wittemberg, s'écrie-t-il, est l'Athènes de la Germanie! La vierge Minerve est sa mère de famille! » Il rappelle la manière dont il a été accueilli, la tolérance pleine d'urbanité avec laquelle les magistrats ont agi à son égard,

(1) Voici le très curieux extrait des registres de l'Université de Marbourg que M. Wagner a le premier fait connaître, *Introd.*, p. XXVII : « Anno Christi Salvatoris nostri MDLXXXVI. Calendis Julii unanimi omnium professorum consensu Petrus Nigidius, juris doctor et moralis philosophiæ professor ordinarius, rector Academiæ Marpurgensis electus est, sub cujus magistratu sequentia studiosorum nomina in matricula Academiæ relata sunt... Jordanus Nolanus Neapolitanus, theologiæ doctor romanensis, 25 julii anno 86. Cæterum cum eidem potestas publice profitendi philosophiam per me cum consensu facultatis philosophicæ ob arduas causas denegaretur, adeo excanduit, ut mihi in meis ædibus procaciter insultaret, quasi vero in hac re contra jus gentium et consuetudinem omnium Universitatum Germaniæ et contra omnia studia humanitatis agerem : ac propterea pro membro Academiæ amplius haberi noluerit. Unde facile voti sui compos factus, rursus ex albo Universitatis per me exauctoratus est. »

la faveur que son enseignement a obtenue, bien que s'écartant des anciennes méthodes. Mais le passage le plus remarquable de son discours est celui où, tournant l'effusion de la reconnaissance au profit de ses haines contre le saint-siège, il loue Luther d'avoir brisé le joug des superstitions romaines. « Quel est celui, s'écriat-il, dont j'ai passé jusqu'ici le nom sous silence? Le vicaire du tyran des enfers, à la fois renard et lion, armé des clefs et de l'épée, de ruse et de force, de finesse et de violence, d'hypocrisie et de férocité, avait infecté l'univers d'un culte superstitieux et d'une ignorance plus que brutale, cachée sous le titre de divine sagesse et de simplicité agréable à Dieu. Personne, rien n'osait s'opposer à cette bête vorace, lorsqu'un nouvel Alcide se leva pour ramener ce siècle indigne, cette Europe dépravée à un état plus pur et plus heureux, d'autant supérieur au premier Hercule qu'il a accompli de plus grandes choses avec moins d'efforts, puisqu'il a tué un monstre plus puissant, plus dangereux que tous les monstres des siècles passés... Et d'où vient ce héros, si ce n'est de la Germanie, des rives florissantes de l'Elbe? C'est ici que ce Cerbère, ce chien à trois têtes, à la triple tiare, a été tiré du ténébreux Orcus, forcé de regarder le soleil et de vomir son venin. C'est ici que votre Hercule a triomphé des portes de diamant qui ferment l'enfer et de la cité qu'embrassent trois murs et les neuf bras du Styx. Tu as vu la lumière, ô Luther; tu l'as contemplée; tu as entendu l'esprit de Dieu qui t'appelait, tu lui as obéi; tu as couru sans armes et faible au-devant de cet affreux ennemi des grands et des rois; tu l'as combattu avec ta parole, et, couvert de dépouilles et de trophées, tu es monté aux cieux. »

Ces accents passionnés, où la colère le dispute à l'enthousiasme, rappellent ces beaux vers où Lucrèce montre Épicure levant le premier ses yeux mortels contre l'idole de la superstition et osant briser les fers sous lesquels gémissait le genre humain. Je ne m'étonne pas de l'opinion de certains biographes, selon lesquels Bruno se serait fait luthérien pendant son séjour à Wittemberg. L'imprudent oubliait qu'il n'avait pas renoncé à revoir les lieux où la papauté régnait, où l'apôtre de la réforme était maudit et ses panégyristes condamnés au feu.

Au sortir de Wittemberg, Bruno se rendit d'abord à Prague; mais, s'y voyant mal accueilli, il passa dans le duché de Brunswick. L'accueil qu'il reçut fut meilleur que dans la capitale de la Bohême. On le chargea de l'éducation de l'héritier présomptif du prince régnant, et, à la mort de ce dernier, il prononça son éloge. Mais trois mois ne s'étaient pas écoulés, que le consistoire protestant de la ville de Helmstadt lançait contre lui une excommunication. Bruno essaya en vain de tenir tête à l'orage. Malgré ses plaintes et ses démarches, il se vit contraint de céder. Il quitta le duché de Brunswick un an après y être entré, alla à Francfort, où il ne fit que passer, puis se décida à regagner l'Italie. La captivité et une mort cruelle l'y attendaient.

Les biographes sont partagés sur l'époque de l'incarcération de Bruno. Les uns croient qu'elle eut lieu en 1592, d'autres la reculent jusqu'en 1598. Tous les doutes sont dissipés par une note de police qui a été retrouvée dans les archives de Venise et que M. Bartholmèss a le premier publiée. C'est au mois de septembre 1592 que, selon cette pièce, Bruno fut arrêté et jeté dans les prisons que la république de Venise tenait à la disposition du saint-office. Les griefs articulés contre lui étaient très graves pour le temps, bien qu'ils puissent aujourd'hui paraître frivoles. On lui reprochait non seulement d'être hérétique, mais hérésiarque, ayant composé divers ouvrages où il louait fort la reine d'Angleterre et d'autres princes hérétiques; — d'avoir écrit quelquefois sur la religion d'une manière qui ne convenait pas, bien qu'il se fût exprimé en philosophe; — d'être apostat, ayant d'abord été dominicain; — enfin, d'avoir vécu beaucoup d'années à Genève et en Angleterre. L'emprisonnement de Bruno fut mandé sans délai au grand inquisiteur siégeant à Rome, San Severino, qui ordonna que le captif lui fût envoyé sous bonne escorte à la première occasion. Les sollicitations les plus pressantes de l'Église romaine n'étaient pas toujours favorablement accueillies à Venise : San Severino l'éprouva en cette occasion. La demande d'extradition qu'il avait adressée au sénat fut ajournée, « attendu que, la chose étant grave et importante et les occupations du congrès nombreuses et considérables, on ne pouvait prendre aucune résolution. » Six années se passèrent dans une attente cruelle pour Bruno. Mais en 1598, soit qu'il eût aggravé sa position par de nouvelles fautes, ou que les circonstances qui avaient motivé la première des *savi* eussent disparu, il fut livré.

Cependant l'instruction de son procès dura encore deux années. Un contemporain, Gaspard Schoppe, nous a transmis les circonstances de sa condamnation et de sa mort; c'est un récit d'autant plus triste à entendre que la pitié en est absente : il prouve une fois de plus à quel point les inimitiés religieuses peuvent troubler le cœur de l'homme et y étouffer les sentiments les plus naturels. Après avoir parlé des voyages de Bruno, de ses erreurs et de son arrivée à Rome, Schoppe continue en ces termes :

« Là, il fut interrogé à plusieurs reprises par le saint-office et convaincu par les premiers théologiens. D'abord il obtint quarante jours pour délibérer; puis il promit de se rétracter; une autre fois, il se remit à soutenir ses folies; enfin il obtint un nouveau délai de quarante jours. Mais, après tout, il n'avait pour but que de se moquer du pape et de l'inquisition. En conséquence, après avoir passé deux ans environ dans les geôles du saint-office, il fut conduit, le 9 février dernier, dans le palais du grand inquisiteur : en présence des très illustres cardinaux du saint-office, qui surpassent tous les autres par l'âge, par l'expérience, par la pratique des affaires, par la connaissance du droit et de la théologie, en présence des théologiens consulteurs et du magistrat séculier, gouverneur de la ville, Bruno fut introduit dans la salle de l'inquisition, et là, l'ayant fait mettre à genoux, on lui prononça sa sentence. Dans cette sentence, on raconta sa vie, ses études et ses opinions; on fit mention du zèle que les inquisiteurs avaient déployé pour le convertir et de leurs avertissements fraternels; on décrivit enfin son entêtement et son impiété; ensuite il fut dégradé, excommunié et livré au magistrat séculier, avec prière toutefois qu'on le traitât avec une grande clémence et sans effusion de sang. Cette cérémonie étant finie, il ne répondit que ces paroles, d'un air menaçant : « Peut-être que la sentence prononcée contre moi vous cause plus de trouble qu'à moi-même! » Les gardes du gouverneur le menèrent alors en prison, où on le laissa encore huit jours pour voir s'il ne voudrait pas abjurer ses erreurs. Mais ce fut en vain. On l'a donc aujourd'hui conduit au bûcher. Lorsqu'il a été sur le point de mourir, on lui a présenté le crucifix; mais il l'a repoussé avec un dédain farouche. Ainsi il a été brûlé et il a péri misérablement; et je pense qu'il sera allé raconter, dans ces autres mondes qu'il avait imaginés, de quelle manière les Romains ont coutume de traiter les blasphémateurs et les impies. Voilà comment nous procédons contre les hommes ou plutôt contre les monstres de cette espèce. »

« Mourir dans un siècle, dit Bruno, fait vivre dans tous les autres (1). » Cette éloquente parole ne s'applique à personne mieux qu'à lui-même. Ce qui a jeté un reflet de gloire sur son nom, c'est sa fin si tragique. Imaginez Bruno mourant au fond d'une petite ville de France ou d'Allemagne, sa mémoire serait oubliée; car il n'a laissé aucun monument durable. La philosophie doit honorer en lui un athlète intrépide, un martyr courageux, plutôt qu'un bienfaiteur dont les services l'aient enrichie. Qu'est-il resté de Bruno en définitive? Est-ce une méthode? On ne saurait désigner sous ce nom les maximes et les règles qui sont répandues çà et là dans ses ouvrages. Est-ce un système? Sa doctrine n'a rien de systématique; elle est le produit capricieux d'un esprit original qui suit ses fantaisies, et l'imagination a plus de part que la raison dans ses théories, dont les plus brillantes sont gâtées par l'influence et l'exagération poétiques. Je n'ignore pas que certaines idées que Bruno avait entrevues ont fait leur chemin dans le monde, et qu'elles se trouvent déjà développées et agrandies chez Descartes, Leibnitz, Spinosa, et jusque dans les derniers systèmes de la philosophie allemande. Mais pourquoi la découverte de ces idées est-elle vulgairement attribuée, non pas à Bruno, mais à d'autres venus plus tard? C'est que chez lui elles n'ont pas été élevées à cette forme rigoureuse et méthodique sans laquelle les conceptions les plus fécondes restent frappées de stérilité. La seule influence que nous reconnaissions au philosophe de Nola est purement négative. Vingt ans de sa vie se sont passés à lutter contre les préjugés avec une persévérance qu'il faudrait admirer sans réserve s'il n'avait pas enveloppé des institutions immortelles dans sa haine contre des abus passagers. Ses efforts ne sont pas restés vains : ils ont contribué à la ruine du péripatétisme abâtardi de l'école. Bruno a déblayé une partie de sol où, cinquante années après lui, des ouvriers plus heureux ont élevé des constructions impérissables. A ce titre, Bruno n'é-

---

(1) *Gli Eroici furori*, Opp. ital., t. II, p. 316 : « La morte d'un secolo fa vivo in tutti gli altri. »

tait pas indigne du monument que M. Bartholmèss a consacré à sa mémoire; car, si la postérité réserve ses plus précieux hommages pour les œuvres qui durent et où elle va sans cesse puiser de nouveaux enseignements, elle ne peut refuser un souvenir aux travailleurs infatigables qui ont succombé en préparant la voie.

FIN.

# TABLE DES MATIÈRES.

| | Pages. |
|---|---|
| Avant-propos | v |
| I. — De l'origine des traditions sur le christianisme de Boèce | 1 |
| II. — Des commentaires inédits de Guillaume de Conches et de Nicolas Triveth sur la *Consolation de la philosophie* de Boèce | 29 |
| III. — La philosophie des Arabes et des Juifs | 69 |
| IV. — Mémoire sur les sources philosophiques des hérésies d'Amaury de Chartres et de David de Dinan | 101 |
| V. — Discussion de quelques points de la biographie de Roger Bacon | 129 |
| VI. — Doutes sur l'authenticité de quelques écrits contre la cour de Rome attribués à Robert Grosse-Tête, évêque de Lincoln | 147 |
| VII. — Un ouvrage inédit de Gilles de Rome, précepteur de Philippe le Bel, en faveur de la papauté | 173 |
| VIII. — Sextus Empiricus et la philosophie scolastique | 199 |
| IX. — Un collège oriental à Paris au xiii<sup>e</sup> siècle | 219 |
| X. — De l'enseignement de l'hébreu dans l'Université de Paris au xv<sup>e</sup> siècle | 231 |
| XI. — La taxe des logements dans l'Université de Paris | 247 |
| XII. — Le collège du Cardinal Lemoine | 265 |
| XIII. — L'Université de Paris à l'époque de la domination anglaise | 309 |
| XIV. — L'Université de Paris au temps d'Étienne Marcel | 337 |
| XV. — Un compte de la nation d'Allemagne, de l'Université de Paris au xv<sup>e</sup> siècle | 363 |
| XVI. — Mémoire sur les commencements de la marine militaire sous Philippe le Bel | 385 |
| XVII. — Mémoire sur les commencements de l'économie politique dans les écoles du moyen âge | 421 |
| XVIII. — Mémoire sur l'éducation des femmes au moyen âge | 463 |
| XIX. — Mémoire sur la royauté française et le droit populaire d'après les écrivains du moyen âge | 511 |
| XX. — Nicolas Oresme et les astrologues de la cour de Charles V | 559 |
| XXI. — De l'influence d'Aristote et de ses interprètes sur la découverte du Nouveau-Monde | 587 |
| XXII. — Jordano Bruno | 617 |

www.ingramcontent.com/pod-product-compliance
Lightning Source LLC
Chambersburg PA
CBHW071155230426
43668CB00009B/959